LES PARRAINS CORSES

LEUR HISTOIRE, LEURS RÉSEAUX, LEURS PROTECTIONS

JACQUES
Follorou

VINCENT
Nouzille

LES PARRAINS CORSES

LEUR HISTOIRE, LEURS RÉSEAUX, LEURS PROTECTIONS

DOCUMENT

J'AI LU

Avertissement de l'éditeur

Toute personne qui ne fait pas l'objet d'une condamnation définitive est présumée innocente. C'est particulièrement le cas non seulement de celles qui sont poursuivies devant la justice, mais aussi de celles qui sont mentionnées à l'occasion des diverses enquêtes policières dont les auteurs retracent les difficultés et les péripéties.

À Émile et Céleste,
Jean et Jean-Pierre.

Avant-propos

La criminalité organisée corse ne fait guère l'objet d'écrits ou d'études. Le sujet nécessitait donc de larges recherches. Nous avons relu la plupart des ouvrages ayant abordé, même de manière indirecte, le sujet, notamment ceux qui se rapportent aux figures ou à l'histoire de Marseille, au trafic de drogue et à la French Connection, au grand banditisme ou aux mafias, à l'histoire de la guerre, aux crises de la IVe République et au régime gaulliste, à la police et aux services secrets, et, bien sûr, à la Corse, à sa culture, à ses bandits d'honneur, à ses soubresauts politiques, au courant nationaliste et à ses dérives. Nous avons également collecté le plus grand nombre possible d'articles de presse se rapportant à notre thème, souvent au gré des opérations policières et des procédures judiciaires.

Mais les ressources disponibles n'étaient pas suffisantes pour comprendre les ressorts d'un système criminel très opaque. Nous avons donc rencontré, en Corse comme sur le continent ou à l'étranger, des centaines de témoins ou d'acteurs des événements relatés dans ce livre, qui ont accepté de se confier, parfois sous le sceau de l'anonymat : policiers, magistrats, avocats, responsables politiques, hauts fonctionnaires, membres du milieu, nationalistes corses, journalistes, historiens ou criminologues. Certains ont mobilisé pour nous leurs souvenirs, d'autres des documents personnels, jusqu'à leurs agendas, ou des archives privées ayant trait à notre sujet. Que tous ceux qui ont accepté de nous aider soient ici remerciés.

Pour compléter notre analyse, nous avons puisé d'autres informations auprès des greffes des tribunaux, des registres du commerce, des chambres régionales des comptes et dans des rapports parlementaires. Nous avons surtout pu consulter un certain nombre de rapports ou de documents émanant de services de police ou de la justice, la plupart confidentiels et inédits, concernant les phénomènes de criminalité organisée, en Corse comme sur le continent. Nous nous sommes également appuyés sur des pièces extraites de procédures judiciaires, françaises ou étrangères (États-Unis, Italie, Brésil, Russie, Monaco), parmi lesquelles figurent des déclarations de repentis.

Nous avons pris soin de mentionner les références de tous les documents utilisés. Lorsqu'elles portent sur des affaires toujours en cours d'instruction, certaines informations sont encore partielles et ne préjugent aucune culpabilité. Il est évident que, selon la loi, les personnes incriminées, même si elles ont parfois reconnu leur participation aux faits poursuivis, sont, jusqu'à la date de leur jugement définitif, présumées innocentes. Nous nous sommes efforcés, pour chaque affaire évoquée, de fournir les versions des personnes mises en cause. Dans certains cas, les intéressés se sont exprimés de manière directe, ou par l'intermédiaire de leurs avocats. Lorsqu'ils se sont refusés à tout commentaire, nous avons néanmoins mentionné leur défense sur la base d'éléments déjà rendus publics. Lorsque nous n'avons pu recueillir leurs arguments, nous avons réitéré nos demandes à plusieurs reprises. Enfin, il nous est arrivé d'être confrontés à certaines impasses, portant sur des personnes décédées, disparues ou considérées comme fugitives par la justice. Nos démarches sont mentionnées en notes de bas de page ou dans le corps du texte.

Par ailleurs, notre requête de dérogation pour accéder à une quarantaine de dossiers d'archives de police judiciaire (soumises à la règle des cent ans d'incommunicabilité) aux Archives nationales (Centre des archives contemporaines de Fontainebleau) s'est heurtée à un refus. L'avis défavorable du ministère de l'Intérieur nous a été signifié par lettre de la directrice des Archives de France, Martine de Boisdeffre, en date du 18 décembre 2003.

Nous avons cependant pu avoir accès à d'autres archives publiques, notamment aux États-Unis. Aux Archives nationales, à Washington (mentionnées sous l'appellation « National Archives » dans nos notes), nos recherches ont notamment porté sur certains dossiers du département d'État, du département du Trésor (dont ceux du Bureau des narcotiques), de celui de la Justice (BNDD, ODALE, DEA) et des services secrets (OSS et CIA). Nous avons consulté sur place des centaines de documents, jamais publiés à ce jour, se rapportant au milieu corse, rédigés par différents services américains et leurs antennes à l'étranger. D'autres documents consultés à Washington proviennent de certains pays étrangers (dont la France, le Canada, Cuba, le Liban, l'Égypte, l'Indochine). Ils ont été reçus par l'administration américaine dans le cadre de la coopération policière internationale ou émanent d'organismes comme

Interpol. Nombre des pièces puisées dans ces archives et utilisées dans le présent ouvrage ont été déclassifiées à notre demande. Nous avons également trouvé des éclairages sur les Corses et la guerre froide aux archives du George Meany Memorial (AFL-CIO). Enfin, la bibliothèque du Congrès américain a complété nos sources bibliographiques et nous a permis d'accéder aux rapports et auditions du Congrès touchant notre sujet.

C'est seulement au terme de cette collecte, réalisée sur plusieurs années, que nous avons pu écrire ces pages, en prenant soin d'éviter tout amalgame et de limiter au minimum les imprécisions, les erreurs de noms, de lieux ou de dates. Nous ne prétendons ni à l'exhaustivité, ni à la perfection, mais à la bonne foi et au droit à l'information.

Introduction

Les parrains corses, depuis le début des années 30, occupent le haut du pavé du crime en France, aussi bien à Marseille qu'à Paris. Cette domination est l'une des caractéristiques majeures du grand banditisme hexagonal. Elle a permis au milieu corse de se hisser à un rang comparable à celui d'autres grandes organisations criminelles internationales. Mais il aura fallu attendre le début des années 80, date de leur réimplantation en Corse, pour voir ces truands former une mafia au sens propre du terme. Son pouvoir, largement occulté, représente aujourd'hui un danger pour l'île et une menace pour la démocratie française.

Profitant d'une population peu nombreuse – la Corse ne compte que 260 000 habitants –, d'un maillage social extrêmement serré et d'une structure clanique archaïque, des voyous comme ceux du gang de la Brise de mer, nom du bar où ils se retrouvaient jadis, ont transformé, en vingt ans, l'île en véritable sanctuaire. Ils ont structuré leur organisation. Ils contrôlent un territoire sur lequel ils imposent leur loi. Ils gèrent collectivement leurs affaires. Ils tiennent à distance l'appareil judiciaire et policier. Ils s'investissent dans tous les secteurs du monde criminel, en France comme à l'étranger. Ils exercent une pression constante et sourde sur les élus locaux et gangrènent l'économie. Leur enrichissement est continu.

Le crime organisé corse a dû composer avec un autre pouvoir insulaire qui a émergé à la même époque que lui. Les nationalistes lui ont en effet imposé une étrange cohabitation, faite de passerelles et de rapports de force. Néanmoins, les troupes indépendantistes, affaiblies par leurs divisions et leurs dérives, se sont vues peu à peu contraintes de reconnaître la prééminence des voyous. Deux anciens chefs nationalistes corses, Jean-Michel Rossi et François Santoni, l'ont payé de leur vie. D'autres figures de la mouvance indépendantiste, comme Charles Pieri, sont quant à elles poursuivies par la justice pour des faits relevant de délits propres au banditisme. Paradoxalement, cette coexistence entre les truands et les nationalistes a servi pendant vingt ans de paravent au crime organisé insulaire. L'attention quasi exclusive accordée par les autorités et les médias aux seules activités du FLNC a largement occulté la réalité du danger que représente ce système mafieux.

L'évolution du milieu corse ne l'a pas coupé de ses racines ni privé des atouts qui assurent son essor depuis les années 30. Hier, ses membres régnaient grâce à la prostitution et au racket, de Marseille à Buenos Aires, sur les jeux, de Paris à Cuba, ou sur la drogue, de Beyrouth à New York. Aujourd'hui, ils rançonnent la Corse, investissent la Côte d'Azur, trafiquent en Afrique et en Amérique latine, blanchissent à tout va à Monaco ou en Russie. Les nouvelles générations, celles qui imposent aujourd'hui leur loi, sont les dignes héritières d'un système criminel qui s'est structuré pendant des décennies autour de clans, de familles élargies et d'alliances mouvantes, formant un organisme vivant et protéiforme qui s'est perpétuellement recomposé, s'adaptant aux terrains qu'il occupait et aux milieux politiques qu'il fréquentait.

Ses figures emblématiques ont bénéficié d'une longévité exceptionnelle : presque un quart de siècle pour Paul Carbone (1920 à 1943), près de quarante ans pour la famille Guérini (1930 à 1967), vingt-trois ans pour Jean-Baptiste Croce (1950-1973), trente-cinq ans pour Paul Mondoloni (1950-1985), trente-quatre ans pour le clan de Jean-Baptiste Jérôme Colonna, dit « Jean-Jé » (1970 à aujourd'hui). Et déjà presque trois décennies pour la bande bastiaise de la Brise de mer (1975 à aujourd'hui).

Le milieu corse n'a jamais cessé d'être un pouvoir redouté. Il tire d'abord sa force de la diaspora. Au cours de la première moitié du XXe siècle, plusieurs centaines de milliers de Corses ont émigré vers les grandes cités du continent ou vers les confins de l'Empire colonial français, fuyant une île natale à la terre aride et pauvre. Cette communauté a constitué un véritable terreau pour les truands corses. À Saigon, dès les années 30, ils tenaient les hôtels et les maisons closes, organisaient la traite des Blanches et contrôlaient la contrebande d'or, de devises ou d'opium, en lien avec leurs « cousins » d'Ajaccio ou de Marseille. Nombre de jeunes bergers de l'île s'engageaient également comme matelots sur les lignes maritimes internationales. Sillonnant le monde, ils assuraient des liens avec leurs compatriotes corses, installés dans tous les ports. Ce réseau international a facilité l'organisation de trafics transcontinentaux et permis aux caïds corses de s'imposer au sein de la pègre française. La diaspora leur sert encore aujourd'hui pour organiser une cavale en Amérique du Sud ou monter des affaires en Afrique.

Le mode de fonctionnement du crime organisé corse repose toujours sur un sentiment d'appartenance à une communauté et l'adhésion à des valeurs mythifiées. La parenté élargie, l'usage de la langue corse, le respect d'une loi du silence (omerta) et la soumission à l'autorité des chefs de clan peuvent, à certains égards, rappeler les mœurs siciliennes.

Le milieu corse a par ailleurs développé une grande polyvalence criminelle. Même si la plupart des caïds, à partir des années 30, ont débuté dans la prostitution, ils n'ont cessé d'élargir la palette de leurs « compétences » : traite des femmes, racket, vols, braquages, contrebande de cigarettes, fausse monnaie, trafic de stupéfiants, machines à sous, contrôle de boîtes de nuit et de casinos, blanchiment. Cette variété d'activités a assuré des revenus constants au milieu corse, pérennisant ainsi sa suprématie criminelle en France.

Leur implication dans le trafic d'héroïne, de 1950 à 1970, au sein de ce qui a été appelé la « French Connection », et qui mérite d'être rebaptisé « Corsican Connection », constitue à ce titre un moment clé dans l'histoire de leur enrichissement. De plus, ils n'ont jamais hésité, quand la division du travail l'imposait, à s'allier à d'autres organisations criminelles, notamment aux mafias sicilo-américaines, pour développer leurs affaires. Dès la fin de la guerre, ils étaient considérés comme des partenaires sérieux par les chefs de Cosa Nostra, au point de participer à leurs côtés aux trafics les plus lucratifs. Aujourd'hui, les nouveaux parrains corses se sont trouvé des partenaires au sein de la mafia russe.

Dès le début des années 30, les caïds corses de Marseille ont également compris que la survie de leur empire nécessitait des complicités politiques. Le clan de Paul Carbone a ainsi accompagné le leader populiste de Marseille, Simon Sabiani, corse d'origine, jusque dans ses dérives les plus extrêmes au sein du parti néofasciste de Jacques Doriot et au service de la Gestapo durant la guerre. Parallèlement, quelques caïds corses, comme les Guérini, ont fait le choix de la Résistance et de l'appui aux socialistes, dont le maire de Marseille Gaston Defferre. Certains ont rallié les rangs gaullistes, en rendant des services dans l'ombre du régime. Quelques-uns, proches de la sphère de Jean-Jé, ont su naviguer dans les réseaux de l'ancien président de la République, François Mitterrand, ou dans ceux de l'ex-ministre de l'Intérieur, Charles Pasqua. D'autres, comme la Brise de mer, se mêlent, en coulisses, à la vie politique insulaire.

Enfin, le milieu corse a su mieux que d'autres, pour se protéger, tirer profit des faiblesses de l'État. Grâce à la corruption, aux pressions, aux failles juridiques ou à l'inconstance des politiques, il a réussi à prospérer durant plus de sept décennies dans une quasiimpunité. Seules, un temps, les pressions américaines sont parvenues à freiner l'expansion des parrains corses dans le trafic de drogue. Mais cette répression n'a guère duré.

Ce tableau du grand banditisme corse est aux antipodes de l'image des légendaires « bandits d'honneur », prenant le maquis au nom de vendettas tragiques, qui ont défrayé la chronique jusque dans les années 30[1]. Les caïds d'hier et d'aujourd'hui n'ont pourtant cessé de revendiquer, parfois abusivement, cet héritage culturel. Lorsque Jean-Baptiste Jérôme Colonna, présenté en 1998 dans un rapport parlementaire comme « un véritable parrain corse », explique qu'il a tué certains assassins de son père pour venger sa mort, il utilise cette thématique. Mais les activités des parrains corses et leur mode de vie n'ont plus grand-chose à voir avec le destin des bandits solitaires réfugiés dans le maquis. La défense d'un honneur bafoué sert en réalité souvent d'alibi à une violence extrême, dont la mafia corse sait user sans scrupules pour avancer ses pions.

1. Les histoires de bandits corses rebelles à toute autorité, seigneurs du « Palais vert » (le maquis), comme les frères Bellacoscia, Nonce Romanetti, Joseph Bartoli ou André Spada, ont en effet longtemps alimenté l'actualité insulaire. Voir à leur sujet notamment *La Corse et ses bandits, anthologie*, 2 tomes : *Le XIXe siècle* et *Le XXe siècle*, présenté par Gabriel-Xavier et Vannina Culioli, DCL, 2000 ; Paul Silvani, *Bandits corses de légende*, Albiana, 1999 ; et Jean Bazal, *Avec les derniers bandits corses*, Guy Authier, 1973.

Chapitre 1

L'empreinte de Carbone

Au-dessus des têtes, une nuée de canotiers et de borsalinos s'agite, comme une armée de volatiles, prête à l'assaut. La foule des arènes du Prado, venue soutenir son champion, vibre quand les deux boxeurs montent sur le ring, à 18 heures, en cette chaude soirée du 10 juillet 1932. Kid Francis ne peut pas perdre. Il affronte Al Brown, un Noir américain qui défend à Marseille son titre de champion du monde des poids coq. Un visage d'ange au regard noir, des épaules de marin, des jambes sur des ressorts, des uppercuts qui claquent comme des canons, cinquante-trois kilos de muscles : Kid Francis, l'enfant du Panier, quartier des immigrants de la ville, est taillé pour plaire. Il est déjà champion de France des poids coq et revient d'une tournée de combats magistraux en Amérique du Sud. Plus de 12000 supporters sont là pour fêter sa victoire certaine. Les billets se sont arrachés au marché noir pendant des semaines. La tension monte dans l'enceinte des arènes, comme un jour de corrida.

Au pied du ring, sur les fauteuils d'honneur, deux hommes tirés à quatre épingles, costume pied-de-poule, chemise de soie, chaussures vernies, chapeau de feutre, savourent déjà ce moment de gloire. Paul Bonaventure Carbone, visage bonhomme sur un corps râblé, et François Spirito, regard de braise dominant une silhouette élancée, sont les vrais rois de cette soirée. Passionné de boxe, Spirito a déjà monté de toutes pièces un combat un peu arrangé, en janvier 1930, entre son cousin Kid Francis et un vrai-faux boxeur américain dénommé Georgie Mack, qui n'était en réalité qu'un amateur recruté discrètement sur les quais[1].

1. Voir Eugène Saccomano, *Bandits à Marseille*, Julliard, 1968, p. 67-72, où ce combat truqué est raconté dans le détail.

Mais aujourd'hui, c'est du sérieux. Carbone et Spirito ont organisé ce championnat du monde avec l'aide du journal *Le Petit Marseillais*. Ils ont tout financé, tout arrangé. À Marseille, qui pourrait leur refuser quoi que ce soit ? Les élus, les magistrats, les policiers, les commerçants, les tenanciers de bars, les souteneurs, les dockers et les boxeurs, nul n'ignore que le tandem formé par le petit Corse, dit « Venture » ou « le Tatoué », et le grand Italien, surnommé « Beau Ficelle », a tous les pouvoirs. Ils règnent sur la pègre, tiennent le port et la ville. Ils ont tout prévu pour cette soirée, qui doit voir leur triomphe. Le juge-arbitre a été prévenu qu'il était préférable pour sa sécurité qu'il suive les consignes reçues. Des gaillards ont été chargés de « surveiller » de près les autres juges. Les parieurs ont misé des sommes folles sur le Marseillais.

Une émeute pour le Kid

Après la pesée et les préparatifs d'usage, le match démarre à 18 heures 30 dans une ambiance électrique. D'entrée, Al Brown, réputé pour son allonge exceptionnelle, travaille du gauche. C'est une démonstration. La foule hurle, s'impatiente. Kid Francis esquive, se baisse, se protège, tente vainement de placer son coup droit, recule, enchaîne deux crochets sans grande efficacité. Les spectateurs retiennent leur souffle. La cloche sonne. Une pause. Les deux hommes se relèvent et se cherchent de nouveau. Al Brown frappe avec adresse. Il prend l'avantage. Kid contre-attaque et résiste. Son adversaire le harcèle, lui martèle les flancs, sans produire trop d'efforts, sentant sa victoire quasiment assurée. Le Marseillais tangue, mais repart au combat. Il reprend le dessus au cinquième round, puis dans les trois derniers. Trop tard.

Quand retentit l'ultime coup de gong à la fin du quinzième round, aucun des deux boxeurs n'a mis un genou à terre. L'arbitre se tourne vers les juges, qui ont scrupuleusement compté les coups : Al Brown, largement supérieur, doit être déclaré vainqueur aux points. Mais tous les juges ne sont pas de cet avis, et encore moins la foule, qui croit à la victoire de Kid Francis. Les sifflets redoublent. Les spectateurs s'énervent. Des chaises volent. L'émeute gagne les arènes. Apeuré, l'arbitre se cache. Un juge américain veut monter sur le ring. Spirito le retient par le bras : « Faites attention, si le Noir est proclamé vainqueur, je vous garantis qu'il va y avoir un drôle de grabuge [1] ! » Le juge tente de hurler le résultat. Les cris de la foule en colère l'en empêchent. Il est

1. Jean Bazal, *Le Clan des Marseillais*, Éditions Jean-Michel Garçon, 1989, p. 152-153.

saisi par des gardes du corps. Jeté à terre, il encaisse les coups ; pris de panique, il déchire sa feuille de notation et l'avale.

Un de ses collègues prend le relais pour annoncer la victoire de Kid Francis. Applaudissements nourris. L'ambiance est survoltée. Spirito a rangé son revolver. Mais certains supporters exhibent leurs calibres. Dans la cohue qui suit, Al Brown a bien du mal à éviter le lynchage. Il doit courir très vite pour échapper à ceux qui veulent sa peau de Noir. À Marseille, ce soir, la loi du sport s'incline devant les cris de la foule et les armes des organisateurs. Kid Francis triomphe dans la confusion. « Rarement, au cours de ma déjà longue carrière de journaliste et d'arbitre de boxe, il me fut permis d'être le témoin d'une pareille pagaille, d'un chauvinisme aussi exagéré, d'un si complet dédain de l'observation et de l'application des règlements[1] », notera Henry Bernstein, envoyé spécial du magazine *La Semaine du ring*.

Dès le lendemain, la Fédération de boxe s'indigne des pressions et de la disparition d'une feuille de notation, qui ont faussé le résultat. Elle rétablit la victoire d'Al Brown. Les supporters marseillais se sentent floués. Mais Carbone et Spirito s'en moquent pas mal. Leur popularité à eux est restée intacte. Et l'affluence monstre lors de ce match historique leur a assuré une recette record. Les parrains de Marseille savent profiter de tout.

Tatoué aux bat' d'Af'

Ils ont un sacré pedigree, ces deux-là. Paul Bonaventure Carbone est né en février 1894 à Propriano (Corse-du-Sud) mais il a grandi à Marseille, première ville d'exil des migrants de l'île. Comme beaucoup de ses congénères corses, son père était navigateur aux Messageries maritimes, la grande compagnie dont les lignes sillonnent la planète, de la Méditerranée à l'Extrême-Orient. Rusé et massif, avec un cou de taureau, Paul fait rapidement ses « classes » au contact, parfois violent, des caïds de la rue. Il n'a que douze ans quand son père meurt. Aîné de la famille, il protège ses deux frères, François et Jean, et pratique tous les petits boulots qui se présentent – vendeur de journaux, docker, marin.

Condamné pour coups et blessures, il est envoyé aux bataillons d'Afrique. Là, sous le cagnard du soleil sahélien, il côtoie des brigands récalcitrants, des matelots costauds et des revenants des

1. *La Semaine du ring*, 16 juillet 1932.

pénitenciers. Peu docile, le jeune Corse se retrouve souvent à la section de discipline, la Camise. Pendant ses heures perdues, il se fait tatouer sur le corps un kaléidoscope d'images aux symboles rustiques : un pointillé rouge sur le cou pour la ligne de la guillotine, la tête de Maure corse sur le poitrail avec des inscriptions telles que « Vive Napoléon » ou « Honneur et patrie », un boa géant dans le dos, des papillons sur les épaules, une scène de chasse au renard sur les hanches, un croissant de lune éclairé d'une lanterne, une pensée pour sa mère et un « Mort aux vaches » à l'adresse des forces de l'ordre sur les bras. Sans oublier une inscription prometteuse sur le bas-ventre : « Au plaisir des dames »[1].

Les bat' d'Af' sont expédiés en première ligne pendant la guerre de 1914-1918. Les soldats tombent comme à l'abattoir. Les cercueils s'entassent dans les tranchées boueuses. Sans état d'âme, Paul Carbone use parfois du couteau ou de la scie pour faire rentrer les cadavres dans les boîtes. Il se bat aussi comme un diable et gagne une médaille militaire après avoir été blessé durant la sanglante contre-attaque du Chemin des Dames, à Verdun.

Endurci par son séjour aux bat' d'Af' et par la guerre, le survivant, démobilisé en 1919, revient à Marseille avec une certitude en tête : il ne rentrera jamais dans le droit chemin. Un de ses cousins, « Joseph le Corse », très actif dans le milieu entre Nice et l'île de Beauté, lui donne quelques conseils. Les Messageries maritimes lui servent de couverture logistique pour voyager dans tout l'Orient et repérer les escales où organiser divers trafics. « J'ai de qui tenir, confie-t-il fièrement à ses proches. Mon aïeule Illéria Carbone, nourrice de Napoléon, avait épousé un capitaine de tartane réputé pour ses exploits de contrebandier[2] ! » Il passe en Chine où le commerce d'opium fait rage, en Amérique latine où il expédie des prostituées, aux États-Unis où il noue des liens utiles avec les lieutenants d'Al Capone. Il commence à rapporter dans ses bagages quelques paquets d'opium pour les vendre aux fumeries de Marseille.

Arrêté sous divers faux noms – Capponi, Venture, Ventura, Pedipeli –, il s'en sort indemne, faute de preuves. Son casier judiciaire restera toujours étrangement vierge. Puis il recrute des passeurs qui se chargent à sa place de transporter la drogue dans des paquets étanches, balancés dans l'eau à quelques brasses de la côte marseillaise. Des pêcheurs ont pour mission d'aller récupérer la marchandise, Carbone surveillant la manœuvre à la longue-vue

1. Jean Bazal, *Le Clan des Marseillais*, *op. cit.*, p. 140.
2. *Ibid.*, p. 143.

depuis la terrasse des Roches Blanches, où il déguste une bouillabaisse avec des amis[1]. Le gangster n'en est pourtant qu'à ses débuts dans un trafic qui va bientôt s'avérer florissant. Carbone tâte de toutes les formes d'activités criminelles, où s'illustrent déjà bon nombre de « mauvais garçons » corses. Mais il y met davantage de rage et d'entrain, se taillant une réputation de conquérant et un costume de caïd. Il cherche ainsi de nouvelles affaires en Orient, principalement dans la traite des Blanches. Il envoie sa protégée Lola en éclaireuse en Égypte, avant de s'y rendre lui-même. Au Caire, il fait la rencontre d'un certain François Paul Spirito, dit « Lydro ».

Enlevé au Caire

Né à Itri, dans le sud de l'Italie, le 23 janvier 1900, François Spirito a l'allure d'un vrai mafioso. À dix ans, il chaparde des pommes dans le champ d'un voisin. Les carabiniers l'attrapent et lui donnent une sévère correction. « J'ai juré ce jour-là de faire peur à tout le monde[2] », dira-t-il plus tard. Arrivé à Marseille, comme beaucoup de migrants italiens, en 1913, le jeune François mûrit vite. Les dames le surnomment alors « Beau Ficelle » à cause de sa haute silhouette élancée. L'Italien se poudre les joues pour masquer de vilaines cicatrices de variole. Danseur mondain à ses heures, il est toujours d'une élégance soignée, portant chemise de soie à fines rayures, costume de coupe, perle à la cravate, pardessus en poil de chameau et borsalino gris ou vert pâle. Grâce à ses goûts raffinés et à son sourire enjôleur, il accumule les conquêtes et, rapidement, les prostituées, qui travaillent pour son compte.

Mais une brute se cache sous son charme de don juan. Il n'hésite pas à tuer un proxénète algérien qui lui dispute une fille sur le pavé parisien, simulant ensuite la folie pour échapper à la prison. Transféré dans un asile marseillais, il est rapidement déclaré guéri et ressort libre comme l'air. Aventurier dans l'âme, Spirito est prêt à tout pour amasser une fortune. Dès qu'il rencontre Paul Carbone, il sait qu'ils seront complémentaires, formant ensemble une paire qui combine le charme et la force, la ruse et la férocité. Un Corse et un Italien, c'est aussi le signe d'une parenté culturelle et le présage d'une alliance criminelle entre « cousins » qui va prospérer durant des décennies.

---

1. Jean Bazal, « Marseille au temps des borsalinos », *Historia*, n° 417, août 1991.
2. Rapporté dans Eugène Saccomano, *Bandits à Marseille*, *op. cit.*, p. 64.

Ils deviennent inséparables. Aucun scrupule ne les arrête. Les voilà dans la capitale égyptienne, au milieu des années 20, en train de nouer des liens avec tous les proxénètes de la ville. « Nous avions installé au Caire une splendide maison, racontera Spirito. Avec Carbone, nous avions emmené là-bas les plus belles filles de France. Pendant qu'il était resté au Caire pour faire démarrer la boîte, je rencontrais dans la vallée du Nil des producteurs d'opium avec lesquels nous devions organiser un marché. En remontant la vallée, je m'étais rendu au théâtre d'une petite ville où passait en tournée une troupe théâtrale italienne. La vedette était une fille merveilleuse. Le soir même, elle quittait ses plumes et sa revue pour partir avec moi[1]. »

Carbone, lui, prend sous son aile une femme qui prétend avoir été séquestrée et battue. Las, les agresseurs de la belle se fâchent. Quelques jours après, ils embarquent de force le Corse dans le désert, l'enterrent dans le sable et recouvrent son visage de miel afin que les fourmis le dévorent. Lorsque Spirito, inquiet de sa disparition, finit par retrouver son ami deux jours plus tard, il est presque mort de soif et les fourmis ne l'ont pas épargné. Sale souvenir d'Égypte.

À bonne école dans le trafic de drogue

Pourchassé pour ses activités de proxénète, Carbone quitte la terre des pharaons, ce qui ne l'empêchera pas de réinvestir dans une maison close du Caire. Avec Spirito, il prend des parts dans d'autres bordels à Marseille, à Cannes, à Nice. Ils expédient des « filles » à Tunis et à Buenos Aires, où officient depuis des lustres des souteneurs méridionaux[2]. « Le Tatoué » a aussi gardé en Orient des contacts utiles qui lui permettent d'entrer dans le cercle fermé des grands trafiquants internationaux d'opium. Les petits ballots cachés à la barbe des douaniers marseillais ne suffisent plus à son standing. L'heure est au commerce planétaire. Carbone va prendre quelques leçons au contact de truands organisés à grande échelle, napolitains, grecs ou juifs d'origine pour la plupart, avant de voler de ses propres ailes.

Dès la fin des années 20, Paul Bonaventure Carbone devient ainsi l'un des associés d'un trafiquant de renom, un dénommé Astras,

1. Rapporté *ibid.*, p. 65.

2. Voir Jérôme Pierrat, *Une histoire du Milieu*, Denoël, 2003, p. 91-95 et 122. Ouvrage très détaillé, notamment sur la période d'avant guerre.

recherché par les polices grecque et roumaine pour diverses affaires de fraude. Astras est en concurrence directe avec un autre parrain puissant, un certain Elias Eliopoulos, négociant grec très actif. Avec ses complices et son frère George, ce dernier, surnommé « Elie » ou « le Baron », a quasiment pignon sur rue à Paris. Élégant, ne sortant jamais en ville sans ses vestes brodées et ses gants beurre frais, Elie fréquente les champs de courses, l'Opéra et toute la haute société aristocratique européenne[1].

À cette époque, la transformation de l'opium est légale en France et son commerce autorisé, moyennant des « certificats de sortie » officiels, par l'intermédiaire de sociétés de négoce dûment répertoriées. Achetant à bon prix son opium brut à l'un des plus gros négociants de Chine, Eliopoulos a des liens étroits avec deux fabricants français, le Comptoir des alcaloïdes et la Société industrielle de chimie organique (Sico), installés en région parisienne. Ensemble, ils expédient l'opium transformé, la morphine ou l'héroïne vers la Chine ou, clandestinement, vers les États-Unis[2]. La « marchandise » est empaquetée dans des caisses contenant officiellement des livres ou du matériel agricole. Les frères Eliopoulos amassent ainsi une fortune considérable.

Le 1er janvier 1929, le gouvernement français décide de surveiller de plus près les 325 brokers d'opium opérant depuis le territoire national, certains étant soupçonnés d'irrégularités. Eliopoulos ne craint pas grand-chose. Il est protégé par un certain inspecteur Martin, de la préfecture de police de Paris, qui lui garantit l'impunité totale moyennant quelques tuyaux sur des saisies possibles et un pot-de-vin de dix mille francs chaque mois. « Je lui ai fourni une information concernant une cargaison d'héroïne d'Anvers vers New York en juillet 1930 pour laquelle Martin, via une tierce personne, a reçu dix mille dollars de récompense de la part du gouvernement américain pour la saisie effectuée et d'autres qui suivirent », racontera Eliopoulos quelques années plus tard[3]. En mars 1930, la France interdit d'exercice les industriels et les brokers à compter du 1er octobre suivant. La production et le négoce sont désormais réservés à une poignée de sociétés étroitement contrôlées.

---

1. Rapporté dans Harry J. Anslinger et Will Oursler, *Les Trafiquants de drogue*, Fayard, 1963, qui raconte une partie de l'histoire d'Eliopoulos, p. 44-60.

2. Le commerce d'opium ou d'autres drogues est prohibé aux États-Unis depuis 1914 (Harrisson Act). La production et le commerce de drogues sont restés quasiment libres en Europe jusqu'à l'adoption de la convention internationale sur les stupéfiants en 1931.

3. « Statement of Elie Eliopoulos regarding the narcotic traffic, made at Athens, September 21-24, 1932, Bureau of Narcotics », National Archives.

Pris à contre-pied, les trafiquants doivent changer de méthode. Le Comptoir des alcaloïdes et la Sico installent des usines en Turquie afin de commercer, grâce à de fausses déclarations douanières, depuis ce pays plus laxiste vers les ports européens. Elie dirige ce trafic. Mais il fait de nombreux jaloux. L'un de ses anciens associés, David Gourievidis, affaibli par des dénonciations d'Eliopoulos, se venge en donnant des informations à la police française. Désireux de se faire une place dans ce business, l'escroc Astras, secondé par Paul Carbone, fournit également quelques tuyaux aux autorités sur les activités d'Eliopoulos. Une cargaison est saisie à Marseille fin 1930. Carbone vient même menacer le frère d'Elie à son domicile parisien. En dépit de ses protections, Eliopoulos finit par être expulsé de France en mai 1931.

La bande d'Astras-Carbone, elle, monte en puissance. Ses hommes n'ont pas froid aux yeux, se présentant parfois comme des « informateurs accrédités » de la Société des nations, ancêtre de l'ONU, pour lutter contre les trafics ! Ils font chanter les fabricants installés en Turquie, les menaçant de dénoncer leurs agissements s'ils ne concluent pas d'affaires avec eux. Les dirigeants du Comptoir des alcaloïdes craquent, confiant des quantités d'opium à Astras et à ses complices. Les cargaisons sont expédiées par train, à bord du Simplon-Orient-Express, d'Istanbul à Paris ou à Berlin, avant d'être acheminées vers les États-Unis.

Réfugié à Athènes, Eliopoulos débarque un beau jour à la gare d'Istanbul pour empêcher ce trafic concurrent. Sur les quais, Carbone est là, armé jusqu'aux dents, qui fait barrage. « Carbone m'a frappé à la tête avec la crosse de son revolver et il est monté dans le train qui partait[1] », dira Eliopoulos. Aussitôt, il envoie un télégramme à la police judiciaire française afin qu'elle tente d'intercepter la livraison à l'arrivée. C'est lui qui finira par être arrêté à Athènes quelques mois plus tard, en 1932, et tout son réseau sera démantelé, du Caire à Paris.

L'organisation Astras-Carbone continue de prospérer. Dans son rapport sur la lutte contre le trafic de drogue pour l'année 1932, la police égyptienne donne ces précisions : « Astras avait parmi ses hommes le fameux Paul Ventura, autrement dit Carbone, qui avait été expulsé d'Égypte en 1924 suite à des accusations de traite des Blanches. Ce monsieur originaire de Corse s'était vu chargé du rôle de porte-fusil du gang, mais il est peu probable qu'il se soit servi de

1. « Statement of Elie Eliopoulos », *op. cit.*

cette arme, puisqu'il était connu pour lui préférer l'usage du couteau[1]. » Carbone a déjà une solide réputation.

Des gangsters à l'américaine, maîtres de Marseille

En France, Carbone et Spirito bâtissent leur empire. À Paris, les Corses, venus de l'île, montés de Marseille ou chassés d'Argentine par l'interdiction des maisons closes, prennent le pouvoir sur les boîtes de nuit et les bordels de Pigalle. Ils « importent la vendetta, le browning remplace la lupara, le fusil à canon scié du bandit d'honneur du maquis [...] On dégaine sans sommation. Une parole, un différend et ce sont les canons qui parlent[2] », raconte l'historien Jérôme Pierrat. Les caïds parisiens qui veulent défendre leurs « protégées » tombent les uns après les autres sous les balles des tueurs insulaires, qui se retrouvent notamment Chez Alexis, tenu par un Ajaccien, ou Chez Dante, un bistrot près de la place de Clichy, transformé en quartier général.

Natif de Calenzana, en Haute-Corse, ancien des bat' d'Af' comme Carbone, Joseph Marini est passé du pavé marseillais à celui de Paris au milieu des années 20 avec son acolyte, Antoine Peretti, originaire de Zicavo (Corse-du-Sud). Ensemble, ces deux proxénètes proches de Carbone – le premier est son ami, le second son petit-cousin – se sont imposés à Montmartre. Implacable avec ses rivaux autant qu'avec ses prostituées, Marini est surnommé « le Capitaine des Corses ». Il a récupéré à Nanterre un laboratoire de drogue du réseau d'Eliopoulos, qu'il confie aux frères Stéfani, originaires de Porto-Vecchio, lesquels s'enrichiront sans vouloir partager leurs bénéfices[3]. Aux côtés de leurs amis corses, Carbone et Spirito investissent dans plusieurs maisons closes et boîtes, gérées par un ancien violoniste, Antoine Nicolini, ou par un homme de confiance, Gaëtan Lherbon, baron de Lussatz, un aristocrate truand qui connaît le Tout-Paris.

1. « The drug barons of Europe (The Eliopoulos Organization) quoted from the annual report of the Egyptian governement for the year 1932 », National Archives.

2. Jérôme Pierrat, *Une histoire du Milieu*, *op. cit.*, p. 159.

3. En décembre 1934, Angelin Foata, un lieutenant de Marini, s'estimant lésé et furieux que trois autres trafiquants proches de ce dernier aient été arrêtés, décide d'attaquer les Stéfani. Prenant les devants, Jean-Paul Stéfani fait feu sur Foata, qui est accompagné de son fils, lequel meurt de ses blessures. Arrêté, Stéfani, lors de son procès en 1936, chargera son frère et un proxénète (décédés entre-temps) du crime et ressortira libre. Foata tentera de se venger en tirant sur lui et quelques-uns de ses proches, dont Dominique Paoleschi, dans un cimetière. Arrêté sur le fait, il écopera de sept ans de travaux forcés. *Cf.* Jérôme Pierrat, *Une histoire du Milieu*, *op. cit.*, p. 168-171.

Carbone et Spirito s'immiscent également dans les coulisses du pouvoir politique et médiatique. Le préfet de police de la capitale, Jean Chiappe, lui aussi originaire de Corse, n'hésite pas à les rencontrer. Chiappe est un personnage influent, volontiers manipulateur, une sorte de Fouché, fréquentant tous les milieux de la capitale. Ses opinions politiques d'extrême droite le rapprochent de son cousin corse, Horace de Carbuccia, patron de *Gringoire*, l'hebdomadaire populiste à la ligne éditoriale antisémite et antibolchevique, ainsi que de son lointain parent François Piétri, figure politique de l'île, qui deviendra ministre, puis ambassadeur du régime de Vichy.

Tout ce petit cercle se rend des services et se côtoie dans les soirées mondaines. Marcelle, l'épouse de Carbone, préfère d'ailleurs la vie parisienne. Elle s'est installée dans un grand appartement du XVIIe arrondissement, boulevard Pereire. Souvent, le couple Carbone dîne Chez Nine ou à la Crémerie, en compagnie d'un jeune chanteur corse qui connaît quelques succès, un certain Tino Rossi[1].

Paul Carbone multiplie les allers-retours entre Paris et Marseille, où il loge chez sa mère, rue Audimard. Car la cité phocéenne reste sa base. Le port est le centre névralgique des lignes maritimes, le lieu de brassage de toutes les communautés de la Méditerranée, un tremplin formidable pour les trafics vers l'Orient ou vers l'Amérique. Le mitan – le milieu – a bien quelques vedettes montantes, comme Noël et Joseph Renucci, Antoine Ottaviani, dit « le Boxeur », ou les frères Guérini, juste débarqués de leur village corse de Calenzana. Mais aucun de ceux-là n'a l'expérience des trafics internationaux, ni la surface financière et le culot du tandem formé par Carbone et Spirito.

La ville est depuis plusieurs années soumise à leur racket. La plupart des bistrots, des hôtels, des cabarets, des commerces, y compris les marchands de fruits et légumes des marchés, doivent payer leur écot aux hommes de Carbone et Spirito. Ils tiennent des maisons de passe et des centaines de machines à sous placées dans les bistrots, jusqu'à leur interdiction légale en 1937. Si l'on ajoute à cela la traite des Blanches, la drogue, la contrebande d'or ou d'alcool, la fausse monnaie, les faux timbres ou le trafic d'armes, le portefeuille des parrains s'épaissit à vue d'œil. L'argent coule à flots. Carbone a ouvert un bar, le Beauvau, confié à Jean, l'un de ses frères, où se pressent toutes les personnalités de la ville. Spirito a également acquis un autre comptoir, l'Amical Bar, près de l'Opéra.

Leur standing est luxueux. Ils s'habillent comme des princes, se déplacent dans de grosses limousines, sablent le champagne à tout va,

1. Jérôme Pierrat, *Une histoire du Milieu*, *op. cit.*, p. 172.

flambent dans les casinos. Ils ont amarré leur yacht, baptisé *Roselyne*, près de Bandol. À son bord, ils reçoivent les vedettes du show-biz ou des personnalités de renom. Ils soignent les industriels, les élus ou les journalistes aux meilleures tables des restaurants de la ville. Un reporter du *Journal de Paris*, de retour de Chicago, reçoit ainsi une invitation amicale de Carbone : « Cher ami, venez passer deux jours avec moi à Marseille. Vous me raconterez ce que vous avez vu aux États-Unis et me direz à quoi tient la puissance d'Al Capone[1]. »

En affichant ainsi des dehors de nouveaux riches, ils s'achètent une honorabilité, si ce n'est des complicités fort utiles. Les millions d'argent sale recyclés vont « donner à ces gangsters américanisés des allures de bourgeois, prêts à investir dans le commerce ou l'industrie marseillaise. Des liens d'affaires se nouent avec les grandes familles locales et, par ricochet, avec les hauts personnages de la politique[2] ».

Carbone et Spirito sont, on le voit, à des années-lumière de la tradition des bandits d'honneur corses, isolés dans le maquis. En 1931, au moment où leur pouvoir s'étend à Marseille, le gouvernement envoie des soldats dans l'île pour éradiquer une poignée de rebelles, qui défient l'ordre public en tirant sur des gendarmes et dont la presse populaire narre les aventures avec romantisme. La « débanditisation » de la Corse sera officiellement achevée en juin 1935 avec l'exécution publique de l'un d'entre eux, André Spada, considéré comme un aliéné mental.

Paul Carbone n'est pas de cet acabit. C'est même l'antithèse d'un Spada. La référence aux gangsters américanisés et à Al Capone paraît plus proche de la réalité. Toutes proportions gardées, Carbone et son associé italien Spirito détiennent à Marseille, dès le début des années 30, un pouvoir similaire à celui du boss de Chicago. Grâce à leur implantation urbaine, à leurs activités criminelles très diversifiées, à l'échelle internationale et quasiment industrielle de leurs trafics, à leur ascendant sur les clans corses, à leur fortune en cours de blanchiment, ils créent une organisation criminelle très structurée, une vraie toile d'araignée. Sans s'en rendre compte, ils forgent la matrice d'une organisation criminelle qui servira de modèle à leurs descendants et à leurs concurrents, qui survivra aux guerres et aux générations, et dont le centre de gravité retournera de Marseille à la Corse au début des années 80.

1. Cité dans Marie Paoleschi, *Le Milieu et moi* (récit recueilli par Jean Bazal), Fanval, 1987, p. 119.

2. Jean-Baptiste Nicolaï, *Simon Sabiani, un chef à Marseille : 1919-1944*, Olivier Orban, 1991, p. 144.

Les agents électoraux du populiste Sabiani

Véritable parrain, Paul Carbone comprend surtout que, pour régner, il n'a pas seulement besoin d'accumuler les activités illicites et les bénéfices. Il lui faut aussi de solides protecteurs politiques, notamment à Marseille, pour jouer du trafic d'influence. C'est pourquoi il choisit le camp d'un Corse ambitieux, Simon Sabiani, député et adjoint du maire de la ville, le socialiste Siméon Flaissières. Né en 1888 à Casamaccioli, village de la région montagneuse du Niolo, en Haute-Corse, Sabiani est arrivé à Marseille en 1907 et s'est installé comme transitaire en vins. Officier blessé par un éclat d'obus à Douaumont, il a servi dans la même unité que l'un des frères de Carbone.

Après guerre, Sabiani fait partie des Corses qui occupent des postes clés dans la vie publique marseillaise. Il commence sa carrière politique dans les rangs du parti communiste avant de se faire élire comme conseiller municipal «socialiste-communiste» au milieu des années 20. En 1928, il remporte un siège de député «indépendant de gauche» contre son ancien lieutenant Pierre Ferri-Pisani, un autre Corse, secrétaire général du Syndicat des inscrits maritimes qui a rejoint le camp socialiste, celui de la SFIO. En 1929, Sabiani devient le premier adjoint du maire Flaissières, non sans garder de solides attaches avec son village natal. «Chaque année, Sabiani trouvait du travail pour trois ou quatre arrivants de Casamaccioli, et quand il fut élu député en 1928, le village entier se réjouit[1]», note l'historien américain Paul Jankovski.

Lorsque Flaissières, âgé de quatre-vingts ans, décède en mars 1931, l'un de ses bras droits, le Dr Georges Ribot, prend sa succession, mais c'est Sabiani qui devient l'homme fort de la municipalité. Tribun à l'accent rocailleux, démagogue et sans scrupules, il pratique le clientélisme à grande échelle, notamment auprès de ses compatriotes corses, qui sont plus de 60000 dans la cité phocéenne.

Marseille est alors la «première ville corse», selon l'expression de Flaissières. Au lendemain d'une guerre qui avait saigné leurs villages, «les Corses débarquaient à Marseille avec l'enthousiasme des pionniers posant les pieds sur la terre promise[2]», raconte l'écrivain Gabriel-Xavier Culioli, retraçant l'itinéraire de ses aïeux. Simon

---

1. Paul Jankovski, *Communism and Collaboration : Simon Sabiani & Politics in Marseille, 1919-1941*, Yale University Press, 1989, p. 18.
2. Gabriel-Xavier Culioli, *La Terre des seigneurs*, DCL, 1999, p. 242.

Sabiani joue à fond de cet esprit de conquête et de cette solidarité insulaire. À Marseille, il anime les amicales corses qui regroupent des gens de toutes conditions, soutient des candidats originaires de l'île, recommande des arrivants pour des postes dans la police, les douanes, les postes. Il fournit des logements aux uns – par exemple à la mère de Carbone – et des prébendes aux autres. Chaque jour, plusieurs centaines de ses électeurs attendent une audience à son bureau pour obtenir un service ou une faveur. « Quand il rentrait chez lui pour dîner, ils faisaient encore la queue, connaissant ses horaires et pariant sur sa générosité [1] », écrit Jankovski.

Sabiani crée un comité de défense des marins du port, pour la plupart originaires de l'île, ce qui lui assure une base électorale fidèle. « Les solidarités corses s'organisent également au sein d'associations, les Amis de Simon Sabiani, qui constituent de parfaits relais mobilisables en cas de besoin. Sabiani est à la tête d'un clan corse, avec toutes les relations privilégiées que cela suppose [2] », commente la sociologue Marie-Françoise Attard-Maraninchi. Ses supporters, souvent issus des milieux ouvriers ou de la petite fonction publique, se regroupent notamment autour du parti socialiste-communiste, des phalanges prolétariennes, ou encore de l'association philantropique des douaniers corses [3]. En 1931, grâce à l'appui financier du puissant armateur de la ville Fraissinet, Sabiani fonde un journal, *Marseille libre*, pour relayer ses idées. Il installe des permanences électorales dans plusieurs bars, avec des stocks de cartes d'électeurs en réserve.

Devenu le véritable patron de la mairie de Marseille, il recrute à tour de bras des centaines d'employés municipaux venus des villages corses, dont plusieurs dizaines de repris de justice. « On embauchera encore, et tant que je serai là, mes amis et seulement mes amis. Eux d'abord, les autres ensuite, s'il y a encore de la place [4] », explique avec franchise l'adjoint au maire. « Le personnel des cimetières est en augmentation de 84 %, tandis que l'on crée, à l'intention de Jean Carbone, frère de Paul, le poste d'inspecteur des stades [5] », raconte Eugène Saccomano.

Avec ses hommes, Paul Carbone se glisse dans le sillage de cette étoile montante. À partir de 1931, le pouvoir croissant de Sabiani à la

---

1. Paul Jankovski, *Communism and Collaboration*, *op. cit.*, p. 44.
2. Marie-Françoise Attard-Maraninchi, *Le Panier, village corse à Marseille*, Autrement, 1997, p. 108.
3. Paul Jankovski, *Communism and Collaboration*, *op. cit.*, p. 39.
4. *Le Petit Marseillais*, 11 juin 1933, cité dans Marie-Françoise Attard-Maraninchi, *Le Panier, village corse à Marseille*, *op. cit.*, p. 111.
5. Eugène Saccomano, *Bandits à Marseille*, *op. cit.*, p. 76.

mairie assure au parrain de solides appuis, en échange de loyaux services d'agent électoral. Les campagnes sont rudes. Les réunions publiques donnent souvent lieu à des échauffourées entre adversaires. Chaque candidat a donc sa petite armée de nervis, chargés de coller des affiches, de convaincre les récalcitrants, de troubler les meetings des concurrents, de faire le coup de poing quand il le faut, voire de bourrer les urnes ou de faire voter les morts. Les élus, ensuite, doivent bien renvoyer l'ascenseur. Les principales figures de la pègre locale choisissent leur camp. Les radicaux sont parfois entourés des hommes de main de la famille Renucci. Derrière les leaders socialistes comme Henri Tasso ou Pierre Ferri-Pisani, on trouve le Bastiais Louis Rossi et le clan d'Antoine Guérini. « Sabiani s'appuie sans vergogne sur les gangsters Spirito et Carbone. Marseille est un port. Si nous n'avons pas d'appuis chez les truands, nous nous ferons avoir[1] », dit-on chez les socialistes.

Même si son image pâtit de ses liens marqués avec la pègre – Sabiani sera maintes fois raillé comme « député-gangster » par la presse de gauche –, l'adjoint au maire semble s'en moquer. Paul Carbone est souvent invité à sa table pour partager une soupe corse, au milieu d'une nuée de convives mêlant amis de passage, capitaines au long cours, avocats de renom ou acteurs célèbres. Lors d'un meeting électoral, Sabiani lance une ode admirative à l'adresse de son ami truand : « Rarement dans ma vie j'ai rencontré de cœur aussi noble que celui de Carbone[2]. »

Il n'hésite pas à s'afficher aux côtés de ses supporters, aussi peu recommandables soient-ils. En juillet 1930, par exemple, François Carbone, l'autre frère du parrain, passe devant la cour d'assises d'Aix-en-Provence pour avoir assassiné un proxénète qui terrorisait les bordels de la rue Bouterie. Accompagné d'un conseiller municipal corse, Simon Sabiani est là pour soutenir le clan Carbone et tenter d'influencer les jurés. Un journaliste du *Petit Marseillais* raconte : « Ils allaient et venaient dans la salle des pas perdus, se faisant présenter les jurés qu'on leur rabattait [...] L'un d'eux, tandis qu'on lui recommandait chaleureusement l'indulgence envers le meurtrier Carbone, ne put maîtriser son indignation et lui déclara : Je ne sais pas, monsieur, comment vous osez faire une pareille démarche auprès de moi[3] ! »

---

1. Rapporté dans Gabriel-Xavier Culioli, *La Terre des seigneurs*, *op. cit.*, p. 315.
2. Paul Jankovski, *Communism and Collaboration*, *op. cit.*, p. 41.
3. *Le Petit Marseillais*, article signé d'André Gerbe, cité dans Jean-Baptiste Nicolaï, *Simon Sabiani, un chef à Marseille*, *op. cit.*, p. 138.

Le journaliste du *Petit Marseillais* évoque ensuite des financements politiques provenant du butin de certains cambriolages. Outragé, Sabiani envoie deux émissaires au rédacteur pour lui réclamer un duel réparateur. Le journaliste décline l'invitation sur le pré d'honneur. Mais l'élu passe à la contre-offensive dans son journal *Marseille libre* :

> Je ferai connaître, si l'on m'y pousse, les actes d'hommes politiques qui ne cessent d'arpenter les couloirs du tribunal, de frapper aux portes du parquet ou d'intervenir dans les ministères [...] Je rappellerai les affaires où de scandaleuses interventions de bandits véritables se sont produites et le public connaîtra où se trouve la vérité. Je suis en face d'une bande d'affairistes, de requins, qui ne me pardonnent pas d'avoir apporté mon tribut au bon ordre qui règne à l'hôtel de ville[1].

Dans la tourmente du scandale Stavisky

Sur le terrain de la confusion des genres, les Marseillais ne sont pas au bout de leurs surprises. Car les noms de Carbone et de Sabiani vont se trouver mêlés de manière spectaculaire aux crises politiques qui secouent la France entière. Le 8 janvier 1934, le cadavre de Serge Alexandre Stavisky, un financier véreux d'origine ukrainienne qui a réussi à escroquer le Tout-Paris, est découvert dans le chalet du Vieux-Logis à Chamonix. Très vite, le scandale éclate, tant le réseau de compromissions mis en place par Stavisky, qui était aussi un indicateur de la police, semble toucher tous les pans de la République. Certains ministres sont suspectés d'avoir « couvert » les agissements de Stavisky, de même que le préfet de police de Paris, Jean Chiappe, ami intime de Carbone et du populiste Sabiani. À Marseille, ce dernier, anticipant les critiques, dénonce publiquement ces scandales et lance son mot d'ordre : « Restaurer la morale, la discipline et l'autorité. » Le gouvernement est emporté par des soupçons de corruption. Édouard Daladier succède à Camille Chautemps à la présidence du Conseil.

L'éviction du préfet Chiappe[2], qui provoque la démission de plusieurs ministres, dont le Corse François Piétri, ne calme pas les

1. Rapporté dans Jean-Baptiste Nicolaï, *Simon Sabiani, un chef à Marseille*, *op. cit.*, p. 139.

2. Chiappe aurait dit à Daladier, qui voulait le muter au Maroc : « Je refuse, vous me trouverez dans la rue. » Audition de Daladier devant la commission d'enquête parlementaire sur les événements du 6 février 1934, rapport du 17 mai 1934, imprimerie de la Chambre des députés.

esprits. Au contraire. Les ligues antiparlementaires se déchaînent contre le régime, jugé pourri. Le 6 février 1934, près de 40000 manifestants de droite défilent à Paris en criant : « À la porte les voleurs ! Vive Chiappe ! En avant à la Chambre ! » Les incidents virent à l'émeute. La police, sans directives, tire sur la foule. Une commission d'enquête parlementaire sur ces événements tragiques, qui ont fait 16 morts et plus de 1500 blessés, est mise en place. Le député Sabiani, qui a assisté dans la foule aux manifestations, en fait partie[1].

Le pouvoir vacille toujours. Daladier démissionne, remplacé par Gaston Doumergue. La gauche et les syndicats se mobilisent en masse contre le « fascisme » et la « dictature » et pour « sauver la République » face aux ligues qui ont défié le pouvoir, le 6 février. À Marseille, lors d'un meeting enfiévré, Sabiani, mal à l'aise, refuse de participer à toute manifestation unitaire.

Le 12 février, plus de 50000 socialistes et communistes défilent dans les rues de la ville. Des incidents éclatent. Des coups de feu sont tirés depuis une voiture sur des chefs de la Sûreté générale. Le véhicule suspect est vite identifié. Certains croient avoir reconnu au volant des gangsters proches de Carbone. La presse de gauche attaque Sabiani, qui ne s'est pas joint aux cortèges. *Le Petit Provençal* l'accuse d'être un « socialiste douteux », voire un « fasciste dangereux ». Sabiani est lâché par les républicains de droite comme de gauche. Heureusement, il a encore quelques soutiens dans la ville et des amis pour le défendre, Carbone et Spirito.

« Carbone est mon ami »

L'affaire Stavisky rebondit le 21 février avec la découverte du corps déchiqueté d'un conseiller à la cour d'appel de Paris, Albert Prince, sur la ligne ferroviaire Paris-Dijon. Participant à l'enquête sur Stavisky, Prince s'est probablement suicidé. Mais l'inspecteur Pierre Bonny, chargé des investigations, cherche une diversion pour éviter que l'affaire n'éclabousse toute la classe politique. En réalité, Bonny est un policier trouble, qui aurait des intérêts dans le trafic de drogue[2]. Grâce à des indices falsifiés et à des témoignages fabriqués, il accuse rapidement trois hommes, qu'il rêve de voir à terre, d'avoir organisé le meurtre d'Albert Prince, en l'occurrence Paul Carbone,

1. Jean-Baptiste Nicolaï, *Simon Sabiani, un chef à Marseille, op. cit.*, p. 173-176.

2. Pierre Bonny, qui s'était déjà illustré par son rôle controversé dans l'affaire Seznec, sera ensuite un collaborateur actif des nazis durant la guerre, avant d'être fusillé à la Libération, en décembre 1944.

François Spirito et l'un de leurs amis, le baron de Lussatz. Le policier laisse entendre qu'en assassinant le conseiller le trio voulait faire naître une nouvelle crise politique qui aurait permis à Sabiani et à son ami corse, le préfet Chiappe, de prendre le pouvoir à Paris. Les suspects sont arrêtés et emprisonnés à Dijon.

Les parrains de la ville embastillés ! À Marseille, la nouvelle fait l'effet d'un coup de tonnerre le 29 mars, d'autant que le dossier de l'accusation semble largement artificiel. À travers Carbone, Sabiani se sent visé. Déjà, certains journaux glosent sur les « présumés assassins » qui se trouvent être aussi les « courtiers électoraux de Simon Sabiani ». La riposte s'organise. En pleine nuit, des colleurs d'affiches placardent sur tous les murs de la ville des milliers de feuilles imprimées en caractères gras. Le matin du 30 mars 1934, en sortant de chez eux, les Marseillais découvrent le long message public, titré « Pâques policières » et signé de Simon Sabiani.

> Il fallait s'y attendre ! Ne pouvant dénoncer les instigateurs de l'affaire Prince, ne voulant brûler les auteurs du crime, qui sont sans doute en son propre sein, la Sûreté générale, affolée, brouille les pistes et jette en pâture à l'opinion publique tout ce que ses indicateurs lui mettent au hasard sous la main [...] Si, à Marseille, Carbone et Spirito sont des coupables, qu'on frappe dur et fort, mais nous ne reconnaissons à personne le droit de condamner sans preuve et par anticipation. Comme ils ne sont pas des hommes à se tuer, qu'on n'en fasse pas, pour le salut des coupables, des « suicidés » par ordre. Encore moins, que leur suicide involontaire ne serve pas à répéter avec des airs sous-entendus : Sabiani a trempé par quelque côté dans l'affaire Stavisky ; contre Sabiani, toutes les armes sont bonnes [...] Ni hier soir, ni aujourd'hui, je ne me laisserai faire. Carbone est mon ami et demeurera mon ami. Tant que sa culpabilité ne sera pas démontrée, je serai toujours sur pied d'armes, et si je fais litière de ces procédés, la population marseillaise qui me connaît saura elle aussi briser les coalitions perfides qu'à chaque instant on dresse contre moi[1] [...].

Les appuis politiques des parrains de la ville sont ainsi étalés au grand jour. Sabiani remue ciel et terre pour défendre ses « amis ». Devant la commission d'enquête parlementaire, il accuse l'inspecteur

1. Le texte intégral de cette affiche est reproduit dans Jean-Baptiste Nicolaï, *Simon Sabiani, un chef à Marseille*, *op. cit.*, p. 177-179.

Bonny d'avoir voulu se venger, faute d'avoir pu impliquer Carbone dans une affaire de laboratoire de drogue.

Dans le cabinet du juge, lors de son interrogatoire, Paul Carbone, défendu par Me Vincent de Moro-Giafferi, un ancien ministre, et Me Marcel Ceccaldi, fournit plusieurs alibis crédibles. Les vérifications le disculpent aisément, tout comme son ami Spirito et le baron de Lussatz. Lorsqu'ils sortent libres, avec un non-lieu, de la prison de Dijon, le 26 avril 1934, ils ont un grand sourire aux lèvres. À leur arrivée en gare Saint-Charles, à Marseille, c'est un véritable triomphe. Une foule immense est venue célébrer leur retour, avec fleurs, klaxons et flonflons. Le long des rues, leur cortège est acclamé par des milliers d'habitants. Sabiani accueille les revenants à la mairie. Marseille acclame ses héros du jour, ses bandits bien-aimés, sortis blancs comme neige de l'affaire Prince. Deux jours plus tard, dans la salle de cinéma de l'Alcazar, chauffée à blanc par 5000 de ses supporters, Simon Sabiani ironise : « Merci aux nombreux gangsters ! Citoyens, citoyennes, mes premières paroles seront des paroles de remerciement à l'adresse du nombre considérable de gangsters qui, aujourd'hui, remplissent cette salle [1]. »

Dans le sillage du néofasciste Doriot

Carbone et Spirito croient à la montée inexorable de leur mentor politique, auquel ils ont désormais lié leur sort. Ils se trompent. La liste Ribot-Sabiani, qu'ils soutiennent, est battue aux élections municipales de mai 1935 par celle du socialiste Henri Tasso, appuyé par le clan Guérini [2]. Sabiani doit abandonner son fief à la mairie. Et il perd aussi en 1936 son siège de député, avec la grande vague du Front populaire.

Rejeté, radicalisé, Sabiani glisse inexorablement vers l'extrême droite. Lors d'un meeting aux arènes du Prado qui réunit 40000 de ses partisans, le 20 juin 1936, le leader populiste sonne la charge : « Faites le serment de servir fidèlement notre pays, de bousculer le communisme de Moscou, les idées subversives qui nous empoisonnent, et criez votre fidélité à la patrie [3]. »

---

1. *Ibid.*, p. 179.

2. Durant la campagne municipale, un des agents électoraux de Sabiani, un certain Mathieu Zampa, futur père de Gaëtan, célèbre caïd marseillais des années 70, entre, furieux, dans un bar où des consommateurs scandent : « Tasso à la mairie, Sabiani à la voirie ! » Il tire en l'air et les oblige à se déshabiller en hurlant le slogan inverse. Rapporté dans Mathieu Zampa, *Tchao parrain*, Olivier Orban, 1986, cité dans Georges Marion, *Gaston Defferre*, Albin Michel, 1988, p. 68.

3. Jean-Baptiste Nicolaï, *Simon Sabiani, un chef à Marseille*, *op. cit.*, p. 203.

La dissolution par le gouvernement de Léon Blum des ligues fascisantes, comme les Camelots du roi et les Croix de Feu, conduit l'extrême droite à se réorganiser. Le colonel de La Rocque, chef des Croix de Feu, devient le leader du nouveau Parti social français, tandis que Jacques Doriot, ancien communiste devenu ultranationaliste, crée le Parti populaire français (PPF). Ces deux formations dénoncent l'aide de l'URSS de Staline aux républicains espagnols en guerre contre le général Franco.

Admirateur de Doriot, rêvant d'être son bras droit, Simon Sabiani devient en 1936 l'un des piliers du PPF. À Marseille, ce parti recrute rapidement plus de 8000 adhérents. Le quartier général s'installe au 24, rue Pavillon, à deux pas de l'Amical Bar, propriété de François Spirito. La proximité n'est pas que géographique. Le service d'ordre du PPF est composé essentiellement des Corses recrutés par le tandem Carbone-Spirito.

Ces gros bras font le coup de poing contre des bataillons de communistes et de syndicalistes. Ils se transforment en briseurs de grèves et organisent des attentats dans le port pour freiner l'acheminement de l'aide alimentaire aux républicains espagnols. Sabiani fonde même une «phalange de marins», un commando chargé d'inspecter les navires et de stopper les convois ennemis. La multiplication des heurts et des incidents conduit les préfets à interdire les réunions du PPF. Mais ses leaders marseillais contournent l'obstacle en conviant leurs militants à des dîners, des fêtes ou des bals. Les truands trinquent et dansent aux premiers rangs.

Un déjeuner avec les Guérini

Bien qu'il ait perdu ses entrées politiques à la mairie de Marseille, passée à gauche, le tandem Carbone-Spirito règne toujours sur le milieu local. Les deux hommes surveillent surtout les nouveaux venus en train de s'affirmer comme de jeunes rivaux sur le pavé marseillais. C'est le cas de la famille Guérini, menée par le fils aîné, Antoine, et l'un de ses frères, Barthélemy, dit «Mémé»[1]. Ces fils d'un bûcheron de Calenzana, Félix Guérini, ont souffert de la faim et de la misère pendant toute leur enfance, gardant les chèvres et coupant du bois dans la forêt de Bonifato, qui domine la baie de Calvi. «Moi, je rêvais

1. Le père, Félix Guérini, et son épouse Marie ont donné naissance à huit enfants : Toussainte (1901), Antoine (1902), François (1905), Barthélemy (1908), Pierre (1910), Restitude (1911), Pascal (1912) et Lucien (1918).

du jour où je quitterais cette terre de malheur et débarquerais sur le continent, beau comme le paradis[1] », confiera Mémé.

En février 1922, Félix dit à Barthélemy : « Tu pourrais faire un bon bandit corse, mais ce n'est pas si drôle, le maquis, les épines des chardons, la vie en solitude [...] Le continent, c'est là que tu trouveras ta vraie place. » À quatorze ans, Mémé, qui ne parle que quelques mots de français, s'embarque pour Marseille, avant de s'installer à Bordeaux comme aide-infirmier. Il est pris en charge par un ami de la famille, Titi Colonna, figure du milieu bordelais, proxénète, joueur et amateur de boxe. En 1925, Mémé, accompagné de Léonie, sa première « fille », déménage à Nice, où son frère Antoine travaille depuis quelques mois comme barman. Un de ses oncles, proxénète à Ajaccio, Jacques Costa, lui a dit : « Oh, petit, charmant comme tu es, tu n'auras pas de mal à trouver à Marseille des femmes qui ne demanderont qu'à travailler pour toi[2]. » Antoine migre ensuite vers la cité phocéenne, mettant ses premières prostituées sur le pavé marseillais, rue des Récollettes. C'est la première étape indispensable à toute carrière de caïd qui veut s'imposer dans le mitan.

Grâce à l'argent de ses « gagneuses », Antoine achète le Bar des Colonies, à la porte d'Aix, et gravit les échelons du milieu avec son frère Mémé, qui l'a rejoint. Tous deux ont l'aval tacite de Paul Carbone, à qui ils rendent parfois de menus services, faisant notamment pression sur un tenancier niçois qui renâcle à vendre ses parts à Carbone[3]. Politiquement, les Guérini ont leurs cartes de la SFIO en poche, c'est une tradition de famille. Aux élections, ils épaulent les candidats socialistes, comme Pierre Ferri-Pisani, dans les circonscriptions du quartier du Panier. En 1935, ils se bagarrent à coups de revolver avec les sbires de Carbone durant la campagne municipale qui portera leur ami socialiste Henri Tasso à la mairie. La victoire électorale acquise, ils profitent de leurs entrées politiques pour faire embaucher dans les services municipaux nombre de leurs amis corses, dont quelques-uns au passé judiciaire chargé[4].

Par ailleurs, les frères Guérini, épaulés par une escouade de gros bras, n'hésitent pas à prendre de force des parts dans des bistrots ou à régler leurs comptes à quelques proxénètes nord-africains qui veulent leur faire de l'ombre. En offrant leur protection à certains

1. Rapporté par Marie-Christine Guérini, sa fille, dans son livre *La Saga Guérini*, Flammarion, 2003, p. 20.

2. Rapporté dans Marie Paoleschi, *Le Milieu et moi*, *op. cit.*, p. 213.

3. Rapporté dans Jérôme Pierrat, *Une histoire du Milieu*, *op. cit.*, p. 133.

4. Rapporté dans James Sarazin, *M... comme Milieu*, Éditions Alain Moreau, 1977, p. 259.

établissements, ils élargissent leur sphère d'influence. En 1936, ils acquièrent le Bar de l'Étoile, un établissement marseillais plus huppé, rue Thubaneau, dont s'occupent les frères François, Pascal et Pierre. Un beau jour, Carbone et Spirito prennent rendez-vous avec ces jeunes congénères aux dents longues dans un restaurant tranquille, au creux d'une calanque. Carbone, entouré de ses gardes du corps armés jusqu'aux dents, joue le parrain, conciliateur : « En Corse, les Corses se jalousent et se chamaillent. En France, les Corses doivent se serrer les coudes et se soutenir moralement, c'est notre règle[1]. »

Les Guérini comprennent qu'ils sont acceptés par les maîtres de la ville, à condition, bien sûr, de ne pas marcher sur leurs plates-bandes. Leurs hommes devront moins s'affronter lors des campagnes électorales. Le clan Carbone ne s'oppose pas à ce que les Guérini prospèrent dans la prostitution ou de menus trafics, pour peu que ces derniers laissent les parrains s'activer dans l'opium, les armes ou les machines à sous. Tolérance contre allégeance : une sorte de pacte ou de mini-Yalta, arrosé au champagne, se noue lors de ce déjeuner au sommet. Il ne tiendra pas très longtemps. Les Guérini poursuivent leur ascension, récupérant à Marseille et Salon-de-Provence des bars et des maisons closes légués par un vieux Corse, Fernand Ansaldi, tombé malade[2]. Ils prennent aussi pied à Toulouse, Alger, Oran. À l'opposé de Spirito, qui prône la guerre ouverte, Carbone préfère jouer la paix de façade, à coups d'accolades et de civilités.

Trafics d'armes et de parmesan

Maîtres du mitan, Carbone et Spirito poursuivent leurs activités internationales. Ainsi, durant la guerre civile d'Espagne qui a éclaté en 1936, ils fournissent les troupes du général Franco en armes, moyennant plusieurs centaines de millions de francs. Quand un de leurs convoyeurs est arrêté à bord d'un camion bourré de 12 000 mausers et mitrailleuses, ils changent de moyen de transport. Des bateaux chargent les armes à Anvers, puis les débarquent dans les ports espagnols tenus par les franquistes.

Lorsque éclate, en 1936, un conflit en Éthiopie, durant lequel le négus est chassé du trône par les troupes mussoliniennes, la France et la Grande-Bretagne décrètent des embargos sur les produits italiens.

1. Rapporté dans Marie-Christine Guérini, *La Saga Guérini*, *op. cit.*, p. 38-40.
2. Rapporté dans Jérôme Pierrat, *Une histoire du Milieu*, *op. cit.*, p. 134.

Les fromages de la péninsule deviennent introuvables, ou sont vendus hors de prix au marché noir. Les Italiens de Marseille ne savent plus comment manger leurs spaghettis.

Carbone et Spirito rachètent alors un vieux rafiot, le *Saint-Louis*, piloté par un oncle du Corse, pêcheur d'oursins de profession. En mai 1938, celui-ci fait cap sur Gênes où il charge 34 tonnes de parmesan. Officiellement, la cargaison est destinée à Barcelone, mais le *Saint-Louis* prend la direction de Marseille. À hauteur de l'île de Porquerolles, le bateau subit une voie d'eau. Il réussit cependant à atteindre la côte. La marchandise est débarquée en catimini, dans la crique de la Tour-Fondue, afin d'être chargée dans deux gros camions. Sur place, Carbone et Spirito dirigent les opérations. Les douaniers finissent par surgir et saisissent le fromage. Carbone sera condamné à une amende et à trois mois de prison avec sursis. Une broutille. Car aussitôt, le parmesan, denrée périssable, doit être mis aux enchères par les douanes. La bande de Carbone réussit à dissuader tout autre acquéreur et rachète pour une bouchée de pain les 34 tonnes de marchandise, dont la présence sur le sol français est désormais légale. Le fromage est ensuite revendu à prix d'or sur les marchés de Marseille[1].

Un labo de morphine-base à Bandol

Le trafic de drogue assure également des profits colossaux au tandem Carbone-Spirito. Formé à la bonne école d'Astras, Carbone sait comment faire. Les réseaux de contrebande et de traite des Blanches servent d'infrastructures logistiques. Le marché est prometteur. La demande d'opium augmente. D'anciens colons d'Extrême-Orient, habitués aux fumeries, se sont installés à Marseille, et une importante communauté indochinoise vit alors autour du Vieux-Port. La consommation d'héroïne et de cocaïne, elle, reste encore marginale en Europe, mais elle explose outre-Atlantique.

Tout au long des années 30, Carbone a peu de mal à recruter d'anciens collègues des Messageries maritimes ou de jeunes marins corses désireux de s'enrichir rapidement. Un réseau de passeurs, habitués aux escales dans les ports de Shanghai, Hong Kong, Beyrouth, Istanbul ou Alexandrie, rapportent l'opium ou la morphine-base de Turquie ou d'Asie, sur les navires des lignes régulières. Puis ils transforment la morphine-base en héroïne dans un

1. *Cf.* Jean Bazal, *Le Clan des Marseillais*, *op. cit.*, p. 149-151.

petit laboratoire clandestin que Carbone a installé à Bandol, avant de livrer la drogue en France ou de l'expédier aux États-Unis.

Un jour de septembre 1938, un passeur qui s'estime mal payé, envoie une lettre de dénonciation à la police. D'une écriture tremblante, il explique que Carbone et un de ses lieutenants vont chaque semaine à Bâle pour vendre de grosses quantités de drogue produite dans le laboratoire de Bandol. Et il signe prudemment : « Votre serviteur qui ne veut pas se faire descendre ». Eugène Saccomano rapporte que « Carbone n'en sera pas pour autant inquiété, pas plus que pour ces énormes fromages bourrés de drogue qui lui étaient destinés et furent saisis par les douanes quelques mois plus tard sur le port de Marseille[1] ».

Carbone bénéficie en effet de solides protections qui lui évitent bien des désagréments. Ses complices sont principalement des Corses, réputés silencieux et fiables. Initié aux secrets de l'opium par Charles Fortin, ancien chimiste, Dominique Albertini, un Corso-Italien naguère préparateur en pharmacie, fait ainsi ses premières armes de producteur d'héroïne dans le laboratoire de Bandol. Il formera toute une génération de chimistes de la drogue, dont son demi-frère, Joseph Césari, qui fera merveille après guerre. Parmi les navigateurs faisant office de passeurs, on trouve les frères Ansaldi, Albert Bistoni et Joseph Orsini. Ces derniers deviendront de grands trafiquants dans les années 50 et 60. Parallèlement à cette équipe, le clan Vinciléoni s'active dans la drogue, et le Corso-Marseillais Marius Aranci, déjà arrêté plusieurs fois pour trafic d'opium, développe, avec ses frères Georges et Joseph, ses activités en direction des États-Unis.

Sous la tutelle de Carbone, tout ce petit monde amorce une longue histoire, celle de l'implication des Corses dans le trafic de stupéfiants, une histoire qui va rebondir après guerre et se prolonger pendant plusieurs décennies sous la dénomination commune de « French Connection », procurant à ses acteurs une fortune et une assise mondiale sans précédent. « Cette filière a effectivement commencé à petite échelle au milieu des années 30, sous l'égide de quelques truands corses qui ont su tirer parti de l'interdiction des productions légales en mettant sur pied des réseaux internationaux[2] », confirme aujourd'hui John T. Cusack, un ancien responsable du Bureau des narcotiques américain.

---

1. Eugène Saccomano, *Bandits à Marseille*, *op. cit.*, p. 80.
2. Entretien avec l'un des auteurs, 4 octobre 2003. Voir plus loin le chapitre intitulé « L'essor de la "Corsican Connection" ».

Interrogé un jour sur ses activités par un journaliste proche de Sabiani, Paul Carbone répond sans aucun scrupule :

> Tout le monde prétend que je vis du trafic de la drogue, que je chapeaute une immense filière qui passe par tous les ports du monde. Entre nous, il y a du vrai et du faux. La cocaïne, par exemple, n'est pas une marchandise prohibée dans notre pays. La loi interdit simplement d'en vendre à d'autres qu'aux pharmaciens et aux laboratoires déclarés. Mais aucun texte n'interdit d'en acheter par tonnes pour l'exporter… Alors ? On raconte aussi que je me livre au trafic des armes… Fort bien ! Du moment que, pendant la guerre d'Éthiopie, les Anglais, les Français, les Italiens même, ne se gênaient pas pour ravitailler le négus en fusils et en munitions, je ne vois pas pourquoi, moi, on me traiterait de bandit. Je ne me conduis pas autrement que MM. Schneider et de Wendel […] Franco, pour gagner sa guerre civile, il a bien accepté les armes et les pesetas de Juan March, l'homme le plus riche d'Espagne. Tout cela, c'est une question d'appréciation sur la personne… Du reste, je puis vous dire ma règle de conduite : jamais de combines en dehors de la loi ! Est-ce de ma faute si j'ai le sens des affaires[1] ?

Sûr de lui, le parrain corse est un véritable entrepreneur du crime. Il croit à sa bonne étoile. Il ne sait pas encore qu'elle file dans la nuit, droit vers l'abîme. Et que d'autres que lui profiteront de l'empreinte fondatrice qu'il a imprimée sur le milieu.

---

1. Cité dans Jean Bazal, *Le Clan des Marseillais*, *op. cit.*, p. 149.

Chapitre 2

Les fractures et les liens de la guerre

C'est une déchirure. Elle ne va pas cesser de s'agrandir au fil des mois sombres au cours desquels la France se livre aux occupants. Les Corses, qui tiennent le milieu de Paris à Marseille, se divisent. Le clan dominant, celui de Paul Carbone et de son inséparable allié italien François Spirito, soutient, par opportunisme, les vainqueurs provisoires – les Allemands et le régime de Vichy –, jusqu'à s'y brûler les ailes. Avec eux, une kyrielle de voyous s'adonneront aux pires exactions comme auxiliaires de la Gestapo. D'autres, tout en profitant des bonnes affaires que la guerre autorise, rallieront progressivement, parfois à la dernière seconde, le camp de la Résistance, où ils côtoieront les futurs dirigeants politiques de l'après-guerre. Ce terreau, celui de l'épreuve, va nouer des solidarités nouvelles. Il servira de tremplin à de nouveaux parrains corses, comme les Guérini, qui prendront progressivement les places laissées vacantes dans un après-guerre tourmenté.

La débâcle de mai-juin 1940 bouscule les lignes de front. L'armée française est en déroute. Dès le 21 mai, les soldats allemands sont à Amiens et à Arras. Les avions de la Luftwaffe font des ravages sur les routes de l'exode, où se pressent des millions de Français apeurés. L'Assemblée nationale donne les pleins pouvoirs au maréchal Pétain, qui accepte, le 22 juin, l'armistice imposé par l'Allemagne. Le nouveau pouvoir, installé à Vichy, « collabore » avec les nazis. Une moitié de la France, en dessous d'une ligne qui va de Mulhouse à Biarritz, est occupée, l'autre reste « libre ».

Dans un premier temps, la police vichyssoise fait arrêter tous ceux qu'elle considère comme asociaux, repris de justice, communistes ou anarchistes. Carbone et Spirito passent ainsi quelques semaines dans un camp d'internement, à Sisteron. Mais, grâce à leurs amis pétainistes du PPF, Simon Sabiani et Jacques Doriot, ils recouvrent vite la liberté et se convertissent à la collaboration. D'ailleurs, leur mentor Sabiani se fait le chantre de la révolution nationale, laquelle, selon lui, « ne peut se faire que dans le sang[1] ». Son fils François Sabiani et Jean Carbone, l'un des frères de Paul, s'engagent dans la Légion des volontaires français contre le bolchevisme (LVF).

À Marseille, Simon Sabiani devient l'homme fort de l'administration départementale qui assume les pouvoirs à la mairie. C'est presque une revanche pour l'ancien maire adjoint, qui avait été battu aux élections municipales de 1935. Ses amis truands redeviennent ses protégés. Dotés de la carte jaune de « V. Mann » (homme de confiance) de la police secrète allemande et d'« Ausweis » (laissez-passer), Carbone et Spirito peuvent voyager comme ils le veulent entre la zone occupée et la zone libre. Dans la capitale, ils s'acoquinent avec les troupes allemandes pour leur fournir bars et prostituées.

Au service de la Gestapo

Spirito se mêle surtout aux voyous parisiens qui amassent des fortunes et s'illustrent au service des occupants. Un repris de justice, Henri Chamberlin, alias Henri Lafont, a pris leur tête, recruté par les Allemands pour sa débrouillardise. Dès le mois de juillet 1940, Lafont fait sortir de la prison de Fresnes une trentaine de policiers véreux et de malfaiteurs multirécidivistes, escrocs, voleurs, braqueurs, dont il attend qu'ils lui prêtent main-forte. Un temps exilé à Bordeaux, il facilite la capture d'un agent belge, puis tente une mission d'espionnage en Algérie, avant de s'installer début 1942 au 93, rue Lauriston, près de l'Étoile, à Paris. Avec ses complices, il crée des sociétés d'achat qui alimentent notamment le bureau « Otto » de l'Abwehr, les services de renseignement de l'armée allemande.

En 1942, Lafont s'adjoint les compétences de l'ancien policier corrompu Pierre Bonny, qui s'était illustré en 1934 lors du scandale Stavisky, notamment en faisant arrêter Carbone et Spirito. Renvoyé de la Sûreté nationale à la suite de cette affaire, condamné pour concussion et violation du secret professionnel, Bonny s'était reconverti en détective privé. Son arrivée rue Lauriston « offre à cet homme d'ordre l'occasion d'organiser à son gré une structure selon

1. Rapporté dans Jacques Derogy et Jean-Marie Pontaut, *Enquête sur les mystères de Marseille*, Robert Laffont, 1984, p. 487.

son cœur, en l'occurrence un service de police comme jamais certainement la Troisième République n'aurait pu lui en confier[1] », estime l'historien Pascal Ory. D'autres truands rejoignent cette bande, dont le Bordelais Robert Moura[2], qui sera abattu en juillet 1944, Georges Boucheseiche, un Lorrain connu pour sa brutalité, Pierre Loutrel, alias « Pierrot le Fou », futur chef du « gang des Tractions avant », et son complice Abel Danos, dit « le Danois » ou « le Mammouth ».

Munis de cartes de police, ils travaillent désormais essentiellement pour la Gestapo, plus par intérêt que par conviction, et peuvent se livrer à tous les délits sans être inquiétés. « Pillage de biens juifs, récupération d'or, de bijoux de valeur, chasse aux patriotes, lutte contre les maquisards étaient les moindres actions de cette équipe de tueurs à la solde des Allemands qui les chargeaient des hautes et basses œuvres de leur justice : enlèvements, exécutions, disparition des traces de crime, etc.[3] », noteront les inspecteurs Debernardi et Meyer, chargés, après la Libération, d'enquêter sur leurs méfaits. Du haut de son mètre quatre-vingt-cinq, Henri Lafont, en uniforme allemand, donne des instructions au préfet de police et au parquet de Paris, se fait communiquer les dossiers judiciaires, rackette les suspects ou monnaie les libérations. Le soir, roulant en Bentley, entouré de comtesses et de malfrats, il va se détendre dans les bars et cabarets parisiens, notamment ceux des amis corses, le Chantilly d'Antoine Peretti, petit-cousin de Carbone, ou Chez Dominique, propriété de Dominique Carlotti et Charles Cazauba, où chante Tino Rossi[4].

La bande de la rue Lauriston, surnommée la « Gestapo française » ou la « Carlingue », fonctionne « sous couvert d'un service auxiliaire de police, comme une gigantesque et tentaculaire mutuelle du crime, couvrant ses membres et redistribuant les fantastiques bénéfices engrangés[5] », écrit l'historien Grégory Auda. Un autre gangster ami de Carbone, Auguste Ricord, se joint à elle. Marseillais d'ascendance corse, ce proxénète est monté à Paris dans les années 30. Extrait de sa prison pour épauler la Gestapo, il a monté une maison close à Roubaix pour les soldats allemands, tout en trafiquant l'or et l'alcool,

1. Pascal Ory, *Les Collaborateurs, 1940-1945*, Seuil, 1980, p. 262.

2. En 1949, sa femme, Louise Chrétien, dite « Lyly », amie intime de Paul Carbone, épousera en secondes noces le caïd marseillais Barthélemy Guérini.

3. Archives de la préfecture de police de Paris, « Préambule rue Lauriston », note du 2 octobre 1944, citée dans Grégory Auda, *Les Belles Années du milieu, 1940-1944*, Michalon, 2002, p. 22.

4. Voir Jérôme Pierrat, *Une histoire du Milieu*, *op. cit.*, p. 208-211.

5. Voir Grégory Auda, *Les Belles Années du milieu*, *op. cit.*, p. 19.

avant de racheter le luxueux cabaret L'Heure Bleue où défileront les officiers allemands, les stars de l'époque et les piliers de la Carlingue.

Spécialiste du racket, Ricord travaille régulièrement avec un petit groupe de truands, qui vont et viennent entre Marseille et Paris. Baptisée la « bande des Corses », cette clique acquiert vite une sinistre réputation. Parmi eux figurent François Scaglia, Charles Cazauba, Joseph Piéreschi, Marius Manuelli et Joseph Orsini. Ce dernier, né le 19 mars 1903 à Bastia, est surnommé « le Sanguinaire ». Il deviendra après guerre un pilier du trafic de drogue.

La « bande des Corses », qui tient son quartier général avenue Foch, se spécialise notamment dans les extorsions de fonds en exhibant de fausses cartes de policiers lors de perquisitions. Ses exactions souvent désordonnées finissent par exaspérer Lafont, qui écarte quelques voyous et craint des trahisons. Un dénommé Suzzoni, l'un des « faux policiers » les plus actifs, travaille en sous-main pour les services secrets français jusqu'à son éviction de la rue Lauriston, en janvier 1944. Un autre truand qui fréquente la Carlingue, Joseph Brahim Attia, dit « Jo Attia » ou « Jo le Boxeur », joue double jeu. Né en Bretagne, proche de Ricord, cet ancien des bat' d'Af' s'est spécialisé dans le marché noir et les faux tickets d'alimentation, tout en travaillant pour la Résistance. Après un raid organisé contre les locaux de la rue Lauriston, en septembre 1942, Attia, démasqué, échappe à une arrestation, gagne Dax, puis Clermont-Ferrand, où il aide les maquisards. Il sera arrêté par la Gestapo en 1943 et déporté au camp de Mauthausen[1]. Après la Libération, on le retrouvera membre du gang des Tractions avant, spécialiste des attaques à main armée, agent des services de renseignement français, trafiquant en tout genre. Les multiples casquettes ne l'effraient pas.

Tandis que François Spirito fréquente la rue Lauriston, Paul Carbone navigue entre l'appartement parisien de son épouse officielle, boulevard Pereire, et ses affaires à Marseille. En apparence, il n'apprécie guère les activités de son acolyte, confiant à ses amis marseillais : « Spirito se mouille beaucoup. C'est pour ça que je suis en froid avec lui. Il a tort. Aujourd'hui, je le laisse faire ce qu'il veut : l'homme est libre. Mais moi, mon rôle chez les Fritz, c'est de faire du renseignement politique, pas de torturer les résistants ni de rançonner les juifs. La preuve, c'est qu'ici les adversaires les plus farouches de Simon Sabiani, les frères Guérini, se sont rangés de

1. Rapporté notamment dans Alain Guérin, *Chronique de la Résistance*, Omnibus, 2000, p. 1417-1420, citant Nicole Attia, *Jo Attia mon père*, Gallimard, 1974.

l'autre bord et que je me garde bien de les "donner" aux autorités d'Occupation[1]. »

Ces critiques n'empêchent pas Carbone de poursuivre sans scrupules ses activités avec son compagnon. Ensemble, ils continuent de transformer de la drogue et de l'expédier à travers toute l'Europe. Les autorités allemandes ferment les yeux sur ce trafic, les truands ayant promis de collecter des renseignements pour leur compte dans tous les pays où ils ont des relais[2]. Ils investissent dans le commerce, notamment avec l'Allemagne et la Pologne. Associés à plusieurs amis corses, ils ont créé une société d'import-export, sise rue du Colisée, qui approvisionne les bureaux d'achat allemands ou le marché noir. Ils font venir des fruits, des bas de soie et d'autres denrées rares, notamment d'Espagne. À Madrid, ils bénéficient de solides appuis au sein du régime franquiste, qu'ils ont contribué à armer. Et leur ami corse François Piétri, ministre sous Vichy, bientôt nommé ambassadeur de France en Espagne, facilite leurs contacts[3].

Un jour de 1942, alors que Carbone joue au casino à Monte-Carlo, il croise une belle jeune femme, Germaine Germain, surnommée « Manouche », qui devient aussitôt sa maîtresse. Tout en rendant régulièrement visite à sa femme, boulevard Pereire, Carbone emménage avec Manouche à Paris, boulevard Gouvion-Saint-Cyr, dans un grand appartement décoré de toiles de Vlaminck et de Van Dongen. L'argent et le champagne coulent à flots. La collaboration rapporte gros. Un jour, Manouche se rend avec Paul chez le caissier d'un des bureaux d'achat allemands pour toucher l'argent de la vente d'un wagon de peaux de chamois, arrivé de Marseille. Elle aperçoit des montagnes de billets, qui débordent des coffres[4].

Les Guérini jouent double jeu

Les jeunes rivaux marseillais de Carbone et Spirito, les frères Guérini, sont plus discrets. Le chef de famille, Antoine, n'est pas du genre boutefeu contre l'occupant. Mobilisé en septembre 1939 à Corte, il a rejoint Marseille quand l'armistice a été signé, en juin 1940,

1. Propos rapportés dans Marie Paoleschi, *Le Milieu et moi*, *op. cit.*, p. 134. Ex-prostituée et épouse d'un truand proche de Carbone, Dominique Paoleschi, Marie Paoleschi a vécu de près cette période au contact de Carbone.

2. Rapporté dans Gabriel-Xavier Culioli, *La Terre des seigneurs*, *op. cit.*, p. 322.

3. Voir Jean Bazal, *Le Clan des Marseillais*, *op. cit.*, p. 166.

4. Rapporté dans Roger Peyrefitte, *Manouche*, Flammarion, 1972, cité dans Alain Guérin, *Chronique de la Résistance*, *op. cit.*, p. 1226.

et il s'en accommode, d'autant que la ville reste en zone libre, à l'abri des sbires de la Gestapo. Qui plus est, jusqu'en 1942 au moins, le clan Carbone-Spirito ne cherche pas à bousculer les fragiles équilibres du milieu marseillais. Chacun poursuit ses affaires de son côté sans se gêner : poudre de pastis, tickets de rationnement, marché noir, faux papiers, bijoux, or...

Habitant désormais dans les quartiers chics de Marseille, rue Adolphe-Thiers, Antoine a gagné en notabilité avec l'achat d'un petit cabaret huppé près de l'Opéra, la Potinière, rue de la Tour, que fréquente le Tout-Marseille, officiels comme figures du milieu. Déclarant la profession de marchand de liqueurs, Antoine trafique dans les bons d'essence, tandis que ses frères Pascal, François et Lucien gèrent toujours le Bar des Colonies et le Bar de l'Étoile. Leurs maisons closes accueillent sans complexes les officiers allemands.

Mais Barthélemy, dit Mémé, propriétaire du cabaret Le Paradou, près de la Potinière, est plus enclin à se battre contre les Allemands, qu'il appelle avec mépris les « blonds-enculés »[1]. Le clan Guérini joue donc sur plusieurs tableaux, autant à cause de la diversité de ses opinions que par souci de prudence, afin de préserver l'avenir. Antoine s'occupe des bars et des affaires, quitte à pactiser avec le diable, tout en aidant parfois son frère, qui s'engage dans la Résistance. Mémé, sous le pseudonyme de Martin, devient l'un des piliers du réseau Joseph le Fou, dirigé par Antoine Zartara, qui sera déporté et tué par les Allemands. Il effectue de nombreuses missions de liaison dans tout le sud de la France. Il a des contacts avec le réseau d'un certain Gaston Defferre. Dès 1941, ce jeune avocat socialiste, protestant natif des Cévennes, s'est rapproché des services secrets gaullistes (BCRA) à Londres pour fonder le réseau de renseignement Brutus. Guérini et Defferre se croisent et ne cesseront plus de se jauger, entamant une curieuse relation dont le futur maire de Marseille, gêné, démentira plusieurs fois publiquement l'existence.

Mémé organise des filières pour les réfugiés de Marseille qui veulent passer en Corse ou en Afrique du Nord. Un jour du printemps 1942, il réunit dans une auberge de campagne, près de Mazargues, quelques chefs du milieu marseillais qui n'ont pas pris trop ouvertement fait et cause pour les Allemands et le camp de Carbone-Spirito. Le 8 mai, près de 300 truands de toutes origines rejoignent la saline du Rive, près de l'étang de Berre. Ils vont former un « maquis noir » particulièrement redoutable. Les attaques qu'ils mènent contre des patrouilles et des camions sont meurtrières.

---

1. Voir Marie-Christine Guérini, *La Saga Guérini*, *op. cit.*, p. 43.

Le 14 juillet 1942, plusieurs dizaines de milliers de Marseillais osent braver les interdictions et descendent dans la rue pour proclamer leur soutien à la République. Autour du siège du PPF, rue Pavillon, devenu l'un des QG de la collaboration, ils se heurtent violemment aux sabianistes et à leurs séides. Des coups de feu visent la foule, tuant deux femmes et blessant plusieurs manifestants. Dès le lendemain, Carbone et Spirito livrent à un officier allemand une longue liste de noms d'opposants. Les premières rafles de juifs à Marseille commencent en août.

Détruisez le quartier criminel !

Le déclenchement de l'opération « Anton », c'est-à-dire l'invasion de la zone libre par les armées allemande et italienne, le 9 novembre 1942, au lendemain du débarquement anglo-américain sur les côtes nord-africaines, fait grimper la tension de plusieurs crans. Dès le 12 novembre, les troupes allemandes atteignent Marseille. Dans la journée, l'état-major installe son quartier général dans le Grand Hôtel Noailles, sur la Canebière. Craignant un débarquement allié, les Allemands mettent en place une série de dix batteries de défense côtière, avant le début des travaux de construction d'un mur de la Méditerranée, sur le modèle des bunkers du mur de l'Atlantique.

La police allemande commence aussitôt les coups de filet et les séances de torture au 425, rue Paradis, sous la houlette du SS Rolf Mühler. Mais la Résistance s'organise. Avertis de certaines arrestations programmées par des fonctionnaires corses amis, employés à la préfecture, ou par des proches de Carbone qui veulent se ménager de tous côtés, les Guérini tentent de prévenir les personnes visées. Antoine et Mémé cachent des familles juives dans les caves des boîtes de nuit où trinquent les occupants et dans les appartements des prostituées qu'ils contrôlent.

À partir de la mi-novembre 1942, les attentats se multiplient, touchant, sur le boulevard Garibaldi, les hôtels Astoria, Rome et Saint-Pierre. Le 3 janvier 1943, la salle à manger du mess des officiers allemands, dans l'hôtel Splendid, à côté de la gare, est soufflée par une explosion, tandis qu'une maison de tolérance pour les soldats, rue Lemaître, est visée par une bombe qui fait une cinquantaine de blessés. L'état de siège est aussitôt décrété. Les hauts dignitaires nazis, en colère contre ce foyer d'agitation, décident de punir la cité phocéenne.

La cible est le côté nord du vieux Marseille. Constitué d'un dédale de ruelles impénétrable, aux allures de bazar, mêlant bars et maisons closes, ce quartier d'immigrants et de pêcheurs a été qualifié par l'académicien Louis Gillet, dans la revue municipale du 21 octobre 1942, de « Suburre obscène, un des cloaques les plus impurs, où s'amasse l'écume de la Méditerranée ». L'auteur ajoutait : « C'est l'empire du péché et de la mort. Ces quartiers patriciens abandonnés à la canaille, à la misère et à la honte, quel moyen de les vider de leur pus et de les régénérer ? »[1]. Le premier coup de pioche d'un grand projet de rénovation, confié à un architecte en chef des palais nationaux, a été donné à l'automne.

Le 13 janvier 1943, sur les hauteurs de Marseille, une réunion au sommet se tient entre la Gestapo et des responsables de la police de Vichy, dont René Bousquet, venu spécialement de Paris[2]. Le SS Karl Albrecht von Oberg, chef de la Gestapo en France, invoque « le caractère particulier de la ville de Marseille, grand port méditerranéen abritant des criminels internationaux et des étrangers suspects », avant d'expliquer le plan secret décidé à Berlin et visant à purifier le « chancre de l'Europe »[3]. Hitler a donné un ordre de destruction. Les autorités françaises tentent seulement de limiter son périmètre. Le 18 janvier, dans une note confidentielle, le SS Reichsführer Heinrich Himmler confirme ces directives à Oberg :

> J'exige : 1. L'arrestation de la plus grande masse criminelle de Marseille et son transfert dans les camps de concentration, de préférence en Allemagne. J'envisage un chiffre rond de 100 000 personnes environ.
>
> 2. La destruction radicale par explosifs du quartier criminel [...].
>
> 3. La police française et la « garde mobile de réserve » devront participer en grand nombre et effectuer la majeure partie du travail. La porcherie marseillaise et la France doivent comprendre qu'elles nous en devront une profonde reconnaissance[4].

Durant les nuits des 22 et 23 janvier, 12 000 policiers et gendarmes français, venus des quatre coins du pays, procèdent aux rafles, surveillés par les SS allemands. Quarante mille personnes sont contrô-

---

1. Cité notamment dans Jacques Delarue, *Trafics et crimes sous l'Occupation*, Fayard, 1968, p. 242-243.
2. Voir *ibid.*, p. 251-257.
3. *Ibid.*
4. Cette note, retrouvée par l'ancien résistant Alexandre Gily, est citée dans Roger Duchêne et Jean Contrucci, *Marseille*, Fayard, 1999, p. 645-646.

lées, 6000 arrêtées et 2000 internées quelques jours à la prison des Baumettes, inaugurée pour l'occasion. Parmi les autres, 1642 habitants sont expédiés immédiatement de la gare d'Arenc vers Compiègne et les camps de la mort. « Beaucoup de SS avaient sorti des appareils photographiques et certains étaient même montés sur les toits des wagons pour mieux saisir sous un bon angle les visages décomposés par la peur, les enfants hurlants, ou muets et livides d'épouvante, cramponnés à leurs parents[1] », écrira Jacques Delarue, qui assiste, en tant que policier, au départ de ce convoi.

Dès l'aube glacée du dimanche 24 janvier, le quartier nord du vieux Marseille est bouclé. Ses habitants sont priés d'évacuer leurs appartements en n'emportant que des bagages à main et des vivres pour 48 heures, avec promesse de relogement et d'indemnités. La police ne découvrira qu'une trentaine de délinquants et quelques fusils-mitrailleurs dans ce prétendu « repaire de criminels ». Forcées à l'exil, 27000 personnes prennent le chemin du camp de Fréjus, dans une cohue indescriptible. Après « sélection », 600 habitants seront dirigés vers les camps de la mort. Les autres pourront revenir en ville et chercher à se reloger comme ils le peuvent. Leur quartier, pillé par les voleurs, est condamné. Durant la première quinzaine de février, les militaires allemands dynamitent les quatorze hectares du périmètre maudit et ses 1500 immeubles.

Prévenu, Carbone a tenté en vain de faire jouer ses réseaux pour éviter que ne soient détruites certaines de ses maisons closes du Vieux-Port. Il a été emprisonné le temps des opérations. Son acolyte Spirito n'est pas présent à Marseille durant ces sombres journées, où le ciel est noir de poussière. En revanche, certains truands, amis proallemands de Sabiani, comme Lucien Mangiavacca ou les frères Palmiéri, ont été arrêtés lors du coup de filet. Grâce à leurs appuis, ils ne resteront pas en prison. D'autres figures du milieu, comme Antoine, Barthélemy et Pascal Guérini, sont également incarcérées quelques jours aux Baumettes. Le double jeu d'Antoine, qui a des amis à la Gestapo, lui permet de ne pas y moisir trop longtemps, de même que Pascal. En revanche, Mémé est envoyé au château de Carcassonne, où il est passé à tabac et condamné au peloton d'exécution. Miraculeusement, une femme corse, envoyée par une religieuse qui lui avait appris le français lorsqu'il était arrivé à Bordeaux en 1922, parvient à le faire libérer[2]. Aussitôt, il vogue vers son île natale et son village de Calenzana pour y reprendre ses activités clandestines.

---

1. Jacques Delarue, *Trafics et crimes sous l'Occupation*, *op. cit.*, p. 260-261.
2. Voir Marie-Christine Guérini, *La Saga Guérini*, *op. cit.*, p. 48-49.

Le fossé se creuse entre les camps. La Gestapo chasse de plus belle les juifs, les résistants et les réfractaires au service du travail obligatoire (STO), institué le 16 février 1943 par le gouvernement de Vichy. À Marseille, rue Paradis, le SS Rolf Mühler est désormais secondé par le sergent-chef Ernst Dunker, alias Delage. Cet ancien voyou berlinois devenu interprète dans l'armée parle couramment le français. Dans la cité phocéenne, il dirige la section IV de la police secrète (SI-PO et SD), spécialisée dans les arrestations et les interrogatoires. Il recrute plus de 200 agents locaux et obtient facilement l'aide des hommes de main du PPF marseillais, qui pourchassent nuit et jour les opposants. Ils procèdent, revolver au poing, aux interpellations ou font du chantage financier pour monnayer leurs grâces[1]. Les frères Palmiéri, gros bras de Carbone et Spirito, militants actifs du PPF, sont parmi les éléments les plus zélés de cette police parallèle. Ils extorquent des fortunes aux juifs qu'ils traquent, tout en prélevant leur dîme sur les saisies de biens qu'ils signalent aux Allemands. Parallèlement, le leader du PPF, Simon Sabiani, forme des bataillons de « gardes françaises », officiellement chargés de la propagande anticommuniste. Plusieurs centaines de militants et de trafiquants, attirés par les ports d'armes que délivrent les Allemands, accourent. Ils se livrent rapidement aux pressions et aux pillages.

François Spirito et Paul Carbone participent activement à ce combat. Spirito a ses entrées à la Gestapo à Paris, et son bureau chez le SS Ernst Dunker, à deux pas de son bistrot marseillais l'Amical Bar. Paul Carbone, lui, collabore un peu moins ouvertement. Il s'attire malgré tout la haine de certains résistants. Parmi les membres du réseau Brutus de Gaston Defferre, un policier corse écarté de ses fonctions à cause de ses attaches franc-maçonnes, Xavier Culioli, jure de tuer Carbone. À ses yeux, ce dernier fait partie des « salauds » qui se « sont vendus à l'ennemi pour de l'argent » et qui déshonorent l'identité corse. Les repérages ne sont guère encourageants, la cible étant toujours protégée par des gardes du corps. Le frère du policier suggère alors de faire appel aux Guérini. Xavier Culioli répond qu'il s'en méfie aussi : « On ne leur fait pas plus confiance qu'aux autres ! Mais c'est vrai qu'ils nous cachent des hommes et nous procurent des armes. De toute

1. Voir Roger Duchêne et Jean Contrucci, *Marseille*, *op. cit.*, p. 652.

manière, ils s'épargneront toujours entre eux. Comme ça, de quelque côté que tourne la roue de la chance, il s'en trouvera un pour sauver l'autre. Tu vois : les clans n'ont pas le monopole de l'instinct de conservation ! »[1].

Le policier ne lâche pas prise. Il apprend que Carbone joue souvent aux cartes dans un bar marseillais, derrière la préfecture, seulement entouré par deux sicaires. Un soir de septembre 1943, Xavier Culioli se poste à proximité, avec deux cousins, prêt à faire feu. Mais une de ses connaissances corses, employée par la Gestapo, l'aperçoit et vient le saluer en lui demandant ce qu'il fait dans les parages. Au bout d'un moment, le gestapiste finit par comprendre. « Je pourrais bien sûr te faire arrêter. Mais on ne va quand même pas se faire des misères entre compatriotes. Je vais me balader, le temps de fumer une cigarette. Lorsque je reviendrai, je ne veux plus te revoir[2]. » La tentative d'assassinat a échoué.

Le destin de Carbone va néanmoins basculer tragiquement le 16 décembre 1943. À 1 heure 30 du matin, le train de nuit dans lequel il a pris place déraille près de Chalon-sur-Saône. Des résistants ont fait exploser la voie. Les survivants courent dans tous les sens entre les amas de tôle. Paul Carbone gît sur le sol, les jambes mutilées par l'accident. L'hémorragie est telle qu'il se sait condamné. Il réclame une cigarette pour ses derniers instants. Un sauveteur lui demande s'il croit en Dieu. « Cela dépend des jours ! » répond-il. Transporté en ambulance à l'hôpital, il meurt le lendemain en murmurant : « Que voulez-vous, c'est la vie[3]... »

Bouleversé par la mort de son ami, Spirito lâche : « C'est comme si j'avais perdu la moitié de moi-même. » Les obsèques du parrain corse prennent des allures de funérailles d'un grand homme. Trois mille personnes se pressent dans l'église parisienne de Sainte-Marie-des-Batignolles. Aux premiers rangs se tiennent l'ambassadeur allemand Otto Abetz, le secrétaire d'État du gouvernement Pétain Paul Marion, l'état-major du PPF, le Marseillais Simon Sabiani en tête, les tenanciers de maisons closes, les amis corses, la chanteuse Mistinguett. Tino Rossi entonne l'*Ave Maria* de Gounod et *L'Ajaccienne*.

---

1. Voir Gabriel-Xavier Culioli, *La Terre des seigneurs*, *op. cit.*, p. 321-330.
2. *Ibid.*, p. 329.
3. Les circonstances de la mort de Carbone sont rapportées notamment dans Jean Bazal, *Le Clan des Marseillais*, *op. cit.*, p. 169-170.

De son côté, la Résistance s'organise. Sous l'impulsion de Jean Moulin, émissaire du général de Gaulle, les réseaux non communistes de la zone Sud (Combat, Libération et Franc-Tireur) se regroupent en mars 1943 sous l'appellation « Mouvements unifiés de la résistance » (MUR). Les combattants communistes du Front national et de sa branche armée (FTPF) restent autonomes[1].

À partir de mai 1943, les MUR rejoignent le large rassemblement politique du Conseil national de la résistance, présidé par Moulin. Parmi les multiples groupes qui se structurent dans le sud-est de la France, celui de Gaston Defferre émerge progressivement. Membre depuis 1942 du comité directeur du parti socialiste clandestin, Defferre établit rapidement un plan visant à prendre le pouvoir à Marseille, une fois la ville libérée. Soucieux de se doter d'une garde rapprochée, il fonde les milices socialistes. Cette petite troupe de choc, issue principalement du fief corso-marseillais du Panier, s'est formée au sein des Jeunesses socialistes avant la guerre, puis s'est étoffée dans la Résistance. « Au sein des milices socialistes, c'est vrai qu'il y avait plein de gens venus du Panier, mais pas que des voyous[2] », explique Charles-Émile Loo, l'un des amis les plus proches de Defferre. Des policiers convertis à la cause defferriste, comme Xavier Culioli, rejoignent ainsi les rangs de ces milices, qui compteront environ 300 membres.

Horace Manicacci est à la tête de cette garde dévouée. Natif de Calenzana, comme les Guérini dont il a épousé une cousine, Manicacci a été le secrétaire de la troisième section de la SFIO dans le quartier du Panier et membre des équipes du leader socialiste Henri Tasso. En 1940, ce fonctionnaire du port a été démis de ses fonctions parce qu'il était franc-maçon, comme son ami Culioli. Il dirige les milices socialistes avec Louis Rossi, un Bastiais analphabète et costaud, surnommé « le Commandant », ancien garde du corps de Tasso. Ces deux-là seront des lieutenants de Gaston Defferre lorsqu'il sera élu maire de Marseille[3]. À leurs côtés, on trouve également

1. Voir Madeleine Baudoin, *Histoire des Groupes Francs (MUR) des Bouches-du-Rhône, de septembre 1943 à la Libération*, PUF, 1962, p. 17-18. En Provence et sur la Côte d'Azur, l'arrestation, en avril 1943, par le SS Ernst Dunker de plusieurs responsables régionaux des MUR, dont le chef Maurice Chevance, déstabilise ce mouvement. Chevance est remplacé par l'avocat socialiste Max Juvenal, alias « Maxence ».

2. Entretien avec l'un des auteurs, 28 octobre 2003.

3. Voir Georges Marion, *Gaston Defferre*, *op. cit.*, p. 81 et 109.

d'autres proches des Guérini, parmi lesquels le marin Dominique Venturi, dit « Nick », issu d'une famille de militants socialistes et neveu de Rossi, Henri Codde, alias « Riquet », gendre de Rossi et cousin de Nick, Paul Trompette et ses frères, le jeune Antoine Paolini, surnommé « Planche », Eugène Matrone, dit « le Manchot », ou encore le proxénète Mathieu Costa. Autant de figures qui feront plutôt parler d'elles après guerre dans la rubrique des faits divers. Truands et militants politiques cohabitent dans ce creuset de la génération Defferre, source des liaisons dangereuses qui prendront bientôt la succession, à Marseille, de l'alliance Sabiani-Carbone. Les solidarités se forgent dans les combats. Ensemble, les miliciens socialistes font les quatre cents coups, n'hésitant pas à attaquer à la grenade l'hôtel de Californie, où siègent les Allemands, et les locaux du PPF de Sabiani.

Le clan des Guérini est en première ligne. Antoine, sentant le vent tourner et les positions de Carbone et Spirito de plus en plus suicidaires, devine qu'il y aura bientôt des places à occuper dans le milieu. Il bascule plus ouvertement en faveur de la Résistance, aux côtés de ses frères. Des officiers britanniques sont hébergés dans les caves de leurs boîtes de nuit avant d'entrer en contact avec les réseaux résistants. Des armes sont entreposées dans leurs caches. Des messages radio du réseau Action sont émis à Toulon depuis le bar de Lucien Appiani, un de leurs lieutenants. Devenant trop actif, Antoine est placé, sur ordre de Sabiani, en résidence surveillée en Corse, mais il reviendra sur le continent quelques mois plus tard.

À Calenzana, où il s'est réfugié, Mémé se démène dans la Résistance avec ses frères Lucien, François et Pascal. Cependant, rapidement, Antoine lui envoie un message pour qu'il vienne l'épauler à Marseille. Accompagné de sa fiancée corse Rénatia, Mémé embarque sur le premier bateau qui quitte Ajaccio à destination du continent. Mais le navire, le *Général Bonaparte*, pris par erreur pour cible par un sous-marin britannique, est torpillé le 19 mai 1943 à quarante milles de Nice[1]. En trois minutes, il coule. Plus d'une centaine de passagers se noient, dont Rénatia, sous les yeux de son fiancé impuissant. Recueilli avec les autres survivants par un

1. Trois navires assurant les liaisons entre le continent et la Corse sont ainsi victimes de torpilles britanniques en 1943 : l'*Oasis* le 26 février, le *Général Bonaparte* le 19 mai et le *Château Yquem* le 27 juillet. Lors du naufrage du *Général Bonaparte*, on dénombre 137 victimes (dont 26 membres d'équipage et le préfet de Corse) et 147 survivants, secourus par un torpilleur allemand, la *Pomone*, dont le commandant, Konrad Loerke, recevra en 1959 la croix d'officier de la Légion d'honneur pour avoir sauvé la vie de 147 Français en temps de guerre. Les précisions sur ces naufrages nous ont été fournies par Charles Finidori, ancien officier de marine, historien de la SNCM, auteur notamment de *Corsica Marittima*, publié en 1987 à compte d'auteur.

bâtiment de guerre allemand, Mémé est soigné à l'hôpital militaire Sainte-Anne de Toulon. Sachant qu'il est recherché par la Gestapo, le rescapé feint l'amnésie et s'évade de nuit pour rejoindre Marseille. Désespéré par le décès de sa fiancée, Mémé est plus décidé que jamais à se battre. Ainsi, il ira jusqu'à attaquer un camion pour libérer une jeune juive âgée de douze ans, fille d'un chef du réseau Joseph le Fou arrêtée par la Milice[1].

Grâce aux parachutages alliés[2], certains maquis s'organisent, notamment à la Sainte-Baume, dans la région d'Aix ou dans le massif du Lubéron. Les sabotages ferroviaires ou industriels, les attaques de convois, les attentats contre des bars, hôtels, casernes, commissariats ou magasins allemands se multiplient, tandis que les grèves et les débrayages s'étendent. À Marseille, au printemps 1943, deux responsables de la Milice sont exécutés. En septembre, onze militants sabianistes, dont Toussaint Manfrédi, membre de la commission fédérale du PPF, sont assassinés.

Des policiers français acquis à la cause de la Résistance, notamment en Corse, à Toulon, à Nice et à Paris, quittent leurs fonctions pour fonder le réseau Ajax avec le commissaire ajaccien Achille Peretti. Parmi eux, Michel Hacq, commissaire à Toulon, qui sera arrêté à Paris le 10 novembre 1943, torturé à Marseille, déporté à Mauthausen, avant de devenir, dans les années 60, le grand patron de la police judiciaire, à la Sûreté nationale[3]. Un jeune ouvrier artificier des arsenaux de Toulon, François Marcantoni, né le 28 mai 1920 à Alzi (Haute-Corse), se souvient : « Avec mes camarades, j'ai participé au sabordage de la flotte française à Toulon, le 27 novembre 1942, en installant des mèches pour faire exploser les bassins. Je n'ai jamais vu un tel feu d'artifice au-dessus de la rade et de tels dégâts. Puis, avec Michel Hacq et d'autres résistants, nous allions récupérer des armes que le sous-marin français *Casabianca* venait livrer la nuit près de nos côtes[4]. »

---

1. Voir Marie-Christine Guérini, *La Saga Guérini*, *op. cit.*, p. 51-53 et p. 244-245.

2. Notamment les parachutages organisés par les services secrets français (le Bureau central de renseignement et d'action, BCRA, gaulliste, ou le Service de renseignement, SR, de tendance giraudiste), britanniques (Special Operations Executive, SOE) et américains (Office of Strategic Services, OSS).

3. Voir plus loin le chapitre intitulé « L'obsession des Américains sur le milieu corse ». Certaines des missions de Michel Hacq et de son réseau, notamment avec l'OSS, sont détaillées dans Fabrizio Calvi, *OSS, la guerre secrète en France*, Hachette Littératures, 1990, p. 139-165.

4. « Michel Hacq m'a ensuite rendu des services quand j'ai été condamné dans les années 50. » Entretiens avec l'un des auteurs, 12 février et 24 mars 2004. Voir François Marcantoni, *Un homme d'honneur*, Balland, 2001, p. 32-33, et James Sarazin, *M… comme Milieu*, *op. cit.*, p. 153-170.

Sous le pseudonyme d'« Alzin », Marcantoni fournit également des voitures volées, des explosifs et des armes aux groupes du Var. Il fera sauter un train près de Toulon en novembre 1943. Blessé lors d'un assaut contre le fort de Rosny en février 1944, il sera arrêté en mai lors d'une mission de surveillance d'un agent de la Gestapo. Emprisonné à la Santé et relâché à la Libération, Marcantoni participera au gang des Tractions avant et à celui des Blouses grises, tout en devenant un proche du député gaulliste Alexandre Sanguinetti, l'ami des Delon et des Guérini. La guerre, décidément, brasse bien des destins.

Les maquisards libèrent la Corse

L'île est occupée par 80 000 soldats italiens. Le 8 septembre 1943, quelques semaines après le débarquement allié en Sicile, le régime de Mussolini capitule sans condition. Les troupes italiennes cessent les combats ou se retirent rapidement des zones où elles sont déployées. En quelques heures, l'armée d'Hitler et la Gestapo reprennent la main. En Corse, où 10 000 Allemands et 100 chars de la brigade de SS Reichsführer ont été expédiés en juillet, la situation va tourner en faveur de la Résistance, malgré une répression de plus en plus sévère.

Les maquisards sont réunis au sein d'un front national, dirigé par Arthur Giovoni et soutenu par le général Giraud. Depuis décembre 1942, le sous-marin *Casabianca*, rescapé du sabordage de la flotte française à Toulon, assurent, entre Alger et la Corse, des missions d'appui et de renseignement. Un réseau de radio clandestine, baptisé Pearl Harbor, supervisé par les services de renseignement français et américains, a été installé à Bastia, puis à Ajaccio[1]. Des milliers de fusils-mitrailleurs Sten et des munitions ont été convoyés vers l'île à partir du printemps 1943. « Dans chaque village et chaque hameau, il y avait un ou deux hommes chargés de stocker les armes et de préparer leur distribution à des hommes de confiance le jour venu[2] », rapportera l'agent secret américain Peter Karlow dans un rapport confidentiel sur la Corse rédigé quelques mois plus tard.

1. Voir Paul Paillole, *Services spéciaux, 1935-1945*, Robert Laffont, 1975, p. 437, Toussaint Griffi et Laurent Preziosi, *Première mission en Corse occupée*, L'Harmattan, 1988, ainsi que Maurice Choury, *Tous bandits d'honneur !*, Éditions sociales, 1958, p. 43-49

2. « Notes on Corsica, by Lt Peter Karlow, OSS, research & analysis representative, Corsica, Algiers », 15 novembre 1943, National Archives.

Les résistants sont prêts à déclencher l'insurrection contre les Italiens. Dans les rangs des « patriotes » figurent des communistes, des gaullistes, des francs-tireurs, sans compter quelques « bandits d'honneur » ou truands corso-marseillais, comme certains des frères Guérini, réfugiés dans l'île. Sollicitées sur ce soulèvement, les autorités françaises à Alger hésitent d'abord, craignant un déclenchement prématuré des hostilités. Mais Giraud promet d'aider les « patriotes »[1].

Dès le soir de la capitulation italienne, le 8 septembre, la situation bascule. À l'exception de quelques Chemises Noires qui se rallient aux Allemands, les soldats de la péninsule baissent les armes. Le matin du 9 septembre, près de 15 000 manifestants se rassemblent place des Palmiers à Ajaccio et acclament une nouvelle municipalité, tandis que les autres mairies de l'île sont occupées par des résistants pratiquement sans violence. Mais à Bastia des combats ont lieu. Les SS se rendent maîtres de la ville et tentent de protéger la côte est de l'île afin de faciliter l'arrivée d'une division de panzers venue de Sardaigne.

Concentré sur la campagne d'Italie, l'état-major français à Alger ne peut envoyer que quelques centaines d'hommes en Corse. Ces bataillons de choc arrivent, à bord du *Casabianca* et de contre-torpilleurs, les 13 et 14 septembre. Après avoir assuré la solidité de la base d'Ajaccio, les soldats vont épauler les maquisards qui affrontent des forces allemandes dans les cols et autour de Bastia. Un autre détachement de tirailleurs marocains arrive le 18 septembre. La bataille est âpre jusqu'aux premiers jours d'octobre, quand les patriotes et les soldats français entrent dans Bastia dévastée, évacuée par les Allemands.

Mission « Tomate »

La Corse libérée va servir de point d'appui pour les préparatifs du débarquement en Provence. Entre décembre 1943 et juillet 1944, une cinquantaine de missions d'espionnage sont envoyées vers la Côte d'Azur ou vers l'Italie. Le groupement allié de renseignement, basé à Bastia, travaille à plein régime. L'un des agents américains de l'OSS, Henry Hyde, est chargé de renforcer les réseaux dans le sud de la France. Il fait appel aux services secrets gaullistes à Alger.

---

1. Voir Henri Noguères, *Histoire de la Résistance en France, novembre 1942-septembre 1943*, tome III, Robert Laffont, 1969, p. 592-593.

Le premier agent qui se présente, Bernard Bermond, est baptisé «Ben». Ancien fourreur à Aix-en-Provence, il a participé à la libération de la Corse, notamment contre les colonnes allemandes au col de Baggino. Le second, le capitaine Dominique Borghi, alias «Yves» pour l'OSS, a également fait le coup de feu dans l'île. Ancien matelot sur le bateau *La Ville d'Ajaccio*, Borghi a gardé de nombreux amis dans le milieu corse de Marseille. Le tandem Ben-Yves quitte l'île le 28 décembre 1943 à bord d'une vedette rapide anglaise pour une mission, baptisée «Tomato» (Tomate), qui doit les conduire à Marseille. Leurs supérieurs leur ont demandé d'établir l'état des unités allemandes stationnées entre Marseille et Menton, mais aussi de trouver les plans des fortifications sur la côte et du système défensif allemand entre Marseille et Aix-en-Provence, ainsi que dans la vallée de la Durance[1].

Dès le 1er janvier 1944, Ben et Yves sont à pied d'œuvre à Marseille. Des papiers leur sont fournis par Émile Rocca-Serra, frère de Jo Rocca-Serra, qui s'est illustré à leurs côtés dans les combats insulaires, et par sa belle-sœur. Ensemble, ils recrutent une vingtaine d'agents, des employés de mairie, des policiers, un imprimeur. En moins d'un mois, ce réseau réussit l'exploit d'obtenir des cartes d'état-major détaillées des côtes et d'y localiser les principales lignes de défense. «De la véracité de ces informations dépendaient les vies de centaines, voire de milliers de soldats qui allaient débarquer en Provence[2]», écrit Fabrizio Calvi.

Surtout, l'ancien matelot Dominique Borghi, alias Yves, renoue avec ses amis corses de la pègre marseillaise, dont certains ont leurs entrées à la Gestapo tout en renseignant la Résistance[3]. Borghi est presque chez lui au 425, rue Paradis, siège des gestapistes, où il glane des informations précieuses avec ses complices truands.

Le 26 janvier 1944, la mission «Tomate» s'achève. Sa valise bourrée de documents subtilisés à la Gestapo, Borghi file vers l'Espagne en compagnie de son supérieur. Arrêtés par la garde civile de l'autre côté des Pyrénées, ils passent deux mois en prison avant de rejoindre Alger. Les cartes microfilmées et les autres pièces volées avec la complicité des voyous corses sont d'une valeur inestimable pour les militaires américains, qui préparent le débarquement. Elles complètent les autres renseignements collectés et les photographies

1. L'ordre de mission est rapporté dans Fabrizio Calvi, *OSS, la guerre secrète en France*, *op. cit.*, p. 379-380.
2. *Ibid.*
3. Voir *ibid.*, p. 381. L'identité détaillée des «amis» corses de Borghi n'est pas mentionnée.

aériennes. L'agent Ben reçoit les félicitations de ses supérieurs pour avoir, en un mois, dressé « un état très complet des défenses côtières de Marseille à la frontière italienne », ce qui en fait « sans aucun doute la meilleure source individuelle de l'OSS »[1] sur ce sujet.

Les agents et les tortionnaires se déchaînent

Seul point noir, un agent du réseau, Louis Mancini, marin introduit, comme son ami Borghi, dans le milieu corso-marseillais, est entré en contact avec un opérateur radio qui se présente sous le nom de Marc Nicolaï, accompagné d'un certain Marcel Arnaud. Or Nicolaï, agent de l'OSS, a été arrêté et torturé par la Gestapo en novembre 1943. Retourné par les services secrets allemands, il a repris ses émissions radio sous le nom de code de « Dartmouth », expédiant à Alger des messages d'intoxication.

L'homme qui accompagne Nicolaï s'appelle en réalité Marcel Pavia. Membre du service de renseignement du PPF, Pavia travaille lui aussi avec les services allemands au sein d'une équipe spéciale, l'Armée secrète, ou Sonderkommando, chargée d'infiltrer les réseaux de la Résistance. Elle est installée au 403, rue Paradis, à deux pas des bureaux d'Ernst Dunker et de ses truands corses. Le 6 mai 1944, le chef de la mission « Tomate », Ben, est de retour à Marseille pour actualiser les plans alliés, en compagnie de son ami Jo Rocca-Serra. Les deux hommes reprennent contact avec leur réseau via Edmond Borghi, le frère de Dominique, propriétaire d'un bar, Le Berlioz. Le marin Louis Mancini les met alors en relation avec l'opérateur radio Marc Nicolaï, secondé par Marcel Pavia. Ces derniers feignent la coopération et organisent l'émission de messages vers Alger, en laissant le temps à la Gestapo de les localiser.

Le 12 juin 1944, le piège se referme au bar Le Berlioz. Ben est interpellé, avec Edmond Borghi, Louis Mancini, Jo Rocca-Serra, puis son frère Émile. Le cloisonnement du réseau limite les arrestations à sept personnes sur plus de 140 membres. Se sachant condamné, Ben réussit à s'évader avec un prêtre et tente de prévenir Alger. L'OSS, informée du double jeu de l'opérateur Nicolaï, continuera de l'utiliser pour endormir les Allemands jusqu'à la veille du débarquement en Provence[2]. Dominique Borghi, l'agent OSS de la mission

---

1. « Secret/Report on field conditions, Medto, Eto, from Clinton DeWitt to Director, OSS through Chief, SI, June 12, 1945 », OSS, National Archives.

2. Voir Fabrizio Calvi, *OSS, la guerre secrète en France*, *op. cit.*, p. 383-406.

« Tomate », l'ami des truands corses de Marseille, deviendra un étrange indic pour les flics français et les agents américains du Bureau des narcotiques quand le trafic de drogue explosera[1].

En ce printemps 1944, la répression se durcit. Les « gangsters de Sabiani » qui se sont mis au service du SS Ernst Dunker se déchaînent à Marseille. Au premier rang parmi eux, François Spirito s'active avec ses amis, Charles Oliviéri, Antoine Tortora, dit « le Boxeur », Giovanni Galina, appelé « Gueule en Or », François et Jeannot Carbone, les frères de feu Paul, et le clan Palmiéri. Le chef de cette famille de souche corse, Charles, roi du marché noir, recrute une équipe spécialisée, le « bureau Merle », chargée d'arrêter les juifs et de piller leurs appartements. Entre février et juillet 1944, plus de 200 personnes tombent entre ses mains. La plupart de ces nervis pratiquent la torture, notamment à l'électricité, au sein de la « brigade des caves » et du « groupe des arbitres », au 425, rue Paradis[2].

De son côté, Simon Sabiani a créé des « groupes d'action », formés de gros bras du PPF et de truands, pour arrêter des réfractaires au STO et les livrer à la Gestapo. Ils sont payés entre 3000 et 6000 francs par mois, et touchent 100 francs supplémentaires par prise[3]. Sabiani constitue également une « brigade antiterroriste » qui s'illustre aux côtés des Allemands, en faisant notamment le coup de feu contre des résistants dans le vallon d'Auriol. Les attaques portées par le SS Dunker et ses auxiliaires sont rudes : élimination du maquis de Lambesc, assaut contre celui du plan d'Aups, suivi de l'exécution de 38 membres des milices socialistes, arrestation de plusieurs hauts responsables des MUR le 13 juillet 1944, massacre de Signes, les 18 juillet et 12 août.

Coups de main pour libérer Marseille

Le 15 août 1944, après des mois de préparation, une armada alliée de 300000 soldats, avec 10 porte-avions et plus de 2000 aéronefs, se lance à l'assaut des côtes de Provence. Base de départ la plus proche, la Corse est « utilisée jusqu'à la saturation de ses aérodromes, de ses ports, plages, rades et jusqu'aux moindres criques[4] », notera le commandant Lepotier. Le but de ce débarquement est de prendre

1. Voir plus loin le chapitre intitulé « L'essor de la "Corsican Connection" ».
2. Voir Jean-Baptiste Nicolaï, *Simon Sabiani, un chef à Marseille*, *op. cit.*, p. 270-274.
3. Voir Paul Jankovski, *Communism and Collaboration*, *op. cit.*, p. 112-114.
4. Voir Commandant Lepotier, *Cap sur la Corse*, France-Empire, 1950, p. 276. Voir aussi Philippe Lamarque, *Le Débarquement en Provence*, Le Cherche-Midi Éditeur, 2003.

l'Allemagne sur deux fronts, après le D-Day du 6 juin en Normandie. Le succès est foudroyant. Toulon est cerné le 18 août. Marseille, port stratégique pour le déchargement de matériel et de troupes, défendu par 13000 hommes sous les ordres du général Schaefer, est en vue dès le 19 août.

La ville, qui a subi le 27 mai des bombardements alliés massifs, responsables de près de 2000 morts et de deux fois plus de blessés, est en proie à un climat insurrectionnel. La grève générale a été déclenchée à l'instigation de la CGT clandestine et des maquis communistes. Les barricades sont dressées. Le siège du PPF, sur la Canebière, est incendié. Simon Sabiani a évacué la ville, avec sa famille, dès le 15 août. Après avoir détruit bon nombre des dossiers de la police de Marseille, la Gestapo fait disparaître ses propres archives au 425, rue Paradis. Ernst Dunker s'évapore dans la nature[1]. D'anciens voyous sabianistes, comme Jo Mattéi ou «Didi le Portoricain», changent subitement de camp et montrent un zèle nouveau pour traquer l'occupant. Quelques centaines de résistants, portant des brassards FFI (Forces françaises de l'intérieur), s'engagent dans des batailles de rues. Ils envoient des émissaires auprès du général de Monsabert, posté à Gémenos, afin que les armées alliées libèrent Marseille au plus vite. Son supérieur, le général de Lattre, hésite[2]. Mais Monsabert fonce.

La course au pouvoir a déjà débuté en ville. Le 22 août, dans la matinée, Gaston Defferre envoie ses fidèles des milices socialistes, dont Horace Manicacci, Louis Rossi, Dominique Venturi, investir les bureaux du journal *Le Petit Provençal*. Pistolets-mitrailleurs en main, ils s'emparent des locaux et fondent leur nouveau journal, *Le Provençal*, «organe des patriotes socialistes et républicains». Leurs amis Antoine Paolini, Eugène Matrone ou encore Henri Codde les rejoignent rapidement, renforçant la garde armée des locaux du journal. Le même jour, la préfecture des Bouches-du-Rhône, place Félix-Barret, est occupée, le résistant communiste Raymond Aubrac devenant le commissaire régional de la République.

L'histoire bascule sur fond de violence extrême. Dans un appartement, un petit groupe de combattants defferristes, mené par Xavier Culioli, découvre le corps d'un juif que deux miliciens sabianistes viennent de torturer à mort afin de lui soutirer sa fortune. Arrêtés

1. Dunker sera finalement jugé et condamné à mort en 1947 après avoir imploré la clémence des magistrats en disant : «Je me suis battu comme un soldat... Je regrette d'avoir été brutal.» Il sera fusillé le 6 juin 1950. Voir Madeleine Baudoin, *Histoire des Groupes Francs (MUR) des Bouches-du-Rhône*, *op. cit.*, p. 164.

2. Voir Roger Duchêne et Jean Contrucci, *Marseille*, *op. cit.*, p. 665.

sur-le-champ, les coupables demandent grâce. L'un d'eux est originaire d'Ajaccio. « D'accord, j'ai choisi le mauvais camp, mais on ne va quand même pas se tuer maintenant que la guerre est presque finie. Vous allez être les maîtres de Marseille. Vous aurez besoin de gars comme nous, des types qui n'ont pas froid aux yeux[1] », supplie-t-il en corse auprès de Culioli. Celui-ci enrage devant tant de culot et d'horreur. Les deux tortionnaires sont exécutés sur place.

Les troupes allemandes du général Schaefer ne se rendent pas. Au contraire, après avoir bloqué la passe du port en coulant un paquebot, elles défendent leurs positions avec une imposante artillerie. Le 23 août, dès l'aube, les premiers éléments du 7e régiment de tirailleurs algériens arrivent sur la Canebière, aussitôt soumis au feu des canons postés aux forts Saint-Jean et Saint-Nicolas. Les centraux téléphoniques sont pris par les FFI. Les soldats alliés se battent au corps à corps dans les quartiers sud, tandis que les blindés du général Sudre avancent vers le centre-ville. Parmi les assaillants, Barthélemy Guérini précipite sa voiture contre un char allemand qui remonte la Canebière, avant de le pulvériser à coups de grenade.

Mais les bunkers résistent aux assauts des tabors marocains. Des miliciens ou des membres du PPF tirent sur les FFI. Il faut deux jours, au prix de lourdes pertes, pour réussir l'assaut des fortins armés du rocher de la basilique Notre-Dame-de-la-Garde. Plusieurs chars français sont endommagés. Le 28 août, le général de Monsabert reçoit la capitulation allemande de la bouche du général Schaefer. Les forces françaises dénombrent 1500 morts, les Allemands, 5500[2]. Marseille est libéré, mais exsangue. Il attend déjà ses nouveaux maîtres, officiels et officieux.

Des places à prendre

Dès le 29 août 1944, un comité départemental de libération s'installe à la préfecture des Bouches-du-Rhône. Il est présidé par le socialiste Francis Leenhardt. Le lendemain, son ami Gaston Defferre est intronisé président de la délégation municipale, qui prend le pouvoir à la mairie en attendant les élections. Il est flanqué de ses lieutenants Horace Manicacci et Louis Rossi, sans compter nombre de militants plus habitués à manier les revolvers que la dialectique socialiste. Parmi eux, Barthélemy Guérini, qui a descendu la

1. Gabriel-Xavier Culioli, *La Terre des seigneurs*, *op. cit.*, p. 335-337.
2. Voir Roger Duchêne et Jean Contrucci, *Marseille*, *op. cit.*, p. 668-674.

Canebière sur le dos d'un char victorieux, au milieu des clameurs d'une population soulagée. Le caïd corse poursuivra les combats, écopant d'une blessure à la jambe lors d'une opération de sabotage près de Strasbourg, qui lui vaudra la croix de guerre avec étoile d'argent. Son frère Antoine, un temps soupçonné d'avoir trafiqué des bons d'essence, s'en sortira sans dommage. Ensemble, ils vont pouvoir repartir de l'avant.

Le clan Sabiani-Carbone-Spirito, qui dominait la ville depuis le début des années 30, s'est désintégré. Accompagné de quelques proches, l'ancien maître de la municipalité, Simon Sabiani, a pris la route de l'Allemagne avec Doriot et Pétain, avant de se réfugier en Espagne, puis en Argentine, sous le faux nom de Pedro Multedo. Son complice François Spirito a lui aussi franchi les Pyrénées, avant de passer incognito au Canada et aux États-Unis. Condamnés à mort par contumace pour faits de collaboration, ni l'un ni l'autre ne subiront ces sentences. L'ancien leader pronazi mourra dans une clinique de Barcelone le 29 septembre 1956. Spirito, expulsé des États-Unis en 1954, sera finalement relaxé par un tribunal militaire français et vivra en Provence jusqu'à son décès, le 9 octobre 1967.

D'autres gangsters, mouillés avec l'occupant, ont également pris la poudre d'escampette. Magot en poche, le Corso-Marseillais Auguste Ricord a fui Paris, le 18 juillet 1944, à destination de l'Espagne et de l'Amérique latine. Son ami Joseph Orsini, alias «le Sanguinaire», est parti se cacher au Canada.

En revanche, certains de leurs comparses n'échappent pas aux mailles de la justice. À Marseille, le militant du PPF Lucien Mangiavacca est fusillé dès l'automne 1944. Charles Palmiéri et plusieurs de ses frères, traqueurs de juifs et tortionnaires, sont arrêtés et condamnés à mort. À Paris, les patrons de la Gestapo française, Pierre Bonny et Henri Lafont, sont exécutés le 26 décembre 1944 au fort de Montrouge[1]. Deux membres de la Carlingue, Adrien Estebeteguy, dit «le Basque», et Joseph Piéreschi, dit «Gé», ont fait confiance au docteur Petiot pour trouver une filière d'évasion. À tort, puisqu'ils finissent brûlés, avec leurs amies prostituées, dans le four de ce tueur en série[2].

Pour l'heure, à Marseille, les affaires reprennent de plus belle. Grâce à leur implantation ancienne et à leurs faits d'armes durant la

1. Lafont avait créé, début 1944, une «Légion nord-africaine», milice redoutable employée contre des maquis en Bourgogne, Dordogne et Limousin. Voir Grégory Auda, *Les Belles Années du milieu*, *op. cit*, ainsi que Alain Guérin, *Chronique de la Résistance*, *op. cit.*, p. 1229.

2. Voir Jérôme Pierrat, *Une histoire du Milieu*, *op. cit.*, p. 224-225.

guerre, les Guérini sont bien placés. Ils surveillent, par exemple, toutes les cargaisons – rations alimentaires, cigarettes, essence – que les troupes alliées débarquent dans le port et qui alimentent le marché noir tenu par les truands locaux.

> Ces gens, qui ont toujours vécu comme des opportunistes, ont vu, avec la Libération, l'arrivée des Américains comme une ouverture pour leurs affaires douteuses, écrit, dans une note secrète, le bureau parisien de l'OSS. Ils se sont tournés vers le commerce de produits alimentaires américains. Pour le faire, ils se sont mis de mèche avec des soldats américains et, très rapidement, le commerce a explosé. [...] Ils cherchent particulièrement les boîtes contenant les rations complètes pour cinq hommes [...] Le trafic est tel qu'il n'y a pratiquement pas une famille à Marseille sans réserve de produits américains [...] Le prix des boîtes varie entre 150 et 600 francs [...] La surveillance est faible et même toute action de la police est problématique, car le corps des fonctionnaires n'a pas été suffisamment épuré et trop de ses chefs restent dévoués à Simon Sabiani[1].

Nommé secrétaire adjoint à la police de Marseille, le defferriste Xavier Culioli passe son temps à faire le tri entre les anciens collabos, les vrais-faux résistants, les policiers véreux et les rares courageux. Il élimine les fonctionnaires les plus mouillés avec la Gestapo. Mais, faute de bras suffisants pour reconstituer des forces de sécurité vraiment « pures », il est contraint de conserver nombre de policiers, gendarmes ou juges dont le comportement n'a pas forcément été exemplaire sous l'Occupation[2].

Les boîtes de nuit et les maisons closes, qui n'ont jamais cessé d'accueillir des Allemands ou d'autres clients peu recommandables, focalisent les rancœurs de ceux qui sont chargés de faire le ménage. Dans une note au commissaire régional de la République, la commission chargée de l'épuration s'alarme ainsi, en décembre 1944, d'une telle débauche à l'heure où la population se serre la ceinture : « L'augmentation des lieux de plaisir est non seulement inutile, mais dangereuse, du fait du monde spécial fréquentant ces maisons où le marché noir se pratique à grande échelle, sans compter le reste. C'est pourquoi, en attendant que nous sollicitions leur fermeture, nous

---

1. « Black market in American goods at Marseille, OSS Paris, report n° F-1737, 14 April 1945 », National Archives.
2. Gabriel-Xavier Culioli, *La Terre des seigneurs*, *op. cit.*, p. 339.

croyons utile de vous demander de prendre un arrêté interdisant l'ouverture de tout nouvel établissement de ce genre. Nous vous signalons que les propriétaires de ces maisons se servent généralement des licences de bar du Vieux-Port[1]. »

Les épurateurs finissent par avoir gain de cause. Le 13 avril 1946, l'Assemblée nationale adopte la loi Marthe Richard, qui interdit les maisons closes. Les policiers interviennent aussitôt pour fermer tous les établissements et déloger leurs locataires. Les cartes de la prostitution, activité de base de la plupart des truands, sont rebattues. De Paris à Nice, des milliers de filles se retrouvent à la rue, en quête de protecteurs et d'entrées dans les hôtels de passe, dont les prix flambent soudainement.

Le milieu se réveille, agité de soubresauts. Les vengeances liées à la guerre, la loi Marthe Richard, la profusion d'armes clandestines et les nouveaux trafics redistribuent les rôles. Des ex-miliciens ou des truands endurcis par les maquis rêvent de se faire une place au soleil, à coups de mitraillette. À Paris, les Corses – Mathieu Costa, Paul Milani, les frères Vespérini, François Lucchinacci, Pierre Cuccari, Jean Colonna –, qui dominent encore Montmartre, sont désormais concurrencés par des Parisiens, des Lyonnais, des Nord-Africains et des juifs pieds-noirs venus du Constantinois[2]. À Lyon, le Corse Toussaint Leca subit la pression de nouveaux venus. À Nice, les frères Rossi défendent leur pré carré. À Bordeaux, les frères Colonna, dont Titi, qui a donné jadis un coup de pouce aux jeunes Guérini, tentent de garder la main sur le port. L'ancien gestapiste Pierre Loutrel, dit « Pierrot le Fou », à la tête du gang des Tractions avant, multiplie les braquages audacieux. Fortunes et infortunes peuvent surgir au coin des rues. Le climat est tendu. Pour un mot de travers, un paiement tardif, une sombre affaire de racket, un empiétement de territoire, les caïds usent de la gâchette et lancent de sanglants règlements de comptes.

La vendetta du « Séminariste »

L'une des guérillas les plus ravageuses a pour origine un dénommé Ange Salicetti. Corse né en Guyane d'un père gardien au bagne de Cayenne, « l'Ange » a failli entrer dans les ordres, ce qui lui vaudra le surnom de « Séminariste » dans le milieu, avant d'être

---

1. Cité dans Pierre Guiral, *Libération de Marseille*, Hachette Littératures, 1974, p. 136, et dans Jacques Derogy et Jean-Marie Pontaut, *Enquête sur les mystères de Marseille*, *op. cit.*, p. 370.
2. Voir Jérôme Pierrat, *Une histoire du Milieu*, *op. cit.*, p. 264-274.

recruté comme apprenti ajusteur à l'arsenal de Toulon, puis de se reconvertir comme voyou professionnel. D'un tempérament violent, Salicetti a déjà assassiné, en septembre 1937, Philippe Graziani, membre d'un clan corse proche de Carbone qui dominait Toulon et présidait le syndicat local des patrons de maisons closes. Renvoyé devant le tribunal, Salicetti a écopé de huit ans de prison. En octobre 1944, évadé de la centrale de Nîmes, « le Séminariste » s'est aussi vengé du meurtre d'un de ses cousins en torturant jusqu'à la mort, avec un fer à souder, le tueur présumé, le Corso-Toulonnais Ange Fontana.

Après la Libération, Salicetti trafique dans les tickets de rationnement et la fausse monnaie dans le midi de la France. Puis il monte à Paris, prend le contrôle de plusieurs cabarets de Montmartre, confiés à des amis corses, et veut mettre la main sur d'autres affaires. « Salicetti était très ambitieux et il effrayait beaucoup de monde[1] », se souvient son ancien ami toulonnais François Marcantoni. Un jour, « le Séminariste » fait exécuter Sylvestre Nicolaï, un tenancier de Pigalle, neveu des Graziani, qui résiste à ses menaces. En juillet 1946, quatre hommes sont victimes de tirs dans le bar Le Hollandais, rue Pigalle, à Paris. Parmi eux se trouve Dominique Venturi, l'un des porte-flingues de Gaston Defferre.

Cette agression, attribuée à Salicetti, s'apparente à une déclaration de guerre. Un garde du corps de ce dernier est fauché à Paris par trois tueurs. La réplique ne se fait pas attendre. L'un de ces sicaires est abattu dans un café en Corse. Peu de temps après, le 14 septembre 1947, « le Séminariste » est blessé lors d'un attentat, à la sortie de la cathédrale d'Ajaccio. Son oncle, lui, meurt sur le coup. Salicetti est fou de rage. Il jure d'éliminer ceux qui veulent sa perte.

Paul Milani, patron du bar Chez Fanfan, tombe, victime de ses balles, en novembre 1947. La cible suivante s'appelle François Lucchinacci, dit « le Notaire », qui est l'un des anciens bras droits de Carbone. Depuis le décès de celui-ci en décembre 1943, il chapeaute son ex-maîtresse Manouche et gère quelques boîtes parisiennes. À la veille de la Pentecôte 1948, Lucchinacci est tué dans son cabaret. Les ravages se poursuivent. Le 20 janvier 1949, Jo Renucci, autre ancien lieutenant de Carbone monté à Paris, ami du « Notaire », échappe par miracle à un tir de mitraillette alors qu'il sort d'un restaurant parisien en compagnie d'un député gaulliste et de sa secrétaire, laquelle est tuée sur le coup. Avec ses comparses Antoine Paolini et

---

1. Entretien avec l'un des auteurs, 24 mars 2004.

les frères Dominique et Jean Venturi, Jo Renucci décide alors de régler son compte à Salicetti et à ses hommes.

Les fusillades se multiplient de part et d'autre, sans que l'on sache toujours qui venge qui. Le patron du bar parisien L'Autobus 22, Mathieu Costa, ami de Salicetti, est poignardé le 30 juillet 1949 par un racketteur surnommé « Jeannot le Dingue ». Lors de son enterrement, une rafale de mitraillette arrose la voiture du « Séminariste » dans le cortège, boulevard Berthier, à Paris. Ange s'en sort encore indemne, mais un de ses lieutenants est blessé, et deux de ses gardes du corps succombent à l'attaque, conduite, selon les policiers, par Renucci, Paolini et Jean Venturi. La tuerie s'achève le 3 décembre 1950, en pleine nuit, lorsque Ange Salicetti est abattu dans sa voiture alors qu'il rentre chez lui, en banlieue parisienne. Cette vendetta aura laissé plus de quarante cadavres sur le pavé, dont nombre de caïds corses de Paris, les affaiblissant durablement face à leurs rivaux de la capitale[1].

Les bijoux de la Bégum, « hold-up du siècle »

La période troublée de l'immédiat après-guerre est aussi marquée par des affaires rocambolesques où s'illustrent des figures montantes de la pègre corse, qui se croient désormais tout permis parce qu'elles ont gardé des liens avec leurs anciens « camarades » de guerre, devenus policiers. Au nom de solidarités anciennes, des relations équivoques s'instaurent, qui perturbent des enquêtes et révèlent de sourdes complicités jusqu'au plus haut niveau de l'État.

Le 3 août 1949, vers midi, une chaleur étouffante baigne la route qui descend en lacet de la villa Yakimour, au Cannet-des-Maures. Propriétaires des lieux, l'Aga Khan, chef spirituel des ismaéliens, et son épouse la Bégum, ex-miss France 1930, quittent leur demeure de milliardaires en direction de l'aéroport de Nice. Leur Cadillac de location est soudainement bloquée dans un virage par une traction avant noire, postée en embuscade, d'où surgissent des hommes armés portant des bérets basques et des lunettes de soleil. Sous la menace,

1. Voir notamment, sur cette vendetta, Jean Bazal, *Le Clan des Marseillais*, *op. cit.*, p. 211-219, Marie Paoleschi, *Le Milieu et moi*, *op. cit.*, p. 17-54, François Marcantoni, *Un homme d'honneur*, *op. cit.*, p. 68-80, et Jérôme Pierrat, *Une histoire du Milieu*, *op. cit.*, p. 266-268. Elle a éliminé du pavé parisien quelques pointures corses comme Milani, Costa, Lucchinacci, Salicetti. Jean Colonna revendra une partie de ses affaires pour retourner en Corse. Et Pierre Cuccari, dit « Cuc », ancien garde du corps de Jacques Chaban-Delmas, qui a pris la succession des frères Vespérini au Laetitia en 1948, sera abattu en juillet 1954.

la Bégum doit leur donner son sac de cuir rouge, rempli de diamants et de pierres précieuses, dont la fameuse «marquise». L'Aga Khan est délesté de son portefeuille. Les voleurs crèvent les pneus de la Cadillac et repartent, après quelques secondes, avec un butin record, estimé à 213 millions de francs de l'époque[1].

Les policiers de Marseille, dépêchés sur place pour ce que les journaux appellent déjà le «hold-up du siècle», croient reconnaître rapidement la «patte» professionnelle de Paul Leca. Né le 14 mai 1905 à Valle-di-Mezzana (Corse-du-Sud), Pierre-Paul Leca, dit «Paulot», est un gangster corse de haut vol. Il est soupçonné d'avoir attaqué en 1938 un train de nuit pour y dérober des centaines de kilos d'or. Faute de preuves, il est sorti indemne de l'affaire. Pendant la guerre, cet ami de Paul Carbone s'est illustré en fabriquant de faux tickets d'alimentation tout en volant quelques documents militaires à la marine allemande, ce qui lui a permis de passer entre les gouttes de l'épuration à la Libération.

Cambriolage de châteaux, faux dollars, contrebande de cigarettes sur son yacht *L'Eliette* : depuis lors, Paulot semble poursuivre ses trafics, en contact avec les autres figures du milieu corse, comme Jo Renucci et la famille Guérini. Habillé de costumes de bonne coupe et arborant un fume-cigarette en or, Paul Leca affiche un mode de vie de nabab, dans son appartement marseillais, place Delibes, ou aux meilleures tables de la ville.

L'enquête est prise en main par le patron de la police judiciaire Georges Valantin, un ancien résistant socialiste qui passait ses vacances dans la région. Très vite, les policiers remontent la piste de la traction avant noire, abandonnée par les voleurs. Sa batterie neuve a été achetée récemment par un certain Roger Senanedj, un petit truand ami de Leca. Mais lorsque les policiers s'apprêtent à l'interpeller, «Gros Roger» se volatilise. Une fuite a fait capoter le coup de filet. Soupçonné de maladresse par ses ex-complices, Roger Senanedj sera liquidé, ainsi que sa maîtresse Renée la Brune, sans que personne retrouve jamais leurs cadavres. De plus, à l'heure du hold-up, Leca se mariait à la mairie de Marseille avec la fille d'un dramaturge célèbre. Son alibi est en béton. L'affaire piétine durant plusieurs mois. Valantin a l'impression que les policiers traînent les pieds, certains n'hésitant pas à tenter de négocier avec des voyous impliqués dans ce vol. Pis, à peine rentré à

1. Voir Eugène Saccomano, *Bandits à Marseille*, *op. cit.*, p. 102 *sq.*, et Jean Bazal, *Le Clan des Marseillais*, *op. cit.*, p. 202 *sq*. Ce butin de 213 millions de francs, soit 2,13 millions de nouveaux francs, est colossal.

Paris, Valantin se voit reprocher ses méthodes de travail et ses notes de frais par ses supérieurs.

L'histoire rebondit en janvier 1950, quand le commissaire marseillais Mattéi apprend, de la bouche d'un de ses principaux informateurs, le truand corse Jean-Thomas Giudicelli, dit « Grosse Tête », l'identité des voleurs des bijoux de la Bégum. Giudicelli n'a cessé de naviguer entre les rives. Trafiquant de tickets de rationnement durant la guerre, il a aidé les services alliés. Truand redouté à Nice, il est aussi un indicateur pour la police dans l'espoir d'obtenir en retour quelque tolérance sur ses affaires.

Grâce aux informations qu'il livre, plusieurs membres de l'équipe sont aussitôt coffrés. L'un d'entre eux, Barthélemy Ruberti, confirme que « Gros Roger », Jacques Benedetti, Paul Mondoloni, dit « Petit Paul », et François Sanna, alias « Chois », se trouvaient bien avec lui lors de l'attaque. Paul Mondoloni, natif de Sartène et résidant à Paris, est appréhendé. Secoué lors des interrogatoires, Sanna avoue que les bijoux ont été récupérés par Paul Leca et un de ses amis, Charles Vinciléoni. Né à Valle-di-Mezzana comme Leca, Vinciléoni possède le restaurant La Daurade, à Marseille. Cerveau de l'affaire, Leca avait démarché les plus gros truands corses de la ville pour leur proposer ce « coup », en garantissant à ses complices l'impunité en cas de problèmes grâce à un « ami puissant dans la police ». Pressentant son arrestation, Leca se cache en Camargue, avant de prendre la fuite vers les États-Unis. Vinciléoni disparaît également dans la nature. Mondoloni dépose une caution pour être libéré et vogue, lui aussi, sous des cieux plus cléments. Exilé au Mexique, à Cuba et au Canada, il sera bientôt soupçonné d'être un pilier du trafic de stupéfiants.

Le 26 février 1950, la moitié du trésor de la Bégum est curieusement déposée devant une porte de l'évêché, le siège de la police à Marseille. En réalité, ce sont les policiers qui ont incité les voyous arrêtés à faire ce geste afin de minimiser leurs peines à venir[1]. Le message a été transmis aux avocats, puis aux « amis » du Vieux-Port. L'un des « hommes de paix » du milieu corse de Marseille, Dominique Nicoli, propriétaire du bar Le Suffren, quai des Belges, aurait également « conseillé » aux receleurs de procéder à cette restitution partielle. Le solde du butin s'est envolé avec le reste de la bande.

1. Dans un rapport daté du 7 mars 1950, le commissaire marseillais Jean Truchi l'écrit noir sur blanc : « Se ralliant au point de vue exposé par les policiers, les malfaiteurs convinrent que leur sort pouvait être amélioré dans le cas où les bijoux seraient restitués à leur légitime propriétaire. Ils se mirent tous d'accord pour faire leur possible dans ce but. » Cité dans Eugène Saccomano, *Bandits à Marseille*, *op. cit.*, p. 117.

Les relations policières de « Paulot »

Mais l'affaire des bijoux de la Bégum n'est pas finie. En mai 1950, Georges Valantin est en effet brutalement « démissionné » de la direction de la police judiciaire, sous le prétexte d'une réorganisation des services. Sa hiérarchie insinue qu'il aurait détourné de l'argent promis aux indics lors de son enquête sur le vol. Le policier écarté se défend dans la presse, parle d'une « exécution administrative » à cause des liens qu'il aurait mis au jour entre les suspects et certains policiers. Dans une lettre publiée par le journal *Samedi-Soir*, il affirme qu'il « existe un très important faisceau de présomptions graves et concordantes tendant à prouver la collusion entre certains fonctionnaires du ministère de l'Intérieur et des gangsters notoirement connus, cette collusion permanente apparaissant plus particulièrement au cours de nombreuses affaires criminelles, notamment celle de la Bégum[1] ».

Dès juin 1950, Valantin a adressé une lettre au président de la République, Vincent Auriol, dans laquelle il dénonçait les conditions de son éviction. Il a aussi envoyé un rapport secret au procureur général près la cour d'appel de Paris, lequel a ouvert une information judiciaire. Ce rapport est explosif, car il vise carrément le grand patron de la police, Pierre Bertaux, directeur général de la Sûreté nationale.

Les faits décrits dans ce document sont troublants[2]. Paul Leca, le principal inculpé dans l'affaire de la Bégum, a connu Pierre Bertaux durant la guerre. Ils ont été emprisonnés ensemble au camp de Mauzac, en Dordogne, le premier comme voyou, le second comme résistant. Libéré, Leca a tenté de faire évader celui qui allait devenir directeur de la police. Depuis, il est resté en relation étroite avec Bertaux, gardant son numéro de téléphone privé dans son carnet. Éternellement reconnaissant envers son « camarade » d'armes, le directeur de la Sûreté nationale lui a rendu quelques services. Il serait notamment intervenu pour le faire libérer quand le truand a été arrêté, fin 1949, pour contrebande de cigarettes.

Valantin cite d'autres faits étonnants à propos de son supérieur. Selon lui, après le vol des bijoux de la Bégum, Bertaux s'est activé pour « faire avorter l'enquête » et « sortir ses amis d'affaire ». C'est lui qui aurait prévenu Leca de sa prochaine mise en cause, lui

1. Lettre de Georges Valantin, publiée dans *Samedi-Soir*, 16 décembre 1950.
2. Document intégralement publié dans un journal de l'époque, coupure non datée, retrouvée dans le dossier Bégum, fonds Boutemy, Archives nationales.

permettant de s'échapper. Il aurait également fait pression pour que les policiers négocient la restitution avec les gangsters. Détail insolite : le directeur de cabinet de Bertaux, un dénommé Paolini, avait mis son chien en pension chez le restaurateur marseillais Vincileoni, l'un des complices de Leca. Curieusement, la veille de son arrestation, la bête a été réexpédiée secrètement chez son maître par avion.

L'enquête diligentée par la justice semble confirmer l'essentiel de ces présomptions. On découvre que Bertaux a naguère témoigné lors d'un procès en faveur de Leca, accusé d'avoir appartenu à la Gestapo marseillaise. Plus étonnant encore, le patron de la Sûreté aurait récupéré personnellement une partie du butin restitué, tentant de le cacher quelques nuits dans le coffre du ministre de l'Intérieur avant de l'expédier à Marseille !

Ces révélations, étayées par l'instruction, ne font nullement tomber Pierre Bertaux. Malgré ses explications vagues, il reste à la tête de la Sûreté pendant quelques mois, avant d'être nommé préfet. Le socialiste Jules Moch, nouveau ministre de l'Intérieur, homme à poigne, envisage même de le promouvoir ambassadeur ou secrétaire général de la Défense nationale.

Les rebondissements ne surviennent qu'en juillet 1953, lors du procès des auteurs du vol des bijoux de la Bégum devant la cour d'assises des Bouches-du-Rhône, à Aix-en-Provence. Un des voleurs, Barthélemy Ruberti, commence par se plaindre de payer pour les autres sans avoir rien reçu : « Rien du tout. Peut-être trente sacs, autant dire des bigorneaux ! » Le commissaire marseillais Jean Truchi, qui a réceptionné les bijoux restitués, explique qu'il ne veut pas en dire plus sur ses négociations avec les receleurs : « Nous avions donné notre parole que nous ne ferions rien et la parole d'un fonctionnaire doit être sacrée, surtout avec un homme du milieu. »

Puis c'est Georges Valantin, l'ex-patron de la PJ, qui accuse son ancien supérieur Pierre Bertaux d'être l'instigateur du vol, d'avoir laissé s'enfuir Leca et d'avoir intrigué pour freiner l'enquête. « Valantin cherche à se venger des mesures disciplinaires que j'ai dû prendre contre lui… C'est un incapable, un hurluberlu, un brouillon, un hanneton », rétorque simplement Bertaux, qui ne peut nier ses relations suivies avec le truand Paul Leca. « C'est mon ami. Il m'a sauvé la vie. C'est un homme très distingué et surtout un homme d'honneur. La tradition de l'honneur s'est perdue dans la bourgeoisie, mais elle existe encore dans le milieu… »

Le président du tribunal s'étonne : « Et avec ces raisonnements, vous étiez chef de la police ? »

Bertaux répond : « Oui, et alors ? J'ai parlé du code de l'honneur, non de l'honnêteté ! »

Le magistrat reprend : « Leca était un bandit et c'est vous qui venez le défendre ici ! Le milieu, vous n'avez que ce mot à la bouche. Je vais finir par me demander si vous n'en faites pas partie ! »[1].

Le lendemain, le commissaire Bertaux est suspendu de ses fonctions de préfet et mis en disponibilité. Il bénéficiera finalement d'un non-lieu, tandis que Valantin sera réintégré dans la police quelques mois plus tard.

Le jugement de la cour d'assises est sévère pour les braqueurs, mais Charles Vincileoni, qui s'était présenté à la police, est acquitté. Leurs principaux complices présumés, Mondoloni et Leca, jugés quelques jours plus tard, sont condamnés aux travaux forcés à perpétuité par contumace. Mais ils sont en vadrouille.

Cette très spectaculaire affaire des bijoux de la Bégum provoquera des rancunes tenaces dans le milieu. Le « conciliateur » Dominique Nicoli sera abattu durant le feu d'artifice du 14 juillet 1958 par Jacques Benedetti, l'un des voleurs tout juste sorti de prison qui s'estimait lésé par la restitution forcée des pierres[2]. L'indic Jean-Thomas Giudicelli, lui, est devenu propriétaire de plusieurs bars et d'une villa luxueuse au cap d'Antibes. Il a aussi été élu maire et conseiller général de Pietralba, son village natal en Corse, où il est considéré comme un bienfaiteur. La carrière de « Grosse Tête » s'achèvera pourtant le 15 juillet 1960 dans une rafale de balles. Quant à Paul Leca, il ne refera surface qu'en août 1960. Rejugé en appel, il sera condamné moins lourdement, à deux ans de prison, et décédera de sa belle mort en 1966. Ses relations policières à haut niveau l'auront longtemps protégé. Il n'est pas le seul à savoir ainsi tirer parti d'amitiés forgées durant la guerre.

---

1. Dialogue rapporté par Eugène Saccomano dans *Bandits à Marseille*, *op. cit.*, p. 137, par Marie Paoleschi dans *Le Milieu et moi*, *op. cit.*, p. 181-182, ainsi que par le chroniqueur Frédéric Pottecher dans *Le Monde*, reproduit dans *L'Alsace*, 1er août 2000.

2. Arrêté l'arme à la main, condamné pour le meurtre de Nicoli, Benedetti sera libéré en 1975 et exécuté à Sartène en avril 1976. Voir Jean Contrucci, *Ça s'est passé à Marseille*, vol. 1, Éditions Autres temps, 1992, p. 159-171.

Chapitre 3

Les Guérini, nouveaux parrains

Les Guérini restent le plus éloignés possible des vendettas sanglantes qui affaiblissent leurs concurrents ou de ces grandes affaires qui défraient la chronique. Ils tentent en vain d'apaiser les esprits durant la guérilla entre Salicetti et les ex-proches de Carbone. Ils appuient la médiation de leur complice Dominique Nicoli lors de l'affaire des bijoux de la Bégum. Mais, durant toute cette période de l'immédiat après-guerre, ils préfèrent se consacrer à leurs affaires.

Ils ont leurs entrées à la mairie de Marseille, tenue, dès août 1944, par leur mentor Gaston Defferre et ses gardes du corps, les Rossi, Manicacci ou Venturi. Aux élections locales d'avril 1945, la liste de gauche menée par Jean Cristofol, leader communiste très populaire, arrive largement en tête. Defferre est reconduit président de la délégation municipale. Cependant, sa mésentente avec son rival socialiste Pierre Ferri-Pisani, résistant émérite revenu du camp de déportation de Buchenwald, le conduit à la démission en janvier 1946. Jean Cristofol lui succède, avant d'être élu, en décembre 1946, maire de Marseille.

Œcuméniques, les Guérini soutiennent séparément les deux frères ennemis socialistes de la SFIO. Mémé, pratiquant les accolades publiques et le racolage électoral, appuie Defferre qu'il a connu pendant la guerre, tandis qu'Antoine, parfois adepte des manières fortes, reste proche de l'ancien leader Ferri-Pisani, dont il a jadis assuré le service d'ordre. Mais les deux frères Guérini, aux tempéraments opposés, savent se réconcilier quand il le faut pour mener leur barque. Cette souplesse politique, qui avait déjà eu quelques avantages pendant la guerre, leur assurera une longévité hors du commun. « Ce que Carbone et Spirito avaient réussi longtemps avec Sabiani, jusqu'à ce que le vent tourne et que leurs options se retournent en définitive contre eux, les Guérini vont le réitérer, trente longues années durant[1] », écrira François Marcantoni, un de leurs amis du milieu.

Les Guérini sont même prêts à surpasser leurs modèles. Leur ancrage marseillais dans les années 30 leur a permis de se constituer une base solide d'activités rentables, des bars à la prostitution. Le marché noir a grossi leur bas de laine sous l'Occupation. Les faits d'armes dans la Résistance leur permettent d'être introduits partout. Avec sa croix de guerre et sa carte verte de combattant volontaire de la Résistance, Mémé dispose de véritables sésames.

Entre 1945 et 1950, les Guérini vont étendre considérablement leurs activités grâce à des alliances secrètes, à des trafics nouveaux et à de discrets coups de main au régime en place. En quelques années, ils dépasseront en taille, en richesse comme en influence le système naguère mis en place par leurs aînés, Carbone et Spirito, à Marseille. Issu de ce réseau mafieux corse, organisé pour contrôler une ville, le clan Guérini repoussera beaucoup plus loin les frontières de son empire.

Le pacte avec l'étrange commissaire Blémant

Le premier acte de cette ascension se joue dans les coulisses du pouvoir, grâce à un pacte étonnant, noué avec un personnage influent de la police, le commissaire Robert Blémant. Né en 1911 à Valenciennes, fils d'un bâtonnier de l'ordre des avocats de Lille, Blémant est entré dans la police judiciaire en 1930. Il a été admis en 1938 au même concours de commissaire de police qu'Achille Peretti, futur chef du réseau de Résistance Ajax.

En 1939 Blémant débute sa carrière de commissaire à Marseille, comme numéro deux de la brigade locale de la Direction de la surveillance du territoire (DST), et croise toutes les figures du milieu de la ville. Restant aux ordres de la police de Vichy quand l'armistice est signé, Blémant travaille en secret pour la Résistance. Un jour, il arrête puis libère un lieutenant de l'armée qui se fait appeler Roger Wybot. La DST est dissoute en 1942, après l'invasion de la zone Sud par les Allemands. Le commissaire Blémant rejoint, à Alger, le commandant Paul Paillole, chef des services de contre-espionnage. Intégré au sein de l'état-major du général Giraud, il s'occupe de la sécurité et des préparatifs du débarquement.

1. François Marcantoni, *Un homme d'honneur*, *op. cit.*, p. 145.

Sur place, Blémant retrouve Lucien Grosso, un Marseillais de mère corse et de père italien, ami de Spirito et d'Antoine Guérini, qui s'active dans les services secrets. Il croise également un jeune soldat corse chargé des transmissions, un dénommé Marcel Francisci[1], qui s'est engagé dans l'armée française et deviendra un pilier des services d'ordre gaullistes, un roi des cercles de jeu et un chef de clan redouté. Le contre-espionnage conduit ces hommes à effectuer des expéditions ou des voyages dangereux. « On partait en mission un peu partout, on tuait à gauche, puis on tuait à droite, c'était la guerre[2] », se souvient Lucien Grosso, aujourd'hui âgé de quatre-vingt-quatorze ans, retiré dans son château de Dordogne. Envoyé à Marseille pour neutraliser des espions allemands, Blémant se rapproche des résistants locaux et de la famille Guérini. Il se lance alors « dans l'élimination physique de ses adversaires de la Gestapo ou de l'Abwehr avec une cruauté, un raffinement et une sombre allégresse de tueur de la mafia[3] ».

Dès le mois de décembre 1944, le gaulliste Roger Wybot est chargé de reconstituer la DST. Il évince rapidement l'homme qui voulait diriger la maison, le Corse Simon Cotoni[4]. N'oubliant pas que Blémant l'a naguère protégé, Wybot le nomme responsable de sa direction pour le sud-est de la France. Avec une mission, celle de traquer les réseaux nazis et les anciens collabos.

Les dossiers de Blémant, homme rusé et retors, toujours bien habillé, s'épaississent rapidement. Il semble se réjouir d'avoir un tel pouvoir. Un jour qu'il invite son ancien camarade d'Alger, Marcel Francisci, dans divers établissements marseillais, ce dernier s'étonne qu'ils soient reçus partout à bras ouverts. Blémant répond que personne ne peut rien lui refuser puisqu'il possède sur chacun des patrons de cabaret des dossiers compromettants[5]. À Marseille, il revoit également Lucien Grosso, son complice des services spéciaux. Devenu l'un des conseillers des Guérini, Grosso rachète en 1945 le casino de La Ciotat avec le truand Charles Antoine Marignani, alias

---

1. Voir Roger Faligot et Rémi Kauffer, *Les Résistants*, Fayard, 1989, p. 133. Sur Francisci, voir plus loin le chapitre intitulé « Les secrets des parrains ».

2. Entretien avec l'un des auteurs, 22 janvier 2004.

3. Philippe Bernert, *Roger Wybot et la bataille pour la DST*, Presses de la Cité, 1975, p. 110.

4. Cotoni est soutenu par le directeur adjoint de la Sûreté nationale, l'ancien résistant Achille Peretti. Ce dernier sera également écarté de son poste, mis en service détaché après quelques mois de tensions. Il deviendra maire de Neuilly-sur-Seine.

5. Rapporté dans le rapport policier « Enquête effectuée sur la personne de Marcel Francisci », entendu par la brigade criminelle, les 17 mars et 27 mars 1969, brigade de voie publique, section de synthèse.

« Lolo le Corse », qui s'est enrichi dans le trafic d'or[1]. Ouvert en grande pompe, le casino attire une clientèle cossue qui cherche à dilapider ses richesses, et des voyous qui veulent blanchir leurs gains illicites.

Attiré par l'argent, fasciné par le monde de la pègre, Robert Blémant se rend compte qu'il peut se constituer une place de choix en faisant pression sur la plupart des piliers du milieu local, dont il connaît les activités douteuses durant l'Occupation. Il trouve ainsi, écrira Wybot, « une sorte d'étrange chemin de Damas le conduisant vers la troublante religion du crime[2] ». Un soir de 1945, le commissaire vient voir Antoine Guérini dans un de ses bars marseillais. Il dépose sur son bureau une chemise de documents, exemplaires uniques, rassemblant tous les éléments à charge contre le chef du clan corse. « Vous le détruirez vous-même, c'est le gage de ma bonne foi[3] », dit Blémant.

Puis il propose à Antoine une alliance peu commune : « Vous êtes les Guérini, les forces vives de Marseille, vous aurez besoin de mes services, nous serons à coup sûr complémentaires. Je peux vous apporter pour presque rien l'ensemble des affaires des anciens collaborateurs que nous allons chasser[4]. » Les Guérini, déjà propriétaires de la Potinière, rue de la Tour, et du Paradou, rue Saint-Saëns, acceptent cette offre. Grâce à ce curieux policier, ils mettent la main sur nombre de commerces et d'établissements de nuit à prix dérisoire. Bientôt, les voilà propriétaires de l'Amour et de l'Artistic, rue Molière, du Perroquet Bleu, boulevard des Dames, du Cancan. Ils vont encore agrandir leur empire avec l'achat du Tabarin, devenu le Versailles, rue Sénac, puis ceux du Grand Hôtel Méditerranée, avec son cabaret Annabel's Club, quai des Belges, et du Mayfair, rue Beauvau. Ils prennent aussi pied dans des maisons de passe, autour de l'étang de Berre, à Draguignan et à Nice.

---

1. « J'ai acheté le casino de La Ciotat en 1945 à une équipe de Parisiens, exclusivement avec Marignani, qui avait de l'or, du vrai or, dans les mains. Tout s'est bien passé », raconte Lucien Grosso. L'arrestation de Charles Antoine Marignani dans une affaire d'escroquerie conduira cependant le ministère de l'Intérieur à restreindre les autorisations des associés. Le casino de La Ciotat traversera une mauvaise passe financière. « Il y a toujours des problèmes lorsqu'il y a le milieu dans les casinos », commente Lucien Grosso, qui partira en Afrique (Guinée, puis Côte-d'Ivoire) avant d'acheter, en 1961, fortune faite, un château en Dordogne pour le restaurer. Il gardera le contact avec les Guérini. « J'étais très proche d'eux. Je les ai beaucoup soutenus. Je n'ai jamais été proprement dit dans le milieu, mais j'y avais des amis. » Entretien avec l'un des auteurs, 22 janvier 2004.

2. Philippe Bernert, *Roger Wybot et la bataille pour la DST*, *op. cit.*

3. Marie-Christine Guérini, *La Saga Guérini*, *op. cit.*, p. 76.

4. *Ibid.*, p. 64.

Fin 1947, Robert Blémant, qui s'illustre aussi dans la lutte anticommuniste, est convoqué par son directeur Roger Wybot, qui commence à douter de la moralité de son subordonné. « Je préfère passer de l'autre côté de la barrière », lâche le commissaire quand il se voit reprocher ses relations avec les voyous. Le policier démissionne de ses fonctions à la DST pour devenir gangster. Il se range dans le clan des Guérini, qui lui confient quelques établissements à gérer, dont Le Drap d'Or, à Marseille. Il prend des parts dans le luxueux Paris-Montmartre, en cogérance avec Dominique Paoleschi et Dominique Colonna, deux anciens amis de Carbone. Il ouvrira un autre Drap d'Or à Paris, où débutera le chanteur Jacques Brel, et investira dans des maisons closes en Algérie et au Maroc.

Des cigarettes avec Jo Renucci

Opportunistes, les Guérini s'associent également avec un autre homme indéchiffrable, un gangster multicarte au carnet d'adresses très épais, Jo Renucci. Né à Marseille le 6 juillet 1908 d'une famille corse originaire de Zicavo (Corse-du-Sud), Joseph Antoine Renucci ne mesure qu'un mètre soixante. Nerveux et malin, ce bègue, grand joueur au casino, a toujours une arme sur lui et des alibis en béton en cas de soucis. Soupçonné de multiples braquages et hold-up, il s'en est presque toujours sorti avec des non-lieux. Durant les années 30, il n'a écopé que de petites condamnations pour vols ou port d'armes. Officiellement importateur d'agrumes et producteur de disques (notamment ceux de l'acteur Fernandel), il œuvre alors, aux côtés de son frère Noël, dans l'orbite de Carbone et de Spirito. Il suit le tandem marseillais au PPF, dans les rangs des collabos, ouvrant à Marseille un cabaret de luxe, le Dan's, ancêtre du Drap d'Or.

Courant 1943, Renucci sent le vent tourner et se met au service de la Résistance. En contact avec les services secrets français en Afrique du Nord, il croise Robert Blémant, Marcel Francisci (natif d'un village voisin de Corse-du-Sud), et se rapproche des Guérini. Arrêté par la police allemande, il fait jouer ses relations pour être libéré, avant de participer aux combats de la libération de Marseille avec un brassard FFI sur la manche. Plus caméléon que jamais, Renucci adhère en 1947 au RPF, le parti gaulliste naissant, et continue de garder des contacts dans les services secrets. Il se lie d'amitié avec un député RPF du Pas-de-Calais, Antoine Chalvet, dit « de Récy ». Ils seront tous les deux cités, en 1949, dans une retentissante affaire de vol de bons du Trésor, à Arras, pour un montant évalué à 100 millions de francs. Selon Renucci, une partie du butin aurait été récupérée pour des financements politiques[1].

Mais le petit Jo ne s'intéresse pas qu'à la politique. Au fil de ses pérégrinations, il a aussi croisé des mafiosi sicilo-américains, dont des proches de Salvatore Luciana, alias Charles « Lucky » Luciano. Depuis sa prison de Great Medow, aux États-Unis, où il purgeait depuis 1935 une peine de trente ans pour proxénétisme, ce parrain de la pègre d'outre-Atlantique a aidé la marine américaine à sécuriser les docks de New York après l'incendie du navire *USS Normandie*, le 11 février 1942, attribué aux nazis[2]. Quelques jours avant le débarquement allié en Sicile, Luciano a fait parachuter un message signé de la lettre « L » à son ami « Zu Calo », autrement dit don Calogero Vizzini, le chef de la mafia insulaire, afin qu'il prépare le terrain aux GI's. Lorsque ceux-ci se lancent à l'assaut de la Sicile, en juillet 1943, ils portent des drapeaux et des mouchoirs frappés d'un grand L noir sur fond jaune, signe du parrain.

En 1946, Luciano est libéré pour ses bons et loyaux services et déporté en Sicile, où les forces d'occupation alliées ont passé des accords avec les boss de la mafia locale pour administrer l'île[3]. Le gouvernement américain renverra, les années suivantes, une centaine de mafiosi dans leur pays d'origine.

Après un court séjour à Cuba, Luciano s'est installé à Naples et ne songe qu'à redémarrer ses activités illicites – marché noir et contrebande. Renucci a, quant à lui, des contacts à Marseille, en Corse, à Beyrouth, en Afrique du Nord, notamment dans le port marocain de Tanger, zone franche sous contrôle espagnol où les cigarettes américaines arrivent sans taxes. Le Sicilo-Américain et le Corso-Marseillais s'entendent à merveille. Renucci devient l'un des « représentants » officieux de Luciano.

Ensemble, ils passent un accord avec les Guérini pour que ceux-ci organisent la réception des cargaisons et la revente des cigarettes à Marseille. Cette mission est confiée principalement à un tandem formé de Dominique Venturi et d'Antoine Paolini, surnommé

---

1. Rapporté dans Thierry Wolton, *Les Écuries de la Ve*, Grasset, 1989, p. 21.

2. L'enquête officielle a attribué ce sabotage à un commando allemand. Mais, en réalité, il a été conçu et organisé par la mafia américaine, avec l'aval de Luciano, afin qu'on lui demande de l'aide ! Voir Éric Frattini, *Cosa Nostra : un siècle d'histoire*, Flammarion, 2003, p. 105-106. Auparavant, Luciano avait en vain proposé, via son lieutenant Franck Costello, ses services au Bureau des narcotiques en échange de sa libération. Rapporté dans Harry J. Anslinger et Will Oursler, *Les Trafiquants de drogue*, *op. cit.*, p. 92.

3. Voir Marie-Anne Matard-Bonucci, *Histoire de la mafia*, Complexe, 1999, ainsi que Alfred McCoy, *La Politique de l'héroïne en Asie du Sud-Est*, Flammarion, 1980, p. 33-37.

«Planche» à cause de sa maigreur – deux hommes qui sont aussi gardes du corps socialistes de Gaston Defferre.

Depuis sa nouvelle base marocaine, Renucci dirige la contrebande de cigarettes. À ses côtés, son ami Marcel Francisci, entré au RPF, s'est installé comme patron d'une flottille de bateaux de pêche et spécialiste de l'import-export. Paolini, Venturi, Renucci, Francisci : socialiste ou gaulliste, l'étiquette politique compte moins que le goût des dollars dans cette ville qui devient le quartier général des affaires de la Méditerranée. L'ex-commissaire Robert Blémant, également associé de Renucci, y exploite un autre cabaret à l'enseigne du Drap d'Or. Paul Leca s'active sur les quais, avant de se lancer dans l'affaire du vol de la Bégum. Après l'assassinat de son compagnon «le Notaire», Manouche, l'ex-épouse de Paul Carbone, tient le bar Venezia avec «Didi le Portoricain», un ancien membre de la Gestapo marseillaise devenu tardivement résistant. Un jeune Corse né au Maroc, André Guelfi, un ex-membre des services secrets gaullistes qui a déjà amassé une fortune en Indochine, se lance lui aussi dans l'industrie de la pêche autour de Tanger[1].

Le colosse américain Eliott Forrest, un aventurier des mers, se met au service des Renucci, Guérini et Luciano. «Le port était rempli de bâtiments de toutes sortes et de toutes nationalités, dira-t-il à propos de Tanger. Le centre de ces activités se situait au café Normandie sur la place de France. De 10 heures du matin à midi et de 17 à 19 heures, ce café devenait le Wall Street de la contrebande. Chefs de gang, vendeurs de cigarettes, Français, Italiens, Espagnols, Portugais combinaient leurs prochaines expéditions. Les capitaines de navires cherchaient des cargaisons et les trafiquants des bateaux; les agents cherchaient à faire des affaires et les marins à obtenir un emploi rémunérateur. Les marchés n'étaient pas traités par écrit, mais réglés sur une simple poignée de main[2].»

Des navettes incessantes de bateaux traversent ainsi la Méditerranée, passant notamment près de la Corse, où les cargaisons sont provisoirement cachées avant leur expédition sur le continent. Toutes les planques possibles sont utilisées, des criques au sud d'Ajaccio aux chapelles de Calenzana, fief de la famille Guérini[3]. D'autres navires

---

1. Né le 6 mai 1919 au Maroc d'une famille corse, André Guelfi, dit «Dédé la Sardine», membre des réseaux du conseiller élyséen Jacques Foccart, se mariera avec une nièce de Georges Pompidou. Il deviendra un homme d'affaires proche du fondateur d'Adidas, Horst Dässler, avant de se transformer en intermédiaire éclectique, mêlé aux coulisses des Jeux olympiques et aux scandales de l'affaire Elf dans les années 90. Voir son autobiographie, *L'Original*, Robert Laffont, 1999.

2. Extrait des Mémoires d'Eliott Forrest, intitulés *My Life*, publiés en 1956, cités dans Jean Bazal, *Le Clan des Marseillais*, *op. cit.*, p. 222.

3. Marie-Christine Guérini, *La Saga Guérini*, *op. cit.*, p. 92.

sont dirigés, via la Sardaigne, vers l'Italie, pour l'organisation de Luciano. Très méthodiques, ses lieutenants font installer des stations radio clandestines à Bastia, Villefranche-sur-Mer et Naples afin d'écouter les fréquences policières. Ils utiliseront aussi des vedettes rapides et des hydravions pour livrer plus facilement la marchandise.

Jo Renucci se défendra, dans les années 50, de mener de quelconques activités illégales : « Je ne suis pas un trafiquant. Je suis un commerçant qui paie ses impôts et qui est soumis aux lois. Je vends des cigarettes ? D'accord. Mais je vends aussi des filets de pêche. À Tanger, tout est en vente libre. Quand je vends un chargement de blondes, est-ce que j'ai à savoir où elles vont être expédiées ? Je suis payé cash. Cela me suffit[1]. » Acheté entre 40 et 50 francs à Tanger, chaque paquet de blondes est revendu à Marseille entre 60 et 100 francs, alors que la Régie officielle des tabacs les propose à 190 francs. Le filon est en or.

Les contrebandiers peuvent naviguer en toute impunité. En Corse et sur la Côte d'Azur, le dispositif répressif est en effet des plus légers, pour ne pas dire inexistant. Un jour de 1948, un des responsables des douanes marseillaises explique son impuissance au consul américain en poste dans cette ville, lequel rapporte : « Les employés des douanes sont syndicalisés, peu disciplinés, indolents et pas exempts de corruption. Notre informateur doute de la capacité de son service à contrôler les mouvements de marchandises qui rentrent et qui sortent du pays. » Les douanes ne disposent, en effet, que de quatre petites vedettes, inadéquates pour surveiller les côtes, puisque « aucune d'entre elles ne va à plus de douze nœuds à l'heure ou n'est capable de sortir du port par mauvais temps ».

Le consul poursuit : « De grandes quantités de cigarettes et de produits alimentaires sont, en ce moment, expédiées de Tanger vers la France sur la côte sud. Une cargaison de cinq tonnes de cigarettes américaines a été débarquée récemment sur une île proche de la côte, avant d'être acheminée sur le continent, lot après lot, sans que les trafiquants soient appréhendés. Une des ruses employées couramment dans le port de Marseille consiste à couler des caissons étanches, qui sont ensuite récupérés par des petits bateaux. Vu le manque de vedettes capables de les poursuivre et l'apathie du personnel, cette ruse fonctionne très bien[2]. »

---

1. Propos tenus lors d'une conférence de presse tenue en mai 1953 à Paris en marge du procès sur les vols de bons du Trésor d'Arras, où il devait témoigner, et rapportés dans Jean Bazal, *Le Clan des Marseillais*, *op. cit.*, p. 188.

2. Ces propos sont rapportés dans un télex confidentiel de « C.W. Gray, American consul general, Marseille », envoyé à « the Secretary of State, Washington », daté du 18 juin 1948, National Archives.

Ce trafic va rapporter des dizaines de millions de francs. Les bénéficiaires pourront investir une partie de leurs profits dans d'autres activités. Jo Renucci prospérera, jusqu'à son décès d'un cancer en 1958. Marcel Francisci misera sur les casinos et les cercles de jeu. Nick Venturi diversifiera ses intérêts commerciaux, de l'immobilier à Tanger aux sociétés de bâtiment à Marseille. Certains contrebandiers corses se replieront dans leur île natale, avec un magot en poche, pour devenir d'honorables élus…

Liasses de billets en main, Antoine et Mémé Guérini s'achètent de belles voitures américaines, Buick et Cadillac. Ils fêtent souvent l'arrivée d'une cargaison en famille, au restaurant Chez l'Oursin. Le clan passe ses vacances d'été en Corse ou en Italie, et celles d'hiver à Megève ou à L'Alpe-d'Huez. Dans leur appartement marseillais de la rue Sénac, situé au-dessus de leur boîte Le Versailles, les robinets des salles de bains sont en or massif. Et les cachettes sont innombrables.

Les vengeances du Combinatie

Très convoité, le trafic des « blondes » va aussi provoquer des jalousies et de féroces règlements de comptes qui marqueront le milieu corse pour quelques décennies, comme lors de l'affaire du *Combinatie*. Ce cargo néerlandais, bourré de 2700 caisses de cigarettes, quitte Tanger le 4 octobre 1952. Au large des côtes espagnoles, le capitaine de bord, Placido Pedemonte, un trafiquant expérimenté, doit se laisser aborder et piller par de « faux pirates » afin d'obtenir le remboursement de sa cargaison par les assurances. Les contrebandiers visent ainsi un double bénéfice, en touchant la prime d'assurance et en revendant ensuite discrètement les cigarettes détournées.

Dans la nuit, une vedette rapide, l'*Esme*, avec Eliott Forrest à bord, se rapproche des flancs du *Combinatie*. En quelques minutes, les hommes de Forrest, cagoulés et armés pour mimer les pirates, chargent une partie de la marchandise. Une tempête empêche cependant la livraison prévue sur l'île du Riou, près de Marseille. Sur les conseils de Nick Venturi, les deux bateaux font route vers la Corse. Les caisses sont débarquées et cachées dans la baie d'Ajaccio, sous la surveillance vigilante d'Antoine Paolini, un des piliers du réseau, ainsi que de Jean Colonna, dit « Jean-Jean », un ancien tenancier de bar à Montmartre revenu au pays, homme de confiance de Francisci et de Venturi.

Mais l'affaire tourne mal. Trop bavard, le capitaine de l'*Esme* raconte une sombre histoire d'abordage. Celui du *Combinatie*, de retour à Tanger, accuse Forrest et ses complices de l'escroquerie. Des enquêtes judiciaires sont ouvertes. La police arrête plusieurs marins. Elle suspectera divers membres de l'équipe Renucci, dont Dominique Venturi et Marcel Francisci. Ce dernier, entendu par un juge d'instruction sur ses relations avec Venturi, ressortira libre. Forrest, lui, devra se cacher[1].

Prudents, les Guérini recommandent à leurs associés de ne pas écouler tout de suite les cigarettes détournées. Antoine Paolini n'écoute pas ces conseils. Bien qu'il soit très proche de Jo Renucci depuis leur guérilla commune contre le clan de Salicetti, « Planche », avec son visage taillé à la serpe et ses yeux de chasseur, est un enragé. Déjà propriétaire d'un yacht joliment baptisé *Kidimieux*, il est pressé de toucher sa part du butin pour s'acheter une belle limousine. Il décide de doubler tout le monde en dérobant une partie des caisses cachées en Corse et en les revendant rapidement. Inconscience et trahison !

L'équipe Renucci se fâche. Les Guérini éructent contre « ce con de Planche ». Jean Colonna passe un savon à l'un des proches du gêneur. Une gifle part. Paolini se sent indirectement outragé. Après quelques mois passés en prison, il lance une vendetta aussi sanglante qu'irrationnelle. Elle va faire près de trente victimes, tant dans le camp, de plus en plus clairsemé, de ses amis que dans celui de ses ennemis. L'alliance des Renucci-Venturi-Francisci-Colonna se soude dans l'épreuve. Des haines inextinguibles vont naître. Jean Colonna est mitraillé comme un lapin dans les rues d'Ajaccio le 18 février 1955 et doit être amputé de ses deux jambes. Quelques jours plus tard, à Marseille, « Planche » subit en réponse une attaque dont il ne réchappe que par miracle.

La réplique est cinglante. Le 18 juillet 1955, Jacques Colonna, le frère de Jean, tombe sous les balles des tueurs envoyés par Paolini, sous les yeux de son jeune fils Jean-Baptiste Jérôme Colonna. Celui-ci, surnommé « Jean-Jé », décidera de venger son père en éliminant les rares assassins encore vivants, avant de devenir, à partir des années 80, le « parrain » présumé de la Corse-du-Sud, toujours hanté

1. Il sera toutefois arrêté en 1953, jugé, avec quelques complices, en février 1956 pour cette affaire, et passera trois ans en prison. Dominique Venturi sera condamné à quatre mois. Marcel Francisci bénéficiera d'un non-lieu. Sur l'affaire du *Combinatie*, voir Alain Jaubert, *D… comme Drogue*, Éditions Alain Moreau, 1976, p. 78-85, Eugène Saccomano, *Bandits à Marseille*, *op. cit.*, p. 155, James Sarazin, *M… comme Milieu*, *op. cit.*, et Jacques Batigne, *Un juge passe aux aveux*, Robert Laffont, 1971.

par cette folle vendetta du *Combinatie*[1]. Son clan finit par avoir le dessus. Antoine Paolini est abattu de vingt balles en novembre 1955 dans le quartier du Panier, à Marseille, par quelques lieutenants infidèles, dont Marius Salvati, dit « Méu », qui mourra également sous le feu d'autres tueurs le 12 mars 1972.

Les Guérini sont ravis d'être débarrassés du perturbateur « Planche ». Ils n'hésitent pas à soutenir le camp de Renucci dans cette sale affaire. Lorsqu'un dernier lieutenant de Paolini « balance » aux policiers quelques-unes de leurs caches de cigarettes en Corse, Antoine et Mémé débarquent eux-mêmes à Bastia pour menacer l'indic de mort[2]. Mais ils n'apprécient guère ces guérillas intestines, qu'ils jugent préjudiciables aux affaires.

Ils prennent surtout soin d'étendre leur sphère de pouvoir pour devenir intouchables. Outre leurs affinités socialistes, les liens noués dans la Résistance, le pacte secret avec Blémant et leur juteux commerce de cigarettes avec Renucci, ils solidifient encore leur influence politique et criminelle à Marseille, fin 1947, avec les débuts de la guerre froide. Le combat contre les nazis les avait propulsés en avant. Cette fois-ci, ils s'illustrent de manière plus souterraine, avec l'appui des services secrets américains, dans la lutte contre le « péril rouge ».

Des grèves, des émeutes, un mort

La tension internationale grimpe tout au long de l'année 1947. Le 12 mars, le président américain, Harry Truman, déclare devant le Congrès qu'il faut contenir l'influence soviétique grandissante, alors que l'URSS de Staline pousse ses pions en Grèce et dans l'Allemagne occupée. En France, le général de Gaulle sort de sa retraite en avril pour fonder son parti, le Rassemblement du peuple français (RPF). Suite à une grève aux usines Renault, soutenue par le Parti communiste français (PCF), le gouvernement de coalition de Paul Ramadier exclut les ministres communistes en mai 1947.

Le plan américain d'aide à l'Europe, baptisé plan Marshall, est annoncé en juin, au grand dam du camp soviétique, qui s'y oppose. Le 26 juillet, Truman signe le National Security Act, qui crée la nouvelle agence de renseignement, la Central Intelligence Agency (CIA). Dans l'Hexagone, malgré un accord signé en août entre le

1. Voir plus loin le chapitre intitulé « L'ascension de Jean-Jé Colonna ».
2. Marie-Christine Guérini, *La Saga Guérini*, *op. cit.*, p. 95.

patronat et le principal syndicat – la CGT, procommuniste –, le climat social se crispe à la rentrée, tandis que de nouvelles élections municipales, en octobre, permettent au RPF de remporter ses premiers grands succès.

À Marseille, la liste RPF du gaulliste Michel Carlini devance celle du maire communiste sortant, Jean Cristofol, après une campagne très musclée. Le service d'ordre du parti gaulliste, composé de gros bras recrutés dans le port, s'est bagarré avec les militants du PCF. La passation de pouvoir est tendue. Il suffit d'une étincelle pour embraser la ville.

Le ministre socialiste des Transports, Jules Moch, la fait jaillir début novembre en signant un arrêté de taxation des tramways. À Marseille, le 10 novembre, jour de l'entrée en vigueur de cet arrêté, les usagers et les traminots refusent de l'appliquer. Plusieurs compagnies de CRS ont été déployées pour maintenir l'ordre. Une délégation cégétiste et communiste, envoyée chez le maire Carlini, se voit opposer une fin de non-recevoir. À sa sortie, devant l'hôtel de ville, des heurts opposent manifestants et policiers. Quatre militants CGT sont appréhendés.

Le tribunal de Marseille doit statuer sur leur cas le mercredi 12 novembre. Dès l'aube, les grèves se propagent dans la ville. Près de 5000 personnes se pressent devant les portes du palais de justice. Le tribunal prononce des peines de prison ferme pour trois des quatre prévenus. La foule en colère saccage la salle d'audience et libère deux militants. Une délégation d'élus communistes et de syndicalistes négocie alors avec le substitut, qui convoque à nouveau les juges en début d'après-midi afin d'adoucir leur décision matinale.

Rendu sous la pression, au milieu des cris, le deuxième jugement du tribunal, plus clément (un acquittement, trois condamnations à dix jours de prison avec sursis), ne calme pas l'assistance, de plus en plus nerveuse. Prévenu que des bagarres se déroulent en même temps à la mairie, où les CRS ont fait évacuer la salle du conseil municipal, des milliers de manifestants se dirigent vers l'hôtel de ville. Ils entrent en force dans la salle du conseil, où ont pris place des proches du maire Carlini. La bagarre est inévitable. Carlini est pris à bras-le-corps, avant d'être protégé par des CRS et quelques manifestants. La rumeur de sa démission parcourt la salle. Le leader communiste Jean Cristofol répète cette fausse nouvelle au balcon pour tenter de calmer ses partisans amassés devant le bâtiment.

Des voix crient alors « À l'Opéra ! À l'Opéra ! », entraînant les manifestants vers le quartier des boîtes et des bars, essentiellement tenus par la pègre. Certains de ces établissements, fermés au cours des derniers mois par Cristofol, dont Le Perroquet Bleu des Guérini, viennent juste d'obtenir du préfet et de la municipalité gaulliste le droit de rouvrir leurs portes, provoquant la fureur des communistes. Les forces de l'ordre sont débordées. Des vitres éclatent. Le Paris-Montmartre et le Paradou sont dévastés.

Rue de la Tour, non loin de la Potinière, des truands, propriétaires des lieux, dont Antoine et Mémé Guérini, Dominique Paoleschi, Antoine Palmaccio, font face, armés jusqu'aux dents, aux manifestants. Des coups de feu retentissent. Un jeune ouvrier métallurgiste, Vincent Voulant, s'écroule, mort. Certains témoins croient avoir vu Antoine et Mémé Guérini tirer, secondés par un de leurs hommes de main calenzanais, Antoine Sinibaldi, alias « Pompe », un ancien gestapiste. Les manifestants se déchaînent en saccageant d'autres boîtes de nuit. On relève des blessés par dizaines. Le lendemain matin, *Le Méridional* titre « Graves émeutes à Marseille », tandis que le quotidien communiste *La Marseillaise* tient déjà des coupables, écrivant que « les hommes de main du RPF attaquent les élus républicains et tirent sur la foule »[1].

Le climat insurrectionnel et le décès tragique du jeune métallurgiste provoquent une empoignade politique. À la tribune de l'Assemblée nationale, le 18 novembre 1947, le député communiste Jean Cristofol s'emporte contre les Guérini, « amis intimes de Gaston Defferre et de Carlini ».

Mis en cause, le député Defferre, qui s'était absenté du conseil municipal chahuté du 12 novembre, répond avec un culot monstre : « Il est absolument faux que M. Guérini soit à Marseille un ami du parti socialiste et en particulier mon ami. Je ne connais pas M. Guérini. Si je le rencontrais dans la rue, je serais incapable de le reconnaître. »

Cristofol s'étonne d'une telle affirmation. Un autre député communiste, l'ancien ministre François Billoux, ajoute : « Les Guérini, possesseurs de boîtes de nuit de Marseille, organisateurs des groupes de gangsters, sont les cousins de M. Manicacci, du *Provençal*, et vous prétendez ne pas les connaître ? Notre bataille, avec Cristofol, contre les gangsters de Marseille dure depuis 1931. Nous avons chassé Sabiani. Nous chasserons les Guérini et les autres de la

1. Voir notamment sur ces événements le compte rendu des séances de l'Assemblée nationale des 13 et 18 novembre 1947, Annales de l'Assemblée nationale ; Roger Duchêne et Jean Contrucci, *Marseille*, *op. cit.*, p. 686-687 ; Jacqueline Cristofol, *Batailles pour Marseille*, Flammarion, 1997, p. 301-312 ; Georges Marion, *Gaston Defferre*, *op. cit.*, p. 155-160, ainsi que Maurice Agulhon et Fernand Barrat, *CRS à Marseille, 1944-1947*, Armand Colin, 1971, p. 143-182.

même façon [...] L'année dernière, il s'est tenu peu de réunions du parti socialiste sans la présence des frères Guérini [...]. »

Détaillant les incidents, Jean Cristofol justifie la furie des manifestants dans le quartier de l'Opéra : « Dans ces repaires de gangsters, on fait ripaille. On y insulte la misère du peuple, on y cache et protège les collaborateurs évadés. On y pratique la traite des Blanches et la prostitution clandestine. Rien de plus naturel, dans ces conditions, que la colère ait grandi. Monsieur le président du Conseil, monsieur le ministre de l'Intérieur, si, au lieu d'aggraver la misère du peuple, au lieu de lancer contre lui, quand il manifeste pacifiquement, les forces de police, si, au lieu d'être bienveillants à l'égard des Guérini [...] vous pratiquiez une politique conforme à la volonté populaire [...] si vous nettoyiez la pègre, des incidents comme ceux de Marseille ne se produiraient pas. »

Droit dans ses bottes, Defferre reprend la parole et s'enfonce dans le mensonge : « Je retiens de l'intervention de M. Billoux qu'il reconnaît Guérini quand il le voit, alors que moi je ne le connais pas. Cela montre de quel côté sont les gangsters. »

Surpris par la mauvaise foi de son ennemi politique, Cristofol rend, un peu hâtivement, les Guérini responsables de la mort de Vincent Voulant. « Il est établi, dit-il, que les coups de feu ont été tirés par les assassins, Guérini et leurs complices, alors même que les jeunes manifestants n'avaient fait que huer ces boîtes infâmes [...] ces lieux de débauche et de perdition où les trafiquants et les marlous s'empiffrent avec insolence. »

Gaston Defferre réplique, accusant sans preuve Cristofol d'avoir dirigé l'émeute et les CRS d'avoir fourni des armes aux manifestants. « C'est la première fois, depuis la Libération, que force ne reste pas à la loi et que l'émeute est victorieuse [...] Le gouvernement doit donc prendre pour l'avenir des dispositions pour que force reste à la loi, [...] pour que l'ordre soit respecté[1]. »

Le gouvernement socialiste de Ramadier saisit la balle au bond. L'Assemblée réclame l'ouverture de poursuites judiciaires contre Cristofol pour complicité de violences et apologie du crime de pillage. Malgré la faiblesse des éléments à charge, l'ancien maire communiste de Marseille en ressortira affaibli. Plusieurs compagnies de CRS, soupçonnées hâtivement de collusion avec les émeutiers, ont été dissoutes, et de présumés sympathisants communistes écartés de leurs rangs.

---

1. Propos de séance de l'Assemblée nationale, 18 novembre 1947. Également rapportés dans Jacqueline Cristofol, *Batailles pour Marseille*, *op. cit.*, p. 309-311.

Tandis que le député Gaston Defferre poursuit sa campagne anticommuniste dans son journal *Le Provençal*, un nouveau préfet à poigne, Jean Baylot, est nommé à Marseille. Il fait donner les nouvelles compagnies de CRS « épurées » contre les piquets de grève. Entendu sur le décès de Vincent Voulant par un juge marseillais, Mémé s'en tire avec un non-lieu, faute d'éléments précis. Plusieurs témoins se sont rétractés. Le complice présumé des frères Guérini, Antoine Sinibaldi, lui, reste introuvable. Déjà interpellé quelques mois plus tôt dans une affaire de hold-up à la Banque de l'Indochine, il avait échappé de justesse aux policiers. Caché par ses amis François Marcantoni et Antoine Guérini, « Pompe » sera ensuite exfiltré vers l'Amérique latine. Le clan des Corses garde ses protecteurs et sait s'organiser dans la tourmente.

Avec la CIA contre le « péril rouge »

Mais l'émotion soulevée par ces incidents ravive la tension sociale. Le 15 novembre, jour des obsèques de Vincent Voulant, la ville de Marseille est en deuil. Les commerçants ont baissé leurs rideaux. Des dizaines de milliers de manifestants défilent pour réclamer des augmentations de salaire. Les grèves se généralisent en ville, paralysent bientôt la région et s'étendent en quelques jours à tout le pays, affectant les mines de charbon, le bâtiment, les transports, les services publics, les ports. Le 28 novembre, les Renseignements généraux estiment que, « sur l'ensemble du territoire, l'offensive des éléments communistes se développe en vue de rendre totale la grève qui affecte les secteurs importants de l'économie nationale : SNCF, métallurgie, bois et bâtiment, produits chimiques, textiles et cuirs et peaux[1] ».

Dès sa nomination, le 24 novembre, comme ministre de l'Intérieur d'un nouveau gouvernement, Jules Moch donne des consignes strictes de reprise en main. Préfets, policiers, militaires et réservistes sont sur le pied de guerre. Des textes qui durcissent la répression sont discutés au Parlement, aussitôt dénoncés comme des « lois scélérates » par le PCF. Les services secrets, obsédés par la menace venue de Moscou, sont alarmistes. Dans une note au président du Conseil, le service de contre-espionnage, le SDECE, écrit le 2 décembre que

1. Cité dans Robert Mencherini, *Guerre froide, grèves rouges*, Syllepse, 1998, p. 34. Cet ouvrage détaille la montée en puissance du mouvement social de novembre 1947. Il met notamment en évidence la grande réserve de Staline sur ce mouvement et la prudence tactique des dirigeants du PCF lors des grèves.

« les communistes prépareraient une action pour la prise du pouvoir[1] ».

Parallèlement, le ministre du Travail tente de briser le front syndical en amadouant le leader de la minorité de la CGT, le socialiste Léon Jouhaux. Pourtant, la centrale syndicale procommuniste reste sur ses positions, conduisant les négociations sociales vers l'échec. Tandis que les sabotages et les incidents violents se multiplient, les grèves commencent à s'essouffler. Sans avoir rien gagné, la CGT appelle à la reprise du travail le 9 décembre 1947.

Durant ces semaines de quasi-insurrection, les Guérini, soutenus par Robert Blémant, leur ami commissaire de la DST qui vient de rejoindre leurs rangs, se rangent délibérément dans le camp anticommuniste. Ils ont proposé au maire gaulliste de Marseille, Michel Carlini, d'assurer sa protection. Ils côtoient alors leur comparse corse Marcel Francisci, entré au service d'ordre du RPF. Ensemble, leurs hommes de main n'hésitent pas à déloger les grévistes de la CGT et du PC. Les combats sont rudes sur les quais. On se bagarre, la nuit venue, à coups de couteau et de revolver.

La toute nouvelle CIA, autorisée à mener des « opérations souterraines », a envoyé, pour soutenir la contre-guérilla marseillaise, des armes, des fonds et des agents. Parmi ces derniers, Thomas Braden, un ancien membre des commandos de l'OSS parachuté en France en 1944, s'active avec zèle. Des équipes de propagande de l'agence américaine débarquent, chargées de distribuer des tracts, des affiches, de diffuser des émissions de radio, destinés à convaincre les ouvriers de reprendre le travail.

Le calme revenu, les Américains craignent toujours un complot communiste visant à la prise du pouvoir dans plusieurs pays d'Europe occidentale. En Italie, ils font appel aux syndicats modérés et aux parrains de la mafia, Luciano en tête, pour endiguer le péril rouge. Le schéma est le même en France. La CIA veut affaiblir durablement la CGT par l'émergence de syndicats « indépendants ». Marseille, principale porte d'entrée du trafic maritime en Méditerranée, doit à tout prix échapper au contrôle des 12 000 dockers affiliés à la Fédération nationale des ports et docks, fief CGT qui détient le monopole des embauches via le Bureau central de la main-d'œuvre. Ce port est essentiel au débarquement des marchandises du plan Marshall, qui doit débuter au printemps 1948.

Un Américain, Irving Brown, s'attelle à la tâche. Ancien agent des services secrets américains durant la guerre, Brown est officielle-

1. *Ibid.*, p. 104.

ment, depuis 1945, le représentant en Europe de l'AFL, la puissante centrale syndicale américaine. Vibrionnant, amateur de bonne chère, rompu aux relations publiques, Brown navigue entre Bruxelles, Paris et Rome pour soutenir la naissance d'un front politico-syndical « libre ». Il est en contact permanent avec son ami intime, Jay Lovestone. Cet ancien communiste devenu un farouche militant antisoviétique est responsable du Free Trade Union Committee, le comité de politique étrangère de l'AFL. C'est surtout une recrue de choix de la CIA[1].

Ensemble, depuis 1945, Brown et Lovestone ont déjà financé plusieurs mouvements socialistes modérés en Europe, du Parti social-démocrate allemand aux amis de Léon Blum. Ils ont soutenu au sein de la CGT la tendance minoritaire, conduite par Léon Jouhaux et Robert Bothereau. L'Américain incite ses amis français à la scission avec la CGT au lendemain des grandes grèves de novembre 1947[2]. Les 18 et 19 décembre, après des débats houleux, la minorité de la CGT décide de quitter le navire unitaire. Le nouveau syndicat Force ouvrière (FO) tient son congrès fondateur à Paris en avril 1948. L'AFL d'Irving Brown signe des chèques, pour un montant conséquent de 25 000 dollars[3]. Mais FO a besoin de plus d'argent. Plusieurs centaines de milliers de dollars de fonds secrets seront versés par la CIA, via l'AFL, à destination des « syndicats libres », notamment en France[4].

---

1. Voir Ted Morgan, *A Covert Life : Jay Lovestone, Communist, Anticommunist and Spymaster*, Random House, 1999.

2. « Les communistes ont perdu une bataille importante, mais ils ne perdront la guerre que si les syndicats non communistes prennent l'initiative et mènent l'action en France et en Europe occidentale », écrit ainsi fin 1947 Irving Brown dans une note de travail. « Reflexions on the recent strikes events in France », décembre 1947-janvier 1948, archives d'Irving Brown, George Meany Memorial Archives, Silver Spring, Maryland.

3. Cinq versements de 5 000 dollars chacun entre 1948 et 1949, destinés à Force ouvrière, sont mentionnés dans plusieurs courriers de l'AFL à Irving Brown retrouvés dans les archives d'Irving Brown, George Meany Memorial Archives, Silver Spring, Maryland.

4. Voir Ted Morgan, *A Covert Life*, *op. cit.*, p. 198 et 215. Les comptes du Free Trade Union Committee de Lovestone mentionnent 203 000 dollars de recettes pour l'année 1949 provenant de donateurs non spécifiés. Il s'agit en l'occurrence de Frank Weisner, un agent de la CIA. Sur cette somme, 50 000 sont destinés aux syndicats italiens et français, dont Force ouvrière. Le solde est consacré à des actions notamment en Finlande, en Allemagne ou à Taïwan. Les chiffres de l'AFL ne constituent qu'une partie des financements de la CIA. Il faut en effet y ajouter des paiements effectués directement à Irving Brown, les *counterparts funds* (fonds de contrepartie), prélevés sur les crédits du plan Marshall et gérés en partie par la CIA pour soutenir des actions de propagande. Sans oublier les fonds occultes de la centrale de renseignement transitant par l'autre syndicat américain, la CIO, évalués au moins à 50 000 dollars. Voir également Sallie Pisani, *CIA and the Marshall Plan*, University Press of Kansas, 1991, p. 90-105.

Les Corses vont jouer un rôle déterminant dans ce plan de bataille. À Marseille, Irving Brown a en effet trouvé un allié de poids en la personne de Pierre Ferri-Pisani. L'ancien leader socialiste qui voulait contrôler la SFIO des Bouches-du-Rhône a été exclu du parti, en 1946, à la suite des manœuvres de Defferre et de ses amis. Mais son expérience d'avant guerre au syndicat des marins et son passé de déporté lui confèrent encore une grande aura sur les quais. « Sa personnalité, enflammée comme un brasier corse, et son savoir-faire local en faisaient un orateur efficace [...] Assister à un déjeuner avec lui avait des allures de scène mafieuse. Il se souvenait de chaque nom et tout le monde voulait lui dire un mot[1] », confiera Irving Brown. Toujours par l'intermédiaire de l'ex-policier Robert Blémant, Ferri-Pisani organise des rencontres secrètes entre Irving Brown et les Guérini.

Les caïds marseillais sont partagés. Mémé reste fidèle à Defferre et ne se mêle pas trop de ces histoires. Antoine, lui, ne refuse pas ses services à Ferri-Pisani, son ami de longue date, ni à l'Américain, qui a l'appui discret de Jules Moch, le ministre de l'Intérieur. L'anticommunisme les rassemble. Leurs intérêts convergent afin de « libérer » le port d'influences « extérieures ». Pierre Ferri-Pisani sera invité à des fêtes familiales chez Antoine Guérini jusque dans les années 60. De son côté, « jamais Brown ne reniera son amitié avec l'aîné des Guérini qui, jusqu'à sa mort brutale lors d'un règlement de comptes en 1967, viendra trinquer avec Brown à chacune de ses montées dans la capitale[2] », racontent Roger Faligot et Rémi Kauffer.

Soutenu par Brown, Ferri-Pisani crée donc en 1948 un « Comité méditerranéen des marins et des dockers », groupement politico-syndical anticommuniste qui se réunit souvent dans les bars et les boîtes de nuit des Guérini à Marseille. Dans la foulée, il fonde les syndicats des marins et des dockers FO, qu'il va tenter d'implanter, non sans difficultés, dans d'autres ports français, à Sète, Bordeaux, Nantes, Rouen ou Le Havre. Ces organisations recrutent des « gens de mer » ainsi que des hommes de main plus ou moins recommandables. « Dans le bureau marseillais de Ferri-Pisani, entre le buste en bronze de Napoléon posé sur l'armoire et les œuvres complètes de Victor Hugo sur les étagères, circulaient beaucoup de Corses aux casiers judiciaires chargés, armés de couteaux et de fusils[3] », note l'historien américain Ted Morgan.

---

1. Voir Ben Rathbun, *The Point Man : Irving Brown and the Deadly Post-1945 Struggle for Europe and Africa*, Minerva Press, 1996, p. 200.
2. Roger Faligot et Rémi Kauffer, *Les Éminences grises*, Fayard, 1992, p. 188.
3. Ted Morgan, *A Covert Life*, *op. cit.*, p. 186.

Lorsque les premiers bateaux américains commencent à décharger les marchandises du plan Marshall, vers la mi-1948, les hommes d'Antoine Guérini, rémunérés et équipés grâce à la CIA, assurent la sécurité. Les grèves et le boycott portuaire initiés par le PC et la CGT reprennent de plus belle à Marseille, fin 1948 et surtout en 1950, pour protester contre l'embarquement des GI's vers la Corée, puis contre l'envoi d'armes et de soldats français en Indochine. Cégétistes et militants de Force ouvrière s'affrontent encore violemment sur les quais. Protégé par ses « amis corses », Ferri-Pisani fait lui-même la tournée des cellules du PC, menaçant personnellement leurs dirigeants en cas de poursuite du boycott. L'agent de la CIA Thomas Braden révélera quelques années plus tard avoir versé à cette occasion 15 000 dollars à Irving Brown. « Il en avait besoin pour payer ses escouades de gros bras des ports de la Méditerranée[1]. »

Devant le congrès de l'AFL à Houston (Texas), en septembre 1950, Pierre Ferri-Pisani peut se targuer de ses succès. « Les communistes, qui avaient jusque-là exercé une influence absolue sur les équipages, ne sont plus désormais capables d'arrêter un seul navire. Nous avons réussi à briser le cercle de la terreur et, permettez-moi de le dire, à libérer les marins de la peur[2]. » En réalité, le recrutement d'adhérents à FO reste difficile, mais les truands s'activent.

Les Américains sont ravis. L'agent de la CIA Jay Lovestone écrit ainsi le 12 février 1951 à Pierre Ferri-Pisani : « Laissez-moi vous féliciter pour votre splendide victoire dans le port de Marseille. La victoire écrasante que vous avez imposée aux saboteurs communistes est un événement de grande importance. » Quelques semaines plus tard, en mars 1951, l'un des agents américains tente de rassurer Brown sur les financements à venir de la CIA à destination de Ferri-Pisani et de ses alliés : « Il ne devrait pas y avoir de difficulté avec le budget en hausse pour les actions maritimes de notre ami corse, qui vient de remporter un grand succès en reprenant le contrôle des syndicats de dockers du Havre[3]. »

---

1. Propos de Thomas Braden rapportés dans le *Saturday Evening Post*, 20 mai 1967, sous le titre « Je suis heureux que la CIA soit immorale », et cités notamment dans Alfred McCoy, *La Politique de l'héroïne en Asie du Sud-Est*, *op. cit.*, p. 62.

2. Archives d'Irving Brown, George Meany Memorial Archives, Silver Spring, Maryland.

3. Voir Ted Morgan, *A Covert Life*, *op. cit.*, p. 186 pour le courrier du 12 février 1951, p. 219-220 pour la lettre de mars 1951 de Offie, agent de liaison entre la CIA et Lovestone. Malgré l'essoufflement progressif de l'action, l'argent américain continuera d'alimenter les caisses de Ferri-Pisani. Il possède à cet effet un compte commun avec Irving Brown dans une discrète banque helvétique, le Crédit suisse, à Zurich.

Le tandem est prêt à tout pour renforcer ses rangs. Adepte des liaisons dangereuses, Brown et Ferri-Pisani auraient participé à une réunion à Bordeaux en 1952 pour « sécuriser » le port, avec des amis du milieu corse – Antoine Guérini, Jo Renucci, Jean Colonna et le chimiste de la drogue Jo Césari[1]. Dans sa lutte anticommuniste, Brown est même favorable à l'utilisation de néonazis ou de personnages troubles mouillés dans la collaboration. Pierre Ferri-Pisani recommande par exemple à son ami Brown d'entrer en contact avec l'ancien truand collabo François Spirito, qui est en train de purger une peine de prison pour trafic de drogue aux États-Unis. L'ex-parrain pourrait éventuellement fournir une aide précieuse s'il était autorisé à revenir à Marseille, un peu comme Lucky Luciano, le boss de la mafia sicilo-américaine, sorti de son pénitencier américain en 1946 pour être expédié en Italie. Renseignements pris auprès de ses avocats aux États-Unis, Irving Brown n'est guère optimiste. Spirito « ne serait d'aucune utilité s'il était réexpulsé en France. Il y a été condamné à mort[2]... », griffonne l'Américain sur un bout de papier.

Defferre attaque Ferri-Pisani

L'offensive anticommuniste menée par Ferri-Pisani, Guérini et la CIA marque des points. Mais, paradoxalement, ces succès mécontentent au moins un homme, en l'occurrence Gaston Defferre. Non qu'il soit opposé à cette ligne politique, au contraire. Mais il veut absolument devenir le maître de Marseille ! « Il avait été très dur à la SFIO en écartant Ferri-Pisani, qui représentait à ses yeux le leader socialiste d'avant guerre, avec des traditions douteuses. Il ne souhaitait pas que Ferri-Pisani, avec son image proaméricaine, réussisse un retour sur scène[3] », se souvient Charles-Émile Loo.

Alors Defferre sonne la charge contre Ferri-Pisani en dénonçant l'activité d'Irving Brown sur ses plates-bandes méridionales. « Elle

---

1. Cette réunion est révélée par Roger Colombani, dans un article sur « Le Milieu » paru dans *Historia* en septembre 1973. Selon les archives de Brown, un voyage à Bordeaux figure bien dans le relevé des déplacements de l'agent américain en juillet 1952, sans mention de l'identité de ses invités, ni de l'ordre du jour de ce rendez-vous.

2. Ce document est un manuscrit, sans mention de date, mais probablement de fin 1951 ou 1952, trouvé par l'un des auteurs dans le dossier « France-Maritime Workers 1948-1954 » des archives d'Irving Brown au George Meany Memorial Archives, Silver Spring, Maryland. François Spirito sera finalement extradé vers la France en 1954 pour y être rejugé. Avait-il promis une aide à la CIA ou aux autorités françaises ? Mystère. Mais le tribunal le relaxera.

3. Entretien avec l'un des auteurs, 28 octobre 2003.

cause le plus grand trouble et gêne considérablement les efforts que j'ai entrepris pour circonscrire et combattre l'action du parti communiste», écrit-il le 9 mars 1951 à Henri Queuille, le président du Conseil, en lui demandant d'intervenir auprès de l'ambassade des États-Unis[1]. Ministre de la Marine marchande depuis juillet 1950, Gaston Defferre affirme s'être lui-même démené pour «faire capituler la CGT» ou pour que l'administration impose la «libre embauche», sur les quais, d'éléments «parfaitement sains».

En dénonçant les «ingérences» de Brown et les «manœuvres» de Pierre Ferri-Pisani avec ses «méthodes fâcheuses», le ministre de la Marine marchande va finalement provoquer le lâchage de son ex-rival socialiste par les Américains. De plus, il n'aura de cesse de freiner l'influence de Force ouvrière, notamment à Marseille, afin de contenir l'influence de Ferri-Pisani...

Cependant, Gaston Defferre oublie de préciser qu'il emploie lui-même, parfois, quelques «méthodes fâcheuses» pour imposer ses vues. «Louis Rossi, son lieutenant, a suffisamment de relations dans le milieu pour savoir où trouver des hommes nécessaires à un coup de main[2]», écrit Georges Marion. Entouré de ses gardes du corps, de Louis Rossi à Nick Venturi, en passant par Mémé Guérini, Defferre ne déteste pas la bagarre. Il n'a pas hésité, en 1949, à affronter coups et quolibets de la part des militants communistes lors des obsèques des victimes d'un accident industriel à Port-de-Bouc. Ses troupes ont aussi éloigné manu militari les grévistes pour laisser les soldats français embarquer sur le paquebot *Marseillaise* à destination de l'Indochine ou sur l'*Athos II* en partance pour la Corée, durant l'été 1950.

Defferre incite parallèlement quelques-uns de ses fidèles[3] à créer une coopérative ouvrière chargée de recruter des dockers «indépendants», parmi lesquels figureront quelques gros bras. La Société coopérative de manutention (Socoma) naît ainsi au début des années 50, alors que Defferre est ministre. Elle concurrence directement le syndicat FO des dockers, renforce la petite armée qui épaule Gaston Defferre et servira de pompe à finances pour ses futures campagnes électorales. «La création de la Socoma répondait clairement à un objectif politique : aider la SFIO et contrer l'influence communiste sur les docks. On embauchait prioritairement des militants socialistes. Nous avons eu rapidement des contrats avec les armateurs,

1. Voir Georges Marion, *Gaston Defferre, op. cit.*, p. 175-176.
2. *Ibid.*, p. 173.
3. Il s'agit d'Irma Rapuzzi, de Charles-Émile Loo, d'Antoine Andrieux et de Daniel Matalon.

avec l'aide de Gaston Defferre[1] », confirme aujourd'hui Charles-Émile Loo, toujours président de la Socoma.

Lorsque Gaston Defferre est élu à la mairie de Marseille en avril 1953, il s'est constitué un fief dans le port avec la Socoma, qui compte plusieurs centaines de membres. L'influence de la CGT et du PC a été contenue. Les filières de Ferri-Pisani se sont affaiblies. Les syndicats des marins et dockers FO se perdent en dissensions internes. Critiqué pour son autoritarisme, Pierre Ferri-Pisani est de plus en plus isolé. Déprimé, il se suicidera dans les années 60.

Le clan Guérini devient intouchable

Les Guérini, eux, sont plus forts que jamais. Antoine a soutenu Ferri-Pisani, tandis que Mémé restait proche de Defferre. Jouant sur les deux tableaux, les équilibristes ont senti le vent tourner en faveur du futur maire de Marseille. Ils vont se mettre dans sa roue, tout en cultivant les contacts noués avec les gaullistes durant ces épreuves de la guerre froide.

D'autre part, ils se sont attiré les bonnes grâces de certains partisans de l'ordre, notamment Jules Moch, le ministre de l'Intérieur qui a réprimé les manifestations, ainsi que de nombreux policiers[2]. Dans une lettre au journal *Samedi-Soir*, en décembre 1950, l'ex-directeur de la police judiciaire Georges Valantin, écarté quelques mois auparavant, on s'en souvient, lors de l'affaire des bijoux de la Bégum, affirme : « Ni la situation extérieure, ni la lutte contre le communisme ne justifient la collusion entre les chefs de la police française et les gangsters, collusion qui est fort heureusement réprouvée par la quasi-unanimité de la grande famille des policiers à laquelle j'ai l'honneur d'appartenir[3]. » Valantin n'est guère écouté. Les Guérini et leurs comparses corses seront protégés policièrement et politiquement pour longtemps.

Grâce à leurs complicités et à la présence de leurs hommes de main dans le port de Marseille, ils accroissent considérablement leur marge de manœuvre. En quelques années, leurs activités connaissent un véritable boom. « Les Guérini étaient déjà très bien installés dans de nombreuses affaires, une nouvelle aubaine et une manne financière gargantuesque s'offrent donc à eux, écrit la fille de Mémé. En

1. Entretien avec l'un des auteurs, 28 octobre 2003.

2. « Mémé m'a confié qu'à cette époque il avait souvent Jules Moch au téléphone », confie sa fille, Marie-Christine Guérini. Entretien avec l'un des auteurs, 21 octobre 2003.

3. Lettre de Georges Valantin, publiée dans *Samedi-Soir*, 16 décembre 1950.

soutenant vigoureusement la politique, la pègre marseillaise peut trafiquer en toute quiétude. Il y a des filles partout, qui font le plus vieux métier du monde, de la contrebande et des trafics en tout genre. Le clan possède, gère, contrôle et approvisionne en filles près de 250 établissements, installés dans tout le Sud-Est et sur la Côte d'Azur, dans la vallée du Rhône, à Lyon, à Paris et même en Afrique du Nord[1]. »

Les cargaisons du plan Marshall, les expéditions militaires vers l'Indochine dopent l'activité sur les quais. La contrebande de cigarettes, déjà florissante grâce à leur partenaire Jo Renucci, connaît un essor considérable. Comme la plupart des figures du milieu corse, les Guérini font également de gros bénéfices grâce aux piastres indochinoises. Une ordonnance gouvernementale de décembre 1945 a en effet établi le taux de change de la piastre à 17 francs en métropole, alors qu'elle ne vaut que 8 francs en Indochine. Il suffit de rapporter, en contrebande, des piastres achetées là-bas et de les revendre en France pour doubler sa mise. Or, à Saigon, les Corses exilés dominent l'administration, les affaires et la pègre. Plusieurs figures de cette communauté, comme Mathieu Franchini, propriétaire de l'hôtel Continental, ou Toussaint Torre, ancien attaché au cabinet du ministre des Colonies Paul Giacobbi, semblent s'activer dans le trafic de piastres[2]. Des truands de métropole, les Guérini en tête, y investissent également, en toute impunité.

Organisé à grande échelle, le juteux commerce va aussi enrichir des soldats du corps expéditionnaire, des colons, des partis politiques, des journaux français, des hommes d'affaires ou encore l'empereur Bao Dai. Même les maquisards du Viêt-minh en profitent pour financer leur guerre, au point de provoquer en 1953 un scandale politique qui conduira le gouvernement à unifier le taux de change de la piastre[3].

Enfin, le port de Marseille devient une base logistique incomparable pour monter de toutes pièces un grand commerce de drogue.

---

1. Marie-Christine Guérini, *La Saga Guérini*, *op. cit.*, p. 69-70.

2. Voir notamment l'audition de Mathieu Franchini, le 15 octobre 1953, devant la commission d'enquête parlementaire sur le trafic de piastres, durant laquelle l'hôtelier dément toute implication dans ce trafic.

3. Le scandale du trafic de piastres est dénoncé en France par Jacques Despuech, un employé de l'Office indochinois des changes. Il éclabousse le gouvernement d'Antoine Pinay. Le gouvernement de René Mayer finit par dévaluer le cours de la piastre, ramenant le taux de change, unique, de 17 à 10 francs, le 11 mai 1953. Voir notamment Jacques Despuech, *Le Trafic de piastres*, Éditions des Deux-Rives, 1953, et le rapport de la commission d'enquête parlementaire sur le trafic de piastres indochinoises (annexe au procès-verbal de la séance du 17 juin 1954 de l'Assemblée nationale).

C'est en 1950, au moment précis où les clans corses, derrière les Guérini, achèvent, après trois années de combat, d'imposer leur loi dans le port que celui-ci devient le point de passage d'une nouvelle filière d'exportation d'héroïne vers les États-Unis, organisée par ces mêmes clans.

Cette concomitance ne doit rien au hasard. En réalité, il s'agit d'une occasion en or que saisissent les caïds corses de la ville. « Quand le milieu eut ajouté la prise de contrôle des quais à l'influence politique qu'il avait acquise avec l'aide de la CIA en 1947, les conditions se trouvèrent réunies pour que Marseille devienne le laboratoire d'héroïne de l'Amérique [1] », résumera l'historien Alfred McCoy. Ce concours de circonstances exceptionnel va permettre à quelques parrains corses de changer de dimension, devenant pour deux décennies de véritables caïds internationaux.

1. Alfred McCoy, *La Politique de l'héroïne en Asie du Sud-Est*, *op. cit.*, p. 63.

Chapitre 4

L'essor de la « Corsican Connection »

C'est un départ de star. Sur les quais de New York, en ce 28 juin 1949, les reporters et les photographes se pressent autour d'un homme de petite taille aux cheveux de jais, accompagné d'une élégante brunette parée d'hermine, montant à bord du paquebot transatlantique *Italia*, qui appareille ce jour pour l'Italie. Le couple s'installe dans la plus luxueuse cabine du navire, la Royal Suite, qu'ils ont réservée en déboursant la somme pharaonique de 2600 dollars pour l'aller simple. Le champagne est au frais, les orchidées et les paniers de fruits décorent les tables.

Ce passager qui ne passe pas inaperçu n'est autre que Meyer Lansky, un juif américain d'origine polonaise, roi des casinos et bras droit de Charles « Lucky » Luciano, le parrain sicilo-américain de Cosa Nostra. Il embarque avec sa jeune femme, Teddie, qu'il a épousée en secondes noces durant l'hiver[1].

La croisière ressemble à une lune de miel, suivie d'un mois de vacances à parcourir l'Europe. Mais Lansky a un autre objectif en tête : durant son séjour en Italie, il doit rencontrer son ami Luciano, qui vit désormais dans la péninsule, pour parler « affaires ». Après des escales à Palerme et à Naples, le rendez-vous a bien lieu à Rome. Le sujet de la discussion s'impose de lui-même : l'organisation du trafic de drogue vers les États-Unis.

Depuis la fin de la guerre, la consommation d'héroïne et de cocaïne est de retour. Luciano, déjà très actif dans la contrebande de cigarettes et d'or ou dans la fabrication de fausse monnaie, entend bien

1. Voir « Lansky sails in luxury for Italy; expected to confer with Luciano », *The New York Sun*, 28 juin 1949, reproduit dans Robert Lacey, *Little Man : Meyer Lansky and the Gangster Life*, Little, Brown, 1991, p. 212. Voir aussi Hans Messick, *Lansky*, G.P. Putnam's Sons, 1971, p. 165-168.

contrôler ce nouveau trafic. Fin 1946, le parrain exilé en Italie depuis quelques mois a rejoint secrètement La Havane pour une réunion au sommet avec les principaux boss américains de la mafia[1]. Nommé « capo di tutti capi », c'est-à-dire chef suprême de Cosa Nostra, Luciano voulait faire de Cuba le nouveau centre névralgique de ses opérations. Mais les agents américains du Bureau des narcotiques, qui le surveillaient, ont alerté le président de la République cubaine de ses projets, menaçant de ne plus fournir une seule dose de médicaments au pays si Luciano n'était pas interdit de séjour[2]. Le parrain a donc été expulsé de Cuba en mars 1947. Revenu à Naples, il a organisé sur place le trafic avec l'aide de son bras droit Joe Pici.

L'héroïne que Luciano commence à exporter vers les États-Unis provient de pillages massifs dans les usines pharmaceutiques italiennes qui assurent une production légale de drogue. Mais ces filières sont fragiles. Des passeurs ont été arrêtés. Le Bureau des narcotiques, qui soupçonne des détournements, mènera l'enquête à partir de 1951 avec les autorités italiennes. Ils découvriront que plus de 500 kilos d'héroïne ont été volés dans les usines au cours des dernières années. Un ancien professeur de Turin, Carlo Migliardi, directeur d'une de ces sociétés, falsifiait sa comptabilité et faisait passer pour de la codéine d'énormes quantités d'héroïne fournies à Luciano. Les pressions américaines s'accentueront jusqu'à contraindre l'Italie à interdire totalement la production légale d'héroïne.

Des accords avec les « cousins » corses

Pressentant ces risques, Luciano a besoin de diversifier ses sources d'approvisionnement. Dès 1949, il ouvre à Palerme une pseudo-usine de bonbons qui dissimule une unité de transformation de morphine-base, premier produit transformé de l'opium, en héroïne[3]. Mais cela ne

---

1. Ce sommet a lieu à partir du 22 décembre 1946 à l'hôtel Nacional à La Havane, en présence de Lucky Luciano. Parmi ses « invités » : Vito Genovese, Joe Bonanno, Franck Costello, Tommy Lucchese, Albert Anastasia, Meyer Lansky, Santo Trafficante. Le chanteur Frank Sinatra assure l'animation. À l'ordre du jour, notamment : l'intronisation de Lucky Luciano comme chef des chefs – « capo di tutti capi » ; l'exécution programmée de Benjamin « Bugsy » Siegel, fondateur de Las Vegas ; l'avenir des activités diverses. Voir Éric Frattini, *Cosa Nostra : un siècle d'histoire, op. cit.*, p. 116-122. Selon les archives du Bureau des narcotiques américain que nous avons consultées (notamment une fiche sur Meyer Lansky de février 1959), Lucky Luciano, venant d'Italie, a séjourné à Cuba d'octobre 1946 à mars 1947.

2. Rapporté par Harry J. Anslinger, ancien commissaire aux narcotiques, dans *Les Trafiquants de drogue, op. cit.*, p. 93-94.

3. Voir Alfred McCoy, *La Politique de l'héroïne en Asie du Sud-Est, op. cit.*, p. 38.

lui suffit pas. Le volume du trafic escompté impose une organisation plus solide, à plus grande échelle. Le parrain sicilo-américain se tourne alors vers des gens qu'il connaît déjà bien : les Corses.

Lors de son périple européen de juillet 1949, après son étape à Rome pour voir Luciano, Meyer Lansky gagne la Riviera française pour profiter de ses vacances avec son épouse. Puis il séjourne en Suisse afin d'y ouvrir son premier compte numéroté, avant de se rendre à Paris. Là, les réunions de travail se succèdent entre le conseiller de Luciano et les chefs des gangs corses. « À la suite de longues négociations, Lansky et les Corses seraient parvenus à un accord au sujet du trafic international de l'héroïne[1] », écrit l'historien américain Alfred McCoy. Durant l'été 1950, Lansky revient en Europe pour de nouvelles vacances, qui lui permettent de prolonger ces discussions à Paris et sur la Côte d'Azur.

Les participants à ces « réunions » stratégiques ne sont pas nommés. Mais tout laisse à penser que le clan des Guérini, associé à Jo Renucci, est en première ligne face à celui de Luciano-Lansky. En effet, ils opèrent déjà ensemble dans la contrebande de cigarettes en Méditerranée. Ce trafic, qui tourne à plein régime, fournit une infrastructure logistique et accrédite le sérieux des caïds corso-marseillais.

Les policiers français et les agents américains sont persuadés de l'implication très précoce des Guérini dans le trafic[2]. Dès 1953, en effet, l'Américain Charles Siragusa estime, dans un rapport confidentiel, que « les Guérini ont probablement leurs propres laboratoires de fabrication d'héroïne et fournissent les autres clans mafieux corses avec leur opium et leur héroïne sortant de leurs usines[3] ». Antoine Guérini, l'aîné des frères et le chef du gang, est considéré comme le patron du milieu corse.

Le soupçon est réitéré par le commissaire Edmond Bailleul, chef de l'Office central des stupéfiants de la Sûreté nationale, à Paris, dans un

---

1. *Ibid.*, p. 42.

2. Voir Marie-Christine Guérini, *La Saga Guérini*, *op. cit.*, p. 109. Dans ce livre, Marie-Christine Guérini confirme que son oncle Antoine a été impliqué très tôt dans le trafic de drogue avec Renucci et Luciano, au grand dam de son père Mémé, opposé à l'héroïne, précise-t-elle. Symbole de cette coopération, le parrain sicilo-américain rendra plusieurs fois visite à ses homologues corses à Marseille pour parler des affaires communes de cigarettes et de drogue. Marie-Christine Guérini conserve un souvenir matériel de ces rencontres. Luciano lui a offert les œuvres complètes de Molière, dans une édition reliée de luxe.

3. Cité dans une note de « Wayland L. Speer, assistant to the commissioner », envoyée au « commissioner Anslinger » au sujet de « Source of heroin in Tarditi case, NYS 10787, 31 octobre 1960 », National Archives. Cette note reprend l'historique des soupçons sur les Guérini.

courrier adressé aux Américains le 25 février 1954. Il identifie Antoine Guérini à Marseille comme « un trafiquant de drogue important[1] ».

L'alliance Luciano-Guérini n'empêche pas d'autres Corses de nouer parallèlement des « partenariats » avec des familles mafieuses américaines. Les Aranci, Ansaldi, Vinciléoni, Cordoliani, Nicoli, Marignani, Orsini se retrouveront impliqués dans des affaires de stupéfiants, sans être forcément sous la coupe directe des Guérini et de Luciano.

> À cette époque, il y avait probablement une petite dizaine de clans corses capables d'exporter de l'héroïne, confie l'ancien agent John T. Cusack. Certains avaient recommencé à petite échelle dès 1947-1948. Des discussions éparses avec les Sicilo-Américains ont dû s'engager courant 1950 et début 1951, quand les détournements d'héroïne légale en Italie ont été suspectés. Les Sicilo-Américains voulaient rapidement installer des laboratoires clandestins hors d'Italie. Les Corses, déjà associés aux Siciliens, ont immédiatement proposé leurs services de transformateurs et de transporteurs. C'est ainsi qu'a vraiment décollé ce qu'on a appelé plus tard la French Connection, qui était en réalité une Corsican Connection, car l'immense majorité de ses membres et de ses leaders, qui dominaient le milieu français, étaient originaires de cette île[2].

Cette opportunité stratégique, clé de l'essor phénoménal du milieu corse dans les années d'après guerre, est confirmée par le Bureau des narcotiques lorsqu'il est interrogé officiellement, en juillet 1964, par une commission du Sénat américain au sujet de l'origine de la filière en question dans le trafic de drogue. « Pour la plupart, les membres du milieu français impliqués dans le trafic d'héroïne sont originaires de Corse. Ils ont une forte affinité avec les membres de la mafia en Sicile », écrit le Bureau. Leur association a commencé au début des années 50, après l'interdiction de la production en Italie. À ce moment, les « gangsters corses ont tout de suite vu les perspectives de bénéfices possibles qui s'ouvraient en remplaçant les sources italiennes et ils ont commencé à produire de l'héroïne envoyée directement à la mafia en Sicile »[3].

---

1. Cité *ibid.*
2. Entretien avec l'un des auteurs, 4 octobre 2003.
3. « Organized crime and illicit traffic in narcotics, Senate Committee of Government Operations, 88th congress, 1st and 2nd session, July 30, 1964 », Library of Congress, Washington DC. Voir, dans le rapport, le texte de l'audition de l'agent Martin Pera, p. 865-883, et le texte préparé par le Bureau des narcotiques, p. 885-890.

Les atouts d'une organisation internationale

À y regarder de plus près, les truands originaires de l'île de Beauté ont plus d'un atout pour s'imposer ainsi comme associés incontournables dans le trafic de stupéfiants. « Grâce à sa présence internationale très ancienne, c'est clairement le groupe criminel qui avait le plus de possibilités pour se lancer[1] », estime Marcel Morin, l'ancien patron de la brigade des stups de Marseille.

La lutte policière engagée en 1949 face à la recrudescence de hold-up et autres attaques à main armée incite d'abord le milieu corse à se tourner vers des activités moins sanglantes (trafic d'or, de devises, de cigarettes ou de drogue). Grâce aux premiers bénéfices de la contrebande de blondes, ses membres ont les moyens d'investir les sommes nécessaires au démarrage du « business » des stupéfiants. D'autres se constituent jusqu'en 1953 de jolis magots grâce au trafic de piastres en Indochine, sommes qu'ils réinjecteront également dans les affaires de drogue. Les capitaux de départ sont ainsi assurés.

Sur le plan technique, les Corses ont quelques longueurs d'avance. Ils se sont initiés aux secrets de la production d'héroïne dès les années 30, dans les réseaux balbutiants de Carbone. Depuis des lustres, des cohortes de marins insulaires bourlinguent sur toutes les mers, habitués aux planques et rompus aux astuces des passeurs. Grâce à la contrebande de cigarettes, ils possèdent des flottilles de bateaux et connaissent les lieux d'abordage, de déchargement nocturne, les caches dans les criques de la Méditerranée.

Les Corses sont également bien placés pour les contacts internationaux. Leurs congénères expatriés dans la colonie d'Indochine ou les migrants asiatiques installés sur le Vieux-Port leur fournissent depuis longtemps un peu d'opium. Ils ont accès à des sources moins lointaines d'approvisionnement grâce à leurs relais en Turquie, dont les champs de pavot et les fabriques d'opium alimentent l'Europe. En prenant appui sur la communauté francophone en Syrie et au Liban, ils peuvent transformer l'opium en morphine-base à Alep ou à Beyrouth et l'embarquer sur les navires en partance pour Marseille. L'un de leurs futurs associés libanais, Samil Khoury, très proche de Lucky Luciano, est d'ailleurs marié à une Corse, qui tient une boîte de nuit à Paris.

Pour expédier la poudre blanche vers l'Amérique du Nord, les Corses ont des complices parmi les employés des lignes maritimes.

1. Entretien avec l'un des auteurs, 3 novembre 2003.

Leur diaspora dispersée de l'Asie à l'Espagne, de Montréal à Buenos Aires, est prête à les accueillir, souvent sans trop poser de questions. De plus, leurs amis exilés ont déjà une longue expérience du trafic et des négociations avec les acheteurs sicilo-américains. Certains, comme Jean Vinciléoni ou Marius Ansaldi, ont été arrêtés avant guerre pour trafic de drogue aux États-Unis, ce qui constitue presque des références ! D'autres, comme les ex-collabos François Spirito et son acolyte Joseph Orsini, sont justement réfugiés en Amérique du Nord. Les Corso-Marseillais n'auront aucun scrupule à renouer avec ces anciennes figures du mitan, aussi controversées soient-elles.

Enfin, les Corses ont une solide base arrière. En France, ils ont constitué, on l'a vu, des réseaux qui les protègent, de Paris à Marseille, leur permettant d'implanter des laboratoires clandestins sans crainte d'être inquiétés. Les peines légales encourues pour trafic de drogue n'excèdent pas, à cette époque, cinq ans de prison. Le plus souvent, les tribunaux français ne sanctionnent les personnes interpellées que de quelques mois de réclusion.

Les Corses ont le profil idéal. Ils vont s'en servir. Qui plus est, ils ressemblent aux Siciliens, comme le note le Bureau des narcotiques dans le rapport du Sénat américain de 1964 : « Sur les deux îles, la pauvreté sévit depuis des années et l'on assiste à un phénomène de migration vers le continent pour chercher de meilleures conditions d'existence. Les deux îles ont produit une fraternité criminelle fortement marquée par les liens familiaux et l'influence du clan. L'activité criminelle a son propre code de fonctionnement très rigide, qui s'apparente à une forme de deuxième gouvernement sur son territoire. Nous avons constaté dans le passé que des membres de la mafia originaires de Sicile se réfèrent aux gens appartenant au milieu corse en parlant des cousins[1]. »

Mais il ne faut pas considérer ces « cousins » comme de pauvres insulaires. La légende des bandits corses, rebelles au regroupement, seulement soudés par des traditions ancestrales, mérite, là encore, d'être corrigée. Le Bureau des narcotiques estime qu'ils ont atteint très tôt un degré d'organisation presque comparable aux mafias sicilo-américaines :

> Le milieu corse exploite souvent des entreprises légales lucratives, acquises grâce aux revenus d'activités illicites. On en trouve dans l'industrie, la banque, l'import-export, la gestion de boîtes de nuit ou de restaurants. Ils déploient la même vigueur dans des

1. « Organized crime and illicit traffic in narcotics », *op. cit.*, p. 885.

activités criminelles organisées, comme le trafic de fausse monnaie, la distribution de cigarettes de contrebande, la revente de peintures volées, d'œuvres d'art, de pierres précieuses, de fourrures, ou l'extorsion de fonds. Il y a quelques années, ils pratiquaient à grande échelle les vols à main armée, à tel point qu'il a fallu des efforts concertés de la police française et des mesures sévères pour réprimer cette menace. Les membres des organisations criminelles corses n'hésitent pas à travailler étroitement avec d'autres groupes criminels ou à coopérer avec des criminels hors de leur sphère traditionnelle lorsque se profilent des possibilités de bénéfices à partager. À bien des égards, les activités du crime organisé en France sont similaires à ce qui existe en Italie et aux États-Unis[1].

Le parallèle n'est pas total. Les mafias sicilo-américaines sont plus puissantes, elles sont coiffées par des conseils (coupoles) avec un chef suprême («capo di tutti capi») qui régente toutes les activités. Le système corse est moins pyramidal, les clans sont plus autonomes. Les Américains, contrairement à une légende tenace, ne s'y tromperont pas. À plusieurs reprises, des officiels[2] expliqueront devant le Sénat américain : «Certains croient qu'il y a une organisation appelée "Union corse" qui relie l'ensemble des membres du milieu corse, à la manière de la mafia. Cependant, la majorité des agents français et américains des stupéfiants pensent qu'au lieu d'un seul gros syndicat, les Corses opèrent à travers un grand nombre de petites et moyennes structures.»

Une spécialisation très bénéfique

La Corsican Connection va monter en puissance et prospérer pendant plus de vingt ans, de 1950 à 1970, avant d'essuyer des coups fatals. Vingt années d'essor et d'impunité presque totale. Vingt années de règne absolu pour les parrains corses. Théoriquement chargé de les traquer, un des hauts responsables de la police nationale française en poste durant les années 60, Honoré Gévaudan, plaidera l'impuissance en décrivant rétrospectivement la situation :

1. *Ibid.*, p. 886.
2. Notamment le général Lewis W. Walt, auditionné le 14 septembre 1972 par la sous-commission du Sénat sur la sécurité intérieure, sur le thème «The world drug traffic», National Archives.

> Comme l'État a le monopole du tabac et des allumettes, la pègre du midi de la France a celui de l'héroïne. [...] Une longue période de gains faciles et de périls réduits suscitera des vocations fulgurantes et les réseaux auront tout loisir de filtrer les prétendants. Les filières naissent, s'organisent, prolifèrent, sans grosse anicroche sinon, de temps en temps, l'accident fortuit où disparaît un rouage mineur sans arrêter la machine. Elles s'appuient sur le socle de vénérables anciens à qui l'adresse et la chance évitèrent le pire. Parce qu'ils ont atteint le stade où l'on fait agir les autres, ils ont acquis une insolente invulnérabilité[1].

Comment la Corsican Connection se déploie-t-elle ? Comment fonctionne-t-elle ? Qui la dirige ? Que savent vraiment les policiers durant ses longues années d'expansion ? Pourquoi ne font-ils pas grand-chose pour la contrer ? Il est aujourd'hui possible de lever un coin du voile sur cette filière unique en son genre, de mieux comprendre comment elle a traversé deux décennies. En commençant par quelques traits généraux.

Tout d'abord, ce réseau de trafiquants n'a rien d'une armée sous la houlette d'un seul chef et lui obéissant au doigt et à l'œil, ni d'une entreprise totalement rationnelle, soumise à des modèles de performance scientifique. Sans parrain unique, sans conseil d'administration dirigeant toutes ses branches, il fonctionne plutôt comme un organisme vivant, mouvant, avec des personnages principaux, de chefs de clan, qui se croisent, s'associent, se terrent puis réapparaissent. « C'est la loi du commerce qui prédomine, avec des alliances au coup par coup[2] », estime Antoine Barbazza, ancien membre de la brigade des stups à Marseille. Ils jouent à saute-frontières, tirant parti des lacunes de la coopération policière ou judiciaire internationale. Ils s'adaptent en permanence aux lois changeantes, aux cargaisons perdues, aux arrestations, aux opportunités ou aux vendettas.

Deuxième caractéristique : le trafic international de stupéfiants requiert des associations avec des groupes criminels dans plusieurs pays, ce qui augmente mécaniquement les possibilités de frictions et la perméabilité des filières. Les Corses acceptent ce risque, s'alliant, on l'a vu, avec leurs « cousins » sicilo-américains, réputés pour leur homogénéité. Ils minimisent les dangers de fuite en respectant, comme les Siciliens, l'omerta, la loi du silence, gage de sécurité interne pour le réseau et de protection vis-à-vis de l'extérieur. De

---

1. Honoré Gévaudan, *La Bataille de la French Connection*, J.-C. Lattès, 1985, p. 81-82.
2. Entretien avec l'un des auteurs, 26 septembre 2003.

plus, ils achètent principalement leur opium et leur morphine-base à des trafiquants libanais qui ont de solides complicités locales. Les agents américains noteront, dès 1952, qu'il est « absolument impossible » de mener une enquête à Beyrouth. « Certains des plus gros trafiquants sont si influents politiquement et certains officiels haut placés sont si impliqués dans le trafic de drogue que l'on pourrait affirmer que le gouvernement libanais participe aux affaires de drogue[1]. »

Troisième trait : le commerce de drogue impose une stricte division du travail, nécessitant des expertises particulières qui vont de la collecte des fonds au blanchiment, en passant par l'achat, le transport, la transformation et la distribution. Les Corses s'insèrent parfaitement dans cette logique « industrielle ». Ne pouvant prétendre maîtriser toute la chaîne du trafic, comme c'est le cas dans leurs activités traditionnelles (prostitution, racket, vols) qui mobilisent des compétences moins sophistiquées, ils se spécialisent dans les opérations les plus stratégiques, essentiellement le transport et la transformation de la drogue.

Leur principal savoir-faire repose sur deux chimistes d'exception. Le premier, Dominique Albertini, est né le 2 avril 1908 à Loreto-di-Casinca (Haute-Corse). Il a fait ses débuts dans le laboratoire de Bandol de Carbone et Spirito durant les années 30. Après la Libération, il reprend du service et devient l'un des premiers chimistes de la filière corse. Condamné en 1952 aux États-Unis pour immigration illégale, il est renvoyé en France, où il poursuivra ses activités dans un laboratoire secret à Marseille. En 1956, ayant appris qu'il cherche un chimiste, les Américains lui enverront un agent infiltré, mais le candidat ne sera pas retenu ! En 1959, les responsables français de l'Office central des stupéfiants évoqueront sa « prudence presque pathologique[2] ». Le rapport sénatorial américain rédigé en 1964 le qualifiera de « l'opérateur le plus important en France », précisant que « son succès est tel qu'il peut fournir de l'héroïne à plusieurs des groupes de trafiquants »[3].

---

1. « Memorandum : Lebanon, Bureau of Narcotics, Rome, Italy, 12 April 1952 », National Archives.

2. « Réponses et commentaires de MM. Gillard et Hugues, de l'Office central des stupéfiants, Paris, datés du 22 décembre 1959, suite à la note de Wayland L. Speer du 31 octobre 1960 », *op. cit.*

3. Voir « Organized crime and illicit traffic in narcotics, Senate Committee of Government Operations, 88th congress, 1st and 2nd session, March 1964 », Library of Congress, Washington DC, p. 889 et 952. Voir aussi Alain Jaubert, *D... comme Drogue*, *op. cit.*, p. 262.

Albertini a aussi formé son demi-frère, Jo Césari, lequel le surpasse en dextérité et va devenir le chimiste le plus talentueux de l'héroïne corso-marseillaise. Né à Bastia le 2 janvier 1915, Joseph André Césari a l'allure d'un obscur laborantin, petit, craintif, efflanqué, des fossettes creusées et des cheveux noirs taillés en brosse. Mais cet ancien garçon de bord sur les lignes asiatiques des Messageries maritimes, officiellement éleveur de cochons, a la « main » pour fabriquer la drogue. Il réceptionne la morphine-base dans ses deux villas, La Roseraie et Le Clos Saint Antoine, près d'Aubagne, où il vit avec sa compagne Renée Manoukian et plusieurs domestiques.

Les opérations ne sont pas simples. Il faut « tourner » délicatement la pâte brune en la faisant chauffer jusqu'à sa fusion, à près de 300 °C. Puis y ajouter, dans un ordre très précis, du bicarbonate de soude, de l'alcool, de l'anhydride acétique, de l'acétone. Avant de sécher le tout. Avec un kilo de morphine-base, Césari fabrique un kilo d'héroïne, pure à 97 %. Ses homologues turcs, libanais, siciliens ou chinois ne parviennent à obtenir qu'une pureté de 60 à 70 %. La poudre parfaite de Césari est au-dessus du lot. Même les ingénieurs chimistes de la police ne parviendront pas à la reconstituer. Sa qualité troublera les Américains. « Elle était tellement pure que l'on croyait, au début, que les trafiquants français détournaient cette héroïne des laboratoires industriels officiels[1] », confie John T. Cusack.

Albertini et Césari dirigent leurs laboratoires et quelques-uns de leurs élèves opèrent dans d'autres installations, bien cachées à l'intérieur de pavillons anodins. La région de Marseille devient, à partir du début des années 50, la plus grande zone industrielle de production d'héroïne au monde. Les chimistes, qui travaillent à la commande, ne dépendent pas d'un seul réseau. « Ils offrent simplement leurs services à qui les paie[2] », résume Antoine Barbazza. Ils sont rémunérés entre 2 000 et 5 000 francs par kilo transformé. Or les livraisons atteignent rapidement des dizaines de kilos. Grâce à ces « mains en or » uniques, les Corses vont acquérir une position clé, un quasi-monopole et, par conséquent, une rente énorme.

Quatrième élément fondateur : le trafic de drogue est, de loin, l'activité illicite qui rapporte le plus d'argent. Le prix de la marchandise est souvent multiplié par mille entre le champ de pavot et la vente de grammes d'héroïne dans les rues. Au milieu de la chaîne, les Corses achètent la morphine-base environ 15 000 dollars le kilo aux

1. Entretien avec l'un des auteurs, 4 octobre 2003.
2. Entretien avec l'un des auteurs, 6 novembre 2003.

Turcs ou aux Libanais et revendent l'héroïne produite dans leur laboratoire entre cinq et dix fois plus cher aux grossistes américains. Le seul convoyage d'une voiture contenant une centaine de kilos permet donc d'engranger des dizaines de millions de francs de profits !

Cette rentabilité conférera aux caïds corses une fortune bien plus considérable que celle amassée dans les bars, les maisons closes ou même la contrebande de cigarettes. En rythme de croisière, à la fin des années 50, la Corsican Connection produira environ une à deux tonnes d'héroïne par an, réalisant un bénéfice annuel d'au moins 500 millions de francs. À la fin des années 60, la production atteindra un volume de cinq à dix tonnes par an, démultipliant encore les bénéfices.

Dès lors, les parrains auront les moyens d'avoir un train de vie de nabab, d'acquérir des complicités, d'acheter leur impunité, de se donner des façades respectables, mais aussi d'investir ailleurs, dans d'autres activités, délictueuses ou non. Une partie invisible des bénéfices alimentera en Suisse de discrets comptes anonymes qui ne seront jamais découverts. Une autre sera blanchie dans l'acquisition de biens immobiliers, de terrains, de commerces, de cabarets, de casinos, de cercles de jeu, de sociétés de transport ou de BTP, en France comme à l'étranger. Seule une infime fraction de ces capitaux d'origine douteuse sera localisée et saisie lors des enquêtes.

En organisant ce trafic, les parrains corses renforceront leur suprématie sur le milieu. Richissimes, ils superviseront les opérations de plus en plus loin, ajoutant des écrans entre eux et les délits, pour devenir intouchables. Jusqu'à ce que leur puissance finisse par les aveugler, que de jeunes fauves les déstabilisent, que leurs protections s'évanouissent et que l'appareil répressif endormi se réveille. Mais nous n'en sommes pas là…

La saisie du Champollion

Les premiers signes tangibles de la Corsican Connection naissante apparaissent aux yeux des autorités… dès 1951, à Marseille, ce qui ne doit rien au hasard. Déjà, les années précédentes, quelques prises d'héroïne en provenance de la cité phocéenne, effectuées par les douanes américaines, avaient commencé à alerter le grand patron du Bureau des narcotiques, qui dépend du département américain du Trésor, le commissaire Harry J. Anslinger. Ce vétéran de la lutte antidrogue, en poste depuis le début des années 30, a demandé, en avril 1947, qu'un consul « expérimenté » soit nommé à Marseille pour surveiller l'évolution de la situation[1].

Après une saisie de poudre blanche sur le navire *Saint-Tropez* et l'arrestation de deux marins dans le port de New York, un agent américain a été envoyé à Marseille en juin 1948 pour remonter la filière. Se faisant passer pour un acheteur, il a pris contact, dans un café du Vieux-Port, avec des truands indochinois. Ces derniers l'ont introduit auprès d'un Corse, Lucien Santoni, qui a été appréhendé. Entre 1949 et 1950, les Américains ont collecté, via Interpol et la police française, d'autres renseignements sur quelques suspects, dont Antoine Cordoliani ou Charles Vinciléoni, le restaurateur marseillais qui fait parler de lui au même moment dans l'affaire des bijoux de la Bégum.

Les affaires changent d'échelle au début de l'année 1951, le 5 avril précisément. Ce jour-là, à 10 heures du matin, les douaniers marseillais découvrent douze sacs contenant des ballots d'opium, d'un poids total de 290 kilos, cachés dans une soute du *Champollion*, un bateau des Messageries maritimes en provenance de Beyrouth. C'est la plus grosse saisie de l'après-guerre. Avant le départ, les douaniers libanais avaient questionné, sans résultat, deux membres corses de l'équipage qu'ils suspectaient de trafic. Dans les bagages de l'un d'eux, ils avaient simplement trouvé une carte de visite portant le nom d'un certain Manser et, au dos, écrit à la main, celui de Cordoliani.

Interrogés à Marseille après la saisie, les deux marins, ainsi que certains de leurs collègues connus pour d'autres méfaits, nient toute responsabilité au sujet de la cargaison illicite. Ils sont relâchés. Les policiers français ne sont guère avancés. Ils supputent seulement que l'opium a été acheté en Turquie. Pour le reste, ils notent dans un rapport que « ces marins sont seulement des passeurs, recevant un pourcentage sur chaque kilo qui arrive à bonne destination ». La valeur de la prise est si énorme – les 290 kilos d'opium représentent 10 millions de francs – que les enquêteurs en concluent : « Il est impossible à des marins de recevoir de telles sommes [...] Il doit y avoir un compte bancaire avec des traces de ces achats[2]. »

L'affaire du *Champollion* illustre, en vérité, les bouleversements souterrains du trafic international de stupéfiants, qui s'organise

1. Mémo confidentiel de M. Anslinger à M. Morlock, daté du 4 avril 1947, Bureau des narcotiques, National Archives.

2. Note du commissaire principal chargé du port de la Joliette au commissaire divisionnaire, Marseille, 12 avril 1951, copie du directeur général de la Sûreté nationale, traduite en anglais pour le Bureau des narcotiques, National Archives.

depuis peu à une échelle inconnue jusque-là. Le port de Marseille devient un lieu de transit de la drogue, transformée en héroïne dans des laboratoires clandestins récemment installés en France, avant d'être réexpédiée. Des truands locaux sont forcément impliqués dans ce nouveau business. La Corsican Connection a démarré.

Une poignée de fonctionnaires le devine. Quelques jours après cette saisie, début mai 1951, un agent américain du Bureau des narcotiques, Charles Siragusa, arrive en mission à Marseille. Ce colosse d'origine italienne, habitué aux opérations d'infiltration, a travaillé à New York, où les récentes arrestations de quelques marins français ont déjà attiré son attention sur l'apparition d'une filière. En 1950, Siragusa a effectué une première tournée européenne, qui l'a alerté sur les changements intervenus, notamment en Italie. En poussant son périple jusqu'à Beyrouth, il s'est rendu compte que le port libanais était devenu le principal lieu de transit de l'opium produit en Turquie.

Aussitôt débarqué dans la cité phocéenne, Siragusa rencontre l'inspecteur Robert Pasquier, de la brigade des stups de Marseille, qui n'est composée que de quatre policiers. Selon Pasquier, la cargaison du *Champollion* était probablement destinée à Antoine Cordoliani, un Corse considéré par la police comme le plus gros trafiquant de Marseille, également propriétaire présumé de la cargaison saisie en 1947 sur le *Saint-Tropez* à New York. Cordoliani devait transporter l'opium jusqu'à un laboratoire clandestin implanté en région parisienne, avant d'envoyer la drogue aux États-Unis[1].

Intéressé, Charles Siragusa envoie son premier rapport de mission, daté du 3 mai 1951, à ses supérieurs à Washington. « Avant mon arrivée en France, j'étais convaincu qu'il n'y avait pas de laboratoire clandestin important ici [...] Maintenant, je ne suis plus aussi sûr [...] Il m'est difficile de croire que les 300 kilos d'opium saisis le mois dernier devaient être expédiés aux États-Unis sous cette forme. Il est plus logique de déduire que l'essentiel devait subir une transformation en héroïne en France[2]. »

Les tuyaux de Pasquier et les intuitions de Siragusa sont justes. Les jours suivants, Pasquier précise à l'agent américain qu'il attend des informations sur un autre laboratoire installé à Marseille, et lui explique que le trafic est divisé en quatre phases : « Ceux qui vont à Beyrouth acheter l'opium et le rapportent à Marseille ; ceux qui le

1. Charles Siragusa, « Progress Report, n° 41, Marseille, France, May 3, 1951 », National Archives.

2. *Ibid.*

portent aux laboratoires clandestins à Paris et Marseille ; les marins qui transportent l'héroïne à New York ; les gens qui la distribuent aux États-Unis[1]. » Le policier fournit aussi les noms de quelques membres des présumés « plus importants groupes de trafiquants ». Mais, à l'exception des frères Cordoliani, il ne s'agit que de petits passeurs. Les grands parrains de la Corsican Connection n'apparaissent pas encore.

Un indic imprévisible et des oreilles sourdes

Un homme étrange, bien introduit dans le milieu, semble vouloir aider les enquêteurs. Il s'agit du marin corse Dominique Borghi, de son vrai nom Antoine Borghi, l'ancien agent des services secrets américains (OSS) durant la guerre, envoyé secrètement à Marseille en janvier 1944 pour la mission « Tomate »[2]. Président de l'union départementale des anciens agents OSS, Borghi s'est reconverti dans la contrebande de cigarettes, écopant à l'occasion de lourdes amendes. En avril 1951, il contacte l'inspecteur Pasquier pour lui signaler qu'il y a désormais plusieurs laboratoires d'héroïne à Marseille. Le policier estime que cet indic dispose d'informations « fiables et précises » parce qu'il est « un ami intime »[3] des principaux trafiquants.

Toutefois, faute d'obtenir, côté français, l'assurance d'une récompense financière en cas de saisie, Borghi n'en dit pas plus à Pasquier. Et il tente sa chance auprès du consulat américain à Marseille. Devant les diplomates médusés, il propose ses services d'agent rémunéré au Bureau des narcotiques, affirmant être capable de « fournir des détails précis sur les cargaisons passées et futures, avec les noms et les adresses des principaux importateurs aux États-Unis[4] ».

Sur les conseils du consul général, Charles Siragusa rencontre Borghi dès son arrivée à Marseille, début mai. Et il tombe des nues : « Cette source est soit un casse-pied total, soit il souffre de folie des grandeurs. Il m'a raconté une histoire fantastique[5]. »

---

1. Charles Siragusa, « Progress Report, n° 43, Marseille, France, May 5, 1951 », National Archives.

2. Voir plus haut le chapitre intitulé « Les fractures et les liens de la guerre ».

3. Propos de Pasquier rapportés à Charles Siragusa, cités dans « Progress Report, n° 41 », *op. cit.*

4. « Marseille, April 9, 1951. Offer of information on narcotics smuggling », note confidentielle de Marcel E. Malige, consul général américain à Marseille, envoyée au « Department of State », National Archives.

5. Charles Siragusa, « Progress Report, n° 43 », *op. cit.*

Borghi répète, en effet, qu'il sait absolument tout sur les trafiquants de drogue entre Le Havre, Paris, Marseille et les États-Unis. Mais, carrément affabulateur, il ajoute « avoir été chargé par des hautes autorités à Paris de superviser la lutte antidrogue en France ». Selon Borghi, « le chef de la police française et le ministre de la Justice » travaillent pour lui ! Il suggère à Siragusa un nouveau contact destiné à organiser une rencontre secrète avec ses « patrons » à Paris. Surpris et méfiant, l'agent américain note : « Quand je vais le revoir ce soir, j'aurai ma main sur mon revolver. Ce type a peut-être été recruté pour m'éliminer. » Borghi, finalement, n'est pas au rendez-vous nocturne. Étonné, Siragusa raconte son entrevue surréaliste à l'inspecteur Pasquier. Le flic français s'amuse du comportement de Borghi, un garçon « de caractère, toujours fortement armé », qui a simplement voulu « impressionner » l'Américain, mais pas un « déséquilibré »[1]. Bien introduit mais fantasque, Dominique Borghi ne sera pas réellement pris au sérieux par les Américains, ses promesses d'informations plus détaillées étant rarement tenues.

En ce printemps 1951, entre la saisie du *Champollion* et les premiers éléments fournis par Borghi, les autorités françaises ont plusieurs pistes d'enquête. Lors d'une rencontre, le 8 mai, avec le procureur de la République et le chef de la police de Marseille, Charles Siragusa a pourtant le sentiment que le trafic de drogue ne les préoccupe pas vraiment. Les Français évoquent bien la saisie des 290 kilos d'opium, et reconnaissent qu'il y a certainement des laboratoires à Marseille. Ils avouent que, contrairement aux Américains, ils n'ont ni législation répressive, ni moyens financiers, ni personnel pour s'en occuper. De plus, la consommation domestique est presque nulle.

« J'ai souligné que, selon leurs propres conclusions, il y avait au moins un gros laboratoire clandestin d'héroïne à Marseille et qu'il est fort probable que toute cette héroïne ne sera pas destinée à l'étranger. Dans un futur peut-être proche, ils risquent de voir une augmentation du nombre des toxicomanes. Ils n'ont pas réagi... »

Cette réunion importante est « un échec et une perte de temps », estime Siragusa, puisque tout ce qui a été dit est tombé « dans des oreilles sourdes, insensibles et non réceptives »[2]. Qui plus est, malgré une bonne volonté affichée, l'inspecteur Pasquier et ses collègues tardent, aux yeux de l'Américain, à s'activer. « Je lui ai demandé de

---

1. *Ibid.*
2. Charles Siragusa, « Progress Report, n° 45, Marseille, France, May 8, 1951 », National Archives.

vérifier les dossiers sur Joseph Orsini [...] Je ne m'impatiente plus avec ces policiers quand ils prennent plusieurs jours pour accomplir quelque chose qui pourrait être fait en quelques heures, au pire en une journée [1] », écrit l'agent. Ou, à propos des enquêtes sur les laboratoires : « Il est impossible de bousculer ces policiers. Ils prennent un sacré temps pour faire les choses [2]. »

Ces jugements pessimistes et sévères traduisent plus qu'un simple énervement. Au-delà des différences de méthodes et de moyens, ils révèlent des appréciations divergentes sur une menace naissante. En 1951, la Corsican Connection n'est pas perçue en France comme un réel danger, alors qu'elle inquiète déjà les Américains. Personne ne le devine encore, mais ce fossé va se creuser, cette incompréhension se prolonger durant deux décennies, provoquant bien des tensions entre les autorités des deux pays [3], en dépit de sourires de façade et de quelques succès communs.

Des revenants et des constats alarmistes

L'année 1951 est décidément riche en rebondissements. Fin mai, les policiers de l'équipe de Pasquier, moins inactifs que les Américains ne semblent le croire, découvrent un premier laboratoire clandestin à Marseille, au domicile d'un certain Gaston Roussel. Natif de Bastia, cet employé d'une usine pharmaceutique avait stocké chez lui 2800 kilos de morphine-base ainsi que des produits chimiques nécessaires à la fabrication d'héroïne.

Interrogé, Roussel refuse de donner les noms de ses fournisseurs et clients. « Cependant, l'importance de son installation laisse à penser qu'il faisait partie d'une vaste organisation de trafiquants qui ont investi massivement et dont il n'était que le chimiste », écrit le secrétaire général d'Interpol dans une note transmise aux Américains. Selon ce document, les policiers français estiment que Roussel est en contact avec Jo Renucci, « considéré comme l'un des plus grands trafiquants de drogue et de cigarettes américaines » [4]. Le Bureau des narcotiques confirme aussitôt que Jo Renucci, qui

1. Charles Siragusa, « Progress Report, n° 43 », *op. cit.*

2. Charles Siragusa, « Progress Report, n° 46, Marseille, France, May 10, 1951 », National Archives.

3. Voir plus loin le chapitre intitulé « L'obsession des Américains sur le milieu corse ».

4. « Subject : Gaston Roussel. From : the secretary general of Interpol, L. Ducloux. To : the commissioner of Narcotics, Washington DC. Paris, June 20, 1951 », National Archives.

possède une adresse à New York sous le nom d'emprunt de Jean Martinucci, fait l'objet d'une enquête permanente depuis plus de deux ans, sans qu'aucune preuve ait encore permis de l'incriminer.

De part et d'autre de l'Atlantique, les premiers contours de la Corsican Connection commencent à se dessiner sous les yeux des autorités. Un pan de ses réseaux se dévoile davantage en juillet et août 1951, avec le démantèlement d'une filière corso-italo-américaine. Cet été-là, les agents du Bureau des narcotiques interpellent à New York une dizaine de présumés trafiquants.

Parmi eux se trouve un Franco-Italien surnommé « Big Frank », qui affirme s'appeler Charles Faccia. Vérifications faites, le vrai Charles Faccia, ancien tenancier du bordel le Grand Cinq, à Casablanca, est décédé à Marseille en 1945. Big Frank n'est autre que François Spirito, alias « Lydro », l'ancien parrain du Marseille d'avant guerre aux côtés de Paul Carbone. Condamné à mort par les tribunaux français pour faits de collaboration sous l'Occupation, Spirito s'est caché au Canada et aux États-Unis sous de fausses identités. Il s'est associé à deux de ses anciens amis, Joseph Orsini et Antoine d'Agostino, deux truands « collabos » en fuite outre-Atlantique. Ensemble, ils ont renoué avec leurs anciens comparses de Marseille. Ils ont ainsi contribué au lancement de la Corsican Connection en organisant un trafic de drogue, principalement par le Canada[1]. Antoine d'Agostino, qui a déjà fui le Canada en janvier, a échappé au coup de filet new-yorkais en s'évanouissant dans la nature.

Spirito écopera de cinq ans de prison, Orsini de dix. Après deux années de pénitencier, « Lydro » sera expulsé vers la France en 1954. Traduit devant un tribunal militaire, il sera relaxé et pourra reprendre une vie apparemment tranquille, à la tête d'un hôtel à Sausset-les-Pins. Quant à Joseph Orsini, une fois sa peine purgée, il sera renvoyé en France en 1958 et vite soupçonné d'avoir renoué avec ses amis, notamment avec Nick Venturi et Marcel Francisci. Qu'ils aient été collabos ou résistants, les truands corses se retrouveront associés dans les affaires.

Le coup d'arrêt porté en 1951 au tandem Spirito-Orsini aux États-Unis ne freine pas l'activité de la Corsican Connection. Au contraire, telle une hydre à plusieurs têtes, elle se revigore en diver-

1. Spirito, Orsini et d'Agostino ont des liens avec le clan Guérini, Jo Renucci, Cordoliani et Édouard Giribone à Marseille, ainsi qu'avec Marius Ansaldi et Dominique Reissent à Paris. À Montréal, ils sont en contact avec le clan sicilien des frères Cotroni dont l'un des quartiers généraux se situe dans un restaurant à l'enseigne évocatrice, Corso Pizzeria. Rapporté dans Jean-Pierre Charbonneau, *La Filière canadienne*, Trait d'union (Montréal), 2003.

sifiant les filières. En 1952, la police et les douanes françaises découvrent quatre petits laboratoires : un à Montgeron, dirigé par Marius Ansaldi et ses frères, un autre à Paris et deux à Marseille. Les agents américains sont désormais convaincus que la France est devenue le principal lieu de transformation de l'héroïne arrivant aux États-Unis, et que quatre à cinq laboratoires opèrent toujours à Marseille.

En mars 1953, Charles Siragusa, qui dirige, depuis Rome, l'antenne européenne du Bureau des narcotiques, livre ainsi à l'un de ses amis, journaliste américain, son analyse sur le rôle déterminant des Corses :

> Tous les délinquants importants, sans presque aucune exception, sont corses. Les trafiquants corses sont à la France ce que la mafia sicilienne est à l'Italie [...] Les Corses exercent quasiment un monopole sur le trafic de stupéfiants en France. Ces Corses ont tous débuté dans le crime à Marseille. Quelques-uns sont montés à Paris où ils ont ouvert des clubs grâce à leurs activités illicites. Ceux qui restent à Marseille ont aussi des intérêts dans les rackets parisiens. D'autres gangsters corses ont leur organisation à cheval sur les deux villes.

Et il poursuit :

> Il y a plus de trafiquants par mètre carré et par habitant à Marseille que n'importe où en France [...] Presque tous les trafiquants corses ont démarré comme simples matelots. Ils ont trafiqué l'opium, la morphine-base et l'héroïne de Beyrouth et d'Indochine jusqu'à Marseille [...] Ils ont les bons réseaux internationaux. Les Corses de Marseille et de Paris fournissent les Corses de New York, par l'intermédiaire de marins corses.

Les lacunes de la répression hexagonale effarent l'agent américain. Arrêtés en France avec un kilo d'héroïne, deux marins, Roger Legent et Paul Icardi, sont condamnés respectivement à six et trois mois de prison le 31 janvier 1953. « Ces sanctions sont ridicules », écrit Siragusa, qui a une explication toute trouvée à un tel laxisme. Selon lui, « tous les Corses agissent comme s'ils étaient les cousins les uns des autres, escrocs ou hommes honnêtes. Un policier corse arrête un trafiquant corse. Celui-ci est interrogé par un procureur corse, qui recommande une peine ridicule de trois mois. Le juge corse suit ces recommandations, ou estime la peine trop dure et la réduit encore un peu ».

L'agent américain poursuit son commentaire peu amène : « Tant que ces peines choquantes seront distribuées, le trafic d'héroïne vers les États-Unis va empirer et la toxicomanie va grimper à Marseille[1]. »

Les grands voyageurs, Croce et Mondoloni

Bien qu'elle soit déjà clairement identifiée, que certaines de ses filières aient subi quelques coups, la Corsican Connection tourne à plein régime. Elle se recompose en permanence. En amont de la filière, par exemple, les trafiquants turcs, qui ont installé des petites usines de fabrication de morphine-base à partir de l'opium brut, se mettent à expédier directement cette matière, plus commode à transporter que l'opium, vers des correspondants corses à Marseille, court-circuitant partiellement les intermédiaires de Beyrouth.

Des Arméniens se glissent dans les réseaux, profitant de relais dans leur importante communauté émigrée à Marseille. On trouvera ainsi souvent associés des Corses secondés par des Arméniens, lesquels ont aussi des « cousins » dans toutes les capitales du Proche-Orient. Les trafiquants libanais se lancent également dans la production de morphine-base, notamment en Syrie, à Alep. Ils expédient toujours une partie de leur marchandise vers la France, tout en envoyant d'autres cargaisons aux États-Unis via Cuba, le Canada ou le Mexique. En retour, ils achètent de la cocaïne en provenance de Bolivie ou du Pérou.

Les Corses s'activent sur ces routes, avec une mobilité surprenante qui les rend aussi efficaces qu'insaisissables. Parmi ces voyageurs impénitents figurent, par exemple, trois nomades de haute volée. Le premier, Ansan Albert Bistoni, est surnommé « l'Aga Khan » parce qu'il aurait été mêlé au vol des bijoux de la Bégum en août 1949. Né à Marseille le 21 novembre 1911 d'une famille corse, Bistoni a débuté comme matelot aux Messageries maritimes et passeur d'opium pour le compte de Paul Carbone. Après la guerre, « Monsieur Albert » devient vite l'un des organisateurs de la Corsican Connection, vivant tantôt à Paris, tantôt chez sa mère à Marseille. Sur le Vieux-Port, il croise souvent Dominique Nicoli, considéré, aux côtés des Guérini, comme l'un des « juges de paix » du milieu et comme un ami du trafiquant

1. Lettre de « Charles Siragusa, United States narcotic agent, American embassy, Rome, Italy, 3 mars 1953 », à « Mr Barrett McGurn, *New York Herald Tribune*, European edition, 21 rue de Berri, Paris, France », Bureau of narcotics, National Archives.

libanais Samil Khoury. Grand voyageur, Bistoni se rend fréquemment à Montréal, Mexico ou La Havane pour superviser le trafic.

Au début des années 50, Bistoni envoie deux de ses lieutenants, Jean-Baptiste Croce et Paul Damien Mondoloni, en mission au Mexique. Né le 9 avril 1920 à Olmeta di Tuda (Haute-Corse), Croce, teint mat et yeux sombres, a un visage taillé à la serpe. Il a également commencé comme simple marin sur les lignes asiatiques des Messageries. Costaud et malin, « Bati » s'est vite fait remarquer pour sa débrouillardise. Coiffeur à Bastia en 1945, il a été mêlé l'année suivante à une histoire de meurtre dans cette ville aux côtés d'un de ses amis, un dénommé Joseph Mari, mais s'en est tiré sans dommage. Il a quitté la Corse pour s'installer dans un hôtel de Pigalle, à Paris, où il a rencontré Paul Damien Mondoloni.

Celui-ci est né à Sartène (Corse-du-Sud) le 27 septembre 1916. C'est un garçon de fière allure, au sang-froid étonnant. Il a été l'un des quatre membres du commando des assaillants de la Bégum, en 1949. Inculpé, puis libéré sous caution, il a pris la poudre d'escampette. Condamné par contumace, pour ce hold-up, aux travaux forcés à perpétuité par la cour d'assises des Bouches-du-Rhône en juillet 1953, Mondoloni a trouvé refuge sous les tropiques. Il utilisera un nombre incalculable de fausses identités pour passer inaperçu[1].

Au Mexique, Croce et Mondoloni rejoignent un des « correspondants » de la filière, Antoine d'Agostino, qui vient de s'y installer. Né le 17 décembre 1914 à Bône (Algérie) de parents siciliens, d'Agostino a servi dans les rangs de Spirito avant de faire son trou à Montmartre dans les années 30. Auxiliaire de la Gestapo, il a été condamné à mort par contumace pour trahison par le tribunal de Toulouse le 7 juillet 1948. Il est également recherché pour vols et soupçonné d'avoir écoulé des faux dollars en Italie. Dès la fin des années 40, il a repris contact avec ses anciens amis, Joseph Orsini et François Spirito, cachés au Canada et aux États-Unis.

L'arrestation de ces derniers à New York, durant l'été 1951, oblige Antoine d'Agostino à fuir vers le Mexique, sous des identités fantaisistes[2]. Sur place, il réorganise le transit de la drogue à travers la frontière du Rio Grande, vers les États-Unis. L'arrivée des jeunes Croce et Mondoloni doit lui permettre de relancer la machine. Dans

1. Parmi lesquelles Paul Madraleni, Jean Kreaber, Jacques Desmarais, Eduardo Dublan Chabotta, Paul-Marie Bejin ou Roland Samuel. Ces faux noms figurent sur sa fiche d'identité, établie par la police canadienne pour son *Narcotic Bulletin*, n° 17, mars 1960, ainsi que sur sa fiche du Bureau of Narcotics et du FBI, transmise à une commission du Sénat américain en 1964. Voir « Organized crime and illicit traffic in narcotics », *op. cit.*, p. 958.

2. Telles que Michel Sisco, Louis Floris, Antoine Scarfoni, Albert DuJardin ou Lunettes.

les sous-sols de l'horlogerie que tient d'Agostino à Mexico, ils apprennent le maniement des valises à double fond et des malles truquées.

Inséparables, Croce et Mondoloni reviennent discrètement en France afin d'expérimenter eux-mêmes une ligne de transport vers le Mexique. Début 1953, ils s'embarquent clandestinement à Bordeaux sur le *Cavalier de la salle*, qui fait route vers la ville mexicaine de Vera Cruz. Une météo exécrable contraint le navire à se dérouter vers la Floride. Décontenancés par ce changement de cap, les deux Corses quittent précipitamment le *Cavalier de la salle* et se dirigent, sur une chaloupe, vers la côte américaine avec leur marchandise. Arrêtés à Corpus Christi (Texas), ils passent quelques mois en prison, avant d'être expulsés vers le Mexique le 14 avril 1953[1].

Là-bas, les affaires tournent à plein régime, au moins jusqu'en mars 1955, date à laquelle Antoine d'Agostino est interpellé à Mexico avec sa compagne[2]. La répression mexicaine incite le tandem Croce-Mondoloni à partir sous d'autres cieux. Ils sont repérés à Paris, en Italie, puis à nouveau au Canada. À Montréal, ils reçoivent la visite de leur mentor Bistoni et d'un de ses amis, le Corso-Marseillais Gabriel Graziani[3]. L'un et l'autre ont, en France, accès aux sources d'héroïne via le parrain Dominique Nicoli et le chimiste Dominique Albertini.

À Montréal, Croce et Mondoloni se rapprochent surtout de Lucien Rivard et des frères Cotroni, les parrains de la ville[4]. Et ils font la connaissance d'un Marseillais arrivé au Canada en 1950, qui a investi dans les boîtes de nuit puis le négoce de minerais, tout en

---

1. Nous situons l'épisode du *Cavalier de la salle* et l'arrestation par la police américaine début 1953, en nous basant sur une fiche d'Interpol («File 411/56») de janvier 1957 sur Jean-Baptiste Croce, laquelle recense les poursuites et faits policiers le concernant. Cette fiche n'évoque qu'une seule expulsion de Croce et Mondoloni des États-Unis vers le Mexique, datée du 14 avril 1953. L'ancien commissaire Marcel Morin situe également cet épisode au printemps 1953 dans son récit romancé de l'histoire de Croce (rebaptisé Cucci), *American Connection*, coécrit avec le journaliste François Missen, Ramsay, 1992, p. 281. Moins crédible, Alain Jaubert, dans *D… comme Drogue*, *op. cit.*, p. 317-319, raconte cette histoire en la situant plus tard, début 1955, sans fournir plus de précisions.

2. Antoine d'Agostino sera condamné à deux ans de prison aux États-Unis, puis expulsé en juin 1958 vers le Canada, où il sera condamné à trois ans de réclusion. Renvoyé en France en juin 1960, il sera arrêté au Havre en octobre de la même année.

3. Gabriel Lucien Graziani est né le 1er juillet 1922 à Marseille d'une famille corse. Il réside surtout à Marseille, mais voyage beaucoup, notamment au Canada et à Cuba. Selon une fiche Interpol de juillet 1958 («File 179/58»), il est suspecté d'être «impliqué dans le trafic de drogue». National Archives.

4. Montréal accueille aussi des caïds des États-Unis. Après la commission d'enquête du Sénat américain, en 1950, sur le crime organisé, menée par le sénateur Estes Kefauver, bon nombre de mafiosi américains ont émigré un temps au Canada. Voir Jean-Pierre Charbonneau, *La Filière canadienne*, *op. cit.*

faisant office de représentant local de la société marseillaise Ricard, la fabrique d'apéritif[1] : il s'agit de Jean Venturi, frère de Dominique Venturi, très actif dans la contrebande de cigarettes avec Jo Renucci et Marcel Francisci. De Tanger à Montréal, la planète de la Corsican Connection semble décidément bien petite.

En novembre 1955, la police canadienne découvre 14 kilos d'héroïne dans un double plafond du cargo *Saint-Malo*, qui arrive de Bordeaux. Les enquêteurs tentent de remonter la piste des trafiquants. Les Venturi sont soupçonnés, tout comme les Corses Bistoni, Croce et Mondoloni. Cependant, aucune preuve formelle ne permet de les impliquer[2].

Avec la mafia nord-américaine à La Havane

Croce et Mondoloni ne cessent de voyager. Se sentant surveillés au Canada, ils cherchent de nouvelles routes un peu plus tranquilles. Les voilà en 1956 à La Havane, devenu un havre de paix pour les gangsters de la planète[3]. Le vieux projet de Luciano de faire de Cuba une base pour le trafic de drogue avait avorté fin 1946 à la suite de menaces américaines.

Le retour au pouvoir sur l'île, en 1952, grâce à un putsch, de l'ancien président Fulgencio Batista a changé la donne. Le chef de l'État cubain a accordé des concessions de casinos à ses amis de la mafia américaine, comme Meyer Lansky, le financier de Lucky Luciano, son frère Jack Lansky, ou encore Santo Trafficante Jr, le parrain

---

1. L'un des directeurs de Ricard est un certain Charles Pasqua.

2. Une note de la police de Montréal d'octobre 1961 précise notamment, à propos de Jean Venturi : « En 1955, Venturi fut attiré à notre attention par la Sûreté nationale, Paris, France, comme un possible trafiquant de drogue, avec son frère Dominique Venturi, qui vit en Europe. À nouveau en 1955, le susnommé a été mentionné comme un possible suspect dans la saisie [...] d'héroïne à bord du *Saint-Malo* à Montréal. Des enquêtes larges conduites à cette époque n'ont pas permis d'établir un lien entre lui et cette saisie. » La note évoque une autre affaire en 1960 où, « là encore, nos efforts n'ont rien permis de prouver [...] Le dossier sera considéré comme clos à ce stade, pouvant être réouvert si des informations complémentaires sont reçues ». Note de J.R.G. Barbeau, « Montreal drug squad », 24 octobre 1961, National Archives.

3. Selon certaines rumeurs, François Spirito aurait participé fin 1946, aux côtés de Lucky Luciano, au sommet des truands nord-américains à Cuba. Sa présence est notamment évoquée dans William Reymond, *Mafia S.A.*, Flammarion, 2001, p. 99. Mais Spirito ne figure pas dans la liste des principaux participants au sommet du 22 décembre 1947 à La Havane, citée dans Éric Frattini, *Cosa Nostra : un siècle d'histoire*, *op. cit.*, p. 350, ni dans les fiches sur Cuba du Bureau des narcotiques que nous avons consultées, notamment sur Meyer Lansky, qui évoque le séjour cubain de Luciano et certains de ses contacts sur place. Mais cela ne prouve pas que Spirito ne s'est pas rendu à Cuba à cette époque.

de la ville de Tampa, en Floride. Les boss canadiens, Lucien Rivard et les frères Cotroni, investissent également sur place. Ensemble, ils prennent leurs quartiers à La Havane[1]. Avec sept casinos sous leur contrôle, ils transforment l'île en une Las Vegas des Caraïbes où s'encanaillent les stars de cinéma comme Errol Flynn, les chanteurs comme Frank Sinatra ou les écrivains comme Ernest Hemingway. Cuba devient surtout une aire de transit pour la cocaïne venant du Pérou à destination de New York ou pour l'héroïne en provenance de la Méditerranée, expédiée ensuite vers les ports américains.

À Cuba, les «amis» corses de Luciano sont également les bienvenus. Croce et ses acolytes sont presque chez eux. Avec Bistoni, ils ont pris des parts dans plusieurs boîtes de nuit et touchent des commissions sur les machines à sous de La Havane. Jean-Baptiste Croce se targue également d'un titre de «conseiller» de Batista, se payant le luxe de devenir un «ami intime» de son épouse. Deux de leurs comparses marseillais, Gabriel Graziani, déjà croisé au Canada, et Antranik Paroutian, leur rendent souvent visite dans la capitale cubaine, probablement pour y organiser avec eux des livraisons d'héroïne vers les États-Unis[2].

Leurs agissements un peu trop voyants finissent par gêner le dictateur Batista, qui est soumis à des pressions internationales. Mettant en avant les soupçons qui pèsent sur eux dans l'affaire canadienne du cargo *Saint-Malo* ainsi qu'un mandat d'arrêt français contre Bistoni, la police cubaine arrête ce dernier avec Croce le 2 octobre 1956[3].

Après quelques jours de flottement, le 8 octobre 1956, Croce et Bistoni, accompagnés de leurs maîtresses respectives, sont expulsés

---

1. Voir Hans Messick, *Lansky*, *op. cit.*, p. 187-197. Lansky, poursuivi aux États-Unis, sorti de prison en 1953, garde une résidence en Floride mais s'installe à Cuba au milieu des années 50. Santo Trafficante Jr, également maintes fois poursuivi par les autorités américaines, arrive à Cuba en 1955, mais se rend souvent aux États-Unis. Plusieurs rapports américains datant de 1959 détaillent les activités cubaines des frères Lansky, de leurs associés Santo Trafficante Jr, Dino Cellini, de Lucien Rivard, et évoquent des soupçons de trafic de stupéfiants organisé depuis Cuba. National Archives.

2. Une note du Bureau des narcotiques de février 1959 («Cuba in confidence») cite notamment les entrées successives de Gabriel Graziani («Case number 23») à Cuba : 31 juillet 1956, 11 octobre 1956, 20 octobre 1956, 18 décembre 1956, 1er novembre 1957, 25 février 1957, 27 février 1957, 22 mars 1958. Elle évoque les soupçons américains : «Graziani a fait de nombreux voyages de l'Europe vers l'Amérique du Nord. Les enquêtes montrent qu'il a été fortement impliqué dans la distribution de l'héroïne française vers les États-Unis, principalement via Cuba.» La fiche sur Antranik Paroutian («Case number 26») indique : «Lors de nombreux voyages de Graziani à Cuba, celui-ci était accompagné d'Antranik Paroutian». National Archives.

3. Ils subissent les formalités policières, avec l'empreinte imprimée de tous leurs doigts, les photos anthropométriques, de face et de profil. Sur la fiche de police de Croce, en mauvais papier, les Cubains ont noté : investigation. Fiche de police de Jean-Baptiste Croce, Cuba, octobre 1956.

vers la France. Jean-Baptiste Croce, libre comme l'air, peut reprendre ses affaires. En revanche, Albert Bistoni, condamné par défaut en février 1956 à trois ans de prison par la cour d'appel de Paris pour un trafic d'héroïne entre la France et l'Italie remontant à 1953, est interpellé dès son arrivée dans la capitale. Il sortira de prison en mars 1958.

Leur ami Paul Mondoloni est lui aussi appréhendé à La Havane en novembre 1956, sur la base d'un message d'Interpol indiquant que le fugitif, toujours recherché pour l'affaire de la Bégum, se trouve probablement à Cuba. Mondoloni vivait dans un appartement à Vedado, sous la fausse identité canadienne de Roland Samuel. Extradé vers la France, il est accueilli par les policiers. Rejugé en appel dans l'affaire de la Bégum, il sera condamné à deux ans de prison en mai 1957 mais ressortira libre dès le mois de juillet 1957. Il repartira s'installer au Mexique [1].

À Paris, Jean-Baptiste Croce fait l'objet d'une surveillance discrète. Le 14 mars 1957, une équipe de l'Office central des stupéfiants le surprend dans l'entrée de l'hôtel Claridge en compagnie d'un gangster venu de Montréal, Giuseppe Cotroni, dit «Pep». Selon les policiers français, «la rencontre entre les deux trafiquants était déterminée par la confusion régnant au sein de leur organisation (en particulier dans la filière de La Havane) après quelques arrestations récentes [2]». La police française a également appris, de source marseillaise, que Croce est associé à Gabriel Graziani, dont elle observe chaque mouvement vers la Suisse et le Liban, où il aurait ses fournisseurs. Interpellé le surlendemain à Orly avec son ami marseillais Joseph Mari, Croce nie connaître Cotroni, mais il est inculpé d'infraction à la législation sur les stupéfiants et remis en liberté, le 9 avril 1957, contre une caution de 250000 francs [3].

---

1. Cette condamnation à deux ans de prison par la cour d'appel d'Aix-en-Provence est mentionnée dans Jacques Batigne, *Un juge passe aux aveux*, *op. cit.*, p. 204, ainsi que dans Jean-Pierre Charbonneau, *La Filière canadienne*, *op. cit.*, p. 91.

2. Rapporté dans «Réponses et commentaires de MM. Gillard et Hugues», *op. cit.* Quelques mois plus tard, Graziani sera interpellé à Genève. La fiche Interpol sur Gabriel Graziani («File 179/58») de juillet 1958, déjà citée, indique en effet qu'il a été arrêté le 4 avril 1958 à Genève, alors qu'il essayait de vendre des titres volés le 25 janvier 1958 lors d'un cambriolage à la National Savings Bank of Montréal. La fiche précise : «Il a expliqué avoir reçu ces titres d'un certain Alonzo au casino Capri à La Havane, Cuba.» Selon la fiche «Gabriel Graziani, Case number 23» de février 1959 du Bureau des narcotiques («Cuba in confidence»), déjà citée, la police helvétique a fini par le relâcher, les Canadiens ne demandant pas son extradition. Fin 1958, Graziani est aussi inculpé aux États-Unis par la cour fédérale de New York pour violation des lois sur les stupéfiants, et il est considéré comme un «fugitif». National Archives.

3. Cette inculpation et la date de la remise en liberté sous caution sont mentionnées dans le livre de Marcel Morin et François Missen, *American Connection*, *op. cit.*, p. 285, basé sur les dossiers policiers.

Fiché au Canada et à Cuba, signalé à Marseille et à Palerme

Les activités de Croce passent de moins en moins inaperçues. En mai 1957, il figure en effet, avec ses amis Albert Bistoni et Jean Venturi, dans le bulletin des narcotiques de la police canadienne, qui identifie une vingtaine de présumés « trafiquants de drogue importants[1] ». Tous trois sont encore en compagnie des parrains canadiens, Lucien Rivard et Giuseppe Cotroni.

Le bulletin n° 8, consacré à Croce, précise qu'il a les cheveux bruns, une corpulence solide, un métier officiel d'exploitant de night-clubs, des domiciles à Marseille et à Paris, un passeport français et une carte de touriste mexicain. Ses associés présumés sont Albert Bistoni, Paul Mondoloni, le clan Cotroni à Montréal, ainsi que le chimiste Dominique Albertini. La note de renseignement indique : « Fait des affaires avec le laboratoire illicite d'Albertini à Marseille et vend des lots au kilo. Suspecté d'avoir transporté les quatorze kilos d'héroïne saisis en novembre 1955 à bord du *Saint-Malo* pour les confier à la bande de Cotroni. Voyage par avion vers Montréal et La Havane, Cuba. Possède deux night-clubs à La Havane, Cuba. Croce et Bistoni ont récemment été déportés de Cuba, via New York. »

Faute d'éléments à charge plus tangibles, Croce continue de voguer en Espagne, en Italie, aux Bermudes, au Mexique. Avec son ami marseillais Dominique Nicoli, il remet les pieds à Cuba en février 1958 pour surveiller ses affaires. La police cubaine finit par les expulser au bout de quelques semaines. Rentré en France, Croce retraverse l'Atlantique avec son vieux compère Albert Bistoni, « l'Aga Khan », juste sorti de prison. Mais, considérés comme persona non grata aux États-Unis, Croce et Bistoni sont refoulés en octobre 1958…

Quelques semaines plus tard, la révolution menée à Cuba par Fidel Castro chasse le dictateur Batista du pouvoir. Les casinos et les bandits manchots de La Havane sont saccagés. Les Corses, Mondoloni, Croce, Bistoni en tête, perdent leurs appuis et leurs dollars. Leurs noms figurent d'ailleurs en bonne place sur une liste de « gangsters » présumés, considérés par les Américains comme les plus impliqués dans le trafic de drogue à Cuba, remise début 1959 par le Bureau des narcotiques aux nouvelles autorités castristes. Avec cette mention expresse pour Croce : « Il ne doit pas être autorisé à entrer à

---

1. Royal Canadian Mounted Police, *Narcotic Bulletin*, mai 1957, National Archives.

Cuba. S'il y est déjà, il doit être expulsé[1].» Sur la fiche d'Interpol jointe au dossier, on peut lire : «Suspecté d'être un des membres les plus influents des organisations du trafic international de drogue opérant entre la France, le Canada et les États-Unis d'Amérique.» Pour Mondoloni, les Américains donnent la même recommandation, tout en précisant, début 1959 : «Il n'est plus un fugitif pour la justice française. Cependant, il est un trafiquant de drogue international extrêmement important.»

Le régime de Fidel Castro ne semble pas pressé d'obéir aux injonctions américaines. Paul Mondoloni, qui vit surtout à Mexico, passe encore quelquefois à Cuba. Il poursuit des voyages en Amérique du Sud et en Europe. L'Office français des stupéfiants le repère par exemple à Marseille, le 9 janvier 1960, en train de prendre un avion pour un court séjour à Palerme, peut-être pour «communiquer avec les trafiquants de drogue italiens et/ou arranger des livraisons futures[2]», note l'agent Andrew Tartaglino, basé à Paris. Il repasse à Marseille le 12 janvier avant de retraverser l'Atlantique. Bistoni et Croce, eux aussi, reviennent en France. Ils sont remis sous surveillance.

Au-delà des détails de dates et de lieux, le suivi précis de ces pérégrinations est révélateur d'un trafic que les Corses semblent organiser désormais à grande échelle. Associés aux mafias sicilo-américaines, ils établissent des filières au Mexique, au Canada, à Cuba. Faute de preuves, ils ne sont pas vraiment inquiétés. Lorsque des nuages

---

1. «Case number 41, Jean-Baptiste Croce» et «Case number 37, Paul Damien Mondoloni», inclus dans le rapport «Cuba in confidence» établi par l'agent Charles Siragusa et destiné à «M.A. de la Carrera Jr, Havana, Cuba», daté du 2 février 1959. Les noms de Croce et Mondoloni figurent aussi dans «The illicit narcotic traffic in Cuba», rapport du 16 janvier 1959, Bureau des narcotiques, ainsi que dans un mémorandum de Charles Siragusa au commissaire Anslinger, daté du 17 février 1960, sous le titre «Cuba : chronological history of our unsuccessful efforts to get Cuban police cooperation after Castro regime». Dans ce document, parmi les autres «gangsters» fichés figurent également Meyer et Jack Lansky, Santo Trafficante Jr, Dino Cellini, Lucien Rivard, Giuseppe Cotroni. Enfin, dans une note de Charles Siragusa du 11 juin 1963 sur les «violators and suspected» en lien avec Cuba, les noms de Croce et de Mondolini sont cités, notamment aux côtés de ceux de Bistoni, Graziani et Paroutian. National Archives.

2. Une note du bureau des douanes de Miami, datée du 8 janvier 1960, fait état des informations communiquées le 4 janvier par le représentant des douanes à La Havane à propos d'un voyage effectué par Paul Damien Mondoloni entre La Havane et Madrid, sur la compagnie Iberia, le 3 janvier 1960. Un mémorandum d'Andrew Tartaglino, agent du Bureau des narcotiques à Paris, daté du 15 janvier 1960, explique : «Le commissaire principal Hugues [de l'Office central des stupéfiants] m'a dit ce matin que Paul Mondoloni a fait un court voyage à Palerme depuis Marseille, à partir du 9 janvier 1960. Il est revenu à Marseille le 12 janvier 1960 [...] Ce voyage a pu être destiné à communiquer avec les trafiquants de drogue italiens et/ou arranger des livraisons futures.» National Archives.

pointent à l'horizon, ils bougent, jonglant avec les identités. Signalés par toutes les polices, parfois recherchés par Interpol, ils glissent entre les mailles des filets. Et quand ils sont interpellés, ils bénéficient de libérations sous caution, d'expulsions rapides ou de peines légères. Ils paraissent profiter des impasses judiciaires et des faiblesses de la coopération policière internationale.

Les quatre principales filières corses

La physionomie générale de la Corsican Connection, en plein essor, évolue en permanence. Contrairement à une idée répandue, tant les autorités américaines que françaises disposent, durant cette période, d'une masse de renseignements relativement importante, qui alimente leurs soupçons.

Le paysage se diversifie tout au long des années 50, ponctuées de quelques arrestations, comme celle du trafiquant libanais Samil Khoury et de son épouse Maria Vincent, née Giudicelli, en novembre 1956. Remis en liberté provisoire, Samil Khoury poursuit ses activités à Beyrouth. Une autre filière, tenue par Louis Peppelin et Jean-Michel Casanova, est démantelée en octobre 1958. Deux de leurs fournisseurs présumés, Gabriel et Alexis Carcassonne, sont laissés en liberté. En juin 1960, ce dernier meurt lors d'une explosion dans son laboratoire secret[1].

Interpellé en octobre 1960 à New York avec de l'héroïne dans sa valise diplomatique, l'ambassadeur du Guatemala au Mexique, Mauricio Rosal, fait chuter quelques-uns de ses complices, dont Gilbert Coscia, Félix Barnier, Robert Lecoat et Étienne Tarditi. Ce dernier fournit aux autorités américaines de précieux renseignements, lesquels sont ensuite étayés par les policiers français[2]. Selon eux, il y aurait au moins quatre filières principales d'exportation vers les États-Unis d'héroïne pure, fabriquée principalement par le laboratoire du chimiste Dominique Albertini.

1. Un des amis de Gabriel Carcassonne, Roger Chiotti, interrogé devant un juge français en 1987, rapportera que le frère d'Alexis aurait subi des pressions après cet accident : « Gabriel m'a raconté, en pleurant, que Marcel Francisci et Tany [Gaëtan] Zampa exigeaient de lui le remboursement de l'argent qui avait été investi dans la morphine-base qui avait été détruite. » Procès-verbal d'audition de Roger Chiotti, tribunal de Rome, 8 décembre 1987.

2. « The principal source of illicit heroin in the United States », note, non signée, du Bureau des narcotiques, datée du 11 janvier 1961, National Archives.

La première, à laquelle appartenait Tarditi, serait dirigée par le vieux Charles Antoine Marignani, dit « Lolo le Corse », vieil ami des Guérini résidant à Paris. Il expédierait au moins 50 kilos par mois avec la complicité de « personnels diplomatiques ».

La deuxième, sous la houlette du fameux François Spirito, officiellement à la retraite, exporterait aussi 50 kilos chaque mois.

La troisième, dirigée par les trois frères Aranci, s'activerait depuis trente ans grâce à des marins français et américains. Marius, Joseph et Georges Aranci sont d'ailleurs arrêtés à Marseille en octobre 1960 pour avoir fourni 3 kilos d'héroïne à un marin qui avait prévenu le Bureau des narcotiques.

La quatrième filière, tenue par Joseph Patrizzi, ferait rentrer mensuellement 30 kilos, directement ou via le Mexique et le Canada, notamment avec l'aide de Paul Mondoloni et de ses amis.

Ce sont ces quatre branches de la Corsican Connection, identifiées dès janvier 1961 par la police française et le Bureau des narcotiques, qui seront publiquement nommées « groupes mafieux corses » *(corsican underworld groups)* en juillet 1964, durant les auditions de la commission du Sénat américain consacrée au « crime organisé » et au « trafic illicite de stupéfiants »[1]. Les fiches détaillées sur les principaux membres présumés de chacune d'entre elles sont jointes au rapport de ces auditions, qui ne suscitera alors aucune réaction en France. Jean-Baptiste Croce est, par exemple, désigné comme un associé de Joseph Patrizzi et de Charles Beysson, deux héritiers du réseau de Nicoli travaillant étroitement avec Mondoloni et Bistoni. Selon les fiches du Bureau des narcotiques et du FBI transmises au Sénat, Croce est « un membre important d'un groupe de trafiquants de drogue franco-corses *[french-corsican]* qui reçoit de grosses quantités d'héroïne des laboratoires illicites en France et les distribue à des membres de la mafia aux États-Unis et au Canada[2] ».

---

1. Lors de ces auditions au Sénat en juillet 1964, au sein de l'organisation présumée de Marignani sont notamment cités Jean Giacobetti (orthographié Jiacobetti), François Franchi, Gilbert Coscia, Étienne Tarditi, Robert Lecoat. Au sein de l'organisation présumée de Spirito sont notamment cités les frères Dominique et Jean Venturi, Marcel Francisci. Au sein de l'organisation présumée de Joseph Patrizzi, naguère dirigée par Dominique Nicoli, sont notamment cités Charles Beysson (orthographié Peysson), Paul Mondoloni, Jean-Baptiste Croce, Albert Bistoni, Gabriel Graziani, Antranik Paroutian. L'organisation des frères Aranci, démantelée, n'est rappelée que pour mémoire. Voir « Organized crime and illicit traffic in narcotics », *op. cit.*

2. Voir sa fiche du Bureau of Narcotics et du FBI, transmise au Sénat américain en 1964. « Organized crime and illicit traffic in narcotics », *op. cit.*, p. 955. Voir aussi Alain Jaubert, *D... comme Drogue*, *op. cit.*, p. 319-320.

Les tuyaux de l'agent spécial Orion

En dépit de la faiblesse de ses effectifs – cinq ou six agents au début des années 60 –, l'équipe française des stups de Marseille tente de suivre les mutations du trafic. Une partie de ses informations provient d'écoutes téléphoniques, qui sont alors illégales, même dans le cadre d'enquêtes judiciaires. Ce dispositif d'écoutes sauvages est baptisé pudiquement, dans le langage policier, « Orion », diminutif d'oreillon ou d'oreilles, avant d'être progressivement qualifié de « constructions » ou de « HLM ». « Ces écoutes nous ont permis de suivre les suspects, raconte un ancien policier des stups. Les analyses qui en découlaient étaient transmises aux Américains, qui disposaient grâce à nous d'informations de première main[1]. »

Les rapports américains témoignent directement de la richesse de cette collecte. Arrivé en juin 1961 à Marseille, l'agent Anthony Pohl, un Américain d'origine polonaise parfaitement francophone, a actualisé les données sur le milieu avec l'aide des policiers français, des informateurs et de ce qu'il nomme pudiquement « l'agent spécial Orion » (« SE Orion », pour *special employee*). Le 6 février 1962, il rédige un rapport sur « Les organisations de la pègre impliquées dans le trafic international de drogue à Marseille[2] ».

Voici son résumé :

> Ce mémorandum met l'accent sur quelques-uns des changements majeurs qui se sont passés au sein des organisations de la pègre impliquées dans le trafic international de drogue à Marseille, France. Ces changements se sont concrétisés en 1958 avec la mort de Dominique Nicoli[3], à la suite de laquelle les organisations suivantes ont grossi pour prendre une part importante du trafic international de stupéfiants : Bernard [Joseph] Mari, alias « Zé », alias « le Frisé » ; Paul Mondoloni ; Jean-Baptiste Croce ; Joseph Patrizzi ; Jacques Discepolo ; Dominique Venturi.

---

1. Entretien avec l'un des auteurs, octobre 2003.

2. « Bureau of Narcotics, district 17 », mémorandum d'Anthony Pohl, « Underworld organisations involved in the international narcotics traffic at Marseille, France, Marseille, France, February 6, 1962 », National Archives.

3. Rappelons que Dominique Nicoli, ami des Guérini, s'était interposé comme « juge de paix » après le vol des bijoux de la Bégum en 1949. L'un des voleurs condamnés, s'estimant lésé, l'a tué le 14 juillet 1958. Voir plus haut le chapitre intitulé « Les fractures et les liens de la guerre ».

D'autres organisations ont continué l'activité qu'elles conduisent de manière connue depuis plusieurs années : Dominique Albertini; Édouard Giribone; Achille Cecchini; Gabriel Carcassonne; Pascal M.

Ce document évoque ensuite les relations avec la police française, les changements au sein du milieu depuis l'assassinat du « caïd » Nicoli. Puis il livre les noms des associés présumés de chacun des chefs de file cités. Celui du chimiste Jo Césari est logiquement aux côtés de son demi-frère Albertini, ceux de François Spirito et de Marcel Francisci sont désormais rapprochés de celui de Paul Mondoloni.

Cet inventaire n'établit, rappelons-le, aucune culpabilité, ne fournit pas de preuves judiciaires. Il ne fait que témoigner de la nature des soupçons des policiers en 1961-62.

Peu de suites judiciaires

Que fait la police de tout cela? L'un des membres des stups de Marseille, Antoine Barbazza, un jeune inspecteur d'origine corse arrivé à la brigade en 1963, crée sur les grandes figures du trafic des fiches détaillées nourries des écoutes, des tuyaux d'indics ou des enquêtes passées. Il se souvient : « Un vieux flic m'avait donné ce conseil : qui saura sera. Je lisais donc les dossiers, j'accumulais toutes les infos. À force, cela me faisait une bonne base[1]. » L'un de ses collègues d'alors, Claude Chaminadas, précise que « Barbazza était une véritable encyclopédie vivante du milieu[2] ».

Cependant, faute de moyens, tous ces renseignements ont du mal à se transformer en affaires judiciaires. Et lorsque certaines procédures aboutissent, elles n'ont pas forcément d'effet dissuasif. « Quelques jours après mon arrivée, en mars 1963, raconte Antoine Barbazza, nous avons terminé une longue enquête à Nice en coinçant des types à l'hôtel Négresco. Cette affaire nous a permis de remonter jusqu'à Albert Bistoni et Jean-Baptiste Croce, lequel a été condamné à treize mois de prison. Il est ressorti l'année suivante et il a repris ses activités. Puis nous avons fait une autre saisie à la gare de Lyon, où étaient impliqués des mafieux sicilo-américains et Charles Vinciléoni. Cela n'a évidemment pas stoppé le trafic. On

1. Entretien avec l'un des auteurs, 26 septembre 2003.
2. Entretien avec l'un des auteurs, 26 septembre 2003.

essayait bien de surveiller d'autres grands suspects, comme les Guérini ou les Francisci, mais ils ne se mêlaient pas directement des affaires[1]. »

Le 8 octobre 1964, une escouade de policiers déguisés en chasseurs cernent Le Clos Saint Antoine, le domaine du chimiste Jo Césari, près d'Aubagne, qu'ils observent depuis plusieurs semaines. Deux d'entre eux simulent un accident. Ils frappent à la porte de la villa pour demander du secours. « Nous savions qu'ils étaient en pleine activité et toujours très méfiants[2] », se souvient Claude Chaminadas, l'un de ces deux faux chasseurs. Le chimiste est arrêté, les mains dans la poudre, avec cinq comparses, corses pour la plupart. Il ne nie pas les faits, se contentant de dire à ceux qui l'interpellent : « Je vous ai fait faire une belle affaire[3]. » Dans son laboratoire, les enquêteurs saisissent 200 kilos de drogue, dont la moitié d'héroïne pure. En perquisitionnant son autre villa, La Roseraie, les policiers découvrent aussi un des neveux de Marcel Francisci, caché là après avoir été enlevé par son père[4].

Bien qu'il connaisse tout le gratin de la Corsican Connection, Césari ne livre aucun nom d'associé ni de client. En mars 1965, le tribunal de grande instance de Marseille le condamne à sept ans de prison ferme[5]. Le trafic n'est pas freiné pour autant, car le chimiste en chef a largement eu le temps de former une kyrielle de techniciens à son tour de main, dont son cousin Édouard Toudayan, ancien garçon de bord aux Messageries maritimes.

La toile d'araignée s'étend, de Paris au Congo

Les enquêtes sur les réseaux et les laboratoires se poursuivent. Policiers et agents découvrent une Corsican Connection qui prend des allures de toile d'araignée de plus en plus étendue. Dans un rapport envoyé à Washington le 13 juillet 1965, l'agent Albert Garofalo, en poste à Marseille, refait le point sur les plus gros

---

1. Entretien avec l'un des auteurs, 26 septembre 2003.

2. Entretien avec l'un des auteurs, 26 septembre 2003.

3. Voir Alain Jaubert, *D… comme Drogue*, *op. cit.*, p. 264-268.

4. Pour plus de détails sur cette anecdote, voir plus loin le chapitre intitulé « Les secrets des parrains ».

5. Détail cruel : la villa de Césari, saisie et mise en vente après sa condamnation, sera achetée par un fonctionnaire qui découvrira un kilo d'héroïne dans une planque. Sa fille subtilisera les sachets et fera goûter la drogue à ses amis. L'héroïne est tellement pure qu'un jeune décédera d'une overdose en septembre 1969.

réseaux de trafiquants ayant désormais, selon lui, plusieurs laboratoires clandestins de production d'héroïne en France[1].

Le premier serait dirigé par le dénommé Philippe Pasqualini, alias «Toto», qui exploiterait un «énorme» laboratoire «quelque part» en France, peut-être dans les environs de Saint-Tropez. Son convoyeur local se rendrait souvent en Corse et en Sardaigne, officiellement pour acheter des homards, rapportés ensuite à un grossiste de Saint-Tropez, probable «financier» de ce réseau. La drogue serait acheminée jusqu'à Marseille grâce aux facilités fournies par un officiel des douanes. Puis l'héroïne serait expédiée par bateau vers les États-Unis, à partir de ports français comme La Rochelle. Les membres de cette organisation voyageraient en permanence entre l'Italie, l'Allemagne, l'Autriche, la Suisse, l'Espagne, la Corse et la Sardaigne.

Le deuxième réseau important serait animé par l'Arméno-Marseillais Édouard Toudayan. Arrêté en février 1965 lors de la découverte de petits laboratoires à Gémenos et Roquefort-la-Bedoule, cet élève chimiste de Césari a été remis en liberté quelques semaines plus tard. En contact avec d'importants trafiquants turcs, Toudayan semble être en train de reprendre ses activités. La morphine-base, cachée dans des blocs de marbre, serait débarquée à Marseille «avec l'assistance de douaniers corrompus». Toudayan travaillerait à nouveau dans un laboratoire installé «quelque part en France».

Selon l'agent américain Garofalo, Toudayan rendrait des comptes à Martin Toussaint Pajanacci, un Corse qui a des amis en Italie et en Amérique latine. Au sein de ce réseau, Paul Mondoloni et Raphaël Sainas recevraient une part sur les commandes d'héroïne de leurs clients au Mexique, au Canada et en Amérique du Sud, tandis que Joseph Orsini, vieux briscard du trafic transatlantique, demeurerait un pilier des relations avec les trafiquants de New York.

Parmi les autres «membres suspectés de ce groupe», l'agent évoque plusieurs noms, dont ceux de Jean Andréani, alias «Pio», très implanté dans le port du Havre, de l'ex-commissaire Robert Blémant, qui vient juste d'être assassiné, d'un autre ancien policier qui aurait repris la place de Blémant, ainsi que de Barthélemy Guérini, l'un des frères du clan qui domine Marseille. Garofalo ne donne pas plus de précisions sur cette implication[2].

Le troisième réseau est dominé par l'insubmersible Jean-Baptiste Croce. Selon les écoutes des policiers français (le système «Orion»),

1. « Clandestine laboratories and narcotic organisations operating at France», mémorandum d'Albert Garofalo, «narcotic agent, Marseille», 13 juillet 1965, National Archives.

2. Voir plus haut le chapitre intitulé «Les secrets des parrains».

transmises aux agents du Bureau des narcotiques, son équipe craint la région marseillaise depuis les saisies des laboratoires de Joseph Césari, fin 1964, et d'Édouard Toudayan, en février 1965.

> Cette organisation a récemment connu des dissensions avec un groupe non identifié de trafiquants à Paris, que la Sûreté de Marseille nomme le Conseil parisien, explique Garofalo. Grâce aux informations recueillies avec les dispositifs techniques, nous avons appris que ce Conseil parisien a lâché au groupe Croce certaines concessions, notamment pour qu'il puisse installer un laboratoire clandestin quelque part en Corse. Les responsables de la Sûreté de Marseille m'ont dit qu'ils pensaient que cette installation de laboratoire était maintenant achevée. Le chimiste de cette organisation serait Antoine Cordoliani, dit « le Jeune », qui est actuellement en Corse. Le groupe Croce a des liens étroits avec des trafiquants de drogue dans la région de Nice et Cannes.

Le rapport donne ensuite une liste des membres probables du groupe Croce. Il n'y a là que du « beau linge », avec les incontournables Albert Bistoni, alias « l'Aga Khan », et Joseph Mari, alias « le Frisé », le vieux Joseph Patrizzi, le mystérieux Marcel Francisci, le parrain présumé de Nice, Urbain Giaume, alias « Albert ». Le document rapporte également que le siège du trafic se serait déplacé dans la capitale et que, parmi les membres supposés du Conseil parisien, figureraient le banquier libanais Youssef Khaïda et un dénommé Dominique Reissent. Croce semble ainsi avoir un « tour de table » particulièrement puissant et éclectique.

Ces informations, qui esquissent une nouvelle carte des alliances respectives de Toudayan et de Croce, débouchent-elles sur des actions judiciaires ? Pas vraiment. Ou du moins pas en France. Avec l'aide des Américains, la police turque démantèle, le 21 août 1965, une partie du réseau d'approvisionnement de Toudayan, saisissant des tonnes de marbre suspect dans un hangar, sur les quais d'Istanbul. Cette opération surprise fait enrager le chef de la brigade des stups de Marseille, Maurice Hug. Il la juge « prématurée[1] » : faute d'une action judiciaire coordonnée, faute de pouvoir saisir la drogue

1. Rapporté dans une note du commissaire Maurice Hug, responsable de la brigade des stups de Marseille, au SRPJ de Marseille. Sa traduction en anglais, non datée, mais probablement de septembre 1965, récapitule l'ensemble des investigations menées, notamment à Marseille, sur les sources turques de Toudayan, avant l'opération policière turque contre certains membres de ce réseau, le 21 août 1965 à Istanbul. « Illicit narcotic traffic between Turkey and France », National Archives.

à son arrivée à Marseille et prendre les trafiquants la main dans le sac, le policier français se retrouve dans une impasse.

Quelques mois plus tard, en octobre 1965, un ancien agent des services secrets français qui semble bien connaître le milieu confie à l'américain Garofalo que les trafiquants ont désormais quelques difficultés d'approvisionnement en opium et en morphine-base au Moyen-Orient. Selon cet informateur, certains d'entre eux obtiennent désormais de grosses quantités d'opium en provenance d'une plantation installée au Congo, près de Brazzaville, appartenant à un Lyonnais[1]. La marchandise serait expédiée à Casablanca, puis à Barcelone, avant d'atterrir dans un nouveau laboratoire, non loin de Clermont-Ferrand. Après vérifications, les Américains décèlent bien la présence régulière de quelques truands corses à Brazzaville et à Barcelone. Mais ils ont du mal à creuser plus loin. Les voies de la Corsican Connection sont parfois impénétrables.

Des labos insaisissables en Corse

L'attention des agents américains, comme de certains policiers français, ne faiblit pas. Mais elle traduit une impuissance croissante. Le 6 décembre 1965, par exemple, le commissaire Maurice Hug, chef des stups à Marseille, donne de nouvelles informations alarmistes à l'agent Garofalo, qui les rapporte à ses supérieurs.

> M. Hug m'a dit que l'activité internationale de trafic de stupéfiants à partir de la France était en train d'augmenter de manière énorme. Il a indiqué que le milieu français s'est maintenant bien organisé en étendant ses activités dans de nombreux autres pays. Il a établi que plusieurs laboratoires ont récemment recentré leurs opérations de drogue en Corse, île prisée apparemment pour sa position géographique très avantageuse, sa corruption politique et sociale et le manque de pouvoirs juridictionnels de la France sur cette île dans le domaine de la lutte contre le trafic de stupéfiants.

Le commissaire français aurait fait part à l'agent américain de pressions visant à l'empêcher d'intervenir en Corse :

1. Note d'Albert Garofalo, « narcotic agent, Marseille, October 5, 1965 », National Archives.

M. Hug m'a confié que sa brigade des stups de Marseille espérait inclure la Corse dans sa juridiction. Mais, pour des raisons inconnues, ses efforts ont été entravés par ses supérieurs. La lutte antidrogue en Corse ne dépend qu'administrativement de son équipe. M. Hug m'a indiqué que la Corse était maintenant devenue un paradis pour les opérateurs de laboratoires clandestins et que nous devrions sans aucun doute pâtir aux États-Unis des conséquences éventuelles de cet état de fait[1].

Avec les précieux renseignements fournis par le policier français, Albert Garofalo réactualise les données sur les plus grands réseaux dirigeant des laboratoires clandestins.

Celui de Philippe Pasqualini, alias «Toto», naguère allié à Jo Césari, poursuivrait ses activités à Marseille et en Corse, en fournissant également les autres circuits. L'agent américain estime par ailleurs qu'Édouard Toudayan s'active toujours, bien qu'il ait «perdu un prestige considérable» depuis son arrestation, début 1965. Son affaiblissement profiterait à l'un de ses anciens associés, le vieux Joseph Orsini, considéré désormais comme le trafiquant «le plus important et le plus actif» de la région. L'agent Garofalo ajoute : «Nous avons eu la confirmation du fait qu'il exploite un énorme laboratoire en Corse», lequel serait désormais «impossible» à saisir. De plus, afin d'éviter Marseille, les trafiquants passeraient désormais par Toulon et étendraient leurs activités vers l'Espagne[2].

Enfin, l'Américain répète que le réseau de Jean-Baptiste Croce a aussi déménagé son laboratoire, pour des raisons de sécurité, après les arrestations de Césari et de Toudayan. «Comme nous l'avions déjà signalé, nous avons eu la confirmation que ce sujet obtient son héroïne d'un laboratoire clandestin opérant en Corse [...] Nous avons noté que Croce et ses associés font de fréquents voyages de Nice vers la Corse, en rapport avec leurs activités de stupéfiants.»

Le groupe de Croce distribuerait l'héroïne en Amérique du Nord et du Sud grâce à ses associés de la région de Nice. «Ils sont suspectés d'utiliser les services d'équipage de différentes compagnies aériennes, mais ils n'ont pas l'air de se concentrer sur une méthode particulière de distribution et sont prêts à accepter toute proposition de transport relativement sûre, précise Garofalo. [...] Il est possible que ce groupe

1. « Cooperation with the French police in France» : mémo d'Albert Garofalo, «narcotic agent, Marseille, December 10, 1965», National Archives.

2. «French clandestine laboratory operators and their suspected narcotic smuggling activities» : mémorandum d'Albert Garofalo, «narcotic agent, Marseille», 8 décembre 1965, National Archives.

continue d'employer des méthodes similaires d'expédition en utilisant des automobiles. »

Ce rapport, rappelons-le, date de décembre 1965. Même s'il ne fournit que des pistes d'enquête à creuser, et pas de preuves formelles, il est particulièrement prémonitoire. Le réseau Croce se servira en effet à grande échelle de voitures pour exporter la drogue.

La méthode n'est d'ailleurs pas nouvelle. En janvier 1962, Jacques Angelvin, un présentateur de télévision, a été arrêté à New York avec cinq complices, dont François Scaglia, alias « l'Exécuteur », un Corse formé dans la bande parisienne des Trois Canards[1]. Angelvin tentait d'introduire aux États-Unis une Buick d'occasion, acquise en France, dans laquelle étaient dissimulés 52 kilos d'héroïne pure. Condamné en septembre 1963, il a affirmé être victime d'une machination. Les enquêteurs estimaient qu'il faisait partie de la filière organisée, depuis la France, par Jean Jehan, alias « le Géant », un homme insaisissable aux allures de diplomate, et par le vieux Charles Marignani, dit « Lolo le Corse ». Les trafiquants poursuivront tranquillement leurs expéditions en utilisant ce type de caches pendant des années.

Lorsque en 1971 le film de William Friedkin *French Connection*[2], inspiré notamment de l'affaire Angelvin, sortira sur les écrans de cinéma, de belles autos bourrées d'héroïne seront toujours en train de traverser l'Atlantique pour le compte du réseau de Jean-Baptiste Croce. Ce dernier ne sera sérieusement pourchassé qu'en 1972-73[3]. Soit près de dix ans après sa reprise d'activité intensive.

De nouveaux relais en Amérique latine

À partir de 1966, une nouvelle filière, passant par l'Amérique latine, pour exporter de l'héroïne de la France vers les États-Unis émerge soudainement, prenant le relais d'autres circuits[4]. Elle est

1. La bande dite des Trois Canards, du nom d'un restaurant de la rue de La Rochefoucauld, à Paris, a été le creuset dans les années 50 de plusieurs jeunes loups du grand banditisme français, opérant entre Paris et Marseille : Jacky Imbert, dit « le Mat », Christian David, François Scaglia, Gaëtan Zampa, Sauveur Pironti, etc.

2. *French Connection*, sorti en 1971, réalisé par William Friedkin, avec Gene Hackman et Fernando Rey dans les rôles principaux. Le film recevra cinq oscars aux États-Unis en 1972. Il est inspiré du livre de Robin Moore, *French Connection*, Hodder & Stoughton, 1969, qui raconte l'enquête policière menée à New York en 1961-62 contre le réseau Angelvin-Scaglia-Jehan.

3. Voir plus loin le chapitre intitulé « La chute du richissime Croce ».

4. Voir notamment Louis Sapin et Pierre Galante, *La Grande Filière*, Robert Laffont, 1979.

tenue par Auguste Ricord, un truand corso-marseillais au lourd passé. Auxiliaire de la Gestapo, rue Lauriston, à Paris, durant les années de l'Occupation, Ricord a fui la France en juillet 1944, comme ses amis François Spirito ou Joseph Orsini. Passant en Espagne, il a rejoint l'Amérique du Sud avec trois complices, qui disparaîtront tous, mystérieusement, les années suivantes.

Après un séjour à Buenos Aires durant lequel, simple garçon de restaurant, Ricord aurait été aidé par un autre fugitif, l'ex-député de Marseille Simon Sabiani, l'ancien collabo a investi dans les cercles de jeu clandestins à Caracas. Fortune faite, il s'est réinstallé à Buenos Aires en 1956, un passeport argentin en poche, avant de migrer, pour fuir quelques ennuis, au début des années 60 vers Asunción, la capitale du Paraguay, pays tenu d'une main de fer par le général Stroessner. Sur le portail du restaurant-motel Le Paris-Niza, qu'il a ouvert près d'Asunción, Ricord a fait poser une énorme tour Eiffel[1]. Il passe souvent en Argentine, et se rend aussi au Venezuela ou aux États-Unis.

Auguste Ricord, surnommé « le Commandant », a repris contact avec les Guérini, qu'il a naguère connus à Marseille, et avec le réseau des frères Martin Toussaint et Paul Pajanacci. Il sera bientôt épaulé par Tommaso Buscetta, un des piliers de Cosa Nostra, envoyé par les chefs des clans mafieux de Palerme en Amérique latine pour mettre au point les réseaux de drogue vers les États-Unis. L'alliance corso-sicilo-américaine est toujours à l'œuvre.

Au milieu des années 60, ils se lancent ensemble dans le trafic de stupéfiants, cocaïne et héroïne, avec l'aide d'un petit groupe de mauvais garçons qui se réfugient à Buenos Aires, véritable « Coblenz de ces émigrés sans noblesse[2] », selon le mot de l'ancien policier Honoré Gévaudan.

Le Lyonnais André Condemine, passé par la Carlingue, poursuivi pour sa participation à l'attaque meurtrière d'un fourgon du Crédit commercial de France, le 12 décembre 1958, s'est ainsi caché en Argentine sous la fausse identité de Mario Deniz. Le Calenzanais Antoine Sinibaldi, autre ancien gestapiste, impliqué dans une affaire de hold-up et soupçonné d'avoir tiré sur un manifestant en novembre 1947 à Marseille, a rejoint Buenos Aires. Le Marseillais Michel Nicoli, condamné à mort par contumace pour un hold-up en Ardèche en 1962, est envoyé en Argentine avec l'aide du clan Guérini. Son ami Claude Pastou, condamné par défaut pour plusieurs hold-up, utilise la même filière.

---

1. Rapporté notamment dans Alain Jaubert, *D... comme Drogue*, *op. cit.*, p. 279-281.
2. Dans Honoré Gévaudan, *La Bataille de la French Connection*, *op. cit.*, p. 86.

La bande de Ricord s'étoffe ensuite avec l'arrivée de François Chiappe, alias « François les Grosses-Lèvres », un malabar corse de Montmartre poursuivi pour homicide, toujours exfiltré grâce au réseau des Guérini. En 1966 débarque Lucien Sarti, recherché pour l'assassinat d'un policier belge à Bruxelles, suivi du Parisien Christian David, une fine gâchette qui a déjà fait les quatre cents coups. Surnommé « le Beau Serge », David, formé par la bande des Trois Canards à Paris, s'est notamment associé aux Guérini pour écouler du pastis de contrebande dans les bars de la région marseillaise. Déjà emprisonné plusieurs fois, ce porte-flingue au caractère trempé est recherché pour avoir tué à bout portant, le 2 février 1966, le commissaire Maurice Galibert, chef du groupe de répression du banditisme, qui enquêtait dans un bar du XVIIe arrondissement, à Paris. Avec des amis dans les services secrets, des appuis dans le milieu, notamment François Orsoni, dit « Fanfan », Constantin Tramini, alias « Tintin », ou les Guérini, David a réussi à s'échapper vers l'Amérique du Sud[1].

Entre Montevideo et Buenos Aires, David devient le principal associé d'Auguste Ricord. « C'est après mon arrivée à ses côtés, en 1966, que notre organisation a vraiment décollé, précise aujourd'hui David. Nous sommes devenus rapidement la première filière d'héroïne pour les États-Unis, grâce à nos amis en France et nos contacts avec la mafia américaine[2]. » D'autres truands vont travailler avec la bande de Ricord, entre la France et l'Amérique latine, de François Orsoni à Lucien Sans, de Dominique Mariani à Sauveur Pironti, dit « Loule », de Joseph Poli, alias « Jo le Dingue », à un certain Jean-Baptiste Colonna, surnommé « Jean-Jé », future figure montante du milieu corse.

L'émergence de ce réseau, surnommé « la bande des Corses » à Buenos Aires et protégé par de solides complicités locales, ne passe pas inaperçue. « Au fil de plusieurs enquêtes passées, initiées en France et aux États-Unis, il est apparu que les trafiquants d'héroïne en France sont en contact avec des trafiquants français vivant en Argentine et au Brésil, note ainsi en mars 1966 l'agent américain Victor Maria, basé à Paris. [...] Après la deuxième guerre mondiale, de nombreux collabos français ont fui les poursuites en allant se réfugier en Amérique latine. La plupart des Français se sont installés à Buenos Aires ou à Santos. Durant les années suivantes, beaucoup de Français qui fuyaient la

1. Les Guérini ont-ils, là encore, contribué à cette exfiltration ? « Contrairement à ce que beaucoup de gens ont prétendu, les Guérini n'ont joué aucun rôle dans mon départ de France, explique aujourd'hui Christian David. Je savais que les policiers étaient derrière eux. Si je m'étais adressé aux Guérini, la police serait remontée jusqu'à moi. » Entretien téléphonique avec l'un des auteurs, 17 décembre 2003.

2. Entretien téléphonique avec l'un des auteurs, 17 décembre 2003.

justice et la prison se sont échappés et se sont aussi installés à Buenos Aires et Santos. Les gangsters français en France ont gardé les contacts avec ceux qui sont en Amérique latine[1]. »

Pour l'agent américain, cette filière, peu active jusqu'à présent, est entrée récemment en action parce que les autres circuits font l'objet de pressions policières accrues. Quelques mois plus tard, en mai 1967, Albert Garofalo, qui occupe désormais un poste au Bureau des narcotiques à New York, se fait plus précis. Cette filière passe, selon lui, par l'Espagne et l'Argentine : « Une source fiable a récemment dit que la mafia et des Corses ont établi leurs opérations à Buenos Aires », dont le port « manque de contrôle douanier efficace ». De plus, l'absence de coopération judiciaire avec l'Argentine permet à des « suspects majeurs »[2], comme le Français Auguste Joseph Ricord, de reconstituer un sanctuaire.

Les agents voient juste. Mais cette « Latin Connection », branche sud-américaine de la Corsican Connection, va prospérer jusqu'en 1972, expédiant plus d'une tonne d'héroïne aux États-Unis sans être inquiétée.

Des laboratoires toujours actifs à Marseille

Pendant ce temps, dans la cité phocéenne, l'observation du réseau de Toudayan s'enrichit. En janvier 1967, l'agent américain Robert De Fauw signale qu'il a vu à plusieurs reprises Étienne Mattéucci, un chimiste présumé du groupe, attablé au bar Le Pélican en train de jouer aux cartes avec Édouard Toudayan et de converser avec Martin Pajanacci. Selon l'agent américain, ce dernier serait un « leader connu du milieu corse » et il « donnerait des ordres à Édouard Toudayan, lequel, avec l'organisation de Félix Viti, a réussi à exploiter un gros laboratoire clandestin dans la banlieue d'Aix-en-Provence »[3].

Tout au long de 1967, les surveillances mises en place avec la police française semblent conforter ces soupçons. Une liste plus précise des complices présumés de l'équipe Toudayan-Pajanacci-Viti, qui serait

1. Mémo de Victor G. Maria, « narcotic agent », Paris, 24 mars 1966, « French narcotic traffickers in South America », National Archives.

2. Mémo d'Albert Garofalo, « narcotic agent », New York, 15 mai 1967, « Buenos Aires, Argentina », National Archives.

3. Mémorandum de Robert J. De Fauw, « narcotic agent », Marseille, 5 janvier 1967, « Status of the investigation of Édouard Toudayan and his association with the Felix Viti organization », National Archives.

«responsable de plus de la moitié de l'héroïne fournie aux trafiquants internationaux pour la distribution aux États-Unis[1]», est ainsi établie en juin. Les voyages en Corse du chimiste Étienne Mattéucci sont signalés en septembre. Les policiers et les agents suivent sa rencontre, le 28 novembre 1967, à Ménerbes, avec un trafiquant libanais. Deux passeurs arméniens de morphine-base, arrivés en France via Lugano et Genève, dans des Volkswagen immatriculées au Liban, pour livrer de la morphine-base dans la villa d'un complice près de Marseille, sont pris en filature. Une boutique de droguerie marseillaise tenue par un Corse suspecté de livrer des produits chimiques à la même villa est également surveillée[2].

Les informations s'accumulent, les dossiers s'épaississent. Mais il ne se passe toujours pas grand-chose pour freiner les trafics. La Corsican Connection semble intouchable. Au point que certains fonctionnaires commencent à s'interroger sur l'existence éventuelle de sourdes complicités au sein de l'appareil d'État. Et ils en appellent aux Américains.

Dans une lettre anonyme adressée le 30 août 1967 à Edgar Hoover, le grand patron du FBI, à Washington, des correspondants français, qui se présentent comme des policiers, écrivent :

> Nous, les policiers considérés comme des marionnettes, croyons qu'il est temps d'éclairer vos dirigeants sur une situation qui met les gangsters de toutes sortes au même rang que le chef de l'État [...] Les laboratoires de drogue, personne n'y touche; la police, comme la justice, semble dirigée par des auxiliaires occultes de la mafia; de temps en temps nous, les policiers, recevons des ordres pour arrêter des petits trafiquants de drogue, pendant que la mafia poursuit le grand trafic [...] La mafia a des soutiens dans toute l'administration [...] Nos collègues de Marseille affirment que la police de Marseille, Lyon, Nice et Avignon est contrôlée par la mafia ou que des hauts fonctionnaires protègent systématiquement les membres de la mafia[3] [...].

Les auteurs livrent ensuite une liste nominative, mais parfois imprécise, de dirigeants censés protéger la «mafia», essentiellement

1. Mémorandum de Robert J. De Fauw, Marseille, 27 juin 1967, «Forwarding of diagram pertaining to members and associates of Felix Viti et al.», National Archives.

2. Mémorandum de Robert J. De Fauw, Marseille, 18 décembre 1967, «Additional developments relative to the location of one of the Felix Viti's clandestine laboratory operations in the vicinity of Menerbes, France», National Archives.

3. Lettre anonyme envoyée à M. Edgar Hoover, directeur du FBI, département de la Justice, Washington, datée du 30 août 1967 à Avignon, postée à Marseille, National Archives.

des Corses. Cette lettre, étrange et maladroite, n'a bien sûr pas de caractère probant. Elle témoigne simplement d'un certain malaise français à propos de la politique répressive menée depuis quelques années. Et elle fait écho à des questions que se posent les autorités américaines depuis longtemps sur l'attitude de leurs homologues dans l'Hexagone.

Chapitre 5

L'obsession des Américains sur le milieu corse

La maison est perdue au milieu des zones résidentielles, au nord-ouest de la banlieue de Washington, sur la commune de Bethesda. En cette journée pluvieuse d'octobre 2003, rien ne la distingue des milliers de pavillons proprets qui l'entourent, avec leur façade de bois peint, leur jardinet verdoyant, la boîte aux lettres colorée devant l'entrée. Quelques marches pour grimper jusqu'à la porte. L'homme apparaît, un petit sourire au coin des lèvres, et salue le visiteur en français. Il a le visage oblong, le crâne dégarni, une allure de moine, la voix parfois hésitante. À quatre-vingts ans passés, John T. Cusack vit dans cette demeure qui semble hors du temps, avec un air de musique classique en bruit de fond, des tableaux accrochés au mur, des photos de famille dans des cadres posés sur des guéridons. Mais ses yeux pétillent toujours d'un brin de malice et d'une énergie qui ne le quittent pas.

John T. Cusack a passé plus de cinquante ans de sa vie à lutter contre les trafiquants de drogue dans le monde entier. Entré au Bureau des narcotiques en 1947, à New York, sa ville natale, l'ex-agent Cusack est encore aujourd'hui un « consultant » écouté, du Congrès américain aux agences fédérales. Entre-temps il a occupé des postes à Kansas City, Atlanta, Rome, Washington, Ankara, Paris. Il a contribué à la création de la Drug Enforcement Administration (DEA) en 1973, dirigé les enquêtes internationales, participé aux conventions de l'ONU et aux réunions d'Interpol. « Je ne suis plus un débutant [1] », ironise-t-il.

---

1. Sauf indication contraire, tous les propos de John T. Cusack qui suivent sont issus d'entretiens avec l'un des auteurs, les 4 et 11 octobre 2003.

L'ancien agent se souvient parfaitement du scandale médiatico-diplomatique qu'il a déclenché en 1971 en France. Alors patron pour l'Europe du Bureau des narcotiques, il avait dénoncé, dans des interviews provocatrices, les « gros bonnets » corses de la drogue et leurs protections, entraînant des démentis et des réactions offusquées de la part des pouvoirs publics[1]. Cusack s'étonne encore aujourd'hui que l'on relie toujours ce dossier à ses déclarations de 1971, sur lesquelles il était ensuite revenu, avant de devoir quitter son poste quelques mois plus tard. « C'est très français de ne s'intéresser qu'à cet incident », dit-il.

Ces interviews n'étaient, en vérité, que l'aboutissement d'une sourde querelle franco-américaine à propos des filières corses de l'héroïne, qui couvait depuis vingt ans. Tout au long des années 50 et 60, en effet, Cusack et ses collègues ont critiqué, en coulisses, la police française pour son manque de moyens et son inefficacité. Pendant cette période, les notes incendiaires et les griefs des agents du Bureau des narcotiques se sont accumulés, avant que ce climat tendu ne se transforme en colère, puis en crise diplomatique.

De nombreux documents confidentiels, rédigés par les autorités américaines sur le sujet délicat de la Corsican Connection, ainsi que des courriers et des réponses des Français, témoignent de cette brouille méconnue. Les critiques américaines et les positions françaises ne constituent pas, bien sûr, des vérités en soi. La bonne foi et la mauvaise foi s'y mêlent souvent, accentuant les énervements et les soupçons réciproques. Mais, sur le fond, ces documents révèlent à quel point la lutte contre le milieu corse est devenue une véritable pomme de discorde, au point d'empoisonner les relations franco-américaines.

Dès 1951, Cusack travaille en France comme agent infiltré pour tenter d'arrêter les trafiquants corses qui commencent à inonder les États-Unis d'héroïne. « C'étaient des gars sérieux, malins, silencieux, profil bas, moins m'as-tu-vu que les Siciliens, raconte-t-il. Ils utilisaient beaucoup de faux papiers, notamment des passeports canadiens. Quand ils disparaissaient dans la nature, ils n'étaient pas faciles à dénicher. »

En mission en France, l'agent américain se rend compte que la police de l'Hexagone n'est pas très armée pour les traquer, car elle ne dispose ni d'argent, ni de véhicules pour mener les enquêtes : « Quand nous venions en mission, nous faisions quelques affaires

1. Voir les détails de ces interviews et des réactions au chapitre intitulé « La longue traque des filières corses ».

ensemble en piégeant des trafiquants. On transportait les policiers dans nos voitures de location, y compris pour aller visiter leurs familles. La coopération marchait très bien. Mais dès que nous repartions, c'était terminé. »

L'analyse de la situation semble alors être la même de part et d'autre de l'Atlantique. La Corsican Connection est en train de démarrer. Marseille devient le quartier général d'un trafic d'héroïne qui s'envole. « Quel que soit l'immense dévouement de nos agents respectifs, il ne fait pas de doute que nous sommes actuellement submergés de drogue », reconnaît par exemple un responsable du service central de la pharmacie, au ministère de la Santé publique, en décembre 1953 dans une lettre au patron américain du Bureau des narcotiques[1].

« La police française ne peut se battre contre le milieu corse »

Vers le milieu des années 50, le climat se tend. Les Américains sont persuadés que les Corses ont pris la haute main sur 80 % du trafic d'héroïne arrivant chez eux et que plusieurs gros laboratoires sont cachés dans la région de Marseille. En dépit du travail de renseignement des policiers de terrain, qui étaye les soupçons américains, les autorités françaises semblent plus circonspectes. Cette tendance s'accentue après l'arrivée du général de Gaulle à l'Élysée en 1958. Plusieurs agents américains s'installent de manière permanente à Paris et Marseille en 1959. Sans aucun pouvoir judiciaire en France, ils travaillent en liaison avec les policiers chargés des enquêtes sur les stupéfiants. Officiellement, tout se passe bien. Chaque fois que les autorités des deux pays se rencontrent, on fait assaut de sourires et d'amabilités de part et d'autre.

Mais, en réalité, les Américains ne décolèrent pas. Basé à Rome entre 1959 et 1963 comme « superviseur européen » du Bureau des narcotiques, John T. Cusack compare les efforts respectifs des pays concernés par un trafic qui prend de l'ampleur. En une décennie, la coopération policière a permis d'arrêter quelque 800 trafiquants, d'Istanbul à Londres. Les Italiens ont interdit la production légale d'héroïne, qui était une source de détournements énormes au profit de

1. Lettre du bureau des stupéfiants, service central de la pharmacie, ministère de la Santé publique et de la Population, datée du 29 décembre 1953, à M. H.J. Anslinger, commissioner of narcotics, National Archives.

la mafia. Les Turcs multiplient les arrestations et les saisies pour tenter d'enrayer la production d'opium, qui prend sa source dans les champs de pavot des hauts plateaux anatoliens. Les Français, quant à eux, semblent se contenter, aux yeux des Américains, de demi-mesures.

Ainsi, dans un rapport confidentiel destiné au nouvel ambassadeur américain en France, James Gavin, daté du 12 mars 1962, John T. Cusack détaille le manque chronique de moyens de la police française, qui dure déjà depuis plus de dix ans :

> À Marseille et Paris, avec moins de vingt agents permanents assignés à la lutte contre les stupéfiants, avec moins de cinq automobiles, avec pratiquement aucuns fonds disponibles pour les informateurs, les renseignements, les voyages, avec des équipements techniques peu modernes, la police judiciaire ne peut pas se battre contre le milieu corse, sophistiqué et bien organisé, qui fait tourner au moins dix grands laboratoires d'héroïne et qui produit approximativement 150 kilos d'héroïne par mois pour les réseaux de distribution aux États-Unis. Avec moins de vingt hommes et aucune action à l'étranger, les agents antidrogue en France ne peuvent rivaliser avec des mafias corses qui envoient des hommes à Istanbul ou à Beyrouth pour acheter de la morphine, en Italie, au Canada, au Mexique, à Cuba et aux États-Unis pour mettre au point la distribution dans notre pays[1].

Cusack estime qu'il faudrait au moins cent policiers, avec des fonds, des véhicules équipés de radios, du matériel électronique, pour repérer et saisir les laboratoires.

Au-delà de l'insuffisance des moyens déployés, les Américains sont surtout irrités par l'absence apparente de mobilisation de la part des hautes sphères policières et politiques françaises. Dans un premier temps, ils n'y voient qu'un problème d'information. Puis, au fil des années, tandis que les renseignements s'accumulent et que l'indécision paraît se prolonger, ils finissent par suspecter la police française d'indolence, d'incompétence, voire de complicités douteuses avec des trafiquants corses. Il est vrai que certains parrains semblent intouchables parce qu'ils rendent des services au régime en place et qu'ils ont des amis puissants dans les allées du pouvoir[2].

---

1. « From John T. Cusack, district supervisor, district 17, Rome, Italy, to Mr H.J. Anslinger, commissioner of narcotics, March 12, 1962. Subject : report for ambassador James Gavin », National Archives.

2. Voir plus loin le chapitre intitulé « Des barbouzes dans l'ombre du pouvoir ».

Les soupçons se nourrissent aussi du contexte politique. Les États-Unis s'énervent de voir la France du général de Gaulle s'opposer à eux sur des sujets d'importance (l'OTAN, la Chine, l'URSS, la bombe atomique). De son côté, le président français, au nom de la souveraineté, balaie tout ce qui peut lui être imposé ou réclamé par les Américains, ce qui ne favorise guère une coopération policière très active.

Enfin, et surtout, la lutte antidrogue n'est pas, à cette époque, une priorité en France. La consommation d'héroïne et de cocaïne reste faible. L'Office central pour la répression du trafic illicite des stupéfiants (OCRTIS) et les brigades locales ne comptent qu'une poignée d'agents, qui font de temps en temps une belle saisie. La police est mobilisée sur d'autres fronts, avec la multiplication des vols, des braquages, des règlements de comptes entre bandes rivales, sans oublier les guerres d'Indochine et d'Algérie, la surveillance des activités communistes ou des mouvements sociaux.

La répression du trafic ne mobilisera réellement les pouvoirs publics que lorsque des doses d'héroïne apparaîtront sur les trottoirs de Marseille ou de Paris, que les manchettes des journaux titreront en 1969 sur les premiers décès par overdose ou que les débats sur la crise de la jeunesse rebondiront après l'explosion de Mai 1968. La position des autorités françaises changera complètement, on le verra, après l'élection de Georges Pompidou à l'Élysée, à la mi-1969. Une nouvelle ère de coopération s'ouvrira, permettant de démanteler l'essentiel de la Corsican Connection.

Un plan secret de pressions sur la France

Pendant toute la période gaulliste, les motifs d'incompréhension entre Français et Américains ne manquent pas. Les deux rives de l'Atlantique divergent notamment sur l'analyse du trafic international et l'implication des bandits corses. À la suite de remarques de policiers français qui, en 1960, se demandent si des problèmes de trafic existent vraiment en France, John T. Cusack ne mâche pas ses mots dans une note adressée à ses supérieurs à Washington, le 22 mars 1960[1] : « Bien qu'il existe d'amples preuves à travers les arrestations et les saisies, depuis 1946 jusqu'à l'affaire Cotroni de juillet 1959, établissant que la France est la principale source

1. Mémorandum de « John T. Cusack, district supervisor », Rome, Italie, à « Mr H.J. Anslinger, commissioner of narcotics », 22 mars 1960, National Archives.

d'approvisionnement d'héroïne, je préfère ignorer les commentaires des Français et ne pas m'engager dans une polémique académique avec eux. Cela ne servirait à rien et je préférerais poursuivre nos efforts pour développer des dossiers concrets en France, malgré les difficultés inhérentes. »

Cusack s'étonne pourtant de l'attitude française :

> J'ai toujours considéré la production française d'héroïne, licite ou illicite, comme l'aspect le plus scandaleux du trafic international de stupéfiants. La France est une puissance moderne de première classe, capable de faire exploser une bombe atomique et de fabriquer des avions de combat. Pourtant leur effort national pour supprimer le flot d'héroïne entre la France et l'Amérique du Nord me laisse à penser que le gouvernement français, au plus haut niveau, soit ne sait pas ce qui se passe, soit s'en moque.

Cusack s'affirme néanmoins optimiste : « Je suis encore confiant et plus déterminé que jamais à mener à bien des affaires en France. » Pour y parvenir, il est en train de recruter des informateurs et il compte envoyer des agents infiltrés *(undercover)* au contact des trafiquants pour les piéger. Cette technique a déjà porté ses fruits. « Les Corses sont aussi susceptibles d'être approchés par des agents sérieux que n'importe qui d'autre et dès que nous pourrons commencer à négocier avec eux, nous ferons des affaires », assure Cusack, qui espère obtenir des résultats en moins d'un an. Mais il envisage également l'échec du programme « à cause de la corruption de certains éléments de la police française ou des bâtons qu'ils mettent dans nos roues ». Dans ce cas, l'Américain suggère un plan d'action, avec une gradation des pressions qu'il faudrait exercer sur la France si nécessaire.

La première étape consisterait à organiser des réunions « de haut niveau » entre la France et les États-Unis, et même à y associer le Canada et le Mexique, afin de convaincre la France d'accroître ses efforts en matière de lutte antidrogue. « Lors de cette conférence, il faudrait peut-être dire un peu brutalement aux Français qu'ils n'en font pas assez », écrit Cusack. Si l'Hexagone ne modifie pas sa politique, il propose de porter le débat devant les Nations unies. « Le flux d'héroïne française pourrait être si clairement démontré devant la Commission des stupéfiants que la France serait contrainte de faire quelque chose. » Enfin, l'Américain songe à une troisième voie : « Si cela ne marche toujours pas, je suggérerais qu'une série d'articles de journaux ou de magazines, bien documentés sur la situation française, soit encouragée. L'opinion mondiale devrait obliger les Français à affronter une réalité à laquelle ils auraient dû faire face depuis 1952, et à prendre des mesures correctrices. »

Il faudra une décennie à Cusack pour parvenir à appliquer ce plan confidentiel de mars 1960. La première conférence trilatérale sur la lutte antidrogue entre la France, les États-Unis et le Canada se tiendra en effet au début de 1970. L'agent finira aussi par utiliser sa dernière arme, médiatique, en août 1971.

« Les "French-Corsican gangsters" ne sont pas inquiétés »

En attendant ce coup d'éclat, les agents américains s'impatientent. Dans un rapport daté du 24 octobre 1960, le chef du groupe des stupéfiants de la police de New York, Martin Pera, dresse un compte rendu de ses contacts à Paris et New York avec de hauts responsables policiers français, dont le patron de la police judiciaire, Michel Hacq, notamment à propos d'une affaire impliquant le trafiquant corse Étienne Tarditi. « M. Hacq est ainsi persuadé que les 102 kilos saisis dans le dossier Tarditi ne sont pas le produit d'un laboratoire clandestin en France et qu'il n'y a aucun problème significatif de transformation ou de détournements en France. » Face à cette situation qu'il juge inadéquate, Martin Pera estime « impératif que le directeur et ses adjoints aient un exposé complet de l'affaire Tarditi ainsi qu'un récapitulatif historique des faits qui conduisent logiquement à conclure que le milieu en France fournit l'essentiel de l'héroïne distribuée aux États-Unis »[1].

Les explications à fournir apparaissent d'autant plus importantes que, au fil de ses discussions informelles avec ses collègues français, l'agent Martin Pera estime avoir perçu des négligences dans le déroulement de l'enquête sur Tarditi. Il évoque des failles dans le dispositif de surveillance, la faiblesse des informations recueillies sur les suspects, ainsi qu'un « manque apparent de volonté d'enquêter, notamment pour localiser les laboratoires clandestins où l'héroïne a été produite ».

Pour se défendre, les policiers français, Michel Hacq en tête, ont expliqué aux Américains que la législation française sur les stupéfiants, punissant plutôt l'usage que le trafic, était « inadéquate ». Le patron de la PJ aurait aussi mis en cause le peu d'entrain de ses

1. Rapport de Martin Pera, « Liaison with officials of the French Sûreté nationale », New York, 24 octobre 1960, National Archives.

propres troupes. « À un moment, M. Hacq a explosé en disant que, depuis plusieurs mois, il a noté un très faible esprit de coopération de la part des membres de la section des stupéfiants et qu'il envisageait certains changements dans le personnel de cette section », écrit Pera.

L'Américain conclut son compte rendu en tentant de trouver une explication psychologique à ce climat électrique : « M. Hacq [...] et les autres membres de la délégation française font montre d'une caractéristique classique des Français : une extrême fierté. À cause de ce trait de caractère, des résultats positifs ne peuvent être obtenus qu'en usant de la patience et en évitant, pour le moment au moins, toute attaque frontale contre leur système policier. »

À Rome, John T. Cusack n'est pas forcément de cet avis. Tenu à l'écart des contacts entre les policiers de New York et les responsables français, il multiplie les notes sévères, fustigeant notamment la « naïveté » et l'inexpérience de ses collègues new-yorkais, ou l'inutilité de discussions trop gentilles. Il téléphone plusieurs fois à ses supérieurs, les responsables du Bureau des narcotiques, à Washington. Il s'inquiète notamment des rumeurs selon lesquelles deux commissaires français, Gillard et Hugues, ont menacé de démissionner de l'Office central.

Pour Wayland L. Speer, numéro deux du Bureau, l'essentiel demeure que les responsables de la police française, quels qu'ils soient, arrêtent le flux d'héroïne vers les États-Unis. Speer transmet ce message important à son patron, Harry J. Anslinger, en octobre 1960 : « J'ai insisté lourdement auprès de Cusack pour qu'il fasse savoir aux Français qu'ils doivent faire quelque chose pour stopper ce flux, sinon le couvercle va sauter. Je lui ai dit qu'il était évident que les *French-Corsican gangsters* dirigent tranquillement cet énorme trafic d'héroïne sans être vraiment inquiétés par les autorités françaises [...] Cusack doit rediscuter de ce sujet avec la police française[1]. »

Michel Hacq ne se laisse pas impressionner par ces critiques. Quelques mois plus tard, en février 1961, à la suite de l'arrivée annoncée de deux nouveaux agents américains en France, le directeur de la police judiciaire répond aux accusations dans une lettre à Harry J. Anslinger.

> Sans doute, écrit-il, la tâche de mes services spécialisés n'est-elle pas terminée et nous savons qu'il existe encore en France quelques filières de trafic vers l'Amérique du Nord, que nous nous employons très activement à détecter pour en mettre les membres hors d'état de nuire. Nous recherchons également, avec

1. Note de Wayland L. Speer, 31 octobre 1960, *op. cit.*

le même souci d'aboutir, le ou les laboratoires clandestins que nous soupçonnons installés en France, vraisemblablement dans la région méditerranéenne.

Mais Michel Hacq lance également une pique aux Américains : « Je crois toutefois devoir attirer votre attention sur le fait que la France n'est pas le seul pays où transitent des matières stupéfiantes qui subissent parfois une transformation chimique avant de prendre la route des États-Unis[1] [...]. »

Peu convaincus, les Américains reviennent aussitôt à la charge, sur le front politique. En mai 1961, le Bureau des narcotiques demande au département d'État que, lors de sa visite à Paris prévue à la fin du mois, le président Kennedy évoque avec le général de Gaulle la nécessité de détruire les laboratoires clandestins en France.

Je suggère qu'il mentionne le fait que toute l'héroïne consommée à l'est du Mississippi provient des laboratoires clandestins de Marseille, écrit l'un des responsables du Bureau. Nous pensons que si la Sûreté nationale française avait les moyens humains adéquats, elle pourrait localiser et détruire ces laboratoires. Les pertes économiques causées par cette situation sont évaluées à 300 millions de dollars chaque année. Les pertes humaines sont incalculables[2].

Craignant sans doute d'embarrasser l'ordre du jour déjà surchargé du sommet franco-américain, qui se tient en pleine crise internationale, de Berlin à Cuba, le département d'État suggère au Bureau des narcotiques de traiter d'abord le sujet avec l'ambassade à Paris et avec les ministères concernés. Les diplomates bottent momentanément en touche, au grand dam des agents. Un rendez-vous entre les hauts responsables du Trésor américain (dont dépend le Bureau des narcotiques) et le ministre français de l'Intérieur, Roger Frey, le 15 novembre 1961, ne donne pas grand-chose. Aux yeux de ses visiteurs, le ministre paraît peu au fait du sujet. Il évoque la crise algérienne et ne formule que de vagues promesses[3].

---

1. Lettre de Michel Hacq, directeur des services de police judiciaire, datée du 27 février 1961, à « Monsieur Anslinger, chef du service fédéral des stupéfiants, Treasury Department, Bureau of Narcotics, Washington », National Archives.

2. Notes du Bureau des narcotiques, mai 1961, National Archives.

3. Ce rendez-vous de novembre 1961 entre Roger Frey et A. Gilmore Flues, secrétaire adjoint au Trésor, James A. Reed et John T. Cusack est décrit dans le rapport de « John T. Cusack, district supervisor » à « Mr H.J. Anslinger, commissioner of narcotics », daté du 12 mars 1962, *op. cit.*

Le syndrome corse de Marseille

Dans leur traque des trafiquants de drogue qui inondent les États-Unis, les agents américains ne se heurtent pas seulement aux blocages de leur propre administration ou à l'inertie des autorités françaises. Ils butent également sur des problèmes de culture et de sociologie, notamment à Marseille. Ainsi, en novembre 1960, l'agent Charles Siragusa décrit à ses supérieurs certaines difficultés rencontrées dans cette ville[1].

> Bien que Marseille soit géographiquement et politiquement en France, cette région particulière est un pays en soi. Les Corses dirigent pratiquement la ville. Ethniquement, ils ne se considèrent pas du tout comme des Français. [...]
>
> Les Corses ont presque tous les emplois d'État. Les policiers sont presque tous corses. Les juges, les procureurs, les avocats et les criminels sont également des Corses.

Plus loin, il ajoute : « Même le préfet de Marseille est un Corse. » Siragusa évoque les liens communautaires qui en résultent et s'étonne des avantages que certains Corses tirent de cette situation.

> Des gangsters connus au plan national, comme nos suspects trafiquants de drogue, Antoine Guérini et ses frères, les frères Aranci, Jean Andréani, ainsi qu'une kyrielle d'autres, sont certainement très profondément enracinés ici, avec toutes les apparences d'une vie sociale légitime, incluant des amitiés avec des gens des services publics, des juges, des procureurs, des policiers, etc.

À l'échelon local, poursuit-il, « il y a bien quelques policiers honnêtes à Marseille ». Mais, selon lui, « la corruption et les protections sont une pratique courante. Quand, accidentellement, par exemple, deux des frères Aranci sont arrêtés pour un laboratoire d'héroïne, ils s'en sortent avec des peines de prison avec sursis. Il y a tant d'exemples de ce type qu'il est difficile de les énumérer ». Tentant d'expliquer les subtilités de l'organisation de la police judiciaire, qui laisse une large autonomie aux directions régionales,

---

1. « Memorandum, from Siragusa to commissioner Anslinger », 2 novembre 1960, National Archives.

Siragusa conclut : « Dès qu'il y a une liaison avec un quelconque policier marseillais, vous courez toujours un risque de compromissions, de faiblesses ou de corruption. »

Caricaturale, cette opinion illustre surtout l'incapacité américaine à dépasser les clichés culturels et le ressentiment de quelques-uns des agents du Bureau des narcotiques.

Des opinions tranchées sur certains policiers

Siragusa n'est d'ailleurs pas le seul Américain à proférer des jugements catégoriques sur certains policiers français, selon des critères qui demeurent parfois obscurs. Dans un rapport daté du 12 décembre 1960[1], John T. Cusack reprend la chronologie des opérations menées en France par des agents américains depuis le début des années 50. Il raconte notamment l'histoire du commissaire principal Bailleul, en charge, à la police judiciaire, de l'Office central des stupéfiants entre 1952 et 1955 : « Au début de sa mission, M. Bailleul nous impressionnait favorablement. Il était chaleureux, amical, intelligent et dynamique. » Lors de la découverte du laboratoire des frères Ansaldi, en juin 1952, le commissaire Bailleul posait avec ses collègues américains devant les appareils photos.

Puis, au fil des mois, l'ambiance s'est crispée. Bailleul s'est plaint des méthodes des Américains. Parfois à juste titre : ces derniers n'informaient pas systématiquement les policiers français de leurs initiatives sur le territoire et ils n'étaient pas toujours de très bonne foi, ce qui provoquait l'ire du commissaire[2]. « Nous avons attribué son attitude à la fierté française et au fait qu'il était insomniaque et qu'il traversait des périodes d'instabilité émotionnelle », note Cusack.

En avril 1955, Bailleul est soudainement révoqué. Il est soupçonné de complicités avec des « racketteurs corses ». Cusack s'étonne qu'il n'ait « jamais été jugé » et que, relevé de ses fonctions, il ait « continué à toucher sa paie pendant cinq ans jusqu'à sa

1. « Office of district supervisor, US Embassy, Rome, Italy, December 12, 1960 », rapport de John T. Cusack envoyé à « M. Wayland L. Speer, assistant to the commissioner, Bureau of Narcotics, Washington DC », National Archives.

2. Plusieurs courriers attestent ce climat tendu. Le 20 juillet 1953, Siragusa accuse Bailleul de faire une « phobie » sur le dossier d'un trafiquant corse, Bistoni, refusant toute coopération américaine. Le 1er décembre 1953, Bailleul reproche à Siragusa : « À plusieurs occasions, j'ai eu l'occasion de vérifier que des agents de votre ministère [...] ont agi sur le territoire français sans que j'aie été préalablement prévenu. » Le compte rendu d'un rendez-vous d'explications entre Siragusa et Bailleul, daté du 29 décembre 1953, National Archives, laisse entendre que les choses rentrent dans l'ordre, sans que Siragusa dise toute la vérité à Bailleul.

retraite ». L'Américain conclut que ce commissaire « a commencé comme notre ami et champion, avant de nous causer des difficultés et de terminer comme une énigme ».

En réalité, Cusack montre surtout le peu de sympathie qu'il a pour ce policier en noircissant sa situation. Car les accusations portées contre le commissaire en 1955, fondées sur de vagues soupçons de faveurs illégales accordées à un indicateur, se sont dissipées. Bailleul a été acquitté par une commission du ministère de l'Intérieur en février 1957. Devenu très affable avec les Américains, il s'est même confié à eux, dénonçant la « campagne infâme » qu'il a subie. Selon lui, elle était organisée par de vrais policiers corrompus, liés à des truands corses, que ses enquêtes auraient dérangés. Il a notamment indiqué le nom d'un inspecteur marseillais suspecté d'être apparenté aux frères Aranci et associé à Robert Blémant, l'ancien commissaire de la DST devenu trafiquant, notamment aux côtés des frères Ansaldi. Bailleul a demandé de l'aide à l'agent Siragusa pour traquer les agissements de ses collègues corrompus. « Je vais faire mon enquête, mais je n'aviserai pas Bailleul de mes résultats[1] », a noté l'Américain, toujours très méfiant.

Dans ses rapports, John T. Cusack brosse également d'autres portraits contrastés de ses interlocuteurs parisiens. Les commissaires Charles Gillard et Michel Hugues, de l'Office central des stupéfiants, qui réclament sans arrêt des moyens supplémentaires à leurs supérieurs, trouvent grâce à ses yeux. Ils sont jugés francs, efficaces et coopératifs, d'autant qu'ils auraient confié leur impuissance aux Américains en ces termes : « Nous n'avons que six hommes sur le terrain pour lutter contre les trafiquants. Notre problème n'est pas le manque d'informations, mais le manque d'hommes pour les exploiter[2]. »

En revanche, leur grand patron, le commissaire Michel Hacq, l'ancien résistant devenu directeur de la police judiciaire, est éreinté par Cusack. Selon lui, Hacq est « amical » et « chaleureux », mais il serait « incapable de mettre en place un dispositif suffisant », « il n'a jamais de temps à consacrer aux narcotiques » et « il manque de pouvoir pour obtenir les moyens de stopper le trafic d'héroïne ». De toute façon, il semble davantage « être intéressé par la délinquance juvénile » que par la lutte antidrogue.

---

1. Lettre de Charles Siragusa à « Mr H.J. Anslinger, commissioner of narcotics », « Subject : A.E. Bailleul », « Paris, France, December 2, 1955 », National Archives.

2. Rapporté dans « Office of district supervisor, US Embassy, Rome, Italy, December 12, 1960 », rapport de John T. Cusack, *op. cit.*

Son bras droit, le commissaire René Camatte, ne vaut guère mieux aux yeux de Cusack. « Il n'a jamais procédé à une arrestation ou déposé devant une cour dans un dossier criminel », il a l'air d'« un policier frustré » et il ne s'entend pas avec Gillard et Hugues. Pressé par le Bureau des narcotiques d'affecter plus d'hommes à la lutte contre les stupéfiants, Camatte répète que c'est « impossible ». Cela ne lui vaut pas une très bonne cote.

Quant au commissaire B., en charge de la lutte contre la fausse monnaie, très proche du patron de la police judiciaire, « il nous a toujours promis beaucoup d'affaires, mais depuis neuf ans, il ne nous a jamais rien donné », écrit Cusack. Selon lui, le milieu corse de Paris et de Marseille est responsable de la production et de la distribution de presque toute la fausse monnaie en Europe et au Moyen-Orient. « J'ai toujours pensé que si B. et son groupe étaient aussi efficaces que certains le croient, la situation ne serait pas la même », note l'Américain.

Cusack explique également qu'une agence américaine de sécurité a des indications selon lesquelles ce commissaire serait corrompu. « Cela provient d'une inexplicable résistance à arrêter certains suspects malgré des évidences. » Si un jour le commissaire B. devait diriger l'Office central des stups, ce serait un « désastre pour nos futures opérations et la lutte antidrogue en France en général[1] », estime Cusack.

Ces avis sans nuances traduisent chez les Américains un certain complexe de supériorité, des opinions teintées d'impatience, mais aussi le climat peu amène qui sous-tend alors la coopération entre les deux pays.

« Ils ont perdu le contact avec le milieu »

Tentant d'appliquer la première phase du plan Cusack de 1960, celle de la coopération sur le terrain, l'agent américain Anthony Pohl amorce, dès son arrivée à Marseille vers la mi-1961, une phase d'audit. Il se dit aussitôt effrayé par ce qu'il découvre[2].

> J'ai commencé, écrit-il en février 1962, à débriefer mes collègues français de la brigade des stupéfiants de Marseille à propos des diverses organisations de trafiquants que nous avions

---

1. Devant l'un des auteurs qui lui présentait ces notes sévères, rédigées à l'époque et dont il n'avait pas gardé de souvenirs précis, John T. Cusack, ne les a, bien sûr, pas contestées. Mais il a préféré ne pas les commenter. Entretien les 4 et 11 octobre 2003.

2. « Memorandum report from Anthony Pohl, narcotic agent, Marseille, France, February 6, 1962 », National Archives.

répertoriées. Je me suis rapidement rendu compte que leurs connaissances et les informations disponibles étaient incomplètes et presque toujours obsolètes. Dans de nombreux cas, des informations aussi vitales que les adresses des suspects, leurs lieux de fréquentation, leurs habitudes, leurs associés et leur modus operandi étaient inconnues. Dans d'autres cas, les informations disponibles dataient de 1956, 1957 ou 1958.

Après plusieurs mois de travail en commun, les policiers français auraient découvert « à quel point ils savent peu de choses sur le trafic international de stupéfiants provenant de cette région », contrôlée par les Corses. Selon Pohl,

> ils s'aperçoivent maintenant qu'ils ont presque complètement perdu le contact avec les organisations criminelles impliquées dans ce trafic et que ces organisations ont grandi dans des proportions inconnues à ce jour. Ils sentent que l'importance des laboratoires clandestins saisis dans le passé en France est bien modeste comparée à l'énorme production actuelle d'héroïne, que les ventes d'anhydride acétique semblent indiquer. Leur conclusion est qu'il faut se fixer de nouvelles cibles et utiliser de nouvelles techniques d'enquête.

Mais, pour l'Américain, la situation politique française ne facilite pas la mobilisation policière.

« La guerre d'Algérie est une mauvaise excuse »

La fin du conflit algérien perturbe en effet l'appareil répressif hexagonal. Fin 1961 et début 1962, face à la flambée des violences de l'OAS, l'organisation des ultras de l'Algérie française, le ministère de l'Intérieur a envoyé en Algérie 300 policiers supplémentaires, prélevés sur les effectifs de la police judiciaire, par rotation de trois mois. Les brigades des stups, à Marseille comme à Paris, sont concernées. L'un des patrons de l'Office central, le commissaire Gillard, soupçonné de sympathies socialistes, est muté à la sécurité publique à Bezons. « Depuis les trois dernières semaines, aucune enquête n'a été conduite dans le domaine des stupéfiants », écrit Anthony Pohl début avril 1962[1]. Lui-même doit interrompre une mission d'infiltration

1. « Impact of the political situation on law enforcement in France » : mémo de « Anthony Pohl, narcotic agent, Marseille, April 4, 1962 », classé « Confidential », National Archives.

qu'il avait entreprise pour tenter de piéger un caïd corse. « Même si vous aviez l'occasion de réaliser une affaire de dix kilos d'héroïne, la seule chose que je pourrais faire en ce moment serait de la classer », confie le commissaire Lavalette à son collègue américain.

Cependant, John T. Cusack, toujours basé à Rome, estime que ces événements sont un mauvais prétexte mis en avant par les Français pour justifier leur inaction[1] :

> Avant le début de la guerre d'Algérie, en 1954, la police judiciaire n'accordait qu'un faible intérêt à la lutte contre les stupéfiants parce que la dépendance à l'héroïne n'était pas très répandue en France. Depuis 1954, le problème algérien, qui mobilise de la main-d'œuvre policière, a été une excuse pour ne pas assigner plus d'hommes à la lutte antidrogue [...] Tout au long des onze dernières années, en utilisant une crise interne après une autre comme autant d'excuses, le gouvernement français n'a pas respecté ses obligations internationales pour supprimer la production clandestine d'héroïne à grande échelle.

Plus loin, Cusack rappelle que lors de la trentième assemblée générale d'Interpol, à Copenhague, en septembre 1961, des membres de la délégation américaine ont informé le directeur de la PJ, Michel Hacq, que le trafic d'héroïne en provenance de France se poursuivait de plus belle : « Au lieu de promettre des efforts accrus, comme il l'avait fait en octobre 1960, il a candidement expliqué qu'il ne pouvait pas accroître la lutte contre les stupéfiants tant que le problème algérien ne serait pas résolu... »

Quelques mois plus tard, les accords d'Évian étant signés et l'OAS affaiblie, la coopération sur les affaires de drogue repart d'un nouveau pied. Lors d'une réunion tenue à Paris le 3 octobre 1962, Michel Hacq remercie les Américains de leur compréhension pour les retards pris. Il leur promet que « le temps est venu » où il pourra « tenir sa parole » et accentuer l'effort de la police judiciaire contre les stupéfiants. Selon le compte rendu de cette réunion, rédigé par l'agent Pohl[2], la définition de « cibles » précises d'enquête aurait été validée par le patron de la PJ, tout comme l'utilisation des écoutes téléphoniques (« Orion »). La brigade des stups de Marseille doit

1. Rapport de « John T. Cusack, district supervisor », envoyé à « Mr H.J. Anslinger, commissioner of narcotics », daté du 12 mars 1962, *op. cit.*

2. « Narcotic enforcement at Marseille », mémo de « Anthony Pohl, narcotic agent, Marseille, France, October 8, 1962 », National Archives.

également être renforcée, avec un nouveau patron, le commissaire Maurice Hug.

« Nous étions démunis et débordés »

À Marseille, la coopération policière s'améliore, notamment entre Maurice Hug et un autre agent américain, Albert Garofalo, arrivé fin 1962. Les contacts, les indics, les surveillances, les tuyaux s'échangent. Quelques opérations communes encouragent les équipes des deux pays [1]. Mais les policiers français travaillent dans des conditions difficiles.

Antoine Barbazza, jeune inspecteur corse arrivé en 1963 à la brigade des stups de Marseille, s'en souvient :

> Nous n'étions que huit pour couvrir les huit départements de la région, de la Corse aux Bouches-du-Rhône, autant vous dire que cela n'était pas assez. Qui plus est, nous étions souvent mal considérés par les autres policiers en charge des affaires criminelles. Mais on bossait plus de quinze heures par jour, on était tout le temps sur le pont, à faire des filatures, des enquêtes. Nous savions bien qu'il y avait beaucoup de trafiquants de drogue à Marseille, notamment d'origine corse. Tout le monde touchait à la came à cette époque. Personne ne nous donnait d'ordre d'enterrer nos enquêtes, mais il était tout simplement impossible d'en mener plus d'une à la fois. Car coincer des trafiquants nécessitait des mois de patience. Parfois, on restait une journée et une nuit entières, enfermés dans une camionnette de planque, à attendre qu'il se passe quelque chose. Nous n'avions plus de vie de famille. Nous étions démunis et débordés [2].

L'optimisme revient pourtant timidement. Lors d'une visite, en novembre 1967, au ministre de l'Intérieur Christian Fouchet, l'un des hauts responsables du Bureau des narcotiques, J.P. Hendrick, demande à nouveau que la police française accroisse ses effectifs consacrés à la lutte contre les stupéfiants, qui ne comptent toujours qu'une vingtaine de policiers spécialisés pour l'ensemble du terri-

---

1. Notamment la saisie du laboratoire du chimiste corse Jo Césari, en octobre 1964, l'interpellation (provisoire) du chimiste Édouard Toudayan début 1965, ou encore l'arrestation d'Achille Cecchini, au printemps 1966, grâce aux aveux de passeurs arrêtés aux États-Unis.

2. Entretien avec l'un des auteurs, 21 octobre 2003.

toire. « M. Fouchet a paru concerné par le problème exposé, résume l'Américain. […] Il a dit qu'il apporterait la plus sérieuse considération aux propositions. » La direction de la Sûreté nationale paraît également favorable à cet effort. « Enthousiaste », elle promet dix hommes de plus chaque année, ainsi que des voitures et du matériel[1].

Mais la situation ne va s'améliorer que très lentement. Les effectifs tardent à être mobilisés. À Marseille, Maurice Hug juge les agents américains trop envahissants. Ces derniers ne cessent, en effet, de lui donner des informations sur les filières corses que son équipe n'a pas le temps d'exploiter. Qui plus est, ils se déplacent parfois en ville au volant de grosses voitures américaines, facilement repérables. Pis, ils recrutent leurs propres informateurs, en les payant grassement. De leur côté, les Américains critiquent toujours la mollesse des Français.

> Nous avions des contacts presque quotidiens avec l'équipe de Maurice Hug, explique Albert Habib, agent du Bureau des narcotiques arrivé à Marseille en 1969. Nous allions boire des verres, manger la bouillabaisse ensemble. Ils étaient sympathiques. Ils accumulaient des renseignements, grâce aux écoutes téléphoniques, mais ils n'en faisaient pas grand-chose. L'action n'était pas leur fort. Dès qu'il s'agissait de se bouger, ils devenaient plus réticents. Et quand nous leur donnions des informations, il arrivait que les opérations avortent, peut-être à cause de fuites. En réalité, les Français détestaient nos méthodes de travail. Ils considéraient que nous nous mêlions trop de leurs affaires, que nous exagérions les problèmes. Pour eux, le paiement des informateurs était une méthode inopérante. Il m'est pourtant arrivé de distribuer plusieurs dizaines de milliers de dollars à des indics qui prenaient des risques considérables. C'était très efficace pour obtenir des informations à l'intérieur des réseaux. Je pratiquais également souvent l'infiltration, en me faisant passer pour un acheteur nord-africain ou pour un patron de bar à Marseille. À cette époque, les policiers français étaient peu coutumiers de ce genre de méthodes, qui se sont ensuite banalisées[2].

Le fossé est profond. Les moyens sont incomparables, les priorités divergentes. Ce sont bien deux mondes qui s'affrontent et se frois-

1. Mémorandum de J.P. Hendrick, 19 novembre 1967, « Narcotics », National Archives.
2. Entretiens avec l'un des auteurs, 22 septembre 2003.

sent depuis 1950. Selon les Américains, les Français s'obstinent dans une forme d'aveuglement sur l'ampleur de la filière corse de l'héroïne, qui les empêche de prendre la réelle mesure des dangers et d'y consacrer les moyens nécessaires. En revanche, aux yeux des Français, les Américains poursuivent leurs dénonciations brutales des faiblesses hexagonales, alors que leur propre police n'est pas non plus exempte de passivité ou de corruption. Malgré le travail des hommes de terrain et quelques belles affaires menées en commun, les résultats sont maigres. Pendant vingt ans, la Corsican Connection a pu profiter de ces inactions. Ses parrains initiaux ont eu le temps de se mettre à l'abri et de se bâtir de véritables empires.

Chapitre 6

Les secrets des parrains

Antoine roule en Mercedes bleu nuit ornée de ses initiales. Son frère Barthélemy, dit Mémé, préfère sa Mercedes blanche. Le premier, aîné de la famille, possède une villa baptisée La Calenzana dans le quartier marseillais de Saint-Julien. Elle est décorée de marbre, de tapis d'Orient, de lustres et d'un blason corse sculpté dans les plafonds à caissons. Mémé vit dans un somptueux appartement de centre-ville et passe ses vacances à Carry-le-Rouet, dans la propriété familiale, la Méditerranée, qui dispose de sa plage privée. Les deux chefs de la fratrie des Guérini, laquelle compte huit membres, sont riches et s'affairent comme des businessmen. Chacun à son caractère et son rôle. Antoine a la réputation d'être implacable, Mémé celle d'être gentil. Le premier paraît souvent austère et tourmenté, le second toujours souriant et affable. L'un est calculateur, l'autre joueur. Mais en réalité ils forment les deux faces d'un même clan, descendu des flancs de Calenzana, modeste village de Balagne, et parvenu au firmament du milieu corse, à Marseille.

En ce début des années 60, ils sont au sommet de leur gloire. Ayant choisi le «bon» camp politique durant la guerre, ils ont conservé des relations utiles avec la génération des anciens résistants désormais aux commandes. Encartés chez les socialistes, ils ne dédaignent pas de rendre des services aux gaullistes, qui sont revenus au pouvoir en 1958. Symbole de sa notabilisation, Antoine a été élu, en 1959, conseiller municipal à Calenzana, où il est perçu comme un bienfaiteur.

Les Guérini sont autant vénérés que craints, circulant rarement sans une nuée de gardes du corps, des gros bras corses pour la plupart – Dominique Poli, Henri Rossi, Mimi Sarrola, Pascal Mariani, Michel Santarelli. Ces porte-flingues rabattent vers leurs patrons des jolies femmes que Mémé dévore des yeux. « Il leur accorde ses gaillardes faveurs à la condition qu'elles prennent, tout au long du flirt, une attitude admirative[1] », raconte Eugène Saccomano.

Leur réputation de pouvoir et d'influence les précède, leur ouvrant bien des portes. C'est leur meilleur bouclier et leur assurance tous risques. Les Guérini sont devenus des gens importants, des parrains fréquentables, comme, naguère, Carbone et Spirito, lesquels, au faîte de leur puissance, côtoyaient le Tout-Marseille aux tables du quartier de l'Opéra. Expulsé des États-Unis, François Spirito s'est d'ailleurs réinstallé à Sausset-les-Pins, à deux pas de Carry-le-Rouet. Souvent invité dans la villa de Mémé, dont l'épouse Lyly fut jadis une de ses amies, Spirito a obtenu une aide financière des Guérini pour s'acheter un petit hôtel. Grands seigneurs, les nouveaux parrains ont passé l'éponge sur les vieilles querelles. Qui plus est, Spirito a gardé de précieux contacts outre-Atlantique pour le trafic de drogue.

Les deux frères ont des façades respectables. Antoine reçoit dans son cabaret chic, le Versailles, rue Sénac. Le Grand Hôtel Méditerranée, avec son bar l'Annabel, sur le Vieux-Port, a été confié à Barthélemy. C'est, à Marseille, un établissement réputé, où logent les personnalités de passage. Silhouette squelettique et cheveux gominés, Mémé assure les relations publiques de la famille. Il aime recevoir et flamber son argent. À sa table, on peut croiser les chanteurs Tino Rossi ou Mouloudji, l'acteur Alain Delon et sa femme Nathalie, le conseiller du ministre de l'Intérieur Jean Bozzi. Il invite également les proches du maire de Marseille, Charles Pasqua (le directeur commercial de Ricard, homme du service d'ordre gaulliste), mais aussi des journalistes célèbres, des avocats de renom, des entrepreneurs locaux ou des pieds-noirs juste rentrés d'Algérie. « Nous étions désemparés, se souvient Jean Montaldo, alors jeune journaliste arrivé à Marseille en 1962. Très accueillant et généreux, nullement politique en notre présence, toujours prêt à rire, Mémé nous recevait à sa table et dans ses boîtes de nuit. Il rappelait à l'ordre ceux qui maltraitaient les pieds-noirs, comme pour bien nous manifester sa compassion. En revanche, je ne voyais jamais Antoine, ni d'armes sous les vestons des messieurs de la famille, auxquels, il est vrai, il convenait de ne pas manquer de respect[2]. »

Grâce à leur passé et à leur entregent, les Guérini se sentent protégés. Sûr de son pouvoir, Mémé aurait menacé, en 1958, de

1. Eugène Saccomano, *Bandits à Marseille*, *op. cit.*, p. 23.
2. Entretien avec l'un des auteurs, janvier 2004.

foudres administratives un commissaire trop curieux qui venait le déranger au Grand Hôtel Méditerranée. Un rapport du policier daté d'avril 1965 et consacré à Antoine Guérini le décrit ainsi : « Connu de nos archives régionales, il n'a plus fait, depuis quelques années, l'objet d'aucune remarque de la part de nos divers services. Fiché au fichier lutte contre le banditisme – 50-97 –, mais n'est plus signalé[1]. »

Leurs avocats, Mes Émile Pollack et Raoul Bottaï, veillent au grain pour leur éviter tout tracas judiciaire. Ils invitent les magistrats du palais de justice de Marseille à déjeuner dans les meilleurs restaurants. Un jour, l'un de ces convives, substitut du procureur de la République, se plaint ouvertement du vol de voiture dont il vient d'être victime. Antoine Guérini fait rechercher l'auteur du méfait par ses hommes de confiance. Le lendemain, la voiture du magistrat est garée devant le tribunal, avec un bouquet de fleurs à l'intérieur[2].

« En ce temps-là, nous avions tant d'amis que nous ne pouvions plus les compter, résumera Mémé. À force de rendre des services, nous avons créé une véritable chaîne qui s'étendait à tous les milieux. Notre puissance c'était l'amitié, la reconnaissance. En leur nom, nous pouvions tout demander, tout obtenir : des nominations, des mutations de fonctionnaires – même dans la police – des créations d'emplois[3]. »

Liens et ruptures avec Defferre

Élu maire de Marseille en 1953, reconduit de justesse en 1959 après le raz de marée gaulliste de 1958, le socialiste Gaston Defferre règne sur une ville en plein bouleversement. Avec un afflux de 240 000 rapatriés d'Algérie, la métropole subit une pression démographique et un boom de la construction sans précédent, voyant fleurir des chantiers de tunnels, de métros, d'écoles et d'hôpitaux.

Defferre « mène sa boutique d'une poigne de fer[4] », écrit Georges Marion. Il s'appuie sur l'ancien préfet Jean Poggioli et sur le vieux socialiste Jean Calvelli (naguère proche de Pierre Ferri-Pisani) pour administrer les affaires municipales. Et, chaque soir, Gaston téléphone à « son » journal, *Le Provençal*, où il a casé plusieurs de ses

1. Cité dans Jean Bazal, *Le Clan des Marseillais*, *op. cit.*, p. 302.
2. Rapporté partiellement par Raoul Bottaï dans sa préface à Jean Bazal, *Le Clan des Marseillais*, *op. cit.*, p. 21.
3. Cité dans Thierry Wolton, *Les Écuries de la Ve*, *op. cit.*, p. 26.
4. Georges Marion, *Gaston Defferre*, *op. cit.*, p. 204.

fidèles, dont Horace Manicacci. Il prend connaissance des projets de une du lendemain et donne ses consignes éditoriales. « Certains sujets étaient tabous, se souvient François Missen, alors reporter au *Provençal.* Il ne fallait pas dire du mal des amis de la maison, prononcer certains noms comme ceux des Guérini ou des Venturi, parler trop ouvertement de la pègre, ni du trafic de drogue[1]. »

Defferre n'ignore rien du pedigree d'une partie de ses affidés, ni des liens tissés avec certaines figures du milieu. Les Guérini fournissent toujours des colleurs d'affiches et des hommes de main pour les campagnes électorales des socialistes marseillais. Ils accueillent et prennent en charge de nombreux jeunes Corses débarquant à Marseille et les font embaucher dans les administrations ou dans les services municipaux. Pierre Guérini, l'un des frères d'Antoine et de Mémé, travaille d'ailleurs à la mairie.

Entre l'équipe de Defferre et les Guérini, les passerelles ne manquent pas. Horace Manicacci, le directeur du *Provençal*, est un cousin de la famille par alliance. Associé aux Guérini dans la contrebande de cigarettes, Nick Venturi, employé au *Provençal* avant de devenir chef d'entreprise dans les BTP, s'occupe des affaires du parti socialiste et des campagnes électorales de Gaston. Et puis leurs amis Henri Codde et Louis Rossi, les anciens flingueurs des milices socialistes durant la Résistance, sont aux premières loges du pouvoir municipal. Un proche du second se souvient : « Jusqu'à son décès en 1964, Louis Rossi, appelé "le Commandant", était très lié à son neveu Nick Venturi. Il servait d'intermédiaire principal entre les Corses et la mairie. Comme conseiller de Defferre, il recevait tout le monde. Beaucoup de gens venaient lui demander un logement, un emploi, un service. C'est fou le nombre de personnes qu'il a pu faire embaucher à la mairie. Il y avait parfois la queue jusqu'à son domicile pour avoir un rendez-vous. Rossi invitait tout le gratin chez lui, Defferre, Venturi, Guérini. Lors du mariage de son fils en 1960, tous ses amis de Marseille étaient là[2]. »

Parfois, Gaston rend visite à Mémé, dans son appartement marseillais ou dans sa villa de Carry-le-Rouet. Leurs relations sont complexes. Les Guérini soutiennent cet élu de leur camp politique. Mais ils se méfient de son machiavélisme, et commencent à distribuer des tracts gaullistes dès 1962 pour les élections nationales. De son côté, le maire ne souhaite pas apparaître comme lié aux Guérini, mais il craint de s'aliéner complètement leurs soutiens, souvent utiles,

1. Entretien avec l'un des auteurs, août 2003.
2. Entretien avec l'un des auteurs, janvier 2004.

dans une ville où tous les réseaux comptent. « Gaston Defferre, qui était un protestant cévenol, a toujours gardé une grande méfiance vis-à-vis des gens du milieu. Il connaissait les Guérini, il savait très bien qui ils étaient, mais il faisait bien attention à ne pas trop en dépendre[1] », confie ainsi Charles-Émile Loo.

Le climat se tend en 1963, lorsque Defferre envisage sa candidature à la première élection présidentielle au suffrage universel, qui se profile à l'horizon de 1965. Le principe de cette élection a été institué par référendum le 28 octobre 1962, après que le général de Gaulle eut échappé de justesse à un attentat de l'OAS au Petit-Clamart. Proche des gaullistes quand il était résistant, partisan de la Constitution gaullienne lors du référendum de septembre 1958, le socialiste Defferre estime que l'élection du président sera le grand rendez-vous politique de la nouvelle Ve République. Pilier de la SFIO, ancien ministre, président du groupe parlementaire socialiste à l'Assemblée, maire de la deuxième ville du pays, il s'estime de taille à affronter de Gaulle en décembre 1965.

L'idée de cette candidature est lancée, le 19 septembre 1963, par *L'Express* : le magazine, à la recherche du meilleur opposant possible à de Gaulle, dresse le portrait chinois d'un mystérieux « M. X ». Après plusieurs semaines de suspense, Defferre annonce publiquement, le 18 décembre 1964, qu'il est ce « M. X ». Faute d'appuis suffisants à gauche, ce projet finira par avorter en juin 1965[2]. Dès le départ, les Guérini considèrent cette aventure comme aléatoire. « Vous vous rendez compte ! Monsieur Gaston a des vues sur la présidence de la République ! Rien que ça ! Qu'il retourne un peu en Afrique, Monsieur Gaston[3] », aurait lâché Mémé après une discussion orageuse au téléphone avec Defferre. Un soutien trop visible à cette initiative politique risquerait de nuire aux affaires de la famille.

Alors que la guerre d'Algérie s'achève et que le régime gaulliste triomphe, les Guérini préfèrent se rapprocher du pouvoir en place.

---

1. Entretien avec l'un des auteurs, 28 octobre 2003.

2. Voir Georges Marion, *Gaston Defferre*, *op. cit.*, p. 272-291. Après de longues bagarres internes à la SFIO et des négociations délicates avec les autres formations politiques de gauche, Gaston Defferre déclare forfait le 21 juin 1965. C'est François Mitterrand, candidat unique de la gauche, qui affronte le général de Gaulle aux élections présidentielles en décembre 1965. Son échec n'empêchera pas Gaston Defferre de se lancer en 1969 dans la course présidentielle, épaulé par Pierre Mendès France, face à Georges Pompidou et à Alain Poher. Il ne récoltera que 5 % des suffrages au premier tour, le 1er juin 1969, un score bien éloigné de celui de Jacques Duclos, candidat communiste (21 %), un peu inférieur à celui du candidat d'extrême droite, Jean-Louis Tixier-Vignancour (5,2 %), un peu supérieur à celui de Michel Rocard, candidat du PSU (3,6 %).

3. Rapporté dans Marie-Christine Guérini, *La Saga Guérini*, *op. cit.*, p. 140.

Ils fréquentent déjà régulièrement Jean Bozzi et Alexandre Sanguinetti, conseillers du ministre de l'Intérieur. Aux élections municipales de mars 1965, Mémé soutient toujours le candidat Defferre, aux côtés des bataillons de militants de Louis Rossi, Nick Venturi ou Charles-Émile Loo. Antoine Guérini, lui, épaule discrètement la liste concurrente de droite, menée par le gaulliste Joseph Comiti et l'armateur marseillais Jean Fraissinet. Cette liste comporte notamment dans ses rangs le nom d'un jeune homme prometteur, un certain Jean-Claude Gaudin. Elle est soutenue de manière active par Charles Pasqua, responsable local de l'UNR et du SAC (Service d'action civique), le service d'ordre gaulliste. Joseph Comiti, chirurgien d'origine corse, est également le cousin de Paul Comiti, ancien garde du corps du général de Gaulle et cofondateur du SAC. Encore une fois, les Guérini jouent sur plusieurs tableaux, selon leurs inclinaisons respectives et leurs intérêts bien compris. Mais ce grand écart entre gaullistes et socialistes devient de plus en plus délicat à gérer.

Réélu avec difficulté[1], le maire de Marseille en aurait voulu aux Guérini de l'avoir ainsi « trahi ». La fille de Mémé estime que Defferre leur vouera, à partir de ce moment, une « rancune tenace et inavouée ». « Alors que les Guérini assurent toujours officiellement son service d'ordre, il cherchera petit à petit à les remplacer et à se passer de leurs services, écrit-elle. En perdant la confiance de Defferre, Antoine et Mémé perdent un allié de taille. Mais il leur reste tellement d'appuis divers qu'Antoine ne s'en inquiète pas. Il continue à vivre ouvertement dans l'impunité la plus totale[2]. » Mémé, d'un naturel plus inquiet, redoute des temps difficiles.

Toujours maîtres du milieu

En coulisses, les Guérini sont moins affables qu'en société. Ils s'activent toujours dans les bars, la prostitution, le trafic de cigarettes, le pastis de contrebande. Ils contrôlent des dizaines d'établissements de nuit et de maisons closes sur toute la Côte d'Azur, perçoivent des commissions sur la plupart des 2000 prostituées de Marseille, à qui ils imposent leur loi. Tout proxénète qui veut mettre une nouvelle fille sur le trottoir doit leur verser une taxe de 3000 francs. Au moindre conflit, ce sont eux qui tranchent, y compris à coups d'armes à feu. Face aux

1. Il est vrai que Defferre a aussi dû affronter la liste dissidente socialiste de l'un des anciens fidèles, Daniel Matalon.

2. Marie-Christine Guérini, *La Saga Guérini*, *op. cit.*, p. 141.

menées de truands pieds-noirs venus d'Algérie, décidés à faire leur trou sur la Côte d'Azur, les Guérini veulent rester les maîtres du jeu.

À Nice, par exemple, après l'exécution de deux caïds – Jean-Thomas Giudicelli, dit « Grosse Tête », en 1960, et Pierre Rossi en 1961 –, le milieu local est en pleine ébullition. Les pieds-noirs veulent prendre leur part du gâteau en bousculant Urbain Giaume, alias « Albert », proche du maire de la ville, Jean Médecin. Ancien combattant dans la Résistance, inscrit au fichier du banditisme et à celui des stupéfiants, Giaume contrôle le racket, sous l'œil des Guérini, et participe au trafic de drogue en lien avec le réseau du Marseillais Joseph Patrizzi[1]. Longtemps proche de Giaume et des Guérini, le Corso-Niçois Angelin Bianchini, fabricant du pastis Biancanis, proxénète et membre du SAC, a lui aussi des ambitions dévorantes. Pour étendre son influence à Nice, Bianchini est prêt à s'allier aux pieds-noirs. Il n'a jamais caché ses opinions pro-Algérie française et cultive de bonnes relations avec le sous-chef de la sûreté urbaine de Nice, lui-même rapatrié.

Entre les clans niçois de Bianchini et de Giaume, la concurrence est sanglante. Bianchini est blessé, le 1er juin 1964, par une décharge de chevrotine à Villeneuve-Loubet. Dans la foulée, d'autres truands tombent, victimes de règlements de comptes. On dénombre huit morts en quelques mois. Le préfet fait appel aux policiers parisiens de l'antigang et aux CRS pour calmer le jeu. Des dizaines d'établissements sont contrôlés. Angelin Bianchini est arrêté le 28 octobre 1964, puis condamné en appel à quinze mois de prison. Quand il ressort en janvier 1966, il préfère, sur les « conseils » de ses ennemis, séjourner en Corse et se consacrer à sa marque de pastis. Entre-temps, son frère Pierre-Marie a été mystérieusement exécuté en avril 1965[2]. La paix s'installe, provisoirement, sur la promenade des Anglais. Au grand bénéfice d'Urbain Giaume, qui reprend les rênes locales du SAC et ne tombera qu'en 1975, pour trafic de drogue.

Les Guérini derrière le trafic

Le clan Guérini reste lui-même très impliqué dans les stupéfiants. En mai 1959, les Français semblent disposer d'indices à ce sujet. Le commissaire Gillard, responsable de l'Office central des stupéfiants,

---

1. Voir les détails sur l'organisation Patrizzi au chapitre intitulé « L'essor de la "Corsican Connection" ».

2. Rapporté notamment dans James Sarazin, *M… comme Milieu*, *op. cit.*, p. 269-272, et dans Jérôme Pierrat, *Une histoire du Milieu*, *op. cit.*, p. 323-324.

évoque, dans une lettre aux Américains, l'association probable entre Antoine Guérini et Ali Osman Tuter, un trafiquant de drogue présumé d'Istanbul. Une enquête menée par les policiers français dans la maison des Guérini aurait permis de prouver que ceux-ci ont des liens avec Sevin Tuter, fille d'Osman Tuter, «soupçonnée d'avoir des connaissances approfondies du processus de transformation de l'héroïne[1]». Ces renseignements ne déboucheront, curieusement, sur aucune enquête judiciaire.

Après la saisie à New York, durant l'automne 1960, d'une centaine de kilos d'héroïne, impliquant notamment les dénommés Tarditi et Lecoat, les Américains suspectent Antoine Guérini d'être le «patron derrière le financier Robert Lecoat». Cependant, John T. Cusack, le superviseur européen du Bureau des narcotiques, estime que ces soupçons ne doivent être mentionnés «dans aucune des correspondances adressées à la police française», qu'il juge trop laxiste vis-à-vis des Guérini. Une position que soutient son supérieur Wayland L. Speer, numéro deux du Bureau des narcotiques à Washington. «Il est assez évident, écrit-il, que les autorités françaises ont une connaissance très étendue des activités des Guérini depuis sept à huit ans et qu'elles n'ont rien fait à ce sujet. Il apparaît évident que la corruption de quelques membres de la Sûreté est pour quelque chose dans le succès phénoménal du trafic de drogue des Guérini et de Lecoat vers les États-Unis[2].» Sans donner plus de détails sur ces «évidences».

Au fil des mois, les Américains guettent dans chaque affaire la trace des frères Guérini. Suspectés de diriger un laboratoire clandestin, ceux-ci, prudents, paraissent se tenir de plus en plus à distance des opérations courantes. Dans son rapport de renseignement de février 1962, l'agent américain Anthony Pohl ne les cite plus parmi les chefs des réseaux qui se partagent le trafic de drogue. Pour Pohl, ils jouent un rôle différent. Ils sont ailleurs, au-dessus des autres :

> La position de Barthélemy Guérini est très spéciale, car il est seulement relié de loin au trafic international de stupéfiants, de la

1. Courrier de M. Gillard daté du 8 mai 1959, rapporté dans la note de Wayland L. Speer, 31 octobre 1960, *op. cit.* Un des agents américains en poste à Istanbul recueille, en janvier 1960, des précisions sur ce réseau franco-turc, qu'il essayait d'infiltrer. La morphine-base produite dans la région d'Usak serait transportée jusqu'au port d'Izmir, puis chargée sur un bateau par des douaniers turcs. À son arrivée à Marseille, la marchandise serait prise en charge par des douaniers français, puis acheminée dans une voiture de service jusqu'au laboratoire clandestin de fabrication d'héroïne, dans les alentours de la ville. Mémorandum de l'agent Sal Vizzini daté du 30 janvier 1960, évoqué dans la note de Wayland L. Speer, 31 octobre 1960, *op. cit.*

2. Note de Wayland L. Speer, 31 octobre 1960, op. cit.

même manière qu'il est relié à pratiquement tous les trafics à Marseille. C'est un grand financier, il a la confiance de toutes les branches du milieu et il est souvent appelé pour arbitrer des disputes entre membres du milieu français. Cependant, il n'apparaît pas comme dirigeant d'un réseau spécifique[1].

Antoine et Mémé Guérini tentent d'incarner cette suprême fonction du milieu, celle où, fortune faite, on se mêle moins directement des affaires. « Un homme comme Antoine Guérini jouait le rôle de juge de paix dans le milieu, c'était un parrain qui en imposait ; c'est pourquoi les bandes venaient lui demander son arbitrage et ses conseils étaient suivis à la lettre[2] », rapporte ainsi une habitante du quartier corse du Panier, à Marseille, citée par la sociologue Marie-Françoise Attard-Maraninchi.

Condamné comme juge de paix

Barthélemy Guérini est appelé à se prononcer sur de nombreux conflits. « Pour un homme qui a mouchardé, pour des dédommagements entre bandes rivales, lorsqu'une fille regimbe au travail, c'est lui que l'on vient consulter[3] », raconte sa fille Marie-Christine, qui a d'ailleurs cru, jusqu'à l'âge de dix ans, que son père était juge. Mais cette fonction arbitrale n'est pas forcément exempte de risques, puisqu'elle vaut à Mémé d'être condamné en justice.

Après la saisie d'héroïne dans l'affaire Tarditi en 1960, le climat s'est en effet tendu entre les trafiquants, proches de Charles Marignani, dit « Lolo le Corse », un vieux complice des Guérini. Jugé responsable de cette perte par ses comparses, le fournisseur, Lecoat, doit payer une forte amende, sous peine de mort. Aussitôt, le truand menacé fait appel à son ami Barthélemy Guérini pour le protéger de la vengeance de ses acolytes. Mémé intervient et devient un « faiseur de paix ». Le voilà mêlé à cette affaire. La justice l'inculpe et le renvoie devant le tribunal de la Seine pour « complicité d'infraction à la législation sur les stupéfiants ». Le premier verdict, rendu le 24 octobre 1963, le relaxe, considérant que son intervention personnelle est postérieure au délit incriminé de trafic de drogue.

---

1. Mémorandum de « Anthony Pohl, narcotic agent », Marseille, France, 6 février 1962, National Archives.
2. Rapportés dans Marie-Françoise Attard-Maraninchi, *Le Panier, village corse à Marseille*, *op. cit.*
3. Marie-Christine Guérini, *La Saga Guérini*, *op. cit.*, p. 105.

Mais la cour d'appel de Paris, après avoir annulé ce jugement pour motif procédural le 9 décembre 1963, déclare finalement Mémé Guérini coupable d'avoir participé à une « association ou une entente en vue de commettre des infractions ». En s'interposant dans cette histoire, il est accusé d'avoir voulu poursuivre le trafic, ce qui lui vaut trois ans de prison avec sursis et 36000 francs d'amende.

Pour tenter de briser le jugement, Mémé dépose un recours en cassation avec l'aide de ses avocats. Dans sa plaidoirie, Raoul Bottaï avance que « M. Guérini, ainsi qu'il l'a toujours affirmé, avait simplement autorisé Lecoat à se réclamer de son nom pour se protéger des exigences assorties de menaces du chef de bande[1] ». Parce qu'il n'aurait été qu'un médiateur, « occasionnel et apparemment désintéressé », dans une affaire de drogue où il n'avait officiellement rien à voir, Mémé Guérini doit être relaxé par la Cour de cassation. Le « juge de paix » mérite d'être blanchi par les magistrats parce que, d'une certaine façon, il fait le même métier qu'eux.

La haute cour ne sera pas convaincue par ces arguments et confirmera en décembre 1964 la peine avec sursis[2]. Cette sanction restera la seule condamnation judiciaire liée au trafic de stupéfiants pour les Guérini. Mémé en gardera un souvenir amer. « Cela l'énervait d'autant plus qu'il était intervenu à contrecœur dans cette histoire, uniquement pour faire plaisir à son épouse Lyly, qui connaissait Lecoat[3] », assure sa fille Marie-Christine. Et cette intervention, soi-disant protectrice, n'empêchera pas Lecoat d'être assassiné quelques années plus tard.

Aux côtés d'Andréani à Paris

Les Guérini ne se contentent pas de trafiquer. Ils veulent encore étendre leur influence en s'introduisant dans le monde des jeux, et principalement dans le cénacle, très fermé et très prisé, des cercles parisiens.

Alors que les casinos sont interdits dans la capitale depuis 1923, seuls des cercles de jeu, où l'on pratique surtout le baccara ou le chemin de fer, sont tolérés intra-muros. Les seize cercles parisiens

1. « Mémoire ampliatif, pour M. Guérini, contre le ministère public », annexé à un courrier de Me André Mayer à Me Raoul Bottaï, 2 octobre 1964.

2. Arrêt de la Cour de cassation, chambre criminelle, 2 décembre 1964. L'arrêt rappelle que Lecoat s'était adressé à « Guérini, trafiquant notoire de la région marseillaise dont l'autorité dans le milieu n'apparaissait ni contestable ni contestée ».

3. Entretien avec l'un des auteurs, 21 octobre 2003.

sont sous la tutelle d'associations loi 1901, avec des systèmes de cooptation et des règles très stricts. En 1947, un décret a autorisé ces associations à confier leur exploitation à des professionnels, des directeurs des jeux qui assument la gestion[1]. Au cours des années 50 et 60, ces «pros» ont progressivement pris le pas sur les notables qui président encore les structures associatives. Les Corses s'imposent dans ce milieu. Ils dirigent les cercles et emploient du personnel, jugé sûr et discret, recruté dans leurs villages d'origine, principalement en Corse-du-Sud, laquelle devient une véritable pépinière du jeu.

Les cercles ont également évolué au plan financier. Officiellement, seuls les membres peuvent s'opposer entre eux, le cercle lui-même ne pouvant faire office de joueur ni de banquier. Le rôle de caisse centrale, appelée «banque à tout va», est donc assumé par les joueurs de gros calibre. Mise aux enchères, sa valeur peut dépasser les 500000 francs, correspondant à une forme de capital qui contrôle de facto le cercle. Cette position onéreuse rapporte gros, environ 30 % de profits par an. Des joueurs-investisseurs essaient de s'associer, sous forme de consortium informel, pour que cette «banque à tout va» reste entre leurs mains. Les directeurs des jeux sont souvent chargés de constituer et de gérer les consortiums de partenaires, où prennent place leurs amis fortunés. Ces tours de table, souvent opaques, permettraient parfois, selon les policiers, de blanchir des sommes considérables provenant d'activités plus ou moins légales.

Les Guérini rêvent de cette consécration, de ces bénéfices et de ces machines à blanchir. Ils comptent notamment sur l'ex-commissaire Robert Blémant, devenu un de leurs lieutenants depuis sa démission de la police en 1947. Touche-à-tout efficace, ce dernier a pris des parts dans un cabaret de Marseille, puis ouvert, avec leur aide, un établissement à Paris, Le Drap d'Or, ainsi que deux autres bars à la même enseigne à Marseille et à Tanger. Ses ambitions sont grandes. Il fera bientôt de l'ombre aux Guérini, qui se méfieront de plus en plus ouvertement de cet ex-policier trouble[2]. En attendant,

1. Philippe Boggio, «Les dessous des cercles de jeu», *Le Monde*, 12 février 1982.

2. Certains proches des Guérini pensaient que Blémant était resté un agent de la DST, infiltré sciemment dans le milieu pour le contre-espionnage. Même si l'ex-commissaire garde des contacts avec son ancienne maison, cela ne correspond pas cependant à la thèse de Roger Wybot, alors patron de la DST (voir Philippe Bernert, *Roger Wybot et la bataille pour la DST*, *op. cit.*). Autre mystère autour de Robert Blémant : son père, Louis Blémant, avocat à Valenciennes, disparaît soudainement en 1960, après avoir été soupçonné d'escroquerie. Quelques jours plus tard, un corps suicidé au gaz est retrouvé à Nice. Malgré les dissemblances physiques, il est identifié comme étant celui de Louis Blémant.

Blémant a de nombreuses connaissances, dans le milieu comme dans le monde des jeux.

Dans un premier temps, le clan Guérini-Blémant s'associe à l'un de leurs amis corses, Jean-Baptiste Andréani. Tenancier de maisons closes à Saigon, résistant durant la guerre, Andréani se serait enrichi dans le trafic d'or et de piastres au début des année 50, avant de s'installer dans la capitale française pour poursuivre ses affaires. En 1959, il investit à Paris dans le Grand Cercle, le plus huppé des clubs, situé rue de Presbourg, près de l'Étoile. Il est entouré des Guérini, de Blémant, du financier Albert Zénatti, patron du club de football le Red Star, d'Antoine Peretti, le Corso-Parisien cousin de Paul Carbone, qui contrôle déjà d'autres cercles, comme l'Aviation Club et le Gaillon, ainsi que d'un représentant d'un autre Corse, Marcel Francisci, dont nous reparlerons, qui a déjà une solide réputation de Paris à Beyrouth.

Le Grand Cercle s'avère rapidement être une affaire exceptionnelle. De plus en plus riche, Andréani élargit son réseau d'influence. Il est à la fois proche de certains radicaux de gauche, de l'ancienne résistante gaulliste Marie-Madeleine Fourcade et de l'ex-communiste, ancien de la France libre, Jean-François Devay. Ce dernier a fondé le journal *Minute*, notamment avec le concours d'Eddie Barclay, de Françoise Sagan et de Marcel Dassault[1]. Inclassable, Andréani est également un sanguin. Lorsqu'un article de *Minute* lui déplaît, il lui arrive d'entrer dans le bureau de Devay pour le frapper !

Il a surtout une idée fixe : être le seul maître à bord au Grand Cercle. Dès février 1960, il tente une première fois d'évincer Blémant. Grâce à ses amis au ministère de l'Intérieur, il réussit, un mois plus tard, à faire interdire de jeu son partenaire Zénatti. Puis c'est Antoine Peretti qui est contraint, après une manœuvre financière d'Andréani, de céder ses parts dans le Grand Cercle en janvier 1960. Se voyant proposer une modeste participation – 10 % seulement –, Marcel Francisci se retire, après une rencontre houleuse avec Andréani[2].

Blémant se sent de plus en plus isolé. Prêt à tout pour contrer les machinations d'Andréani, il compte sur la rancœur de Marcel Francisci, ainsi que sur l'appui de Gaëtan Zampa, un des jeunes Sicilo-Marseillais de la bande dite des Trois Canards. Composée

1. Il s'agit de la première époque de *Minute*, avant qu'il ne change de ligne politique pour devenir, au début des années 80, un journal d'extrême droite.

2. Voir notamment James Sarazin, *M… comme Milieu*, *op. cit.*, p. 180-184.

d'une vingtaine de truands d'origine diverse, ayant leur quartier général à Paris dans le bar du même nom, rue de la Rochefoucauld, cette équipe s'est illustrée, principalement entre 1951 et 1965, dans le racket et les hold-ups, avec des méthodes parfois expéditives. On y trouve par exemple François Scaglia, un garçon au passé chargé, qui sera impliqué dans une affaire d'héroïne en 1962 à New York. La bande couve aussi de futures pointures, à l'instar de Jacky Imbert, dit «le Mat», et de Gaëtan Zampa, lesquels s'étriperont bientôt pour le contrôle de Marseille[1].

La première guerre des jeux

Entre le clan Andréani-Guérini et ses ennemis, les escarmouches commencent. Le 28 février 1962, un joueur dénommé Philippe Léandri, un associé de Francisci, se voit violemment refuser l'accès au Grand Cercle par le videur. Se posant en victime, Léandri écrit immédiatement à Jean Bozzi, conseiller du ministre de l'Intérieur, pour demander que des sanctions soient prises contre l'établissement. Le videur est mis à pied pour six mois. La tension monte d'un cran le 31 mars 1962, lorsque la porte du Grand Cercle est mitraillée à 6 heures du matin. Puis, le 15 avril 1963, vers 4 heures du matin, c'est Jean-Baptiste Andréani qui est la cible d'une décharge de chevrotine tirée depuis une camionnette. Atteint de deux cartouches de fusil de chasse, il est grièvement blessé. «Je ne comprends pas[2]», dit-il publiquement. Le 30 mars 1964, plusieurs hommes cagoulés et armés font irruption dans le Grand Cercle pour dérober 150 000 francs aux clients et mettre le feu aux tables de jeu.

Déstabilisé, Andréani suspecte principalement Blémant de vouloir l'éliminer. Il est bien décidé à réagir. Le 17 octobre 1964, après avoir recruté comme garde du corps une redoutable gâchette du clan Guérini, Antoine Alfonsi, dit «Antonarellu», il réunit un conseil de guerre avec ses alliés Antoine et Mémé Guérini[3]. Tous trois décident probablement d'écarter définitivement Blémant du

1. Voir notamment, sur la bande des Trois Canards, Franck Renaud, *Le Nouveau Milieu : parrains et grand banditisme en France*, Fayard, 1992, p. 171-172.

2. Rapporté dans Jacques Derogy, «Dix ans de vendetta et de coïncidences», *L'Express*, octobre 1968.

3. Le fils naturel de Mémé Guérini, qui s'appelle René-Antoine Mondoloni, participe également à cette réunion, de même que deux lieutenants des Guérini, Henri Rossi et Mathieu Trivico. Sans lien familial avec Paul Mondoloni, René-Antoine Mondoloni a pris le nom de la famille qui l'a élevé. Voir James Sarazin, *M… comme Milieu*, *op. cit.*, p. 73.

Grand Cercle et de faire le ménage dans les jeux pour prendre le pouvoir. Ce jour-là, une Cadillac dérape sur l'autoroute du Sud, aux environs de Chilly-Mazarin. Lorsque les policiers arrivent pour porter secours aux passagers de la voiture, qui s'est encastrée dans une pile de pont, ils découvrent les Guérini et leurs hommes, avec un Colt 11,43, un Beretta 7,65, une mitraillette et 250000 francs en espèces. L'accident a-t-il interrompu une expédition punitive contre Blémant, l'argent provenant des caisses d'Andréani ? C'est possible. Antoine et Mémé Guérini sont inculpés pour port d'armes illégal. Ils seront condamnés à trois ans de prison avec sursis.

La mort de Blémant déclenche une vendetta

Sentant que l'orage gronde, Robert Blémant se réfugie dans le Vaucluse. Cependant, son attitude lui vaut désormais une haine farouche de la part des Guérini et d'Andréani. « Il prétendait qu'il serait bientôt le successeur d'Antoine. Il semait la zizanie entre tous les Corses de la capitale, tentant de diviser pour régner ensuite, avec de jeunes alliés comme Zampa. Cela ne pouvait durer très longtemps [1] », raconte un ancien policier.

Le destin de Blémant est scellé, avec le feu vert d'Andréani, au sein du cercle Guérini au cours d'un conseil de clan élargi. Cette « consulte », au climat pesant, se tient le 14 janvier 1965 dans la villa marseillaise d'Antoine, La Calenzana. Mémé, qui n'a jamais eu une grande confiance dans l'ancien flic Blémant mais répugne à le faire exécuter, tient sa fille Marie-Christine par la main. C'est Antoine, le chef du clan, qui tonne : « Nous avons accueilli le serpent le plus vil en notre famille. Il ne reste plus que le feu pour réparer cette faute ! Je veux la mort de Robert Blémant. Ma décision est prise, mais je veux votre vote car je vous aime tous ! » Personne ne bronche. Une corbeille noire, remplie de boules d'ivoire et d'onyx, est posée sur la table par l'une des sœurs, Restitude. Chacun doit prendre la boule de son choix, pour un vote silencieux. Mémé refuse : « Nous n'avons pas besoin de l'élimination de ce flic véreux ! Si tu décides de faire ça, nous allons tous à la catastrophe. » Mais Antoine rétorque : « Ce porc n'a pas d'importance ! » [2].

Le 4 mai 1965, vers 19 heures, une traction avant se place à la hauteur de la Mercedes où se tiennent Robert Blémant et son

1. Entretien avec l'un des auteurs, octobre 2003.
2. Scène rapportée par Marie-Christine Guérini dans *La Saga Guérini*, *op. cit.*, p. 174-176.

épouse Antonia, en route vers leur propriété, le domaine des Petits Birons, entre Pélissanne et Lambesc, à une quarantaine de kilomètres de Marseille. Une rafale de mitraillette crépite. L'ancien commissaire s'affale sur la banquette, mort sur le coup[1]. Sa femme s'en sort indemne. Cette exécution, presque signée, alourdit le climat autour des Guérini. Ils savent qu'ils ont bousculé un pion important du milieu. Les amis de Robert Blémant, des voyous parisiens et marseillais, ne sont pas du genre à se laisser intimider.

En apprenant la nouvelle au bar du Méditerranée, dans la soirée du 4 mai 1965, Mémé Guérini, de plus en plus fâché avec son frère Antoine, ne peut réprimer un cri en corse : « Malheur ! Avec cette bêtise, ils vont faire tuer toute la famille[2]. » Devant la dépouille mortelle de Blémant, dans sa villa de Pélissanne, tous les caïds défilent, venus de Paris, de Londres, de Francfort, de Bruxelles. On y croise Marcel Francisci, mais aussi certains participants à la « consulte » du 14 janvier 1965 chez Antoine Guérini. C'est le signe que les Guérini ont sous-estimé le poids de leur ennemi. « Les maîtres de Marseille vont devenir les hors-la-loi du milieu, à qui aucun truand ayant tant soit peu d'honneur ne saurait pardonner d'avoir, pour laver leur querelle, fait appel à des tueurs à gages, écrit justement James Sarazin. Même leurs amis politiques se détournent d'eux et les socialistes vont chercher ailleurs le soutien musclé dont ils ont besoin pour leurs campagnes[3]. »

Les anciens proches du policier lancent une vendetta dans les règles de l'art. Début février 1966, un des lieutenants de Guérini, Armand Sessa, est enlevé. Selon les rumeurs, torturé dans la cave du bar des Trois Canards, il aurait lâché des informations importantes avant d'être tué. Jean-Baptiste Andréani serait le commanditaire du meurtre de Blémant. Antoine Guérini en serait l'ordonnateur. L'exécution aurait été confiée à René-Antoine Mondoloni, le tireur présumé, qui aurait agi en compagnie de deux autres sicaires, Pierre Colombani, dit « Tino », et Étienne Carrara.

« Tino » est abattu à Ajaccio le 6 février 1966. Quelques jours après, le 16 février, à Paris, René-Antoine Mondoloni et Étienne

1. Son ancien chef dans le contre-espionnage français à Alger durant la guerre, le commandant Paul Paillole, évoquera, après ce décès, dans le bulletin des anciens des services spéciaux, une existence « discrète et fracassante » : « Car Blémant ignorait les demi-mesures et, sans doute, trouverait-on une explication de sa fin tragique dans le transport, au plan privé, de cette attitude intransigeante qui fut toujours la sienne au plan national. » Cité dans Roger Faligot et Rémi Kauffer, *Les Résistants*, *op. cit.*, p. 135.

2. Rapporté dans Marie Paoleschi, *Le Milieu et moi*, *op. cit.*, p. 211.

3. James Sarazin, *M… comme Milieu*, *op. cit.*, p. 274.

Carrara, se croyant poursuivis par des hommes de Blémant, font feu sur des policiers, qui finissent par les interpeller. Renvoyé devant un tribunal, le fils naturel de Mémé Guérini est condamné à quatre ans de prison et Carrara à deux ans. Derrière les barreaux, ils échappent provisoirement aux balles de leurs ennemis.

L'exécution d'Antoine et l'engrenage fatal

Antoine Guérini paraît de plus en tendu. Au début du mois de juin 1967, il se fâche ouvertement avec Marcel Francisci lors d'un déjeuner parisien. Il se serait plaint des réticences de certains patrons de maisons de jeu, proches de Francisci, à payer le racket. En retour, ce dernier aurait reproché à Guérini de ne pas vouloir verser son obole pour aider un de ses amis corses, Jean Nebbia, natif de Sartène, arrêté en décembre 1965 aux États-Unis pour trafic de stupéfiants. Furieux, Antoine s'emporte, sort son arme et menace Francisci, avant de quitter la salle[1]. Le caïd marseillais semble avoir perdu son sang-froid.

Le 23 juin 1967, à 16 heures 10, Antoine s'arrête quelques instants avant de rentrer chez lui pour faire le plein d'essence à la station-service Shell de l'avenue Saint-Julien, à Marseille. Il a laissé le volant de sa Mercedes 250 SE à son jeune fils Félix, qui va bientôt avoir dix-huit ans. Il ouvre sa portière pour sortir. Le passager d'une moto rouge, que son pilote vient de garer juste à côté, met calmement le pied à terre. Muni de deux pistolets 11,43, l'homme tire à bout portant dans le pare-brise de la Mercedes. Antoine Guérini n'a pas le temps de dégainer son arme. Le tueur achève de vider ses chargeurs

1. Scène rapportée dans James Sarazin, *M... comme Milieu*, *op. cit.*, p. 275-276. Né le 17 avril 1910, Jean Nebbia a été arrêté, en décembre 1965, aux côtés de Louis Douheret et de Nonce Luccarotti, après l'interpellation d'un passeur qui devait livrer 95 kilos d'héroïne à un militaire américain. Louis Douheret choisit un statut de repenti. Il mettra en cause notamment Michel-Victor Mertz et Achille Cecchini (voir le chapitre suivant intitulé « Des barbouzes dans l'ombre du pouvoir »). De son côté, Jean Nebbia, qui est resté en contact avec l'avocat français Robert Badinter, plaide non coupable mais confirmera certaines accusations portées contre ses présumés complices. Il est condamné en 1966 à vingt ans de pénitencier aux États-Unis. Ressorti en 1975, il rentre en Corse dans son fief de Sartène, où il vit une retraite paisible, côtoyant ses amis les Colonna, les Francisci ou Mondoloni. Sollicité par l'un des auteurs, Jean Nebbia a fait répondre par sa fille Chantal, le 23 février 2004, qu'il ne souhaitait pas s'exprimer sur son passé, ni confirmer ou infirmer les faits rapportés ici. De son côté, Robert Badinter nous a précisé qu'il avait connu Jean Nebbia en défendant, au début des années 50, un de ses amis corses, Paul Dellapina, un cambrioleur de haut vol. Sans être le conseil de Jean Nebbia, Robert Badinter se souvient lui avoir rendu visite, en janvier 1966, dans son pénitencier de New York et lui avoir indiqué les coordonnées d'un avocat de la ville. Entretien avc l'un des auteurs, 10 mars 2004.

sur sa victime, qui s'effondre, atteinte par onze balles. La moto du commando s'éloigne tranquillement.

Aussitôt connu, l'événement mobilise journalistes, policiers, magistrats. Nul ne sait qui a eu l'audace de commettre un tel crime. À soixante-cinq ans, Antoine avait l'allure d'un notable de Marseille et d'un parrain puissant. Or il a été victime de tueurs professionnels, qui connaissaient ses habitudes. Les enquêteurs présument qu'il s'agit d'une vengeance des proches de Robert Blémant, de ses amis de la bande des Trois Canards, ou des proches de Marcel Francisci. Mais il n'y a ni indices sérieux, ni témoins directs pour étayer telle ou telle piste.

Le village de Calenzana, fief de la famille, dont Antoine était conseiller municipal, est en deuil. Le drapeau tricolore est mis en berne à la mairie. Plusieurs vols spéciaux sont affrétés pour permettre aux invités, aux hommes politiques, aux artistes, au gotha du milieu d'assister à ses obsèques, le 27 juin 1967. Dans les ruelles de Calenzana, bloquées pour la circonstance, plus de 2000 personnes s'entassent. Les hommes ont le regard noir, les femmes du village se signent au passage du cercueil, à sa sortie de l'église Sainte-Restitude.

Pendant que les funérailles se déroulent en Corse, des cambrioleurs s'introduisent dans la villa marseillaise du défunt et dérobent pour plus de 190000 francs de bijoux appartenant à son épouse Alice. En apprenant ce méfait, Mémé est fou de rage. Il croit reconnaître derrière ce larcin la main des assassins de son frère. Un receleur surnommé «le Boiteux», auquel les voleurs tentent d'écouler des bagues portant les initiales «A. G.» (Alice Guérini), s'affole et prévient Mémé. L'un des malfrats, spécialiste des cambriolages, rend sa part des bijoux et s'enfuit en Espagne. Son complice, Claude Mandroyan, un garçon de café de Besançon âgé de vingt-quatre ans, a déjà revendu une partie de la marchandise. Il restitue également ce qui lui reste du butin, le 10 juillet, à François Guérini, l'un des frères du clan.

Se sachant menacé, le délinquant aurait accepté un ultime rendez-vous d'explication avec Mémé et ses hommes, au Bar des Amis, boulevard Barbès, à Marseille, le 21 juillet 1967. Après avoir bu un verre, Mémé l'aurait embarqué pour une «promenade» nocturne en Mercedes, afin de le faire parler, accompagné de son frère Pascal et de deux de ses gardes du corps, Henri Rossi et Dominique Poli. Le lendemain, le cadavre de Claude Mandroyan, torturé et criblé de balles, est retrouvé sur la falaise du cap Canaille, entre Cassis et La Ciotat[1].

1. Les détails de cette histoire sont rapportés notamment dans Eugène Saccomano, *Bandits à Marseille*, *op. cit.*, p. 23-33.

Le commissaire Guy Denis, chargé de l'enquête, est vite aiguillé vers les participants présumés à la «promenade» en Mercedes. La petite amie de Mandroyan évoque des «histoires avec les Guérini». Le propriétaire du Bar des Amis finit par affirmer que Mémé et ses hommes sont passés dans son établissement. Les témoignages recueillis semblent concorder. Le 4 août 1967, vers 19 heures, les policiers du groupe de répression du banditisme de Marseille, dirigé par le commissaire Robert Mésini, débarquent en force au Grand Hôtel Méditerranée pour arrêter Barthélemy et cinq de ses complices. Ces derniers n'ont pas le temps de brandir les Colt 11,43, Beretta 7,65 et autres Herstal qu'ils portent sur eux. «Petit, tu es en train de faire une belle connerie», lâche Mémé au commissaire.

Menotté, il est conduit vers l'hôtel de police. Le lendemain, le juge Bernard Palanque inculpe Barthélemy Guérini, cinquante-neuf ans, et ses hommes d'homicide volontaire, de complicité, d'association de malfaiteurs et de détention d'armes illégale. Ils sont écroués à la prison des Baumettes. Ayant pris le maquis en Corse, François Guérini est interpellé le 22 septembre 1967 et meurt en prison d'une crise cardiaque. Pascal Guérini, en fuite, sera arrêté à Marseille, dans l'appartement de sa sœur Restitude, en février 1968. Aucun «ami» politique ne peut plus les sauver. C'est la fin de leur impunité.

L'enchaînement fatal, entre la mort d'Antoine, le 23 juin, et celle de Mandroyan, le 21 juillet 1967, a précipité la chute d'un clan que beaucoup, à Marseille, jugeaient encore intouchable quelques semaines auparavant. Y a-t-il un lien entre tout cela ? Est-ce un coup monté ? Rien ne permet de l'affirmer avec certitude. Le journaliste Jacques Derogy fait part de ses doutes, dans *L'Express*, en commentant la chute de Mémé : «Les policiers ne croient pas que Mandroyan ait été téléguidé par les assassins d'Antoine Guérini pour amener son frère à perdre les pédales. Mais, soucieux de démythifier ce triste Olympe de la pègre, ils n'ont pas manqué d'exploiter l'affolement du clan, provoqué par l'élimination, aussi mystérieuse que brutale, de son dieu[1].»

La fin d'une longue domination

Mémé et ses complices sont jugés en décembre 1969 par la cour d'assises de Paris pour le meurtre de Claude Mandroyan. Barthélemy est condamné, le 16 janvier 1970, à vingt ans de réclusion crimi-

1. Jacques Derogy, «La chute d'un caïd», *L'Express*, août 1967.

nelle, son frère Pascal, Henri Rossi et Dominique Poli à quinze ans. Libéré pour raisons de santé en 1978, Mémé meurt d'un cancer, à Cannes, le 1er mars 1982[1].

Entre-temps, des vengeurs anonymes ont continué d'éliminer les assassins présumés de Robert Blémant. Le frère d'Étienne Carrara est ainsi tué à Marseille le 20 novembre 1967. Antoine Alfonsi, le porte-flingue d'Andréani, membre du clan Guérini, est abattu le 17 janvier 1968 à Ajaccio. Après la fin de sa période de réclusion, Étienne Carrara disparaît dans la nature et meurt en Espagne. Enfin, en décembre 1969, c'est René-Antoine Mondoloni, le fils naturel de Mémé, qui est assassiné de six coups de couteau dans une chambre d'hôpital de Cavaillon. Sorti de prison, il se faisait soigner après un accident de la circulation et s'était juré de venger son père. Jean-Baptiste Andréani, seul survivant de cette guérilla, s'est réfugié quelque temps dans une forteresse maritime quasiment inaccessible, à Èze-sur-Mer[2].

Le clan des Guérini s'est effondré de manière brutale après plusieurs décennies d'un règne hors du commun. Leur épopée a débuté dans les années 30, autour de Carbone et Spirito. Leur règne de « parrains corses », essentiellement marseillais, a survécu aux tourments de la guerre, rebondi grâce à leurs engagements anticommunistes et collé aux transformations des activités de la pègre ou aux méandres de la vie politique.

Antoine a-t-il été victime de son « obsession corse d'être quelqu'un plutôt que de créer quelque chose », de son « impuissance à fonder, le moment venu, l'empire qu'on lui a prêté », de son absence d'imagination, « comme ses prédécesseurs, comme ses successeurs », tel un « truand de l'ère agricole »[3] qu'il serait resté, ainsi que l'écrit *Le Nouvel Observateur* le 14 août 1967 ? C'est peu probable. Ce sont justement ses ultimes tentatives d'extension qui ont fini par causer sa perte. Antoine Guérini a surestimé ses forces et sa capacité de défense au moment où il s'attaquait à de nouveaux métiers, les jeux parisiens, loin de ses bases, avec des alliés peu sûrs. Il n'est pas mort d'impuissance ou d'immobilisme, mais d'aveuglement, après avoir pris trop de risques.

1. Sa fille Marie-Christine estime qu'il a été, en réalité, piégé judiciairement dans l'affaire Mandroyan et condamné sans preuve tangible. Elle étudie aujourd'hui les possibilités de recours pour réviser ce procès. Marie-Christine Guérini, *La Saga Guérini*, *op. cit.*

2. Voir Jean Contrucci, *Ça s'est passé à Marseille*, tome II, Éditions Autres temps, 1993, p. 183.

3. François Caviglioli, « Un truand de l'ère agricole », *Le Nouvel Observateur*, 14 août 1967.

Beaucoup d'observateurs gardent néanmoins des Guérini une image de parrains corses conservateurs, reflets d'une société rurale insulaire archaïque et d'une époque ordonnée. Avec leur effacement se serait éteint un certain milieu traditionnel, à l'ancienne, avec des règles, des lois internes, des codes d'honneur, un respect des positions acquises et des paroles données.

Cette vision nostalgique, celle de l'âge d'or d'un milieu préservé par les Guérini, ne paraît pas résister à l'analyse. Dès la fin de la guerre, on l'a vu, ils ont mis en place une organisation méthodique. La taxation de milliers de prostituées ou la reprise de dizaines d'établissements sur la Côte d'Azur relevaient davantage d'une logique « industrielle » que d'un simple artisanat agricole... Jouant en permanence de nouvelles alliances, qu'elles soient politiques ou criminelles, les Guérini n'ont cessé de bousculer leur environnement. Ils ont introduit à grande échelle des activités qui ont provoqué, au sein du milieu, des déséquilibres majeurs et des convoitises meurtrières, de la contrebande de cigarettes à celle de stupéfiants. Les réticences affichées par Mémé sur le trafic d'héroïne organisé par son frère Antoine n'ont pas dépassé le stade des vaines protestations. Tous deux ont ensuite été bien en peine de calmer les guérillas sauvages déclenchées dans leur sillage. Au long des années 50 et 60, la chronique du milieu a été émaillée de vendettas interminables. L'ère Guérini n'a rien d'une période pacifique. Signe de rapports de force toujours changeants, elle s'achève dans le sang.

Les guerres de succession

Antoine assassiné, Mémé condamné pour meurtre, leurs lieutenants éliminés ou pourchassés, la chute des Guérini précipite le milieu dans la tempête. De Paris à Nice, en passant par Lyon, Marseille ou Cannes, des appétits naissent, des ambitieux rêvent de devenir les nouveaux caïds.

À Nice, le cabaret d'Urbain Giaume, associé historique des Guérini, est attaqué. L'ombre d'Elias Avidor, alias « René le Juif », plane sur cet attentat. Personnage aux facettes multiples, naguère ami de Mémé Guérini, employé par les services secrets pour des opérations de contrebande d'armes, proche du trafiquant de la ville Jean Audisio, Avidor rêve d'évincer Giaume de la place niçoise. Il n'en aura pas le temps. Le 27 février 1973, « René le Juif » reçoit deux décharges de fusil de chasse.

À Marseille, un premier caïd corse, Constantin Tramini, tente une percée pour succéder aux Guérini. Son pedigree est évocateur. Né en

1916 à Bocognano (Corse-du-Sud), « Tintin » était aux côtés d'Ange Salicetti, alias « le Séminariste », quand celui-ci livrait une guérilla sanglante contre les Venturi-Renucci à la fin des années 40[1]. Il s'est ensuite occupé de contrebande de cigarettes puis s'est rapproché des Venturi et de l'ex-commissaire Blémant, avant d'exploiter officiellement le Ranch du Kentucky, près de l'étang de Berre[2]. Une fois les Guérini au tapis, Tramini rackette les établissements de leur empire, boîtes de nuit, maisons closes, jeux clandestins et bars. Mais il fait des jaloux, et il est abattu dans son ranch le 27 octobre 1972.

Ce crime restera impuni. Certains membres du milieu désignent son lieutenant d'hier, Daniel Boggia, ambitieux lui aussi, comme probable instigateur de sa mort. Né le 22 avril 1942 à Salon-de-Provence, Boggia, déjà connu pour des activités de proxénétisme et de sulfureux projets immobiliers sur la côte basque, se serait, semble-t-il, rapproché des frères Zemmour et du parrain lyonnais Jean Augé, qui rêvait d'étendre son emprise vers le sud. Renvoyé en novembre 1973 devant le tribunal de grande instance de Dijon dans une autre affaire de proxénétisme, Daniel Boggia est lui-même abattu par des tueurs à moto le 19 novembre 1973[3].

Celui qui va progressivement émerger sur la scène marseillaise s'appelle Gaëtan Zampa, dit « Tany »[4]. Né le 1er avril 1933 dans la cité phocéenne, d'une famille d'origine napolitaine, le jeune Tany est monté à Paris en 1955. Il a fait ses armes avec les vétérans de la bande des Trois Canards, se rapprochant ensuite de Robert Blémant. En 1965, à Marseille, il est arrêté à la sortie de l'hôtel Méditerranée des Guérini. Accusé d'avoir participé à un hold-up commis à Marseille en 1961, il est condamné à quatre ans de prison.

Libéré en 1970, Tany côtoie Francis Vanverberghe, dit « le Belge » un autre jeune voyou marseillais, né le 3 mars 1946 dans le quartier de la Belle-de-Mai. Ensemble, ils veulent faire les quatre cents coups, notamment dans le trafic de stupéfiants, avec leurs amis Laurent Fiocconi et Jean-Claude Kella. Mais leur association tourne mal. Zampa et « le Belge », qui deviennent ennemis, déclenchent des

1. Dans le cadre de cette vendetta, Constantin Tramini a été grièvement blessé, en compagnie de Xavier Bianchini, frère du caïd niçois Angelin Bianchini, par un tireur embusqué, sur une plage d'Ajaccio, en septembre 1949.

2. Voir James Sarazin, *M... comme Milieu*, *op. cit.*, p. 288-289.

3. *Ibid.*, p. 291-302.

4. Sur Zampa, Imbert et Vanverberghe, voir Franck Renaud, *Le Nouveau Milieu*, *op. cit.*, p. 168 *sq.*, Jacques Derogy et Jean-Marie Pontaut, *Enquête sur les ripoux de la côte*, Fayard, 1991, ainsi que Elsa Hervy, « Les guerres du milieu dans le midi de la France, 1993 à 2000 », mémoire de recherche à l'Institut de criminologie, université Paris II-Panthéon Assas, 2002.

guerres sanglantes, jusqu'à la tuerie du bar marseillais Le Tanagra, le 31 mars 1973[1]. La police lance des interpellations dans toute la région. Zampa se réfugie en Italie. Appréhendé, « Francis le Belge » écope, en novembre 1973, d'une condamnation pour faux papiers. Avant de tomber, quelques mois plus tard, dans une des dernières affaires de la Corsican Connection, liée à la saisie du *Caprice-des-Temps*, avec l'un de ses « tuteurs » corses dans la drogue, Dominique Giudicelli, dit « Mimi »[2]. Condamné à quatorze années de prison, « le Belge » est à l'ombre pour un moment.

En 1975, Zampa rentre d'Italie, bien décidé à devenir le maître de Marseille. Il est à nouveau interpellé pour port d'armes illégal et passe huit mois en prison. « En réalité, de 1973 à sa mort en 1984, Tany vivra dans la peur d'être coincé, comme son ex-associé et ennemi "Francis le Belge", dans l'affaire de drogue du *Caprice-des-Temps*[3] », confie un de ses amis. Ces épisodes n'entameront pas ses ambitions. Le Marseillo-Napolitain s'imposera, face aux restes des équipes Guérini et à un autre dur à cuire, Jacky Imbert, dit « le Mat ».

L'étoile montante : Marcel Francisci

Si les jeunes voyous se déchirent à Marseille, de vieux combattants s'épient à Paris. Depuis 1967, Jean-Baptiste Andréani est évidemment affaibli par la disparition d'Antoine Guérini et par la vindicte vengeresse des amis de Blémant. Mais il redoute surtout l'ascension de Marcel Francisci. Déjà actionnaire du Grand Casino du Liban à Beyrouth, présent dans le River Club à Londres, cet homme d'affaires entreprenant a racheté à Lucien Barrière en novembre 1966 le Cercle Haussmann, rue de la Michodière (IIe), à Paris. Ses proches sont entrés en même temps au casino de Forges-les-Eaux, au Cercle de l'industrie et à l'Aviation Club d'Antoine Peretti. Il s'agit d'une véritable offensive en règle.

1. Ayant détourné une partie du paiement d'une livraison de drogue avancée par « Francis le Belge », soit 2,5 millions de francs, Joseph Lomini, dit « Jo le Toréador », aurait affirmé avoir agi pour le compte de Tany Zampa. Le clan du « Belge » décide alors d'éliminer ce dernier. Prenant les devants, le clan de Zampa assassine deux proches du « Belge », Robert Di Russo et Jean-Paul Bonello, le 5 septembre 1972. D'autres règlements de comptes suivent, à Marseille et en Corse, jusqu'à la tuerie du Tanagra, qui fait quatre morts le 31 mars 1973. Attribuée au clan du « Belge », elle visait à éliminer Lomini, qui n'avait pas été « réglo » dans cette histoire. Voir James Sarazin, *M… comme Milieu*, *op. cit.*, p. 305-307.

2. Voir plus loin le chapitre intitulé « La longue traque des filières corses ».

3. Entretien avec l'un des auteurs, octobre 2003.

Influent, Marcel Francisci est un businessman pressé, déterminé et redouté. Son parcours et ses ambitions ne doivent rien au hasard. Né le 30 novembre 1919 dans une famille modeste de Ciamannacce (Corse-du-Sud), Marcel Francisci a quatre frères – Jean, Xavier, Antoine, Roland – et une sœur – Félicia. Au lycée d'Ajaccio, avant guerre, il se lie d'amitié avec Jean Bozzi, futur député gaulliste, ainsi qu'avec Philippe Léandri, qui deviendra un de ses associés dans les jeux. Bac en poche, le jeune Marcel part sur le continent. Engagé en juillet 1939 dans un régiment de tirailleurs, il est fait prisonnier dans l'Oise en juin 1940, s'évade d'un camp de Béthune en 1941 et se réfugie en Corse avant de rejoindre l'Afrique du Nord. À Alger, il travaille aux préparatifs du débarquement dans l'entourage du général Giraud, où il croise des hommes des services secrets, dont Robert Blémant et Joseph Renucci.

Au sein d'une unité américaine, il participe ensuite au débarquement allié en Provence en août 1944, à la libération de Marseille, puis aux combats dans l'est de la France. Il n'est démobilisé qu'en septembre 1945, bardé de décorations : médaille militaire, croix de guerre, médaille des Évadés, croix du Combattant volontaire de la Résistance.

Officiellement, entre 1945 et 1947, il se retire en Corse pour s'occuper de ses « affaires de famille », selon sa propre version, retranscrite en 1969 dans un rapport policier établi à sa demande[1]. Mais il est arrêté à Marseille pour port d'armes en janvier 1946. Comme son ami Renucci, il s'engage au RPF, le parti gaulliste, dès sa création en 1947, se chargeant du service d'ordre pour protéger notamment le maire RPF de Marseille, Michel Carlini, aux côtés des Guérini lors des événements de novembre 1947.

L'année suivante, Marcel Francisci est de nouveau arrêté en possession d'un revolver. Il s'en servait, dira-t-il, pour accompagner des candidats RPF lors de leurs réunions électorales dans le Var, le Vaucluse ou les Bouches-du-Rhône. Les policiers écriront : « Des heurts fréquents avaient lieu avec des commandos opposants et, pour répondre aux attaques qu'ils subissaient avec des armes diverses, ses compagnons et lui-même se munissaient d'armes d'intimidation. Il précisait toutefois n'avoir jamais eu à en faire usage. »

1. « Enquête effectuée sur la personne de Marcel Francisci », entendu par la brigade criminelle, les 17 et 27 mars 1969, brigade de voie publique, section de synthèse. Les citations qui suivent sont tirées de ce rapport. Le document a été notamment reproduit dans Alain Jaubert, *D... comme Drogue*, *op. cit.*, p. 541-553, dans James Sarazin, *M... comme Milieu*, *op. cit.*, p. XCXC, et dans l'ouvrage collectif écrit par des journalistes de *Newsday*, *The Heroin Trail*, Signet, 1974, p. 134-142.

De 1948 à 1952, Marcel Francisci séjourne rue Molière, à Tanger. Il monte plusieurs affaires, dont une entreprise de construction et une société d'import-export, achetant, par exemple, du whisky et des cigarettes aux États-Unis pour les réexpédier vers la France. Interrogé en 1973 sur l'origine de sa fortune, il confiera à un journaliste du *Point* : « À Tanger, après la guerre, il y avait des bénéfices à réaliser grâce au contrôle des changes. Nous achetions du matériel et des produits de consommation en dollars et les revendions en francs. La marge bénéficiaire était confortable. On pouvait y ajouter le bénéfice du change. C'était parfaitement légal. Vous n'êtes pas contre le profit[1] ? »

En vérité, la police le soupçonne de participer à la vaste contrebande de cigarettes organisée par Joseph Renucci avec le parrain sicilien Lucky Luciano et le clan Guérini à Marseille. Marcel Francisci noue des liens étroits avec Dominique Venturi, alias « Nick », et Henri Codde, deux anciens résistants, proches de Gaston Defferre.

Mais Francisci n'habite pas en permanence au Maroc. Il est interpellé en avril 1951, avec un pistolet dans sa voiture, après une bagarre sur le champ de courses d'Auteuil. En février 1952, ce joueur forcené, déjà membre de plusieurs cercles parisiens, fait l'objet d'une mesure d'interdiction d'accès aux salles de jeu, prise par la Sûreté nationale à cause d'une escroquerie au casino d'Aix-en-Provence et de « ses relations avec la pègre[2] ». Inculpé dans une autre affaire, un trafic de piastres indochinoises, la même année, il bénéficie d'un non-lieu.

Après son mariage en France durant l'été 1952, Marcel Francisci retourne à Tanger. Quelques mois plus tard éclate l'affaire du bateau *Combinatie*, avec sa cargaison de cigarettes détournée par des pirates corses, puis revendue partiellement par Antoine Paolini, dit « Planche ». Francisci se range dans le camp des Renucci-Venturi contre Paolini, et devient l'un des amis de Jean Colonna, natif de Sartène[3].

Le 14 janvier 1953, le juge d'instruction Batigne, qui instruit l'affaire du piratage du *Combinatie*, délivre contre Francisci un

1. Rapporté dans un de ses rares entretiens, accordé à Jean-Marie Pontaut, « Francisci contre Bureau of Narcotics », *Le Point*, 14 mai 1973.

2. Mesure d'exclusion prise contre Marcel Francisci le 20 février 1952 à la demande du service « courses et jeux » de la Sûreté nationale. Rapporté dans James Sarazin, *M... comme Milieu*, *op. cit.*, p. 179.

3. Voir l'épisode du *Combinatie* dans le chapitre intitulé « Les Guérini, nouveaux parrains ».

mandat d'arrêt pour vol, complicité et recel. Marcel Francisci se présente devant le magistrat comme un honorable commerçant de Tanger, admet qu'il connaît tous les inculpés, dont Dominique Venturi et Antoine Paolini, et ressort avec un non-lieu. « Ce n'était pas lui qui avait approvisionné le bateau *Combinatie*, mais il aurait, disait-il, fort bien pu le faire, en ignorant que cette cargaison était destinée à la France[1] », rapporteront les policiers en 1969.

L'homme d'affaires de Tanger revient en Corse début 1953 pour y investir dans le domaine immobilier. Riche, il s'installe à Paris dans un bel appartement boulevard Suchet, roule en voiture américaine, fonde avec l'un de ses frères une société, Hygrotechnique (fabricant d'économiseurs d'essence), qui aura une vie éphémère, avant de se lancer dans la transformation de ferraille, le commerce des surplus militaires ou l'exploitation minière. Parallèlement, interdit de jeu en France, Marcel Francisci a pris des parts, dès 1953, dans la société du Grand Casino du Liban, à Beyrouth. Il s'est associé à l'homme d'affaires palestino-libanais Youssef Beidas, actionnaire de l'Intra Bank, qui accumulera les scandales financiers au cours des années 60. Dans la capitale libanaise, les trafiquants en tout genre – de femmes, d'alcool, de cigarettes, de drogue – se côtoient. Dirigeant le Grand Casino du Liban, Marcel Francisci les fréquente.

Déjà proche de Joseph Renucci à Tanger, des frères Venturi à Marseille et de Jean Colonna en Corse, Marcel Francisci a également des contacts avec François Spirito, Albert Bistoni, Jean-Baptiste Croce et Paul Mondoloni, que l'on a croisés au cœur de la Corsican Connection. Durant les années 50, les soupçons de ses liens avec les trafiquants de drogue prennent corps. Ils ne vont pas cesser de se multiplier[2].

---

1. « Enquête effectuée sur la personne de Marcel Francisci », *op. cit.*

2. Anecdote révélatrice : on se souvient que, lors de la saisie du laboratoire de Jo Césari, en octobre 1964, les policiers ont découvert dans la villa de ce chimiste en chef de la Corsican Connection un neveu de Marcel Francisci. Que faisait-il là ? Quelques mois auparavant, Antoine Francisci, l'un des frères de Marcel, a « enlevé » son fils unique des mains de son épouse Simone, tout en tirant quelques coups de feu sur l'ami de sa femme. Marcel Francisci a alors pris son neveu sous sa coupe, le cachant dans sa villa à Bougival, chez sa sœur Félicia à Ajaccio, sur le bateau de son frère Xavier, en attendant une décision d'un juge de Bastia qui retirerait la garde de l'enfant à sa mère. Mystérieusement, le jeune garçon se retrouve en pension chez Jo Césari en octobre 1964. Comme si ce dernier était un « homme de confiance » de la famille Francisci. Le journaliste Jacques Derogy a révélé cet épisode dans *L'Express* du 14 octobre 1968. Aussitôt après, il a été convoqué pour un entretien au Fouquet's avec Marcel Francisci, qui lui a reproché d'avoir été trop loin et recommandé fermement de ne plus recommencer, précisant que la présence de son neveu chez Césari était une « grosse erreur, pas de sa faute », la personne chargée de s'occuper de l'enfant l'ayant, dans son dos, placé chez le chimiste. Rapporté par Derogy aux journalistes de *Newsday* dans *The Heroin Trail*, *op. cit.*, p. 141.

Francisci soupçonné de trafic

Rappelons que Marcel Francisci ne sera jamais inquiété, ni poursuivi, ni condamné dans des affaires de drogue. Mais son nom est souvent mentionné par des rapports policiers, qui évoquent de manière plus ou moins précise son rôle présumé. Sans être exhaustifs, plusieurs documents témoignent de doutes et d'impasses judiciaires sur ce personnage, jugé important, entre 1959 et 1969.

En décembre 1959, par exemple, les commissaires français Gillard et Hugues, patrons de l'Office central des stupéfiants, écrivent, à propos des filières d'exportation d'héroïne vers les États-Unis : « Nous savons que les frères Venturi travaillent avec les frères Francisci. L'un de ces derniers, Marcel Francisci, propriétaire du Fouquet's, sur les Champs-Élysées, agit comme un homme de liaison avec un trafiquant libanais qui lui fournit de la morphine-base[1]. »

Un rapport de l'agent américain Anthony Pohl, à Marseille, daté du 11 septembre 1961, évoque quant à lui, sur la foi du tuyau d'un indicateur, une rencontre récente, près de Cros-de-Cagne, dans la région de Nice, entre des « trafiquants suspects », en l'occurrence François Spirito, Albert Bistoni et Marcel Francisci[2]. Spirito, l'ancien parrain de Marseille, est soupçonné de poursuivre des activités de trafic, et Bistoni de superviser un laboratoire clandestin près de Nice. Un autre agent, Paul Knight, basé à Paris, insiste quelques jours plus tard sur l'importance de cette réunion : « Si ces trois-là, avec leurs suites respectives, se mettent ensemble, nous aurons un groupe puissant et intelligent de criminels joignant leurs forces pour envoyer de l'héroïne aux États-Unis. » Il ajoute : « L'agent Pohl poursuit ses investigations sur Bistoni et autres dans la région de Marseille et de Cannes. J'essaie d'obtenir que la préfecture s'intéresse davantage à Jérôme Leca et aux Francisci. Le problème à Paris [...] est de trouver un indicateur qui est proche, ou qui puisse s'approcher de Francisci[3] [...]. »

Le rapport du Sénat américain de juillet 1964[4] désigne publiquement Marcel Francisci comme l'une des principales figures du milieu français, actif dans la drogue aux côtés de ses frères Jean et Xavier, de Dominique Venturi, de François Spirito, de Paul Mondo-

1. « Réponses et commentaires de MM. Gillard et Hugues », *op. cit.*

2. Mémo d'Anthony Pohl, « Meeting of known narcotic suspects », Marseille, 11 septembre 1961, National Archives.

3. Mémo de Paul Knight, « narcotic agent », Paris, France, 18 septembre 1961, National Archives.

4. « Organized crime and illicit traffic in narcotics », *op. cit.*

loni, de Gabriel Carcassonne. Avec ce commentaire lapidaire : « Organise la distribution en France de la morphine-base produite au Moyen-Orient. »

La note de l'agent Albert Garofalo du 13 juillet 1965[1], basée sur des écoutes des policiers français, situe Marcel Francisci dans le réseau de Jean-Baptiste Croce. Cette organisation serait très active, avec un laboratoire en Corse, des trafiquants entre Cannes et Nice et un conseil parisien puissant.

Enfin, le rapport de police rédigé en mars 1969, à la demande expresse de Marcel Francisci, pour blanchir sa réputation[2], explique que ce dernier est au courant des soupçons pesant sur lui. Lors de son audition, il « ne cachait pas savoir qu'il était considéré depuis fort longtemps comme l'un des chefs d'un réseau de trafiquants de stupéfiants ». Les auteurs poursuivent : « Il faut admettre que maints renseignements de police laissent entendre que, sur le plan judiciaire, il est considéré comme un individu fréquentant assidûment le milieu des trafiquants de drogue, de la prostitution et du racket. Il fait à ce sujet l'objet de surveillance de l'Office central pour la répression du trafic illicite des stupéfiants, bien que, jusqu'à ce jour, aucune preuve n'ait pu être relevée à son encontre. » Le document cite notamment des soupçons policiers remontant à 1949.

Le commentaire de l'intéressé, rapporté par les policiers, est le suivant :

> M. Francisci n'ignore pas ces assertions qui le touchent plus que toute autre suspicion. En effet, il est amené à se rendre fréquemment au Liban et redoute actuellement ces déplacements, hésitant, selon ses dires, à rechercher les personnes que ses intérêts au Grand Casino du Liban lui commandent, de peur de surveillances pouvant être interprétées différemment. Il conteste formellement sa présence en Indochine à une quelconque période de sa vie et nie avoir été mêlé, même de loin, à toute affaire de stupéfiants.

Pour lui, les rumeurs sur sa présence en Indochine seraient dues à une confusion avec des homonymes, dont un certain Bonaventure Francisci, pilote d'avion et trafiquant actif en Indochine[3].

1. « Clandestine laboratories and narcotic organisations operating at France », *op. cit.*
2. « Enquête effectuée sur la personne de Marcel Francisci », *op. cit.*
3. Bonaventure Francisci existe bel et bien, comme nous le verrons dans le chapitre intitulé « Des barbouzes dans l'ombre du pouvoir ». Mais, contrairement à ce qu'affirme Marcel Francisci, il n'y a jamais eu de confusion entre lui et ce Bonaventure dans les rapports français ou américains.

Les policiers achèvent cependant leur rapport sur une note prudente : « En résumé, il n'est donc pas possible, au vu des renseignements recueillis tant à la préfecture de police qu'au fichier central de la police nationale, de dire que Marcel Francisci soit, à un moment quelconque, impliqué dans de telles affaires. Toutefois, seul l'Office central serait en mesure d'indiquer si des charges sérieuses peuvent être relevées à son encontre. »

Encore plus circonspects, ils ajoutent :

> Il est évident que les associations criminelles se livrant au trafic de stupéfiants dans le monde sont financées toujours par des personnes disposant de grosses disponibilités et qui, restant toujours dans l'ombre, en tirent des bénéfices substantiels. Peut-on conclure que Marcel Francisci puisse être considéré comme tel ? Seules les origines des renseignements diffusés pourraient être en mesure d'affirmer ou d'infirmer ces assertions.

Marcel Francisci tentera sans relâche de corriger cette mauvaise réputation, qu'il attribuera aux seuls Américains, alors que les autorités françaises partageaient les mêmes soupçons et fournissaient aux agents américains l'essentiel de leurs renseignements. Il attaquera les principaux journaux qui mentionneront ces allégations policières[1].

Une nouvelle vendetta Andréani-Francisci

Marcel Francisci est désormais un homme d'affaires prospère. Après quelques années entre Beyrouth et Paris, il est devenu en 1963 actionnaire de la Compagnie européenne de matériel et des chantiers navals de La Ciotat avec ses amis libanais de l'Intra Bank. Il dément contrôler le Fouquet's, le célèbre bar-restaurant sur les Champs-Élysées à Paris, mais il y reçoit presque tous les jours et « il s'y comporte comme l'un des propriétaires », notent les policiers.

Son expérience à la tête du Grand Casino du Liban le conduit surtout à s'intéresser de plus en plus au monde des jeux parisiens. En octobre 1961, il a réussi à obtenir la levée de l'interdiction d'accès aux cercles qui le frappait depuis 1951, probablement avec l'aide de ses amis au ministère de l'Intérieur. Son entrée en force, en octobre 1966, dans le Cercle Haussmann avec son associé libanais Youssef

1. Voir plus loin le chapitre intitulé « La fin d'une génération ».

Khaïda n'est évidemment pas du goût du patron du Grand Cercle, Jean-Baptiste Andréani, l'ancien allié des Guérini. Pour déloger l'envahissant Francisci, Andréani refuse l'aide que lui offrent les truands pieds-noirs, préférant se rapprocher des gros bras des frères Panzani[1]. Une nouvelle guerre des jeux est déclenchée.

De vrais « tontons flingueurs » sont sur le pont. Le 16 décembre 1967, deux poseurs de bombe maladroits, Noël Renucci et Roger Moracchini, des Corses connus des services de police et inscrits au Grand Cercle, sont tués dans l'explosion de la charge qu'ils viennent installer contre le portail de la villa de Marcel Francisci, à Bougival. « Rien de mes activités professionnelles ou politiques ne peut expliquer cela », commente ce dernier. En réplique, le 17 janvier 1968, le gorille d'Andréani, Antoine Alfonsi, est blessé à Ajaccio par des coups de revolver. L'un de ses lieutenants est également visé.

Le 21 juin 1968, toujours à Ajaccio, après la dernière réunion électorale du candidat gaulliste aux législatives, Jean Bozzi, ce sont les trois frères, Marcel, Roland et Xavier Francisci, qui sont visés par plusieurs rafales devant le café Wagram. Ils s'en sortent saufs, mais on dénombre un mort et six blessés dans la rue. Enquête faite, le profil d'un des huit agresseurs semble correspondre à celui d'Alfonsi. Et les voitures dans lesquelles les agresseurs se sont enfuis sont identifiées. Il s'agit de deux Peugeot, achetées quelques jours plus tôt à Bastia par deux proches du patron du Grand Cercle.

La tension monte d'un cran. Le 3 septembre 1968, un restaurateur proche des auteurs de l'attentat commis contre la villa de Marcel Francisci est abattu en Corse. Le 3 octobre, Francis Andréani et Toussaint Giovanelli, deux des participants présumés à la fusillade d'Ajaccio contre les frères Francisci, sont arrêtés, à l'heure de l'apéritif, dans le café La Musardière, avenue Carnot à Paris, par de faux policiers. Ceux-ci les menottent le long de la palissade du chantier du RER et les exécutent de dix balles de 11,43 chacun. Commentaire du journaliste Jacques Derogy après ces tueries de petits voyous : « Les vrais caïds se contentent de faire des avances de fonds et de percevoir leur dîme sur chaque verre, chaque passe, chaque plaque de jeu. Ce

---

1. Le frère aîné, Jacques Panzani, né le 10 janvier 1924 à Nice, condamné en 1947 pour recel, est gérant du bar Laetitia, près de l'église Notre-Dame-de-Lorette, à Paris. Son frère Xavier Panzani, né le 29 mars 1926 à Nice, condamné pour trafic de stupéfiants et détention d'armes en 1953, membre du « gang du Maréchal », auteur présumé d'une tentative de vol des recettes des magasins du Louvre en décembre 1966, est un personnage influent du milieu parisien. Le 2 février 1975, une fusillade, attribuée au clan des Zemmour, a lieu dans le bar Laetitia des frères Panzani, laissant un mort et quatre blessés à terre, dont Xavier Panzani. Voir James Sarazin, *M... comme Milieu*, *op. cit.*, p. 247.

sont des hommes d'affaires, des financiers, des messieurs décorés, aux mains blanches et au casier judiciaire irréprochable, qui planent à cent coudées au-dessus de la pègre. Ils tirent leurs revenus du vice des autres. Et savent vivre vertueusement. En dépit des accidents[1]. »

En vérité, la police se demande si les Zemmour, qui se sont rapprochés de Marcel Francisci, ne jouent pas un rôle dans ses règlements de comptes. Natifs de Sétif, en Algérie, arrivés à Paris en 1955, les cinq frères Zemmour, juifs pieds-noirs, ont commencé leur ascension dans le milieu de la capitale, écartant le clan Perret, qui a fui vers l'Espagne[2]. Ils imposent leurs lois sur la prostitution de Pigalle, extorquent des fonds et réinvestissent dans un Eros Center à Francfort ou dans l'immobilier à Paris. Ils rêvent de bousculer un peu les Corses pour entrer dans le monde des jeux. Soupçonnés d'avoir téléguidé le meurtre de Francis Andréani et de Toussaint Giovanelli, les Zemmour semblent vouloir entraîner Francisci dans une bagarre commune contre Jean-Baptiste Andréani[3]. Quelques jours après les exécutions de l'avenue Carnot, trois autres proches d'Andréani tombent sous les balles de tueurs non identifiés.

Clan contre clan, tueurs juifs pieds-noirs contre Marseillo-Corses : la guerre des jeux parisiens exaspère le ministre de l'Intérieur, Raymond Marcellin. Après ce dernier carnage, de vastes opérations de police, avec perquisitions et arrestations, sont déclenchées le 25 octobre 1968 dans les cercles de jeu, ainsi qu'aux domiciles de Marcel Francisci et Jean-Baptiste Andréani. Ces deux derniers sont placés en garde à vue et se voient exclus des salles parisiennes. Pour eux, ce sont des mesures imparables et, si elles ne sont pas levées rapidement, radicales[4]. De plus, le ministère de l'Intérieur retire l'agrément de la direction des jeux du Cercle Haussmann, où des armes et des munitions ont été découvertes jusque dans la chasse d'eau des toilettes.

---

1. Jacques Derogy, « Dix ans de vendetta et de coïncidence », art. cité.

2 bis. Voir Roger Le Taillanter, *Les Derniers Seigneurs de la pègre*, Julliard, 1986.

3. Un temps alliés à Marcel Francisci, les Zemmour se retourneront contre lui en 1982. Entre-temps, ils affrontent directement le gang dit des Siciliens, formé en réalité de dissidents de leurs propres rangs et de truands lyonnais (dont Roger Bacry, Jean-Claude Vella, Marcel Gauthier) qui veulent les entraîner dans le trafic de drogue. Leur guerre sanglante, motivée également par des conflits de territoire sur la prostitution, laisse une trentaine de morts sur le pavé, jusqu'à la fusillade du bar du Thélème, dans lequel, le 28 février 1975, les policiers de l'antigang assiègent les Zemmour. William Zemmour sera tué, ainsi que son garde du corps Joseph Elbaz. Edmond et Edgard Zemmour seront blessés. Voir Jacques Derogy, *L'Express*, 10 mars 1975, « La brigade anti-quoi », et Roger Le Taillanter, *Les Derniers Seigneurs de la pègre*, *op. cit.*

4. « C'était la seule méthode et elle a été efficace », commentera Raymond Marcellin. Propos rapportés par Véronique Brocard dans *Libération*, 18 janvier 1982.

S'il veut recouvrer son agrément, Marcel Francisci doit donc montrer patte blanche. C'est la raison pour laquelle il demande, en mars 1969, à être entendu par les policiers afin que soit établi le rapport que nous avons déjà mentionné[1].

> Il s'est soumis volontiers à cet examen de situation qu'il avait souhaité aux fins de circonstancier la demande gracieuse adressée au ministère de l'Intérieur pour que la mesure de retrait d'agrément puisse être utilement réexaminée, rappellent les policiers. Très volubile et courtois, il a expliqué, de façon adroite et susceptible de convaincre, certaines affaires dont l'origine pouvait lui être imputée, soit par le milieu auquel appartenaient les victimes, soit par les relations qu'il pouvait avoir avec certains suspects. Il s'est évertué à se présenter comme la victime constante de Andréani Jean-Baptiste.

Quelques mois plus tard, le 15 septembre 1969, la mesure administrative d'exclusion des salles frappant Francisci et Andréani est levée. Sous la pression du ministère de l'Intérieur, les deux rivaux signent l'armistice. Et, fin 1969, Marcel Francisci dépose une nouvelle demande d'agrément pour diriger son cercle, qui finit par être acceptée[2]. La guerre des jeux s'achève par un statu quo.

Des amis puissants au pouvoir

Pour reprendre les rênes de son Cercle Haussmann, Francisci aurait reçu le concours de ses amis corses, Jean Bozzi et Alexandre Sanguinetti, qui ont quitté le ministère de l'Intérieur pour des postes de députés. Depuis l'arrivée au pouvoir du général de Gaulle en 1958, Marcel Francisci n'a cessé d'être un fidèle soutien des gaullistes.

Pilier du service d'ordre du RPF, militant actif de l'UNR puis de l'UDR, Marcel s'occupe notamment des campagnes électorales en Corse. Il se présente lui-même en octobre 1967 aux élections cantonales à Zicavo, en Corse-du-Sud. Son rival, le candidat socialiste Xavier Renucci, est soutenu par un autre Corse influent natif du canton, Antoine Peretti, propriétaire de l'Aviation Club à Paris. Francisci, qui ne veut pas se fâcher avec Peretti, son associé dans les

1. « Enquête effectuée sur la personne de Marcel Francisci », *op. cit.*
2. Voir notamment James Sarazin, *M… comme Milieu*, *op. cit.*, p. 193-195.

jeux, convient de lui laisser « carte blanche » pour soutenir le candidat de son choix à Zicavo.

Marcel Francisci emporte le siège de conseiller général. Le perdant proteste contre de possibles fraudes. Le scrutin est annulé début décembre 1967 par le tribunal administratif de Nice, avant d'êrte validé par le Conseil d'État.

Pendant cette période de contentieux, le climat se dégrade entre les clans Peretti et Francisci. Selon ce dernier, c'est à ce moment que son rival parisien Andréani, qu'il juge « machiavélique » aurait ordonné l'explosion de sa villa à Bougival – qui se solde, rappelons-le, le 16 décembre 1968, par la mort des deux poseurs de bombe. Pour Marcel Francisci, cet attentat, « s'il avait réussi, aurait laissé dans l'esprit [de ses] amis la certitude qu'il avait été dirigé par Peretti. Vingt millions auraient été donnés par Andréani, aux deux exécutants. Du même coup, comptant sur des représailles possibles du clan Francisci, il se débarrassait de Francisci et de Peretti[1] ».

Rien ne prouve que cette version soit la bonne. Mais les intentions prêtées à Andréani, qui chercherait à profiter d'une querelle locale entre Peretti et Francisci pour les affaiblir l'un l'autre, témoignent de la suspicion extrême régnant entre chefs de clan corses. Elles révèlent aussi à quel point la sphère d'influence de Marcel Francisci repose sur un savant dosage d'intérêts financiers, de relations personnelles et de tactiques électorales. Ses positions dans la sphère des jeux comme sur le terrain politique lui valent visiblement de solides jalousies.

Il est vrai qu'il connaît du monde dans les allées du pouvoir gaulliste. Son passé de résistant lui assure l'amitié de Jacques Chaban-Delmas ou de Pierre Guillain de Bénouville, mais aussi de bons rapports avec Achille Peretti, l'ancien dirigeant de la Sûreté nationale, maire de Neuilly-sur-Seine de 1947 jusqu'à sa mort en 1983, député depuis 1958, et qui occupera la présidence de l'Assemblée nationale de 1969 à 1973. On l'a vu, au cabinet du ministre de l'Intérieur Roger Frey, Jean Bozzi et Alexandre Sanguinetti veillent au grain entre 1961 et 1967. Il n'y a, évidemment, aucun délit dans ces fréquentations. Marcel Francisci obtient légalement ses autorisations et n'a que des dossiers en ordre. Mais ses intérêts se trouvent naturellement favorisés par ces proximités politiques. Les coups de téléphone sont plus directs, les informations plus vite échangées, les services rendus plus rapides.

---

1. Version de Marcel Francisci, rapportée dans « Enquête effectuée sur la personne de Marcel Francisci », *op. cit.*

Il peut aussi compter sur la complicité de Paul Comiti, garde du corps du général de Gaulle à l'Élysée, qui a pris les rênes du Service d'action civique, créé en 1958 pour succéder au service d'ordre du RPF, auquel contribua naguère Marcel Francisci. Dans la région marseillaise, le SAC est animé par Charles Pasqua, un autre de ses amis.

Ensemble, tous ces Corses constituent un réseau « branché » sur le pouvoir. Comme ils s'activent en coulisses pour défendre et soutenir le régime gaulliste, ils forment sa garde rapprochée. Certains d'entre eux vont même plus loin, utilisant des officines parallèles et des « barbouzes » pour de basses besognes. Parmi eux, des truands corses, jouant de ces couvertures officieuses, en profitent pour trafiquer et mener leurs affaires en toute impunité. Après l'insuffisance des moyens dévolus à la traque des filières corses de la drogue et les influents réseaux de certains parrains, ces services rendus dans l'ombre du régime constituent la troisième raison qui semble protéger le milieu corse de toute attaque frontale durant ces années de gaullisme triomphant.

Chapitre 7

Des barbouzes dans l'ombre du pouvoir

Visage épais, corps trapu, une image de dur à cuire, Ange Simonpiéri, né le 30 mai 1914 à Piana (Corse-du-Sud), a tous les attributs de la barbouze. Et il va endosser naturellement ce rôle fait sur mesure. Embauché en 1961 par l'avocat gaulliste Pierre Lemarchand, qui recrute discrètement des truands pour lutter contre l'OAS, l'organisation des ultras de l'Algérie française, Ange Simonpiéri passe quelques mois à Alger. Depuis leur quartier général, les « barbouzes » exécutent de basses œuvres pour le compte des gaullistes. Puis Ange revient à Paris et continue de traquer les rebelles de l'OAS jusqu'à l'arrestation de leurs principaux chefs, au printemps 1962.

Ce combat terminé, Simonpiéri devient le garde du corps de Pierre Lemarchand, candidat gaulliste aux élections législatives dans l'Yonne en novembre 1962. Une fois celui-ci élu, son porte-flingue s'installe à ses côtés, à Marsangy. Il possède également une carte de membre du Service d'action civique (SAC), véritable officine parallèle du pouvoir, qui lui sert de sésame en cas de problèmes. Il sait qu'il peut faire ce qu'il veut car ses « amis » haut placés n'auront aucun mal à étouffer une affaire ou à classer un dossier.

Fort des services rendus et de son appartenance au SAC, Ange Simonpiéri, déjà condamné en 1941 et 1946 pour trafic et vol de stupéfiants, se lance alors pendant plusieurs années, sous le pseudonyme de « Small », dans la contrebande d'héroïne, avec quelques complices au sein de la Corsican Connection et dans les banques suisses. En septembre 1969, deux passeurs arrêtés aux États-Unis avouent qu'ils ont pris livraison de leur héroïne dans la villa de Simonpiéri. Un juge suisse veut l'entendre. À Paris, une autre information judiciaire est ouverte, conduite par le juge Gabriel Roussel. Tandis que ses complices sont condamnés, son cas est disjoint, officiellement pour raison de santé.

Car les mandats d'arrêt délivrés contre Simonpiéri ne sont pas exécutés. Réfugié auprès de sa famille dans le village de Pila-Canale, en Corse-du-Sud, fief de l'influent député gaulliste Jean Bozzi et du caïd Jean Colonna, Ange Simonpiéri affirme être cloué au lit par une grave affection cardiaque doublée de complications. Chaque fois que les gendarmes viennent pour l'arrêter, il fournit des certificats médicaux attestant qu'il ne peut pas bouger.

Il faudra attendre la fin août 1971 pour que le ministre de l'Intérieur, Raymond Marcellin, se fâche. Une équipe des stups est dépêchée en Corse pour ramener Simonpiéri. « Lorsque nous sommes arrivés pour l'interpeller, il était dans le fond de son lit avec des perfusions, raconte l'un des policiers. À ses pieds, un médecin le jugeait encore intransportable. Nous avons dû le conduire à l'hôpital d'Ajaccio pour faire des examens. Mais il a fini par être expédié à Paris[1]. » Simonpiéri écopera, en juillet 1972, de cinq ans de prison.

Aux frontières du monde de la barbouzerie et de la Corsican Connection, le destin du capitaine Michel-Victor Mertz mérite également qu'on s'y arrête[2]. Résistant chevronné et membre des services secrets (SDECE), Mertz est chargé en 1961 par le colonel Barberot et le colonel Fourcaud d'une mission de noyautage de l'OAS. Il réussit ainsi à déjouer un attentat contre le général de Gaulle, ce qui lui vaut une vive reconnaissance en haut lieu, notamment de la part d'Alexandre Sanguinetti, conseiller du ministre de l'Intérieur Roger Frey. Parallèlement, Mertz a épousé la fille adoptive de Charles Martel, un riche propriétaire de maisons closes, ami de Carbone et Spirito avant guerre, qui trafique dans l'héroïne avec l'ancien truand collabo Joseph Orsini. Associé à Achille Cecchini, l'espion Michel-Victor Mertz participe au réseau d'Orsini qui expédiera 2 tonnes d'héroïne aux États-Unis entre 1962 et 1968.

En décembre 1965, les agents du Bureau des narcotiques interpellent à Columbus (Géorgie) un passeur qui s'apprêtait à recevoir un réfrigérateur contenant 95 kilos d'héroïne, destinés à un ami américain de Mertz. Trois Français sont appréhendés dans la foulée : Jean Nebbia, Louis Douheret et Nonce Luccarotti, un neveu de Joseph Orsini. Douheret affirme que les organisateurs de leur réseau sont notamment Michel-Victor Mertz et Achille Cecchini. Ces accusations

---

1. Entretien avec l'un des auteurs, septembre 2003.
2. Voir notamment *The Heroin Trail*, *op. cit.*, p. 109-119.

seront confirmées par Nebbia et Luccarotti. Douheret met également en cause Paul Mondoloni et Marcel Francisci.

Cecchini, sur qui les soupçons s'accumulent depuis des années, est arrêté le 5 mai 1966 par la police française. Quelques jours après cette interpellation, un informateur marseillais donne aux agents américains des « tuyaux » complémentaires. Selon lui, Cecchini prendrait ses ordres auprès de Nick et de Jean Venturi, et serait lié à Henri Codde, alias « Riquet ». Ensemble, ils feraient tourner un laboratoire dans la région des Lucs. Les frères Venturi et Henri Codde, proches du maire de Marseille Gaston Defferre, figurent depuis des années dans les dossiers du Bureau des narcotiques comme des suspects, sans que rien de précis ait jamais été retenu contre eux. Réinterrogés à leur sujet par les agents américains, les policiers français de Marseille affirment que leurs propres dossiers « corroborent » les informations fournies par l'indic[1]. Mais ils ne vont pas plus loin[2].

Achille Cecchini, qui est également membre du SAC, est remis en liberté provisoire en février 1967. L'espion du SDECE, le capitaine Michel-Victor Mertz, lui, n'est pas inquiété avant novembre 1969. Le tribunal de Paris le condamnera, le 5 juillet 1971, à cinq ans de prison, avec quelques complices. Toutefois, Mertz aurait été libéré dès 1973. De son côté, Achille Cecchini, officiellement malade, bénéficiera d'un non-lieu en mars 1972. Quant à Mondoloni et Francisci, les soupçons les concernant s'évaporeront.

Passés troubles, basses besognes, appuis politiques, laxisme judiciaire : les cas d'Ange Simonpiéri ou de Michel-Victor Mertz et de son complice Achille Cecchini ne sont pas uniques. Durant les années 60, certains voyous semblent bien intouchables. L'époque, il est vrai, est celle des ultimes secousses algériennes, du putsch des généraux, des attentats de l'OAS, des contestations étudiantes, des coups tordus du SDECE et des scandales immobiliers.

Le régime gaulliste craint en permanence une déstabilisation politique. Pour se prémunir, il s'appuie sur une Constitution solide et un président charismatique. Mais il compte aussi, plus discrètement, sur une armée de gros bras pour mener ses campagnes, sur une véritable police parallèle composée de militants et de repris de justice, sur des voyous prêts à toutes les manœuvres pour obtenir des

1. Mémo de Robert J. De Fauw, « narcotic agent, Marseille, May 23, 1966 : Information received from D. relative to the alleged operation of a clandestine laboratory at Marseille, France », National Archives.

2. Rappelons que les frères Venturi et Henri Codde n'ont pas été inculpés ni condamnés pour trafic de stupéfiants.

gages de tranquillité. Le milieu corse, qui a toujours su naviguer selon les vents politiques, est l'un des principaux bénéficiaires de ces protections inavouables.

Du trafic d'opium en Indochine avec le SDECE

Les coups de main au régime n'ont pas commencé avec le retour au pouvoir du général de Gaulle, en 1958. Depuis des décennies, les caïds corses s'activent dans l'ombre pour épauler les services secrets et les hommes politiques. Dans la Résistance et à la Libération, puis lors des tensions nées de la guerre froide, certains d'entre eux, on s'en souvient, se sont mêlés aux professionnels de l'action clandestine et du contre-espionnage. Ensemble, ils ont souvent franchi les barrières, s'aventurant vers cette zone grise où tout semble permis. À l'inverse, des policiers et des agents secrets sont venus naviguer dans les eaux troubles du droit commun et des trafics plus ou moins légaux.

Au milieu des remous de la IVe République, ces liens s'approfondissent encore, notamment à l'occasion des conflits de la décolonisation. Ainsi, durant la guerre d'Indochine, le contre-espionnage organise un trafic clandestin de drogue, pour financer ses opérations secrètes, avec l'aide de truands corses.

Le corps expéditionnaire français, engagé depuis 1945 dans une longue guerre contre le Viêt-minh, est alors dirigé par les généraux Jean de Lattre de Tassigny et Raoul Salan. Partisan d'une contre-guérilla sur plusieurs fronts, le SDECE décide, en 1950, de passer des accords avec des tribus des collines, principalement les Méos, afin qu'elles harcèlent l'ennemi viêt-minh. Ces « forces supplétives », composées de près de 40 000 maquisards, qu'il faut armer, sont encadrées par le Groupement de commandos mixtes aéroportés (GCMA) du lieutenant-colonel Edmond Grall, assisté du commandant Roger Trinquier. Elles multiplient les raids, sabotages et assassinats de rebelles, avec l'aval de l'état-major de Salan et du SDECE.

Toutes ces opérations clandestines coûtent cher. Entre 1951 et 1954, le responsables du SDECE à Saigon, le colonel Maurice Belleux, met au point le trafic d'opium pour aider ses alliés à travers l'« Opération X »[1]. Achetée aux Méos, la récolte annuelle de pavot

1. Cette « Opération X » est racontée en détail par Alfred McCoy, dans *La Politique de l'héroïne en Asie du Sud-Est, op. cit.*, p. 114-133. Voir également Roger Faligot et Pascal Krop, *La Piscine*, Seuil, 1985, p. 117-125. Le colonel Trinquier a décrit l'action des GCMA dans *Les Maquis d'Indochine*, Albatros, 1976.

est transportée par le GCMA, en avion, du Laos jusqu'à un terrain militaire secret près de Saigon. La marchandise est écoulée avec l'aide des bandits des fleuves, les Binh Xuyen, dont le capitaine Antoine Savani, un Corse du 2e bureau militaire, s'assure le ralliement. Une partie de l'opium est ensuite revendue aux contrebandiers chinois ou aux trafiquants corses, très bien implantés dans la région, qui la dirigent vers la Chine ou vers les laboratoires de Marseille.

En menant une enquête en 1952, un colonel de la Sécurité militaire découvre une tonne d'opium dans un entrepôt du GCMA. Son patron, le lieutenant-colonel Grall, est officiellement mis aux arrêts de rigueur, tandis que la marchandise est saisie. Mais son adjoint, Roger Trinquier, qui prend sa succession en mars 1953, poursuit ce trafic, toujours couvert par Salan.

Amateur de jeux et d'argent, l'empereur Bao Dai, chef de l'État du Viêt-nam depuis 1949, touche lui-même des commissions sur ce commerce illicite, ce qui lui permet d'avoir un train de vie confortable et de séjourner souvent sur la Côte d'Azur[1]. En avril 1954, par exemple, Bao Dai et son épouse, en villégiature à Cannes, effectuent une courte visite à Ajaccio afin de visiter une propriété qu'ils envisagent d'acheter en bord de mer, au lieu-dit Isolella. Le couple impérial est accompagné par un de ses amis natif d'Ajaccio, Mathieu Franchini. Arrivé en Indochine en 1924, propriétaire de l'hôtel Continental, l'établissement le plus sélect de Saigon, il est alors considéré comme un des piliers de la communauté corse de la ville. Il est aussi l'un des conseillers de l'empereur et des Binh Xuyen qui prospèrent dans le trafic[2]. « Ce voyage en Corse avait un caractère purement privé et la famille impériale tenait à conserver l'anonymat[3] », note un rapport des Renseignements généraux après cette visite insolite. Un mois après, en mai 1954, le corps expéditionnaire français subit une humiliante défaite militaire à Diên Biên Phu et les négociations de

1. Voir Alfred McCoy, *La Politique de l'héroïne en Asie du Sud-Est*, *op. cit.*, p. 142.

2. *Ibid.*, p. 146. Une assertion démentie par son fils, Philippe Franchini : « Mon père, Mathieu Franchini, était d'abord un homme de relations, il connaissait tout le monde à Saigon. Dès qu'un Corse, honnête ou pas, arrivait en ville, il venait au Continental. Du coup, on a pris mon père pour un homme riche ou un trafiquant, ce qu'il n'était pas, puisqu'il n'a laissé que des dettes. Ma famille était apparentée à celle de l'impératrice et mon père connaissait bien Bao Dai. Il lui a prêté de l'argent, peut-être lui servait-il aussi d'homme de paille, mais il est resté très secret. Il a quitté Saigon en 1955, laissant l'hôtel à un gérant jusqu'en 1965, puis j'ai repris les rênes de l'hôtel jusqu'en 1972. » Entretien avec l'un des auteurs, 20 octobre 2003.

3. Note blanche des RG, 26 avril 1954, « Objet : du récent séjour de l'empereur Bao Dai en Corse ».

paix commencent à Genève. Le régime du richissime Bao Dai sera bientôt renversé et Mathieu Franchini quittera l'Indochine.

Arrivant à Saigon, la CIA essaie de soutenir le nouveau Premier ministre Ngô Dinh Diêm, qui prend le pouvoir en octobre 1955, dans sa lutte pour évincer les Binh Xuyen et les Corses du trafic d'opium. Mais l'agence américaine va rapidement se convertir aux mêmes techniques de contre-guérilla et avoir recours à des réseaux similaires pour mener sa guerre du Viêt-nam[1]. Des aventuriers corses restés dans la région participeront à ce commerce, notamment à travers de petites compagnies aériennes baptisées « Air Opium », capables de transporter la marchandise du Laos jusqu'à des aérodromes contrôlés par la compagnie Air America de la CIA, ou jusqu'aux ports de Thaïlande et d'Indochine.

Un pilote dénommé Paul-Louis Levet, basé à Bangkok, lié aux réseaux marseillais de la Corsican Connection, organisera ainsi des dizaines de convoyages et poursuivra ses activités jusque dans les années 70. Né le 16 août 1917 à Cauro (Corse-du-Sud), le truand Bonaventure Francisci, alias « le Roc », installé à Saigon puis à Vientiane, créera en 1958 la société Air Laos Commerciale. Grâce à des protections au plus haut niveau parmi les militaires laotiens et vietnamiens, il rayonnera dans toute la région jusqu'en 1965[2].

Aux côtés de la Main rouge au Maroc

Durant les années 50, d'autres figures de la pègre s'activent dans les coulisses de la décolonisation, notamment au Maroc. Joseph Renucci, l'ancien caïd corse de Marseille, roi de la contrebande de cigarettes et de drogue, est de ceux-là. Installé à Casablanca depuis

1. Voir notamment le rôle clé d'Edward Lansdale et de Lucien Conein, de la CIA, dans Alfred McCoy, *La Politique de l'héroïne en Asie du Sud-Est*, *op. cit.*, ainsi que dans Joseph Trento, *The Secret Story of the CIA*, Forum, 2001, p. 329 *sq.*, et dans John Prados, *President's Secret Wars*, Ivan R. Dee, 1996, chapitre XIV.

2. Bonaventure Francisci subira quelques à-coups à la suite de dénonciations de certains de ses rivaux, arrêtés par la police. Parmi ceux-là, Gérard Labenski et François Mittard, arrêtés en 1960 à Saigon, avec 230 kilos d'opium, passeront deux ans en prison et livreront quelques secrets au Bureau des narcotiques. Selon des rapports du Bureau à Bangkok, Labenski aurait repris le trafic d'or, depuis le Laos, avant d'être à nouveau emprisonné. Mittard se serait réactivé dans le trafic d'opium avec Michel Libert, l'associé de Paul-Louis Levet, à partir du Laos et de la Thaïlande. Levet et Libert seront toujours soupçonnés par les Américains de conserver des liens en Europe, au milieu des années 70, notamment avec le Corse Jean-Baptiste Giansily, dit « Jeannot de Bangkok », qui tombera dans le réseau de Jean-Jé Colonna en 1975 (voir plus loin le chapitre intitulé « L'ascension de Jean-Jé Colonna »). Archives privées.

l'affaire du *Combinatie*, en 1952, qui a provoqué de sanglantes vendettas, Renucci se fait discret, craignant des représailles. Mais, entouré de gardes armés de mitraillettes, il poursuit ses activités, comme représentant du parrain sicilien Lucky Luciano. Il a aussi gardé des liens avec les services secrets, où il officiait, pendant la guerre, entre Alger et Marseille[1].

À Casablanca, Renucci fréquente ainsi le policier Antoine Méléro, qui fait office d'homme de main du SDECE, ou encore Alexandre de Marenches, « honorable correspondant » du SDECE au Maroc et futur patron des services secrets sous Pompidou. Soupçonné d'organiser des trafics d'armes, notamment pour le compte de l'Istiqlal, l'un des partis nationalistes les plus virulents, Renucci est contacté par une mystérieuse organisation contre-terroriste, la Main rouge. Celle-ci lui demande d'éliminer Jacques Lemaigre-Dubreuil, administrateur des huiles Lesieur, patron libéral du journal *Maroc-Presse*, supposé proche de l'Istiqlal. Renucci refuse de s'en charger lui-même, laissant la Main rouge agir seule. Lemaigre-Dubreuil est abattu par deux rafales de mitraillette, tirées d'une traction avant, le soir du 11 juin 1955, à Casablanca.

Envoyé pour tenter d'y voir clair dans cette histoire, Roger Wybot, patron de la Direction de la surveillance du territoire (DST), rencontre secrètement Jo Renucci dans l'arrière-salle d'une petite auberge. Il demande au « parrain » corso-marseillais un tuyau pour éclairer sa lanterne, menaçant de le faire expulser du Maroc s'il ne lui lâche rien. « Ne faites pas cela ! rétorque Renucci. Nous ne nous sommes jamais combattus dans le passé, vous le savez bien. Vous connaissez mes sentiments patriotiques. »

Wybot commentera dans ses Mémoires : « Ce coup de la patrie, ils finissent toujours par le faire un jour ou l'autre, qu'ils s'appellent Jo Attia, Guérini, Renucci. Chaque fois qu'ils se sentent un peu acculés, ils arguënt de la France, de la déportation, de la Résistance, ou encore de la lutte contre le FLN et souvent de services réellement rendus, comme alibis[2]. » Le directeur de la DST n'arrachera à Jo Renucci qu'une vague piste sur l'assassinat de Lemaigre-Dubreuil, qui aurait été victime d'une conjuration de truands et de policiers décidés à éliminer un « bradeur du Maroc ».

---

1. Au Maroc, l'un des principaux lieutenants de Renucci n'est autre que l'ancien garde du corps du général Giraud, le lieutenant de vaisseau de réserve Hubert Viret, qui a naguère connu Robert Blémant et Roger Wybot.

2. Philippe Bernert, *Roger Wybot et la bataille pour la DST*, *op. cit.*, p. 386. Wybot, à la DST, n'est pas au courant de tout ce que fait le SDECE et n'apprécie pas forcément ses opérations.

Le policier n'en saura pas plus. En mars 1957, un voyou dénommé Louis Damiani, arrêté lors d'un hold-up, rue Vivienne à Paris, s'accusera du meurtre de Lemaigre-Dubreuil en désignant deux complices présumés, le policier Antoine Méléro et l'homme de main André Congos. Interpellés et confrontés, Méléro et Congos s'en sortiront avec des non-lieux, les déclarations de Damiani étant incohérentes.

En réalité, derrière la Main rouge, pseudo-organisation de colons ultras du Maroc et de la Tunisie, se cache le SDECE, qui agit sur ordre direct du président du Conseil[1]. « Nous étions une vingtaine de gars sûrs, avec des spécialistes du renseignement, une équipe de protection et un service Action, chargé d'opérations "Homo" ciblées, qui étaient décidées à Matignon », se rappelle Antoine Méléro, ancien membre de la Main rouge. Cette officine contre-terroriste, pilotée par le colonel Mercier et le capitaine Fillette, du SDECE, pratique l'élimination de certains nationalistes marocains et tunisiens et piège leurs vendeurs d'armes. « Jo Renucci n'en faisait pas partie, explique Antoine Méléro, mais il en était très proche. Comme il était très informé de tous les trafics qui se déroulaient en Méditerranée, Jo était activé par le SDECE pour d'autres missions d'infiltration des livraisons d'armes aux nationalistes marocains et algériens. Renucci était un garçon combatif, impulsif, qui portait toujours son pistolet. Je me rappelle qu'en 1957, à Paris, il voulait à tout prix retrouver des gars du FLN algérien qui avaient tiré à la mitraillette sur le bar Le Lisieux, tenu par ses amis corses. Je suppose qu'il leur a réglé leur compte quand il les a retrouvés »[2]. Jusqu'à son décès d'un cancer en novembre 1958, Jo Renucci joue donc sur tous les tableaux, entre la contrebande de cigarettes, le trafic de drogue, les armes et les coups de main au SDECE, qui le laisse opérer en toute tranquillité[3].

Un autre truand, très lié aux Corses, est employé de manière occasionnelle par les services secrets français pour lutter contre l'Istiqlal. Il s'agit de Jo Attia, ami des anciens gestapistes Auguste Ricord et Georges Boucheseiche. Devenu résistant, déporté au camp de Mauthausen, Attia y a côtoyé un futur garde des Sceaux, Robert Lecourt, et il a sauvé la vie au colonel Beaumont, alias René Bertrand, bientôt directeur de la recherche au SDECE.

---

1. Voir notamment Constantin Melnik, *Un espion dans le siècle*, Plon, 1994, ainsi que Roger Faligot et Pascal Krop, *La Piscine, op. cit.*, p. 208-212.

2. Entretien avec l'un des auteurs, 11 février 2004. Voir aussi Antoine Méléro, *La Main rouge, l'armée secrète de la République*, Éditions du Rocher, 1997.

3. Voir notamment Alain Jaubert, *D... comme Drogue*, *op. cit.*, Patrice Chairoff, *B... comme Barbouzes*, Éditions Alain Moreau, 1975, et le numéro spécial du *Canard enchaîné*, *Le Petit Canard de poche*, sur « Les barbouzes », juin 1966.

Arrêté en 1947 pour ses méfaits au sein de la bande de «Pierrot le Fou» avec Boucheseiche, Attia bénéficie, lors de son procès, du témoignage de plusieurs de ses codétenus, dont le colonel Beaumont. Sorti de prison en 1953, acquitté dans une affaire de faux policiers, Jo Attia s'associe avec Carmen Cocu, qui a racheté l'un des bars de Jean Colonna, un Corse de Montmartre ami des Francisci et des Venturi. Dans cet établissement, rebaptisé Le Gavroche, défilent des personnalités politiques, des écrivains et des artistes. Il fréquente alors François Marcantoni, caïd corse de Paris, ainsi que Dominique Mariani (que l'on retrouvera impliqué dans un trafic de stupéfiants en 1971), le cousin du futur agent du SDECE Jean-Charles Marchiani.

En décembre 1954, le SDECE contacte Jo Attia pour assassiner Allal el-Fassi, chef de l'Istiqlal, réfugié à l'hôtel Dersa de Tétouan, dans la partie nord du Maroc sous contrôle espagnol. Cette opération «Homo» vire au fiasco : une des bombes fait des dégâts sans atteindre les cibles visées, la seconde est désamorcée par la police espagnole. Malgré l'aide d'Antoine Lopez, chef d'escale d'Air France à Tanger et honorable correspondant du SDECE, Attia est finalement arrêté en janvier 1955. Il est extradé vers la France grâce à un montage du SDECE, qui fait en sorte de l'obliger à assister, à Montfort-l'Amaury, à la reconstitution judiciaire d'un double meurtre auquel il aurait été mêlé[1].

Jo Attia participe à diverses autres équipées, notamment en Côte-d'Ivoire où il s'installe un temps, ainsi que dans la lutte anti-OAS[2]. Le 25 février 1963, la bande d'Attia enlève, sur ordre de l'Élysée, le colonel Argoud, un des chefs de l'OAS, à Munich, pour le livrer à la police française. Impliqué dans des trafics de dinars algériens, Jo Attia fera quelques séjours en prison, avant de se lancer dans le trafic de drogue avec son ami corse Ange Simonpiéri, sans être jamais inquiété, jusqu'à sa mort d'un cancer le 22 juillet 1972.

Ces «honorables correspondants» au parcours chaotique ne sont pas du goût de tout le monde, y compris au sein du SDECE, déchiré par des conflits internes. Le colonel Marcel Le Roy, dit «Le Roy-Finville», l'un de ses patrons, inculpé puis acquitté dans l'affaire Ben Barka, dénoncera plus tard ces truands, «plus puissants que le ministre de l'Intérieur Roger Frey». Protégés de toute part, «bardés de condés», ils «disent avoir travaillé pour le SDECE, ce qui n'est pas faux pour certains d'entre eux, comme Jo Attia, Boucheseiche,

---

1. Rapporté dans Roger Faligot et Pascal Krop, *La Piscine*, *op. cit.*, p. 209-210. Voir également, sur ce «fiasco d'Attia», Philippe Bernert, *SDECE, Service 7*, Presses de la Cité, 1980, p. 269-276.

2. Voir l'affaire Mariani-Delouette au chapitre suivant, «La longue traque des filières corses».

Renucci, utilisés par le service Action pour des opérations qui échouèrent lamentablement mais dont ils tirent une gloriole durable ».

La lutte contre le trafic d'armes du FLN

Quand la guerre d'Algérie commence à faire rage, les truands se mobilisent également. Ainsi, Robert Blémant, l'ancien commissaire de la DST devenu un des piliers du clan Guérini, propose en 1956 ses services au ministre de la Défense et des Forces armées, Maurice Bourgès-Maunoury. Ce dernier, très actif contre la rébellion algérienne menée par le FLN, accepte cette aide peu banale.

Avec ses amis corses à Marseille, Blémant surveille les agents du FLN, qui cherchent des financements et du matériel de guerre. Rompu aux techniques de contre-espionnage, il envoie ses hommes à leur contact pour leur livrer des armes. Ces cargaisons, signalées par Blémant au ministère de la Défense, sont ensuite saisies par la Marine nationale. Seul problème : les hommes de Blémant, vendeurs d'armes, se retrouvent un jour nez à nez avec des agents algériens de la DST, qui jouent les faux acheteurs du FLN pour piéger des trafiquants. La méprise manque de tourner au carnage.

L'ex-commissaire retourne alors voir son ancien patron, Roger Wybot, à la DST pour éviter que ce genre d'incidents ne se reproduise et mieux coordonner leurs actions. Le clan Blémant-Guérini demande ainsi une quasi-couverture officielle au nom du patriotisme. Wybot refuse. « Je ne passerai jamais d'accord avec des éléments parallèles et insaisissables ! » dit-il à son visiteur. « Ne vous fâchez pas, fait Blémant avec son sourire énigmatique, les doigts plus bagués d'or que jamais. Vous êtes sur le coup, je vous cède la place. À tout seigneur, tout honneur ! »[1].

Le truand distingué retire ses « agents » et laissera désormais la DST agir à sa guise.

Foccart, Frey et leurs conseillers corses

À partir de 1958, les « affaires spéciales », les liens avec le SDECE et les barbouzes sont traités directement à l'Élysée par un conseiller du général de Gaulle, Jacques Foccart. Ancien résistant sous le

---

1. Rapporté dans Philippe Bernert, *Roger Wybot ou la bataille de la DST*, *op. cit.*, p. 111-113.

pseudonyme de Koch, homme d'affaires spécialisé dans le commerce avec l'Afrique, pilier du RPF puis de l'UNR, Foccart est officiellement le «secrétaire général de la présidence de la République pour la communauté et les affaires africaines et malgaches». En réalité, il supervise l'action de la France sur le continent noir ainsi que tous les dossiers de police et de renseignement.

Jacques Foccart devient le discret ordonnateur des basses besognes du régime, du Maroc à l'Afrique, de la lutte anti-OAS aux nervis du SAC. Il écarte Roger Wybot de la tête de la DST en 1959 et Paul Grossin de la direction du SDECE en 1963, afin de les remplacer par des hommes à lui. De nouvelles cibles sont définies : surveillance des syndicats, espionnage politique ou noyautage d'organisations antigaullistes.

Depuis l'Élysée, Jacques Foccart a un œil sur tout. Au ministère de l'Intérieur, Roger Frey, un gaulliste pur et dur, ancien trésorier du RPF et secrétaire général de l'UNR, nommé après le putsch manqué des généraux en Algérie en mai 1961, tient la maison jusqu'en avril 1967.

Il prend comme conseillers le préfet corse Jean Bozzi, ainsi que son ami Alexandre Sanguinetti, deux hommes aux parcours bien différents. Né en 1919 à Pila-Canale (Corse-du-Sud), Jean Bozzi a débuté sa carrière comme haut fonctionnaire chargé de l'outre-mer, puis comme sous-préfet, avant d'être nommé secrétaire général de la préfecture d'Alger en 1957 et préfet de Mostaganem en 1961. Gaulliste et légitimiste, il rejoint le cabinet de Frey à la mi-1962 et y restera jusqu'en 1967, date à laquelle il sera élu député de la première circonscription d'Ajaccio.

Alexandre Sanguinetti est, quant à lui, un combattant venu de l'extrême droite. Né en 1913 au Caire au sein d'une famille corse, il a été activiste de l'Action française, membre du bureau des affaires juives à Tunis sous l'Occupation, avant de s'engager dans les commandos d'Afrique. Devenu après guerre un homme d'affaires éclectique et un militant du RPF, Sanguinetti défend farouchement l'Algérie française en vue de préparer le retour au pouvoir du général de Gaulle en mai 1958. Recruté par Roger Frey au secrétariat général de l'UNR (le nouveau parti gaulliste), il le suit au gouvernement, en bénéficiant au passage d'une curieuse faveur : condamné en juin 1958 pour faillite et poursuivi notamment pour banqueroute et escroquerie, Sanguinetti est blanchi, en dépit des réserves appuyées du parquet de la Seine, par une loi d'amnistie du 31 juillet 1959, grâce à des instructions venant du cabinet du garde des Sceaux[1].

1. Voir Jean Montaldo, *S... comme Sanguinetti*, Éditions Alain Moreau, 1973.

Ces équipes au pouvoir affrontent les tourmentes algériennes. En mai 1958, le général de Gaulle s'est installé à Matignon, puis à l'Élysée, à la suite d'un quasi-coup de force parti des militaires d'Alger. Fin 1959, le revirement du nouveau président de la République en faveur de l'indépendance de l'Algérie fait naître un sentiment de trahison chez certains de ses supporters. Le référendum préludant à l'autodétermination du département, le 8 janvier 1961, qui se solde par 75 % de oui, achève de convaincre les ultras que Paris va abandonner la terre algérienne.

Derrière le général Raoul Salan, des militaires et des pieds-noirs jusqu'au-boutistes (autour de Pierre Lagaillarde et de Jean-Jacques Susini) créent, en février 1961, l'Organisation armée secrète (OAS), qui signe immédiatement des attentats meurtriers. Les militaires et les services secrets se divisent entre les loyalistes et les partisans des généraux Salan, Challe, Jouhaud et Zeller, dont la tentative de putsch échoue en avril 1961.

L'armée et la police ne suffisent pas à contenir les menaces. Le régime est aux abois. Il lui faut des hommes de main efficaces. Il fait alors appel au milieu.

La proximité de certains des conseillers gouvernementaux avec des figures corses facilite ce rapprochement. On sait que Jean Bozzi est à la fois natif du même village que Jean Colonna, copain de lycée de Marcel Francisci et convive régulier des tables des Guérini à Marseille. Alexandre Sanguinetti, transformé en « Monsieur anti-OAS », est le cousin du parrain corse de Grenoble, Mathieu Mattéi, et a eu pour agents électoraux Marcel Francisci ainsi que le dénommé François Marcantoni, ex-membre du gang des Tractions avant[1]. Ancien des forces navales de la France libre, responsable de la sécurité du général de Gaulle à l'Élysée, Paul Comiti, le président du SAC à partir de 1960, connaît la plupart des figures du milieu. L'un de ses affidés, Charles Pasqua, natif de Grasse mais de souche corse, est également un habitué de tous les bars corses de la ville.

1. François Marcantoni nous a précisé : « J'ai participé, en tant que militant gaulliste, à la campagne électorale d'Alexandre Sanguinetti en 1958 dans le XVIIIe arrondissement de Paris, aux côtés de l'avocat Jean-Baptiste Biaggi et d'autres amis, comme Marcel Francisci. Mes relations avec Sanguinetti se sont arrêtées là. Je le connaissais, mais je ne l'ai pas tellement revu ensuite, d'autant que j'étais contre son revirement sur l'Algérie. Contrairement à une légende, je ne me suis absolument pas mêlé des histoires de barbouzes ou anti-OAS de Sanguinetti. » En revanche, François Marcantoni sera possesseur, à partir des années 60, d'une carte tricolore avec photo, lui servant de sésame, de « collaborateur de ministre ». Entretien avec l'un des auteurs, 12 février 2004.

Quelques caïds, braqueurs, proxénètes, cambrioleurs, spécialistes des enlèvements, trafiquants saisissent l'opportunité offerte par le régime. Ils rendent quelques services en échange d'une protection assurée au plus haut niveau de l'État. Ainsi, le commissaire principal Dominique Simoni, de la Sûreté nationale, est chargé de recruter des hommes « n'appartenant pas à la catégorie des enfants de chœur ». Un ancien parachutiste, Louis Soliveau, est contacté et fait appel aux services de Jean Augé, l'un des parrains du milieu lyonnais, pilier du SAC. Soliveau et Augé arrivent à Alger le 7 octobre 1961 et participent au combat anti-OAS, tout en s'impliquant dans quelques affaires de drogue et de proxénétisme[1].

Les Guérini sont également mobilisés. D'abord auprès de Gaston Defferre. Car le maire socialiste de Marseille ne cache pas ses opinions. « Notre devoir est de lutter contre l'OAS avec le maximum de violence. Il ne s'agit pas de mettre ses gens en prison, où ils se sentent en sécurité en attendant de prendre le pouvoir. Il faut les fusiller, les guillotiner ou les pendre[2] », lâche-t-il le 27 septembre 1961 devant les militants de la SFIO réunis en congrès.

De telles déclarations guerrières ne passent pas inaperçues. Defferre est menacé de mort par l'OAS. Il peut bien sûr compter sur ses fidèles gardes du corps, les anciens résistants des milices socialistes, très proches du milieu marseillais, pour le préserver d'éventuelles représailles. Les Guérini lui adjoignent cependant quelques-uns de leurs gorilles. « Ils ont vraiment aidé Defferre à ce moment-là[3] », confirme Charles-Émile Loo.

Les parrains de la cité phocéenne proposent également leurs appuis à Jean Bozzi et à Jacques Foccart, le conseiller de l'Élysée. Antoine et Mémé ne veulent pas endosser eux-mêmes les habits de barbouzes. Ils considèrent que ce n'est conforme ni à leur âge (ils ont dépassé la cinquantaine), ni à leur statut, ni à leurs souhaits. Mais ils fournissent des noms et des conseils, des renseignements, ou donnent des coups de main logistiques.

Ils repoussent également les appels du pied de l'OAS. En effet, André Canal, dit « le Monocle », est envoyé spécialement en métro-

---

1. Voir Thierry Wolton, *Les Écuries de la Ve*, *op. cit.* Louis Soliveau sera assassiné par l'OAS en avril 1962 à Villefranche-sur-Mer, tandis que Jean Augé reprendra ses affaires lyonnaises.

2. Rapporté dans Rémi Kauffer, *OAS, histoire d'une guerre franco-française*, Seuil, 2002, p. 199, et dans Roger Faligot et Rémi Kauffer, *Les Résistants*, *op. cit.*, p. 408.

3. Entretien avec l'un des auteurs, 28 octobre 2003.

pole, dès la mi-1961, par les dirigeants de l'OAS pour mener la contre-terreur. Ses objectifs sont clairs : multiplier les plasticages, acheter des armes à la mafia italienne, tuer Jacques Foccart et se rapprocher des frères Guérini, les parrains de Marseille, qui auraient manifesté des positions pro-Algérie française.

« Le Monocle » prend effectivement contact avec eux à l'automne 1961. Mais, selon l'historien Rémi Kauffer, Antoine et Barthélemy Guérini, les chefs du clan, « n'ont aucune envie de courir le risque d'ennuis avec la police ou, pire, avec les Corses pro-Defferre qui pourraient s'en prendre à leurs cabarets marseillais du quartier de l'Opéra[1] ».

Piéger le général Salan grâce aux Corses

D'autres Corses vont se retrouver mêlés à la guerre contre l'OAS, dans des circonstances parfois dramatiques. Ainsi, les policiers français croient savoir que le fondateur de l'organisation, le général Raoul Salan, est un opiomane avéré depuis l'époque de la guerre d'Indochine, durant laquelle il commandait les forces françaises et couvrait le trafic pour les opérations paramilitaires. Selon les renseignements dont dispose alors la police, Salan fume environ une quinzaine de pipes d'opium par jour. Un réseau clandestin lui fournit ses doses quotidiennes dans sa planque algéroise. Il est essentiellement constitué de trafiquants corses, qui ont leurs contacts en Asie et à Marseille, la plaque tournante de la drogue.

En octobre 1961, le directeur central de la police judiciaire, Michel Hacq, imagine qu'il va pouvoir dénicher le général en se servant de l'un de ses fournisseurs d'opium, un dénommé André Palaccio. Manque de chance, « le plan a été découvert par l'OAS et Palaccio a été sérieusement blessé par des tirs croisés », rapporte en octobre 1961 l'un des agents américains du Bureau des narcotiques en France, qui tient cette information « délicate et secrète »[2] de la bouche même de Michel Hacq. Le frère d'André Palaccio est également exécuté par les commandos Delta, la très active force de frappe de l'OAS, dirigée par Roger Degueldre.

Une autre aventure tourne à la déroute, celle d'un des officiers de la Sécurité militaire, le commandant André Poste. Ce dernier tente, lui aussi, de recruter des indics capables de le mener jusqu'aux caches du

1. Rémi Kauffer, *OAS, histoire d'une guerre franco-française*, *op. cit.*, p. 244.
2. Note d'Anthony Pohl, « narcotic agent », Marseille, 17 octobre 1961, « Subject : Raoul Salan », National Archives.

général Salan et de Degueldre. Poste noue des contacts avec un truand corse, Dominique Fondacci, proxénète et trafiquant d'armes, qui tient un cabaret à Alger. Un des clients réguliers de cet établissement est un ami corse de Fondacci, un certain François Lecca, surnommé « Fan-Fan », ex-militaire devenu un des piliers des commandos Delta. Fan-Fan fait mine de rentrer dans le jeu de son compatriote en lui promettant un contact avec Degueldre. En réalité, il a prévenu ce dernier de la tentative d'infiltration. Degueldre donne l'ordre de piéger l'indic et les agents de la Sécurité militaire. Le 29 octobre 1961, Fan-Fan contacte le commandant André Poste pour lui donner un rendez-vous dans un jardin public. Les commandos Delta y assassinent le militaire, tandis que Fondacci est tué dans son lit[1].

Des barbouzes débarquent à Alger

Face à ces échecs répétés, dans lesquels la police et l'armée loyaliste perdent des points, le gouvernement de Michel Debré décide de franchir un pas supplémentaire. Le 28 novembre 1961, Michel Hacq, le patron de la PJ à Paris, s'envole avec plusieurs dizaines d'enquêteurs vers Alger pour mener la « Mission C », comme Choc, directement chapeautée par le ministre Roger Frey. Parallèlement, faute de pouvoir compter sur le SDECE ou la DST, assez divisés, il décide de constituer une petite armée de « barbouzes » chargées de traquer de manière plus radicale les « félons » de l'OAS et ses tueurs des commandos Delta.

L'initiative est lancée par Jacques Foccart à l'Élysée, Roger Frey et Alexandre Sanguinetti au ministère de l'Intérieur et le colonel Laurent du SDECE. Le pouvoir ne veut pas apparaître directement dans cette action secrète. Le journaliste Lucien Bitterlin[2], le teinturier algérois André Goulay, le militant Dominique Ponchardier[3] et l'avocat Pierre Lemarchand, anciens du RPF, réunis notamment autour du Mouvement pour la coopération (MPC), prennent en charge l'organisation des opérations.

---

1. Rapporté dans Rémi Kauffer, *OAS, histoire d'une guerre franco-française*, *op. cit.*, p. 226, et dans Georges Fleury, *Histoire secrète de l'OAS*, Grasset, 2002, p. 447.

2. Voir Lucien Bitterlin, *Histoire des barbouzes*, Éditions du Palais-Royal, 1972.

3. Surnommé « le Gorille » parce qu'il est l'auteur, sous le pseudonyme de A.L. Dominique, de romans policiers ayant pour héros une barbouze ainsi nommée, Dominique Ponchardier a créé le service d'ordre du RPF en 1947 et le SAC en 1958. Dans l'épisode *Entre le Gorille et les Corses* (Gallimard, 1956), Ange, l'un des personnages, est ainsi décrit : « Un Corse, comme son nom l'indique. Sobre, noir, sec ; l'œil caressant du rat ; une silhouette mince, furtive, inquiétante » (p. 9).

Ils recrutent, en plusieurs vagues, près de 200 militants, repris de justice, tueurs de la Main rouge et mercenaires. Il y a peu de figures connues dans cette petite armée, composée de seconds couteaux et de gros bras adeptes des méthodes fortes, où l'on compte des Marseillais, des Corses, des Parisiens, des Vietnamiens ou des Nord-Africains. Les caïds préfèrent ne pas s'exposer à des dangers trop évidents.

Certaines de ces « barbouzes », arrivées à Alger en novembre 1961, installent leur quartier général à la villa Andréa, dans le quartier d'el-Biar. Leurs commandos, baptisés « le Talion », partent aussitôt en chasse afin d'infiltrer les réseaux OAS et de les détruire. Des attentats sont organisés dans des cafés fréquentés par des militants de l'organisation. Les arrestations se multiplient. La torture et les exécutions sont pratique courante. Ce combat n'est pas sans danger, tant les équipes de l'OAS ont des oreilles et des agents partout. Le 12 décembre 1961, la voiture de Bitterlin et Goulay reçoit, à Alger, une quarantaine de balles. Grièvement blessé, André Goulay est évacué vers Marseille avec son ami journaliste. À leur arrivée à l'aéroport de Marignane, Charles Pasqua les conduit à l'hôpital de la Timone, où Goulay est soigné sous la protection des hommes de Gaston Defferre[1].

L'OAS réussit aussi à faire sauter la villa Andréa le 29 janvier 1962 en faisant liver une photocopieuse bourrée d'explosifs au QG des barbouzes. « Lorsque nous nous sommes approchés de la villa pour commencer une enquête judiciaire, un type a pointé son pistolet sur moi en nous priant de déguerpir[2] », se souvient Claude Chaminadas, alors jeune inspecteur de la police judiciaire à Alger. Près d'une vingtaine de corps de mercenaires sont extraits des ruines de la bâtisse et discrètement rapatriés en France.

En mars 1962, après les accords d'Évian qui conduisent l'Algérie à l'indépendance, Roger Frey donne le signal du repli aux équipes de Lemarchand et Bitterlin. Au total, une centaine de « barbouzes » ne rentreront pas en métropole. Près de 400 membres de l'OAS auraient été tués ou auraient disparu dans cette guerre parallèle. Roger Degueldre et Raoul Salan sont finalement arrêtés en avril 1962[3].

---

1. Rapporté dans Thierry Desjardins, *Pasqua, portrait étonnant d'un ministre surprenant*, Éditions n° 1, 1994, p. 140, ainsi que dans Rémi Kauffer, *OAS, histoire d'une guerre franco-française*, *op. cit.*, p. 249.

2. Entretien avec l'un des auteurs, 26 septembre 2003.

3. Au total, entre avril 1961 et juin 1962, l'OAS aurait mené 750 attentats en métropole (6 morts, 37 blessés) et ses combats en Algérie auraient fait 2500 victimes parmi les civils français et 18500 parmi les mulsulmans. Parmi ses membres, 635 sont arrêtés et 223 jugés. Roger Degueldre est fusillé le 6 juillet 1962. Raoul Salan, arrêté le 20 avril 1962, condamné à la détention à perpétuité, est libéré en 1968.

L'OAS se sert aussi du milieu corse

Les Corses ne font pas entièrement bloc derrière le pouvoir gaulliste. Les opinions, les intérêts et les liens personnels divisent les clans. Les plus prudents et les plus en vue, comme les Guérini ou les Francisci, suivent la ligne anti-OAS. Mais un grand nombre de Corses, pro-Algérie française, ont soutenu le mouvement gaulliste lors du retour du général, en mai 1958. Le sentiment de trahison après le revirement du président sur la question algérienne rapproche certains d'entre eux des pieds-noirs ultras. Et d'autres, plus opportunistes que militants, y voient une nouvelle occasion de bénéfices illicites.

L'OAS essaie donc, elle aussi, de se servir des réseaux de truands corses. Plusieurs éléments viennent accréditer partiellement cette thèse[1]. L'approche des Guérini par André Canal, dit « le Monocle », constitue l'une de ces tentatives. Autre indice : le 23 novembre 1961, alors que la guerre secrète bat son plein, l'agent américain Anthony Pohl signale à ses supérieurs qu'une « source confidentielle » l'a récemment averti que des « trafiquants français de drogue ont été recrutés comme organisateurs par l'OAS ». Il cite plusieurs noms du milieu, dont François Spirito, l'ancien truand de Marseille officiellement à la retraite, ainsi que deux de ses amis, marseillais et corses. « Grâce aux canaux habituels de trafic de drogue, l'OAS a pu transporter en France une tonne d'explosif plastic, qui sert aux agents chargés de lever des fonds pour les opérations illégales »[2].

Toujours en novembre 1961, plusieurs repris de justice sont arrêtés à Marseille alors qu'ils rackettent des commerçants de la région au nom de l'OAS. Les policiers, qui ont été alertés par un chef d'entreprise, coffrent les « encaisseurs » au moment où ils viennent toucher 500 francs contre remise d'un reçu portant l'estampille de l'OAS.

Les enquêteurs penchent pour une habile méthode de racket mise en œuvre par des truands professionnels, sans lien évident avec les ultras algérois. Toutefois, le carnet à souches de leurs reçus est identique à celui trouvé sur d'autres collecteurs de fonds de l'organisation, arrêtés précédemment à Nice. Et le pedigree des racketteurs n'est pas inintéressant : le chef de bande, Charles Leca, natif de

---

1. Le 19 mars 1961, le cadavre d'un certain Barthélemy Rossello est découvert sur une plage d'Alger. Pilier du Mouvement pour la coopération (MPC) de Lucien Bitterlin, cet ancien commando de marine avait infiltré l'OAS et il aurait mis au jour des liens entre l'organisation et la pègre. Voir Rémi Kauffer, *OAS, histoire d'une guerre franco-française, op. cit.*

2. Note d'Anthony Pohl, « narcotic agent », Marseille, 23 novembre 1961, « Subject : membership of known French narcotics traffickers in the OAS », National Archives.

Calenzana, fief des Guérini, a été appréhendé en 1958 à New York pour trafic de drogue dans le cadre d'un réseau associant d'autres Corses, déjà suspectés de liens avec l'OAS.

Dernière piste, aussi étonnante qu'hypothétique : une partie de la production légale de produits opiacés de l'usine Algeropia, installée à Alger depuis 1954, a peut-être été détournée, notamment par des truands corses et des équipes de l'OAS, pour alimenter un juteux trafic destiné à financer des opérations clandestines. Depuis 1955, les Américains n'ont cessé de soupçonner des détournements chez Algeropia[1]. Bien que les responsables de l'Office central des stupéfiants aient admis, fin 1959, qu'une enquête judiciaire était « indispensable », elle n'a pas été lancée.

Les agents américains ont continué d'éplucher les listings de cargaisons officielles d'opium et les importations de tous les produits chimiques pour y déceler des anomalies. Or, durant les sept premiers mois de 1961, Algeropia a reçu 27547 kilos d'opium, une quantité énorme qui intrigue beaucoup le Bureau des narcotiques.

Le 9 octobre 1961, trois de ses agents en France sont invités à dîner par le directeur central de la police judiciaire, Michel Hacq. Celui-ci aurait alors confirmé les soupçons américains. « Il a d'abord dit que le contrôle de l'opium en Algérie était impossible dans les conditions actuelles, écrivent les agents dans leur rapport. Deuxièmement, il a expliqué que l'OAS avait des liens extrêmement étroits avec le milieu corse et que nombre de ses parrains s'activaient maintenant en Algérie, ajoutant qu'il était hautement probable que cet opium soit une source d'héroïne qui puisse aider le groupe militaire hors la loi à se financer[2]. »

Michel Hacq propose qu'une enquête discrète soit menée sur Algeropia afin de vérifier ou d'infirmer les renseignements disponibles. Les Américains attendront en vain les résultats de ces investigations. Il est donc difficile de conclure à l'évidence d'un réseau

1. Un rapport de Charles Siragusa, daté du 28 décembre 1955, fait état de ces doutes, partagés avec des responsables de la police française. Après inspection, le chef de la pharmacie centrale au ministère de la Santé et des Affaires sociales répond, le 7 mars 1956, qu'il n'a trouvé « aucune indication permettant de confirmer [ces] informations ». En 1959, un informateur, baptisé X-2, remet les Américains sur la piste des détournements. Dans un courrier commentant les tuyaux fournis par X-2, le 22 décembre 1959, les commissaires français Gillard et Hugues, de l'Office central des stupéfiants, émettent des doutes quant à leur fiabilité, mais admettent qu'une « enquête judiciaire complète est indispensable ». National Archives.

2. « Memorandum secret from Martin F. Pera, acting district supervisor, Rome, Italy, to M. H.J. Anslinger, commissioner of narcotics, Washington, October 17, 1961 », National Archives.

organisé de trafiquants corses en faveur de l'OAS. Mais on ne peut exclure que certaines figures du milieu aient joué un double jeu, tentant de ménager leurs arrières du côté du pouvoir gaulliste tout en tirant quelques bénéfices de discrets trafics.

« Des demi-solde qui ont tous les droits »

Une fois la guerre d'Algérie terminée, les voyous qui ont épaulé secrètement le régime gaulliste continuent, sur leur lancée, de rendre quelques services au régime, pour les réseaux Foccart en Afrique, le SDECE en Amérique latine ou le SAC en métropole. Mais, se croyant désormais au-dessus des lois, ils se servent surtout de leurs entrées pour couvrir des agissements de moins en moins recommandables, aux frontières des missions officieuses et des délits de droit commun.

L'ancien pilier du SDECE, le colonel Le Roy-Finville, décrira ce système en ces termes :

> Ce sont, ne l'oublions pas, des barbouzes qui ont travaillé contre l'OAS, accepté de faire des coups tordus et de commettre des assassinats pour protéger le pouvoir gaulliste et qui depuis, devenus demi-solde, estiment avoir des droits et le proclament souvent bien haut avec arrogance. De ce régime, ne vont-ils pas jusqu'à dire qu'ils sont les fils les meilleurs, les sauveurs les plus disponibles. Et nous assistons vraiment à une ruée vers les places les plus chaudes, avec cartes de police tricolores à la clé et port d'armes en veux-tu en voilà. Les uns sont recrutés comme gros bras assurant le service d'ordre gaulliste. D'autres utilisent leurs connaissances assez particulières en matière de carambouille, fausses factures, marchés fictifs, trafics divers et exportation de capitaux pour aider à remplir les caisses électorales [...] Ils ont un pied à la préfecture de police, un autre au ministère de l'Intérieur, ils possèdent une antenne au SDECE, ils ont l'oreille de Foccart [...] Des policiers tremblent devant eux et leur passent tous leurs caprices, des magistrats arrangent des coups et les font ressortir de prison, des avocats leurs servent d'agents de liaison[1].

Quelques-uns de ces « bons serviteurs » deviennent de plus en plus embarrassants. L'un des amis de Jo Attia, Georges Boucheseiche, est

---

1. Dans Philippe Bernert, *SDECE, Service 7*, *op. cit.*, p. 340-341.

par exemple impliqué dans l'enlèvement, à Paris, le 29 octobre 1965, de l'opposant marocain Mehdi Ben Barka, commandité par le ministre marocain de l'Intérieur, le général Mohammed Oufkir[1]. C'est dans la villa de Boucheseiche, à Fontenay-le-Vicomte (Essonne), que Ben Barka est caché, avant de mourir dans des conditions suspectes[2]. Finalement arrêté au Maroc, le 19 mars 1971, Boucheseiche sera exécuté avec deux de ses complices dans une prison secrète du royaume chérifien, fin 1974. Le Grand Hôtel de Rabat, dont il était propriétaire, est revenu à sa dernière maîtresse, une ancienne prostituée corse.

D'autres truands, qui se font remarquer à la rubrique des faits divers sanglants, prennent la poudre d'escampette. François Chiappe, surnommé « François le Corse » lorsqu'il effectuait en tant que barbouze des missions spéciales en Algérie, doit fuir la France après un meurtre commis à Marseille. Le Corso-Marseillais Michel Nicoli, gros bras du SAC, condamné en France pour meurtre, s'est réfugié en Amérique latine. Son ami Lucien Sarti, qui aurait naguère œuvré pour le SDECE, est recherché pour l'assassinat, en février 1966, d'un policier belge à Bruxelles. Le truand parisien Christian David, approché par certains services secrets notamment dans la guerre clandestine contre les nationalistes marocains, est poursuivi pour avoir tué de sang-froid le commissaire Maurice Galibert, à Paris, le 2 février 1966[3]. David réussit à s'enfuir, notamment grâce à Constantin Tramini, truand marseillais membre du SAC. Il rejoint en

1. Sur l'affaire Ben Barka, les écrits abondent, à commencer par la fameuse couverture de *L'Express* du 10 janvier 1966, « J'ai vu tuer Ben Barka », titre biaisé puisque le témoin cité, Georges Figon, n'avait pas vu mourir l'opposant marocain. Figon sera retrouvé « suicidé » en février 1966, et certains policiers soupçonneront le truand Christian David d'avoir joué un rôle dans cette histoire. Furieux des remous créés au SDECE par cette affaire, de Gaulle retire, par décret du 19 janvier 1966, sa tutelle au Premier ministre pour la confier au ministère de la Défense. Voir notamment Jacques Derogy et Frédéric Ploquin, *Ils ont tué Ben Barka*, Fayard, 1999, Stephen Smith, *Oufkir, un destin marocain*, Calmann-Lévy, 1999, p. 236-273, et Roger Faligot et Pascal Krop, *La Piscine*, *op. cit.*, p. 293-301.

2. Connu pour sa brutalité lorsqu'il officiait à la Carlingue, Boucheseiche organise l'enlèvement de Ben Barka avec quatre autres comparses, Julien Le Ny, Jean Palisse, Pierre Dubail et Georges Figon, épaulés par l'honorable correspondant du SDECE au Maroc, Antoine Lopez, et par deux policiers de la brigade mondaine, Louis Souchon et René Voitot. Louis Souchon a travaillé à la brigade des stups, à la préfecture de police de Paris. Il a notamment recruté comme indic Antoine Lopez pour surveiller le trafic à Tanger. Mais, en réalité, Souchon protège, moyennant finance, un hôtel tenu à Paris par Lopez et son ami truand Georges Boucheseiche. Voir Stephen Smith, *Oufkir, un destin marocain*, *op. cit.*, p. 241.

3. « On m'a proposé de tuer Ben Barka, six mois avant que le coup se fasse. Mais j'ai refusé. Et contrairement à tout ce qui a été écrit, je n'ai jamais été en Algérie », dit aujourd'hui Christian David. Entretien téléphonique avec l'un des auteurs, 17 décembre 2003.

Amérique latine ses amis Nicoli et Sarti. Ils se lancent alors, on s'en souvient, dans le trafic d'héroïne, aux côtés du trafiquant corso-marseillais Auguste Ricord[1].

Ces voyous réfugiés sous les tropiques ne reculent devant rien. Ils auraient ainsi profité de leur implantation latino-américaine pour continuer de rendre quelques services à certains membres du SDECE, notamment à travers le trafic de drogue. « Nous pouvions travailler pour nous en même temps que pour les services secrets, qui, eux, étaient couverts[2] », affirme aujourd'hui Christian David, sans donner plus de détails sur ces opérations conjointes.

La présence en Amérique latine, durant les années 60, de l'ancien colonel du SDECE Roger Barberot, ambassadeur de France en Uruguay, et de Dominique Ponchardier, le tuteur des barbouzes à Alger, représentant de la France en Bolivie, a peut-être permis à ces « demi-solde » d'obtenir quelques protections supplémentaires.

La rumeur sur les tueurs corses de Kennedy

Il faut ici nous arrêter un instant sur une légende tenace entourant cette bande de barbouzes, selon laquelle ils auraient joué un rôle clé dans l'assassinat de John F. Kennedy. Ces rumeurs doivent beaucoup à Christian David, après sa condamnation à vingt ans de prison aux États-Unis pour trafic de stupéfiants.

Dans un documentaire de la BBC, diffusé en 1988 et intitulé *The Men who Killed Kennedy*, le journaliste Steve Rivele explique en effet que David lui a fait des confidences depuis sa cellule de prison. Il aurait affirmé que trois truands corso-marseillais – selon Rivele, il s'agissait de Lucien Sarti, Roger Bocognani et Sauveur Pironti – auraient été recrutés en mai-juin 1963, par l'intermédiaire d'Antoine Guérini, pour le compte des boss de la mafia américaine, afin de tuer le président américain. Arrivés au Texas depuis le Mexique, ils auraient exécuté John F. Kennedy le 22 novembre 1963 à Dallas avant de disparaître. Michel Nicoli, ami de David emprisonné aux États-Unis, aurait confirmé cette version au journaliste.

Une telle théorie, bien sûr, fait sensation. Dans son édition du 28 octobre 1988, *L'Express* titre en une : « Assassinat de Kennedy, contre-enquête sur les trois truands marseillais ». L'hebdomadaire publie des extraits d'un « livre-choc » de Steve Rivele, prévu pour

1. Voir plus haut le chapitre intitulé « L'essor de la "Corsican Connection" ».
2. Entretien téléphonique avec l'un des auteurs, 17 décembre 2003.

paraître en France chez Plon. Mais, parallèlement, *L'Express* démonte son contenu, estimant que les déclarations présumées de David, « expert dans l'art de la manipulation », sont surtout destinées à éviter d'être renvoyé en France devant un jury d'assises pour le meurtre du commissaire Galibert. Le livre de Rivele ne sera finalement pas publié en France…

La thèse de Rivele est fragile. Elle ne repose que sur deux témoins indirects (David et Nicoli), aux déclarations souvent contradictoires, qui auraient entendu Sarti évoquer cette histoire, un soir de 1965 ou de 1966, à Buenos Aires. Sarti, lui, ne peut donner sa version des faits puisqu'il a été exécuté en 1972 par la police mexicaine qui le recherchait pour trafic de drogue. Roger Bocognani, de son côté, a disparu de la circulation, empêchant, là encore, tout recoupement. De plus, Sarti et Bocognani étaient en prison lors de l'attentat de Dallas, tandis que Sauveur Pironti peut prouver qu'il était, à ce moment-là, sur un dragueur de mines. Ces invraisemblances n'empêchent pas la rumeur de se propager encore aujourd'hui, tant que les archives américaines n'ont pas livré tous leurs secrets. Expulsé vers la France en 1985, condamné en 1989 à quinze ans de réclusion pour le meurtre du commissaire Galibert, Christian David sort de prison en 1995 et se retire en Espagne. Aujourd'hui, il dément toute cette histoire, qui ne reposait, selon lui, que sur des « conneries ». « Je n'ai jamais dit cela à Rivele. Il a extrapolé parce qu'il voulait absolument sortir un bouquin pour le vingt-cinquième anniversaire de la mort de Kennedy, en 1988[1]. »

La théorie des tueurs corses de Kennedy n'a plus beaucoup de défenseurs.

Les gros bras du SAC

En revanche, la présence massive des voyous au sein du SAC, le Service d'action civique, tout au long des années 60, ne relève pas du fantasme. Elle constitue même un exemple unique de mélange des genres tant la confusion, au sein de cette organisation, entre militants et truands, dont beaucoup de Corses, a été poussée à l'extrême, jusqu'à causer sa perte.

Héritier du service d'ordre de l'ancien parti gaulliste RPF, le SAC a été créé en décembre 1959, après le retour au pouvoir du général de Gaulle. Fondé à l'initiative de Dominique Ponchardier, Roger

1. Entretien téléphonique avec l'un des auteurs, 17 décembre 2003.

Frey et Jacques Foccart, trois ex-piliers du RPF, il est dirigé par un groupe de gaullistes de choc autour de Paul Comiti. Ce dernier, garde du corps du général de Gaulle, est entouré de quelques fidèles corses, dont Alexandre Sanguinetti et Jean Bozzi. C'est toujours le même noyau dur des serviteurs du régime, comportant une poignée de Corses, qui supervise les différentes basses besognes.

Le premier président du SAC, Pierre Debizet, partisan farouche de l'Algérie française, est remplacé en avril 1960 par Paul Comiti, qui suit le virage du général de Gaulle en faveur de l'autodétermination algérienne. Enregistré officiellement comme association le 4 janvier 1960, le SAC a pour vocation affichée de «rassembler toutes les personnes, sans distinction d'opinion ou de race, désireuses de soutenir l'action du général de Gaulle». Il est officiellement chargé d'assurer la sécurité des campagnes électorales des candidats gaullistes de l'UNR.

En réalité, il va vite se transformer en une armée de nervis recevant des missions de «police parallèle», qu'il remplit d'ailleurs de manière souvent désordonnée : coups de poing et fusillades avant les élections, chasse aux militants du FLN algérien, préparatifs de guerre civile contre les communistes, renseignements politiques, assauts contre des grévistes, projets d'actions paramilitaires en Mai 1968...

Le SAC attire à lui des centaines d'escrocs, petits délinquants ou caïds, qui voient là une occasion rêvée d'obtenir des protections en échange de leurs services. En 1967, à Grenoble, lors d'une réunion électorale qui oppose Pierre Mendès France au Premier ministre Georges Pompidou, quelques gros bras, les vestes gonflées par leurs revolvers, assurent les services d'ordre. «Je n'ai jamais vu ça, confie, écœuré, un policier. Parmi les types qui sont là, il y a plusieurs interdits de séjour connus[1].» Et le chauffeur de Pompidou, ce soir-là, n'est autre que Mathieu Mattéi, le parrain de la ville. Le parti gaulliste ne regarde pas trop qui le soutient. «Quand votre maison brûle, vous ne demandez pas aux pompiers quelle est leur religion[2]», dira Charles Pasqua, qui a pris en main, entre 1962 et 1965, le SAC des Bouches-du-Rhône, du Var et des Alpes-maritimes, avant de devenir, à Paris, le vice-président du service d'ordre.

La carte tricolore de membre du SAC, vraie ou falsifiée, ne donne pas tous les droits. Mais elle semble conférer à son porteur quelques avantages, comme le rappelle l'ancien commissaire Lucien Aimé-

1. Rapporté dans René Backman, «Les truands au service du pouvoir», *Le Nouvel Observateur*, 11 novembre 1972.

2. Propos rapportés par les enquêteurs de *Newsday* dans *The Heroin Trail*, *op. cit.*, p. 130.

Blanc, membre de la brigade mondaine à Paris dans les années 60 : « Quand on tombait sur un truand avec une carte du SAC, en général, les poursuites étaient abandonnées. Il y avait un conseiller, au ministère de la Justice, qui s'occupait des interventions pour les faire relâcher[1]. »

Cette impunité est confirmée par un autre ancien commissaire parisien, Marcel Morin, en charge à cette époque du banditisme : « La préfecture de police de Paris, alors dirigée par Maurice Papon, nous envoyait parfois des consignes afin de faire libérer dans la journée des voyous que nous venions d'arrêter, parce qu'ils étaient membres du SAC ou proches de certains amis du pouvoir gaulliste[2]. »

Une osmose entre le SAC et les caïds

La commission d'enquête parlementaire sur les activités du service d'ordre gaulliste, constituée en 1982, estimera que « le SAC n'a jamais cessé d'être une association accueillante pour les malfrats et les truands en mal d'impunité[3] ».

L'appartenance de tel ou tel voyou au SAC est difficile à prouver puisque les fichiers des adhérents, tenus secrets, n'ont jamais été retrouvés. Mais, sans prétendre à l'exhaustivité, on peut citer quelques-uns des foyers de la collusion, particulièrement marquée durant les années 60, entre ce service d'ordre et la pègre, dont quelques caïds corses[4].

À Paris, les frères Zemmour, maîtres des boîtes de nuit, leur associé Riwen Liwer et le truand Roger Bacry servent de colleurs d'affiches et d'agents électoraux aux candidats gaullistes. Ils bénéficieront de protections jusqu'au début des années 70. Les Zemmour ont pour avocat Pierre Lemarchand, le recruteur des « barbouzes » anti-OAS. Lorsque Roger Bacry investit dans le trafic de drogue, au début des années 70, il s'associe avec Joseph Signoli, gérant du bar Le Consul, à Paris, un des lieux de rendez-vous des membres

1. Entretien avec l'un des auteurs, 14 octobre 2003.

2. Entretien avec l'un des auteurs, 3 novembre 2003.

3. *Rapport de la commission d'enquête sur les activités du Service d'action civique (SAC)*, tome 1, Éditions Alain Moreau, 1982, p. 258 (commission présidée par le député Alain Hautecoeur, rapport remis au président de l'Assemblée nationale le 17 juin 1982).

4. Voir notamment James Sarazin, *M... comme Milieu*, *op. cit.*, François Audigier, *Histoire du SAC*, Stock, 2003, p. 459-483, et *Rapport de la commission d'enquête sur les activités du SAC*, *op. cit.*, p. 235-253.

parisiens du SAC. Lui-même proche de ce service d'ordre, Signoli est en lien avec les figures de la Corsican Connection, notamment en Amérique latine, et ne sera arrêté qu'au printemps 1972.

À Lyon, le SAC est dirigé par Jean Augé, le parrain de la ville, qui bénéficie de puissantes relations policières et politiques. Ancien résistant, membre des services secrets de De Gaulle pendant la guerre, barbouze anti-OAS, « Petit Jeannot » a été radié des fichiers du grand banditisme grâce à ses amis gaullistes. Arrêté pour port d'armes, Jean Augé est soutenu devant un tribunal par deux de ses protecteurs, un officier du SDECE et le commissaire principal Dominique Simoni. Il tombera sous les balles d'autres truands, dans un règlement de comptes lyonnais, le 19 juin 1973. Parmi ses lieutenants figurent quelques membres du SAC, dont Léon Caratjas, Louis Andréucci et Gavin Coppolani, ainsi que les frères Étienne et Ange Mosca, deux proxénètes corses. Ces derniers participent au trafic de drogue organisé, entre Marseille et Bastia, par le parrain Jean-Baptiste Croce, et ne tomberont dans les filets de la police qu'en 1973. Les principaux membres du « gang des Lyonnais » d'Edmond Vidal, démantelé en 1974, sont aussi des piliers du SAC.

À Grenoble, le SAC est également tenu par le caïd de la ville, le Corse Mathieu Mattéi, cousin d'Alexandre Sanguinetti. Tenancier du bar Le Gobelet, Mattéi règne sur la prostitution dans la région jusqu'à son exécution en juin 1968, probablement par des tueurs aux ordres de Jean Augé. Sa compagne est arrêtée en novembre 1969, à Cannes, avec 50 kilos d'héroïne cachés dans sa Lancia.

À Marseille, deux complices de Croce, Joseph Mari et Joseph Marro, sont membres du SAC. Autre pilier historique de la Corsican Connection, le Corso-Marseillais Gabriel Graziani, qui se rendait naguère au Canada et à Cuba pour voir ses amis Croce et Mondoloni, est proche de l'organisation gaulliste. Il sera arrêté à Lyon en 1977, dans le cadre d'une affaire de hold-up à la Caisse d'épargne. L'un des quartiers généraux des membres du SAC à Marseille n'est autre que le bar Chez Toto, propriété de Philippe Pasqualini, alias « Toto », qui sera suspecté de trafic de drogue. À la fin des années 60, le responsable officiel du SAC marseillais est le militant Gérard Kappé, mais son véritable patron n'est autre que Constantin Tramini, hôtelier, spécialiste du racket, qui tente de prendre la relève des Guérini après leur déclin en 1967. Une fois Tramini abattu en octobre 1972, c'est son ancien bras droit, Daniel Boggia, autre encarté du SAC, qui essaiera de s'affirmer comme parrain, jusqu'à son exécution en novembre 1973.

À Aix-en-Provence, le Corse pied-noir Sauveur Padovani, patron de la pègre locale depuis son arrivée en 1967, dirige la cellule du

SAC, recrutant des militants pour les campagnes électorales de l'UNR dans les bars fréquentés par les malfrats. « À Aix, cette hiérarchie parallèle SAC-milieu était respectée du haut en bas de l'échelle, écrit l'historien François Audigier. Si le chef du SAC aixois était une figure de la criminalité locale, le militant de base relevait plutôt de la petite délinquance[1]. » Impliqué dans le meurtre, en juillet 1969, de la gouvernante d'un vicomte, à Puyricard (Bouches-du-Rhône), Padovani est condamné à huit ans de prison.

À Nice, le caïd Angelin Bianchini est l'un des dirigeants locaux du SAC. Proche des thèses de l'Algérie française, lié aux nouveaux truands pieds-noirs, Bianchini assure le service d'ordre des assises nationales de l'UNR, qui se tiennent dans sa ville en 1964. Après son arrestation en 1965, il se retire du jeu. C'est Urbain Giaume, allié des Guérini, très lié à la mairie de Nice tenue par Jacques Médecin depuis décembre 1965, qui reprend les rênes du SAC. Et le responsable départemental, Marcel Galvani, est l'ami de deux malfrats, Jean Audisio et Pierre Lahovary, qui seront arrêtés en avril 1970 pour trafic de drogue, avec des cartes du SAC en poche. Devant la commission d'enquête parlementaire, l'inspecteur Claude Chaminadas rapportera qu'il avait appris en 1969 que certains membres d'un réseau de trafiquants « transportaient de l'héroïne aux États-Unis en utilisant pour ce faire une carte tricolore qu'ils présentaient aux frontières », et que certains d'entre eux « auraient appartenu au SAC »[2].

La direction de la police judiciaire dénombrera un total de 65 affaires impliquant 106 membres du SAC entre 1960 et 1982, affaires touchant à la prostitution, au racket, à la fausse monnaie, au trafic d'armes ou de stupéfiants, ainsi qu'à des crimes de droit commun[3]. Dans leur rapport de 1982, les députés estimeront qu'il ne s'agissait pas seulement d'errements personnels, mais bien du produit d'un mode de recrutement particulièrement laxiste.

---

1. François Audigier, *Histoire du SAC, op. cit.*, p. 240.

2. Audition de Claude Chaminadas devant la commission d'enquête parlementaire sur le SAC, 1982, *op. cit.*, p. 241. Le policier poursuivra son témoignage en expliquant que l'instigateur de ce trafic, Marcel Galvani, était responsable du SAC pour les Alpes-Maritimes : « J'ai découvert chez lui un livre de comptabilité et j'y ai trouvé une correspondance échangée avec un certain Kappé, responsable du SAC dans la région Sud-Est. »

3. Rapport de la commission d'enquête parlementaire sur le SAC. La police ne compte que 10 affaires judiciaires entre 1960 et 1968, 45 entre 1968 et 1974, 10 entre 1974 et 1981. La faible proportion de dossiers avant 1968 est probablement due au laxisme judiciaire concernant les membres du SAC durant cette période, alors que la période 1968-1974 a été celle d'une progression des effectifs et de poursuites plus rigoureuses.

Durant les événements de Mai 1968, le SAC se mobilise derrière Charles Pasqua pour préparer la contre-manifestation gaulliste, qui rassemble près d'un million de manifestants le 30 mai, place de la Concorde, à Paris. Toutefois, en dépit du raz de marée en faveur de l'UNR aux élections législatives qui suivent, le camp gaulliste est désormais sur le déclin. À l'Élysée, le général songe déjà à se retirer. Au ministère de l'Intérieur, Raymond Marcellin, qui n'est pas gaulliste, n'apprécie guère les pressions qu'exerce Jacques Foccart pour que le régime continue de couvrir les agissements du SAC. L'ère des protections garanties est sur le point de s'achever. Interrogé sur RTL le 7 juin 1969, Marcellin livre ce commentaire : « Les barbouzes ? Les polices parallèles ? C'est une légende. Pour ma part, je n'en tolérerai aucune. » En coulisses, il essaie de casser cette organisation, qui n'a rien d'une légende.

Après l'élection de Georges Pompidou à l'Élysée, le 15 juin 1969, Marcellin, confirmé dans son poste place Beauvau, n'arrive pas à ses fins. Pierre Debizet, un des anciens dirigeants du SAC, qui avait pris du champ au début des années 60 à cause de ses positions pro-Algérie française, revient aux commandes. Soutenu par Jacques Foccart, qui conserve une grande influence politique, Debizet est désigné pour remplacer Paul Comiti à la tête du SAC lors d'une assemblée houleuse, en octobre 1969, durant laquelle Charles Pasqua donne sa démission.

Debizet tente une reprise en main. Environ 7000 militants, dont beaucoup venaient juste de rejoindre le service d'ordre après les événements de Mai 1968, sont exclus. Les nouveaux adhérents doivent officiellement présenter un casier judiciaire vierge pour être acceptés. Les voyous encartés se voient proposer la démission ou une levée de leur impunité judiciaire. De nouveaux cadres sont nommés afin de reprendre le contrôle des fédérations locales et d'évincer les dissidences, attisées par Charles Pasqua. Ces mesures d'assainissement ne sont pas suffisantes. Les dirigeants, qui penchent de plus en plus vers l'extrême droite, continuent de tolérer en leur sein un mélange de militants dévoués et de voyous patentés.

Les incidents se multiplieront. Lors des élections municipales de 1971, par exemple, une quarantaine de membres du SAC, proches du candidat gaulliste Charles Ceccaldi-Raynaud, attaqueront des colleurs d'affiches socialistes. On dénombrera un mort et sept blessés. De troubles affaires de chantage et d'escroquerie liées à la société d'études ETEC, pilotée par un escroc, Charly Lascorz, ancien dirigeant présumé du SAC dans le Sud-Ouest, défraieront la chronique dans les années 70. À Marseille, le SAC, sous la houlette de plus en plus contestée de Gérard Kappé, sombrera dans une véritable spirale criminelle. Certains de ses membres seront poursuivis pour trafic d'armes, braquages, disparitions, trafic de drogue, et même pour meurtre.

Le massacre d'un des responsables du SAC des Bouches-du-Rhône, Jacques Massié, et de sa famille, perpétré à Auriol le 18 juillet 1981 par un commando composé de plusieurs membres du service d'ordre gaulliste, dont quelques délinquants corses, achèvera de décrédibiliser l'organisation, devenue sulfureuse et incontrôlable[1]. Après qu'une commission d'enquête parlementaire aura mis au jour ses dérives en juin 1982, le SAC sera dissous par un décret du 3 août 1982. Il aura laissé derrière lui plus de deux décennies de scandales et de passe-droits pour bon nombre de ses membres.

1. La tuerie d'Auriol conduira à l'inculpation de Jean-Joseph Maria, Ange Poletti, Lionel Collard, Didier Campana, Jean-François Massoni, Jean Finochietti, qui seront condamnés en mai 1985 par la cour d'assises d'Aix-en-Provence.

Chapitre 8

La longue traque des filières corses

C'est une missive personnelle, de président à président. Elle est envoyée au début du mois d'août 1969 par le nouvel occupant de la Maison-Blanche, Richard Nixon, à Georges Pompidou, qui vient d'être élu pour sept ans à l'Élysée après la démission du général de Gaulle. Nixon demande de manière pressante aux plus hautes autorités françaises ce que ses agents du Bureau des narcotiques et des drogues dangereuses (BNDD)[1] réclament en vain depuis des années : une déclaration de guerre contre la French Connection. « Je vous adjure d'entreprendre une lutte vigoureuse contre la filière française de l'héroïne qui, à partir de Marseille, diffuse l'héroïne sur notre territoire, écrit le président américain. Nous savons que 80 % de l'héroïne consommée aux États-Unis provient de France[2]. »

Cette correspondance inhabituelle donne évidemment un poids politique considérable à un sujet que les diplomates du département d'État avaient écarté, en 1961, de l'ordre du jour d'un sommet de Gaulle-Kennedy. Mais le président américain a jugé la situation suffisamment grave pour prendre lui-même la plume et adresser un ultimatum à la France.

Nouvel élu républicain, Nixon a promis d'agir sur le terrain, électoralement sensible, de la drogue. La demande d'héroïne, tout

1. Désormais sous la houlette du Department of Justice, le Bureau of Narcotics and Dangerous Drugs (BNDD) rassemble, depuis avril 1968, l'ancien Federal Bureau of Narcotics (dépendant du Trésor) et le Bureau of Drug Abuse Control de la Federal Drug Administration.

2. Rapporté dans Marcel Morin et François Missen, *La Planète blanche*, Tsuru Éditions, 1990, p. 51, et confirmé par Marcel Morin à l'un des auteurs lors d'un entretien, le 3 novembre 2003. L'histoire de cette lettre de Nixon à Pompidou est racontée par Raymond Marcellin dans *L'Importune Vérité*, Plon, 1978, p. 101.

comme celle de cocaïne ou de cannabis, est en pleine expansion outre-Atlantique, dopée notamment par la guerre du Viêt-nam. Si l'on en croit les autorités, plus de 6000 jeunes Américains décéderaient chaque année de l'abus de stupéfiants, laissant les familles, les experts et les autorités sanitaires impuissantes. Faute de résultats immédiats au plan domestique, Nixon essaie au moins de marquer quelques points à l'étranger. Notamment contre cette France toujours si arrogante, source avérée de l'héroïne.

Les messages des officiels de second rang ayant échoué jusqu'à présent à convaincre les gouvernements français de lutter efficacement contre les filières corses, Nixon se charge personnellement du dossier. Symbole concret de cette offensive : en août 1969, le siège européen du BNDD est transféré de Rome à Paris. Son nouveau directeur, John T. Cusack, un pilier du Bureau, emménage dans ses locaux de la rue de La Boétie au moment précis où la lettre de Nixon arrive à l'Élysée. Ce n'est pas un hasard. Nixon parie sur le contexte porteur de l'arrivée d'un nouveau président français pour être écouté, si ce n'est entendu.

Le rapport qui ignore tout

Aussitôt reçue, la missive de la Maison-Blanche fait mouche. Georges Pompidou convoque le ministre de l'Intérieur, Raymond Marcellin, homme de discipline et d'autorité obsédé par tout ce qui peut pervertir la jeunesse, des idées gauchistes de Mai 1968 à la consommation de stupéfiants. Il lui livre le contenu de la lettre et lui enjoint de faire rapidement le point sur la lutte contre le trafic de drogue, au moins pour montrer aux Américains que le nouveau pouvoir installé à Paris ne reste pas les bras croisés.

Rentré à son ministère, à quelques dizaines de mètres de l'Élysée, Raymond Marcellin téléphone à Jean Dours, le directeur général de la police nationale, afin d'obtenir rapidement de quoi nourrir une réponse. Quelques jours plus tard, dans une capitale désertée par les vacanciers, le ministre de l'Intérieur reçoit un rapport de l'Office central pour la répression du trafic illicite des stupéfiants (OCRTIS), l'organisme de la police judiciaire spécialisé dans ce domaine, dirigé par le commissaire Marcel Carrère. Le document retrace la chronologie des prises et arrestations effectuées depuis dix ans en France. Après plusieurs paragraphes d'autosatisfaction, il s'achève sur un aveu d'ignorance complète quant à la renaissance d'une quelconque filière française de drogue vers les États-Unis.

Ayant approuvé cette prose destinée à leur ministre et à l'Élysée, les plus hautes autorités policières du pays, la direction de l'office des stups, celle de la police judiciaire et celle de la police nationale semblent donc entériner la thèse surréaliste selon laquelle, à la mi-1969, sur le front du trafic de drogue, il n'y a rien de particulier à signaler.

Personne, au ministère, ne semble par exemple avoir pris la peine de lire un document, très alarmiste, écrit en mars 1969 par le commissaire Maurice Hug, le chef du groupe des stupéfiants à Marseille[1]. Sur la base d'enquêtes récentes, le policier constatait une montée en flèche de la toxicomanie (cannabis, héroïne), notamment dans les boîtes de nuit, les clubs de jeunes, les casernes, les écoles. Hug relevait que, dans presque tous les cas, les stupéfiants venaient de Marseille, « véritable halle centrale de la drogue ».

L'un des piliers de la police nationale, sous-directeur des affaires criminelles, Honoré Gévaudan, expliquera quelques années plus tard que la « carence officielle », une « loi débile » et la « grande misère des moyens policiers » avaient effectivement permis aux « truands méditerranéens »[2] de prospérer durant des années en toute quiétude ! En guise d'excuse, il ajoutera, à propos des affaires de stups réalisées alors par l'OCRTIS : « Elles donnaient bonne conscience. Comme ces peintures en trompe l'œil, elles faisaient illusion. Ces résultats, enveloppés en paquets-cadeaux, agissaient comme un tranquillisant qui assoupissait aussi celui qui les présentait[3]. »

Marcellin n'est pas dupe. Sans sous-estimer la capacité d'intoxication des Américains, il pense que leurs accusations sur le trafic ne sont pas complètement infondées. En tout état de cause, la réalité est probablement très éloignée de celle décrite par l'Office central des stups, qui nie tout problème sérieux ! Le rapport prouve, à ses yeux, les faiblesses de certains de ses subordonnés. Le patron de la police nationale est à deux doigts de la retraite. Celui de la PJ est débordé. « La vérité est que le combat contre la drogue, devenu routinier, est passé à l'arrière-plan des préoccupations de la direction centrale de la police judiciaire, surchargée d'affaires dans de nombreux secteurs par l'augmentation de la délinquance[4] », dira Marcellin.

1. Rapport du commissaire principal Maurice Hug, chef du groupe des stupéfiants au service régional de police judiciaire de Marseille, « Au sujet d'une recrudescence de l'usage des stupéfiants parmi la jeunesse », Marseille, 1er mars 1969.

2. Honoré Gévaudan, *La Bataille de la French Connection*, *op. cit.*, p. 10.

3. *Ibid.*, p. 43.

4. Raymond Marcellin, *L'Importune Vérité*, *op. cit.*, p. 101.

D'un trait rageur, le ministre annote les passages du rapport de l'office des stups qui le font sursauter[1] :

> «Les Français ne sont pas impliqués dans le trafic international» : ils osent dire ça... «Les laboratoires de transformation de morphine-base en héroïne se trouvent aux États-Unis» : ah, celui-là!... «Il faudrait demander à nos collègues américains d'expertiser les sachets en plastique contenant de la drogue découverte chez eux. On ne trouve pas ce produit chez nous» : tiens donc!

Marcellin retourne à l'Élysée avec sous le bras ce document, dont il rend compte au président Pompidou. «J'ajoute aussitôt que je ne m'en contenterai pas, et que j'agirai comme si Richard Nixon avait raison, car à mes yeux, il n'est pas concevable qu'un chef d'État écrive une lettre comme celle du président des États-Unis sans s'être fait une opinion sérieuse[2].» Les derniers jours du mois d'août sont consacrés à l'élaboration d'un plan de lutte contre le trafic de drogue.

Dès le début septembre 1969, Raymond Marcellin dévoile sa nouvelle politique. Il convoque désormais chaque semaine tous les responsables policiers concernés dans son bureau pour faire le point de la situation. La PJ doit remettre un rapport hebdomadaire sur les prises et les enquêtes en cours. L'objectif est clair : «briser la French Connection», c'est-à-dire les filières tenues par le milieu corse. Le 7 novembre 1969, Richard Nixon écrit une nouvelle lettre à Georges Pompidou pour le féliciter des premiers efforts engagés. Après deux décennies d'expansion continue du trafic et de brouille franco-américaine sur ce sujet, une page se tourne.

Les diversions américaines

Ce brutal changement de cap n'empêche pas Matignon de penser, au fond, que les Américains usent de l'argument de la drogue de manière un peu commode et d'y voir d'abord une tentative diplomatique de déstabilisation des positions françaises sur la scène internationale. Les sujets de friction, en effet, ne manquent pas entre les

1. Rapporté dans Marcel Morin et François Missen, *La Planète blanche*, *op. cit.*, p. 34, et confirmé à l'un des auteurs par Marcel Morin lors d'un entretien, le 3 novembre 2003.
2. Voir Raymond Marcellin, *L'Importune Vérité*, *op. cit.*, p. 101.

deux pays : Israël, les pays arabes, les livraisons de Mirage à la Lybie, l'OTAN, le dollar, l'URSS. « Et puis les Américains exagèrent la menace et devraient d'abord balayer devant leur porte », ajoutent les diplomates et les policiers de l'Hexagone. Le chiffre de 6000 décès annuels par overdose est avancé sans aucune preuve par les officiels de Washington. Les agents du BNDD, du Bureau des douanes ou du FBI ont toutes les peines du monde à endiguer le flux ou à arrêter les gros trafiquants. La dénonciation des « méchants trafiquants français » est plus facile que la traque des grossistes de la pègre qui revendent l'héroïne dans les rues de New York ou de Chicago. Il y a bien une part de diversion dans l'initiative nixonienne. Qui plus est, dans les coulisses du conflit vietnamien, la CIA n'hésite pas à se servir de la drogue comme d'une arme ou d'une monnaie d'échange avec des tribus des montagnes, qui les épaulent dans le combat contre les « communistes »[1].

Autre argument français, « les États-Unis ignoraient ou feignaient d'ignorer l'apport d'héroïne en provenance de l'Extrême-Orient, notamment du fameux Triangle fertile, c'est-à-dire la Birmanie, la Thaïlande et le Laos[2] », écrira Marcellin. En 1969, la part de l'héroïne consommée aux États-Unis provenant de la Corsican Connection, alimentée par l'opium turc, est évaluée à 80 % par Washington. Le chiffre, calculé empiriquement sur la base des saisies effectuées, n'a guère évolué depuis le début des années 60.

Ce quasi-monopole est en train de se fissurer. D'une part, les États-Unis font pression sur la Turquie pour qu'elle interdise la production légale et éradique les cultures locales. « Il fallait couper cette source d'opium, raconte John T. Cusack, qui fut chargé de cette mission. J'ai été envoyé à Ankara, entre septembre 1968 et août 1969, pour mettre sur pied un programme d'aide américaine à l'élimination progressive des cultures. Cela a mis du temps à monter en puissance[3]. » Utilisée par la mafia sicilo-américaine, la filière des truands corses, qui a fonctionné à plein pendant vingt ans pour transformer l'opium d'origine turque, va bientôt perdre une partie de son intérêt stratégique.

D'autre part, de nouveaux pays commencent à produire de l'héroïne à grande échelle. Des pontes de la mafia sicilo-américaine vont d'ailleurs chercher des fournisseurs en Asie. Ainsi, Santo Trafficante Jr, le boss de Tampa qui s'est progressivement imposé dans le

1. Voir Alfred McCoy, *La Politique de l'héroïne en Asie du Sud-Est, op. cit.*
2. Raymond Marcellin, *L'Importune Vérité, op. cit.*, p. 104.
3. Entretiens avec l'un des auteurs, 4 et 11 octobre 2003.

trafic de drogue après le sommet de Cosa Nostra à Palerme en 1957, et surtout après la mort de Lucky Luciano en 1962, a effectué une tournée à Saigon, Hong Kong et Singapour dès 1968[1]. Opportuniste, il tirera parti de ces changements, qui s'accéléreront après 1973 avec le déclin de la Corsican Connection et l'interdiction de la production légale en Turquie.

Certains observateurs expliqueront que Santo Trafficante Jr était en fait délibérément soutenu dans ses projets par la CIA, dont il était un agent, et par la Maison-Blanche. Ayant connu l'avocat Richard Nixon dans les années 50, le parrain aurait directement influencé son ami président afin qu'il déclenche en 1969 l'offensive diplomatique contre une Corsican Connection qui devenait plus embarrassante et moins incontournable[2].

Cette théorie du complot surestime sans doute l'influence de Trafficante[3]. De plus, elle minimise les impératifs diplomatiques ou électoraux qui, à eux seuls, pouvaient justifier la politique de Nixon. Enfin, même si l'implication de la CIA dans des affaires de drogue est largement étayée, la thèse semble méconnaître la stratégie autonome du BNDD. « Nous n'avions qu'un objectif, précise John T. Cusack : envoyer le maximum de criminels au pénitencier, qu'ils s'appellent Luciano ou Trafficante. Et nous n'attendions aucune aide de la CIA pour y arriver[4]. »

Réunions glaciales

Quelles que soient les manœuvres américaines, le gouvernement français est, malgré tout, bien embarrassé. Après la lettre de Nixon et les premières mesures de Marcellin, les Américains demandent aux policiers français une réunion pour faire le point sur la situation.

1. Alfred McCoy, *La Politique de l'héroïne en Asie du Sud-Est*, *op. cit.*, p. 75. Selon McCoy, à Saigon, Santo Trafficante Jr aurait notamment rencontré des trafiquants corses opérant dans la région.

2. Cette thèse, un brin mécaniste, d'un Nixon abattant la French Connection dans le but d'éliminer les concurrents corses de son ami Santo Trafficante Jr, épaulé par la CIA, afin que ce dernier puisse asseoir son pouvoir sur le trafic de drogue avec les Asiatiques, est surtout défendue par Henrik Krüger dans *The Great Heroin Coup*, South End Press, 1980, ainsi que par William Reymond, qui reprend ces arguments dans *Mafia S.A.*, *op. cit.* Alfred McCoy, qui a établi précisément le rôle de la CIA dans le trafic de drogue dans son ouvrage de référence *La Politique de l'héroïne en Asie du Sud-Est*, *op. cit.*, est beaucoup plus nuancé que Krüger.

3. D'autant que, selon certains historiens, Santo Trafficante Jr, effectivement lié à la CIA, était d'abord, et surtout, un espion de Fidel Castro. Voir Joseph Trento, *The Secret History of the CIA*, *op. cit.*, p. 345.

4. Entretiens avec l'un des auteurs, 4 et 11 octobre 2003.

« Ils disent qu'ils sont inondés d'héroïne et ils prétendent qu'elle arrive de France par tonnes, ironise le directeur de la PJ devant son bras droit, chargé des affaires criminelles. – Ils ont raison, non ? réplique, ingénu, ce dernier. – Peut-être, mais il n'est pas possible de nous répandre devant eux en mea-culpa », tonne le patron[1].

La première réunion de cet embryonnaire « comité gouvernemental franco-américain de lutte contre le trafic illicite des stupéfiants » a bien lieu quelques jours plus tard, en décembre 1969. Par mesquinerie, le directeur général de la police nationale, Jean Dours, reçoit ses visiteurs dans la salle d'attente, une pièce minuscule et vide. Face à son équipe prennent place le directeur américain du BNDD, John Ingersoll, et ses lieutenants, John T. Cusack, Anthony Pohl et Andrew Tartaglino, qui connaissent la situation française depuis des années. Le climat est glacial. Les Américains rappellent les faits. L'essentiel de l'héroïne arrivant chez eux provient de Marseille et ils veulent que cela cesse. Les Français ne réagissent pas, sachant pertinemment que ces informations sont globalement exactes, et que leurs moyens n'ont pas été, jusqu'à présent, à la hauteur des enjeux. L'heure est désormais à la coopération. On se promet de se revoir tous les trois mois, en France et aux États-Unis. D'ici là, les policiers français doivent faire quelque chose.

Début 1970, Max Fernet est nommé directeur central de la PJ. C'est un homme à poigne, venu de la préfecture de police de Paris. Le coup de balai touche également Maurice Hug, le chef de la brigade des stups de Marseille. Sur la sellette depuis des années, il a commis une faute jugée impardonnable, celle de se fâcher avec les Américains au moment précis où sa hiérarchie policière, qui n'avait jamais vraiment écouté ses alertes répétées sur l'importance du trafic, tentait de faire amende honorable avec les agents du BNDD. En effet, le 14 janvier, en fin d'après-midi, Maurice Hug a accueilli à Marseille John T. Cusack, venu prendre des nouvelles du front. Albert Habib, l'un des agents du BNDD qui assistait à cette réunion, se souvient : « Hug considérait que nous étions un peu trop envahissants. Il nous appelait les espions et n'appréciait pas qu'on lui donne des conseils. Ce jour-là, il a fait comprendre à Cusack que tant qu'il serait en poste à Marseille, les Américains n'y feraient rien. Cusack était furieux[2]. » Un autre témoin de cette rencontre orageuse, Antoine Barbazza, l'un des policiers français des stups, précise : « Cusack jouait les provocateurs en nous reprochant de ne

1. Rapporté dans Honoré Gévaudan, *La Bataille de la French Connection*, *op. cit.*, p. 46.
2. Entretien avec l'un des auteurs, 22 septembre 2003.

rien faire depuis des mois, alors que nous nous démenions au maximum de nos possibilités. En colère, Hug lui a répondu, en substance : US go home[1] ! »

Aussitôt rentré à Paris, John T. Cusack a informé l'ambassadeur des États-Unis de cet incident. Le message a été transmis au ministère de l'Intérieur. Le sort de Maurice Hug est scellé dans les semaines qui suivent. Il est remplacé par un de ses adjoints, le commissaire principal Antoine Comiti, censé être plus coopératif.

Malgré quelques progrès apparents, l'animosité demeurera vive en coulisses. Selon l'un des agents du BNDD en poste en France, l'entourage de Comiti conseillera à certains de ses indicateurs de « rester à l'écart des Américains, qui sont stupides avec leurs gros cigares et leurs grosses voitures », ou qui « ne savent pas conduire des enquêtes ». Cet agent se souvient aussi d'avoir entendu Comiti lui expliquer un jour : « Vous, les Américains, vous faites des affaires avec de l'argent, nous faisons les nôtres parce que nous sommes intelligents »[2].

Lorsque les experts français se déplacent à Washington en février 1970, les premières actions symboliques ont été engagées. Français et Américains s'accordent pour installer rapidement une antenne de l'Office central des stups à New York et pour signer prochainement un « protocole d'accord » ambitieux. De retour à Paris, Max Fernet, le nouveau patron de la PJ, dresse un état des lieux. Aucune grosse prise de drogue ou de laboratoire n'a été effectuée depuis des lustres en France. Il dénombre les troupes affectées à la lutte contre le trafic : seize policiers à l'Office central, sept à Marseille. Même s'ils font de leur mieux, cela frise le ridicule, comparé au BNDD américain qui compte, à lui seul, une quinzaine d'agents en France. Les effectifs français vont augmenter fortement. La brigade des stups de Marseille doit passer de 10 à 25 agents, et des antennes seront créées à Nice et à Ajaccio.

Au fil de l'année 1970, toutes les possibilités, même les plus farfelues, sont étudiées du côté français pour obtenir quelques résultats contre les filières corses. Le ministre de l'Intérieur demande par exemple aux policiers s'ils peuvent lancer des perquisitions dans toutes les villas isolées de la région de Marseille afin de dénicher les fameux laboratoires. L'idée, jugée impraticable, est vite écartée.

---

1. Entretien avec l'un des auteurs, 26 septembre 2003.

2. Entretien avec l'un des auteurs, automne 2003, et documents internes au BNDD datant de 1970, rapportant ces propos.

Sachant que sa nouvelle politique mettra quelque temps à produire des effets, Raymond Marcellin prend une autre initiative peu banale : il recrute, grâce aux fonds secrets de son ministère, un journaliste ami. Celui-ci est chargé d'aller discrètement vérifier en Turquie et en Asie du Sud-Est à quoi servent les millions de dollars que Washington prétend verser aux cultivateurs d'opium afin qu'ils cessent leur production. Le rapport, photos à l'appui, de cet « envoyé très spécial » est cruel pour les Américains. Les machines agricoles promises sont encore bloquées dans le port d'Istanbul. Les cultures de pavot n'ont pas disparu des plaines turques. Et l'héroïne est presque en vente libre de Bangkok à Vientiane.

Ravi, Raymond Marcellin montre les clichés au procureur général des États-Unis, Thomas Mitchell, et au patron du BNDD, John Ingersoll, lors d'une visite à Washington, fin juillet 1970[1]. Le ministre français prend sa petite revanche. Il peut aussi avancer quelques chiffres prouvant que la France n'est plus inactive : 1762 personnes ont été interpellées dans l'Hexagone pour infraction à la législation sur les stupéfiants entre août 1969 et juillet 1970, contre 361 pour l'ensemble de l'année 1968. Quelque 300 policiers supplémentaires ont été affectés à la lutte contre le trafic dans les grandes villes. Les officiels américains ne peuvent qu'en convenir : le mauvais élève français se rachète une conduite.

Le gouvernement de Jacques Chaban-Delmas va même plus loin. Il rédige un projet de loi qui durcit considérablement l'arsenal répressif. Adopté fin 1970 par l'Assemblée nationale, promulgué le 3 janvier 1971, le texte aggrave notamment les peines infligées aux trafiquants. Elles peuvent désormais atteindre vingt années d'emprisonnement, contre un maximum de cinq auparavant. En cas de récidive, la peine peut même être doublée. Les gardes à vue sont prolongées de deux à quatre jours, les perquisitions de nuit sont autorisées. Le simple usage de stupéfiants est assimilé à un délit, passible de prison.

Armés de cette loi d'exception – seules les enquêtes antiterroristes bénéficieront de gardes à vue aussi longues –, les policiers pourront traquer les filières et les magistrats sanctionner durement les trafiquants. La signature officielle du protocole de coopération franco-américain, en février 1971, clôt cette phase de préparation. Le même mois, un vétéran des stups de Marseille, Claude Chaminadas, arrive à New York pour s'occuper de la nouvelle antenne de police

1. Rapporté dans Marcel Morin et François Missen, *La Planète blanche*, *op. cit.*, p. 52-53.

française aux États-Unis, inaugurée en octobre 1970 par un jeune commissaire.

Le dispositif est désormais complet. Depuis la fameuse lettre de Nixon à Pompidou en août 1969, il a fallu dix-huit mois pour que la France soit officiellement prête à déclencher les hostilités contre la Corsican Connection. Dix-huit mois pendant lesquels aucune grosse filière n'a été démantelée. Les parrains ont continué de prospérer, les laboratoires de tourner et les passeurs de circuler. Seuls quelques convoyeurs de la filière latino-américaine d'Auguste Ricord ont été interpellés aux États-Unis, en octobre et décembre 1970, en provenance du Paraguay, avec de l'héroïne provenant – toujours – de la région marseillaise.

Le brouillard de Delouette

Début 1971, les Français espèrent tomber rapidement sur un « gros coup ». Par chance, le 24 février, au large de Port-Saint-Louis-du-Rhône, près de Marseille, les douaniers surprennent à bord d'un petit yacht trois marins en train de repêcher des sacs de jute contenant 358 kilos de morphine-base, largués quelques heures plus tôt par un cargo turc. Dans la foulée, les enquêteurs interpellent, chez le gardien du port, deux Arméniens, dont Édouard Toudayan, quarante-cinq ans, un élève de Césari déjà appréhendé en 1965 et suspecté de trafic depuis des années[1]. Le mois suivant, deux autres trafiquants français, Jean-Pierre Martelli et Robert Ange Leca, sont appréhendés par les policiers à Marseille alors qu'ils livrent 17 kilos d'héroïne à un acheteur qui est en réalité un agent infiltré du BNDD.

L'année semble s'annoncer sous de bons auspices. À New York, Claude Chaminadas se frotte les mains, espérant rapidement prouver que la coopération entre les deux rives de l'Atlantique est sur la bonne voie. « J'avais des consignes de Fernet. Il fallait faire une grande affaire au plus tôt, pour calmer les esprits[2] », se souvient-il. Les Français sont loin de s'imaginer qu'une tuile va s'abattre sur eux, détériorant à nouveau les relations franco-américaines.

Le 5 avril 1971, un dénommé Roger Delouette se rend dans la zone portuaire d'Elizabeth, près de l'aéroport de Newark, dans le New Jersey. Il vient récupérer un camping-car Volkswagen qui a traversé l'océan Atlantique. Un comité d'accueil imprévu, composé

---

1. Voir plus haut le chapitre intitulé « L'essor de la "Corsican Connection" ».
2. Entretien avec l'un des auteurs, 26 septembre 2003.

de douaniers américains, surprend Delouette sur les quais. Son véhicule est démonté. On y trouve 89 paquets contenant chacun 500 grammes d'héroïne.

Interrogé par les douaniers, le passeur affirme qu'il travaille pour le SDECE et qu'il a pris ses ordres, avant cette livraison, auprès d'un de ses responsables, le colonel Paul Fournier. L'accusation est grave. Des soupçons de liens entre trafiquants et services secrets français planent, on s'en souvient, depuis des années, alimentés notamment par l'affaire Mertz-Cecchini et par l'implication dans les réseaux latino-américains du Corso-Marseillais Ricord d'anciennes «barbouzes» liées au SDECE. Mais rien n'indique que ces connexions soient organiques ni pérennes.

S'appuyant sur les seules déclarations de Delouette, le procureur Herbert Stern renvoie le Français devant un grand jury de Newark. Et il réclame l'audition du colonel Fournier, croyant dur comme fer à la thèse de l'implication directe du SDECE dans le trafic de drogue. La France refuse l'audition, tout en menant sa propre instruction, confiée au juge parisien Gabriel Roussel.

Le blocage dure plusieurs mois, pendant lesquels le SDECE tente de démêler les fils de cette histoire. Roger Delouette a bien été, durant quelques années, «honorable correspondant» de la maison, effectuant des missions en Afrique ou à Cuba. Mais il aurait été officiellement licencié en mars 1970. Et le colonel Fournier, qui a connu Delouette, fait partie de ceux qui, sous la houlette du nouveau patron Alexandre de Marenches, font le ménage au sein du SDECE sur ordre de Pompidou[1]. De là à imaginer une simple dénonciation vengeresse, il n'y a qu'un pas[2].

L'enquête progresse en septembre 1971 grâce aux déclarations d'un autre trafiquant français, Richard Berdin, arrêté à New York

---

1. Certains agents et proches du SDECE, gaullistes, ont été soupçonnés d'avoir contribué à faire impliquer Mme Pompidou dans une sombre affaire de mœurs, après l'assassinat du garde du corps d'Alain Delon, Stephan Markovic, retrouvé mort le 2 octobre 1968. Blessé par ce qu'il considérait comme une machination, Georges Pompidou a décidé, à son arrivée à l'Élysée en juin 1969, de purger le SDECE. Le caïd corse François Marcantoni, ami intime des Delon, sera inculpé dans l'affaire Markovic, avant de bénéficier d'un non-lieu en 1976.

2. Alexandre de Marenches et Christine Ockrent, *Dans le secret des princes*, Stock, 1986, p. 118. Dans ce livre, l'ancien patron du SDECE estime que l'affaire Delouette était une «manipulation [...] montée en réalité contre moi, pour essayer de me détruire». Et il ajoute : «Nous avons passé plusieurs mois très désagréables pour les rapports franco-américains car, s'il est toujours relativement facile de prouver ce qu'on a fait, il est généralement impossible de prouver ce qu'on n'a pas fait. Heureusement, on a pu démonter complètement l'affaire et tout est tombé à plat comme un soufflé, puisque cela reposait sur du vent et des mensonges.»

avec une Ford bourrée de 82 kilos d'héroïne[1]. Ses aveux permettent notamment aux policiers français d'interpeller un passeur du nom d'André Labay. Cet homme d'affaires éclectique, amateur de peintres naïfs, ancien agent du SDECE à Haïti, semblait sûr de ses appuis. Indic occasionnel des Américains, il avait rendez-vous, quelques jours avant son arrestation, avec des agents du BNDD à Paris. Richard Berdin raconte surtout aux policiers qu'un certain Dominique l'a informé, en mai 1971, qu'un livreur d'héroïne avec qui il était en contact venait de se faire coincer à New York[2]. Les enquêteurs font le rapprochement. Il s'agit de Roger Delouette. Reste à identifier ce « Dominique ».

L'affaire Delouette n'éclate sur la place publique que le 14 novembre 1971, après une fuite dans la presse américaine sur son inculpation. Elle provoque un scandale à Paris et des révélations sur l'appartenance passée du trafiquant au SDECE. Mis en cause, le colonel Fournier dément. Le climat devient étouffant. Puis un autre ancien agent mis sur la touche, Jean-Charles Marchiani, reconnaît, devant le juge Roussel, avoir présenté son ami Delouette à un de ses cousins d'origine corse, Dominique Mariani, à Paris. Ce dernier est interpellé en février 1972. Berdin, emprisonné aux États-Unis, le reconnaît sur une photo comme le « Dominique » avec lequel il était en relation. Les enquêteurs découvrent ensuite que Mariani a introduit Delouette auprès des membres du réseau Ricord, la branche latino-américaine de la Corsican Connection, afin qu'il transporte un camping-car plein d'héroïne aux États-Unis. Un autre maillon de ce réseau, Claude Pastou, arrêté quelques mois plus tard au Brésil, confirmera cette version des faits. « Les Américains étaient furieux qu'on ait trouvé la vraie filière de Delouette, qui menait aux voyous[3] », se souvient le policier Claude Chaminadas.

La thèse du trafic organisé par les services secrets français semble donc se dégonfler. Delouette écopera le 17 avril 1972 de cinq ans de prison aux États-Unis[4]. De son côté, Dominique

1. Voir notamment son autobiographie, *Nom de code : Richard*, Gallimard, 1975. Délinquant sous l'Occupation, barman, voleur, associé aux gangs corso-marseillais et parisiens, en lien avec les clans Gambino et Cirillo de New York, Richard Berdin aurait livré 800 kilos d'héroïne aux États-Unis entre 1969 et 1971. Décidant de coopérer, ce « repenti » livrera des noms permettant de charger plusieurs de ses complices, dont André Labay, Laurent Fiocconi et Jean-Claude Kella. Il sera condamné à trois ans de prison en 1973, puis bénéficiera d'un programme de protection des repentis.

2. Voir *ibid.*, p. 183 et 314-315. Berdin estime que Delouette « a exploité les vagues attaches qu'il a pu avoir avec le SDECE pour essayer de minimiser son rôle » (p. 355).

3. Entretien avec l'un des auteurs, 26 septembre 2003.

4. Questionné en 1998 par Éric Lemasson, Roger Delouette affirmera avoir « craqué » personnellement pour des raisons financières, ajoutant qu'on lui avait fait passer le

Mariani sera condamné à deux ans de réclusion par le tribunal de grande instance de Paris le 25 mai 1973. Dans leur jugement, les magistrats rappelleront que Delouette avait prétendu avoir agi sur ordre d'un officier supérieur du SDECE : « Les investigations ordonnées par le magistrat instructeur révélèrent que ces allégations de Delouette ne reposaient sur aucune base sérieuse et que son action était en réalité liée à un très important trafic de stupéfiants[1]. »

Un rapport dénonce les « quatre familles corses »

Durant toute l'année 1971, l'affaire Delouette empoisonne le climat transatlantique[2]. Les Américains et les Français se soupçonnent mutuellement de cachotteries. Washington est prêt à saisir toutes les occasions pour prouver que les trafiquants français sont liés au pouvoir ou pour stigmatiser la coupable inaction de Paris, quitte à additionner les bévues ou à en rajouter dans la provocation.

C'est ainsi que deux membres de la Chambre des représentants américaine publient, le 27 mai 1971, un rapport de mission sur « Le problème mondial de l'héroïne ». Le document, préparé par Morgan Murphy et Robert Steele, est beaucoup moins approfondi que le précédent rapport d'une commission d'enquête du Sénat datant de juillet 1964[3]. Ce dernier avait livré une analyse détaillée de l'implication présumée des gangsters « corses » dans le trafic, révélant notamment les fiches individuelles de police d'une trentaine d'entre eux. À l'époque, ce rapport explosif n'avait suscité aucune réaction en France. En mai 1971, le climat est différent.

Murphy et Steele reprennent le thème général de la production d'héroïne, laquelle est contrôlée à 80 % par les filières françaises,

---

message, une fois arrêté, de dénoncer Fournier. « Pour me sauver », dira-t-il. Et pour régler quelques comptes au SDECE. Selon lui, le trafic était organisé par un « homme d'affaires » qui était, par ailleurs, informateur du SDECE. Voir Éric Lemasson, *Marchiani, l'agent politique*, Seuil, 2000, p. 68-77 et 85-95.

1. Tribunal de grande instance de Paris, 16e chambre correctionnelle, audience du 25 mai 1973, copie du jugement Mariani.

2. Pour les nombreux rebondissements de cette affaire Delouette, on peut notamment lire Alain Jaubert, *D... comme Drogue*, *op. cit.*, p. 199-246, Thierry Wolton, *Les Écuries de la Ve*, *op. cit.*, p. 82-87, *The Heroin Trail*, *op. cit.*, p. 99-108, ou encore Roger Faligot et Pascal Krop, *La Piscine*, *op. cit.*, p. 312-317.

3. « Organized crime and illicit traffic in narcotics », *op. cit.*

avec leurs laboratoires localisés « sur la côte sud de la France, entre Nice et Marseille, et peut-être en Corse[1] ». Et ils ajoutent :

> On estime qu'il y a entre cinq et dix groupes opérant au même moment avec chacun jusqu'à cent personnes employées. Chaque groupe semble avoir ses propres passeurs et ses propres opérations d'achat et de trafic. Au cours des dix dernières années, chaque affaire de stupéfiants à Marseille a impliqué une ou plusieurs des quatre familles corses : les frères Venturi (Jean et Dominique), Marcel Francisci, Antoine Guérini et Joseph Orsini. Il y a aussi d'autres groupes qui apparaissent de temps en temps, mais ces quatre familles sont au cœur de la production illégale d'héroïne à Marseille. Le problème est qu'en France, comme aux États-Unis, la police doit avoir des preuves pour établir des procédures. La police ne peut pas montrer du doigt les gens impliqués. Les autorités françaises sont bloquées par le secret des comptes bancaires suisses, autant que les autorités américaines.

La charge est étrange, car Antoine Guérini est décédé en 1967. Joseph Orsini, arrêté dans les années 50, maintes fois soupçonné d'avoir repris des activités, semble désormais rangé. Quant aux frères Venturi et à Marcel Francisci, si leurs noms ont souvent été cités dans des enquêtes sur le trafic, ils n'ont jamais été inculpés.

Destiné à marquer des points devant l'opinion américaine, le rapport vilipende à nouveau les carences des pouvoirs publics français. Certes, ses auteurs reconnaissent les efforts récents en matière de répression du trafic. Mais ils précisent que « les autorités françaises travaillent largement sur la base des informations fournies par les États-Unis ».

De plus, la police « n'a été capable de localiser et de fermer que treize laboratoires depuis vingt ans. Deux ont été fermés en 1969 et un en 1964 »[2]. C'est un cruel rappel d'une réalité que les Français ont fini par admettre. « Contester cette vérité serait de la mauvaise foi, expliquera Honoré Gévaudan. Déceler puis détruire les antres où des spécialistes du milieu transforment la morphine-base en poudre

---

1. Toutes les citations sont extraites du rapport, daté du 27 mai 1971, « The world heroin problem, report of special study mission, composed of Morgan F. Murphy, Illinois, Chairman, Robert H. Steele, Connecticut. Committee on foreign affairs, House of Representants, 92nd congress, 1st session. US GPO, Washington, 1971 », p. 7-10.

2. Les faits sont exacts : le 7 octobre 1964, le laboratoire de Jo Césari près d'Aubagne ; le 20 mars 1969, celui d'un disciple du même Jo, à Marseille ; le 7 octobre 1969, un autre à Mimet.

blanche reste la priorité des priorités. Tout le monde en convient, y compris les Français [...] À l'orée de cet été de 1971, il y a dix-huit mois que la tâche commune est commencée. Les premiers résultats sont là, timides[1]. »

Les représentants Steele et Murphy ont noté, lors d'une visite sur place, « un esprit de plus en plus combatif de la part des autorités françaises pour arrêter la production illégale d'héroïne en France ». Les Américains donnent donc quitus à Paris pour sa bonne volonté récente, sans cacher leur vive impatience. Des agents du BNDD présents en France continuent, d'ailleurs, de se plaindre discrètement de certains policiers français en charge des stups à Marseille, qui demeurent selon eux « vieux jeu », « pessimistes », « réactionnaires », voire « suspects » de manque d'intégrité. L'un de ces agents ajoute que « ces hommes qui connaissent soi-disant tout au trafic de drogue n'ont réalisé aucune affaire depuis deux ans, peut-être parce qu'ils connaissent trop de monde et trop de choses[2] ».

En l'occurrence, les Américains sont mal placés pour donner des leçons. En avril 1971, une commission gouvernementale chargée de faire le point sur les enquêtes à New York reconnaissait que « des exemples choquants de corruption » gangrenaient la police de la ville dans son combat contre la drogue, qui était devenu « un monumental gâchis d'hommes et d'argent »[3]...

Les interviews fracassantes de Cusack

Comme les remous de l'affaire Delouette se poursuivent et que les labos se font toujours attendre, Washington décide, quelques mois plus tard, de mettre carrément les pieds dans le plat.

« Les gros bonnets de la drogue sont à Marseille et nous les démasquerons. » En cette matinée du 25 août 1971, les habitants de la cité phocéenne découvrent avec stupeur les gros titres qui barrent la une des journaux. Le même jour, *Le Méridional* et son concurrent *Le Provençal* publient des déclarations similaires, fracassantes, celles d'un Américain. Et pas n'importe lequel, puisqu'il s'agit de John T. Cusack, le patron du BNDD pour l'Europe.

Cusack n'y va pas par quatre chemins :

---

1. Honoré Gévaudan, *La Bataille de la French Connection*, *op. cit.*, p. 168-169.
2. Note d'un agent présent en France en 1971, remise à l'un des auteurs.
3. *The New York Times*, 4 avril 1971.

> Actuellement, il y a dans Marseille, forts de leurs comptes en banque, de leurs relations, du respect qui les entoure, trois ou quatre gros bonnets de la drogue qui se sentent en sécurité [...] C'est là, à Marseille et pas ailleurs, où sont établis les caïds en relation directe avec la mafia et les successeurs d'Al Capone. C'est là où nous devons agir, frapper fort et vite [...] L'organisation est en place depuis une vingtaine d'années. Elle bénéficie de nombreuses complicités, d'une connaissance du pays et de beaucoup d'argent[1] [...].

C'est un véritable pavé dans la mare. Un réquisitoire contre les parrains de la Corsican Connection et, surtout, contre le laxisme présumé des autorités françaises, qui connaîtraient l'identité des « gros bonnets ». La concomitance des deux interviews exclut le hasard. En effet, quelques semaines auparavant, John T. Cusack a rencontré dans le plus grand secret, par l'intermédiaire du consul américain à Marseille, un journaliste du *Provençal*, François Missen, pour lui dire ce qu'il avait sur le cœur, sachant parfaitement qu'il risquait ainsi de provoquer une crise diplomatique[2]. Cusack s'est mis d'accord avec Missen pour démentir, une fois l'interview publiée, ses propres citations.

Surpris, le journaliste a écrit son papier et enregistré certaines de ces déclarations, destinées à faire un sujet radio pour RTL, dont il assure la correspondance à Marseille. Mais les rédacteurs en chef du *Provençal*, dont le propriétaire n'est autre que Gaston Defferre, le maire de la ville, enterrent cet article jugé trop dérangeant. Le bobino radio est, quant à lui, oublié dans un tiroir par un ponte de RTL. Voyant que sa bombe n'explose pas comme prévu, John T. Cusack contacte un autre journaliste marseillais, Marc Cioméi, du *Méridional*, pour que ses propos soient enfin publiés. Apprenant que ce journal concurrent s'apprête à sortir le « scoop », François Missen obtient, in extremis, de Gaston Defferre le feu vert pour faire paraître en même temps, dans *Le Provençal*, sa propre interview. Elle subit tout de même quelques modifications afin d'adoucir la charge antimarseillaise.

Ces articles provoquent des réactions en chaîne. Les journaux rappellent le contenu du rapport Murphy-Steele de mai 1971, qui

---

1. *Le Méridional*, 25 et 26 août 1971, reproduit dans Alain Jaubert, *D... comme Drogue*, *op. cit.*, p. 15-17.

2. Rapporté par François Missen, lors d'un entretien avec l'un des auteurs, 21 août 2003. Voir aussi Marcel Morin et François Missen, *La Planète blanche*, *op. cit.*, p. 75-97.

dénonçait publiquement les «quatre familles corses» soupçonnées d'être au «cœur» du trafic. Gaston Defferre explique avec aplomb : «Guérini ? Mais Guérini, avant de voir sa photo dans le journal, je ne savais même pas quelle tête il avait[1] !» Le ministère de l'Intérieur s'offusque de toutes ces affirmations jugées infondées. La direction de la police nationale publie un communiqué où l'on peut lire : «Ce n'est pas la première fois que M. Cusack se livre de sa propre initiative à de telles déclarations qui, jusqu'à présent, se sont révélées gratuites[2]».

L'ambassade des États-Unis est contrainte de désavouer l'agent Cusack. Convoqué dans le bureau du ministre de l'Intérieur, l'Américain est sommé de donner des noms de trafiquants et les preuves de leur «protection politique». Marcellin s'engage à déférer ces «gros bonnets» à la justice. Mais Cusack dément avoir prononcé ces phrases sur les «gros bonnets», et répond par écrit au directeur général de la police nationale, en octobre 1970, qu'il ne détient «aucun document, ni aucune information particulière sur ces trafiquants et sur leur éventuelle protection politique[3]». Le gouvernement français demande le départ de l'imprécateur américain. Il quittera effectivement la France fin 1971 pour occuper des postes importants au sein de la nouvelle administration antidrogue américaine[4].

John T. Cusack livre aujourd'hui une clé sur ce coup d'éclat d'août 1971 : «J'ai agi sur ordre du département d'État et de l'ambassade, qui voulaient mettre plus de pression politique sur la France, confesse-t-il. La Maison-Blanche demandait des résultats et trouvait que les choses ne bougeaient pas assez vite à Paris. Je maintiens que mes propos ont ensuite été déformés par les journalistes. Mais, sur le trafic, je disais seulement quelques vérités. De toute façon, il fallait bien un jour que cela arrive sur la place publique[5].» En l'occurrence, l'Américain était parfaitement conscient de ce qu'il faisait. Il avait, on s'en souvient, évoqué dès 1960, dans des notes internes au Bureau des narcotiques, cette hypothèse de scandale médiatique destiné à faire bouger les Français[6].

---

1. Rapporté à l'envoyé spécial du *Nouvel Observateur*, avril 1971, et cité dans Gilbert Rochu, *Marseille, les années Defferre*, Éditions Alain Moreau, 1983, p. 148.
2. Rapporté dans Alain Jaubert, *D… comme Drogue*, *op. cit.*, p. 18.
3. Rapporté dans Raymond Marcellin, *L'Importune Vérité*, *op. cit.*, p. 111.
4. John T. Cusack est nommé en février 1972 directeur adjoint des enquêtes de l'ODALE (Office of Drug Abuse Law Enforcement), qui remplace le BNDD, puis, fin 1972, directeur des enquêtes, puis chef de la division des opérations internationales à la nouvelle DEA (Drug Enforcement Administration), créée en juillet 1973.
5. Entretiens avec l'un des auteurs, 4 et 11 octobre 2003.
6. Voir plus haut son «plan», mis au point en octobre 1960, dans le chapitre intitulé «L'obsession des Américains sur le milieu corse».

Le commissaire Morin débarque

La charge provocatrice de Cusack, aussi brutale sur le fond que malhabile dans sa forme, tombe mal. Car si, depuis vingt ans, la France n'a effectivement démantelé aucune grande filière de drogue, un homme vient justement d'arriver, début août 1971, à Marseille pour s'atteler à cette tâche, le commissaire Marcel Morin. Furieux de la mollesse chronique de ses troupes, le ministre Marcellin a décidé de faire tomber des têtes et de propulser des hommes de confiance. Morin se souvient de ce mouvement estival[1] :

> Le commissaire François Le Mouel, un de mes amis du Quai des Orfèvres, venait d'être nommé patron de l'Office central des stups, en remplacement de Marcel Carrère, avec des effectifs passés de 16 à 40 agents. Il voulait un homme sûr pour mener la bataille à Marseille, le cœur du trafic. Il a suggéré mon nom au ministre pour prendre la responsabilité du groupe des stupéfiants de Marseille. J'ai rencontré Marcellin quelques semaines avant dans son bureau et il m'a donné carte blanche, notamment pour dénicher les labos. J'ai débarqué dans la ville début août 1971. Quelques jours après, Cusack faisait sa sortie inconsidérée dans les journaux. Il n'avait rien dans sa besace. C'était ridicule, au moment où je venais pour relancer l'action policière. Mais je ne pouvais pas lui répondre publiquement.

Cheveux bien coiffés, cravates soignées, mine radieuse, Marcel Morin a l'allure d'un chanteur de charme. Pourtant, ce Breton de souche, licencié en philosophie, est d'abord un flic trempé. Il a fait ses classes en Algérie, face aux combattants du FLN, convaincu de la cause de l'Algérie française. Puis il a arpenté le pavé parisien dans les brigades territoriales de la préfecture de police, « la maison mère, la bonne école », dit-il. Avec François Le Mouel, il a créé les premières brigades de répression et d'intervention (BRI), autrement dit l'antigang. Leur méthode est radicale. « Au lieu d'attendre que les délits soient commis pour commencer les enquêtes, on surveille les groupes de braqueurs bien en amont afin de savoir où et quand ils peuvent agir. » Ce principe d'action est, à l'époque, une innovation chez les policiers.

---

1. Toutes les citations qui suivent sont issues d'un entretien avec l'un des auteurs, 3 novembre 2003.

Fort de son efficacité éprouvée, Morin est donc envoyé sur le front de la drogue, où il n'a aucune expérience, dans une ville naturellement rétive à tout parachutage de flic « venu d'en haut ». « Autant dire que je n'ai pas été accueilli à bras ouverts », se rappelle-t-il.

Mais le commissaire « de Paris » ne débarque pas les mains vides à la brigade des stups pour remplacer Antoine Comiti, muté à Montpellier. Il a d'abord une ligne directe avec le ministre de l'Intérieur, qui lui a donné pour consigne de le joindre à la moindre difficulté. Et on lui a promis un renfort. En quelques mois, la brigade de Marseille est déjà passée de 10 à plus de 60 policiers, les trois quarts basés dans la ville, le reste affecté à Nice et en Corse. Morin y ajoute une kyrielle d'agents supplémentaires, dont quelques-uns de ses lieutenants, débauchés à la préfecture de police de Paris. Une telle mobilisation policière sur la drogue est sans précédent en France. La misère chronique du service ne pourra plus servir d'excuse à la modestie des prises.

De plus, Morin a l'appui total des magistrats de Marseille, le substitut du procureur Paul Auméras, au caractère rigoriste, et le juge d'instruction René Saurel, ancien avocat à Oran, au tempérament volcanique. Le commissaire se met donc en chasse. Il ouvre les dossiers et y découvre des trésors inexploités. Son analyse reprend une partie des critiques de passivité formulées depuis des années par les Américains.

> Les policiers marseillais des stups avaient accumulé beaucoup d'informations sur les trafiquants corses et le milieu qui restaient sous-utilisées, faute de temps ou d'une vraie culture de l'action. Il n'y avait pas eu d'intervention politique pour éviter de faire telle ou telle enquête. Simplement, personne ne leur avait mis la pression pour agir judiciairement. Personne ne leur avait donné les outils pour le faire. Personne ne leur avait dit : on fonce, quitte à bousculer ce milieu qu'ils connaissaient si bien.

Sur la piste des labos

La chasse aux laboratoires clandestins est ouverte. La tâche n'est pas aisée. Plusieurs mois s'écoulent sans que Morin trouve quoi que ce soit. Sa troupe n'attrape que du menu fretin. « On arrêtait des revendeurs qui distribuaient la came à deux pas de l'hôtel de police de Marseille, se souvient un inspecteur muté à Marseille. On coinçait des hôteliers, des tenanciers de bar qui avaient investi dans ce petit commerce. Nous semions la panique dans ces réseaux locaux qui étaient, jusque-là, relativement tranquilles. Mais cela ne suffisait pas. Il nous manquait les gros poissons[1]. » Le tapage politique et médiatique autour de la lutte antidrogue rend les parrains corses plus méfiants.

Tous les moyens sont bons pour tenter de repérer les fameux labos. Selon les renseignements du BNDD, 5 tonnes d'héroïne sont fabriquées annuellement à Marseille pour le marché américain. Un des rapports confidentiels du Bureau de la mi-1971 le répète : « Il faudrait employer cinq des plus grands laboratoires jamais saisis, tournant 7 jours sur 7 et 52 semaines par an, pour arriver à produire une telle quantité. Cela nous conduit à revenir à une estimation de base, que nous avons faite depuis presque vingt ans : il y a entre cinq et dix laboratoires à Marseille, qui tournent entre 6 et 9 mois par an pour fabriquer l'héroïne nécessaire au marché américain[2]. »

Malgré les bisbilles autour du dossier Delouette et les froissements nés des déclarations de Cusack, les agents du BNDD offrent leurs services pour tenter de les localiser. Sans pouvoir eux-mêmes procéder à des arrestations, ils donnent des coups de main pour les enquêtes des policiers et des douaniers. Ils distribuent des liasses de dollars à des indicateurs pour obtenir de bons tuyaux.

Le tarif des « récompenses » est le suivant : 10000 dollars pour une info conduisant à un laboratoire « de première classe » ; 200 dollars par kilo d'héroïne saisi (avec un plafond à 10000 dollars) ; 100 dollars par kilo de morphine-base saisi (avec un plafond à 5000 dollars) ; 5 dollars par kilo d'opium saisi (avec un plafond à 5000 dollars)[3]. « Cela nous a incontestablement servi, admet un ancien policier marseillais. Mais les Américains donnaient de l'argent à beaucoup de monde, y compris quand il n'y avait pas de résultat tangible. Ils jetaient les dollars par les fenêtres[4]. »

De plus, pour les agents du BNDD, les six ou sept lignes d'écoutes téléphoniques dont dispose la PJ marseillaise sont largement insuffisantes pour surveiller les centaines de personnes suspectées de trafic. Estimant qu'il faudrait mobiliser entre 25 et 50 écoutes en permanence, ils proposent des équipements adéquats. Sans oublier des dons de matériels précieux pour les filatures – micros espions, téléobjectifs, jumelles marines.

1. Entretien avec l'un des auteurs, octobre 2003.

2. Document, non daté, du BNDD, retraçant les opérations menées entre octobre 1970 et la mi-1971 sur la filière marseillaise, transmis à l'un des auteurs par un ancien agent américain en poste en France à cette époque.

3. Barème mentionné dans un document du BNDD préparatoire à la réunion franco-américaine du 22 juin 1971.

4. Entretien avec l'un des auteurs, novembre 2003.

Dans cet arsenal, les Américains sont également fiers d'un engin qu'ils jugent infaillible, un camion théoriquement capable de détecter la moindre odeur de produit chimique se dégageant d'un pavillon où serait fabriquée de l'héroïne. Un exemplaire de ce camion renifleur, coiffé d'une cheminée un peu trop voyante, est importé, rutilant, des États-Unis, avant d'être testé dans un des laboratoires de la police scientifique, à Bièvres. L'expérience n'est qu'à moitié concluante. Le camion modifié est envoyé à Marseille. Il ne découvrira rien du tout.

Autre innovation technique, des bidons d'anhydride acétique sont équipés de minibalises émettrices afin de suivre à distance leur itinéraire. Vendus à un client susceptible de les livrer à des laboratoires clandestins, les fûts vont finir dans un hangar près d'Arles. « On a planqué plusieurs semaines en espérant que quelqu'un vienne les chercher et localiser ainsi les labos. Personne n'est apparu[1] », raconte un enquêteur.

Heureusement, d'autres méthodes finissent par payer. Au prix de patients efforts et de filatures, les informations engrangées prennent corps, tandis que les services de police, de douane et de gendarmerie se livrent désormais une concurrence acharnée pour afficher des résultats.

Le 27 janvier 1972, sur la foi d'un tuyau fourni par un indicateur, les agents des douanes frappent à la porte d'une maison, boulevard Debord, à Marseille, où loge un certain Marius Pastore, un sexagénaire tranquille, ancien docker, qui bricole des voitures. Depuis l'arrestation d'Édouard Toudayan début 1971, les policiers marseillais surveillent discrètement cet autre chimiste présumé. Mais les douaniers leur ont grillé la politesse. À l'intérieur de la maison, Marie-Antoinette Pastore, l'épouse de Marius, tente de dissimuler un paquet sous son tablier. Il s'agit d'un sachet d'héroïne. La fouille de la villa se révèle instructive, puisque les douaniers y trouvent tous les ustensiles d'un laboratoire, bidons, tubes, cornues, bassines, balances, séchoir. Des traces de poudre sont relevées sur tous les objets, et on découvre un papier sur lequel est écrite la recette de l'héroïne. Malgré les dénégations de Marius Pastore, sa maison a bien servi de labo. En enquêtant sur le fût d'anhydride acétique, les policiers remontent jusqu'à la société Rhône-Poulenc, laquelle indique que l'acheteur, agissant avec une fausse identité, a commandé plus de 7 tonnes de ce produit en deux ans.

1. Entretien avec l'un des auteurs, octobre 2003.

Après ce succès, imputable aux douanes, le commissaire Marcel Morin veut mettre lui-même la main sur un autre gros labo. C'est sa réputation et son fauteuil qui sont en jeu. Quelques collègues narquois commencent déjà à ironiser sur la maigreur de son bilan depuis son arrivée à Marseille en août 1971.

Le commissaire sait qu'il y a au moins un labo en Corse, pratiquement impossible à découvrir à cause de la multiplicité des planques et de la difficulté des repérages. Alors il se concentre sur ceux installés autour de Marseille. Voilà des mois que ses équipes filent un certain Masia, un chimiste présumé de gros calibre. Ils le suivent un jour alors qu'il se rend chez un de ses amis, un dénommé Joseph André Césari. Le chimiste le plus réputé de la Corsican Connection, déjà arrêté en 1964 dans son laboratoire clandestin du Clos Saint Antoine, est sorti de prison en décembre 1970, après plus de six ans de peine. Il semble vouloir se remettre au travail pour reconstituer un pécule.

Mais « Monsieur Jo » est plus méfiant que jamais. Après des semaines de planque, le 16 mars 1972, les flics de la brigade des stups envahissent sa maison isolée, la villa Suzanne, dans les collines près d'Aubagne. Jo Césari est surpris une nouvelle fois en train de « tourner » la morphine-base, aux côtés de sa femme Renée. En dix jours, il avait déjà fabriqué 100 kilos d'héroïne.

Lors de son arrestation, il semble fatigué et fataliste. Il dément avoir touché un gramme de drogue, bien que le flagrant délit prouve le contraire. Lorsqu'il est inculpé par le juge René Saurel, Jo se tait. Il sait que, récidiviste, il risque désormais quarante années de prison. À cinquante-sept ans, cela lui paraît trop long. Le 22 mars 1972, vers 23 heures, le surveillant de faction au premier étage de la prison des Baumettes regarde par le judas de la cellule n° 100 : Jo Césari pend au bout d'une corde qu'il s'est fabriquée avec des draps. Il a écrit une lettre d'excuses à son épouse, incarcérée comme lui, et un mot pour le juge : « Je vous prie d'avoir l'obligeance de remettre mon corps à ma famille[1]. » Le chimiste en chef de la Corsican Connection emporte avec lui ses secrets. Sa femme Renée expliquera, quelques mois plus tard : « Il était corse. Je vivais dans son ombre auprès des enfants. Je ne me serais pas permis de lui poser des questions. Je pensais qu'il travaillait dans l'élevage de cochons[2]. »

---

1. Rapporté dans *Le Provençal*, 24 mars 1972.

2. Propos recueillis par François Luizet, *France-Soir*, 27 juillet 1972, cités dans Alain Jaubert, *D... comme Drogue*, *op. cit.*, p. 273.

L'affaire du Caprice-des-Temps

Au-delà des effets d'annonce que permettent ces découvertes ponctuelles, les policiers et douaniers de Marseille, qui poursuivent séparément leurs enquêtes, rêvent chacun de pouvoir démanteler une filière complète, jusqu'à ces fameux «gros bonnets» dont la presse américaine et française fait état depuis des mois. Lors de la rencontre au sommet entre Richard Nixon et Georges Pompidou, les 13 et 14 décembre 1971, dans l'île des Açores, le président américain a évoqué de nouveau le trafic d'héroïne, montrant une certaine impatience.

Qui plus est, de leur côté, les États-Unis semblent avoir un peu de réussite. Tout en maintenant la pression sur la France, ils ont convaincu certains de leurs pays voisins d'intervenir pour éradiquer les réseaux Ricord, la branche latino-américaine de la filière française. Arrêté au Paraguay en avril 1971, Auguste Ricord sera extradé aux États-Unis et condamné le 29 janvier 1973 à vingt ans de prison. Ses lieutenants sont également mis hors d'état de poursuivre leur trafic. Lucien Sarti est tué lors d'une fusillade avec la police mexicaine en avril 1972. Michel Nicoli et Claude Pastou seront extradés vers les États-Unis, où ils livreront quelques-uns des secrets des filières, permettant de faire tomber d'autres têtes. Interpellé le 21 octobre 1972 dans une chambre d'hôtel, près de Salvador de Bahia, en possession de faux passeports et d'un véritable arsenal, Christian David est emprisonné au Brésil avant d'être emmené de force dans une prison américaine et condamné à vingt ans de pénitencier. François Chiappe, alias «Grosses Lèvres», arrêté en Argentine le 31 août 1972 et libéré par erreur en mai 1973, réapparaîtra en France pour se constituer prisonnier en août de la même année, quelques jours après la découverte, le 28 juillet, du corps méconnaissable de son ami André Condemine, dans une malle, sur les berges de la Seine, à Paris. La Latin Connection a vécu.

En France, ce sont les douanes qui flairent une grosse affaire, sans en toucher un mot au commissaire Morin, lequel bout de colère. Le 29 février 1972, une vedette arraisonne, au large de Villefranche, un thonier de vingt mètres, le *Caprice-des-Temps*, piloté par un dénommé Marcel Boucan, avec un équipage guadeloupéen. À son bord, les douaniers découvrent 425 kilos d'héroïne pure. Il s'agit de la plus grosse saisie de drogue jamais réalisée en Méditerranée.

L'instruction judiciaire, ouverte le 6 mars, est conduite par le juge René Saurel, qui active toutes les polices. Derrière le capitaine

Boucan, un Auvergnat, ancien parachutiste, habitué des Caraïbes, semble se profiler un puissant réseau corse que les enquêteurs vont progressivement mettre au jour, dans un climat pesant. « Nous avons reçu des lettres et des coups de téléphone de menaces, témoigne Mme Saurel, veuve du juge d'instruction. Les messagers anonymes affirmaient qu'ils savaient que nous avions un enfant dans une école proche du tribunal. Il a fallu prendre quelques mesures de sécurité. Cela n'a fait que renforcer la détermination de mon mari à juguler le trafic[1]. »

L'enquête permet rapidement d'établir que le *Caprice-des-Temps* a été offert à Marcel Boucan par un vieux Corse, Alexandre Orsatelli, dit « Lisa », qui a fait ses armes à Marseille et à Tanger. Il cherchait un capitaine pour piloter un bateau à travers l'Atlantique avec une cargaison de drogue. Depuis la saisie du thonier, Orsatelli a disparu dans la nature. Il semblait agir principalement avec deux jeunes trafiquants, emprisonnés depuis quelques mois aux États-Unis pour une autre affaire de stups : un lointain neveu d'Orsatelli, Laurent Fiocconi, alias « Charlot », et son associé, Jean-Claude Kella.

Tout juste trentenaires, ces deux voyous marseillais ont débuté dans le braquage avant de se lancer dans le commerce de drogue. Ils travaillent notamment avec Joseph Signoli, un Corse propriétaire du bar parisien Le Consul, proche des Italiens, ainsi qu'avec les passeurs Richard Berdin et André Labay. C'est le puissant clan américain de Louis Cirillo, un des pontes de Cosa Nostra, qui leur achète l'essentiel de leur héroïne. Interpellés une première fois en avril 1969 aux États-Unis, Fiocconi et Kella sont libérés après le versement d'une caution de 200 000 dollars, payée par de mystérieux donateurs.

Ils reprennent leurs affaires en organisant un premier voyage pour le thonier *Caprice-des-Temps*, piloté par Marcel Boucan. Le navire quitte Les Sables-d'Olonne en avril 1970 à destination des Canaries, puis de Pointe-à-Pitre, avant d'atteindre les côtes de Floride. Aussitôt accosté, le bateau nécessite des réparations urgentes dans un chantier discret. Ses caches, spécialement aménagées, délivrent une centaine de kilos de poudre, remis par Fiocconi et Kella à leurs clients américains.

De nouveau arrêtés le 6 août 1970 près de Gênes, en Italie, en possession de faux papiers, les deux hommes passent quelques mois en prison, durant lesquels la justice américaine réclame leur extradition pour deux autres affaires d'importation illicite d'héroïne. Au printemps 1971, le *Caprice-des-Temps* refait une traversée avec son

1. Entretien avec l'un des auteurs, 5 janvier 2004.

capitaine Marcel Boucan. À Miami, en juin, Alexandre Orsatelli et l'un de ses proches, Ange Santoni, un ancien policier reconverti, attendent la marchandise. Fiocconi et Kella, quant à eux, sont transférés aux États-Unis en octobre 1971 et comparaissent devant un juge de Boston qui les inculpe pour trafic. Le magistrat leur accorde une mise en liberté provisoire sous réserve du paiement d'une caution record de 250 000 dollars chacun.

Le 3 novembre 1971, une inconnue pénètre dans les locaux de la Swiss Credit Bank, à Genève, pour demander qu'un virement de 500 000 dollars soit effectué aux États-Unis. Le lendemain, cette femme, accompagnée d'un homme non identifié, se présente à l'agence new-yorkaise de la même banque et fait établir un chèque pour payer la caution. Les deux inculpés sont libres, au grand dam des policiers français. « Au moment précis où les Américains nous cherchaient des poux dans l'affaire Delouette, ils laissaient filer ces deux-là, sans regarder de plus près d'où venait l'argent de leur caution. Nous trouvions cela incohérent[1] », se souvient Claude Chaminadas, alors à l'antenne des stups à New York.

Mais Fiocconi et Kella, inculpés dans une autre affaire de drogue par le grand jury fédéral de New York, sont de nouveau interpellés le 11 novembre 1971. La caution réclamée cette fois-ci par la justice, 100 000 dollars chacun, semble faire hésiter leurs amis. Fiocconi et Kella restent sous les verrous.

Les allées et venues du bateau finissent par mettre la puce à l'oreille des douaniers français. Car le *Caprice-des-Temps*, équipé luxueusement pour la pêche à la crevette, revient toujours vide à quai et passe son temps en réparation ! Son équipage, qui semble préparer un nouveau voyage, est surveillé. À peine le bateau a-t-il quitté le port de Villefranche, le 29 février 1972, que les douaniers lui donnent la chasse. Les enquêteurs font le lien avec les anciens comparses de Boucan, Fiocconi et Kella, emprisonnés aux États-Unis et qui seront condamnés le 19 mai 1972. À New York, le mafioso Louis Cirillo tombe dans les filets du BNDD. Les déclarations de certains passeurs du réseau, dont Richard Berdin, étayent également les accusations. La plupart des autres complices présumés de Boucan seront interpellés et jugés à Marseille avec lui, en janvier 1973[2].

1. Entretien avec l'un des auteurs, 26 septembre 2003.

2. Le 5 janvier 1973, le tribunal correctionnel de Marseille condamne notamment Marcel Boucan et Ange Santoni à quinze ans de prison, et Alexandre Orsatelli (par défaut) à vingt ans. Les condamnés doivent aussi verser conjointement 32, 6 millions de francs d'amende aux douanes. L'héroïne et le *Caprice-des-Temps* sont saisis. En appel, la peine de Marcel Boucan sera rallongée de trois ans.

D'un compte corso-suisse à « Francis le Belge »

C'est bien un réseau qui est à terre. Mais les enquêteurs veulent aller plus loin, remonter jusqu'aux bailleurs de fonds du trafic. En suivant une piste étonnante : celle des fameuses cautions. Début 1972, ils sont en effet surpris de constater que deux Corses, un ami d'enfance de Kella et un oncle de Fiocconi, maire du petit village de Pietralba, en Haute-Corse, versent un million de francs sur un compte du Crédit Lyonnais à Toulon, destinés à régler les 200 000 dollars de caution pour Kella et Fiocconi aux États-Unis. En avril, s'interrogeant sur la provenance de cet argent, les douanes américaines puis le parquet français bloquent le virement de cette somme vers l'agence new-yorkaise du Crédit Lyonnais. Poursuivant leurs investigations, les enquêteurs découvrent que les généreux donateurs ont fourni de fausses attestations sur l'origine des fonds.

Par ailleurs, ils apprennent que l'un des frères du maire de Pietralba, un certain Dominique Giudicelli, autre oncle de Laurent Fiocconi, a déjà déposé 500 000 dollars sur un compte en Suisse. Cette somme, dont l'origine semble suspecte, a servi au versement anonyme de la caution réclamée en octobre 1971 par le juge de Boston. C'est Dominique Giudicelli qui se trouvait à la Swiss Credit Bank à New York, en novembre 1971, pour établir le chèque, au côté de sa secrétaire, qui était également la maîtresse de Laurent Fiocconi.

Or cet oncle n'est pas un inconnu. Né le 2 mars 1920 à Pietralba, Dominique Giudicelli, dit « Mimi », est le propriétaire de maisons de passe à Toulon et en Avignon, ainsi que d'une pizzeria et d'un hôtel à Paris. Il vit confortablement dans sa villa de La Seyne-sur-Mer. Dans leurs aveux, plusieurs passeurs (Richard Berdin, Roger Preiss, Michel Mastantuono) arrêtés aux États-Unis le désignent comme l'un des organisateurs importants du trafic entre 1970 et 1972, de même qu'un certain Francis Vanverberghe, dit « le Belge », un voyou marseillais ami de Fiocconi.

Des documents et des témoignages renforcent ces soupçons. Selon la secrétaire de Giudicelli, les 500 000 dollars mis de côté en Suisse provenaient d'Alexandre Orsatelli, principalement grâce aux bénéfices du trafic de drogue. Giudicelli est arrêté, avec son épouse, le 16 janvier 1974, puis inculpé d'infraction à la législation sur les stupéfiants. « Francis le Belge », déjà derrière les barreaux à la suite d'une condamnation à trois ans de prison pour faux papiers prononcée le 7 novembre 1973, est inculpé pour les mêmes motifs.

Devant le tribunal de grande instance de Marseille qui le juge en 1977, Giudicelli expliquera que ses revenus provenaient des «maisons de tolérance», fort rentables, échappant à toute imposition, et s'expliquaient par son «sens des affaires». Mais les juges estimeront que les «mouvements de fonds dépassent largement les revenus habituels des proxénètes hôteliers» et que son implication dans le trafic est établie. Le verdict, prononcé le 1er juillet 1977, qualifiera ainsi Dominique Giudicelli : «Commanditaire, organisateur à une échelle élevée, motivé seulement par l'appât du gain, tenancier de maisons closes, considéré comme un personnage important du milieu»[1]. N'ayant aucune «excuse atténuante», Dominique Giudicelli sera condamné à dix-sept ans de prison ainsi qu'à de lourdes amendes[2].

Quant à «Francis le Belge», les juges de Marseille, en 1977, décriront son rôle : «Organisateur en deuxième plan, associé de Fiocconi et successeur de ce dernier, intelligent, jeune loup, déjà quatre fois condamné, ne peut invoquer aucune excuse atténuante.» Toutefois, «compte tenu de son jeune âge à l'époque des faits (24 ans), une peine de 14 ans d'emprisonnement paraît suffisante». Cette condamnation sera maintenue en appel. Il sortira seulement en 1984, pour s'imposer alors comme l'un des nouveaux rois du milieu marseillais. «Le Belge», le «jeune loup», a démarré dans la Corsican Connection. C'est un creuset ou un piège fatal pour beaucoup d'ambitieux.

---

1. Tribunal de grande instance de Marseille, audience publique du 1er juillet 1977, jugement n° 5736.

2. Sa peine sera portée à dix-huit ans par la cour d'appel d'Aix-en-Provence en 1978.

Chapitre 9

La chute du richissime Croce

Le vendredi 19 janvier 1973, en début de soirée, plusieurs voitures de police planquent près du snack-bar Le Gondolier, quai du Port, à Marseille. À leur bord, des équipes de la brigade des stupéfiants dirigées, grâce des talkies-walkies, par le commissaire Marcel Morin. Voilà dix-huit mois que ce policier a pris, sur ordre du ministre de l'Intérieur, les commandes de la brigade, passée de 12 à 85 agents. Avec une mission impérative : mettre au jour les réseaux et les laboratoires de drogue de Marseille.

Marcel Morin commence à afficher un palmarès honorable. Cinq laboratoires d'héroïne ont été découverts et plusieurs dizaines de trafiquants arrêtés, parmi lesquels quelques « gros poissons », dont Jo Césari, le chimiste en chef de la Corsican Connection. La filière du *Caprice-des-Temps* a été démantelée avec l'aide des douanes et des Américains. Cette enquête n'est pas encore terminée, mais les coups portés aux filières de drogue sont déjà rudes, preuve qu'il n'y a, aux yeux de Morin, ni fatalité judiciaire, ni impunités infaillibles.

Une tonne d'héroïne expédiée aux États-Unis

En ce 19 janvier 1973, Marcel Morin est pourtant fébrile. Il espère marquer lui-même un point décisif. Cette fois-ci, il a des « gros bonnets » en ligne de mire. Il va frapper au plus haut de la Corsican Connection, des leaders historiques, presque des fondateurs. Si les choses se déroulent comme prévu, des mois d'enquête en collaboration avec les Américains vont déboucher sur des arrestations spectaculaires, qui feront jaser sur toute la Canebière et bien au-delà. Après quelques bisbilles avec les douanes et des frictions avec ses collègues marseillais et parisiens, Morin pourra enfin revendiquer une victoire éclatante, que personne ne lui contestera.

Il est près de 19 heures. La silhouette élégante de Jean-Baptiste Croce sort du Gondolier et s'engouffre dans une Renault 10, conduite par l'un de ses vieux amis, Albert Bistoni. Quelques secondes après son démarrage, la voiture est stoppée, rue de la Loge. Pistolets au poing, les policiers font sortir les deux occupants et les placent en état d'arrestation. Près du Gondolier, au même moment, une seconde équipe prend en chasse la Peugeot 504 dans laquelle vient de s'installer un autre homme, que les policiers ont identifié immédiatement comme étant Joseph Mari, propriétaire du bar. Le véhicule est coincé rue Caisserie. Son conducteur est aussitôt menotté.

Le coup de filet est réussi. Croce, Mari et leurs complices sont suspectés d'avoir monté un réseau très efficace, qui a probablement introduit plus d'une tonne d'héroïne aux États-Unis en moins de deux ans. La drogue, par petits paquets, était cachée d'abord sur des bateaux, puis dans des voitures expédiées outre-Atlantique au nom de passeurs anonymes, via l'Espagne et le Mexique ou le Canada. Évaluée à 50 millions de francs, la marchandise aurait permis aux trafiquants d'empocher un bénéfice d'au moins 40 millions, presque un record. Ravi, le commissaire Morin explique que « Croce et Mari sont à placer au niveau le plus élevé dans l'organisation et le financement[1] ».

Bistoni, Mari, Croce : depuis des années, ces trois noms figurent en bonne place, dans les fichiers des policiers de plusieurs pays, parmi les parrains présumés de la Corsican Connection, très liés à la mafia sicilo-américaine[2]. Mais ils semblaient profiter jusqu'à présent d'une chance peu commune, d'une liberté quasi totale de circulation et d'un train de vie confortable.

Surnommé « l'Aga Khan », Albert Bistoni a débuté sa carrière comme passeur d'opium pour Paul Carbone, dans les années 30, avant d'organiser le trafic entre la France et le Canada au milieu des années 50. Apparemment retiré des affaires, il continuait de fréquenter son vieil ami Croce, dont il avait été le tuteur. N'étant pas directement impliqué dans l'enquête en cours, Bistoni est relâché peu après son interpellation à la sortie du snack-bar. Le retraité n'a pas de chance : il est victime quelques jours plus tard, le 31 mars

---

1. Rapporté dans Pierre Bernard, « Deux financiers du syndicat de drogue arrêtés à Marseille », *Le Provençal*, 22 janvier 1973.

2. Voir plus haut le chapitre intitulé « L'essor de la "Corsican Connection" ».

1973, des balles de trois tueurs à gages venus régler son compte à un autre trafiquant au bar Le Tanagra, à Marseille[1].

Les deux autres « gros bonnets » ont toutes les apparences de truands rangés. Joseph Bernard Mari, cinquante-sept ans, dit « Zé » ou « le Frisé », a été condamné à sept ans de prison par une cour d'assises de Corse pour une histoire de meurtre remontant à 1946. Depuis sa libération, il ne met plus les pieds à Bastia, sa ville natale, et passe pour un discret tenancier de bars à Marseille.

Jean-Baptiste Croce, cinquante-deux ans, alias « Bati » à cause de son deuxième prénom, a quant à lui l'image d'un commerçant prospère. Après des années d'aventures aux quatre coins du monde, du Mexique au Canada, de Cuba aux États-Unis, il a été condamné à treize mois de prison pour trafic de stupéfiants le 15 mars 1963. Ressorti en 1964, il a repris officiellement une vie honorable. En 1968, il a racheté le Café de la Paix, le bar le plus huppé du Vieux-Port de Bastia, devenant un notable incontournable en Corse. Jusqu'à son arrestation, il alternait les séjours entre ses deux appartements bastiais, sa somptueuse villa à Lavasina, au nord de la ville, son pied-à-terre rue du Dragon, à Marseille, et des croisières sur ses yachts de luxe. Avec ses costumes bien coupés, ses cravates de soie et ses talons pour compenser sa petite taille, Croce s'exhibait avec ostentation. Petit détail qui aurait pu alerter les inspecteurs du fisc ou de la police : son train de vie dépassait plusieurs milliers de francs par mois, alors qu'il ne percevait officiellement qu'une minuscule retraite de quelques centaines de francs.

Croce et Mari étaient devenus bons amis. Ils croisaient souvent au Gondolier un certain Joseph Marro. Ancien repris de justice, membre du SAC, ce Marseillais de naissance exploitait officiellement un débit de tabac sur la Canebière, ainsi qu'un magasin, le Royaume du Papier Peint, sur le boulevard National. Sentant l'étau policier se resserrer autour de lui ces derniers jours, Marro a préféré disparaître dans la nature.

Les arrestations de janvier 1973 concluent en réalité une très longue enquête sur cette filière, qui a démarré presque deux ans auparavant. Elles illustrent les méthodes utilisées pour venir à bout d'un pan entier de la Corsican Connection : une surveillance permanente, une ténacité policière, une coopération judiciaire internatio-

1. La tuerie du Tanagra fait quatre morts, dont Bistoni et un de ses proches, Joseph Lomini, dit « Jo le Toréador », un ancien braqueur devenu trafiquant sur le tard, probablement la vraie cible du commando.

nale balbutiante, les aveux décisifs de « repentis » français arrêtés aux États-Unis… et un peu de chance.

Ce fut une des enquêtes les plus difficiles qui soient, car nous voulions, avec le juge René Saurel, remonter le plus loin possible et avoir une procédure judiciaire inattaquable devant les tribunaux, se souvient Marcel Morin. Nous avons mis du temps pour repérer toute la chaîne et recouper toutes les informations données par les repentis. À l'arrivée, tout était ficelé. Croce et Mari sont tombés sans pouvoir opposer quoi que ce soit aux preuves. Ils avaient aussi fait l'erreur d'étaler un peu trop ouvertement, entre Marseille et Bastia, les bénéfices de leur trafic, dans leurs villas, leurs yachts, leurs voitures. Leur train de vie a fini par les trahir [1].

Des fourmis arrêtées, des parrains invisibles

Le premier coup porté à cette vaste organisation remonte au mois de mars 1971, lorsque deux de ses passeurs, Fernand Chaffard et Jean-Marie Lucchesi, sont appréhendés avec une voiture remplie d'héroïne aux États-Unis. Le 29 avril, un autre passeur, le chanteur de music-hall Edmond Taillet, est arrêté à New York, avec une DS chargée de 93 kilos de drogue. Mais les autorités ont du mal à comprendre qui se cache derrière cette filière. Le 29 mai, à Porto Rico, un couple est interpellé lors d'une escale d'un navire espagnol, accompagnant une Citroën bourrée de 90 kilos d'héroïne « made in Marseille ». Le 3 juin, deux fourmis, surveillées par les policiers américains et espagnols, sont elles aussi arrêtées à Valence, en Espagne, avec une cargaison de 110 kilos dissimulée dans une autre Citroën, qui devait être embarquée à destination du port mexicain de Veracruz.

Les autorités sont convaincues que tous ces passeurs appartiennent à une même organisation, basée à Marseille. D'autres membres du réseau tombent dans la foulée, au Mexique et en Espagne. Le 19 septembre 1971, un dénommé Étienne Gunther est également arrêté à New York, grâce à des agents du BNDD infiltrés dans le réseau, avec 90 kilos de drogue cachés dans sa Jaguar.

La piste Gunther mène droit à son beau-frère, Étienne Mosca, qui n'est pas inconnu des services de police. Né à Lugo-di-Nazza, en

1. Entretien avec l'un des auteurs, 3 novembre 2003.

Haute-Corse, Étienne Mosca s'est bâti, avec son plus jeune frère Ange, une réputation dans le milieu du proxénétisme à Marseille, Bordeaux et Lyon. Souvent de passage au snack-bar Le Gondolier, Étienne Mosca a en poche une carte du SAC qui lui a servi de passeport pour son business, comme son ami Jean Augé, le parrain lyonnais. Ayant disparu de la circulation après l'arrestation de son beau-frère, Étienne Mosca finira par être retrouvé et interpellé dans la chambre d'une prostituée lyonnaise, le 7 juillet 1972.

Grâce à cette première vague d'arrestations, les Américains obtiennent de précieuses indications sur les acheteurs de leur pays et commencent à remonter la filière. Cependant, les agents du BNDD pestent contre ces Français incapables d'identifier un numéro de téléphone que certains des passeurs interpellés ont appelé régulièrement, dans la région de Marseille, avant leur départ. En mission aux États-Unis en octobre 1971, alors que l'affaire Delouette refroidit les relations franco-américaines, le commissaire François Le Mouel, patron de l'Office central des stups, se fait sermonner pour ces retards à l'allumage. Rentré à Paris, il prévient son ami Marcel Morin, à Marseille, afin de localiser au plus vite cette fameuse ligne. C'est enfin chose faite. Il s'agit du numéro de Barthélemy Régazzi, un ancien scaphandrier qui tient un garage à Marseille et organise souvent des allers-retours en Corse avec des transports d'automobiles, officiellement pour y organiser des matchs de boxe. Il est mis sous surveillance.

Les « grands patrons » du réseau restent invisibles. Le seul espoir de les coincer repose sur d'éventuels aveux des trafiquants arrêtés aux États-Unis. Le premier qui craque est Edmond Taillet, le modeste passeur interpellé en avril 1971. D'origine marseillaise, ce fantaisiste de métier, artiste de cabaret surnommé « la Tortue », a été recruté par le réseau pour transporter de la drogue outre-Atlantique et ramener des liasses de billets. A priori, Taillet n'est qu'un petit rouage de l'organisation transporteur occasionnel attiré par la promesse de quelques milliers de dollars facilement gagnés. Ses premières déclarations à la police de New York sont peu instructives.

Après quelques mois en prison, devant le risque d'une lourde condamnation, Taillet commence pourtant à basculer. Il donne de vagues indications sur un mystérieux « Loule » et sur les complices qui l'ont employé. La justice américaine transmet ces informations fragmentaires à la France. En février 1972, le juge marseillais René Saurel envoie à ses collègues américains une commission rogatoire internationale afin que Taillet soit auditionné dans le cadre de sa propre procédure.

Le 23 juin 1972, Edmond Taillet livre officiellement aux autorités américaines et françaises une première version de son histoire[1]. Il raconte que le dénommé Loule lui a demandé, en mars 1969, de récupérer à Montréal des amplificateurs bourrés d'héroïne pour les confier à un certain « Henri ».

Comment Taillet a-t-il connu Loule ? Le passeur répond :

> J'ai connu Loule en 1965 à Marseille, alors que je jouais, ou plus exactement que je faisais un tour de chant dans un cabaret, Le Versailles, rue Sénac. À cette époque, Loule était un habitué de l'établissement et nous avions été amenés à prendre un verre ensemble [...] Nous avons parlé de mon travail et je lui ai dit que j'avais l'occasion d'aller au Canada. Il a alors été intéressé et m'a dit que si je retournais au Canada et que je pouvais me charger d'une commission pour lui, je pourrais gagner un peu d'argent [...].

Quand on lui présente des photos de quelques protagonistes, Taillet en reconnaît certains. Mais, interrogé sur l'identité de ce fameux Loule, le passeur, prudent, refuse de parler, tout en le décrivant avec un luxe de détails.

> Loule est âgé de quarante-cinq à cinquante ans, dit-il. Il a des cheveux bruns, mais je pense qu'il se teint les cheveux. Il doit mesurer environ 1 mètre 65 et peser dans les 75 kilos. Il a un accent méridional prononcé pouvant être d'origine italienne ou corse. Vêtu très élégamment, avec recherche. D'ailleurs, je l'ai entendu dire qu'il s'habillait chez John Charles, sur les Champs-Élysées à Paris. Il fréquente assidûment Le Versailles, L'Annabel, Le Cintra à Marseille, La Brasserie Lorraine, Le Fouquet's, à Paris, les salles de jeu d'Aix-en-Provence, Cassis, Monte-Carlo. Ceci ressort de discussions entre lui et moi lorsqu'il annonçait : hier soir j'ai perdu 3 millions. Il a un signe particulier très important : lorsqu'il parle, seule sa mâchoire inférieure est en mouvement. Il circule au volant de nombreuses voitures, mais j'ignore si elles lui appartiennent [...].

---

1. Audition d'Edmond Taillet, United States district court, southern district of New York, 23 juin 1972. De larges extraits de ce procès-verbal initial ont été publiés, sans mention de sa date, dans deux articles de Marc Ciomei parus en juin 1974 dans *Le Méridional* sous le titre « Edmond Taillet parle ». Ils sont également exploités dans le roman du journaliste François Missen et de l'ancien policier Marcel Morin, *American Connection*, *op. cit.*, récit, à peine transformé, de l'histoire du réseau Croce.

Une deuxième audition plus complète

Edmond Taillet ne va pas se limiter à ces aveux, déjà très précieux pour les agents américains et français. Quelques jours après sa première audition, on lui soumet les déclarations d'un autre passeur du réseau. Ce dernier confirme, de manière précise, l'implication de Taillet dans le trafic. Définitivement piégé, le chanteur de cabaret décide de dire toute sa vérité. Les autorités américaines lui ont mis le marché en main : soit il plaide non coupable et risque plus de quarante ans de pénitencier, soit il plaide coupable, donne ses informations, et il pourra s'en tirer avec une peine réduite et une protection. Il opte rapidement pour la seconde option.

Le 25 août 1972, une nouvelle audition d'Edmond Taillet est conduite en présence de policiers américains et français[1]. Elle est beaucoup plus longue et détaillée que la première.

« Si je n'ai pas parlé plus tôt, explique l'artiste, c'est parce que j'étais effrayé par les représailles contre ma famille qui est restée en France. Maintenant, je vois qu'il est préférable que je coopère entièrement avec la justice américaine. »

Puis le repenti entame un récit de plus de dix-huit heures, qui ne s'achèvera que le lendemain matin, 26 août. Ce témoignage est exceptionnel. Non seulement il va permettre aux enquêteurs de remonter jusqu'aux « gros bonnets » qu'ils espéraient atteindre mais, au-delà des aveux d'un passeur de base, il livre les détails de la vie interne d'un réseau de trafiquants de drogue et les étonnantes habitudes de leurs chefs de clan corses.

Taillet commence par révéler l'identité du fameux Loule. « L'individu que j'ai toujours appelé Loule se nomme en fait Jo. » Il s'agit de Joseph Marro, le vendeur de papiers peints de Marseille, que le passeur devait contacter par téléphone soit à son magasin (au 62 32 96), soit au bar Le Gondolier (au 20 53 98), dont il était le propriétaire.

Au sujet de son premier contact avec Jo, qu'il situe en 1966, le repenti change de version :

> Cela se passait dans un cabaret de Marseille, le Versailles. Je connaissais le patron, Antoine Guérini [...] Jo m'a alors demandé si je me rendais souvent à Montréal. Je lui ai répondu que je

1. Audition d'Edmond Taillet, United States district court, southern district of New York, 25 et 26 août 1972. Certains extraits ont été utilisés dans Marcel Morin et François Missen, *American Connection*, *op. cit.*

pouvais y aller quand je voulais [...] Il m'a alors dit : il faudra que je te voie, si tu m'écoutes, tu pourras être riche. J'ai remarqué qu'à ce moment-là, les autres personnes qui se trouvaient à la table ont tiqué, mais Jo devait être un peu saoul [...] À cette table [...] il y avait Antoine Guérini qui était le patron du Versailles, il y avait deux autres personnes, entre quarante et cinquante ans, de type méditerranéen, qui avaient l'air d'être des amis d'Antoine Guérini[1].

Quelques mois plus tard, vers septembre 1968, Taillet dîne avec Jo, qui lui propose de gagner de l'argent en transportant des stupéfiants au Canada :

> Il m'a demandé si je connaissais des artistes qui allaient chanter à Montréal. Il m'a demandé s'il était possible de camoufler de la drogue dans les bagages ou dans les instruments [...] Je lui ai alors demandé combien cela me rapporterait, il m'a répondu 500000 anciens francs le kilo plus les frais[2]. Puis il m'a posé des questions sur mes anciens voyages pour savoir si j'avais été fouillé. Je lui ai dit que j'étais suffisamment connu et qu'il n'y avait pas de risques.

Fin novembre 1968, le passeur effectue lui-même un premier voyage avec une guitare et un amplificateur bourrés d'héroïne. « Jo m'a fait remarquer que ses amis n'étaient pas très contents de l'amplificateur, car on ne pouvait pas en mettre beaucoup dedans », se souvient-il. En arrivant à Montréal, Taillet se rend, comme convenu, au bar Chez Clairette, l'un des quartiers généraux des Corses de Montréal, où un certain John le contacte pour prendre livraison du matériel. Mission accomplie, il téléphone les messages codés à Jo – « La voiture est au garage », puis, quand la drogue est donnée : « Préparez bien ma voiture car je vais venir la prendre. »

Le test ayant réussi, Taillet et Jo envisagent, en février 1969, de glisser deux gros amplificateurs remplis de 23 kilos de drogue dans le matériel du tour de chant de Johnny Hallyday, en partance pour Montréal. Recrutant un complice dans la troupe, le passeur réussit ce coup audacieux à l'insu du chanteur. « Avant le départ, j'avais rencontré Johnny et ses amis dans le hall de l'aéroport, il était surpris

1. Pour l'anecdote, cette scène témoigne de l'influence d'Antoine Guérini, qui faisait en 1966 office de parrain du milieu corse de Marseille.

2. Soit 5000 francs par kilo.

de me voir, mais content d'apprendre que je faisais partie du même voyage. Il n'était au courant de rien pour les amplificateurs. »

La livraison est un peu plus compliquée que prévu. Le réceptionniste John, en réalité Édouard Rimbaud, a entre-temps été arrêté[1]. Un certain Richard va prendre le relais[2]. À son retour, Taillet dissimule sur lui 130000 dollars, une partie du paiement. Mais il ne reçoit lui-même que 8000 dollars pour ses services, soit la moitié de la somme prévue, ce qui lui déplaît fortement. Ses « patrons » le rassurent : « Coco, t'en fais pas, sur le prochain voyage, je te donnerai deux millions d'anciens francs de plus, lâche Jo.

La recrue est visiblement de choix. Peu de temps après, Taillet reçoit un appel d'un des associés de Jo, surnommé « Bati », qui n'est autre que Jean-Baptiste Croce. Ses ordres sont clairs. Le passeur doit aller à New York et récupérer auprès d'un certain Antonio (Antonio Flores) entre 150000 et 200000 dollars, puis rapporter cet argent en France. Ce nouveau voyage se déroule sans problème. Taillet reçoit, en liquide, un million d'anciens francs des mains de Jo et de Bati, à deux pas du bar Cintra, à Marseille.

Une belle Canadienne avec cabriolet

Rapidement, le chanteur se voit confier une expédition encore plus périlleuse par ses mentors corses. « Tous les deux m'ont alors demandé si j'étais capable d'aller à Montréal, de faire la connaissance d'une femme célibataire, ayant une voiture. Je devais l'inviter à venir avec sa voiture pour un voyage d'agrément en France [...] Il suffirait alors que je confie la voiture une nuit à Jo et que la fille reparte ensuite pour Montréal avec sa voiture dans un bateau. »

---

1. Édouard Rimbaud, surnommé « Doudou », est un personnage aux facettes multiples. Né à Marseille, il a été policier, braqueur, résistant, libraire, écrivain, avant de participer à plusieurs réseaux de trafiquants de drogue, dont celui de Croce. C'est en attendant à New York le déchargement, retardé par des grèves de dockers, d'une cargaison de boîtes de paella où avaient été dissimulés 160 kilos d'héroïne provenant d'une filière helvétique qu'Édouard Rimbaud est arrêté en janvier 1969. Il a notamment raconté ses aventures dans une autobiographie publiée en 2000 sous le titre *Doudou*, chez Gallimard. Voir aussi son portrait par le journaliste François Missen, qui a recueilli son témoignage, « Paroles de truand », *L'Événement du jeudi*, 25 juin-1er juillet 1992.

2. Il s'agit de Guido Rendel, autre représentant, avec Antonio Flores, des familles américaines acheteuses de la drogue des réseaux de la Corsican Connection. On retrouvera Rendel comme acheteur toujours actif durant les années 80, dans les affaires du labo de Phoenix en 1985, et Flores dans l'affaire du réseau du trafiquant William Perrin en 1987-88. Voir plus loin le chapitre intitulé « La fin d'une génération ».

N'ayant peur de rien, Taillet accepte cette mission peu banale, la touriste canadienne devant servir de passeuse de drogue sans le savoir. À Montréal, il drague une serveuse de bar nommée Noella Richard. « Comme prévu, je lui ai fait la cour et elle est devenue ma maîtresse. » Par chance, la jeune femme possède une Comet décapotable de couleur blanche, et elle se dit ravie de venir visiter la France à l'invitation de son nouvel ami. Quelques semaines plus tard, le couple est à Marseille avec le cabriolet. L'engin finit dans un garage de la région où s'affaire, en pleine nuit, un mécanicien complice, entouré de Jo, de Bati et d'un troisième associé, que Taillet va rapidement identifier comme étant Joseph Mari, alias « le Frisé ».

Marro, Croce, Mari : les trois patrons du réseau sont là, pour surveiller le chargement de 27 kilos d'héroïne. Après avoir retraversé l'Atlantique, la Comet est déchargée à New York avec l'aide de quelques complices, le tout sans que Noella se doute de rien. Antonio Flores confie à nouveau 150 000 à 200 000 dollars à Edmond Taillet pour qu'il les rapporte en France. Celui-ci plaque alors sa petite amie canadienne. « Pendant mon absence, elle était sortie avec quelqu'un d'autre et j'ai profité de cela pour la laisser tomber. Elle était effondrée », dira-t-il. La drogue est à New York, l'argent à Paris. Le tour est joué.

Edmond Taillet recommence ce même manège, à la mi-1969, avec une autre jolie Canadienne, Ginette Lamarck, alpaguée à une table du Saint-Tropez, un restaurant de Montréal. La souriante Ginette n'a pas de voiture ? Qu'à cela ne tienne, Jo donne son feu vert pour qu'Edmond Taillet lui en offre une, destinée à faire le voyage. Mieux, un de ses complices, Jacques Bec, ancien attaché de presse du groupe de chanteurs Les Charlots, lui demande si Ginette n'a pas une copine, afin de faire « coup double ». Bec et Taillet repartent ensemble pour Montréal. Une amie de Ginette, Rose-Marie, devient rapidement la maîtresse de Bec. Lors d'un dîner, les deux jeunes femmes acceptent avec enthousiasme les voitures offertes par leurs amants français. Deux véhicules d'occasion, une Ford bleue et une Mercury Montcalm rouge, font l'affaire. La première franchira l'océan et sera chargée de 20 kilos de drogue avant de repartir vers New York. En revanche, la seconde, une fois en France, ne trouvera pas de cargaison. Taillet finira par la revendre en mars 1970, sans qu'elle ait servi à transporter de l'héroïne.

Lorsque le passeur revient en France, sa mission accomplie et les poches pleines de dollars, ses patrons, Jo et Bati, le sermonnent :

Bati était furieux parce que je n'avais pas attendu le reste de l'argent, il m'a dit : Tu n'es pas notre ami, tu t'en fous, tu ne défends pas nos intérêts, pour quelques jours de plus tu laisses des millions en Amérique, ce n'est pas de l'argent qui t'appartient [...] Ce jour-là, j'ai compris que Bati commandait certainement Jo, car c'est lui qui prenait les décisions quand ils étaient ensemble. Maintenant, Bati m'avait quand même dit qu'il avait des comptes à rendre [...].

À travers ces aveux, l'organigramme du réseau se dessine. Bati est bien le chef, mais il a des associés financiers qui n'ont pas l'air de plaisanter.

Arrestations en rafale

Le dispositif de surveillance se resserre. Taillet est arrêté à New York le 29 avril 1971 après une ultime livraison, celle d'une DS chargée de 93 kilos d'héroïne. L'artiste devait rentrer en France avec plus de 300 000 dollars sur lui. Dans la foulée, d'autres complices sont interpellés. Les indications fournies par ces derniers et les dépositions complètes de Taillet, à la mi-1972, concordent. Barthélemy Régazzi, l'ingénieux garagiste de Marseille qui démontait les véhicules pour y planquer les sachets de « blanche », est arrêté le 9 octobre 1972.

Les policiers américains, quant à eux, reviennent voir Édouard Rimbaud, le passeur coincé début 1969, que Taillet met à nouveau en cause. L'ancien libraire, qui avait refusé de parler lors de ses premiers interrogatoires trois ans plus tôt, a été condamné à une peine de trente ans de prison, qu'il est en train de purger dans le pénitencier d'Atlanta.

« Mister Rimbaud, j'ai encore vingt ans de plus pour vous dans ces papiers[1] », lui lance, un jour de l'automne 1972, l'agent Michael Wasniewski. Le prévenu lit le procès-verbal de l'audition de Taillet et tombe des nues. Il avait tenu sa langue pour respecter la loi du milieu. Mais il se rend compte que les grands patrons du réseau l'ont « doublé » en continuant, après son arrestation, de trafiquer avec son client américain. « Ils m'emplâtraient d'un demi-million de dollars », résumera Rimbaud. Le détenu d'Atlanta n'a guère envie de moisir dans son pénitencier alors qu'il estime avoir été trahi. Il décide donc, lui aussi, de se mettre à table. Il confirme par le menu les révélations

1. Rapporté dans François Missen, « Paroles de truand », *L'Événement du jeudi*, 25 juin-1er juillet 1992.

de Taillet. « Je raconte tout à Wasniewski. Et avec volupté ! »[1]. Lors de son audition du 28 novembre 1972, Rimbaud reconnaît, sur des photos, les dénommés Bati et « le Frisé » comme étant respectivement Croce et Mari, et les présente comme les principaux responsables de l'organisation.

Cette conjonction d'aveux accélère les enquêtes. Le puzzle prend forme. Les lieux de rendez-vous des principaux suspects sont épiés. « On se promenait en permanence devant les bars des uns et les restaurants des autres, en prenant des photos[2] », se souvient Albert Habib, agent américain alors en poste à Marseille. Le réquisitoire d'accusation, délivré le 8 janvier 1973 devant le grand jury du district sud de New York contre quelques-uns des passeurs, implique nommément Marro, Mari et Croce[3]. La justice américaine demande leur extradition. Leur arrestation n'est plus qu'une question de jours. S'il veut boucler sa propre instruction et éviter de passer pour un simple exécutant des Américains, le juge marseillais René Saurel ne peut plus attendre pour déclencher les coups de filet.

Le 19 janvier 1973, le tandem Croce-Mari tombe. Leur lieutenant, Joseph Marro, le vendeur de papiers peints, a disparu juste avant Noël. Un autre complice réclamé par le tribunal de New York, Félix Olivié, un septuagénaire chargé de recruter des passeurs, est appréhendé dans sa villa de Lambesc le 25 janvier. Le réseau est pratiquement démantelé.

Pour consolider son instruction, le juge Saurel innove au plan judiciaire. Accompagné notamment du commissaire Marcel Morin et du substitut Paul Auméras, le magistrat se rend lui-même à New York, en juin 1973, pour recueillir directement le témoignage déterminant d'Edmond Taillet contre Croce, Mari et Marro.

Le repenti confirme la totalité de ses propos antérieurs. « En résumé, les patrons de ce trafic, ou du moins ceux que je connais et avec lesquels j'étais en relation, étaient Jo Marro, qui semblait avoir un rôle inférieur aux autres, Bati, que je sais maintenant, après reconnaissance sur cliché, être Croce, et Frisé, que je sais maintenant être Mari, qui paraissaient donner les ordres[4]. » Quelques jours plus tard, le 27 juillet 1973, Edmond Taillet est libéré aux États-Unis après

---

1. *Ibid.*

2. Entretien avec l'un des auteurs, 22 septembre 2003.

3. United States district court, southern district of New York, indictment, 8 janvier 1973, repris dans Alain Jaubert, *D… comme Drogue*, *op. cit.*, annexe n° 6.

4. Audition d'Edmond Taillet, United States district court, southern district of New York, 7 juin 1973.

avoir purgé partiellement la courte peine de prison (trois ans) à laquelle il avait été condamné. Sa coopération a payé.

Un procès digne de Pagnol

Le procès du réseau Croce-Mari, qui symbolise celui de la Corsican Connection, s'ouvre au tribunal correctionnel de Marseille le 17 juin 1974, dans une ambiance surchauffée. Les magistrats se sont installés dans une grande salle de l'ancien palais de justice, spécialement aménagée avec une sono pour ces audiences exceptionnelles. Quelques-uns des 35 prévenus initiaux sont absents. Les imprécateurs Edmond Taillet et Édouard Rimbaud restent aux États-Unis. D'autres passeurs sont détenus à l'étranger. Souffrant d'un cancer, Joseph Mari est décédé en août 1973, après une mise en liberté sous caution. Joseph Marro est toujours en fuite. Étienne Mosca s'est suicidé le 13 mai dans l'hôpital où il était soigné. Son frère, Ange Mosca, a dû être amené sur une civière et dort au fond de la salle. Quant au garagiste Barthélemy Régazzi, au recruteur Félix Olivié et au passeur Jean-Marie Lucchesi, ils ont envoyé au tribunal des certificats médicaux affirmant qu'ils ont besoin de soins, à l'hôpital ou à l'asile psychiatrique.

Une noria d'avocats a bataillé ferme pour renvoyer le procès, opposer des requêtes en annulation, demander la prescription de certains faits ou l'audition du juge Saurel à propos de son voyage aux États-Unis. Faute d'obtenir satisfaction, le bâtonnier Jean Chiappe annonce, dès le deuxième jour du procès, que les avocats ont décidé de se retirer. Et ils quittent la salle. Rien n'y fait. Le président de la 7e chambre du tribunal, M. Bezombes, reste de marbre et reprend les débats dès l'après-midi en interrogeant les inculpés en l'absence de leurs défenseurs. Le premier mot de Jean-Baptiste Croce annonce la couleur : « Il y a eu une machination contre moi. »

Revenu à l'audience les jours suivants, l'un des avocats d'un prévenu, Me Henri Juramy, détaille cette présumée « machination ». Les accusés seraient les victimes d'un règlement de comptes de la police américaine par justice française interposée, les boucs émissaires de luttes d'influence entre États. Il s'étonne qu'Edmond Taillet, qui est désormais libre, ne soit pas présent à la barre : « Il est dommage que Monsieur le procureur ne base ses accusations que sur les déclarations fantaisistes de ce comique troupier. »

L'un des défenseurs de Croce, Me Marc Greco, va encore plus loin en affirmant : « On veut Croce en Amérique, alors que le fichier des douanes du Narcotic Bureau en est resté à Cuba. On ne trouve jamais, après 1960, le nom de Croce au BNDD.» L'affirmation est fausse. Qu'importe. «Mais il faut vider un contentieux avec les agents de Batista. Alors on trouve Taillet, on lui souffle le nom de Mari et on y accroche Croce (en l'appelant Bati) puisque ces deux-là se connaissent. Et le commissaire Morin va chercher des preuves, aviser du monde. Mais des preuves, il n'y en a pas»[1].

Bref, la machination serait grossière. Les coups de téléphone fréquents vers les États-Unis, les voyages grassement payés, les fortunes soudaines, les rendez-vous donnés par Taillet ou Rimbaud, la drogue saisie, rien n'y fait. Les accusés réfutent, parlent de «voyages touristiques», de «coups de fil pour avoir des nouvelles de la famille», de gains à la Loterie nationale, «d'économies de dix ans de travail», d'erreurs matérielles ou de médisance.

«La drogue ? Jamais, monsieur le Président»

Vedette du procès, Jean-Baptiste Croce, vêtu de bleu foncé et de gris, ne va pas décevoir le public. Il jure ne connaître ni Taillet, ni Rimbaud, ni Flores, ni aucun de ses accusateurs. «D'ailleurs, ils ont été incapables de donner le moindre petit détail physique sur ma personne.» Le commerçant bastiais veut bien admettre avoir été un aventurier. «Mais la drogue, jamais, monsieur le Président[2].»

Le tribunal a bien du mal à se laisser convaincre. Nombre de ses complices désignent Croce comme l'un des plus importants trafiquants de stupéfiants. De plus, noteront les juges dans le verdict, «divers rapports de police ont établi que Croce n'avait cessé, depuis de nombreuses années, de fréquenter à l'échelon international les trafiquants de stupéfiants et que seule son habileté lui avait permis d'échapper aux poursuites[3]».

Les soupçons s'épaississent lorsque Croce tente de justifier ses revenus.

«Avec un million ancien par an de pension à titre militaire, vous meniez un sacré train de vie... Il est vrai que vous avez gagné 12 millions anciens à la Loterie nationale en 1947 ! ironise le président Bezombes.

1. Propos d'audience rapportés par Marc Ciomei dans *Le Méridional*, juin 1974.

2. Sauf indication contraire, les citations et dialogues qui suivent sont extraits des comptes rendus d'audience parus dans *Le Provençal*, *Le Méridional* et *La Marseillaise*, juin 1974.

3. Tribunal de grande instance de Marseille, audience de la 7e chambre correctionnelle, 12 juillet 1974, jugement n° 6967.

– Ce n'est pas moi qui ai gagné cette somme, mais mon ami Mari, il m'a donné quelque chose, répond Croce.

– À quel titre ?

– Comment, à quel titre ? Par amitié.

– Générosité qui vous a permis de voyager : Acapulco, Naples, Gênes, Florence, La Havane, reprend le président.

– Si les premiers voyages étaient des voyages d'agrément, je suis en revanche allé à La Havane pour travailler.

– Quel genre de travail ?

– Je tenais trois établissements : le Cupidon, l'Ève et le Pigalle. »

Croce ajoute, pour se vanter de ses bonnes introductions à Cuba : « J'étais au mieux avec le président de la République et Mme Batista. Je touchais 2 % sur le produit de toutes les machines à sous de La Havane. Cela est vérifiable. J'aurais pu ramener des milliards de là-bas. » Le magistrat s'interroge alors :

« Pourquoi avez-vous été plus ou moins expulsé de La Havane ?

– Mon ami Bistoni avait été condamné pour trafic de drogue, j'ai préféré partir. C'est d'ailleurs à cette date que ma fausse réputation de trafiquant est née.

– Combien avez-vous ramené d'argent de La Havane ?

– Cela s'est passé en deux temps : la première fois 200 000 dollars… c'était en 1957. La seconde fois, après avoir vendu mes établissements, 100 000 ou 150 000 dollars.

Le président s'énerve de cette imprécision :

« Quand on rapporte une somme pareille, même vingt ans après, on se souvient du montant, à moins de 50 000 dollars près.

– Monsieur le Président, est-ce que vous croyez que je me souviens de ce que j'ai mangé quinze jours après ? »

M. Bezombes lui demande alors ce qu'il a fait de tout cet argent. Croce ne se démonte pas :

« J'en ai rentré la plus grande partie en fraude, j'ai changé le tout et j'ai placé mon argent dans deux coffres.

– Vous n'avez pas eu envie de le faire fructifier ? De placer cet argent dans la pierre, par exemple ?

– Absolument pas.

– Étonnant. Et le mot est faible.

– J'étais en instance de divorce. Il n'y avait aucune raison pour que ma première femme, avec qui je ne vivais plus depuis longtemps, profite de mon travail. »

Soudain, Croce se souvient d'avoir réalisé quelques investissements : il aurait acheté 100 kilos d'or, joué en Bourse sur les conseils du mari d'une journaliste célèbre, placé 60 000 francs chez un notaire.

« Et on a monté une sorte de boîte à baraques [1] pour jeunes gens à Bastia : Las Vegas.

– Combien cet établissement vous rapportait-il ?

– 50 000 anciens francs par jour, environ. »

Pour éluder les questions sur les profits tirés de la drogue, Croce explique donc qu'il gagnait 500 francs par jour grâce à un établissement bastiais de machines à sous ! Manque de chance, l'enquête a démontré que le Las Vegas n'a cessé de décliner. Son chiffre d'affaires annuel pour ses billards et autres jeux électriques n'a jamais dépassé 7 200 francs. Son exploitation a été arrêtée le 1er janvier 1965.

Un enrichissement révélateur

Croce s'accuse aussi d'importation frauduleuse de capitaux en provenance de Cuba pour un montant compris entre 350 000 et 400 000 dollars. Mais, là encore, l'argument n'est guère solide aux yeux du tribunal. En effet, lors d'un premier interrogatoire, Croce avait évoqué une somme de 20 000 dollars rapportée de Cuba. Les magistrats sont d'autant moins enclins à croire la dernière version de « Bati » que, lors de son expulsion de Cuba en octobre 1956, il n'avait, à son arrivée en France, que 17 500 francs sur lui, et son amie 15 000 francs, comme le prouvent des documents saisis lors de l'enquête. Et, même s'il est établi que Croce est revenu à Cuba en 1958 et qu'il a pu rapatrier d'autres fonds, le tribunal estimera qu'« il reste à démontrer qu'il était propriétaire des établissements de plaisir et qu'il a pu les négocier à ce moment-là [2] ». Qui plus est, les plus grosses dépenses du couple Croce ne sont réellement intervenues qu'à partir de 1968, au moment précis où le trafic de drogue s'intensifiait avec les États-Unis, après les premiers voyages d'Edmond Taillet.

L'examen minutieux de la fortune de Croce, probablement une des plus importantes des vétérans de la Corsican Connection, révèle un enrichissement incroyable durant ces années d'euphorie. Le train de vie du trafiquant et ses investissements sont alors sans commune mesure avec ses ressources. Entre avril 1970 et août 1971, Croce a fait par exemple l'acquisition de trois bateaux, l'*Escapade III* (payé

1. Baraques : machines à sous.

2. Tribunal de grande instance de Marseille, audience de la 7e chambre correctionnelle, 12 juillet 1974, jugement n° 6967.

63000 francs en espèces), l'*Escapade IV* (170000 francs, dont 130000 francs en cash), l'*Escapade V* (190000 francs). Le couple Croce possédait également trois voitures haut de gamme (une Lancia, une BMW 2500 et une Ford Taunus GXL) et descendait à Cannes et Nice dans des hôtels de luxe (le Martinez et le Carlton).

Le trafiquant a surtout investi dans l'immobilier et le commerce, notamment au nom de son épouse ou à celui de son fils, pour un montant d'au moins 1,5 million de francs entre 1969 et 1972. Ses dépenses ont servi, par exemple, à meubler sa villa à Lavasina, à aménager le Café de la Paix à Bastia (420000 francs d'investissements), à acheter dans cette ville deux appartements (175000 francs et 80000 francs) et à y acquérir en 1971 deux locaux (60000 francs) pour installer un grill-bar, La Brocherie, avec 300000 francs de travaux prévus. Sans oublier d'autres dépenses de mobilier ou consacrées au Café de la Paix.

Croce est incapable d'expliquer la réelle provenance de cet argent. Quant à son ex-complice décédé, Joseph Mari, il ne déclarait qu'une modeste rente d'invalidité de 3500 francs par trimestre, alors qu'il aurait perdu au moins 1,449 million de francs dans les casinos tout en affichant un train de vie aisé, avec Mercedes, Jaguar, achat de bars, d'immeubles, de terrains, de garages. Ce procès exemplaire se poursuit avec l'audition du commissaire Marcel Morin, le 20 juin 1974. Habillé d'un costume léger vert pâle, il expose le détail des charges qui ont nourri son enquête. Il confirme que les déclarations d'Edmond Taillet, obtenues contre une réduction de sa peine, ont permis, après de patientes vérifications, de remonter la filière jusqu'à ses sommets. C'est bien la clémence offerte outre-Atlantique aux «repentis» qui a permis aux policiers marseillais de clore leur dossier.

Le policier rappelle aussi que les coups portés conjointement depuis 1971 par les autorités françaises et américaines contre les réseaux de trafiquants commencent à porter leurs fruits. Le prix de vente de l'héroïne dans les rues de New York a flambé, passant de 10000 à 40000 dollars le kilo, signe d'une pénurie de l'offre. La cocaïne, paraît-il, remplace désormais l'héroïne.

Lors de son réquisitoire final, le procureur Paul Auméras reconnaît que le dossier repose essentiellement sur des «témoignages», forcément imparfaits. Mais les rapports de police et les fortunes inexpliquées des inculpés emportent sa conviction. Il demande «une jurisprudence de dissuasion», avec des peines allant de deux ans pour les petits passeurs à vingt ans pour Jean-Baptiste Croce.

Le verdict tombe le 12 juillet 1974 : Jean-Baptiste Croce et Joseph Marro (par défaut) sont condamnés à dix-huit ans de prison,

Edmond Taillet (par défaut) à seize ans, Ange Mosca à quinze ans, Barthélemy Régazzi et Jean-Marie Lucchesi à quatorze ans[1].

La Corsican Connection n'est pas morte

Un des plus gros réseaux de la Corsican Connection est bien tombé. Marcel Morin se sent soulagé. Cependant, il ne peut cacher deux regrets. D'abord, il n'a pas réussi à trouver le laboratoire clandestin de « Bati », probablement caché en Corse depuis plusieurs années. Et puis son enquête s'est arrêtée au niveau de Croce, faute de pouvoir remonter encore plus haut, à ces investisseurs qui ont bénéficié comme lui des profits tirés du trafic. Grâce aux souvenirs du repenti Édouard Rimbaud, le commissaire a bien identifié, sur une place de Genève, une des banques où devaient être logés quelques comptes anonymes richement dotés. Mais les commissions rogatoires envoyées par la justice française en Suisse pour savoir qui se cachait derrière eux sont restées lettre morte. « Je pense que cela aurait fait trembler pas mal de monde, à Marseille et à Paris, y compris parmi des notables politiques[2] », confie Marcel Morin. Le secret bancaire suisse a protégé ces « financiers de la drogue ».

Le commissaire ressent une profonde amertume pour une autre raison. Une fois ces premiers laboratoires découverts, quelques barons tombés, ce grand procès passé, la hiérarchie policière le lâche. Il y a encore quelques belles affaires de stups, comme l'arrestation à Paris, en avril 1974, de Joseph Boldrini et Étienne Mattéucci, deux vétérans des filières, avec 20 kilos d'héroïne. Cependant, le nouveau pouvoir politique, celui de Valéry Giscard d'Estaing, élu à l'Élysée en mai 1974, a d'autres priorités. Marcel Morin est moins en cour. Il doit quitter ses fonctions de chef de la brigade des stups de Marseille en septembre 1974 pour diriger une brigade territoriale à Paris.

Le Breton au tempérament rigide, parfois glacial, est remplacé par Lucien Aimé-Blanc, un policier d'origine marseillaise, affable et haut en couleur. Celui-ci va mener quelques enquêtes, notamment en

1. Tribunal de grande instance de Marseille, audience de la 7e chambre correctionnelle, 12 juillet 1974, jugement n° 6967. Les inculpés doivent également régler aux douanes une somme de 10 millions de francs pour l'héroïne et les dix voitures saisies, ainsi qu'une amende totale de plus de 40 millions de francs. Appelée à se prononcer sur cette affaire, la cour d'appel d'Aix-en-Provence confirmera, le 13 novembre 1974, les peines des principaux responsables. Mais Ange Mosca bénéficiera d'une « grâce médicale » qui lui permettra de sortir de prison plus tôt que prévu.

2. Entretien avec l'un des auteurs, 3 novembre 2003.

faisant interpeller, en janvier 1975, un dénommé Jean-Jé Colonna avec ses complices, suspectés d'avoir expédié 500 kilos d'héroïne vers les États-Unis entre 1968 et 1972 via les filières corso-latino-américaines de Ricord[1].

Néanmoins, une page semble tournée. Officiellement, la pieuvre a été vaincue. Les Américains ont déjà les yeux ailleurs. Pour eux, la menace s'est éloignée. « Vers 1974, il n'y avait pratiquement plus d'héroïne marseillaise sur le marché américain. C'était la conséquence directe de l'interdiction de la production légale en Turquie fin 1972 et des succès de la répression en France. Les routes de l'héroïne étaient en train de changer[2] », se souvient John T. Cusack, l'ancien responsable européen du BNDD.

Mais les communiqués de victoire masquent une réalité moins rose. La Corsican Connection n'est pas morte. Elle ne fait que sommeiller. Faute d'une vigilance constante, elle peut se reformer rapidement. Plusieurs experts américains des stupéfiants s'interrogent d'ailleurs, dès 1973, sur cette capacité de reconversion :

> Comme l'opium turc s'avère de moins en moins disponible, la question est de savoir si les organisations criminelles opérant des laboratoires à Marseille vont se tourner directement vers l'Afghanistan et le Pakistan afin d'y installer des unités de production et d'exportation ou si les trafiquants turcs et libanais vont le faire pour eux. Les organisations criminelles corses de Marseille peuvent également s'arranger pour s'approvisionner en morphine-base en Asie du Sud-Est [...] ou peuvent trouver des accords avec des criminels au Laos et au Viêt-nam[3] [...].

Ces craintes sont partiellement fondées. Les filières sicilo-américaines de Cosa Nostra récupèrent progressivement le contrôle des opérations de transformation de l'héroïne. Leurs associés corses, affaiblis provisoirement, s'adapteront à cette nouvelle donne, comme ils l'ont toujours fait, témoignant d'une grande capacité de recomposition.

Certaines des figures de la Corsican Connection, très actives dans les années 50 et 60, notamment aux cotés de Jean-Baptiste Croce, ont réussi à passer entre toutes les mailles du filet. Elles se terrent, à Paris, en Corse ou à l'étranger, en attendant des jours meilleurs. Des

1. Voir plus loin le chapitre intitulé « L'ascension de Jean-Jé Colonna ».
2. Entretiens avec l'un des auteurs, 4 et 11 octobre 2003.
3. Document interne de l'ODALE (Office for Drug Abuse Law Enforcement), successeur du BNDD, en préparation des auditions de ses responsables devant le Congrès pour la création de la DEA (Drug Enforcement Administration), mi-1973, National Archives.

chimistes issus du réseau corse vont reprendre du service dans des laboratoires réinstallés non loin de Marseille. Entre 1975 et 1981, le juge marseillais Pierre Michel, successeur du magistrat René Saurel, en découvrira plusieurs, avant de tomber sous les balles de tueurs du milieu de la drogue le 21 octobre 1981.

Ainsi, après de longues surveillances, le chimiste Henri Malvezzi est interpellé en avril 1976, puis son laboratoire est découvert, caché dans le garage de sa villa de Bouc-Bel-Air. Il est suspecté d'avoir été l'un des fournisseurs de la filière corso-latino-américaine de Jean-Jé Colonna et de s'être rendu en Turquie durant l'été 1974 afin d'entretenir ses contacts avec des fournisseurs. « Nous savions qu'il y avait des réseaux très actifs en train de se reconstituer, sur l'héroïne comme sur la cocaïne, et qu'il fallait poursuivre inlassablement la traque[1] », explique Lucien Aimé-Blanc, alors en poste à Marseille.

D'autres truands, une fois leur peine effectuée, replongeront dans le trafic, renouant avec leurs alliés sicilo-américains et retournant chercher de la « marchandise » en Turquie, au Liban ou en Asie. De nouvelles filières prospéreront aux quatre coins du monde durant les années 80, sous la houlette de quelques parrains corses vivant là leurs ultimes années de règne.

1. Entretien avec l'un des auteurs, 14 octobre 2003.

Chapitre 10

La fin d'une génération

Le magazine américain *Time* ne lésine pas, dans son édition du 4 septembre 1972, lorsqu'il désigne Marcel Francisci comme un des leaders de la puissante mafia corse [1]. Son nom a déjà été cité, sans autre élément concret, parmi les quatre familles corses (Francisci, Guérini, Venturi, Orsini) présumées responsables du trafic d'héroïne vers les États-Unis au cours des dix dernières années par les représentants Morgan Murphy et Robert Steele dans un rapport au Congrès, en mai 1971 [2]. Cette fois-ci, le grand hebdomadaire américain enfonce le clou. Il réitère les accusations contre les quatre clans déjà mentionnés, en illustrant son article d'une photographie d'un des « parrains corses », Marcel Francisci, « flamboyant héros de la guerre » qui possède notamment des intérêts dans des « casinos en Grande-Bretagne, en France et au Liban ».

Time va plus loin en évoquant l'existence d'une « Union corse », syndicat unifié d'une quinzaine de familles corses régentant toutes leurs affaires, à l'instar des vingt-quatre familles américaines de la mafia. « L'identité de certains clans est un secret si bien gardé que la mort pourrait frapper celui qui se hasarderait à en parler, écrit le journal. Et pour l'extermination des informateurs, l'Union corse a la réputation d'être plus rapide et plus radicale que la mafia. » Ses parrains se reconnaîtraient par le médaillon qu'ils portent, frappé d'une tête de Maure, symbole de l'île. Cette organisation très influente, qui dominerait le trafic international de drogue, aurait des connexions jusqu'au plus haut niveau de l'État, ce qui lui permettrait

1. L'article est titré : « The milieu of the Corsican godfathers ». Il s'intègre dans une grande enquête qui fait la une du magazine, avec ce titre : « The global war on heroin ».

2. « The world heroin problem », *op. cit.*

de freiner les enquêtes la concernant. « L'efficacité de l'Union corse provient en grande partie de son aptitude à infiltrer ses membres dans les services gouvernementaux. En France, l'Union corse a réussi, dans une certaine mesure, à s'infiltrer dans la police, l'armée, la douane et l'équivalent de la CIA, le SDECE. »

L'article provoque des étincelles à Paris. Le député Michel Poniatowski, antigaulliste farouche et futur ministre de l'Intérieur sous la présidence de Valéry Giscard d'Estaing, surenchérit sur cette Union corse, laquelle, selon lui, possède des « pénétrantes administratives en France ». La réplique ne se fait pas attendre. Alexandre Sanguinetti, au nom de l'Amicale des parlementaires d'origine corse, estime que « Michel Poniatowski devrait se souvenir que s'il est le descendant d'un maréchal de France, c'est grâce à un Corse [...] L'Union corse est une invention pure et simple[1] ».

En réalité, *Time* n'a pas tort sur certains points, notamment quand il rappelle l'implication des clans corses dans le trafic de drogue ou la relative impunité dont ils ont bénéficié jusqu'au début des années 70. Mais la majorité des policiers français et des experts américains estiment que la fameuse Union corse relève du fantasme. Même si la culture et les solidarités des caïds insulaires s'apparentent à celles des familles mafieuses sicilo-américaines, l'hypothèse de *Time* est exagérée. Il n'existe pas une mafia corse pyramidale, avec un conseil d'administration unique, dirigeant toutes les affaires et infiltrant, selon un plan concerté, les rouages de l'État. Le phénomène mafieux corse, on l'a vu, est plus nébuleux, plus subtil. Il s'agit plutôt d'une galaxie de clans séparés, tantôt alliés, tantôt ennemis, qui ont profité de circonstances historiques particulières pour prendre leur essor et qui savent jouer d'une certaine capillarité avec l'appareil politique et administratif pour se protéger.

Marcel Francisci n'apprécie guère cette soudaine publicité. Petit, rond, le crâne dégarni, cet homme d'affaires de cinquante-trois ans à l'allure de banquier affable toujours tiré à quatre épingles déteste le devant de la scène. Patron d'un important cercle de jeu parisien (le Cercle Haussmann), pilier des réseaux corses de la capitale, gaulliste de choc, le « Grand Marcel » préfère l'influence aux apparences. Mais le mal est fait. *Time* lui taille à nouveau une réputation épouvantable. Ces accusations sont reprises et développées dans toute la presse.

Piqué au vif, Marcel Francisci porte plainte pour diffamation, d'abord contre *Time*, puis contre des journaux français comme

---

1. Citations rapportées notamment dans Thierry Wolton, *Les Écuries de la Ve*, *op. cit.*, p. 92.

Politique-Hebdo, *L'Express*, *France-Soir* ou *Le Monde*. En novembre 1972, il essaie en vain de faire saisir un numéro du magazine *Historia* sur la mafia dans lequel il est cité. L'avocat de cette revue, Michel Mercier, par ailleurs député UDR des Yvelines, reçoit plusieurs coups de téléphone, de Jean Bozzi, d'Alexandre Sanguinetti et du ministère de l'Intérieur, lui conseillant de laisser tomber l'affaire sous prétexte que Marcel Francisci est « un ami »[1]. En janvier 1973, Francisci tente de bloquer la sortie d'un livre sur *Les Grandes Manœuvres de l'opium*, rédigé par Catherine Lamour et Michel T. Lamberti et publié au Seuil, qui reprend les rapports américains. Une séance de dédicace des auteurs, prévue à Ajaccio le 10 janvier, doit être annulée.

Le 15 février, jour où le tribunal de Paris se déclare incompétent pour trancher en référé une demande de saisie du livre controversé, *Newsday*, un quotidien américain de Long Island, titre en une sur « Mr Heroin », avec une photo de Marcel Francisci. La colère du Corse s'accentue. D'autres journalistes qui veulent écrire sur le « Grand Marcel » subissent ses foudres. « Il nous faisait venir dans son petit bureau du Cercle Haussmann pour nous donner sa version officielle et nous impressionner, se souvient l'un d'entre eux. L'ambiance était glaciale. Vêtu très élégamment, il était entouré de ses frères, impassibles, qui semblaient l'encadrer comme des gardes du corps. Un téléphone sortait d'un tiroir sur le côté de sa table de travail. On se croyait dans un film noir[2]. »

Un procès à contre-pied

Aux yeux de Francisci, sa plainte contre *Time* doit tout balayer. Le tribunal sanctionnera l'ensemble de ces infamies, puisqu'il n'y a, dans son dossier judiciaire, nulle arrestation, nulle inculpation, nulle condamnation pour trafic de stupéfiants. Juste des soupçons récurrents, qu'il a déjà démentis en se confiant, on s'en souvient, à des policiers en mars 1969, sans les convaincre définitivement[3]. Le procès Francisci/*Time* débute le 7 mai 1973 devant la 17e chambre correctionnelle du tribunal de grande instance de Paris, présidée par Jacques Hennion. Toute la presse est présente dans la salle, s'atten-

1. Rapporté par Roger Colombani, collaborateur d'*Historia*, lors de son audition, le 2 février 1982, devant la commission d'enquête parlementaire sur les activités du SAC (voir *Rapport de la commission d'enquête sur les activités du SAC, op. cit.*, p. 589).
2. Entretien avec l'un des auteurs, octobre 2003.
3. « Enquête effectuée sur la personne de Marcel Francisci », *op. cit.*

dant à des passes d'armes entre les avocats de l'hebdomadaire américain et les défenseurs de Marcel Francisci.

L'audience débute mal pour le plaignant. Les témoins cités par *Time*, dont quatre anciens agents du Bureau des narcotiques, se succèdent à la barre pour affirmer que le nom de Marcel Francisci est apparu dans plusieurs affaires passées. « Francisci, à l'époque, était à un niveau très élevé de la hiérarchie dans les milieux criminels organisés, qui s'occupaient activement de trafic de drogue[1] », estime ainsi l'ex-agent Martin Pera, qui rédigea naguère de multiples rapports sur le milieu corse.

Deux de ses collègues évoquent l'interrogatoire du trafiquant Étienne Tarditi, arrêté en 1960, qui citait nommément Marcel Francisci parmi les responsables présumés d'une filière. Certes, les renseignements collectés n'ont pas eu de suites judiciaires en France. Mais l'un des agents, qui a envoyé au juge parisien Gabriel Roussel les dépositions d'un autre repenti français, Louis Douheret, entendu dans l'affaire Cecchini-Mertz-Nebbia et accusant Marcel Francisci d'être l'instigateur d'un trafic, déclare : « Je ne peux pas croire que M. Roussel n'inculpe pas, à un moment ou un autre, M. Marcel Francisci sur la foi des informations que nous avons transmises. » L'un des avocats du plaignant reconnaît qu'il s'agit là d'un « document accablant » pour son client. Un autre témoin rappelle la déclaration du sénateur américain Morgan Murphy devant la Chambre des représentants, citant un policier français : « Lorsqu'on parlait de Francisci, la police française ne voulait rien entendre, elle tremblait… M. Francisci est un intouchable »[2].

Plus étonnant, un avocat new-yorkais, Herbert Itkin, ancien indic de la CIA et du FBI venu au tribunal à la demande de *Time*, entouré de gardes du corps, ajoute sans sourciller : « J'ai rencontré M. Francisci le 23 janvier 1967 au Fouquet's [...] L'idée, au départ, était d'intéresser M. Francisci à un casino en Espagne [...] Il m'a été dit que M. Francisci souhaitait profiter des contacts que je pouvais avoir en République dominicaine pour un trafic d'héroïne[3]. » L'affaire, finalement, aurait avorté sur ordre de Washington. Les

---

1. Rapporté dans Alain Jaubert, *D… comme Drogue, op. cit.*, p. 581. Martin Pera fut notamment auditionné en 1964 sur le sujet par le Sénat américain, dont le rapport d'enquête cite nommément Marcel Francisci. Appelés à témoigner pour *Time*, ses collègues Giordano et Garofalo, qui évoquent l'affaire Tarditi, ont également établi des notes sur les réseaux quand ils travaillaient au Bureau des narcotiques. Voir plus haut les chapitres intitulés « L'essor de la "Corsican Connection" » et « L'obsession des Américains sur le milieu corse ».

2. Rapporté dans *Le Monde*, 9 mai 1973.

3. Rapporté dans *Le Monde*, 9 mai 1973, *Le Point*, 14 mai 1973, ou encore Alain jaubert, *D… comme Drogue, op. cit.*, p. 572.

propos d'Herbert Itkin, jugé un brin vantard par la CIA et poursuivi par un procureur de New York, restent sujets à caution. Mais ses déclarations troublent les juges de la 17e chambre.

Marcel Francisci, qui affirme n'avoir jamais vu cet Itkin, se défend comme il peut. Il fait citer comme témoins de son innocence plusieurs hauts responsables policiers. Un seul, le commissaire Lucien Aimé-Blanc, sous-directeur de l'Office central des stupéfiants, se déplace. Il confirme que la police n'a pas, « à l'heure actuelle », d'élément précis contre Francisci, sans lui décerner toutefois de brevet de moralité, rappelant les morts suspectes liées à la guerre des jeux parisiens. « Nous savions qu'il avait été naguère en contact avec le Libanais Samil Khoury et qu'il était proche de Paul Mondoloni, mais tout était bien cloisonné [1] », se souvient aujourd'hui Lucien Aimé-Blanc.

Autre témoin cité par la défense, le journaliste du *Méridional* Marc Ciomèi réitère la thèse farfelue selon laquelle les Américains auraient confondu Marcel Francisci avec Bonaventure Francisci, un trafiquant actif en Indochine [2]. Dans l'un de ses articles, Ciomèi citait également Marcel Morin, patron de la brigade des stups à Marseille, qui affirmait : « Si M. Francisci était actuellement coupable de trafic de drogue, si j'en avais la preuve réelle, j'irais l'arrêter moi-même. » Aujourd'hui à la retraite, Marcel Morin précise : « Dès mon arrivée à Marseille mi-1971, je peux vous dire que nous avons mis Francisci parmi nos cibles puisqu'il figurait, depuis des années, comme un suspect dans nos dossiers et dans ceux des Américains. Mais il était probablement trop tard. Il avait mis du champ entre lui et ce type d'activités. Et nous étions contraints d'agir en tenant compte de la prescription juridique des faits. Il nous fallait des éléments récents. Nous n'en avons pas trouvé [3]. »

Après cette audience dévastatrice, le patron du Cercle Haussmann tente de corriger le tir. Il se confie exceptionnellement à un journaliste, Jean-Marie Pontaut, du *Point* :

> Que vouliez-vous faire contre la rumeur ? Des sénateurs américains, qui ont enquêté sur la drogue vingt-quatre heures à Paris et quarante-huit heures à Marseille, m'accusent. Ce n'est pas

1. Entretien avec l'un des auteurs, 14 octobre 2003.

2. Voir Marc Ciomèi, « Échec à la drogue », *Le Méridional-La France*, 11 avril 1973. Cette thèse était déjà avancée par Marcel Francisci en 1969 dans « Enquête effectuée sur la personne de Marcel Francisci ». Voir plus haut le chapitre intitulé « Les Guérini, nouveaux parrains ».

3. Entretien avec l'un des auteurs, 3 novembre 2003.

sérieux. Les Américains m'attaquent car ils n'arrivent pas à régler le problème de la drogue chez eux [...] En réalité, on a essayé, derrière moi, de salir des personnalités politiques. Or je n'ai presque pas de relations politiques. Tous les politiciens que je connais, je les ai connus en Corse, avant leur carrière, à l'école[1]...

Rien n'y fait. Dans son jugement, rendu le 4 juin 1973, le tribunal reconnaît bien que certaines informations parues dans l'article de *Time* ont un caractère «nettement diffamatoire», mais le magazine est relaxé sur la base de sa bonne foi, les témoignages des anciens agents américains ayant établi que des soupçons sur Marcel Francisci existaient réellement. Pour le tribunal, *Time* n'a fait que rapporter «sans les dénaturer des faits dont le public souhaite légitimement être informé[2]». La partie civile, qui réclamait 5 millions de francs de dommages et intérêts, se voit condamnée à verser 35000 francs à *Time* pour procédure abusive.

Marcel Francisci est également débouté de son action contre *Politique-Hebdo.* Il abandonne certaines des poursuites qu'il avait engagées contre d'autres organes de presse. Le journal américain *Newsday*, qui livre à nouveau son nom dans son ouvrage collectif paru sous le titre *The Heroin Trail*, couronné par le prix Pulitzer, n'est pas non plus condamné. Ni James Sarazin, auteur du très documenté *M... comme Milieu*, qui évoque de nouveau les renseignements concernant Marcel Francisci. La situation devient paradoxale. Sans avoir jamais été inquiété pour trafic de drogue, ce dernier est prisonnier des soupçons récurrents. Son image est désormais atteinte.

Discret tout au long des années 70, Marcel Francisci étend son empire. En plus de son navire amiral, le Cercle Haussmann, et de ses parts dans un cercle londonien, il investit notamment dans des casinos espagnols. En 1976, son frère Roland devient le directeur des jeux de l'Aviation Club, naguère tenu par Antoine Peretti. Francisci poursuit également sa carrière politique comme conseiller général RPR du canton corse de Zicavo et vice-président du conseil général de la Corse-du-Sud. Naturellement, il côtoie la classe politique insulaire et continentale. Par exemple, le 9 septembre 1977, plusieurs centaines d'élus manifestent dans les rues d'Ajaccio contre «le séparatisme et la violence d'où qu'elle vienne». Devant le monument aux morts se tiennent aux premiers rangs Jean-Paul de Rocca-Serra, Xavier Colonna et Charles d'Ornano, les députés de

1. Jean-Marie Pontaut, «Francisci contre Bureau of Narcotics», art. cité.
2. Rapporté dans *Le Figaro*, 5 juin 1973.

l'île. Marcel Francisci est derrière eux, en costume et chaussures blancs. Après la cérémonie, il file déjeuner avec Jean-Paul de Rocca-Serra et Alexandre Sanguinetti, son vieil ami des combats gaullistes.

Defferre retire les jeux à Francisci et à Andréani

Certains barons du monde des jeux, gaullistes historiques, agacent pourtant le pouvoir giscardien. Ouvert en 1975, le casino Ruhl de Nice, contrôlé par le Corse Jean-Dominique Fratoni, avec l'appui du maire de la ville Jacques Médecin, doit fermer ses portes entre novembre 1979 et mai 1980 sur ordre du ministre de l'Intérieur, Christian Bonnet. Inculpé pour fraude douanière et fiscale et visé par un mandat d'arrêt, Fratoni s'est réfugié en Suisse pour éviter les poursuites[1]. Avant les élections présidentielles de mai 1981, le ministre de l'Intérieur demande également que les contrats d'exploitation de plusieurs cercles parisiens soient révisés, afin de limiter le laxisme financier dont certains directeurs des jeux semblent largement profiter. Craignant que ses bénéfices ne s'en trouvent affectés, Marcel Francisci ne veut rien céder. Il parie sur une négociation plus

1. Né le 1er février 1923 à Cuttoli-Corticchiato (Corse-du-Sud), Jean-Dominique Fratoni grandit à Nice et s'illustre pendant la Résistance. En 1950, il dirige le casino de Sainte-Maxime, puis rachète en 1951 celui de Saint-Raphaël, crée en 1964 le Victoria Sporting Club à Londres, reprend en 1968 le petit Casino Club de Nice, avec l'appui de Jacques Médecin, devenu maire de la ville. En février 1975, il ouvre le casino Ruhl avec des associés italiens et vise le contrôle du Palais de la Méditerranée, rachetant des parts en juin 1977 à l'un de ses actionnaires, Agnès Le Roux – rachat qui sera contesté. Mais cette dernière disparaît en novembre 1977 dans des conditions obscures. Soumis à un contrôle fiscal, Fratoni et son associé Cesare Valsania se voient imposer un redressement de 60 millions de francs. Le 9 novembre 1979, le casino Ruhl est fermé sur ordre du ministre de l'Intérieur, Christian Bonnet. Fratoni, qui s'estime victime d'une cabale politique et commerciale, est inculpé d'infraction à la législation sur les changes, puis de fraude fiscale. Il s'enfuit en Suisse, début 1980, sous le coup d'un mandat d'arrêt délivré le 7 mars 1980 par le juge niçois Michel Maillard. Il sera condamné par défaut le 2 juin 1983 (à deux ans de prison et 360 millions de francs pour fraude sur les changes), le 17 février 1984 (à un an de prison pour achat de vote) et le 24 mai 1985 (à deux fois cinq ans de prison pour fraude fiscale). Ces peines seront prescrites au début des années 90. Il meurt en 1994 des suites d'un cancer. Son fils Noël Fratoni sera assassiné en octobre 1998 à Nice dans des conditions restées mystérieuses. Le Ruhl est rouvert en mai 1980 (sans Fratoni, mais sous la direction de son bras droit François Scarbonchi), avant d'être fermé de nouveau par Gaston Defferre en janvier 1982, puis réautorisé à ouvrir (avec un tour de table d'amis de Fratoni) en avril 1987 par Charles Pasqua. Le casino est vendu en mai 1990 à une association Accor-Barrière-Kerzner. Voir notamment Jacques Derogy et Jean-Marie Pontaut, *Enquête sur les ripoux de la côte*, *op. cit.*, Roger-Louis Bianchini, *Mafia, argent et politique*, Seuil, 1995, et, du même, *Agnès Le Roux*, Presses de la Cité, 1983. Voir aussi Renée Le Roux, *Une femme face à la mafia*, Albin Michel, 1990.

favorable, au lendemain du scrutin. La victoire de François Mitterrand, le 10 mai 1981, le prend à contre-pied. Prétextant que l'administration précédente « laissait faire », le nouveau titulaire de la place Beauvau, Gaston Defferre, exige une révision immédiate des contrats. Tous les cercles concernés par cette mesure obtempèrent, sauf Francisci, qui surestime la patience de Defferre.

Le couperet tombe. Le 3 juillet 1981, l'autorisation de jeux détenue depuis 1904 par l'association du Cercle Haussmann est retirée[1]. Une soixantaine d'employés se retrouvent au chômage technique du jour au lendemain. C'est Gaston Defferre en personne qui a décidé de faire la guerre aux cercles de jeu et aux casinos. Le combat est politique pour un gouvernement de gauche qui dénonce l'argent facile et le « grand capital ». La mesure est également souhaitée à titre personnel par un Gaston Defferre marqué dans sa jeunesse par un père qui se ruinait au jeu. « Gaston Defferre a gardé de cette expérience une trace indélébile, écrit Georges Marion. Adulte, il n'en parle que rarement, à quelques intimes seulement, mais il ne manque aucune occasion de manifester le mépris qu'il a pour les joueurs et leur passion[2]. » Le ministre bloque ainsi durant des mois la demande de réouverture du casino de Bandol, formulée par des investisseurs corses et soutenue par le député-maire socialiste de la ville, Christian Goux. Ce dernier, inquiet du refus obstiné de Defferre, se sent menacé. Les promoteurs du projet finissent par obtenir leur autorisation, notamment grâce à l'intervention de l'Élysée[3]. Defferre fera également adopter en juin 1983 par l'Assemblée nationale une loi prohibant les machines à sous, suspectées de blanchir l'argent du milieu.

Qui plus est, certains casinos et les cercles de jeu sont tenus historiquement par des figures corses qui affichent des opinions de droite. Pour un pouvoir à dominante socialiste nouvellement élu, les cibles sont faciles. C'est le cas de Marcel Francisci, militant gaulliste, ou encore du fugitif Jean-Dominique Fratoni, ami du maire RPR de Nice Jacques Médecin, toujours suspecté de diriger en sous-main le Ruhl, à Nice. Ce casino sera d'ailleurs fermé brutalement par Gaston Defferre le 5 janvier 1982.

---

1. Voir *Le Monde*, 5-6 juillet 1981.

2. George Marion, *Gaston Defferre, op. cit.* p. 34.

3. Rapporté *ibid*, p. 35. Interrogé par l'un des auteurs le 19 janvier 2003, l'ancien maire de Bandol, Christian Goux, a affirmé ne plus se souvenir de cette histoire, tout en doutant que l'Élysée soit intervenu en faveur de la réouverture du casino. En revanche, Georges Marion nous a précisé qu'il se souvenait de menaces évoquées par Goux et de l'appui venu de l'Élysée.

Le cas de Jean-Baptiste Andréani, patron du Grand Cercle, à Paris, n'est pas moins intéressant. Présumé de gauche, mais proche des gaullistes, il a eu pour avocat un dénommé François Mitterrand, avec qui il se serait fâché violemment. Le nouvel élu de l'Élysée garde-t-il une rancœur de ces relations tendues ? Mystère. Le 16 janvier 1982, sur la base d'un renseignement anonyme, les douanes perquisitionnent le Grand Cercle. Ses agents suspectent des encaissements irréguliers de 12 millions de francs de chèques en monnaies étrangères, ainsi que des prêts douteux d'un montant de 23 millions accordés à des joueurs non résidents. Le Grand Cercle est fermé.

Au domicile de Jean-Baptiste Andréani, les douaniers découvrent aussi un trésor de 600 kilos d'or, sous forme de lingots et de louis, aussitôt saisis. À soixante-dix-sept ans, Andréani est inculpé le 12 mars 1982 de fraude sur les changes, sur plainte du ministre du Budget, Laurent Fabius, et passe quelques jours à la prison de Fresnes. Le 16 novembre 1983, il sera condamné par le tribunal de Paris à huit mois de prison avec sursis, à 18 millions de francs d'amende et à la saisie d'une partie de ses pièces d'or[1].

La mort de Francisci fait des vagues

Le sort d'Andréani est pourtant moins dramatique que celui de son vieux rival Marcel Francisci. Fin 1981, ce dernier croit pouvoir obtenir une révision de la décision ministérielle sur son Cercle Haussmann. Mais il doit déchanter. Pis, à partir d'octobre 1981, Francisci sent l'étau se resserrer sur lui. Il est visé par une vérification des douanes, par une commission composée de trois inspecteurs généraux de l'administration et par une enquête de police[2]. Le 13 janvier 1982, il fait l'objet de perquisitions fiscales. Ces investigations, semble-t-il, ne donnent guère de résultats tangibles, mais Marcel Francisci est de plus en plus déstabilisé. Il craint une vaste offensive judiciaire contre lui, comme celle qu'a connue naguère Fratoni à Nice et celle que subit Andréani au même moment.

1. Voir *Le Monde*, 19 novembre 1983. Andréani gardera une dent contre François Mitterrand : sur ses consignes, après son décès en 1993, un de ses anciens collaborateurs fera remettre au journaliste Jean Montaldo des documents visant l'Élysée et des proches de François Mitterrand, dans une affaire de commissions versées à l'occasion d'un prêt secret du roi Fahd d'Arabie Saoudite à la France, baptisé « Joséphine ». Après vérifications, Montaldo les exploitera, de manière partielle, dans son livre *Mitterrand et les 40 voleurs*, Albin Michel, 1994, puis plus complètement dans *Rendez l'argent !*, Albin Michel, 1995.

2. Rapporté par Philippe Boggio, « Sans mobile apparent », deuxième volet de l'enquête « Les dessous de cartes des cercles de jeu », *Le Monde*, 8 février 1982.

Le 15 janvier 1982, vers 2 heures du matin, Marcel Francisci est tué à bout portant, dans le sous-sol de son parking, rue de la Faisanderie, à Paris.

Cet assassinat provoque des réactions en chaîne. La famille affrète un Airbus pour rapatrier en Corse la dépouille mortelle de Francisci, accompagnée d'une centaine de ses amis parisiens. Lors de son enterrement, le 21 janvier, dans le petit village de Ciamannacce, l'église Sainte-Lucie est trop petite pour contenir le millier de personnes venu rendre hommage au maire de la commune. Ses frères se tiennent impassibles, tout comme son épouse Carmen, sa sœur Félicia et sa fille Françoise, un temps attachée au cabinet de la ministre giscardienne Alice Saunier-Seïté. Le prêtre évoque la vie de Marcel Francisci comme « une symphonie inachevée », et ses amis politiques sont peu diserts. Parmi eux, on note la présence de Charles d'Ornano, sénateur-maire d'Ajaccio, de Jean-Paul de Rocca-Serra, député RPR de la Corse-du-Sud, ou encore de l'ancien député Jean Bozzi.

Dans la presse, ses proches louent l'« homme d'affaires avisé », le « bienfaiteur du canton », la « personnalité respectée », le « résistant courageux » et l'« ami fidèle ». Certains déclinent sa carrière politique : militant gaulliste dès la fin des années 40, conseiller général de Zicavo depuis 1967, membre du conseil régional de la Corse de 1974 à 1976, deuxième vice-président du conseil général de Corse-du-Sud en 1976, réélu en 1979, maire de son village natal de Ciamannacce depuis 1978. Marcel Francisci semblait avoir une vie d'élu sans histoire. Il avait fourni des emplois dans ses cercles de jeu à une trentaine de personnes de son canton. Il intervenait pour obtenir des subventions routières et ne manquait pas un banquet des anciens combattants d'Ajaccio, dont il était un membre assidu.

Les journaux évoquent également son train de vie aisé, son bel appartement de 300 mètres carrés dans le XVIe arrondissement de Paris, sa propriété de Bougival, sa maison familiale à Ciamannacce ou sa Jaguar 4,2 litres. D'autres mentionnent ses intérêts anciens dans le Cercle Haussmann, le casino du Liban, les sociétés d'import-export à Tanger, ou rappellent sa réputation sulfureuse de « parrain » et les sanglantes guerres des jeux. « Un gros bonnet, assurément. Mais de quoi [1] ? » s'interroge *Le Monde*.

1. *Le Monde*, 17-18 janvier 1982.

Une curieuse cassette pour une cause perdue

Le mystère du personnage reste entier. Car son exécution s'apparente à un contrat de tueur à gages, dans la pure tradition du milieu. De plus, dans l'une des poches de son manteau, les enquêteurs ont découvert une bande magnétique.

La victime a en effet enregistré ses conversations téléphoniques avec un avocat, Me Paul Lombard. Ce dernier semblait en mesure de faire intervenir l'un de ses confrères, Me Roland Dumas, auprès du ministre de l'Intérieur, Gaston Defferre, pour tenter d'obtenir la réouverture de son cercle, fermé depuis juillet 1981. Au fil de ces enregistrements, révélés dans *Le Monde* du 9 mars 1982, il apparaît que Roland Dumas peut éventuellement faire passer des messages à Gaston Defferre, moyennant une « provision » de « cinquante mille balles ».

Mais les jours passent sans que les réponses soient très claires. Joint par Francisci, Paul Lombard paraît de plus en plus gêné, évoquant les initiatives de Dumas : « Il a entrepris les négociations comme il avait promis de le faire et au sein d'abord de l'administration, si vous voyez ce que je veux dire ? Et il voit le principal intéressé lundi soir ou mardi matin. » Puis, comme Francisci s'impatiente en disant clairement qu'il souhaite la réouverture du Cercle Haussmann, Lombard lui répond que « la décision ne se prend pas à ce niveau-là ».

« Oui, d'accord, elle ne se prend pas à ce niveau-là, mais alors pourquoi a-t-on demandé tout cela ?

– Je crois que, si vous voulez, notre ami commun vous le dira de vive voix lui-même puisque, moi, je m'en suis occupé de mon côté également et lui s'en occupe sur un plan qui est plus politique, vous voyez ce que je veux dire ? »

Au bout du compte, Marcel Francisci réessaie de joindre plusieurs fois ses avocats. Sans succès. « À présent, je n'ai plus de nouvelles de Me Lombard et encore moins de Me Dumas. Nous sommes aujourd'hui le 5 janvier 1982. Terminé »[1].

Après la publication du contenu de cette cassette, les deux avocats cités réagissent. Paul Lombard estime qu'il s'agit d'allégations inconsidérées, expliquant qu'il a décliné la demande de conseil émanant de Marcel Francisci sans toucher un centime d'honoraires de sa part, ce que les documents comptables de son cabinet confirmeront[2]. Roland

1. Rapporté dans *Le Monde*, 9 mars 1982.
2. Voir *Le Monde*, 9 et 10 mars 1982.

Dumas nie encore plus vigoureusement avoir joué un quelconque rôle d'intermédiaire pour obtenir du ministre de l'Intérieur la réouverture de ses maisons de jeu et la fin «de certains de ses ennuis». Il explique qu'il est d'ailleurs absurde «d'imaginer que Gaston Defferre, que je connais fort bien depuis vingt-cinq ans, puisse, un seul instant, accueillir ce genre d'intervention, alors qu'au surplus il a démontré, dès le lendemain de sa prise de fonctions, sa volonté personnelle de mettre bon ordre dans le milieu parisien des jeux[1]».

Autrement dit, si une intervention a été promise à Francisci, elle n'était qu'orale et n'a eu, de toute façon, aucune suite. En gardant les traces de ses démarches, espérait-il pouvoir s'en servir un jour pour se sauver? Ou se savait-il d'ores et déjà perdant? La cassette demeure une énigme.

Defferre condamné pour diffamation

L'histoire rebondit quelques jours plus tard sur le terrain politique. Le 11 mars 1982, Gaston Defferre s'emporte lors d'un meeting pour les prochaines élections cantonales à Marseille, et lâche : «Les cercles de jeu, cela rapporte beaucoup d'argent. D'abord à la ville de Paris [...] Cela a peut-être aussi rapporté beaucoup d'argent à d'autres, à certains partis politiques, aux protecteurs, aux amis, aux complices de Francisci. À Chirac, à Pons, à Pasqua.»

Les trois dirigeants du RPR nommés par Defferre déposent immédiatement plainte pour diffamation contre le ministre de l'Intérieur. Les avocats de ce dernier n'ont, pour étayer leur défense, qu'une lettre du 8 juillet 1981 de Charles Pasqua en faveur de la réouverture du Cercle Haussmann de Francisci, envoyée à Gaston Defferre avec ce mot : «Très cordialement». Une intervention classique pour le sénateur RPR des Hauts-de-Seine, ami de Francisci, qui ne prouve rien[2].

Au beau milieu de la nuit du samedi 13 au dimanche 14 mars 1982, les magistrats de la 17e chambre correctionnelle du tribunal de Paris, appelés pour délibérer en référé, statuent sur la requête de Jacques Chirac. Estimant que «l'outrance et la violence des propos excluent la bonne foi», ils condamnent Gaston Defferre pour diffamation publique envers le président du RPR. Le ministre de l'Intérieur tente

1. Rapporté dans *Le Monde*, 9 mars 1982.
2. En septembre 1986, alors que Charles Pasqua est ministre de l'Intérieur, l'association de l'établissement obtiendra la réouverture du Cercle Haussmann, fermé depuis juillet 1981.

de rectifier le tir en amendant ses déclarations. Ravis du jugement en référé, Jacques Chirac, Bernard Pons et Charles Pasqua saisissent les « excuses » de Defferre pour abandonner leurs poursuites.

Mais l'affaire n'est pas terminée, car l'un des avocats de Jacques Chirac, Me Jean Gallot, interrogé le soir du 13 mars au cours du journal télévisé de TF1, qualifie Marcel Francisci, tué le 15 janvier, de « truand notoire ». Aussitôt, Jacques Chirac désavoue son conseil, tandis que la famille du défunt monte au créneau pour dénoncer ces propos. Dans un communiqué, elle explique que Marcel Francisci a toujours obtenu normalement les autorisations de jeu du ministère de l'Intérieur et que les dernières enquêtes n'ont rien révélé de frauduleux sur lui ou ses sociétés. « Aussi bien avant qu'après le 10 mai, Monsieur Francisci n'a jamais eu besoin de protecteurs politiques ou autres, n'ayant jamais rien fait d'illégal », affirme la famille, ajoutant que « toutes les personnes qui l'ont connu savent qu'il était un homme d'honneur, un homme de cœur, d'une probité exemplaire »[1].

Ultime effet de l'onde de choc, le poste de conseiller général de Corse-du-Sud, laissé vacant par le décès de Marcel Francisci, attire des convoitises. La gauche aimerait récupérer ce fauteuil, susceptible de faire basculer la majorité de l'assemblée départementale, lors des élections cantonales prévues en mars 1982. Des amis de l'ancien élu RPR voient là une occasion rêvée pour marchander le siège de Zicavo contre la réouverture du Cercle Haussmann à Paris. Le ministre de l'Intérieur confie à son délégué aux affaires corses, Bastien Leccia, une mission de contact. L'accord est conclu. Lors du premier tour, le 14 mars 1982, le RPR ne présente pas de candidat. Le seul postulant, Jacques Fiamma, radical de gauche, est donc élu[2]. Mais Defferre décide de ne pas autoriser la réouverture promise du Cercle Haussmann. Ayant donné sa parole aux amis de Francisci, Bastien Leccia s'alarme, craignant d'éventuelles représailles. « Tu

1. Communiqué de la famille de Marcel Francisci « en réponse aux propos tenus par Me Gallot, avocat de Monsieur Chirac, le samedi 13 mars aux informations télévisées du 20 heures », Ajaccio, le 15 mars 1982.

2. Le siège du canton de Zicavo revient au RPR Roland Francisci le 25 septembre 1988, après le décès de Jacques Fiamma (MRG), qui avait été réélu en mars 1988. Né le 31 janvier 1938 à Ciamannacce (Corse-du-Sud), Roland Francisci, l'un des frères de Marcel, directeur de l'Aviation Club (Paris) à partir de 1976, a été réélu conseiller général du canton de Zicavo depuis 1988. Conseiller municipal de Ciamannacce en mars 1983, il a aussi été élu maire de cette commune en décembre 1984, mandat renouvelé jusqu'à aujourd'hui. Fidèle soutien de Jacques Chirac, Roland Francisci a aussi été vice-président du conseil général de Corse-du-Sud (1988-1998), suppléant du RPR Jean-Paul de Rocca-Serra (1993-1998), député RPR de Corse-du-Sud (1998-2002), membre du comité politique du RPR (1998-2002). Sollicité par l'un des auteurs à plusieurs reprises au sujet de ses activités et de l'itinéraire de son frère Marcel, Roland Francisci n'a pas répondu.

diras que j'ai changé d'avis. Tu n'auras qu'à me mettre tout sur le dos[1] », lui dit son ministre.

La piste mènerait aux Zemmour

La mort de Francisci, décidément, provoque bien des remous. Mais qui a tué le « Grand Marcel » ? Les policiers, dans un premier temps, se perdent en conjectures sur un meurtre « sans mobile apparent », comme l'écrit Philippe Boggio dans *Le Monde*[2]. Une nouvelle guerre des jeux à Paris, déclenchée par Andréani ? Une ultime vengeance de Zampa, le caïd marseillais naguère proche d'Andréani ? Un conflit autour de la drogue ? Ces hypothèses sont progressivement écartées par les enquêteurs, qui privilégient plutôt l'arrivée dans la sphère des jeux parisiens de nouveaux venus désireux de tirer parti des changements politiques ayant bousculé les savants équilibres des Corses.

Dans le milieu, les rumeurs se répandent, attribuant au clan Zemmour, les anciens alliés encombrants de Francisci dans sa guerre contre Andréani, la responsabilité probable de cet assassinat. Les frères pieds-noirs, qui ne contrôlaient que le petit Bridge Club de Montmartre, rêvaient de dominer les cercles prisés de la capitale. Un rapport de la police marseillaise d'octobre 1981 mentionnait, sans en préciser les motifs, des menaces de mort proférées à l'encontre de Marcel Francisci par Edgard Zemmour, le benjamin de la famille. Prévenu par les policiers, Marcel Francisci avait dédramatisé le danger, estimant ne rien devoir aux Zemmour[3].

En vérité, Edgard, à la fois dandy et impulsif, se serait querellé avec Francisci en tentant, sans succès, d'obtenir de lui le paiement d'une dette présumée d'un million de dollars et la relance de la guerre des jeux contre Andréani. « Les Zemmour savaient que Francisci n'était plus en cours politiquement, qu'il avait perdu ses appuis. Ils ont profité de ces faiblesses pour essayer de pousser leurs pions[4] », raconte un ancien policier de l'Office central pour la répression du banditisme (OCRB).

---

1. Rapporté dans Georges Marion, *Gaston Defferre*, *op. cit.*, p. 36. Fidèle de Mitterrand, ami de Defferre, Bastien Leccia a été nommé le 1er juillet 1981 délégué aux Affaires corses, chargé de négocier avec le FLNC une trêve contre une amnistie.

2. Philippe Boggio, « Sans mobile apparent », art. cité.

3. Rapporté dans Roger Le Taillanter, *Les Derniers Seigneurs de la pègre*, *op. cit.*, p. 347-372.

4. Entretien avec l'un des auteurs, novembre 2003.

Entendu par la brigade criminelle le 1er février 1982, lors d'un passage en France, Edgard Zemmour, qui vit en Floride depuis 1976, repart libre, faute d'éléments à charge. Mais une seconde cassette se trouvant dans les poches du manteau de Marcel Francisci aurait disparu le jour de sa mort. Edgard Zemmour l'aurait montrée à son frère Gilbert pour lui prouver qu'il était bien l'instigateur du crime[1].

Certains vengeurs ne s'embarrasseront pas de longs procès. Le 8 avril 1983, Edgard Zemmour est exécuté dans sa chambre, à Miami, par un tireur embusqué au loin, armé d'un fusil à lunette. Gilbert Zemmour, lui, tombe le 28 juillet 1983, avenue de Ségur, à Paris. Selon *L'Express*, c'est Paul Mondoloni, parrain influent de Marseille et vieux comparse des Francisci, qui aurait envoyé ses tueurs pour venger le Grand Marcel[2].

La chute de Nick Venturi

Marcel Francisci disparu, son clan perd du pouvoir. Un autre de ses amis marseillais, Dominique Venturi, naguère soupçonné – sans preuves – de trafic de drogue, reconverti en homme d'affaires, va trébucher. Il ne sera pas sauvé par son vieil ami Gaston Defferre. À Paris contre les patrons des cercles de jeu, comme à Marseille contre les faux facturiers qui pillent la ville, le vieux lion socialiste ne fait plus de quartier.

Dominique Venturi doit son infortune à un fait divers qui tourne au scandale politique en 1982 : le décès mystérieux de René Lucet, le très entreprenant directeur de la caisse primaire d'assurance maladie des Bouches-du-Rhône. Le 4 mars 1982, vers 6 heures du matin, René Lucet, trente-neuf ans, est retrouvé mort par son épouse Françoise dans la chambre de sa villa, rue des Ormeaux à Marseille. L'autopsie conclut à un suicide étrange, avec deux balles tirées l'une après l'autre, exactement dans le même orifice. Mais une contre-expertise balistique met en doute cette thèse. Selon ses auteurs, l'arme, un calibre 38, était en parfait état de fonctionnement ; la première balle n'a pas été poussée par la seconde et le corps a pu être déplacé. Les zones d'ombre sont nombreuses, d'autant que, la nuit précédant le drame, René Lucet paraissait agité.

1. Rapporté dans Roger Le Taillanter, *Les Derniers Seigneurs de la pègre, op. cit.*

2. Jacques Derogy et Jean-Marie Pontaut, « La vendetta des parrains », *L'Express*, 21 mars 1986.

Le directeur de la Sécu des Bouches-du-Rhône, militant de Force ouvrière, anticommuniste farouche, vivait sous pression. Depuis sa nomination à Marseille en novembre 1979, ce patron réputé pour ses méthodes abruptes s'opposait de plus en plus violemment à la CGT. Accusé d'avoir embauché des «voyous» comme gardes du corps, Lucet a contre-attaqué en mutant des militants CGT. Le syndicat a fait appel au ministre de la Solidarité nationale, Nicole Questiaux. Une inspection a relevé, en décembre 1981, «des faits graves dans la gestion administrative». Le 19 février, une lettre a informé Lucet qu'il allait être démis de ses fonctions, mettant en avant des «abus» et des «fraudes». Le syndicat Force ouvrière a aussitôt déclenché une grève à la Sécu pour le soutenir. En vain.

Le «suicide» de Lucet provoque une violente polémique. André Bergeron, secrétaire général de Force ouvrière, explique que sa mort est due à une «campagne de dénigrement et de calomnie». Alain Juppé, pour le RPR, déclare que Lucet s'est donné la mort «parce qu'il s'estimait victime de la délation et de l'arbitraire». Certains dénoncent la «chasse aux sorcières» que le gouvernement de Pierre Mauroy aurait déclenchée depuis mai 1981.

Les policiers chargés d'enquêter sur cette mort suspecte ne sont pas au bout de leurs surprises. En effet, ils s'aperçoivent que le directeur général a acheté fin 1980, à un prix avantageux, une belle villa avec piscine et dorures dans le quartier Saint-Barnabé, à Marseille. Or l'ancien propriétaire des lieux n'était autre que Nick Venturi. Les soupçons d'une éventuelle corruption de René Lucet seront vite abandonnés et l'instruction sur sa mort, restée mystérieuse, sera clôturée en janvier 1984.

Mais, en poussant leurs investigations, les policiers découvrent que la Sécu des Bouches-du-Rhône ainsi que la mairie de Marseille ont signé des marchés de travaux, dans des conditions suspectes, avec les sociétés de Dominique Venturi, dont la CEGM[1], une coopérative

1. Créée le 29 août 1953, la société coopérative ouvrière de production CEGM (Coopérative d'entreprise générale du Midi) a pour objet social la réalisation de travaux de bâtiment, de maçonnerie et de peinture. Le 30 juin 1969, six associés apparaissent, dont Jacques Venturi, fils de Dominique et président du conseil d'administration, Blanche Cavalli, épouse de Dominique, et Roger Salel, ancien bras droit d'Antoine Andrieux. Dominique Venturi apparaît le 28 juin 1975 comme administrateur et actionnaire. La famille Venturi possède alors 72 % du capital de la coopérative et Roger Salel 26,5 %. Roger Salel est directeur financier, Jacques Venturi directeur technique et Dominique Venturi directeur commercial. La CEGM réalise un chiffre d'affaires annuel moyen de 1,5 million de francs, principalement avec la mairie de Marseille. En 1978, elle emporte dans des conditions douteuses un marché de revêtements de sol de 10 millions de francs, partiellement sous-traité aux sociétés Smac et Sacer. Subissant des impayés (2,368 millions

dirigée de fait par Nick et son fils Jacques. Grâce à des «relations privilégiées avec les milieux politiques et administratifs de la mairie de Marseille», la société a «obtenu d'elle, sous couvert de son statut coopératif, de nombreux marchés d'adjudications, de même qu'auprès des offices de HLM et de la caisse primaire d'assurance maladie[1]», expliqueront les magistrats de Marseille dans leur verdict à l'issue du procès.

Dès 1979, Philippe Sanmarco, un jeune énarque mandaté par Gaston Defferre, a flairé des contrats suspects entre la mairie et les sociétés de Venturi. Prévenu qu'il risquait de perdre des marchés, ce dernier a foncé dans le bureau du maire. La discussion a été orageuse. Defferre a lâché Venturi, le faisant rayer de la liste des grands électeurs socialistes de la ville, juste avant les sénatoriales de 1980[2]. Venturi a dû chercher d'autres contrats, notamment du côté de la Sécu, et il a été contraint de mettre en vente sa villa pour garantir le paiement d'une dette à des sous-traitants.

De fil en aiguille, les enquêteurs mettent au jour un vaste système de fausses factures au détriment de la Sécu et de la municipalité de Marseille. Ainsi, les sociétés Union Delta Décoration et Delta Applic, fournisseurs de l'une et de l'autre, étaient dirigées par un dénommé Jacques Cohen et son ami Roger Salel. Homme d'affaires discret, ce dernier était l'ancien secrétaire parlementaire du sénateur Antoine Andrieux, adjoint au maire de Marseille, chargé des adjudications de travaux, qui décédera le 10 mai 1983. Roger Salel a également codirigé la CGEM de la famille Venturi. Des comptes suspects sont découverts au sein d'une autre coopérative, la Renosit, spécialisée dans la gestion des espaces verts et l'enlèvement des ordures

---

de francs) de la part de la CEGM, ces dernières se voient consentir par Dominique Venturi une hypothèque sur sa villa. Il ne la vendra que le 9 décembre 1980 à René Lucet pour 1,5 million, au lieu des 2 millions espérés. Sentant les difficultés financières s'accumuler, après une entrevue orageuse avec Defferre, Venturi signe en novembre 1979 la cession de l'essentiel de ses parts au groupe Spapa. Malgré la situation financière délicate de la CEGM, la Spapa avait estimé, au printemps 1979, que l'affaire valait la peine, les contacts pris alors «avec des hommes politiques marseillais» permettant d'être assuré que «les appuis que possède la CEGM nous seront acquis sans restriction». Le 1er avril 1980, Jacques Venturi est remplacé au poste de P-DG par un cadre de Spapa, qui quitte la société fin 1980, en désaccord avec Dominique Venturi. Après l'inculpation de ses dirigeants, de Roger Salel, de Jacques et de Dominique Venturi, la CEGM est déclarée en règlement judiciaire le 20 juillet 1982. Historique rapporté dans le jugement n° 700 du tribunal de grande instance de Marseille, 21 janvier 1985.

1. Tribunal de grande instance de Marseille, jugement n° 700, 21 janvier 1985.

2. Rapporté dans Jacques Derogy et Jean-Marie Pontaut, *Enquête sur les mystères de Marseille, op. cit.*, p. 222.

ménagères, dirigée par Jacques et Jean Venturi, respectivement fils et frère de Nick.

Ouverte le 25 juin 1982 au parquet de Marseille, l'information judiciaire, confiée au juge Chantal Coux, permet de dévoiler la corruption organisée de certains employés municipaux. Les entrepreneurs lâchent des noms, les inculpations se multiplient. Alors que son fils est arrêté, Nick promet, le 30 juin, qu'il va se «battre à mort» pour faire libérer «le petit». Il annonce même une interview à TF1 et une conférence de presse pour balayer «toutes les calomnies» subies «depuis trente ans». Cela ressemble à un avertissement lancé à son vieil ami Gaston Defferre.

Au téléphone avec un de ses proches, Nick, qui est sur écoute, promet des révélations : «S'ils me cassent les tintins, je parle de Francisci. Il était avec nous, avec Defferre... Tu veux rire... Je vais pas dire de mensonges, moi, je vais dire la vérité...» Le lendemain, il s'entretient avec son ami Jean Masse, adjoint au maire chargé de la voirie : «J'ai eu de la patience depuis trente ans, je n'ai pas écouté les conseils de certains de mes amis, mais maintenant, il y a mon fils [...] On l'a écroué parce qu'il s'appelait Venturi [...] Alors Jeannot, je te promets du spectacle. Je me retiens, je veux être calme, mais tu vas voir quand cela va exploser[1] [...].» Mal à l'aise, Jean Masse évoque des adjudications en cours, qui risquent d'être suspendues...

Gaston Defferre est embarrassé. Parce qu'il s'est toujours drapé de vertus de bonne gestion, parce qu'il craint que sa probité ne soit mise en cause par ce scandale de fausses factures, à quelques mois d'élections municipales tendues, le maire sort du silence pour frapper fort, le 3 juillet 1982, devant les journalistes rassemblés à l'hôtel de ville. «Je serai sauvage», lâche-t-il. Et il ajoute : «J'irai jusqu'au bout pour que la lumière soit faite. Personne ne sera protégé, qu'il s'agisse de mes collaborateurs ou de mes propres amis. C'est une question de morale et, vous m'excusez de le dire, d'honneur»[2].

Nick Venturi ne fera pas de conférence de presse. Arrêté le 7 juillet 1982, l'entrepreneur est inculpé pour faux, usage de faux, abus de confiance et abus de biens sociaux, et incarcéré aux Baumettes. L'enquête établit qu'il a notamment couvert l'émission de fausses factures, fait régler par la CGEM des travaux dans son appartement personnel et perçu de cette coopérative une rémunération ne correspondant à «aucune prestation effective». Il a égale-

1. Cité *ibid.*, p. 242-244.
2. *Ibid.*, p. 245.

ment obtenu illégalement un marché de voirie et touché des commissions sur des contrats passés avec des sous-traitants.

Renvoyé, avec plus 80 inculpés, devant le tribunal de grande instance de Marseille, Dominique Venturi est condamné le 21 janvier 1985 à quatre ans d'emprisonnement pour faux en écriture, escroquerie à la TVA, abus de biens sociaux, corruption active. Son fils Jacques écope d'une peine de cinq ans pour les mêmes délits[1]. Gaston Defferre ne lève pas le petit doigt pour aider Nick, son ancien fidèle à la réputation sulfureuse. « Cette affaire l'a attristé, commente aujourd'hui Charles-Émile Loo, bras droit du maire de Marseille. Ils se connaissaient bien, c'est vrai, mais Gaston était implacable avec les amis qui trompaient sa confiance[2]. »

Les derniers feux du parrain Paul Mondoloni

S'il n'en reste qu'un, c'est lui. Il est passé à travers tous les orages. C'est un seigneur, une légende. Il a participé en 1949 au vol des bijoux de la Bégum et a commencé une longue cavale afin d'éviter une peine de travaux forcés à perpétuité. Il a vécu à Cuba, au Mexique, au Brésil et voyagé sur les quatre continents. Paul Mondoloni n'a cessé d'être soupçonné de trafic de drogue, sans jamais se faire prendre. Certains de ses amis disent de lui qu'il est « triste comme un pélican[3] », parce qu'il est d'une discrétion exemplaire et d'une austérité presque monacale. Il a côtoyé les plus grands, avec son compagnon de route Jean-Baptiste Croce, tombé en 1973 dans les mailles du filet de la justice. Ce Sarténais de souche est resté un homme de confiance de Marcel Francisci et un ami du clan de Jean Colonna.

On lui prête une immense fortune, des intérêts au Brésil et en Afrique, mais les enquêteurs français n'en ont jamais fait l'inventaire exhaustif. En ce début des années 80, Paul Mondoloni séjourne souvent en Corse. On le voit à l'hôtel Miramar près d'Ajaccio, à Propriano où il a des amis, à Ciamannacce, village des Francisci, à Pila-Canale, le fief de Jean Colonna. À Sartène, sa ville natale, il croise parfois des vétérans de la Corsican Connection, comme Jean Nebbia, qui a ses habitudes au café Le Bien Assis, sur la place principale.

---

1. La cour d'appel d'Aix-en-Provence confirmera ces peines dans un arrêt du 5 juillet 1985.
2. Entretien avec l'un des auteurs, 28 octobre 2003. Gaston Defferre meurt le 7 mai 1986.
3. *Le Quotidien de Paris*, 31 juillet 1985.

Le reste du temps, Mondoloni loge à Marseille avec son épouse latino-américaine dans un grand appartement du centre-ville, meublé dans le style Art déco et orné de toiles de peintres d'Amérique du Sud. Toujours vêtu élégamment et d'une grande courtoisie, « Monsieur Paul » passe chaque après-midi à la brasserie les Danaïdes, en haut de la Canebière, à deux pas de chez lui, pour y lire le journal, boire un verre ou rencontrer quelques amis. Officiellement retiré des affaires, ce père tranquille semble désormais s'activer comme un vieux sage, un juge de paix, sollicité pour donner des conseils ou de petits coups de pouce. « Comme naguère les Guérini, Mondoloni est un parrain parce qu'il a de l'entregent et de l'argent. Mais il ne fait jamais rien gratuitement. Il rend surtout des services à des gens qui lui sont proches ou qui peuvent éventuellement lui être utiles[1] », affirme un de ses amis de l'époque.

En vérité, Paul Mondoloni n'est pas en retrait. Bien qu'il ne soit présent dans aucune société, il garde un œil sur plusieurs affaires de la région. Il apparaît ainsi, aux yeux de ses proches, comme le véritable patron du casino de Bandol et de la discothèque qui le jouxte. Mondoloni aurait confié quelques parts de cette affaire à Gilbert Hoareau, dit « le Libanais », l'un de ses jeunes poulains sur Marseille.

Hoareau est en train de gagner en influence dans l'ombre du clan de Gaëtan Zampa, l'Italo-Marseillais qui se bagarre avec Jacky Imbert pour le contrôle du pavé phocéen. Cheveux longs, caractère bouillant, Hoareau s'impose dans l'univers des boîtes de nuit et des cabarets. Comme émissaire de Zampa, il a déjà racheté en 1973, pour une bouchée de pain, à la veuve de Mémé Guérini, Lyly, le bar du Méditerranée, avec son club L'Annabel[2]. Presque un symbole.

« Le Libanais » ne s'arrête pas là. Il se fâche avec Zampa. Il étale ses ambitions et ses conquêtes. Et il n'a pas froid aux yeux. Hoareau aurait ainsi été envoyé par Mondoloni en Floride pour venger la mort de Marcel Francisci en s'en prenant à Edgard Zemmour. Il aurait également livré à la justice quelques indications sur les sombres affaires de Gaëtan Zampa.

Son comportement ne lui vaut pas que des amis. En sortant du domicile de « Monsieur Paul », le 6 octobre 1983, Gilbert Hoareau, trente-neuf ans, est criblé de balles. Mais son frère ennemi, Gaëtan Zampa, tombe lui aussi. Soupçonné d'organiser un trafic de drogue

1. Entretien avec l'un des auteurs, octobre 2003.
2. Lyly et sa fille Marie-Christine, dont les relations sont très tendues, se replient sur l'hôtel du Golfe, à Golfe-Juan.

avec les Italiens et d'avoir été l'un des instigateurs de l'assassinat du juge marseillais Pierre Michel, exécuté le 21 octobre 1981 par deux tueurs à moto, Tany alimente la chronique marseillaise depuis des années[1]. Le ministre de l'Intérieur, Gaston Defferre, qui est aussi le maire de la ville, trouve que Zampa devient encombrant. Il est arrêté le 27 novembre 1983 et inculpé pour des délits financiers liés à ses boîtes de nuit. Tany tente de se pendre le 23 juillet 1984 dans sa cellule de la prison des Baumettes. Hospitalisé, il décède d'une septicémie le 16 août. Désespoir d'un parrain qui se sentait de plus en plus isolé, voire condamné à mort par plusieurs de ses rivaux, dont Jacky Imbert[2] ? C'est le plus probable, même si son avocat, Me Henri Juramy, penche, lui, pour l'hypothèse d'une fausse tentative de suicide qui aurait mal tourné[3].

Mondoloni a perdu un fidèle et un jeune rival. Mais, depuis plusieurs années, il garde le contact avec tous les poids lourds de la pègre française, qui semblent le considérer comme un « monteur d'affaires » grâce à ses relations avec la mafia américano-sicilienne. Si l'on en croit plusieurs témoignages recueillis auprès de membres du milieu par la justice française, Paul Mondoloni continue de jouer un rôle de premier plan, notamment dans l'organisation du trafic international de stupéfiants.

Car la Corsican Connection se reconstitue de manière sporadique au début des années 80. Un ancien médecin marseillais, André Bousquet, initié à la transformation de morphine-base, a proposé ses services à une branche de la mafia de Palerme. Il a été arrêté en août 1980 dans un petit laboratoire en Sicile. Le juge marseillais Pierre Michel s'est rendu sur place pour l'auditionner. « Tous vos rapports sont vrais, monsieur le juge, vous avez bien travaillé, mais, si je le dis, je suis mort[4] », a expliqué Bousquet au magistrat français. Durant l'hiver 1981, un autre laboratoire a été démantelé au Chambon-sur-Lignon, en France, avec un ancien bras droit de Césari.

D'autres chimistes, comme le grossiste en bonbons Philippe Wiesgrill, tournent la morphine-base dans des laboratoires clandestins. Une nouvelle génération a même pris le relais, avec le Corse Jean-Marc Leccia, le Marseillais François Scapula, ses amis François Girard,

---

1. Voir notamment Alain Laville, *Le Juge Michel*, Presses de la Cité, 1982.
2. En 1977, les tueurs de Tany ont laissé Imbert pour presque mort à Cassis, après un différend sur une extorsion de fonds où Imbert aurait pris 8 millions de francs sans prévenir Zampa.
3. Entretien avec l'un des auteurs, 4 novembre 2003.
4. Propos rapportés en 1991 à l'un des auteurs par l'un des policiers français présents lors de ces auditions à Palerme.

Charles Altiéri ou Roger Chiotti. Ils s'activent notamment en région parisienne, en Corse, en Thaïlande ou au Liban.

L'opération Phoenix

Au cours de l'année 1983, l'Américain Michele Maneri, héritier de certaines affaires de Lucky Luciano, reprend contact avec les Marseillais. Il cherche des fournisseurs pour monter un laboratoire clandestin d'héroïne à Phoenix, en Arizona. L'idée lui aurait été soufflée par Jean-Claude Kella, un vétéran de la Corsican Connection condamné aux États-Unis et en France dans l'affaire du *Caprice-des-Temps* et désormais libre de ses mouvements. Kella sait qu'il peut compter, côté français, sur les réseaux de Mondoloni, et Maneri assure qu'il a des contacts, côté américain, avec la famille Benevento, dont le représentant Guido Rendel achetait de la drogue marseillaise dans les années 60[1].

Paul Mondoloni est alors considéré comme un intermédiaire incontournable. L'un des trafiquants, Roger Chiotti, dit « le Messie », arrêté en 1987 après la saisie d'un autre laboratoire en Suisse, livrera au juge d'instruction marseillais Michel Debacq venu l'entendre en Italie sa version de l'organisation mise en place au début des années 80 sous la houlette de « Monsieur Paul »[2].

> Mondoloni était un personnage jouissant d'une particulière crédibilité aux yeux des Américains étant donné ses origines et son passé, sans parler de sa participation dans les affaires cubaines. Ce n'est absolument pas par hasard si Mondoloni a eu vent de l'affaire qui se préparait et dans laquelle étaient impliqués les Benevento et Maneri, car Maneri avait l'habitude de se rendre souvent sur la côte, et en particulier à Monaco. En possession de ces renseignements, Mondoloni a informé les personnes importantes du milieu criminel de Marseille et des autres villes (Lyon, Toulon, Paris).

1. Guido Rendel et le clan Benevento étaient cités comme acheteurs pour le réseau de Labay-Berdin et celui de Croce-Mari. Voir plus haut le chapitre intitulé « La chute du richissime Croce ».

2. Tribunal de Rome, cabinet d'instruction, juges Milani, Rando, procès-verbal des déclarations faites par Roger Chiotti dans le cadre de la commission rogatoire internationale demandée par le juge d'instruction près le tribunal de grande instance de Marseille, Michel Debacq, entre le 10 novembre et le 11 décembre 1987, en présence, notamment, de Louis Bartolomei (ministère public), d'un inspecteur du SRPJ de Marseille et d'un lieutenant-colonel de l'office central de la Guardia di Finanzia.

Pour acheter la morphine-base, Mondoloni aurait fait appel à la famille corse des Leccia, qu'il connaît de longue date. Grégoire, le père, et Jean-Marc, le fils, auraient eu les contacts nécessaires en Turquie.

Chiotti décrit ensuite le tour de table d'investisseurs que Paul Mondoloni aurait réuni pour cette affaire. Il fait d'abord entrer son lieutenant Gilbert Hoareau, ainsi que Gaëtan Zampa et son demi-frère Jean Toci. Puis, selon Chiotti, il élargit le cercle à Jacky Imbert, dit «le Mat», un temps lié aux Francisci, ainsi qu'à son ami Francis Vanverberghe, dit «le Belge». Enfin, Pierre Lothoz, dit «Nat», pilier d'une famille lyonnaise, serait entré dans le jeu en compagnie de son beau-frère Michel Regnier, fils du caïd toulonnais Louis Regnier. Dans la foulée, Jean-Louis Fargette, qui domine le clan Regnier à Toulon, s'impose également dans l'opération.

Hoareau-Zampa-Toci-Lothoz-Imbert-Vanverberghe-Regnier-Fargette : selon le repenti, Mondoloni se serait ainsi entouré du gotha du milieu français, y compris des ennemis irréductibles comme Imbert et Zampa, pour une affaire qui promettait d'être très rentable. Chacun des participants devait apporter un million de francs afin de pouvoir disposer à l'arrivée de 10 kilos d'héroïne d'une valeur marchande de 12 millions de francs.

«J'ai su cependant, poursuit Chiotti, que Mondoloni, en tant que promoteur de cette affaire du côté français, n'a pas été obligé d'y participer financièrement, pas plus que Grégoire et Jean-Marc Leccia, car ils s'occupaient, eux, de trouver la morphine-base et les chimistes. Michel Regnier non plus n'a pas participé financièrement à l'affaire car il s'est occupé du transport.»

Cachés sur le yacht *La Puce*, piloté par Michel Regnier, quelque 300 kilos de morphine-base sont transportés fin 1983 de la Turquie jusqu'à Marseille, puis dans l'île antillaise de Saint-Barthélemy, et enfin vers les États-Unis. Après un transbordement en zodiac vers Palm Beach, en Floride, la drogue est acheminée jusqu'à Phoenix, dans une villa du clan Benevento. Une première équipe de deux chimistes, trop peu discrète, est rapidement remplacée par le duo des Marseillais François Scapula et Charles Altiéri. Mi-1984, les deux hommes produisent 148 kilos d'héroïne, vendus à New York par l'intermédiaire des Benevento. Le bénéfice atteint 240 millions de francs, dont une moitié au moins revient aux participants français.

L'opération est un succès. Les deux chimistes sont payés 15 millions de francs pour leur travail. Selon Chiotti, Mondoloni et ses proches ont touché ensemble 20 millions, tandis que le clan Regnier-Fargette aurait gagné au moins 40 millions. Dans cette affaire, Michel Regnier et ses amis auraient escroqué les Américains, leur facturant la morphine-base de Turquie à 200 000 francs le kilo, alors qu'elle n'avait coûté que 120 000 francs. Après l'assassinat de Jean-Marc Leccia par un commando d'indépendantistes corses du FLNC, dans la prison d'Ajaccio, le 6 juin 1984[1], Grégoire Leccia aurait eu, de son côté, quelques difficultés à récupérer, à Miami, durant l'été 1984, le solde de la somme promise à son fils.

Les ennuis ne commenceront qu'après la mort de Mondoloni, intervenue le 29 juillet 1985. En novembre 1985, en effet, les chimistes François Scapula, Philippe Wiesgrill et Charles Altiéri sont arrêtés dans le chalet des Paccots, près de Fribourg, en Suisse, alors qu'ils tournent de la morphine-base. Avec leurs associés américains Benevento, ils projetaient de raffiner en Inde une tonne de morphine-base pakistanaise destinée aux États-Unis.

Déjà arrêté en 1971 lors de la chute du réseau Berdin-Labay, de nouveau condamné par défaut en France à vingt-deux ans de prison en 1982 pour trafic de drogue dans le cadre de l'affaire Bousquet, François Scapula risque très gros en Suisse et aux États-Unis. En mai 1986, convaincu par une offre de coopération de la justice américaine, il livre certains des secrets de la deuxième French Connection, parrainée notamment par Mondoloni[2].

C'est ainsi qu'il donne, après Wiesgrill, le nom des responsables de l'assassinat du juge Pierre Michel : il s'agit de Charles Altiéri, qui pilotait la moto, et de François Checchi, le tireur. Il révèle aussi le nom du principal commanditaire présumé de ce meurtre, François Girard, dit « Francis le Blond ». Ce dernier en aurait voulu au juge Michel après avoir été impliqué dans l'instruction menée sur l'affaire du laboratoire de Bousquet, découvert en 1980 à Palerme[3].

Scapula livre surtout certaines clés de l'affaire de Phoenix, que complétera, fin 1987, son complice Roger Chiotti. La justice américaine arrêtera plusieurs membres du clan Benevento associés dans le

---

1. Voir plus loin le chapitre « Les frères ennemis ».

2. Voir Serge Raffy, « Drogue, le retour de la French Connection », *Le Nouvel Observateur*, 11 mai 1989. Après ses déclarations, François Scapula ne s'estimera pas payé en retour. Voir ses confidences au journaliste Jean-Michel Cordier, *VSD*, juillet 1997. Condamné en 1987 pour trafic de drogue à vingt ans de prison en Suisse pour l'affaire des Paccots, et à nouveau à dix-huit ans en France en 1991, Scapula restera des années dans son pénitencier helvète. Il finira par s'en échapper, en novembre 2000, dans des conditions restées obscures. Certains estiment qu'il craignait une extradition vers la France, et qu'il a refait sa vie, sous la protection des Américains.

3. François Checchi et François Girard sont condamnés par la cour d'assises des Bouches-du-Rhône, le 30 juin 1988, à la réclusion criminelle à perpétuité, avec des peines de sûreté de dix-huit ans. Selon l'enquête, Girard aurait partagé la commandite du meurtre avec Homère Filippi, un trafiquant marseillais (visé par le juge Michel dans une autre affaire), proche du PS, qui a disparu dans la nature peu de temps après l'assassinat du juge

laboratoire. Côté français, au terme d'une longue enquête, le juge marseillais Michel Debacq interpellera le clan Regnier, le 25 mars 1989, dans sa villa familiale du Belgentier (Var), dont Louis le père et sa belle-fille Anne-Marie, sœur de Pierre Lothoz, dit « Nat ». Michel Regnier, en cavale, sera arrêté le 25 mars 1990. Le 28 novembre 1995, le tribunal de Marseille le relaxera, lui et son épouse Anne-Marie, pour trafic de stupéfiants, mais les condamnera pour falsification de documents administratifs[1].

Le repenti Scapula met également les juges et les policiers sur les traces de Francis Vanverberghe, dit « le Belge », soupçonné d'avoir mené, après l'affaire de Phoenix, un autre trafic portant sur 20 kilos d'héroïne. « Francis le Belge » sera arrêté le 30 mars 1988 à Bruxelles. Mais les accusations contre lui ne tiendront pas devant le tribunal de grande instance de Marseille, qui le relaxera en avril 1996.

Enfin, Scapula balance ses anciens associés, Jean-Claude Kella, Laurent Fiocconi et Jean Orsini, pour un trafic portant sur 700 kilos de cocaïne au Mexique. Arrêté en 1988, le trio sera jugé à Marseille pour cette affaire de stupéfiants, mais relaxé faute de preuves suffisantes[2].

Des liens avec « le Panzone »

Paul Mondoloni ne s'est pas contenté, jusqu'à son décès en juillet 1985, de superviser cette « opération Phoenix ». Il semble avoir égale-

---

Michel. Filippi est également condamné par contumace. Évadé de sa prison suisse le 19 novembre 1987, Charles Altiéri est condamné par contumace à perpétuité, le 19 avril 1991, par la cour d'assises des Bouches-du-Rhône. Arrêté le 1er février 1993 à Chypre, extradé vers la France en juillet 1993, Altiéri est d'abord condamné par le tribunal de grande instance de Paris, fin novembre 1993, à vingt ans de prison dans le cadre d'un trafic de haschich entre la France et le Liban remontant à 1984-1985, puis de nouveau condamné, en janvier 1994, par la cour d'assises des Bouches-du-Rhône à la réclusion criminelle à perpétuité, assortie d'une mesure de sûreté de dix-huit ans, pour homicide volontaire avec préméditation sur la personne du juge Pierre Michel.

1. La détention provisoire couvrant sa peine, Michel Regnier ressort libre du tribunal en novembre 1995. Mais il est assassiné le 29 septembre 1996, à Solliès-Pont (Var). Son épouse Anne-Marie sera condamnée par la cour d'Aix-en-Provence à cinq ans de prison pour recel de fonds dans le cadre de l'affaire de Phoenix. Voir Elsa Hervy, « Les guerres du milieu dans le midi de la France, 1993 à 2000 », *op. cit.*, p. 113-118.

2. Vétéran de la Corsican Connection, ami de « Francis le Belge », Laurent Fiocconi, après plusieurs séjours en Amérique latine, a été interpellé en Corse le 22 janvier 2004 avec l'un de ses amis, dans le cadre d'une enquête, initiée en 2003 par l'Office central pour la répression du trafic illicite des stupéfiants (OCRTIS), portant sur un trafic de 323 kilos de cocaïne en provenance de Colombie. Une quinzaine de suspects ont été gardés à vue, à Marseille, Nice et Bastia, dans le cadre de cette même enquête, toujours en cours, diligentée par la juge de Bastia, Catherine Vindreau.

ment conservé des liens avec d'autres équipes de trafiquants italiens, américains et français. C'est ainsi qu'il a pris sous sa coupe André Manoukian, surnommé «le Panzone» ou «le Gros». Né en décembre 1934 à Marseille, ce restaurateur d'origine arménienne est devenu l'un de ses protégés. Le tribunal qui jugera Manoukian et une quinzaine de ses complices, en 1988, expliquera que «Mondoloni et Manoukian se connaissaient depuis longtemps[1]», se rencontrant au bar Les Danaïdes, au casino de Bandol ainsi qu'au domicile de Mondoloni.

À la fin de 1984, Manoukian organise des expéditions d'héroïne vers New York. Le 14 décembre, l'un de ses complices, Rodolfo Di Pisa, un Italien qui tient la Biscuiterie de Provence à Marseille, est photographié au pied de la cathédrale Saint-Patrick, dans le quartier de Manhattan, par les agents de la Drug Enforcement Administration (DEA), en plein rendez-vous avec des membres de la mafia sicilienne et des passeurs israéliens. Les Américains fouillent également sa valise lors de son passage à l'aéroport de New York. Ils y décèlent des traces d'héroïne et trouvent 75000 dollars en liquide dissimulés dans un double fond. L'enquête permet de remonter à l'agence bancaire qui a distribué ces billets : il s'agit d'une filiale de la Barclays Bank, dont l'un des directeurs a brusquement démissionné. Il était soupçonné d'avoir blanchi de l'argent des mafias sicilo-américaines dans le cadre d'un vaste réseau de drogue passant par le Venezuela et le Canada, appelé la «Pizza Connection». C'est bien un autre pan de cette filière qui est à l'œuvre entre Marseille et le continent américain, sous la houlette des lieutenants de Mondoloni.

Quelques jours plus tard, en janvier 1985, les agents de la DEA procèdent à une saisie de quelques kilos de poudre blanche à Port Everglades (Floride). L'héroïne devait être livrée par les passeurs israéliens et marseillais à leurs clients américains. Cette intervention perturbe les organisateurs du trafic, photographiés et mis sur écoute par les enquêteurs. Rodolfo Di Pisa se rend souvent à Milan, tandis qu'André Manoukian passe de curieuses vacances en Turquie.

Le juge italien antimafia Giovanni Falcone, qui a piloté l'enquête sur la Pizza Connection, supervise les investigations du côté de Palerme. Il travaille en étroite relation avec le juge marseillais Michel Debacq. En charge de l'instruction française, ce dernier ne désespère pas de coincer Paul Mondoloni dans ses filets. La mort brutale du parrain, fin juillet 1985, l'en empêchera. Mais la plupart des suspects

1. Tribunal de grande instance de Marseille, audience du 20 décembre 1988, jugement rendu contre Manoukian et autres, n° 13509 bis.

seront finalement interpellés lors d'une opération policière concertée à Palerme, Marseille et New York, le 14 janvier 1986.

Au cours d'une visite à Marseille, en septembre 1986, Giovanni Falcone expliquera à Michel Debacq que Paul Mondoloni était considéré comme l'un des représentants de Cosa Nostra en France. Dans son jugement, rendu le 20 décembre 1988, le tribunal de grande instance de Marseille estimera que Manoukian était bien le «propriétaire de la moitié de la drogue» et un «personnage incontournable, ayant des liens directs avec Paul Mondoloni, donc se situant à un haut niveau»[1] du trafic. «Le Panzone» sera condamné à dix-huit ans de prison.

Rêve de casino à Nice

Les casinos fascinent Paul Mondoloni jusqu'à ses derniers jours. Au printemps 1985, «Monsieur Paul» souhaite mettre la main sur le casino Ruhl de Nice, fermé depuis le 5 janvier 1982 à la suite des décisions de Defferre. «Considéré comme un homme de confiance de Marcel Francisci, Mondoloni avait déjà un pied au casino de Bandol et des intérêts en Afrique, mais il voulait avoir enfin un grand casino sur la Côte d'Azur[2]», confie un de ses amis. Un dossier de candidature est présenté en mai 1985 au ministère de l'Intérieur au nom d'une société Cogeba, pilotée par Michel Tomi, l'un des gestionnaires du casino de Bandol, ancien employé du Ruhl et des cercles de Francisci. Mais le ministre de l'Intérieur, le socialiste Pierre Joxe, rejette le projet, comme il a refusé ceux d'autres repreneurs potentiels du casino de Nice. Un tour de table composé essentiellement d'amis corses de Jean-Dominique Fratoni, l'ancien propriétaire en fuite, a subi un veto semblable de Joxe.

Paul Mondoloni essaie alors une autre voie pour arriver à ses fins. Au cours du mois de juillet 1985, il téléphone à Josua Giustiniani, qui est l'un des collecteurs de fonds du parti socialiste, notamment à travers une régie publicitaire. Rendez-vous est pris au bar Les Danaïdes, le QG habituel de Mondoloni. «Malgré son âge et sa calvitie, l'homme porte beau, racontera Giustiniani. Il donne une impression qui vous invite spontanément au respect. Derrière ses

1. Tribunal de grande instance de Marseille, audience du 20 décembre 1988, jugement rendu contre Manoukian et autres, n° 13509 bis.

2. Entretien avec l'un des auteurs, septembre 2003.

lunettes cerclées d'or, le regard est glacial, scrutateur et manifeste une forte personnalité. Elle contraste avec la douceur de sa voix[1]. »

Mondoloni se présente à son interlocuteur comme porteur d'intérêts dans le casino de Bandol, désireux d'obtenir un agrément du ministère de l'Intérieur pour se rendre acquéreur d'un autre casino sur la Côte d'Azur, en clair le Ruhl de Nice. Le parrain est prêt à payer très cher cet agrément : « Cinq millions de francs au minimum », aurait-il précisé. Giustiniani en réfère immédiatement à ses supérieurs parisiens, les financiers du PS, qui recommandent de ne pas donner suite et de « sortir de là ».

Le collecteur de fonds, attiré par la commission en vue, n'a pas envie de lâcher prise. Il rappelle Mondoloni pour un nouveau rendez-vous, le soir du 29 juillet 1985, dans le même bar. Le moment venu, sa voiture ne démarre pas. Giustiniani arrive sur les lieux avec plus d'une heure et demie de retard et découvre, autour de la brasserie, des fourgons de police et des gyrophares allumés. Il s'éclipse discrètement.

Sur le sol, dans une mare de sang, gît le corps criblé de balles de Paul Mondoloni.

La mort d'un parrain

Vers 18 heures, Paul Mondoloni est arrivé au bar, comme à son habitude. Il a été abattu froidement par plusieurs tueurs à gages, cachés dans une R9 de couleur claire. Son garde du corps a échangé quelques coups de feu avec les tireurs, sans les atteindre. Les observateurs ne comprennent pas qui a bien pu s'en prendre ainsi à ce père tranquille âgé de soixante-neuf ans. « Monsieur Paul était un juge de paix qui n'était mêlé à aucune des affaires ayant secoué le milieu ces dernières années. On venait simplement le consulter. D'ailleurs on lui a certainement fait porter plus de chapeaux que sa tête ne pouvait en accueillir[2] », explique un anonyme « criminologue de comptoir », cité dans *Le Monde*, au lendemain de cet assassinat.

Une première rumeur désigne Francis Vanverberghe, « le Belge », sorti de prison quelques mois auparavant et désireux de devenir le nouveau maître de Marseille aux côtés de son ami Jacky Imbert, « le Mat ». Les experts doutent cependant que « le Belge » ait décidé de s'attaquer ainsi au sage Mondoloni qui lui aurait permis de renouer avec ses anciens associés dans le trafic de drogue.

1. Rapporté dans Josua Giustiniani, *Le Racket politique*, Albin Michel, 1990, p. 106-107.
2. Jean Contrucci, « Qui a tué Monsieur Paul », art. cité.

Une deuxième hypothèse, plus étayée, impute à Jean Toci, le demi-frère de Gaëtan Zampa, l'assassinat de Mondoloni. En dépit de quelques affaires communes, le climat semblait s'être tendu entre Zampa et Mondoloni. Depuis les ennuis judiciaires de Tany et son suicide aux Baumettes à la mi-1984, Jean Toci, son demi-frère, connu pour son caractère impulsif, aurait perdu les pédales.

C'est du moins ce qu'avance un connaisseur du milieu, le repenti Roger Chiotti, lorsqu'il est interrogé en Italie en 1987 par le juge marseillais Michel Debacq :

> Toci s'est mis dans la tête qu'à la mort de Tany tous l'abandonneraient, et surtout Paul Mondoloni qui était associé financièrement au clan Zampa dans l'affaire de Phoenix. À partir de là, Toci s'est mis en tête de tuer Mondoloni. Il faut comprendre que les raisonnements de ces personnes finissent toujours par la même conclusion : tuer quelqu'un. Et au cours de l'année 1985, Paul Mondoloni était Monsieur Personne ; il prenait l'argent de tout le monde, il implantait de nouvelles affaires, mais en réalité il ne disposait pas d'hommes qui puissent le défendre. Ce fut facile pour Toci et ses amis d'organiser cet assassinat. Je sais, de source sûre, que Toci dirigeait les exécutants sur le lieu du crime [...] L'action de Toci a été jugée à Marseille comme une action complètement folle et Toci a disparu de la circulation car il craignait pour sa vie[1].

Un ancien policier marseillais partage ce point de vue, expliquant : « Mondoloni était moins protégé qu'auparavant et son rôle dans l'affaire de Phoenix lui a peut-être valu quelques rancœurs. Nous avons eu quelques indications comme quoi Jean Toci pouvait avoir été mêlé à cette histoire. Nous l'avons pisté quelque temps, mais il se cachait et nous n'avons rien pu prouver[2]. »

Les policiers ne sont pas les seuls à mener l'enquête. En effet, certains amis de Paul Mondoloni essaient rapidement d'identifier les membres du commando des tueurs. En août 1985, soit quelques semaines après le meurtre, ils approchent des policiers de Marseille pour expliquer qu'ils croient avoir identifié les « coupables » présumés, dont Jean Toci, et qu'ils vont neutraliser ces « fous » avant

---

1. Tribunal de Rome, procès-verbal d'audition de Roger Chiotti par le juge d'instruction italien Adele Rando, sur commission rogatoire du juge Michel Debacq, près le tribunal de grande instance de Marseille, 11 décembre 1987.

2. Entretien avec l'un des auteurs, septembre 2003.

qu'ils ne déciment tout le monde. Il ne leur manque que leurs adresses… Les policiers déclinent cette demande de coopération[1].

Hasard, les derniers hommes du clan Zampa seront pratiquement tous exécutés entre le milieu des années 80 et le début des années 90[2]. Autre coïncidence, l'ancien garde du corps de Paul Mondoloni, Jean-Toussaint Giacomoni, dit « Nœnœil », peu à peu suspecté d'avoir trahi celui qu'il devait protéger, sera à son tour victime d'un commando de tueurs le 10 juin 1993[3]. Enfin, le 7 mai 1997, sur le parking d'un supermarché à Istres, deux hommes cagoulés feront feu, avec des fusils à pompe et des armes de poing, sur Jean Toci et sa compagne.

Nul ne saura qui a mis fin à la carrière du commanditaire présumé de la mort de Paul Mondoloni, s'il peut s'agir d'anciens proches de « Monsieur Paul », de membres du clan de Francis « le Belge » et de Jacky Imbert ou d'autres rivaux, comme le gang bastiais de la Brise de mer, car la guerre des machines à sous fait alors des ravages dans le Midi[4]. Mais peu importe. Le dernier des grands parrains corses de Marseille aura été vengé.

L'ultime coup de main de Mondoloni à Jean-Jé

La longue trajectoire de Mondoloni, émissaire des jeux et des stupéfiants, homme de confiance de Croce et de Francisci, intermédiaire entre le milieu corse et la mafia sicilo-américaine, s'achève à un moment particulier. Son exécution à la mi-1985 sonne en effet le

---

1. Recueilli par l'un des auteurs auprès d'anciens policiers marseillais témoins de ces démarches.

2. Entre 1989 et 1990, par exemple, cinq hommes de Toci sont exécutés, probablement à cause de querelles pour le contrôle des machines à sous dans le Sud-Est. Soupçonné de se livrer à des guerres de territoire et de préparer « l'anniversaire » – autrement dit l'exécution de Jacky Imbert, vieil ennemi du clan Zampa –, Jean Toci est arrêté le 11 juin 1990 près d'un mobile home à Roquebrune-sur-Argens (Vaucluse), où il avait dissimulé un arsenal d'explosifs et plus de 3,2 millions de francs en espèces dans des boîtes en plastique. En détention préventive à la prison de Luynes (Bouches-du-Rhône), Jean Toci est blessé, en novembre 1990, dans sa cellule. Un tireur mystérieux, posté à quatre cents mètres de la maison d'arrêt, armé d'un fusil à lunette à infrarouge, a tenté de le tuer (voir *Le Monde*, 13 mai 1997). Inculpé dans l'affaire du labo de Phoenix, il bénéficie d'un non-lieu en matière de stupéfiants. Condamné en décembre 1992 à une peine de huit ans de prison pour infraction à la législation sur les jeux, Jean Toci ressort en 1996 de la prison de Lannemezan. Il est tué le 7 mai 1997 à Istres (Bouches-du-Rhône).

3. Voir, sur cette exécution, le chapitre intitulé « Crime organisé ».

4. Voir Elsa Hervy, « Les guerres du milieu dans le midi de la France, 1993 à 2000 », *op. cit.*, p. 119-121.

glas d'un long règne, celui du milieu corse sur Marseille, entamé au début des années 30 avec Paul Carbone. Après l'effacement successif des Guérini, de Croce, des Francisci, des Venturi, elle semble même clore une ère, celle d'une génération de parrains dominant sans partage le milieu français depuis l'après-guerre, celle aussi d'un style de relations et de protections politiques obtenues à coups de services rendus et de combats communs. Le système des vieux caïds corses paraît désormais appartenir au passé, victime du vieillissement naturel de ses figures, des alternances politiques, de l'appareil répressif ou de jeunes concurrents plus mordants qui ont pris les places, de Marseille à Paris, de Nice à Grenoble.

Une fois encore, ces apparences sont trompeuses. Certes, la place forte de Marseille, bonne mère des émigrés venus de Corse, de Carbone aux Guérini, a basculé. Des gangs corses y évoluent encore, mais ils ne font plus la loi, et ne s'activent plus ouvertement autour de la mairie, comme naguère certains truands dans l'entourage des Sabiani ou des Defferre.

Toutefois un autre système corse est en train de prendre le relais avec, désormais, l'île comme nouveau fief criminel. Ce déplacement du centre de gravité du milieu corse est incarné dans une histoire, celle de Jean-Baptiste Jérôme Colonna, dit « Jean-Jé ». Héritier des vendettas anciennes, habitué du milieu corso-marseillais, formé par la Corsican Connection, Jean-Jé rentre en effet « au pays », dans son île natale, après huit ans de cavale, le 3 août 1985, quelques jours après l'assassinat de Paul Mondoloni à Marseille.

Cette coïncidence de dates, ce croisement des destins, est plus qu'un symbole. Car, dans les mois précédant sa mort, Paul Mondoloni s'est personnellement occupé de préparer le retour de ce Jean-Jé qu'il aidait depuis des années. C'est d'ailleurs en revenant à son domicile, après un ultime rendez-vous pour traiter le dossier de Jean-Jé, que Paul Mondoloni a été surpris par ses tueurs. Comme si, en tant que tuteur et parrain, il voulait s'assurer de ce passage de témoin entre les anciennes et les nouvelles générations, entre Marseille et la Corse, entre l'héritage et les projets.

Chapitre 11

L'ascension de Jean-Jé Colonna

« Je ne suis pas le parrain de la Corse. » Il voulait que cela se sache pour s'occuper tranquillement de ses petits-enfants. C'est du moins ce que Jean-Baptiste Jérôme Colonna, dit « Jean-Jé », a confié en août 2002 à Gabriel-Xavier Culioli, journaliste et écrivain, dans la seule grande confession qu'il ait jamais livrée[1]. Voilà des années que la rumeur insulaire, les médias nationaux et, plus récemment, en 1998, la commission d'enquête parlementaire, présidée par le socialiste Jean Glavany, ne cessaient de lui coller l'étiquette de « seul véritable parrain » de l'île. Soucieux d'être reconnu comme le retraité d'apparence tranquille qu'il affirme être devenu, après dix ans d'une cavale qui a pris fin le 3 août 1985, l'homme, en effet, que sa discrétion légendaire faisait plutôt ressembler à un « parrain fantôme », paraît tout à coup, à soixante-trois ans, avide d'une certaine respectabilité.

Ce démenti public, qui en a surpris plus d'un, est peut-être, aussi, le signe d'une volonté de marquer les esprits. De se forger, définitivement, la stature d'un Corse d'honneur, à l'imperium tranquille et à la volonté pacifique. À moins qu'il ne soit, au contraire, le révélateur d'une fin de règne, comme si Jean-Jé voulait dire : « Je ne suis *plus* le parrain de la Corse. » En tout cas, il livre sa version d'un passé tumultueux. Une course entre le fief corse des Colonna et des sanctuaires à l'étranger, entre vengeance et retraite, entre traîtrise et amis silencieux.

---

1. Entretien avec Gabriel-Xavier Culioli, paru dans *Corsica*, août 2002, et dont de larges passages ont été repris dans *Le Monde*, 8 août 2002. Sauf indications contraires, les propos de Jean-Jé rapportés dans les chapitres qui suivent sont extraits de ce long entretien, qui a été soigneusement préparé et relu.

Son quotidien, assure-t-il, n'aurait plus grand-chose à voir avec les vies d'exilés, habitués à voguer loin, comme ces fils de village qui s'engageaient naguère comme matelots sur les lignes exotiques des Messageries maritimes et gardaient toujours la nostalgie de leur terre tourmentée, revenant simplement au pays entre deux escales. Jean-Jé est officiellement en Corse depuis 1985. Il y joue, à l'en croire, un rôle de chef de clan arrangeant, sans lien avec le monde criminel de la French Connection qui le rendit célèbre. Il ne s'attendait sans doute pas à ce que cette affirmation, loin de lui conférer le statut d'un juge de paix, soit perçue comme une volonté de réécrire son histoire.

Jean-Baptiste Jérôme Colonna est d'abord un fils. Né le 24 juin 1939 à Sartène, il est l'un des quatre enfants de Marie-Antoinette Filoni, employée des Postes, et de Jacques Colonna, négociant en huile d'olive. Le jeune Jean-Jé est également le neveu de Jean Colonna, dit « Jean-Jean ». Ce dernier, né le 12 février 1913 à Pila-Canale, en Corse-du-Sud, a été, on l'a vu, une figure de Montmartre. Revendant une partie de ses affaires parisiennes au début des années 50, Jean Colonna, très proche du clan de Jo Renucci, de Marcel Francisci et de Nick Venturi, qui s'active notamment dans la contrebande de cigarettes en Méditerranée, est revenu s'installer dans son village natal, dont il s'est fait élire maire.

Là-bas, Jean-Jean est devenu un des relais des Renucci-Venturi-Francisci. À ses risques et périls. Le 18 février 1955, il a échappé de justesse à la mort lors d'un règlement de comptes imputé aux amis d'Antoine Paolini, dit « Planche », lié à la vendetta du *Combinatie*, ce cargo piraté par des truands corses qui se disputèrent sa cargaison de cigarettes de contrebande[1]. Jean Colonna s'est caché sous une voiture dans les rues d'Ajaccio pour échapper aux tueurs. Mais ses jambes qui dépassaient ont été fauchées par une rafale de mitraillette, le laissant handicapé à vie. Les activités sulfureuses de cet oncle estropié feraient basculer le destin de son neveu.

Le 18 juillet 1955, à 8 heures 30, à Ajaccio, Jacques Colonna, le père de Jean-Jé, est tué dans sa traction avant alors qu'il s'apprête à démarrer. Son fils vient tout juste de le quitter pour prendre l'autobus. Il entend les coups de feu.

> J'ai couru et je suis arrivé devant la voiture, raconte-t-il. Mon père était là, avec deux trous apparents dans la tête. J'ai vu les assassins s'enfuir et monter dans un véhicule, une Matford. Ils étaient déguisés en touristes.

---

1. Voir plus haut le chapitre intitulé « Les Guérini, nouveaux parrains ».

Savez-vous ce qu'est la perte de la lumière en plein soleil ? C'est ce qui m'est arrivé ce jour maudit. Le soleil est devenu noir et nous sommes entrés dans le malheur. Des voisins sont arrivés et m'ont aidé à sortir le corps de mon pauvre père. Ma mère hurlait. Ces images ne m'ont plus quitté, fût-ce une seconde de mon existence.

Dès lors, Jean-Jé ne songe plus qu'à une chose : la vengeance.

Du jour où mon père a été enterré, je n'ai pensé qu'à ça, dira-t-il. Cinq ans plus tard, à l'âge de vingt et un ans, celui de la majorité légale, j'ai appris de la bouche d'un ami que certains des assassins de mon père étaient toujours vivants. Je suis allé voir mon oncle pour lui demander la raison de cette situation et lui dire que j'allais venger mon père. Mon oncle m'a regardé sans parler. Puis il m'a demandé si j'avais bien réfléchi. Je lui ai répondu que oui. Il a seulement incliné la tête et m'a murmuré que je m'engageais dans la voie la plus difficile qui soit, mais que si c'était mon destin, je devais l'accomplir. Ce devoir m'a pris dix ans de ma vie. Pendant cette très longue période, je me suis levé chaque matin en me demandant comment j'allais pouvoir honorer le serment que je m'étais intérieurement fait devant le corps de mon pauvre père.

Il reconnaît avoir endossé précocement les habits d'un tueur, sans beaucoup de scrupules puisqu'il ne percevait aucun gage.

Je n'ai jamais tué que pour venger mon père, jamais pour de l'argent. Vous m'entendez ? Jamais [...] Moi, j'ai agi seul. J'ai pris mes responsabilités et mes risques. Ceux que j'ai tués savaient ce qu'ils risquaient en tuant mon père qui était un innocent dans l'affaire du *Combinatie*. Je ne suis ni fier, ni honteux de ce que j'ai fait. Je devais agir ainsi pour me regarder dans une glace chaque matin que Dieu faisait. Pour moi, c'est cela, la conscience, la vraie. Le reste n'est qu'un tiède accommodement avec son courage et sa lâcheté sur fond de confort personnel.

En reprenant la thématique traditionnelle de l'affront et de la vendetta corse, Jean-Jé s'inscrit dans une morale d'un autre temps, celle de la loi du talion, où chacun a le droit de se faire justice pour venger les siens. D'ailleurs, il l'admet puisqu'il affirme avoir demandé à ses propres enfants de ne pas suivre son exemple si jamais il lui arrivait quelque chose. « La justice doit trouver des preuves, trouver des témoins. C'est la plupart du temps impossible. Et puis, dans mon cas, la justice n'a strictement rien fait. Je comprends que la grande majorité des citoyens s'en remettent aux juges. Quant à moi, j'ai trouvé la force nécessaire pour aller jusqu'au bout de ma vengeance. Je risquais aussi ma vie et ma liberté dans cette douloureuse affaire. Et je n'aurais d'ailleurs pas trouvé anormal que l'on me tue. »

Cette vendetta familiale lui vaudrait, dit-il aujourd'hui, d'être arrêté, en janvier 1975, pour trafic de drogue. « L'un de mes ennemis s'est vengé en déclarant à la police américaine que j'avais trafiqué de la drogue dans le cadre de ce qu'on allait, par erreur ou par facilité journalistique, appeler la French Connection. Il suffit de savoir que celui-ci était un ami de l'un des assassins de mon père et qu'il avait un jour tenté de me tuer pour rendre service audit ami. »

Selon Jean-Jé, la French Connection s'est résumée à une grossière machination américaine :

> Les Américains voulaient à l'époque affaiblir par tous les moyens la France du général de Gaulle, qui leur faisait de l'ombre. Ils ont donc développé cette campagne qui voulait démontrer que les gaullistes dirigeaient le trafic d'héroïne, et particulièrement les Corses. Il faut se rappeler qu'à l'époque de nombreux Corses dirigeaient le mouvement gaulliste. Nous n'étions pas des anges, mais nous n'avions absolument pas trempé dans le trafic de drogue.

Ce démenti livré sous couvert d'un « nous » vague et collectif place Jean-Jé au rang de victime d'un règlement de comptes politique. Même s'il admet que des Corses sont apparus dans le trafic de drogue au lendemain de la Seconde Guerre mondiale, il minimise leur rôle en les qualifiant de « petits artisans balayés par l'industrie américaine ». Jean-Jé réécrit l'histoire à sa manière. Selon lui, Michel Nicoli, alias Carlos Silveira, ancien membre du SAC, le service d'ordre gaulliste, trafiquant de drogue lié à Lucien Sarti, un ami des assassins de son père, l'aurait dénoncé aux Américains, « qui ne demandaient qu'à croire, une fois encore, que les voyous corses se trouvaient au centre du trafic mondial de la drogue ». La presse l'aurait alors désigné comme un homme de la French Connection. Une fausse légende serait née.

Plusieurs repentis accusent Jean-Jé

Les documents judiciaires français décrivent pourtant une réalité plus complexe que celle racontée par Jean-Jé, même si Michel Nicoli semble bien à l'origine de ses ennuis en 1975. Condamné à mort par contumace à deux reprises en France, Nicoli a fui l'Hexagone au début des années 60. Il intervient alors comme agent de liaison entre la mafia italo-américaine basée en Amérique latine, dont fait partie le Sicilien Tommaso Buscetta associé au Corso-Marseillais Auguste Ricord, secondé par Lucien Sarti et Christian David, et des Corses naviguant entre l'île, Marseille et l'Italie[1].

Jean-Jé, selon la justice, appartient à ce réseau, aux côtés de Nicoli. Arrêté au Mexique le 4 octobre 1972, ce dernier décide de collaborer avec la justice américaine en échange d'une peine allégée[2]. Après des déclarations circonstanciées aux agents de la Drug Enforcement Administration (DEA), il fait une longue déposition sous serment devant le grand jury du district Est de New York, le 12 septembre 1974. Mais il n'est pas le seul à «charger» Jean-Jé Colonna. Depuis deux ans, ses complices, Eduardo Poeta, auditionné en septembre 1972, et Giuseppe Catania, entendu en octobre 1973, ont déjà livré aux autorités judiciaires des témoignages impliquant, notamment, Jean-Jé dans cette affaire.

Ces témoins affirment avoir agi dans le cadre d'un groupe de trafiquants d'héroïne dirigé, selon eux, par Paul Pajanacci. Ce natif de Propriano aurait été associé à François Rossi, arrêté en Espagne, en février 1973, pour trafic de drogue. Le groupe comprend deux organisateurs, Vincent Colonna d'Istria, alias «Vincente», et Jean-Jé, ainsi que quatre intermédiaires, Alexandre Colonna d'Ornano, surnommé «Alex», Joseph Poli, alias «Jo le Dingue», Jean-Baptiste Giansily, dit «Jeannot de Bangkok», et Jean-Dominique Bianchini. Les repentis ont cité deux autres noms de passeurs présumés, dont Jean Hamalian, dit «Tony», et Armand Cherchi. Ce réseau aurait

1. Voir, sur cette branche latino-américaine, le chapitre intitulé «L'essor de la "Corsican Connection"».

2. Michel Nicoli fut condamné aux États-Unis à trois ans de prison le 18 juillet 1974 et libéré le 12 février 1975. On l'a vu, d'autres passeurs, dont Richard Berdin, Édouard Rimbaud, Edmond Taillet, ont également fait le choix de coopérer avec la justice fédérale. Les autorités américaines et françaises, croisant toutes les informations, firent ainsi tomber de nombreux réseaux. La technique fut également utilisée efficacement avec d'autres trafiquants dans les années 80 et 90. Voir plus haut les chapitres intitulés «La longue traque des filières corses» et «La chute du richissime Croce».

expédié environ 500 kilos d'héroïne pure de la France vers les États-Unis entre 1968 et 1972, souvent via l'Amérique latine.

En recevant, début octobre 1974, la copie des auditions de Nicoli, Catania et Poeta, le nouveau patron des stups de Marseille, Lucien Aimé-Blanc, prend la mesure de ces déclarations. « La majorité des individus mis en cause, écrit-il à sa hiérarchie, sont véritablement des trafiquants internationaux connus et répertoriés par les différents services spécialisés, qu'ils soient américains, français ou autres. Certains sont d'ailleurs déjà détenus, voire condamnés [1]. »

Au cours de leurs auditions, les repentis ne mentionnent aucune animosité entre Nicoli et Jean-Jé. Aimé-Blanc explique : « Si le nombre de trafiquants cités par Nicoli peut constituer un sujet d'étonnement, il est incontestable que ces déclarations reflètent parfaitement la physionomie du trafic international d'héroïne, tel que nous l'avons connu au cours des années 1970, 1971 et 1972. On se souvient qu'à cette époque plusieurs tonnes d'héroïne pure étaient fabriquées et exportées, chaque année, clandestinement, à partir de la France, vers les USA, par des filières composées de trafiquants français, sud-américains et italo-américains [2]. »

Le juge d'instruction marseillais René Saurel, spécialiste des affaires de la French-Corsican Connection, est chargé à la mi-octobre 1974 de conduire l'enquête. Les déclarations des repentis, dont celles de Michel Nicoli, constituent la première base de travail. Nicoli raconte notamment que son « associé » François Rossi a été contacté en février ou mars 1968 par Paul Pajanacci, alors en Italie, qui lui a proposé de l'héroïne à revendre sur le marché américain. « Avec l'accord de Nicoli, une association s'est donc constituée : Pajanacci, deux individus imposés par lui – Colonna Jean-Jérôme et Colonna d'Istria Vincent –, Nicoli et Rossi [3] », résume l'inspecteur principal marseillais Guy Chalony.

Entre octobre 1968 et octobre 1971, selon Nicoli, huit voyages ont ainsi été effectués. Lors de la première expédition, 40 kilos auraient été transportés par un passeur mexicain de Marseille à San Antonio, au Texas. L'argent de la vente, 400 000 dollars, aurait été remis à Buenos Aires, en Argentine, où se trouvaient François Rossi et Vincent Colonna d'Istria. En août 1969, Jean-Baptiste Giansily aurait tenté de revendre à bas prix de l'héroïne frelatée, tirée d'une

1. Rapport du SRPJ de Marseille, commissaire principal Lucien Aimé-Blanc, chef de la section des stupéfiants, à Monsieur le contrôleur général, directeur du service régional de police judiciaire de Marseille. Objet : compte rendu d'enquête sur commission rogatoire, 11 février 1975.

2. Rapport du SRPJ de Marseille, 11 février 1975, *op. cit.*

3. Rapport d'enquête de l'inspecteur principal Guy Chalony, 6 janvier 1975 : « Résumé des déclarations du dénommé Nicoli Michel ».

cargaison de 100 kilos, à New York. Après la mort du patron de cette organisation, Paul Pajanacci, exécuté le 12 novembre 1971 à Allauch, dans les Bouches-du-Rhône, Michel Nicoli et Jean Hamalian auraient essayé, début 1972, d'organiser une nouvelle filière. Faute de fournisseur, la tentative aurait avorté.

Giuseppe Catania avoue, pour sa part, avoir participé à un trafic de drogue avec des correspondants de la mafia italienne en Amérique du Sud, notamment Carlos Zippo et Tommaso Buscetta[1]. Il explique s'être rendu, sur ordre de ses patrons, en Italie, le 21 août 1971, pour y rencontrer Michel Nicoli, accompagné d'un autre Français. Ils auraient projeté une expédition de malles vers le Mexique, contenant 50 kilos d'héroïne. Quant au troisième trafiquant arrêté, Eduardo Poeta, il se souvient de la livraison de 100 kilos en août 1969. Un certain Vincente était chargé de la réception de la marchandise à New York.

Selon les repentis, Jean-Jé aurait joué un rôle central dans cette organisation. Ils le désignent comme un des initiateurs du trafic, début 1968, aux côtés de Paul Pajanacci. Michel Nicoli précise que Jean-Jé aurait ensuite participé aux contacts pour la deuxième expédition, celle de 80 kilos, en novembre 1968, et à la réception d'une partie de l'argent à Rome, en décembre 1968. Il aurait également facilité l'envoi, en avril 1969, de 30 à 40 kilos via l'Argentine, et se serait lui-même rendu à Buenos Aires, accompagné d'un certain Jean-Dominique, en l'occurrence Jean-Dominique Bianchini, pour rapatrier une partie du butin. Il aurait également effectué un autre voyage en Argentine en août 1969, avec Alexandre Colonna d'Ornano, pour récupérer 110 000 dollars. Fin 1969, à Rome, il aurait encore encaissé le prix d'une vente de 60 kilos. Enfin, lors d'une réunion des membres du réseau à Rome en août 1971, Jean-Baptiste Colonna aurait suggéré, avec Michel Nicoli et Vincent Colonna d'Istria, de faire passer deux malles contenant 50 kilos d'héroïne par le Mexique avant de les faire entrer aux États-Unis.

Des recoupements rapides

Le puzzle s'emboîte rapidement. Les policiers de Marseille récupèrent, le 10 janvier 1975, une note d'Interpol datée de décembre 1971 dans laquelle la direction centrale de la police judiciaire française indiquait aux autorités américaines que des passeports délivrés par la préfecture de Corse étaient « susceptibles d'être utilisés par des malfai-

1. Envoyé en Amérique latine pour organiser le trafic, aux côtés des Corses, du réseau Ricord, Buscetta deviendrait, en Italie, l'un des principaux repentis et accusateurs de Cosa Nostra, au début des années 80, dans le cadre des enquêtes du juge Giovanni Falcone.

teurs français». L'antenne de police judiciaire d'Ajaccio mentionnait également, dans un autre rapport de 1971, que ces «faux passeports» détournés de la préfecture étaient destinés à des trafiquants de drogue, dans l'entourage d'un dénommé Alexandre Colonna d'Ornano[1]. Or l'un de ces passeports, établi au nom d'un certain Edmond Rocchiccioli, a justement été trouvé dans les poches de François Rossi, proche de Colonna d'Ornano et de Michel Nicoli, lors de son arrestation en Espagne en février 1973 pour trafic de stupéfiants.

Les comparses se fréquentent régulièrement. Le 23 décembre 1969, lors d'une descente dans le bar le Sartène, quai du Port, à Marseille, établissement appartenant à Jean-Jé Colonna, les policiers ont contrôlé Vincent Colonna d'Istria et Jean-Dominique Bianchini. Par ailleurs, les obsèques, à Propriano, en Corse-du-Sud, de Paul Pajanacci, tête du réseau tué le 12 novembre 1971, ont été suivies avec attention par la police judiciaire d'Ajaccio. Chargée de relever les noms des principaux participants, elle avait, sans le savoir, sous les yeux les piliers de l'organisation, parmi lesquels figuraient, notamment, Alexandre Colonna d'Ornano, Jean-Jé Colonna et Joseph Poli.

Au cours de leurs recherches, les policiers marseillais parviennent également à reconstituer une histoire étonnante, racontée par Nicoli : le 28 mai 1971, à l'aéroport d'Orly, un employé de la compagnie Air Inter a découvert un bagage abandonné, contenant 12 kg d'héroïne. Distrait, le passeur, Armand Cherchi, venant de Marseille, avait pris sur le tapis roulant un sac qui ressemblait au sien, appartenant à un voyageur qui s'était plaint de n'avoir pas retrouvé son bagage.

Enfin, élément déterminant, le 30 janvier 1975, le procès-verbal d'une audition de Michel Nicoli menée le 14 janvier, aux États-Unis, devant le chef de l'office central des stups français permet de déclencher les arrestations. Michel Nicoli a reconnu, sur photo, plusieurs suspects : Jean-Jé Colonna, Vincent Colonna d'Istria, Armand Cherchi, Jean Hamalian et Jean-Baptiste Giansily.

Arrêté et hospitalisé

Le dispositif de filature est activé. Le premier site placé sous surveillance n'est autre que la brasserie de Jean-Jé, La Folle Époque,

1. Dans cette enquête sur le détournement de passeports délivrés par la préfecture de Corse, en 1971, d'autres personnes soupçonnées d'être impliquées apparaissent, comme Jean-Paul Michelosi, Joseph Versini, Jean-Toussaint Casasoprana, dont la fille Toussainte est l'amie du trafiquant François Chiappe, membre des équipes Ricord. Indiqué dans «Rapport du SRPJ de Marseille, 11 février 1975», *op. cit.*

place Félix-Barret, à Marseille, un lieu très couru situé à quelques pas de la préfecture. Les habitués, parmi lesquels des policiers et des agents américains du Bureau des narcotiques, semblent goûter le décor rétro, style 1900, avec ses teintes pastel. S'ils apprécient l'atmosphère et le service de l'établissement, nul doute qu'ils doivent aussi espérer, un jour, percer le secret des affaires de Jean-Jé. Ce restaurant, ainsi que la SM qu'il conduit toujours, marquent en tout cas incontestablement son essor et sa réussite dans le milieu local. Le couple Colonna réside, par ailleurs, dans une villa joliment baptisée la Poudrière.

L'ami de Jean-Jé, Vincent Colonna d'Istria, semble quant à lui s'occuper d'un commerce de meubles à Marseille. Seuls Joseph Poli et Alexandre Colonna d'Ornano sont introuvables. Dans la soirée du 30 janvier 1975 et le lendemain matin, les policiers arrêtent quatre membres de la bande : Colonna, Colonna d'Istria, Cherchi et Hamalian. L'affaire paraît presque bouclée et limpide, avec les aveux concordants venus des États-Unis sur plus de 500 kilos de drogue expédiés et sur des millions de dollars rapatriés.

Jean Hamalian reconnaît avoir voyagé à la demande de Michel Nicoli et avoir croisé Giuseppe Catania ; il dément en revanche toute implication dans ce trafic de stupéfiants. Armand Cherchi admet, lui aussi, avoir rapporté une valise de Rio à Buenos Aires sur les instructions de Nicoli, tout en réfutant sa participation à un trafic de drogue. Quant à Vincent Colonna d'Istria et Jean-Jé Colonna, ils nient l'ensemble des accusations qui pèsent contre eux.

Inculpé pour infraction à la législation sur les stupéfiants, écroué le 3 février 1975 à la prison des Baumettes, Jean-Jé, qui affirme être innocent, ne se voit pas moisir, à trente-six ans, entre quatre murs.

> J'ai alors beaucoup réfléchi, dira-t-il. Giscard d'Estaing était devenu président de la République. Son ministre de l'Intérieur, Michel Poniatowski, était très hostile aux Corses. Ils voulaient régler leur compte aux gaullistes et, comme les Américains et avec leur aide, s'en prenaient au défaut de la cuirasse : les Corses [...] Je me suis donc dit que je risquais d'être le fusible idéal, d'autant que mon accusateur était un véritable trafiquant de drogue, ce qui donnait une certaine cohérence à ses propos.

Jean-Jé serait donc le bouc émissaire dans une histoire de rivalités giscardo-gaullistes. Pourtant, les principales enquêtes sur la French Connection avaient été lancées avant l'élection de Valéry Giscard d'Estaing, et la pression policière dans ce domaine commençait déjà à retomber en 1974.

Une évasion bien préparée

Incarcéré, Jean-Jé ne cesse de clamer son innocence. Dès lors, une seule pensée l'habite : s'échapper. « Autant dire, explique-t-il, que j'avais une médiocre confiance en l'indépendance de la justice. À l'époque, les juges, pour faire carrière, devaient se plier aux désirs des politiques [...] Je risquais sur la foi des accusations mensongères de Nicoli de rester des années en prison. J'ai donc décidé de m'évader. »

La préparation de l'évasion est, semble-t-il, contrariée dans un premier temps par l'initiative, fin janvier 1975, d'un autre détenu des Baumettes qui réussit à se faire la belle après avoir entamé une fausse grève de la faim. Cette stratégie ayant déjà été mise en œuvre, Jean-Jé doit imaginer une autre solution pour être, à son tour, déplacé dans un établissement de soins d'où il lui sera plus aisé de s'enfuir. Il se plaint d'un ulcère à l'estomac, ce qui lui permet d'être transféré à l'Hôtel-Dieu, à Marseille. Il a le temps de repérer les lieux avant que les médecins ne le renvoient en prison, estimant que son ulcère est probablement soigné, à moins qu'il ne soit fictif.

Le commissaire Aimé-Blanc voit là un signe avant-coureur des projets de Jean-Jé. « J'ai fait un rapport écrit au procureur en lui signalant le risque d'évasion, notamment à l'Hôtel-Dieu[1] », se souvient l'ancien policier, aujourd'hui à la retraite. Un de ses inspecteurs de l'époque, Antoine Barbazza, confirme ces intuitions : « Nous soupçonnions Jean-Jé de feindre une maladie et de préparer une évasion à l'Hôtel-Dieu[2]. »

Après avoir consulté quelques amis à l'extérieur de la prison, Jean-Jé établit son scénario dans les moindres détails[3]. Le 25 juillet 1975, son compagnon de cellule est chargé de lui enfoncer un couteau dans l'abdomen en prenant soin d'éviter tout organe vital. Il s'acquitte de sa tâche avec talent. La blessure saigne abondamment, sans pour autant affaiblir Colonna. Les autorités judiciaires, qui ne tiennent pas à se priver d'un inculpé de premier plan, décident de le transférer, à nouveau, à l'Hôtel-Dieu. Quatre policiers sont attachés à sa surveillance au cours de la nuit du 25 au 26 juillet.

Vers 1 heure du matin, un autre détenu, hospitalisé dans un lit voisin, est pris de spasmes violents qui dégénèrent en véritable crise de délire. Trois des quatre gardiens de Colonna quittent leur poste

1. Entretien avec l'un des auteurs, 14 octobre 2003.
2. Entretien avec l'un des auteurs, 26 septembre 2003.
3. Voir le récit de l'évasion dans *L'Aurore*, 28 juillet 1975.

pour tenter de maîtriser cet homme à la force herculéenne. La manœuvre de diversion fonctionne à merveille. Il s'agit, bien entendu, d'une nouvelle simulation. Le corps à corps, qui s'éternise, permet à Jean-Jé d'assommer le dernier policier avant de gagner la sortie, en pyjama, à travers le dédale de couloirs de l'hôpital. Le claquement des portières et le ronflement d'un moteur concluent cette évasion réussie.

Le frère de Jean-Jé, qui, selon la PJ marseillaise, n'appartient pas au milieu, lui aurait fourni des faux papiers pour faciliter sa fuite. Les enquêteurs interpellent Charles Colonna au mois de décembre 1975. Le tribunal de grande instance de Marseille le condamne pour faux et usage de faux à trois mois de prison avec sursis en novembre 1978. L'administration pénitentiaire n'imagine pas, quant à elle, que le codétenu de Jean-Jé est l'auteur du coup de couteau et donc, à ce titre, un complice. Mais en Corse, dans le golfe du Valinco, fief des Colonna, on sait que cet homme, en menant à bien sa mission, s'est assuré une rente à vie. Jean-Jé ne connaît pas l'ingratitude. C'est un homme qui sait cultiver l'amitié et remercier les personnes qui lui rendent service.

Une cavale du Brésil aux États-Unis

Tropisme des grands truands, sans doute, Jean-Jé quitte la France pour l'Argentine, puis part se réfugier au Brésil, en Amazonie. « Je gagnais très bien ma vie, raconte-t-il, j'y avais acheté une ferme que je cultivais. J'ai aussi exploité une mine d'étain et j'avais monté une usine de briques. » En fait, il semble qu'il se soit contenté de déléguer à d'autres la gestion de ses différents investissements. Il demande à des Corses de sa région natale de le rejoindre dans cette Amazonie en friche. À charge pour eux de trouver le personnel sur place et d'organiser le travail. Il faut imaginer la vie sous ce climat tropical, rythmée par les déplacements à cheval des paysans qui travaillent sur la propriété agricole où Jean-Jé tente, avec des associés, de se lancer dans la culture du coton.

Colonna paraît aussi avoir goûté au charme des grandes agglomérations du continent américain, au Brésil, dans les pays d'Amérique centrale et sur les côtes ouest et sud-est des États-Unis. Il y entretient des contacts et des relations anciennes qui datent de l'époque où le trafic de drogue, dirigé par Paul Pajanacci, fonctionnait à plein régime. De plus, les États-Unis, l'Argentine et le Brésil abritent, depuis longtemps, des ressortissants corses susceptibles d'apporter leur aide aux personnes fuyant la justice ou la vindicte de leurs ennemis. Jean-Jé Colonna peut aussi compter sur des relais locaux qui lui sont acquis. Ces amis, comme il les appelle lui-même, sont autant d'appuis sûrs grâce auxquels il peut rebâtir sa toile et développer de nouvelles activités.

Cette partie du monde ne lui est pas inconnue. Non seulement les restes du réseau Pajanacci, surnommé la « Latin Connection », constituent une première ressource, mais il paraît également vraisemblable que Jean-Jé ait utilisé, en Amérique centrale, le réseau de Paul Mondoloni, l'un de ses principaux soutiens. Proche de son oncle Jean, Mondoloni, originaire de Sartène, le fief de la famille Colonna, veille en effet sur ses intérêts, à Marseille comme en Corse. Il connaît bien l'Amérique centrale, où il s'est illustré aux côtés de Jean-Baptiste Croce dans le trafic de drogue.

Pendant la cavale de Jean-Jé Colonna, les policiers américains auront à plusieurs reprises l'occasion de s'interroger sur l'identité de cet homme très mobile et méfiant qu'ils aperçoivent fugitivement au contact de personnes placées sous leur surveillance. Ainsi, au cours d'une planque, ils observent cet inconnu à Miami, en Floride, tout sourire, dans une luxueuse villa, au bord d'une piscine. Sa calvitie déjà prononcée tranche avec son corps athlétique et ses cheveux noirs.

Néanmoins, il existe peu de traces des activités réelles de Jean-Jé lors de son séjour sur le continent américain. Les autorités des États-Unis ne le connaissent pas sous le nom figurant à son état civil en France. Il utilise maintes identités d'emprunt pour masquer ses allées et venues. Ses dix années de cavale et les menaces de mort qui pèsent sur lui vont affecter durablement son caractère. Il développe au cours de cette période une méfiance absolue et un culte de l'amitié qui lui valent sauf-conduit. Faux papiers d'identité, faux permis de conduire, fausses cartes grises, rien ne manque à sa panoplie de parfait clandestin. Tour à tour citoyen brésilien, canadien, américain et français, lui seul connaît le détail de chaque couverture et l'envergure de la toile qu'il a tissée pendant trente ans.

Une cavale ne dure guère si l'intéressé ne peut compter sur un trésor de guerre et un réseau efficace. Voilà un des paradoxes de la vie marginale des voyous. La fuite les contraint à être plus actifs qu'ils ne l'étaient en liberté, car ils sont dans l'obligation de trouver de nouvelles sources de financement. Les rares policiers en mesure d'émettre un avis éclairé sur le parcours de Jean-Jé estiment qu'il doit, en partie, sa survie à la combinaison de ces deux facteurs : « des soldats qui se feraient couper en morceaux pour lui et des affaires qui lui garantissent des rentrées suffisantes». Jean-Jé a su s'adapter et s'assurer la fidélité de personnes d'horizons très divers, n'appartenant pas nécessairement au monde criminel, puisqu'on y trouve aussi bien des bergers que des banquiers ou des hommes politiques. «On peut même se demander si cette cavale ne lui a pas conféré une stature plus importante que celle qui aurait été la sienne sans ces dix ans de clandestinité forcée»[1].

Toujours un pied sur la terre natale

L'organisation de Colonna est telle qu'il voyage également en France. Il s'y déplace avec une extrême facilité, et se rend plusieurs fois par an en Corse. Il se fait fort, dit-il, d'être présent pour les vacances aux côtés de ses trois enfants, malgré les milliers de kilomètres qui les séparent. «Le premier de mes amis, assure-t-il, qui arrivait sur les lieux pour vérifier avec mon épouse la sécurité de l'endroit, était un homme aux cheveux blancs, un ami très cher. Il était devenu une sorte de Père Noël pour mes enfants. Dès qu'ils voyaient sa chevelure de neige, ils savaient que les vacances étaient arrivées, et leur père avec.»

Jean-Baptiste Colonna semble attacher une grande attention à l'éducation de ses enfants. Selon certains témoignages, il n'a pas été avare de conseils et de recommandations à leur intention, d'autant plus fréquents qu'il ne pouvait les voir régulièrement. L'argent, par exemple, ne paraît pas figurer parmi les valeurs centrales qu'il leur inculque. La chasse aux grives en compagnie de son chien, avec dans son sac de la figatella et un peu de vin, suffit à son bonheur. D'anciens condisciples se souviennent de sa volonté affichée, très précoce, de se fabriquer un personnage fier et droit[2]. Il se faisait, cependant, également remarquer des professeurs de son école, à Ajaccio, par son attitude parfois violente[3]. Déjà méfiant, il ne pouvait que reporter ce trait de caractère sur son entourage. Lorsque ses enfants se rendaient en discothèque ou dans des bars, il leur interdisait de boire le contenu d'une bouteille si elle n'avait pas été ouverte devant eux par le serveur. Il leur expliquait alors que quelqu'un pouvait, à tout moment, tenter de les empoisonner ou de les droguer.

---

1. Commentaires recueillis auprès d'un policier d'origine corse, attaché aux Renseignements généraux, par l'un des auteurs au cours de l'été 2003.
2. Témoignage recueilli par l'un des auteurs.
3. *Ibid.*

Les retours en Corse de Jean-Jé sont également mis à profit pour retrouver son oncle Jean Colonna, maire de Pila-Canale depuis les années 50, conseiller général, et qui deviendra même vice-président de l'Assemblée territoriale de Corse. Son frère, Charles, occupera des fonctions identiques et sera également président de l'agence du tourisme de l'île. Très présent dans la vie politique locale, le clan Colonna occupe une place incontournable dans le sud de la Corse. Personnage central de la vendetta du *Combinatie*, Jean Colonna n'est pas inconnu des services de police. On craint, à cette époque, son caractère imprévisible et ses emportements violents qui le conduisent parfois à faire usage d'armes à feu pour de simples disputes.

Après la fusillade de 1955 qui l'a grièvement blessé aux jambes, il se déplacera dans une chaise roulante poussée par Fanfan, son chauffeur et ami. Il incarne alors le mélange des genres entre la pègre et la politique. En 1958, le parquet d'Ajaccio demande aux services de police d'interroger Marcel Francisci, considéré comme l'un des parrains des jeux en France et l'un des barons de la pègre, pour une affaire de « trouble électoral » lors d'un récent scrutin cantonal. Les frères Francisci, Marcel et Jean, déclarent en effet avoir été démarchés par un métayer travaillant pour l'un de leurs parents, qui leur a offert de voter, avec sa famille (soit une quinzaine de personnes), pour leur candidat Jean Colonna en échange d'une forte somme. Pensant à un canular, ils n'ont accordé que peu d'intérêt à la proposition, car le montant exigé était trop élevé. Pour une somme plus raisonnable, ajoutent-ils, ils n'auraient pas refusé. De plus, Jean Colonna a été battu, de près de 500 voix. L'enquête est classée sans suite[1].

Jean-Jé, en dépit de son statut officiel de fugitif, ne manque rien des principaux épisodes de la vie insulaire. Son tuteur et oncle, Jean Colonna, veille sur ses intérêts et son avenir local. Encore faut-il que son neveu reste en vie. Lorsque le commissaire Broussard, envoyé début 1983 sur l'île par le gouvernement socialiste, tente de rétablir l'ordre face à la violence du FLNC, un incident lui est signalé sur la route de l'aéroport d'Ajaccio. De prime abord, cela ressemble à une agression à main armée. On déplore une victime, le conducteur d'une voiture. Certains témoins affirment qu'il y avait un passager, mais les policiers n'en retrouvent pas la trace. Un renseignement parviendra plus tard à Robert Broussard : la personne visée aurait été Jean-Baptiste Colonna.

---

1. Voir Alain Jaubert, *D… comme Drogue*, *op. cit.*, p. 140 et 141.

Le 1er décembre 1983, c'est au tour de l'antenne niçoise de police judiciaire de signaler la présence de Jean-Jé. Dans une note adressée à sa hiérarchie, ce service, qui enquête sur les avancées de la mafia italienne dans le sud-est de la France, mentionne l'existence de liens entre Jean-Baptiste Colonna et Michel Condolucci, « un mafioso influent du milieu calabrais susceptible de procéder à l'installation d'un laboratoire de transformation de morphine en héroïne entre Bordighera (Italie) et Menton[1] ». Interrogé à ce sujet, en 2002, par le mensuel *Corsica*, Jean-Jé dément cette relation : « Je n'ai jamais connu ce Condolucci et je n'ai jamais croisé son chemin », assure-t-il.

Son immersion dans la société nord-américaine paraît n'avoir, en revanche, connu aucun accroc majeur. Il semble s'être fondu totalement dans le paysage et n'avoir jamais attiré l'attention lors de ses déplacements et séjours, pas plus d'ailleurs qu'au sud du continent. Il faudra attendre le début des années 90 pour voir mentionner par le FBI des passages réguliers, sur le territoire américain, de son épouse, Arlette. Elle sera ainsi contrôlée à cinq reprises, entre 1993 et 1999, à l'aéroport de Los Angeles. Elle fournira, à chaque occasion, une adresse située à New Port Beach, celle d'une maison confortable. En revanche, son époux n'apparaîtra sur aucune des listes de passagers en son nom propre, ce qui fait dire aux enquêteurs qui se sont penchés, un jour, sur les mystères de son parcours qu'il est en mesure de vivre dans la peau de plusieurs personnages disposant d'identités apparemment très différentes. Jean-Jé ne serait en fait lui-même que dans sa famille et dans son village natal.

Une condamnation à dix-sept ans de prison par défaut

Pendant toutes ces années, entre 1975 et 1985, avant de revenir définitivement sur ses terres natales, Jean-Jé n'a cessé d'essayer de lever l'obstacle judiciaire qui le privait de sa liberté de mouvement. Son procès pour trafic de stupéfiants a été reporté à plusieurs reprises, en raison de compléments d'enquête, d'octobre à décembre 1977. Le verdict tombe le 13 janvier 1978 : l'accusé, grand absent, est condamné à dix-sept ans de prison par défaut. Les témoignages de repentis, les recoupements d'informations, ses séjours

1. Extrait d'une note, datée du 1er décembre 1983, de l'antenne de Nice de la police judiciaire, rédigée à la demande du directeur des affaires criminelles, sur « L'implantation de la mafia dans les Alpes-Maritimes ».

avérés à Rome, son rôle aux côtés de Vincent Colonna d'Istria et son évasion de l'Hôtel-Dieu, le 25 juillet 1975, ont convaincu le tribunal. « Ces constatations établissent sa culpabilité et son rôle d'organisateur au sommet, dans l'entente, confirmée par ses ressources financières et son train de vie[1] », estiment les juges. Ses amis se voient infliger des peines allant de dix à quinze ans de prison et 23 millions de francs d'amendes pénales et douanières.

C'est le début d'un long feuilleton judiciaire. Le 14 novembre 1978, Jean-Jé écope d'une nouvelle condamnation, cette fois, à dix-huit mois de prison, pour son évasion. « Je voulais constituer une petite équipe chargée de traquer les condamnés en fuite, car il y en avait pas mal, se souvient Lucien Aimé-Blanc. Mais c'est un travail long, basé sur des renseignements, avec des succès limités. Comme nous avions beaucoup d'autres choses, plus immédiatement efficaces, à faire, cette cellule n'a jamais vraiment fonctionné. Nous n'avons pas mobilisé les moyens pour savoir où était passé Jean-Jé. Bref, personne ne l'a cherché[2]. »

Puis survient un événement mystérieux. Le parquet fait appel de la décision du tribunal de Marseille. La cour d'Aix-en-Provence rejuge les trafiquants. Dans son arrêt, rendu le 19 octobre 1978, les magistrats alourdissent les peines. Alexandre Colonna d'Ornano (relaxé en première instance et en fuite) est condamné à dix-sept ans de prison, Vincent Colonna d'Istria à seize (au lieu de quinze), Jean-Baptiste Giansily à quatorze (au lieu de dix), Jean-Dominique Bianchini à quatorze (au lieu de douze), Jean Hamalian à douze (au lieu de dix) et Armand Cherchi (relaxé en première instance, présumé en fuite) à douze[3]. Des mandats d'arrêt sont réclamés contre Alexandre Colonna d'Ornano et Armand Cherchi.

La cour d'appel « oublie » de le rejuger

Les magistrats rappellent le rôle actif de Jean-Baptiste Colonna en tant que co-organisateur du trafic. Mais ils ajoutent que le tribunal « sursoit à statuer sur l'appel du Ministère public concernant Colonna Jean Baptiste, ce jusqu'à expiration du délai d'opposition

1. Tribunal de grande instance de Marseille, 7e chambre correctionnelle, audience du 13 janvier 1978, jugement n° 388, p. 24.

2. Entretien avec l'un des auteurs, 14 octobre 2003.

3. Vincent Colonna d'Istria, Jean-Baptiste Giansily et Jean-Dominique Bianchini déposèrent des pourvois en cassation, lesquels furent rejetés dans un arrêt du 16 octobre 1979 de la chambre criminelle de la Cour de cassation, n° 79-90, 762-B.

ouvert à ce prévenu[1]». La formule est complexe. Elle ouvre en fait une période légale de trois ans, permettant à la cour d'appel de se prononcer le plus tard possible, avec, peut-être, une chance d'avoir entre-temps rattrapé le fugitif. Ce report décale mécaniquement le début possible d'un autre délai, celui de la prescription des condamnations (cinq ans après un jugement) en cas de non-arrestation.

Aucun des autres prévenus alors en fuite n'a droit à ce traitement de la part de la cour d'appel. Et que se passe-t-il pendant ces trois années de sursis à statuer ? Rien. Strictement rien. Personne ne trouve Jean-Jé. Les délais d'opposition s'écoulent. La cour d'appel d'Aix omet de rejuger Colonna et dépasse le délai légal dans lequel elle pouvait se prononcer. L'action publique contre Jean-Jé s'éteint automatiquement.

Contrairement à une légende tenace, que certains rapports policiers récents sur Jean-Baptiste Colonna perpétuent, Jean-Jé n'a jamais fait l'objet d'un jugement d'appel transformant sa peine de dix-sept ans d'emprisonnement en dix-sept ans avec sursis, ce qui aurait constitué un tour de force judiciaire. Il n'a tout simplement pas été jugé en appel. Lui-même ironisera sur cet étrange hasard, qui lui a été favorable. Selon lui, il n'est dû qu'aux bévues de magistrats qui voulaient, au contraire, le pourchasser le plus longtemps possible : « À vouloir trop en faire, les juges ont oublié de statuer dans les délais légaux et la peine est devenue caduque. Un professeur de droit, à qui j'avais soumis le cas, m'avait conseillé d'attendre la prescription légale, car la justice pouvait jouer sur la première condamnation de dix-sept ans en première instance. Dans tous les cas de figure, la prescription était acquise en 1985[2]. » Aucune enquête interne n'a été diligentée par la chancellerie sur ce dysfonctionnement.

Le casier judiciaire de Jean-Jé est donc vierge. L'action publique étant prescrite, la condamnation à dix-sept ans de réclusion prononcée en première instance n'y figure pas. La vérité judiciaire ne verra pas le jour. Mais la date du retour de Colonna sur le terri-

---

1. Cour d'appel d'Aix-en-Provence, 5e chambre correctionnelle, arrêt du 19 octobre 1978, n° 821, p. 19.

2. Le professeur de droit consulté par Jean-Jé est Jacques Léauté, spécialiste de droit pénal, professeur émérite à l'université de Paris-II, directeur de l'Institut de criminologie de Paris jusqu'en 1985. Jean-Jé, à partir de 1983, fait appel à une autorité indiscutable en matière pénale afin d'obtenir un avis éclairé sur son dossier. Auteur de nombreux ouvrages de référence, Jacques Léauté avait été choisi par François Mitterrand, Robert Badinter et Gaston Defferre, à l'automne 1981, comme expert pour présider une commission chargée d'abroger la « loi sécurité et liberté » votée le 2 février 1981 par la précédente Assemblée.

toire français, au regard de la complexité des règles de prescription des peines, fait encore l'objet d'interrogations parmi ses conseillers.

Contactés à partir de 1983 par Paul Mondoloni, ami proche des Colonna, les experts juridiques suggèrent la prudence. « Nous sommes parvenus à une date, à la fin juillet 1985, après laquelle Jean-Jé pouvait revenir sans risque juridique. Par sécurité, nous avons repoussé de quelques jours la date effective de son retour[1] », raconte l'un d'eux. Toujours à l'initiative de Paul Mondoloni, des avocats se renseignent auprès de la Direction des douanes, mi-1985, afin d'obtenir confirmation que les prescriptions de l'action publique et des peines font également tomber les amendes douanières.

Le 3 août 1985, Jean-Baptiste Jérôme Colonna, dit Jean-Jé, est un homme libre. Même s'il lui arrive, sans doute, de regretter une autre liberté, celle du fugitif capable de se déplacer où bon lui semble dans le monde, il retrouve sur son île une idée qui sommeille au fond de l'identité corse, celle de la terre nourricière. Relevant davantage du mythe que de la réalité, elle structure pourtant les consciences insulaires depuis des siècles. Jean-Jé, comme les autres, n'y échappe pas. L'attachement aux racines, la reconnaissance de ses compatriotes constituent, pour beaucoup, les marques d'une vie réussie. Combien de brillants destins professionnels, vécus loin de la Corse, sont venus se briser sur les récifs du manque de gratitude insulaire ? L'histoire politique locale fourmille d'exemples d'ambassadeurs, de grands chercheurs, de chefs d'entreprise pensant, à tort, qu'un parcours individuel suffit pour être élu ou écouté.

Le cas de Jean-Jé ne ressemble pourtant guère à ceux-là. Il arrive sur un terrain conquis et préparé par son oncle Jean Colonna, dont la figure est centrale dans le paysage de Corse-du-Sud. Les amis de son parent seront les siens. Voilà longtemps que ce dernier songe à sa succession. Symbole de cette passation, quatre mois après le retour de Jean-Jé sur l'île, Jean Colonna meurt. C'est la fin d'une époque. Jean-Jean restait l'homme du *Combinatie*. Le parcours de son neveu n'a rien à lui envier : il a déjà traversé près de trente ans d'histoire du grand banditisme français. L'exceptionnelle longévité de l'ancien est appelée à durer. Son nom et son ombre vont encore planer sur l'île pendant près de deux décennies.

1. Entretien avec l'un des auteurs, août 2003.

Chapitre 12

Le système Jean-Jé

De retour en Corse, Jean-Jé n'a aucun mal à imposer sa marque personnelle. Sa cavale réussie de dix années rehausse son aura personnelle. Il est le fils spirituel de l'homme fort de la région, Jean Colonna, qui lui transmet un clan solide et fortement implanté. Le neveu succède naturellement à son oncle en 1985. Il s'appuie, pour ce faire, sur ses propres liens d'amitié et d'obligeance, dont les couches se sont sédimentées depuis son enfance. Désormais installé à demeure, il peut développer au grand jour son réseau et devenir, à son tour, l'une des pièces maîtresses de la vie politique et économique de la Corse-du-Sud. C'est la naissance du « système Jean-Jé ».

Lorsqu'il prend ses quartiers sur l'île, Jean-Baptiste Colonna bénéficie, de plus, d'une conjoncture favorable. Les voyous de sa région se font discrets. Entre 1974 et 1982, une quinzaine de règlements de comptes ont ensanglanté la région du Valinco (Propriano, Sartène, Olmeto) et celle d'Ajaccio, sur fond de guerre pour les machines à sous et la maîtrise du racket. Les moyens expéditifs utilisés à cette époque – cadavres encore fumants lestés de béton et lancés dans la mer, funestes promenades en bateau – ont fait naître des légendes qui n'effraient pas que les enfants. La région est surnommée « le triangle des Bermudes ».

Au début des années 80, les membres les plus éminents de la bande du Valinco tombent à leur tour lors d'un conflit avec les nationalistes du FLNC[1]. Les hostilités débutent, le 17 juin 1983, par l'assassinat du militant indépendantiste Guy Orsoni, frère d'Alain Orsoni. Les mesures de rétorsion frappent les auteurs supposés de

1. Voir plus loin le chapitre intitulé « Les frères ennemis ».

l'homicide dès le 6 juin 1984. Ce jour-là, un commando nationaliste pénètre dans l'enceinte de la prison d'Ajaccio. Ses membres tuent, dans son sommeil, Jean-Marc Leccia, chimiste reconnu sur la scène internationale du trafic de drogue et homme fort de Porto-Vecchio. Ils réservent le même sort à Salvatore Contini, un Sarde recherché en Italie pour une dizaine d'assassinats, homme de main de Jean Alfonsi, dit « Jeannot le Long », chef de la bande du Valinco mort d'un cancer généralisé en décembre 1983. L'un des lieutenants de ce dernier, Paul Andréani, témoin clé de l'affaire et laissé sauf par le commando nationaliste dans la prison, est abattu à Ajaccio le 8 janvier 1986. Henri Rossi, personnage important de la pègre insulaire, dont le nom apparaît dans cette enquête, décède, quant à lui, de mort naturelle.

Selon les services de police locaux, le banditisme traverse, ces années-là, une période de transition qui facilitera l'installation de Jean-Jé au pays[1]. En Corse-du-Sud, les équipes se recomposent. Des truands du Valinco qui opéraient sur le continent reviennent peu à peu dans la région en faisant alliance avec des voyous implantés à Ajaccio. Racket et machines à sous constituent le ciment de l'activité criminelle locale. Entre 1986 et 1990, deux camps s'affrontent en Corse-du-Sud, et sur Ajaccio en particulier. D'un côté, l'équipe de Christian Léandri, Dominique Paoli, Gérard Franchi, Gérard Battini, Bernard Pietri et Antoine Motta. De l'autre, le groupe dirigé par Roger Polverelli et Jean-Pierre Leca, par ailleurs militant nationaliste.

Les règlements de comptes entre voyous reprennent de plus belle à partir du guet-apens mortel tendu, le 3 juin 1986, à Joseph Polverelli. Son frère, Roger Polverelli, échappe quant à lui le 6 octobre 1989 à une tentative d'assassinat et s'enfuit à l'étranger. On retrouvera sa trace en Afrique de l'Est. Dès lors, chaque année, la morgue locale accueille un ou deux corps refroidis.

Le chef d'un clan informel

Lorsque Jean-Jé rentre en Corse, aucune puissance locale n'est en mesure de s'opposer à lui. Les services de l'État ne réagissent pas à cette réapparition. Jean-Jé appartient, selon la préfecture, à la vieille histoire. Un parcours criminel en général et celui des Colonna en

1. Commentaire émanant du rapport du procureur général près la cour d'appel de Bastia (Haute-Corse), Bernard Legras, sur « La criminalité organisée en Corse », remis, au mois de juillet 2000, à la ministre de la Justice, Élisabeth Guigou.

particulier n'ont jamais été un obstacle pour exister publiquement sur la scène insulaire.

Les Colonna utilisent les mêmes armes que les chefs de clan classiques. Ils entretiennent leur clientèle et ne ménagent pas les interventions en vue d'obtenir, ici des stages, là des emplois. Ce qui était, à l'origine, une toile de solidarité permettant de survivre dans un environnement hostile représente, aujourd'hui, le cœur d'un système. Point de salut sans le recours à la personne qui détient une part du pouvoir politique et, par extension, le contrôle sur la manne publique. Tant que le chef de clan est en mesure de redistribuer une part de la richesse à sa clientèle, il pérennise sa légitimité en incarnant la seule voie d'accès à un mieux-être social et individuel.

Le chef politique local doit être en mesure d'offrir des débouchés, y compris par le biais de ses propres affaires. « Sur mon canton de Zicavo, à la fin des années 60, sur une classe de dix élèves, près de cinq ont été embauchés dans les cercles de jeux[1] », se rappelle un magistrat originaire de la région des Francisci, les parrains des casinos et des cercles de jeux. Ces pratiques sont conformes à la tradition qui règne dans le sud de l'île, profondément ancré dans une culture féodale. En contrepartie, elles garantissent au chef de clan une fidélité électorale sans faille. Les familles, au sens large du terme, bénéficiaires de ces aides lui apportent d'un seul bloc leur vote lors des élections.

C'est ainsi que les sociétés archaïques se perpétuent, laissant croire à des générations que leur avenir dépend d'une personne, seule détentrice des clés de l'ascenseur social. L'héritage historique de la Corse, mêlant le repli sur soi et la présence passagère, à intervalles réguliers, d'influences étrangères, a durablement imprimé dans les consciences insulaires l'idée qu'il ne fallait rien attendre de l'extérieur. À tel point qu'il est courant, sur l'île, de voir des familles prendre attache avec des piliers de leur clan pour obtenir d'eux des services – qu'il s'agisse d'accéder à des administrations, de joindre des personnes ou même de solliciter des aides sociales – qu'elles auraient tout à fait pu obtenir par elles-mêmes.

En Corse, la sujétion des membres d'un clan à son chef ne se limite cependant pas à une question d'argent. Le système Jean-Jé, par exemple, est une organisation sans lien formel. C'est une structure pyramidale qui ne peut vivre que si ses entités s'entraident et gardent la possibilité de croître à leur guise sans se gêner. Pour en

1. Propos recueillis par l'un des auteurs en novembre 2003.

saisir le fonctionnement interne, il faut étudier la nature des liens au cas par cas.

Enfin, Jean-Jé lui-même, quelle que soit la crainte qu'il inspire aux habitants de l'île, ne peut bousculer brutalement les équilibres locaux. Il doit composer avec les autres pouvoirs insulaires. Même vieillissants, les clans traditionnels conservent leur pré carré. Et les nationalistes, pour leur part, disposent d'une force armée qu'ils n'hésitent pas à utiliser pour s'attaquer à l'État, mais aussi pour déstabiliser les bandes ou se défendre face aux voyous.

Chef de clan ou parrain, à la mode corse, Jean-Jé se doit donc de mettre en place et de faire vivre un système politique et économique. Il manquerait à ses devoirs s'il n'offrait pas, explicitement ou implicitement, la protection de son nom aux membres de son clan. Plus ceux-ci seront proches de lui, plus il lui sera impératif de leur fournir assistance, même si les affaires pour lesquelles il intervient portent sur des sommes négligeables à ses propres yeux. Il s'agit alors d'une question de principe, comme c'était le cas au Moyen Âge à grande échelle. Ses affidés doivent pouvoir compter sur lui. C'est pourquoi sa présence est diffuse. Tenter de la décrire revient à dresser un vaste tableau impressionniste.

Des amis dans le casino d'Ajaccio

Édouard Cuttoli, délégué RPR départemental et président de la chambre de commerce et d'industrie (CCI) de Corse-du-Sud au début des années 90, illustre à sa manière certaines caractéristiques du système Jean-Jé. « Édouard Cuttoli est mon ami d'enfance », affirme à son propos Jean-Baptiste Colonna, en 2002, dans le mensuel *Corsica*. Peut-on pour autant déduire de ce type de déclaration, qui au regard des mœurs corses comporte une solennité échappant peut-être aux continentaux, une forme de dépendance ? Rien n'est moins sûr. Il est préférable d'apprécier l'influence du chef de clan en le voyant comme la clé d'une « voûte[1] » sous laquelle le système peut perdurer, quitte à accepter des dissensions en son sein.

La question du lien entre Édouard Cuttoli et Jean-Jé a été évoquée dans l'enquête ouverte, le 14 août 2000, par le procureur d'Ajaccio, Jacques Dallest, après la transmission par Tracfin, l'organisme antiblanchiment du ministère des Finances, d'éléments concernant les casinos d'Ajaccio et de Saint-Nectaire, dirigés par Édouard Cuttoli et ses deux fils. Selon la justice, des soupçons de

1. C'est le terme employé par un magistrat d'origine corse devant l'un des auteurs.

blanchiment pouvaient être émis sur des mouvements de fonds transitant sur les comptes des Cuttoli, père et fils, à la Barclays Bank.

Ouvert en 1937, exploité depuis trois générations par la famille Cuttoli, le casino d'Ajaccio vit modestement jusqu'en 1993. Cette année-là, le ministère de l'Intérieur accorde à ses dirigeants une licence d'exploitation pour quarante machines à sous. Les recettes, qui plafonnaient à un million de francs, décollent, atteignant plusieurs dizaines de millions[1]. Un an plus tard, la famille Cuttoli, associée à trois partenaires, dont un professionnel des jeux, Antoine Luciani, et l'un des employés du casino, Jean-Guy Bozzi, crée la société du casino Saint-Nectaire pour relancer l'établissement tombé en désuétude. Le père et les fils Cuttoli investissent dans cette affaire 3,390 millions de francs. En 1996, le casino est cédé pour près de 8 millions de francs à la Compagnie européenne des casinos, troisième exploitant de casinos en France.

Au cours de leur enquête préliminaire, les policiers constatent que « les mouvements de fonds qui ont alerté Tracfin sont tous justifiés au plan comptable et juridique ». Mais ils relèvent aussi que « les retraits d'espèces qui représentent 11,625 millions de francs de 1994 à 1997, alors que dans le même temps plus de 22 millions de francs de dividendes ont été distribués, ne trouvent aucune justification crédible, et surtout pas celle qui consiste à les attribuer à un train de vie important. La façon dont les espèces sont extraites des comptes bancaires laisse à penser qu'elles sont destinées à une tierce personne »[2]. Cet inconnu, qualifié d'« associé occulte » par la justice, aurait donc reçu près de 50 % des dividendes générés par l'activité du casino d'Ajaccio sans rien apporter en retour.

Interrogé par *Le Monde* en novembre 2000, Édouard Cuttoli indiquait que « l'ensemble des contrôles de nature fiscale ou patrimoniale réalisés à [son] encontre ou à celle de [ses] proches n'avait donné aucun résultat ». De plus, ajoutait-il, « quant à l'existence de retraits en espèces de plusieurs millions de francs, cela est impossible à effectuer »[3]. Le procureur général de Bastia se contentera, dans son rapport sur la criminalité organisée en Corse[4], de mentionner la possible présence, derrière ces mouvements de fonds suspects, « des réseaux

1. En 2002, le chiffre d'affaires du casino d'Ajaccio a atteint 6,3 millions d'euros (soit 41 millions de francs) et son bénéfice net 1,3 million d'euros (soit 8,5 millions de francs).

2. Extraits des conclusions de l'enquête préliminaire remises, le 5 juin 2000, par la section financière du SRPJ d'Ajaccio au procureur de la République d'Ajaccio, Jacques Dallest, à la suite de ses réquisitions du 30 juin 1998.

3. *Le Monde*, 3 novembre 2000.

4. Rapport de Bernard Legras sur « La criminalité organisée en Corse », *op. cit.*

africains», «des bateliers de Bonifacio» ou «de telle famille ayant fait fortune dans les cercles de jeu parisiens». À la fois floues et assez précises pour qu'il soit possible de se faire une idée, ces formules désignent, selon la justice, des personnes proches de la sphère d'influence de Jean-Jé Colonna. Dans cette affaire, le juge d'instruction d'Ajaccio, Jean-Michel Gentil, se déplacera, le 27 mars 2001, avec les policiers au domicile parisien de Jean-Jé, dans le VIe arrondissement[1].

Autour d'affaires touristiques

Le nom de Jean-Jé apparaît également dans le cadre d'affaires judiciaires liées à des projets touristiques et hôteliers qui surgissent, au début des années 90, sur la rive sud d'Ajaccio sous l'impulsion de son ami Édouard Cuttoli, qui préside alors la chambre de commerce et d'industrie. Les investigations ouvertes après l'assassinat, le 12 décembre 1990, de Lucien Tirroloni, président de la chambre d'agriculture de Corse-du-Sud, tentent, un temps, d'établir les mobiles de cet acte. Les enquêteurs imaginent de possibles règlements de comptes sur fond de spéculations immobilières. Les écoutes téléphoniques réalisées par les policiers mettent notamment en lumière la présence de Jean-Jé lors de l'élaboration des projets de construction de deux golfs, à Cauro et à Propriano. Il figure aux côtés de son frère, Charles Colonna, de son principal conseiller juridique, l'avocat ajaccien Jean-Louis Lentali, du maire de Cauro et d'une figure historique du nationalisme, Marcel Lorenzoni, alors président du syndicat des agriculteurs corses. Jean-Jé sera placé en garde à vue dans cette enquête, mais rien ne sera retenu contre lui.

Interrogé par *Corsica* sur les assassinats, en 1990, de Lucien Tirroloni et de Charles-Antoine Grosseti, le maire de Grosseto-Prugna, Jean-Baptiste Colonna réagit aux soupçons qui pèsent sur lui. «Je n'ai strictement rien à voir dans ces affaires. Lucien Tirroloni était mon ami. Mon oncle Jean avait aidé à le faire élire à la chambre d'agriculture. J'ai même dû contacter un frère de Lucien pour lui affirmer mon innocence après que la rumeur m'eut accusé de ce crime. J'ai dû faire la même démarche auprès d'un fils de Charles Grosseti. Je ne suis pas de la race de la canaille qui tue par intérêt.»

Début février 1994, son nom est de nouveau cité dans une transaction immobilière suspecte signalée à la sous-direction des affaires

---

1. Alors que cet ouvrage est mis sous presse, en mars 2004, l'enquête judiciaire sur le casino d'Ajaccio n'est toujours pas terminée.

criminelles de la police judiciaire. Le 30 juin 1993, Marc-Antoine Nicolaï a signé un projet de transaction, d'un montant de 6 millions de francs, pour l'achat d'un camping. Situé dans le hameau de Tizzano, sur la commune de Sartène, l'investissement était prometteur, au sein d'une région encore très préservée. Finalement, la négociation n'a pas abouti.

> Or, écrit la police judiciaire, l'annulation de la promesse de vente fait apparaître une malversation de la part du commanditaire de cette affaire, Jean-Jé Colonna, qui est intervenu à plusieurs reprises auprès du dirigeant de l'association, propriétaire du camping [...] L'employé du Crédit agricole contacté déclare qu'aucun prêt n'a été sollicité dans son agence. Cela confirme que, même si la vente ne s'est pas réalisée, l'intervenant occulte utilisait M. Nicolaï comme prête-nom et qu'un banquier est intervenu de manière complaisante afin de dissimuler la véritable origine des fonds[1].

Marc-Antoine Nicolaï, selon le SRPJ d'Ajaccio, est l'objet d'une fiche de mise en attention. Son frère Jean-Baptiste a, lui, été écroué, le 4 juillet 1996, dans une affaire de machines à sous implantées dans des bars de Corse-du-Sud. Les éléments recueillis au cours de l'enquête laissent entendre que leur exploitation aurait rapporté, en l'espace de onze mois, entre 800000 et 1 million de francs.

Les policiers voient encore l'ombre de Jean-Jé, au mois d'octobre 1994, dans des activités commerciales liées à l'aéroport d'Ajaccio. À la mi-juillet 1994, son épouse a déposé les statuts de la société Lisair, dont l'objet est « l'exploitation du bar de l'aéroport de Campo dell'Oro, à Ajaccio[2] ». Le capital est réparti entre la société, gérée également par la conjointe de Jean-Jé Colonna, et deux proches de ce dernier, Ange Césari et François Mari, dit Fanfan. Ange Césari apparaît dans la fourniture de jeux et de machines électroniques pour les bars et salles d'amusement[3]. François Mari, qui dirige, quant à lui, une carrosserie à la sortie

---

1. Note transmise, le 2 février 1994, par le SRPJ d'Ajaccio à la sous-direction des affaires criminelles, intitulée « L'échec d'une transaction immobilière en Corse révélerait des malversations commises à l'instigation de Jean-Jé Colonna ».

2. Selon les registres du tribunal de commerce d'Ajaccio, la SARL Lisair a été enregistrée le 13 juillet 1994.

3. La SARL Distrimatic a été enregistrée, le 24 août 1989, au greffe du tribunal de commerce d'Ajaccio. Son siège est à Conca, en Corse-du-Sud. Ses statuts indiquent qu'elle a « pour objet l'achat, la vente, l'importation, la location de tous appareils mécaniques et électroniques destinés au sport et à l'amusement, ainsi que des jeux automatiques incluant un système de monnayeur ».

d'Ajaccio, a été placé sous surveillance rapprochée pendant quatre mois, en 1992, par le SRPJ. Aucun d'entre eux ne sera poursuivi dans cette affaire.

Le bar de l'aéroport – une belle affaire commerciale, surtout l'été – était jusqu'alors géré par Xavier Villanova, président du Comité régional du tourisme, qui reste concessionnaire de la restauration et de la distribution du tabac, des journaux et des souvenirs de l'aéroport. Les policiers estiment dans leur rapport que « M. Villanova aurait été persuadé de céder la partie débit de boissons [1] ». Ils ne précisent pas la nature de ces « persuasions ». De plus, aucune plainte n'a été déposée pour dénoncer les menaces qui l'auraient contraint à se séparer de son affaire. Il est peu aisé de savoir s'il a réellement été victime d'intimidations. Le propriétaire des installations aéroportuaires, la chambre de commerce et d'industrie de Corse-du-Sud, alors présidée par Édouard Cuttoli, n'a de plus signalé aucun conflit au sujet de cette cession. Cuttoli validera enfin la reprise d'un terrain appartenant à la CCI, sur la route de l'aéroport, par le frère de Jean-Jé et sa fille [2]. Pourtant, l'opération, selon le SRPJ d'Ajaccio, « pourrait s'inscrire dans le cadre d'une transaction immobilière de type hôtelier susceptible de donner lieu au versement d'une indemnité d'éviction importante au bénéfice du titulaire du bail. Les conditions d'éviction du précédent exploitant ne sont pas connues à ce jour [3] ».

Le clan Colonna, ou le système Jean-Jé, semble ainsi étendre son influence de manière très discrète, grâce à un subtil assemblage de cercles de fidélité. Jean-Jé s'appuie sur ses amis. Un ami est une personne sur laquelle on sait pouvoir compter en cas de besoin. Fondé sur de vieux réflexes de solidarité, ce lien crée des devoirs et des dépendances. Lorsque Jean-Jé déclare que le directeur de l'Eden Roc, hôtel de luxe situé sur la route des Sanguinaires, à Ajaccio, « est un ami, du même village que moi », cela signifie qu'il appartient à son cercle. C'est ainsi. Dans cet univers, le lien formel est superflu. Jean-Jé n'a nul besoin de figurer dans les statuts de la société qui gère cet

---

1. Note transmise par le SRPJ d'Ajaccio, le 12 octobre 1994, à la direction générale de la police nationale, portant sur « Les activités du nommé Colonna Jean-Baptiste, dit Jean-Jé ».

2. Le 26 mai 1994 sont déposés au greffe du tribunal de commerce d'Ajaccio les statuts de la SARL Agri-développement, dont l'objet déclaré est « la prise à bail et la valorisation d'un terrain sur la route de l'aéroport d'Ajaccio ». Le capital social de la société est partagé entre Charles Colonna et sa fille.

3. Note « Les activités du nommé Colonna Jean-Baptiste, dit Jean-Jé », *op. cit.* Ces soupçons ne donnèrent lieu qu'à des enquêtes préliminaires, dont la plupart furent classées sans suite.

hôtel pour avoir une influence sur lui. Il peut donc, à juste titre, déclarer qu'il n'a aucun lien avec l'établissement[1].

Le propriétaire de l'Eden Roc, selon le procureur général de Bastia[2], n'avait pas de revenus personnels suffisants pour acquérir cet hôtel de luxe sans un soutien bancaire tout à fait inédit. La justice a ouvert une enquête pour tenter de découvrir l'identité d'un éventuel propriétaire masqué, qui aurait pu être Jean-Jé. Les investigations fiscales et policières n'ont pu démontrer ni l'existence d'infractions, ni sa présence dissimulée. Cependant, une chose est sûre : le système Jean-Jé est un débouché naturel d'emplois pour les familles vivant sur le territoire du clan Colonna. Mais, comme le disent souvent les intéressés eux-mêmes, la proximité n'est pas un délit, bien qu'en Corse l'amitié implique une obligation d'assistance. Cette règle non écrite est plus forte qu'une signature apposée au bas d'un contrat.

Jean-Jé se pose en juge de paix

Jean-Jé, comme son oncle avant lui, fait office, à l'occasion, d'arbitre. Il s'interpose dans des litiges commerciaux ou de voisinage. Au milieu des années 90, un conflit oppose ainsi, à Propriano, Christian Taberner, qui gère un petit chantier naval, et Antoine-Jean Gianetti, pêcheur chargé du sauvetage en mer et de la capitainerie. Gianetti est proche d'Émile Mocchi, maire de Propriano, et de François Santoni, leader nationaliste influent de Corse-du-Sud. Christian Taberner a développé ses affaires en rachetant d'abord une petite société de construction navale à Propriano, puis un autre chantier, de faible activité, à Porto-Vecchio, sur la côte sud-est de l'île, chantier qu'il a rendu très profitable grâce à de gros contrats, notamment celui du bateau de Michel Sardou.

Christian Taberner exploite aussi la station-service du port de plaisance de Propriano. Or Antoine-Jean Gianetti affirme s'être entendu avec lui pour reprendre son affaire. Ce que dément l'intéressé, qui estime que Gianetti a tenté de lui ravir la gestion de son commerce grâce à l'aide de Noël Pantalacci, patron de Pétro-Corse, filiale du groupe Elf, dont dépend la station. Il menace même d'assigner Pétro-Corse et son dirigeant pour dénonciation illégale de contrat.

---

1. Entretien avec Gabriel-Xavier Culioli, *Corsica*, *op. cit.*
2. Rapport de Bernard Legras, « La criminalité organisée en Corse », *op. cit.*

Le débat est tranché par Jean-Jé dans une salle de réunion de l'hôtel de luxe Miramar, situé à l'entrée de Propriano. Cet établissement a été acheté, en 1989, par deux sociétés que dirige Arlette Albertini, l'épouse de Jean-Jé Colonna, lequel y règne en maître. C'est là qu'il reçoit les doléances et gère son clan. Cette fois-ci, il rassemble autour de la table Noël Pantalacci, Toussaint Mocchi, entrepreneur et neveu d'Émile Mocchi, Christian Taberner et Antoine-Jean Gianetti. Au terme de la réunion, Jean-Jé décide que le contrat liant Taberner à Pétro-Corse ira jusqu'à échéance, soit un an plus tard, puis que la gestion changera effectivement de main. En revanche, il demande à Noël Pantalacci de dédommager Antoine-Jean Gianetti pour cette attente, le montant étant fixé à 60 000 francs.

Personne ne s'avise de contester cette justice privée. Car Jean-Jé Colonna apparaît comme neutre, tout en étant aussi proche des Mocchi que des Taberner. Cette dernière famille compte un autre frère, Alain, qui sera condamné à huit ans de prison dans une vaste affaire de trafic de cocaïne entre l'Amérique du Sud et la France, via les Antilles, après avoir été interpellé le 20 juillet 1998. Il sera acquitté sur le trafic en lui-même, mais la justice retiendra l'association de malfaiteurs, son appartenance au groupe et les convoyages de certains de ses membres entre Nice et l'Espagne. Les Taberner contrôlent enfin, à cette époque, la petite société de transport aérien qui effectue les liaisons avec l'aéroport d'Ajaccio.

Le chef de clan Jean-Jé assure des fonctions de juge de paix et se substitue à la puissance publique. « Je pense avoir beaucoup d'amis, je rends service dans la mesure de mes moyens et de mes connaissances [...] J'ai toujours cherché à éviter les faux conflits et à arranger les rapports entre les gens. C'est peut-être ce qui m'a valu une réputation de parrain », explique-t-il lui-même. Le mariage de sa fille, au cours de l'été 1997, toujours au Miramar, symbolise la nature de son influence. Parmi les invités figure le gratin du monde politique local, du président de l'Assemblée territoriale de Corse au maire d'Ajaccio. On aperçoit aussi l'un des fidèles conseillers de l'ancien ministre de l'Intérieur, Charles Pasqua, et même des vedettes du petit écran. Assister à cette cérémonie ne signifie pas que l'on appartient à une organisation criminelle ni que l'on cautionne le passé de son hôte. En Corse, le lien social n'obéit pas aux mêmes règles que sur le continent ; la population restreinte accroît le phénomène de proximité. La forte affluence constatée à cet heureux mariage démontre néanmoins publiquement la stature de l'hôte qui reçoit.

L'hôtel Miramar, un achat douteux

Lorsqu'elle tente de dénoncer le rôle de «parrain» de Jean-Jé, la commission d'enquête parlementaire créée en 1998, après l'assassinat du préfet de région Claude Érignac, sur l'utilisation des fonds publics en Corse s'attaque à la face la plus visible de ce pouvoir : l'hôtel Miramar, son quartier général[1]. L'établissement hôtelier a été créé, notamment, par André Bracco, en 1965. Dominant la baie de Propriano, ses murs blancs sont rosis, les jours de beau temps, par les rayons du soleil couchant. Seul défaut, l'hôtel ne possède pas d'accès direct à la plage qu'occupe, en contrebas, un centre de village-vacances, fréquenté par les comités d'entreprise et géré par un nationaliste.

Le Miramar, on l'a vu, a été acquis en 1989 par l'épouse de Jean-Baptiste Colonna grâce à des prêts de la Caisse de développement de la Corse (Cadec). Si l'enquête parlementaire évoque, dans ses conclusions, des «doutes sur le caractère spontané de la vente par les anciens propriétaires[2]», une chose, au moins, est sûre : l'hôtel s'est rapidement endetté. Au 25 octobre 1995, la Cadec compte plus de 12 millions de francs de créances à son égard. Les changements de gérance – elle a été confiée un temps à l'un des enfants de Jean-Jé, puis à la société de gestion hôtelière du Grand Hôtel de Cala Rossa, contrôlée par l'homme fort de la région de Porto-Vecchio, Jean-Toussaint Canarelli, un proche de Jean-Jé – n'y changeront rien.

Faute de recouvrer ses créances, la Caisse de développement de la Corse engage une vente judiciaire, le 7 mars 1996, à la bougie. Le Miramar est mis à prix à 3 millions de francs. L'avocat de la Cadec, seul acheteur, emporte le lot pour 3,001 millions et indique, par simple lettre, à Mme Colonna qu'elle peut poursuivre l'exploitation jusqu'à la fin de la saison touristique. Finalement, la société civile immobilière Punta Mare, contrôlée par l'un des hommes les plus fortunés de Sartène, Ange-Marie Farinelli, dit «Coco», neveu du parrain corso-marseillais Paul Mondoloni, abattu en 1985, reprend l'actif avec l'un de ses parents. Le 17 avril 1997, le maire de Pila-Canale (fief de Jean-Jé Colonna), Robert Feliciaggi, dont la famille a fait fortune en Afrique, rachète une partie des parts.

---

1. Cette commission d'enquête parlementaire, chargée d'étudier les conditions dans lesquelles les fonds publics étaient gérés en Corse, a été créée le 3 mars 1998. Présidée par Jean Glavany, vice-président (PS) de l'Assemblée nationale, elle a remis le 9 septembre de la même année ses conclusions au Premier ministre Lionel Jospin.

2. Extrait du rapport final de la commission d'enquête parlementaire présidée par Jean Glavany, *op. cit.*

« L'on ne peut que s'étonner, s'indigne la commission d'enquête parlementaire, des liens croisés et des rivalités qui concernent des hommes aux intérêts importants dans plusieurs secteurs économiques, dont le monde des jeux, en France ou en Afrique. Leur proximité avec le banditisme et certains milieux nationalistes conforte la perception d'un système prémafieux[1]. » La Cadec est alors soupçonnée d'être le cheval de Troie du système. La justice ouvre, le 5 octobre 1998, une enquête pour abus de biens sociaux et recel, qui vise notamment les investissements réalisés par cet organisme, deuxième pilier financier de l'île après le Crédit agricole, dans les secteurs du tourisme, de l'hôtellerie, de la grande distribution ou de l'industrie de la pierre.

Créée en 1984 dans le cadre des lois de décentralisation, la Cadec est une société de développement régional (SDR), comme il en existe d'autres sur le continent. Elle intervient soit comme actionnaire dans des sociétés industrielles ou commerciales, soit comme établissement financier bailleur de fonds pour les entreprises clientes. Selon les premiers éléments de l'enquête, la Cadec aurait enregistré, de 1993 à 1995, 361 millions de francs de créances douteuses.

Nommé à sa présidence en 1994, Noël Pantalacci décide d'effectuer des provisions très importantes pour éponger le bilan jugé catastrophique laissé par ses prédécesseurs. Lorsque la justice commence à s'intéresser à la Cadec, il déclare qu'« il appartient au juge de faire la part entre le risque économique, la perfusion sur ordre politique et les financements irréguliers ». Il ajoute qu'il était impossible d'obtenir le concours de la force publique pour recouvrer des créances et que les ventes à perte sont inévitables. « Il faut savoir qu'en Corse il n'existe pas de marché. C'est un problème économique et culturel, on ne rachète pas le bien d'un voisin »[2].

L'anecdote concernant le propre frère de Jean-Jé, Charles Colonna, conseiller territorial de 1986 à 1992 et ancien vice-président chargé du tourisme au sein de la collectivité territoriale de Corse, illustre ces dérives. Un prêt lui avait été consenti pour ouvrir un restaurant à Ajaccio, mais les locaux ont rapidement été transformés en logement sans qu'aucun loyer soit versé. Il a fallu plusieurs années à la Cadec pour rentrer en possession de ce bien, et quelque temps encore pour le vendre, à perte, à une société civile immobilière (SCI), seule candidat au rachat. L'affaire conclue, Charles Colonna s'est de nouveau installé dans les murs.

1. *Ibid.*
2. *Le Monde*, 20 octobre 1998.

La justice a régulièrement eu l'espoir de mettre Jean-Jé en cause dans des affaires gérées par ses amis. On l'a vu sur des dossiers financiers tels que celui du casino d'Ajaccio. Elle tentera également de l'attaquer sur le front du droit commun via ses proches. C'est le cas, le 23 juin 2001, lorsque Marie-Jeanne Bozzi, la maire (divers droite) de Grosseto-Prugna (Corse-du-Sud), et son mari Antoine sont mis en examen pour « proxénétisme aggravé, dissimulation de travail clandestin et association de malfaiteurs ». Le couple dément les faits qui lui sont reprochés.

Mme Bozzi est la sœur de deux fidèles amis de Jean-Jé, Ange-Marie et Jean-Toussaint Michelosi. La justice soupçonne le couple Bozzi de contrôler un réseau d'« entraîneuses » employées par des petites boîtes de nuit situées à Ajaccio et à Porticcio. La commission rogatoire vise également l'exploitation de machines à sous illégales dans ces mêmes établissements. Dans cette affaire, rien n'implique Jean-Jé, même si l'institution judiciaire cherche, sans conteste, à le relier aux personnes mises en cause. L'enquête ne permettra pas d'apprendre grand-chose, si ce n'est qu'Ange-Marie Michelosi, dont la passion pour les chevaux est connue dans un grand nombre d'hippodromes en France, ne porte pas son beau-frère dans son cœur. Il est d'ailleurs lui-même fiché au grand banditisme et fait l'objet, depuis le 15 décembre 1998, d'un mandat d'arrêt dans une affaire de recel, de vol et de détournement frauduleux de documents administratifs pour avoir été trouvé en possession de dossiers d'archives du SRPJ d'Ajaccio.

Les gendarmes, à Marseille, n'auront pas plus de succès en travaillant, notamment, sur les intérêts que détiendrait Jean-Jé dans la cité phocéenne par le biais d'amis fidèles[1]. Ils se penchent ainsi sur l'investissement réalisé dans la brasserie-dancing, Le Métal Café, à Marseille. Ouvert en 1993 en grande pompe, en présence de Nick Venturi, figure historique du milieu marseillais et ami proche de Jean-Jé Colonna, l'établissement compte également parmi ses associés l'épouse de Vincent Colonna d'Istria, autre compagnon de route de Jean-Jé. La société qui gère Le Métal Café est aussi détenue, à hauteur de 33 %, par Marcel Ballestraci, dont le nom apparaît dans une société immobilière suisse, à Genève. Selon les gendarmes, « dans la cité phocéenne, la gestion des intérêts de la famille Colonna a été confiée à Marcel Ballestraci[2] ».

---

1. Extraits d'un rapport rédigé, le 8 février 1994, par le groupe financier de la section de recherches de Marseille sur « Les activités et relations de L. dans le domaine du grand banditisme, du trafic international de stupéfiants et des affaires financières ».

2. *Ibid.*

Jean-Jé intermédiaire entre nationalistes

Depuis son retour officiel en Corse, à la mi-août 1985, Jean-Jé a endossé les habits du chef de clan avec aisance sans pour autant occuper lui-même de fonctions politiques officielles. Il confiera au mensuel *Corsica*, en août 2002, ne jamais « avoir vraiment eu de goût pour le pouvoir politique ». « Mais j'ai cru à un moment donné, ajoute-t-il immédiatement, que je pouvais ainsi participer à l'avenir de la Corse. »

L'importance du rôle joué par Jean-Jé dans la vie insulaire apparaît notamment lors du conflit meurtrier qui oppose, entre 1992 et 1996, des groupes nationalistes rivaux. Le mouvement indépendantiste a connu deux scissions majeures, en 1989 et en 1990. La seconde a été l'occasion, pour une partie des militants, dont beaucoup de cadres, de créer le Mouvement pour l'autodétermination (MPA), sous l'impulsion d'Alain Orsoni, qui devient son leader. Le MPA dispose d'un groupe armé, le FLNC-Canal habituel. Le reste du mouvement se rassemble au sein de la Cuncolta nazionalista, adossée à une force militaire, le FLNC-Canal historique, dont l'un des chefs est François Santoni, implanté dans des villes comme Sartène, Propriano et Ajaccio.

Rapidement, l'idée que Jean-Jé soutient la Cuncolta fait son chemin dans les rangs nationalistes. Le 19 septembre 1994, alors que les tensions sont des plus vives entre indépendantistes, le FLNC-Canal habituel d'Alain Orsoni organise une conférence de presse clandestine sur la commune de Pila-Canale, le fief de Jean-Jé, au cours de laquelle il dénonce la dérive mafieuse. Orsoni affirme : « On constate une imbrication totale entre certains personnages politiques, certains mafieux locaux et certains intérêts touristiques extrêmement juteux. Nous ne pouvons l'accepter… »

Jean-Jé, pour sa part, tente de démentir. « Une des branches a fait courir le bruit que je soutiendrais l'autre branche. C'était faux. » Et il explique, sans nommer Alain Orsoni, que certains nationalistes, « en usant et abusant avec perfidie du vocabulaire habituel "dérive mafieuse", ont contribué à me coller cette réputation ». Selon lui, il s'agissait en fait d'une tactique du MPA pour déstabiliser la Cuncolta : « Imaginez, dit-il, que deux groupes s'affrontent et que l'un veuille faire une démonstration de force sans pour autant s'opposer à l'autre. Il va choisir un objectif indirect […] J'ai donc fait savoir que je n'avais rien à voir avec le Canal historique et qu'il convenait de me laisser en dehors de tous ces conflits familiaux. »

Néanmoins, il semble que Jean-Jé n'ait pas été si éloigné que cela des affaires nationalistes. Toujours en 1994, son ami d'enfance Édouard Cuttoli, directeur du casino d'Ajaccio, est battu lors de l'élection à la chambre de commerce et d'industrie de Corse-du-Sud. Il doit abandonner la présidence de l'organisme insulaire à un cadre du MPA, Gilbert Casanova, fortement soutenu par le ministère de l'Intérieur de Charles Pasqua. La perte de ce poste stratégique en termes de poids économique sur la vie locale est interprétée comme un recul de l'influence prêtée à Jean-Jé Colonna. Cette défaite accrédite, par ailleurs, l'existence d'un rapport de force avec Alain Orsoni, principale figure du MPA.

De plus, les contacts entre François Santoni et Jean-Jé sont réguliers. Début février 1996, au plus fort de la guerre entre nationalistes, des tentatives de médiation sont menées de part et d'autre. Ainsi Gilbert Casanova reçoit-il, dans les locaux de la chambre de commerce, une délégation de la Cuncolta, conduite par François Santoni, pour ébaucher une sortie de crise qui coûtera la vie à une vingtaine de personnes. L'initiative fera long feu.

Sur le chemin du retour, vers l'extrême Sud, le groupe Santoni rend visite à Jean-Jé[1]. À leur arrivée, dans la soirée, les volets de la maison sont clos. Aucune lumière ne filtre. Après s'être annoncés à l'entrée, les nationalistes sont invités à pénétrer dans un salon où se tiennent plusieurs personnes âgées de cinquante-cinq à soixante-cinq ans. Le contraste générationnel est criant. Les « tontons flingueurs », comme s'amusera à les appeler plus tard François Santoni, ont le visage fermé. Se trouve là la vieille garde de Jean-Jé. On note la présence de Vincent Colonna d'Istria, son complice des années 60, avec qui il est tombé pour trafic de drogue dans le cadre des activités du réseau Pajanacci. Il y a aussi son cousin germain, Jean-Claude Colonna, qui vit à Sartène, ou encore Antoine Mondoloni, dit « Toto », dont le silence légendaire a fini par devenir un sujet de plaisanterie parmi les nationalistes.

Après un échange rapide, François Santoni et Jean-Jé Colonna s'enferment dans une autre pièce et abordent, seul à seul, les conséquences du conflit qui oppose le MPA et la Cuncolta. Ils évoquent également l'état de la négociation entre le mouvement nationaliste et le gouvernement Juppé, échaudé par la conférence de presse clandestine de Tralonca, début janvier 1996, qui, à défaut d'annoncer

1. Récit recueilli auprès de François Santoni avant sa mort par l'un des auteurs et confirmé par un autre participant à cette rencontre.

la fin des violences politiques, a surtout mis en scène une centaine de personnes surarmées, provoquant un tollé.

Des liens avec les Feliciaggi et l'Afrique

En bon chef, Jean-Jé sait colmater les brèches de son système. Le jour où la gestion du fief de son clan, la commune de Pila-Canale, si longtemps dirigée par son oncle, est en question, c'est lui qui règle le problème. Il réussit même, à cette occasion, un tour de force dont il a le secret. La solution qu'il trouve lui permet non seulement d'élargir son cercle d'influence, mais également de réconcilier les Colonna avec une autre famille originaire de la région, les Feliciaggi.

Les Colonna n'ont pas toujours été les maîtres à Pila-Canale. Avant que Jean Colonna ne devienne le maire du village, dans les années 50, la place était en effet occupée par un parent de Robert Feliciaggi. Le souvenir humiliant de leur éviction n'a jamais quitté la mémoire des Feliciaggi, qui ont depuis trouvé un autre port d'attache : le Congo[1]. Présents dans ce pays depuis trois générations, ils en ont fait leur terre d'accueil. Fonctionnaire à l'époque coloniale, directeur des Postes et Télécommunications à Pointe-Noire, la seconde ville congolaise sur l'océan, le père de Robert Feliciaggi a passé près de trente ans de sa vie dans ce pays qu'il considérait comme le sien. Ses deux fils, Charles et Robert, ont partagé ce goût du Congo et de l'Afrique, d'autant qu'ils y ont fait fortune dans la pêche, l'import-export, le transport de matériaux de construction et la gérance d'un hôtel gouvernemental[2].

Au milieu des années 80, à la mort de Jean Colonna, le fauteuil de maire de Pila-Canale échoit au frère de Jean-Jé, Charles Colonna, qui occupe aussi des fonctions à l'Assemblée régionale. Mais, sans le dire ouvertement, la famille Colonna ne semble pas satisfaite de cette succession, et envisage progressivement de substituer à Charles une personnalité plus en phase avec les attentes de la population locale. Jean-Jé contacte alors Robert Feliciaggi et lui propose de prendre la mairie.

L'offre est loin d'être anodine. Pour Robert, ce retour s'apparente à une « revanche sur le passé ». Son nom retrouve sa place dans la

---

1. Témoignage recueilli, en septembre 2003, auprès d'un membre de la famille Feliciaggi par l'un des auteurs.

2. Stephen Smith, « Afrique : ces Corses qui font main basse sur les paris », *Le Magazine de Libération*, 18-24 mars 1995.

société insulaire. Disposant d'une fortune personnelle, il peut même prétendre à la reconnaissance publique sur cette île dont il a été longtemps éloigné. Mais il se trouve, dans le même temps, débiteur vis-à-vis de Jean-Jé. Il ne s'agit nullement d'une sujétion aveugle. Les deux hommes conservent leur liberté d'action. Néanmoins, Robert Feliciaggi entre de fait dans un cercle d'entente obligée avec celui qui l'a fait roi. Il devient maire de Pila-Canale en 1994.

Lorsqu'il est désigné premier édile de la commune, Robert n'est plus seulement l'entrepreneur corse qui a réussi en Afrique. Il a diversifié ses activités, investissant dans les jeux avec un autre Corse qu'il considère comme son frère, Michel Tomi, originaire de Corse-du-Sud et proche des Francisci. Tous deux ont lié leurs destins et leurs affaires, de 1990 à 1998, à tel point que personne n'est en mesure de distinguer l'apport de chacun dans les opérations communes. En 1990, ils ont scellé leur entente sur un précepte simple : Feliciaggi connaît l'Afrique, Tomi est un spécialiste des jeux. Né à Alger en 1947, ce dernier a fait ses classes de croupier à Monaco avant d'être employé, en 1968, à Paris, dans les cercles de jeux tenus par la famille Francisci, dont il est l'un des affidés. Promu directeur du cercle Opéra en 1973, il devient, un an plus tard, chef de partie au casino Ruhl, à Nice, où trône Jean-Dominique Fratoni, un autre poids lourd de l'univers des jeux, surnommé « le Napoléon des tapis verts ».

Après avoir tenté l'aventure en Espagne, où on lui retire son agrément professionnel pour parties truquées[1], Michel Tomi rejoint en 1981 les Caraïbes. De retour en France, ayant été mis en cause pour escroquerie, il est interdit de gestion dans le casino de Bandol dont l'actionnaire principal n'est autre que son frère, Jean Tomi, maire du village de Tasso, en Corse-du-Sud. L'établissement est fermé, en 1988, après l'ouverture d'une enquête sur des détournements de fonds. Poursuivi en sa qualité de « gérant de fait », il est incarcéré en 1989 pendant plusieurs mois[2]. C'est à sa sortie de prison, en 1990, que Robert Feliciaggi lui propose de développer les jeux en Afrique.

Leur idée : mettre l'Afrique francophone à l'heure du bon vieux PMU. Ils préparent des dossiers en vue d'ouvrir des casinos dans lesquels seront implantées des machines à sous, mais le jackpot doit venir des paris sur les chevaux. Le 10 février 1992, ils obtiennent l'exclusivité du Pari mutuel urbain camerounais. Le 23 mars 1992, les

---

1. *Le Monde*, 5 avril 2002.

2. Dans ce dossier, Michel Tomi a été condamné par le tribunal correctionnel de Toulon (Var), en mars 1996, à trois ans de prison, dont deux avec sursis, et 8 millions de francs d'amende. Ce jugement a été définitivement validé en 2000 par la Cour de cassation.

autorités du Cameroun donnent leur feu vert à la création d'un casino à Douala, le Palm Beach local. Un grand nombre d'États de l'Afrique subsaharienne passionnée par les courses de Vincennes et de Longchamp vont adhérer au système – le Sénégal, le Gabon, le Congo, la Côte-d'Ivoire, le Bénin, le Mali, le Tchad et d'autres encore[1]. Les recettes se chiffrent en centaines de millions de francs. Les deux initiateurs du projet sont riches.

De curieux comptes bancaires à Monaco

L'argent gagné par Feliciaggi et Tomi dans les PMU africains ne reste pas sur le continent. Ils le rapatrient sur des comptes numérotés dans des paradis fiscaux où les dépositaires bénéficient d'une certaine discrétion. Pourtant, la justice de l'une de ces places bancaires, Monaco, ouvre une enquête, le 30 juin 2000, sur des flux financiers relevés sur une dizaine de leurs comptes au Crédit Foncier de Monaco et à la banque Monte Paschi. Le juge d'instruction Jean-Christophe Hullin s'interroge sur l'origine des fonds et tente de découvrir si des faits de blanchiment peuvent se dissimuler derrière les centaines de millions de francs qui ont transité sur les comptes.

Ces investigations vont croiser une autre enquête, confiée aux juges parisiens Philippe Courroye et Isabelle Prévost-Desprez, sur les conditions de financement de la campagne électorale du Rassemblement pour la France (RPF), le mouvement de Charles Pasqua, lors des élections européennes de 1999. En effet, la justice monégasque détient des traces de virements de fonds effectués sur les comptes de Feliciaggi et Tomi permettant de croire qu'il pourrait exister un lien entre la vente, en 1994, du casino d'Annemasse et le financement du RPF sur fond d'autorisation ministérielle pour exploiter des machines à sous.

Entré comme actionnaire minoritaire, le 13 décembre 1991, dans la société du Grand Casino d'Annemasse, Robert Feliciaggi dépose un an plus tard une première demande pour implanter des jeux dans l'établissement. Le ministère de l'Intérieur refuse. En janvier et en mars 1994, Feliciaggi se heurte à deux nouveaux refus. Mais le ministre de l'Intérieur, Charles Pasqua, use alors de son pouvoir discrétionnaire et rend, le 14 mars, une décision contraire à celle de ses services. Après avoir acquis, le 15 décembre 1994, 90 % des actions, Robert Feliciaggi cède le casino pour 100 millions de francs.

1. Voir Stephen Smith et Antoine Glaser, *Ces messieurs Afrique*, vol. 2, Calmann-Lévy, 1997.

Selon la justice, une partie de cette somme – 7,5 millions de francs – aurait transité ensuite sur le compte bancaire de Marthe Mondoloni, la fille de Michel Tomi, avant d'être versée au financement de la campagne de Charles Pasqua pour les élections européennes de 1999, ce que nient les intéressés. Les magistrats, quant à eux, semblent estimer qu'il pourrait s'agir, en fait, d'une contrepartie financière à l'obtention du droit d'exploiter les machines à sous dans le casino d'Annemasse, autorisation qui a considérablement bonifié le prix de vente. Marthe Mondoloni figurait par ailleurs en 55e position sur la liste de Charles Pasqua, dont Michel Tomi est un ami de longue date. Leurs pères, tous deux policiers, s'étaient connus pendant la Seconde Guerre mondiale. Robert Feliciaggi, lui, est lié à Pasqua via Daniel Léandri, qu'il connaît depuis très longtemps et qui est l'homme de confiance de l'ancien ministre de l'Intérieur, chargé notamment de suivre les questions corses et l'Afrique.

Une société pivot à Paris

Les entrelacs financiers des affaires Feliciaggi-Tomi révèlent l'une des caractéristiques du système Jean-Jé Colonna. En effet, les enquêteurs ont mis au jour des virements et retraits d'espèces effectués à partir des comptes monégasques de Feliciaggi et Tomi au bénéfice de plusieurs dizaines de personnes. L'analyse de ces versements, qui n'induisent pas forcément de faute pénale, illustre la nature des liens qui peuvent unir les membres du clan Colonna.

Les policiers ont notamment découvert le rôle central joué par la Société d'étude et de développement (SED), domiciliée à Paris, dans le très chic VIIIe arrondissement. Les locaux de cette structure paraissent avoir servi de base parisienne à ceux que l'on désigne, par facilité, « les Corso-Africains ». Ces derniers et leur entourage semblent y avoir mené certaines affaires africaines, notamment sous forme de prestations vendues aux PMU du Gabon et du Cameroun. C'est également dans les locaux de la SED qu'ont été gérées certaines des affaires de l'hôtel Miramar, quartier général de Jean-Jé à Propriano, en Corse.

Selon une secrétaire de la société[1], interrogée par les policiers, c'est dans les murs de la SED que la SCI Punta Mare a été créée. Cette entité a permis de racheter l'hôtel à la Cadec. Notons, par

1. Témoignage rapporté dans le procès-verbal de synthèse et de transmission remis, le 6 mars 2001, par la police monégasque au juge d'instruction Jean-Christophe Hullin.

ailleurs, que le fondateur de la SED, Noël Pantalacci, n'est autre que le président de la Cadec, organisme financier au centre du dossier du Miramar. Enfin, rappelons-le, Robert Feliciaggi a acheté, en bout de course, 50 % des parts de Punta Mare. Tous ces efforts ont permis aux époux Colonna de conserver l'exploitation de cet hôtel haut de gamme pourtant largement endetté.

Jean-Jé serait lui-même, selon l'enquête, venu dans les locaux de la SED, à Paris[1] La police judiciaire monégasque ajoute même que « des proches de Jean-Jé Colonna apparaissent comme bénéficiaires des remises de fonds [...], ou comme ayant été salariés de la SED ». Parmi eux, selon ce service, on relève la présence d'Ange-Marie Michelosi, d'Antoine Bozzi, et également d'un nouveau venu salarié des PMU africains, Jean-Luc Codaccioni, titulaire d'un compte à la Monte Paschi de Monaco[2]. Lequel Codaccioni a été poursuivi, en France, dans une affaire de vol à main armée et d'attentat à l'explosif. Il a par ailleurs été victime, en 1995, d'une tentative d'assassinat en Corse-du-Sud. Ange-Marie Michelosi, pour sa part, aurait sollicité une aide financière auprès de Robert Feliciaggi, qui aurait accepté de lui verser près de 700 000 francs.

L'enquête monégasque a également mis en évidence des liens contractuels, notamment via la SED, entre le duo Feliciaggi-Tomi, d'une part, et Pierre Philippe Pasqua, fils de l'ancien ministre de l'Intérieur, et le plus proche conseiller de ce dernier, Daniel Léandri, d'autre part. « Il apparaît, indique le procès-verbal de synthèse remis au juge d'instruction, que Pierre Pasqua aurait bénéficié d'un contrat de travail en Afrique dont la réalité est douteuse [...]. D'autres documents font apparaître les liens du groupe [Feliciaggi-Tomi] avec Daniel Léandri[3]. »

En réalité, le contrat liant la SED et Pierre Philippe Pasqua concerne un rêve formulé par Robert Feliciaggi et Michel Tomi au lendemain du succès qu'ils ont connu avec la création des PMU africains : le souhait de voir naître sur ce continent une place off-shore pour coordonner l'ensemble des activités disséminées dans de nombreux pays. Ils pensent alors, ouvertement, à Sao Tomé et Principe. L'idée est même reprise publiquement, en 1992, par Charles Pasqua, en tant que président du conseil général des Hauts-de-Seine, lors de la visite qu'il effectue dans l'archipel en compagnie de Daniel Léandri et du député-maire (RPR) de Levallois, Patrick Balkany[4].

---

1. *Ibid.*
2. *Ibid.*
3. *Ibid.*
4. *Le Canard enchaîné*, 14 août 2001.

L'enquête du juge monégasque Hullin sur les comptes de Robert Feliciaggi et de Michel Tomi dévoile le versement de fonds, à partir de ces comptes, à Jean-François Dubost pour financer « des études sur l'établissement d'une place off-shore sur les îles Sao Tomé[1] ».

Dubost, chargé de promouvoir techniquement ce projet, qui sera pourtant contesté par la Banque mondiale, les Nations unies et la Caisse française de développement, est également l'associé de Pierre Pasqua dans la société Moncey Investissements, dont la spécialité annoncée réside dans les montages financiers à travers le monde[2].

Le dossier monégasque met en lumière l'existence de liens entre l'entourage du groupe criminel le plus important de Haute-Corse, la Brise de mer, et cette mouvance de Corse-du-Sud. « On trouve, affirment les enquêteurs monégasques, la trace de contacts avec le nommé Gérard Agostini [...], considéré comme un contact du milieu bastiais dans la région niçoise. Son nom a été cité dans des affaires de tricherie en principauté[3]. » Le symbole n'est pas mince : la justice révèle incidemment des relations entre deux pôles d'influence de la société corse.

Au terme de son enquête, la justice monégasque résume le système Jean-Jé à sa manière :

> La particularité corse est de créer plusieurs cercles d'influences qui ne sont pas obligatoirement basés sur l'assujettissement ou le lien hiérarchique. Chaque cercle intervient dans son domaine et une sorte d'accord tacite s'est constitué afin de noyauter les secteurs d'activités et ainsi les contrôler. Visant au contrôle local en Corse, Colonna utilise la structure basée sur d'autres familles afin de diriger plusieurs secteurs. Ainsi, les familles Feliciaggi et Tomi s'occupent des casinos. La famille Pantalacci est une courroie financière pour la structure des sociétés[4].

Des proches de Charles Pasqua

Les magistrats auraient pu ajouter un autre cercle : l'entourage de l'ancien ministre de l'Intérieur, Charles Pasqua. Dans l'affaire du

1. Procès-verbal de renseignement, daté du 15 février 2001, remis par les services d'enquête au juge d'instruction monégasque Jean-Christophe Hullin.
2. Stephen Smith, « Afrique : ces Corses qui font main basse sur les paris », art. cité.
3. Procès-verbal de renseignement, daté du 15 février 2001, *op. cit.*
4. *Ibid.*

casino d'Annemasse, des comptes monégasques et du financement du RPF, les enquêteurs ont découvert la grande proximité existant entre Daniel Léandri, personnage sous-estimé de l'entourage de Pasqua, et Feliciaggi. « Daniel Léandri est un ami depuis toujours, bien avant que Pasqua ne devienne ministre[1] », expliquait d'ailleurs Robert Feliciaggi en mars 1995. Léandri a sans doute longtemps été l'un des hommes à qui Pasqua aurait confié son bien le plus cher. Habile et discret, il aime laisser croire à son interlocuteur qu'il est resté le brigadier-chef de la police nationale qu'il fut avant de servir son « patron ». En réalité, il concentre entre ses mains certains des dossiers les plus sensibles, notamment les contacts avec les chefs d'État africains.

Membre du cabinet de Charles Pasqua lors de ses deux passages au ministère de l'Intérieur, de 1986 à 1988, puis de 1993 à 1995, Léandri a également suivi le monde policier, le dossier corse et celui des casinos. À ce titre, il semble prêter attention au fonctionnement de la Commission des jeux, chargée, avec le service des libertés publiques du ministère de l'Intérieur, de veiller à la délivrance des licences d'exploitation de jeux.

Interrogé en qualité de témoin par le juge Courroye, le 17 janvier 2002, dans le dossier du casino d'Annemasse, le directeur central des Renseignements généraux, Yves Bertrand, déclare : « Au cours du deuxième semestre 1993, M. Robert Feliciaggi m'a[vait] demandé de le recevoir. Il m'appelait en se recommandant de M. Daniel Léandri. [...] J'ai écouté les doléances formulées par Robert Feliciaggi, qui se plaignait d'un ostracisme à son égard[2]. » Jean-Marc Sauvé, directeur des libertés publiques, s'oppose vivement aux demandes de Feliciaggi. Mais le ministre fait usage de son pouvoir discrétionnaire pour autoriser le développement des jeux dans l'établissement d'Annemasse.

Fin 1993, le casino d'Ajaccio, géré par la famille Cuttoli, obtient également le droit d'exploiter une quarantaine de machines à sous, qui lui permettent de connaître une croissance exceptionnelle de son chiffre d'affaires. En mai 1994, Charles Pasqua passe, une nouvelle fois, outre l'avis de la Commission des jeux et donne son accord à la réouverture du casino de Saint-Nectaire, dans le Puy-de-Dôme, dont les principaux actionnaires sont également les dirigeants de celui d'Ajaccio. À Grasse, cité natale de Charles Pasqua, un projet de casino est porté par le fils de Robert Feliciaggi et soumis à la Commission des jeux, qui délivre un avis défavorable. Le ministre s'oppose à ce refus et

1. Stephen Smith « Afrique : ces Corses qui font main basse sur les paris », art. cité.
2. *Le Monde*, 24 juillet 2002.

permet au clan Feliciaggi d'exploiter quelque temps un casino dans cette ville, avant de le céder au groupe Partouche.

Selon *Le Canard enchaîné*[1], des scénarios identiques se seraient produits ailleurs en France. Des proches de Robert Feliciaggi tentent leur chance à Vals-les-Bains, en Ardèche, ou encore à Palavas-les-Flots, près de Montpellier. À Toulouse, ils se heurtent au maire de l'époque, Dominique Baudis. Enfin, la famille Feliciaggi dépose, début 1995, un dossier en vue de développer à Nice, dans les Alpes-Maritimes, une affaire comprenant trois cents machines à sous et d'autres activités de jeux. La Commission des jeux marque son désaccord total. Cette fois-ci, le ministre ne passera pas en force.

Au mois d'avril 1996, le projet niçois est relancé. Daniel Léandri a conservé ses fonctions au sein du cabinet de Jean-Louis Debré, nouveau ministre de l'Intérieur du gouvernement d'Alain Juppé. Il reste en charge de la question corse et des casinos. Son nom apparaît dans une lettre saisie par le juge d'instruction parisien Philippe Courroye faisant état de l'avancée du dossier. Adressée par l'un des promoteurs du casino de Nice à Robert Feliciaggi, elle mentionne l'intervention de Gilbert Stellardo, adjoint au maire de la ville[2]. « Stellardo, écrit l'auteur du courrier, m'a appelé pour me dire que le maire rencontrera le ministre Debré, lundi, à propos du casino. Il demande si Léandri pourrait ressortir le dossier à cette occasion, et si celui-ci est toujours valable[3]. » Interrogé par *Le Monde* le 22 juillet 2002, Daniel Léandri a sobrement indiqué qu'il n'avait « jamais rendu de services à M. Feliciaggi », tout en précisant qu'« [il n'avait] eu, au ministère de l'Intérieur, aucun pouvoir de décision pour faire attribuer quoi que ce soit ».

Des hommes d'influence au cœur du pouvoir

Le départ de Léandri, fin 1996, du ministère de l'Intérieur ne semble pas avoir réduit pour autant son influence au sein de l'institution policière, où il conserve un entregent qui en fait un homme courtisé et redouté. La qualité de ses contacts est à l'image du soin qu'il met à protéger le secret de ses activités. Ceux, de droite ou de

1. *Le Canard enchaîné*, 14 août 2001.
2. Contacté par l'un des auteurs en mars 2004, Gilbert Stellardo a précisé qu'il était intervenu dans le dossier du casino comme simple loueur de locaux pour le compte des promoteurs du projet.
3. *Le Canard enchaîné*, 14 août 2001.

gauche, qui lui doivent en partie leur carrière l'oublient rarement. Patrice Bergougnoux, membre des cabinets de plusieurs ministres de l'Intérieur socialistes, par exemple, est protégé par Daniel Léandri alors qu'il est secrétaire général de la zone de défense de Paris, de 1993 à 1996. Les pressions exercées, à cette époque, par des préfets étiquetés RPR pour qu'il libère ce poste honorifique mais confortable n'ont aucun effet. De retour au cabinet de Jean-Pierre Chevènement, nommé ministre de l'Intérieur en 1997 dans le gouvernement dirigé par Lionel Jospin, Patrice Bergougnoux s'efforce, à son tour, d'épargner à Daniel Léandri toute chasse aux sorcières, et veille à ce qu'il puisse bénéficier pendant plusieurs mois d'un statut très protégé.

En 2002, Léandri est toujours en mesure d'intervenir, au plus haut niveau, pour plaider la cause d'un ami. Cette année-là, il se rend au siège du ministère de l'Intérieur, place Beauvau, afin de convaincre non seulement Claude Guéant, directeur du cabinet du ministre, mais aussi le ministre lui-même, Nicolas Sarkozy, d'offrir un poste satisfaisant au très controversé numéro deux de la police judiciaire, Roger Marion. Le détail de ces démarches apparaît dans une procédure judiciaire ouverte dans la région Provence-Alpes-Côte d'Azur sur des faits de droit commun. Les policiers ont en effet placé sur écoute, au cours du printemps et de l'été 2002, le téléphone portable de Daniel Léandri, qui ne sera pourtant pas mis en cause dans cette affaire. Le compte rendu de ses conversations avec Roger Marion évoque son rôle dans la nomination de ce dernier, à la fin de l'été, en tant que préfet de police chargé de la sécurité à Marseille[1]. Lors de ces entretiens, on peut entendre Roger Marion, qui s'inquiète du sort qui lui sera réservé, faire état d'une discussion avec Michel Tomi et Pierre Philippe Pasqua, sous-entendant clairement que son avenir est loin d'être assuré.

Face à ces alliances corso-africaines au cœur de la République, les socialistes ont, depuis longtemps, exprimé leur inquiétude. Dès 1981, François de Grossouvre, conseiller de François Mitterrand à l'Élysée, chargé du suivi des affaires réservées et des services de renseignement, tente de faire le ménage «sur les affaires Étienne Léandri[2], Pasqua, Francisci et des jeux». «Quand je suis arrivé, se souvient l'un des policiers au service de Grossouvre à l'Élysée, ils m'ont demandé

1. Interrogé par l'un des auteurs, début janvier 2004, Daniel Léandri a démenti être intervenu auprès de Claude Guéant et de Nicolas Sarkozy.

2. Sans lien de famille avec Daniel Léandri, Étienne Léandri, homme d'affaires corse proche du groupe Dumez ou de Thomson, ami de Charles Pasqua, a été cité dans l'affaire Elf. Il est décédé en 1995.

de travailler sur les réseaux corses. J'ai fini par atterrir au Gabon, où une partie de leurs membres était investie dans les affaires pétrolières. Et puis dans un deuxième temps, notamment par la voix de Gaston Defferre, à l'Intérieur, de Gilles Ménage et même de Grossouvre, il m'a été demandé d'arrêter car ces gens-là nous rendaient des services »[1].

Un autre homme du clan Pasqua, Philippe Massoni, a également bénéficié d'un certain traitement de faveur de la part du pouvoir socialiste. Pilier de la direction des Renseignements généraux, au sein de laquelle il s'est fait une spécialité d'infiltrer les groupes gauchistes, il est appelé à Matignon, en 1976, par Jacques Chirac, pour s'occuper des affaires de police, de sécurité et de renseignement. Il y reste lorsque Raymond Barre prend la tête du gouvernement. En 1982, Philippe Massoni est entendu par la commission d'enquête parlementaire créée pour enquêter sur les dérives du Service d'action civique (SAC). Cadre dirigeant de cette milice gaulliste dont la dérive criminelle est apparue au grand jour, le 19 juillet 1981, lors de la tuerie d'Auriol, et proche de Charles Pasqua qui en fut l'un des dirigeants, Massoni désire que son témoignage ne figure pas dans le rapport final. Alain Hautecœur, président socialiste de la commission se souvient que Massoni sollicita cette faveur auprès de François de Grossouvre, à l'Élysée, arguant qu'il pouvait en échange aider le jeune gouvernement socialiste[2]. Le conseiller du président Mitterrand accepte et demande à la commission de retirer l'audition de Massoni du rapport, ce qu'elle fait, permettant à ce dernier d'échapper à l'histoire des rapports parlementaires. Ces services rendus ne l'empêcheront nullement de servir, de nouveau, la droite. Directeur des Renseignements généraux de 1986 à 1988, il sera ensuite nommé préfet de police de Paris, avant de devenir auprès de Jacques Chirac conseiller et secrétaire général du Conseil de sécurité intérieur.

En 1988, de retour au gouvernement après deux années de cohabitation, les socialistes s'interrogent de nouveau sur le clan des Corses lorsqu'ils découvrent que Daniel Léandri, officiellement conseiller du ministre de l'Intérieur, place Beauvau, dispose également depuis 1986 d'un bureau situé à côté de celui du directeur des services secrets français, la Direction générale de la sécurité extérieure (DGSE) – signe, selon les témoins de l'époque, de l'omniprésence du clan Pasqua

1. Commentaire de l'un des anciens conseillers de François de Grossouvre, recueilli au mois d'octobre 2003 par l'un des auteurs.

2. Témoignage recueilli par l'un des auteurs.

dans les allées du pouvoir[1]. Par ailleurs, le nouveau patron de la DGSE, Claude Silberzahn, quelque temps après sa prise de fonctions, charge ses services d'enquêter sur Robert Feliciaggi et un autre homme d'affaires corse sulfureux, Jules Filippeddu. L'objectif est d'évaluer leurs réseaux et leur méthode, aussi bien en Afrique (pour le premier) que sur le continent américain (pour le second). Les autorités semblent notamment agacées par la propension de la famille Feliciaggi, en particulier, à revendiquer une forme de rôle semi-officiel, sur place, au nom des intérêts français. Le directeur de la DGSE ajoute enfin, sur la liste des recherches, les opérations menées en Afrique par le conseil général des Hauts-de-Seine, que préside Charles Pasqua.

Des notes de synthèse sont remises à l'Élysée, notamment à Jean-Christophe Mitterrand, fils du président socialiste, chargé de la cellule africaine, mais aussi au Quai d'Orsay et au ministère de la Coopération. Claude Silberzahn se rend enfin au Gabon et au Congo pour informer les autorités de ces pays que la DGSE tient à leur disposition des éléments concernant ces personnes, et tenter de les convaincre de l'inutilité de recourir à « ces intermédiaires dont la France n'a nullement besoin[2] ». Vexé d'être ainsi traité, Robert Feliciaggi rétorque en 1995, lors d'une rencontre avec un journaliste : « Dans les années 80, il n'y avait pas un contrat, au Congo, qu'une entreprise française publique ou privée ait obtenu sans nous. Tout le monde venait nous solliciter [...] Eh bien, nous avons fait le nécessaire[3]. »

Le déclin du système Pasqua

Il n'existe pas de lien organique ni de subordination entre Charles Pasqua, Jean-Jé Colonna et Robert Feliciaggi. Chacun œuvre dans sa propre sphère en fonction d'intérêts divergents. Mais si leurs cercles respectifs ne se superposent pas, ils se croisent et sont rattachés par des règles claniques qui impliquent l'existence de passerelles, d'une proximité et de services rendus. La force ou le succès de l'un peut rejaillir sur l'autre. L'entraide contribue à leur prospérité à tous. C'est un système poreux où les avantages peuvent donc, tout aussi bien, devenir des handicaps.

---

1. Interrogé par l'un des auteurs, début janvier 2004, Daniel Léandri a démenti avoir possédé ce deuxième bureau à la DGSE.

2. Commentaire recueilli auprès de l'un des responsables de la DGSE à l'époque des faits, par l'un des auteurs.

3. Stephen Smith, « Les Feliciaggi : ceux par qui les contrats africains se décrochent », *Le Magazine de Libération*, 18-24 mars 1995.

Les premiers signes d'inquiétude apparaissent, en 2001, lorsque l'ancien ministre de l'Intérieur, Charles Pasqua, figure de proue de cette sphère corso-africaine, commence à subir des assauts de la justice. Le 28 mai 2001, les juges d'instruction parisiens Isabelle Prévost-Desprez et Philippe Courroye le mettent en examen pour financement illégal de campagne électorale [1]. Lors de la campagne de son parti, le RPF, pour les élections européennes de juin 1999, plusieurs dons importants de particuliers auraient été déguisés en prêts – la loi interdisait les dons supérieurs à 30000 francs. Parmi les donateurs suspects figure notamment, on l'a vu, la fille de Michel Tomi, Marthe Mondoloni.

Le 6 juin 2003, Charles Pasqua est de nouveau mis en examen dans cette affaire pour abus de confiance et faux. Entre-temps, il a été rattrapé par le dossier des malversations du groupe pétrolier Elf, mais a bénéficié d'un non-lieu. Enfin, il a été mis en examen en marge de l'affaire des ventes d'armes vers l'Angola. Il est donc au centre d'une vaste tourmente judiciaire, au même titre que son fils Pierre Philippe, réfugié en Tunisie, qui refuse de déférer aux convocations judiciaires qui lui sont signifiées dans plusieurs affaires de malversations présumées, dont celle des ventes d'armes vers l'Angola.

Dans le sillage des Pasqua, Michel Tomi et Robert Feliciaggi sont également ciblés par la justice. Robert Feliciaggi est mis en examen, le 10 janvier 2002, pour financement illégal de campagne électorale, corruption active aggravée et faux et usage, dans l'affaire du casino d'Annemasse et dans celle du financement de la campagne de Charles Pasqua. Son principal associé, Michel Tomi, est visé le 29 janvier 2002 par les mêmes chefs. Les deux hommes nient farouchement avoir financé la liste souverainiste, en 1999, grâce aux bénéfices dégagés par la revente du casino. Leurs comptes sont bloqués à Monaco, en France et en Suisse. Enfin, l'homme de confiance de Charles Pasqua, Daniel Léandri, est à son tour mis en cause, le 18 juillet 2002, pour complicité de corruption. Les magistrats lui reprochent d'avoir été le relais, au sein du ministère, des intérêts de Feliciaggi, auquel la Commission des jeux avait refusé, à quatre reprises – du 13 novembre 1991 au 3 mars 1994 –, l'autorisation d'exploitation des jeux au casino d'Annemasse.

Jean-Jé, présenté par tous comme le seul parrain en Corse, est, quant à lui, poursuivi pour un simple emploi fictif, rémunéré 1543 euros par mois, dans la supérette exploitée par sa femme à Olmeto, non loin de Propriano. Convoqué, le 18 avril 2002, en

1. Voir plus haut, p. 334 *sq*.

compagnie de son épouse, il a préféré décliner l'invitation et repartir en cavale. En 1975, il s'évadait pour échapper à des accusations dans le cadre de la French Connection. Les temps changent. « Nous aurions dû, affirme-t-il alors qu'il est en fuite, nous expliquer sur les conditions de rachat de l'hôtel de luxe le Miramar. Les enquêteurs me soupçonnaient d'être le véritable propriétaire de l'établissement, comme je serais aussi celui de l'Eden Roc [...] On devait aussi m'interroger dans le cadre d'une enquête pour blanchiment portant sur le casino d'Ajaccio [...] Sous couvert de détention provisoire, on m'aurait incarcéré des mois, des années. » Son épouse est, elle, placée, le 23 avril 2002, en garde à vue et mise en examen par le juge d'instruction d'Ajaccio, Jean-Michel Gentil, pour abus de biens sociaux.

Face à cette offensive, le clan Pasqua dénonce un acharnement judiciaire à connotation politique. L'ancien ministre de l'Intérieur estime que « [ses] ennuis avec la justice ont commencé dès [qu'il a] annoncé [sa] candidature à l'élection présidentielle [de 2002] », et que ces mises en examen sont « absurdes »[1]. Pour leur part, Tomi et Feliciaggi déclarent être victimes « d'un racisme anticorse[2] ». Les médias s'intéressent également de près à leurs affaires et se nourrissent de ce mélange sulfureux propre aux structures claniques insulaires, où se mêlent dans une même famille « le curé, le préfet et le truand ». Le fossé culturel entre le continent et la Corse ajoute à l'incompréhension. Jean-Jé Colonna lui-même n'a pas résisté, dans *Corsica*, à livrer son analyse sur ce qu'il appelle « le serpent de mer des réseaux Pasqua » : « Je pense qu'on a voulu faire croire que Charles Pasqua est un mafieux, les présidentielles étant l'enjeu. Le raisonnement est simpliste : Pasqua est l'ami de Feliciaggi, Feliciaggi est mon ami. Je ne connais pas M. Pasqua, mais peu importe, M. Feliciaggi qui me connaît le connaît, donc Charles Pasqua est un mafieux. »

De nouvelles alliances se dessinent

Le système se lézarde. Charles Pasqua n'a pas participé à l'élection présidentielle de 2002 et semble craindre pour l'avenir de son fils, exilé à Tunis. Jean-Jé est de nouveau en cavale. Les « Corso-Africains », eux, sont pris dans l'étau judiciaire. Repliés sur l'Afrique et sur la Corse, Robert Feliciaggi et Michel Tomi, qui se présentaient

1. *Le Figaro*, 5 juin 2001.
2. Propos recueillis par *Le Monde*, 24 mars 2001.

tels deux frères, se séparent. C'est sans doute l'une des conséquences les moins connues de la perte d'influence de la galaxie Pasqua-Feliciaggi-Colonna, mais elle est lourde de sens.

Certains des avocats des deux hommes parlent de leur rencontre en termes de « coup de foudre[1] ». L'amitié de Robert Feliciaggi et de Michel Tomi avait des accents d'évidence. Lorsque les premières failles sont apparues, vers 1998, leurs entourages n'ont pas fait mystère des difficultés rencontrées pour faire la part des actifs de chacun dans les affaires qu'ils avaient montées. Considérant que le Congo était son fief, Robert Feliciaggi a obtenu que Michel Tomi s'en retire et lui vende les parts qu'il détenait dans le PMU local. En 1998, les deux hommes ont signé la transaction pour un montant de 18 millions de francs, versés sur les comptes bancaires de Marthe Mondoloni, la fille de Michel Tomi. L'opération inverse a été effectuée au Cameroun, où, cette fois-ci, c'est Michel Tomi qui est resté maître des anciennes affaires du duo. En revanche, la concurrence est restée de mise dans les autres pays africains, notamment au Sénégal, où chacun tente de faire jouer ses propres réseaux auprès du fils du président Wade pour prendre l'ascendant.

Les raisons de ce divorce demeurent, aux yeux de beaucoup, relativement obscures. Officiellement, le flou qui régnait dans la gestion de leurs affaires africaines serait à l'origine de leur brouille. Pourtant, des éléments rapportés par certains policiers des Renseignements généraux à Ajaccio dévoilent une autre piste. Selon eux, la séparation entre Michel Tomi et Robert Feliciaggi serait liée à la présence d'un troisième homme, Richard Casanova, le fugitif le plus célèbre de la Brise de mer. L'amitié, déjà ancienne, de Tomi avec Casanova aurait en effet contribué à briser son association avec Feliciaggi, alors qu'ils se disaient quasiment frères de sang. Casanova aurait, selon les policiers, des intérêts en Afrique, notamment dans le secteur pétrolier et les jeux. L'une des figures de la communauté corse des hommes d'affaires ayant fait fortune en Afrique non seulement confirme l'existence d'un axe Tomi-Casanova, mais ajoute que « Richard Casanova est un homme de grande qualité, très malin, qui a su se construire un réseau très efficace dans les milieux politico-administratifs, que ce soit en France ou en Afrique[2] ».

Ces renseignements policiers n'ont donné lieu à aucune procédure et n'ont, semble-t-il, pas été communiqués aux services censés rechercher Richard Casanova, objet depuis 1993 de deux mandats

1. Propos recueillis par l'un des auteurs en octobre 2003.
2. Témoignage recueilli en Corse-du-Sud par l'un des auteurs à l'automne 2003.

d'arrêt, l'un dans le cadre du cambriolage de l'UBS à Genève, l'autre dans celui de l'assassinat de Jean-Toussaint Giacomoni à Paris. Jusqu'alors connu pour des affaires de braquage, Richard Casanova est l'un des piliers de la Brise de mer, cette équipe de voyous de Haute-Corse née à la fin des années 70 et devenue, en vingt ans, le premier groupe criminel français. Sa présence aux côtés de Michel Tomi, si tant est que l'information policière soit exacte, ne signifie en rien que ce dernier puisse être complice de ses turpitudes. Mais elle illustre peut-être un changement notable dans le jeu des alliances qui structurent les sphères d'influence en Corse.

En effet, l'apparition de ce poids lourd de la Brise de mer, gang en pleine expansion, sonne comme un changement d'époque. Le rapprochement peut ne concerner que Michel Tomi et Richard Casanova, mais il est inéluctablement interprété comme le signe d'une avancée de la Brise de mer sur les terres de Jean-Jé, ou comme le crépuscule de son système. Largement occultée et ignorée, l'histoire de la Brise de mer n'a encore jamais été écrite. L'aura de Jean-Jé, personnage emblématique issu de l'époque de la French Connection, a d'ailleurs sans doute contribué à masquer la puissance réelle de ce groupe dont la trajectoire n'a rien à envier à celle des grandes figures du banditisme corse.

Chapitre 13

L'émergence de la Brise de mer

Le mois d'août 1981 touche à sa fin lorsque pénètrent dans la discothèque Le Castel, située à Taglio-Isolaccio, en Haute-Corse, deux jeunes hommes à la démarche trop déterminée pour ne pas être suspecte. Angelo Guazelli, vingt-huit ans, regard noir et corps noueux, est accompagné de Francis Santucci, qui n'a que trois ans de plus que lui mais montre déjà une assurance qui fera de lui, bientôt, l'un des caïds les plus respectés du milieu insulaire. Ils s'installent dans la boîte de nuit et affichent, selon les témoins de la scène, leur volonté de se faire remarquer. L'un d'eux pose même ostensiblement une arme sur la table qui leur fait face. Le patron du Castel, Daniel Ziglioli, qui ne rechigne pas à hausser le ton avec les fauteurs de troubles, ne tarde pas à les aborder. Selon un rapport de la police judiciaire bastiaise, Angelo Guazelli lui indique, sans détour, que « les boîtes de nuit doivent être gérées par les voyous et non par les honnêtes gens ». La réaction du propriétaire des lieux ne se fait pas attendre. Il se saisit de l'arme, en déclarant qu'il ne la rendra que lorsque les esprits seront apaisés, et expulse brutalement Angelo Guazelli, le laissant « pantelant sur le bitume », comme l'écrit l'auteur du rapport de police.

L'affaire n'en restera pas là. Louis Memmi, décide de réagir. Personnalité de la région de Corte, officiellement restaurateur, réputé pour son caractère impulsif, il est surtout présenté comme le parrain du milieu local contrôlant l'essentiel des machines à sous. Ayant pris sous son aile la famille Ziglioli, il estime nécessaire, selon les policiers, d'infliger au deuxième compère, Francis Santucci, une « véritable correction pour calmer l'agressivité de cette équipe »[1]. La scène du Castel est le prélude à une véritable hécatombe.

1. « Synthèse des différents assassinats qui ont ensanglanté la Haute-Corse depuis septembre 1981 », note rédigée, le 10 novembre 1983, par l'antenne bastiaise du SRPJ d'Ajaccio (Corse-du-Sud).

Le clan Memmi décimé

Le 10 septembre 1981, Louis Memmi est abattu en Haute-Corse au moyen d'un fusil de chasse par deux hommes qui prennent la fuite et, dans l'affolement, perdent l'arme dans le maquis. Obligés de revenir sur leurs pas pour la récupérer, ils ne voient pas qu'un berger de Calacuccio, Joseph Paccioni, observe leur manège. Ce dernier comprend vite, grâce à la nouvelle qui se répand, l'usage qui a pu être fait du fusil. Haut en couleur, bavard et imprudent, il ne peut s'empêcher de raconter ce qu'il a vu et de faire publiquement le lien avec la mort du caïd local. Sa parole devient alors une menace pour l'équipe à l'origine de l'assassinat.

Le 17 décembre 1981, Joseph Paccioni manque de se faire tuer à Barchetta, en Haute-Corse : une décharge de chevrotine le blesse à l'épaule. Quinze jours plus tard, se pensant sans doute à l'abri dans sa chambre de l'hôpital de Bastia, le berger de Calacuccio reçoit la visite de deux hommes masqués. Il a juste le temps d'apercevoir l'un d'eux pointer sur lui son revolver 38 spécial Smith & Wesson. Après l'avoir abattu avec un sang-froid que les enquêteurs qualifient d'« extraordinaire », les deux tueurs professionnels parviennent à quitter l'établissement hospitalier sans être inquiétés.

L'année 1982 verra tomber sous les balles l'essentiel des fidèles de Louis Memmi. Le 2 février, alors qu'il vient de fermer son bar à Moriani Plage, dans la plaine orientale, Paul Quastana est touché mortellement par les coups de feu d'un homme caché derrière un muret. Le 3 mars, un joueur de football de Bastia qui est aussi électricien, Philippe Constant, est abattu par des hommes qui tirent depuis leur voiture. Le 22 juillet, Joseph Silvagnoli et Dominique Cortopassi sont tués dans leur véhicule, achevés d'une balle de 9 mm dans la bouche. Enfin, le 2 novembre, Antoine Memmi, le propre frère de l'ancien parrain de Corte, qui avait, selon la rumeur, promis de venger sa mort, est à son tour atteint par les balles tirées d'une arme munie d'un silencieux à la sortie d'un bar de Corte.

Face à ces morts violentes, la justice et la police ont du mal à y voir clair. À en croire un magistrat du parquet et un policier, tous deux en poste à Bastia à l'époque des faits, « on n'avait pas de vision globale, il fallait gérer au jour le jour, il pouvait s'agir d'un épiphénomène [1] ». Les premières analyses policières émises sur ces règlements de comptes ne sont transmises à Paris et à la justice qu'à la fin 1983.

1. Entretiens réalisés au mois de novembre 2003 par l'un des auteurs.

Après deux ans d'investigations, les enquêteurs croient connaître les auteurs des assassinats. Ils soupçonnent Francis Santucci pour l'élimination de Louis Memmi, les frères Mattéi pour la disparition de son frère Antoine et du berger trop bavard. Les hypothèses des policiers, dont les témoins refuseront de confirmer leurs dires, resteront lettre morte et ne seront jamais démontrées.

Les Ziglioli font de la résistance

Au cours de ces deux années fondatrices, 1982-1983, seuls les frères Ziglioli opposeront une réelle résistance à cette nouvelle bande que les policiers surnomment, par facilité, «la Brise de mer», du nom du bar situé sur le vieux port de Bastia où ses membres se réunissent. Pourtant, les Ziglioli ne sont pas des voyous. L'assassinat, le 14 septembre 1982, du premier des frères, Daniel, patron de la discothèque Le Castel, lieu de l'altercation à l'origine de cette furie meurtrière, sera le seul homicide à donner lieu à des poursuites judiciaires. Le procès visera trois membres de la Brise de mer : Robert Moracchini, Pierre-Marie Santucci, frère de Francis, et Georges Seatelli[1]. Gérard, le deuxième frère Ziglioli, est resté à l'écart des premiers épisodes de cette affaire. Mais il donnera du fil à retordre aux assaillants, au point de modifier, à lui seul, toute l'histoire de la Brise de mer.

Résidant jusque-là à Paris, Gérard Ziglioli organise en effet, le 26 novembre 1982, avec l'aide de complices, un attentat contre le bar La Brise de mer. Un paquet de dynamite est lancé vers le fond de l'établissement, atteignant la petite salle dans laquelle quelques piliers de la bande jouent aux cartes. L'explosion ne fait que des dégâts matériels. Les personnes visées parviennent à se protéger mais certaines, dont Francis Santucci, connaîtront après cette attaque des problèmes de surdité. Au mois de décembre 1982, le même Gérard Ziglioli, qui s'est juré de venger la mort de son frère, fait placer 30 kilos d'explosif à l'intérieur de la discothèque L'Apocalypse, laquelle, selon les services de police, appartient en sous-main aux membres de la Brise de mer tout en étant gérée officiellement par Gilbert Voillemier. Le détonateur ne fonctionne pas, ce qui sauve l'établissement, un des plus cotés de Haute-Corse. Sa construction et son aménagement auraient coûté plus de 5 millions de francs et l'acteur Alain Delon aurait même pris des

1. Tous les trois ont été acquittés, en 1985, par la cour d'assises de Dijon après dépaysement de l'affaire. Voir plus loin le chapitre intitulé «L'État impuissant».

parts dans l'affaire. En dépit de cette tentative d'attentat, la direction de la discothèque reste discrète et ne dépose pas plainte.

On peut imaginer, avec vingt ans de recul, ce qu'il serait advenu de la Brise de mer si le détonateur avait fonctionné à L'Apocalypse et si la dynamite avait atteint sa cible dans le bar quartier général de l'organisation. La menace est prise d'autant plus au sérieux que Gérard Ziglioli a fait raser la maison familiale de l'un des membres de la Brise de mer, Georges Seatelli, dont le père, notaire, figure parmi les notables locaux. Il est même surpris par les gendarmes alors qu'il s'apprête à tirer au fusil à lunette sur le bar La Brise de mer où se tiennent assis quelques membres de la bande.

Le 14 avril 1983, quelques jours seulement après son retour en Corse, Gérard Ziglioli rend visite à sa sœur. Devant le domicile de celle-ci, un commando d'une vingtaine de personnes lui tend une véritable embuscade dont il ne réchappe pas. Après huit mois de recherches, les enquêteurs signalent l'éventuelle présence de Francis Mariani parmi les tueurs. Ils ne seront jamais en mesure de soutenir cette affirmation devant la justice, malgré plusieurs gardes à vue et perquisitions. Ils se contentent d'indiquer qu'à quelques kilomètres de là, « en bordure de la route nationale 193, sur la terrasse du bar PMU dit bar Pietri, au lieu-dit Casatorra, les personnalités marquantes de cette organisation, Francis Santucci, Angelo Guazelli, Aimé Guérini et autres, disputaient, devant des dizaines de témoins, une partie de boules acharnée[1] ».

Une bande est née

C'est une prise de pouvoir des plus classiques dans l'univers du banditisme. Un parrain qui ne prend pas l'exacte mesure des jeunes loups qui ont pourtant, à certaines occasions, pu le servir. Cette violente irruption n'est pas le fruit de la seule provocation de deux membres de la Brise de mer contre la boîte de nuit de Daniel Ziglioli. Ce fait initial n'est qu'un prétexte qui révèle une ambition, celle d'un groupe qui va marquer l'histoire de la Corse et du grand banditisme français.

Avant de constituer ce gang plein d'avenir, les membres de l'équipe se retrouvaient dans le bar La Brise de mer, situé quai de la Marine, sur le vieux port, à Bastia. Aujourd'hui rebaptisé Le Méditerranée, il était géré, en 1983, par Antoine Castelli, l'oncle de Francis et de Pierre-Marie Santucci. Né en 1939, soit dix ans avant l'ensemble des membres

1. « Synthèse des différents assassinats qui ont ensanglanté la Haute-Corse depuis septembre 1981 », *op. cit.*

de la Brise, le patron de l'établissement passe pour être, aux yeux des observateurs, le chaperon de cette équipe.

La justice connaît bien Antoine Castelli. En 1962, il a été poursuivi pour proxénétisme, puis incarcéré en 1963 pour homicide volontaire sur un fonctionnaire de police et vol qualifié. Il est sorti de la prison de la Santé, à Paris, en 1967. Il est de nouveau inquiété en 1974 et en 1980 dans le cadre d'enquêtes sur des vols à main armée. Son bar comprend deux salles, dont une est essentiellement consacrée aux parties de poker. Faute de disposer dans son quartier général d'une cuisine pour déjeuner ou dîner, la Brise de mer peut compter sur les services du restaurant voisin, Chez Huguette, lieu de rencontre favori de la bonne société bastiaise et du clan des radicaux mené par François Giaccobi. Joseph, le patron de Chez Huguette, prend les commandes auprès d'Antoine Castelli, qui nourrit ainsi ses clients directement dans son bar. Habitant dans une villa forteresse, à Sorbo Ocagnano, dans la plaine de la Casinca, Antoine Castelli jouit en effet d'une certaine aura et joue, à l'occasion, le rôle de juge de paix du milieu bastiais, au même titre que Louis Memmi auparavant dans la région cortenaise. Néanmoins, l'équipe de la Brise de mer est déjà autonome et avance ses pions, notamment sous l'impulsion de Francis Santucci, qui s'impose comme l'une des principales figures du groupe. Soucieux de préserver une certaine mentalité dans le milieu, il soigne les formes et assure, lui aussi, une fonction de médiateur.

L'émergence de la Brise de mer ne marque pas la seule apparition d'une génération de truands, aussi douée soit-elle. Elle met également en lumière un tournant historique qui fait basculer l'île dans une autre ère. Le grand banditisme corse prend, à cette époque, un nouveau visage. Certains parlent même de révolution culturelle. Les caïds à l'ancienne, tels les Guérini ou les Mondoloni, sont partis sur le continent ou plus loin encore pour s'enrichir. Ils s'enorgueillissaient d'avoir sur l'île une réputation intacte et d'être considérés comme des bienfaiteurs pour leur village natal, redistribuant une partie de leurs richesses, quitte à tirer profit de cette générosité en la négociant contre des mandats électifs locaux pour des affidés ou pour eux-mêmes. Dans un esprit similaire, ils évitaient autant que possible toute activité délictuelle sur le sol natal. Les vols, les attaques à main armée et l'atteinte aux biens d'autrui en général ne sont apparus que tardivement en Corse. L'île bénéficiait d'un réel respect commun des biens et d'une certaine paix civile. Et ce malgré la tradition du bandit corse faite de clichés et de caricatures nourrissant souvent ceux-là mêmes qui s'y référaient, mais se cantonnant aux crimes de sang et à la vendetta.

La génération montante, incarnée par la Brise de mer, modifie les règles. Ces jeunes ambitieux affichent d'autres valeurs. L'argent n'admet aucun obstacle, surtout pas les anciennes règles de la société corse. L'image sociale à laquelle semblaient tenir, du moins en façade, les anciens voyous n'a plus cours. La Brise de mer va ainsi, à sa façon, contribuer à la déstructuration morale de l'île. Ses membres braquent au pays. Ils créent de l'insécurité dans cette Corse mythique dont rêvent ceux qui s'exilent. L'île n'est plus un terrain inviolé. À en croire les statistiques de la justice corse, les vols à main armée ont été multipliés par dix entre 1979 et 1981. Les policiers en recensent cette dernière année près d'une centaine.

Si elle importe l'argent et la violence, la Brise de mer joue aussi habilement sur les archaïsmes de l'île et sur son réflexe d'autoprotection pour mieux se mettre à l'abri et tenir à distance l'appareil d'État ou d'éventuels adversaires. De même, elle profite de la promiscuité sociale insulaire pour imposer sa propre loi sur la société corse. La faible population, la proximité familiale, au sens large du terme, sont autant d'atouts pour ces jeunes voyous désireux de placer sous contrôle la Haute-Corse afin d'en faire un véritable sanctuaire. Dans ce but, ils font régner un régime de terreur. Plus la bande de la Brise de mer est perçue comme violente et impunie, plus elle est crainte par une population terrorisée, et moins elle doit, en réalité, s'attacher à défendre son pré carré. Une page de l'histoire de Corse est sur le point d'être tournée.

Les jeunes de la Brise de mer sont pourtant tout sauf des marginaux dont les choix auraient été nourris par une violence sociale et familiale. Ils ressemblent encore moins à ces bergers vivant à l'écart du monde. Ils sont, pour la plupart, issus de bonnes familles de Haute-Corse. La justice et les enquêteurs ne découvrent réellement leur existence et leur importance qu'après l'élimination du clan Memmi, qui a entraîné la mort brutale d'une vingtaine de personnes. Policiers et magistrats ne le savent pas encore, mais ces nouvelles figures vont empoisonner leur existence pour les décennies à venir.

Un noyau dur issu de bonnes familles

En annexe d'un document transmis, fin 1983, par la police judiciaire bastiaise à l'OCRB (Office central pour la répression du banditisme) est fournie une liste de 27 noms parmi lesquels se trouve l'essentiel du noyau dur de la Brise de mer : deux figures dominantes, Georges Seatelli et Francis Santucci, Pierre-Marie Santucci, le frère de ce dernier, puis les Guazelli, Francis, Angelo et Paul. Le fief de cette fratrie se trouve à La Porta, qui a également vu naître Robert Moracchini, autre pilier de la bande. Le groupe comprend en outre Francis Mariani, qui règne, selon les policiers, sur la plaine orientale, Maurice Costa, de Moltifao, au-dessus de la Balagne, et enfin le discret Aimé Guérini. Plus jeunes de dix ans, Richard Casanova et Dominique Rutily, également cités, sont présents en Balagne et à Porto-Vecchio. La liste signale, enfin, trois frères Pattacchini et deux frères Chiappalone, mais ils n'appartiennent pas au noyau dur, lequel ne compte pas plus de neuf à dix personnes.

Georges Seatelli, dit «le Gris», reste sans doute l'un des personnages les plus atypiques. Il est fils et petit-fils de notaire. Son frère, Jean-Louis, sera avocat et deviendra l'un des piliers du barreau de Bastia avant d'être élu bâtonnier. Georges Seatelli semble choisir la voie du banditisme sur un coup de tête alors qu'il poursuit des études de droit à Aix-en-Provence. Parvenu au terme de son cursus, avant les épreuves finales, il préfère tout abandonner pour une autre vie. Ceux qui le connaissent parlent d'un choix conscient, d'une attirance pour la marginalité. Il figure aux côtés de Francis Santucci et d'Angelo Guazelli lors des premières escarmouches, à la fin des années 70, qui les opposent au clan Memmi de Corte, et apparaît avec Francis Santucci comme l'une des personnalités les plus charismatiques de la Brise.

Les frères Guazelli n'ont pas plus que Georges Seatelli d'atavisme familial les prédestinant à emprunter les chemins de la voyoucratie. Leur mère est institutrice. Leur père n'a rien d'un voyou, à la différence de son frère, Christian Guazelli, dit «le Bègue», un des poids lourds du grand banditisme sur la Côte d'Azur au cours des années 70. Trois frères sur quatre vont suivre l'exemple de leur oncle. Le quatrième, Jean-Claude, connaît un parcours totalement opposé. Il sera nommé directeur de la très influente caisse régionale du Crédit agricole de Corse, avant de devenir le patron financier de l'île au sein de la Collectivité territoriale de Corse (CTC).

En ce début des années 80, les Guazelli figurent parmi les poids lourds de la Brise. Paul a été incarcéré en 1983 à la suite d'un braquage raté à Neuilly. Il ne sortira qu'en 1989 de la maison d'arrêt de Nice. Angelo effectue son premier séjour en prison en 1981, à Bastia, pour un braquage en compagnie des frères Santucci et Pattacchini. En 1985, il est condamné à trois ans de réclusion pour vol et détention d'armes. Francis, quant à lui, est poursuivi en 1979, à Marseille, pour détention d'armes, puis suspecté de complicité en

1986 pour le vol à main armée du Crédit agricole de Macinaggio et, enfin, en 1988, pour l'attaque d'un fourgon blindé.

Le fief des Guazelli, le village de La Porta, ressemble à un nid d'aigle perché au beau milieu de la Castagniccia, pays des châtaigners. Pour l'atteindre, il faut suivre sur vingt kilomètres une route sinueuse qui débute à Folelli, à moins d'une heure de voiture au sud de Bastia. Au fil des années, les habitants ont vu se multiplier les signes extérieurs de richesse des Guazelli et du reste de la bande. Au pied du village, deux grandes villas seront édifiées. Au détour d'un virage, plus haut, une résidence hollywoodienne sera construite, disposant notamment d'une piscine couverte, d'une cave climatisée pour la charcuterie et d'une vue imprenable sur toute la vallée. Bientôt, une DZ (*drop zone*, ou aire d'atterrissage pour hélicoptère) sera aménagée à la sortie de La Porta. Officiellement pour rendre l'endroit plus accessible aux secours. Mais il ne sera pas rare que les gendarmes du village constatent que d'autres hélicoptères que ceux de la sécurité civile utilisent cette piste d'envol, appartenant notamment à une petite compagnie dirigée par un ami de la Brise de mer.

Également originaire de La Porta, Robert Moracchini, aux yeux si clairs qu'ils font dire aux enquêteurs ou aux magistrats qui l'ont rencontré qu'« il porte la mort dans le regard », n'a pas non plus de liens naturels avec le droit commun. Ses proches sont insérés socialement. Son père travaille au Trésor public, sa sœur est médecin. Sa future épouse est une cousine d'Émile Zuccarelli, député-maire de Bastia, membre d'une des familles les plus puissantes de Haute-Corse et futur ministre de la Fonction publique au sein du gouvernement Jospin.

Issu d'une famille d'agriculteurs, Francis Mariani élira également domicile au pied de La Porta, dans une grande bâtisse en pierres de taille de trois cent cinquante mètres carrés. Ce personnage, qui arbore, au début des années 80, une moustache broussailleuse, détonne un peu dans le paysage et se fait surtout remarquer par son courage physique. Né en 1949, il a été écroué, en 1966, pour vols. En 1977, il retombe pour huit ans pour vol qualifié et infraction à la législation sur les armes. En 1983, il est arrêté à la suite de l'attaque d'un fourgon à Bastia. Il s'évade un an plus tard, avant d'être repris en 1985. Il ne retrouvera la liberté qu'en 1992.

Enfin, le jeune Richard Casanova, surnommé « le Menteur », dont le profil correspond à celui de ses aînés de La Porta, a tôt fait de vouloir être reconnu comme un membre à part entière. Au point d'être signalé au parquet de Bastia, dès 1981, comme « dangereux car pressé de faire ses preuves[1] ». Il forme alors avec Dominique Rutily, originaire du village de Calenzana, en Balagne, fief historique du clan Guérini, un duo très remuant que des policiers affirment avoir vu à Marseille jouer les hommes de main dans les guerres locales opposant les caïds marseillais qui règnent dans les années 70.

Pour les autorités fiscales, la plupart des membres de la Brise de mer vivent grâce aux revenus qu'ils perçoivent d'une activité agricole. C'est le cas des Guazelli, de Francis Mariani, de Dominique Rutily. Pierre-Marie Santucci, lui, gère une casse auto sur la commune de Biguglia, à la sortie de Bastia. Certains cumulent les occupations, tel Robert Moracchini, qui est recensé comme apiculteur tout en gérant un bar-tabac, Le Continental, sur la place Saint-Nicolas à Bastia.

Les règles strictes d'un groupe organisé

Derrière l'appellation « Brise de mer » se dissimule une réalité complexe qui a évolué tout en préservant un mode de fonctionnement qui explique sans doute la longévité de ses membres. Ils se doivent, entre eux, une solidarité quasi absolue. S'imposant en cas de guerre contre des adversaires, cette loi vaut également dans leurs affaires respectives. La défense des intérêts de l'un ne peut mettre en péril ou gêner ceux des autres. C'est l'une des grandes particularités de ce groupe par rapport aux anciens voyous corses. Ses membres s'administrent par le biais d'une minicoupole composée de certaines fratries, mais comprenant surtout des individus sans attaches familiales, admis pour leurs compétences. Les décisions majeures, ayant un impact direct sur l'avenir de toute l'équipe, sont prises de façon collégiale.

Cette solidarité ne vaut que pour le noyau dur. Elle n'est pas garantie à l'entourage qui se structure, autour de lui, en cercles concentriques. Plus on s'éloigne du cœur, moins on est sûr de ne pas tomber, un jour de disgrâce, sous les balles de la Brise, en dépit des services rendus. L'allégeance et la loyauté sont considérées comme deux conditions essentielles pour appartenir au système. Cet hermétisme fonctionne à l'égard des proches comme à celui de groupes criminels avec qui la Brise entretient, a priori, de bonnes relations.

1. Propos recueillis par l'un des auteurs en octobre 2003.

Règle d'or de la bande : la maîtrise totale des coups. Elle ne se joint jamais à des affaires contrôlées par d'autres équipes. Si elle peut recevoir une aide logistique externe ou accepter la participation ponctuelle d'éléments extérieurs, la Brise organise et gère seule toutes ses actions. Autre secret de fabrication, les membres du noyau dur fonctionnent en « doublette ». Qu'ils « montent sur des coups importants », selon la terminologie du milieu, ou honorent des rendez-vous potentiellement dangereux, ils ne se déplacent qu'à deux. Les couples sont toujours les mêmes. En 1983, deux tandems ont déjà fait parler d'eux : Francis Santucci et Angelo Guazelli, Robert Moracchini et Pierre-Marie Santucci. Un troisième, le binôme Richard Casanova-Dominique Rutily, suit l'exemple. La police de l'air et des frontières ne connaissait pas cette clé de fonctionnement ; dans le cas contraire, elle aurait pu comprendre que lorsque ces « doublettes » quittaient la Corse en avion, c'est qu'il y avait du grabuge dans l'air.

Unie, solide, organisée, construite sur plusieurs fortes personnalités complémentaires, la Brise s'impose dès le début des années 80 comme un véritable pouvoir insulaire. Personne n'a réussi à lui imputer l'élimination du clan Memmi. Ses membres peuvent étendre leurs affaires au nez et à la barbe des services de l'État, inquiets mais impuissants. La population ne sait que penser de cette agitation, mais elle pressent qu'une telle violence impunie ne peut générer qu'un climat de terreur dont les répercussions seront majeures.

Des territoires pour les machines à sous

La Brise fonctionne aussi comme une fédération. Ses membres ont développé, depuis la fin des années 70, leurs propres réseaux de machines à sous. Une seule règle prévaut : chacun son territoire. Fin 1981, la Brise apparaît dans cinq « associations » [1] – dénomination des filières en partie démantelées par les gendarmes et les policiers. La première est menée par les frères Santucci, aux côtés desquels figurent Aimé Guérini et les frères Chiappalone. Les machines, fournies par Jean-Claude Migozzi, dit « Jeannot », installé à Cannes, sont placées dans une dizaine de bars à Bastia et dans son immédiate banlieue, notamment à L'Odéon, au bar Brune et au Majestic. Migozzi est un grossiste ; il dispose, selon la justice marseillaise, d'une centaine de machines à sous sur le littoral méditerranéen. Le

---

1. Note du 2 décembre 1981 de l'antenne bastiaise du SRPJ d'Ajaccio au sujet de « L'implantation des machines à sous en Haute-Corse ».

principe est simple : le placement d'une machine à sous garantit au propriétaire du bar 50 % des recettes, un gain non négligeable qui permet souvent à l'établissement de survivre.

Le premier chaperon de la Brise de mer, Antoine Castelli, est signalé dans une autre «association» en compagnie de Joseph Santini, un intime des frères Santucci. Cette fois-ci, les machines sont placées dans le centre-ville de Bastia, sur la plaine orientale et en Balagne. Leur vente et leur entretien sont assurés par les structures, respectivement niçoise et parisienne, Vantomatic et Salmon. Ces sociétés fournissent également une autre «association» réunissant Jacques Grimaldi et Francis Guazelli. Leurs machines à sous ont été repérées à Bastia et dans le cap Corse, notamment dans les communes de Sisco et de Macinaggio.

La quatrième équipe regroupe Daniel Vittini et Georges Seatelli. Leurs activités sont concentrées sur la région de Corte, en Haute-Corse. Ils possèdent également quelques machines à Bastia, à l'Impérial et à l'Albert Ier. Enfin, une dernière «association» a également réussi à installer ses propres machines à Bastia et dans les environs, mais aucun membre influent de la Brise de mer n'y apparaît.

Cette première étape de l'émergence de la Brise, comme les autres d'ailleurs, semble avoir échappé aux autorités. Un magistrat en poste à Bastia tout au long des années d'essor du groupe se souvient : «Quand ils font dans les machines à sous, on ne les connaît pas en tant que groupe organisé. Quand ils éliminent les rivaux, on ne comprend pas tout de suite d'où vient le coup et sa signification. Quand ils braquent, on réalise qui ils sont vraiment. Quand ils recyclent l'argent dérobé, il est trop tard, ils investissent le produit de leurs vols dans le tissu économique insulaire et nous échappent. La justice a raté sa chance de stopper leur progression, entre 1984 et 1988, au plus fort de la campagne des braquages[1].» Le juge ne se ménage pas, mais il exprime l'avis général. Entre 1981 et 1992, la Brise amassera grâce aux braquages, dont tous ses membres sortiront quasiment indemnes, une fortune colossale qui constituera le socle de son pouvoir.

Premiers braquages

La Corse est une terre très respectueuse des fêtes religieuses. Les habitants de l'île aiment monter au village pour célébrer ces événe-

1. Propos recueillis par l'un des auteurs en novembre 2003.

ments en famille. Lorsqu'ils ont lieu au printemps, alors que les touristes n'ont pas encore fait leur apparition, les villes sont désertes. Le lundi 12 avril 1982, à Bastia, au beau milieu du week-end de Pâques, la tradition est respectée. Trois jours fériés qui profitent à tout le monde, y compris à une équipe de braqueurs qui pénètrent dans la salle des coffres individuels du Crédit Lyonnais. Ils sont passés par les sous-sols après avoir creusé un tunnel. Ils ne laisseront pas un centime. Ni les autorités, ni la banque n'oseront communiquer le montant du « casse », arguant du refus de certaines victimes, parmi lesquelles un haut magistrat de la cour d'appel de Bastia, de déclarer l'exact contenu de leurs coffres.

Les rares traces laissées par les auteurs de cette effraction, considérée comme le « braquage fondateur » de la Brise de mer, n'aideront guère les enquêteurs. Un homme suspecté de recel du vol est arrêté à Madrid après avoir demandé un visa pour les États-Unis au consulat américain. Extradé vers la France, il est finalement mis hors de cause. Les éléments qu'il fournit semblent suffire. Autre affaire sans lendemain : les policiers consignent dans leurs rapports qu'un membre supposé de la Brise de mer, Robert Moracchini, a fait l'acquisition d'une puissante et rutilante voiture de sport quelque temps après le « casse » du Crédit Lyonnais. Les enquêteurs se contenteront de glaner des renseignements fragmentaires faisant état d'une équipe mixte composée de membres de la Brise de mer et de personnes venues du continent, mais ne seront jamais en mesure d'arrêter qui que ce soit.

Sur l'île, les braquages vont se succéder sans que l'on sache avec précision s'ils sont tous imputables à la bande de la Brise proprement dite. Centres PTT, agences bancaires, transports de fonds, tout semble bon pour cette équipe qui, si elle n'agit pas forcément en première ligne, paraît garder le contrôle de toutes les « opérations » réalisées sur son territoire. De plus, lorsqu'elle se lance elle-même dans un vol à main armée, elle respecte, là aussi, un certain nombre de règles : il s'agit toujours d'« affaires données ». En d'autres termes, le braquage n'est réalisé que si les membres du commando disposent d'informations précises fournies par un employé ou un proche de la société visée.

Enfin, la Brise met au point une technique d'attaque des banques, à l'aide de postiches, jusqu'alors inconnue des experts de ce domaine. Cet artifice sera également utilisé par un autre groupe, originaire du quartier parisien de Belleville. Les deux bandes vont écumer la France et devenir les bêtes noires de la police. D'autres petites équipes tenteront de les imiter. Sans doute moins organisées, elles tomberont entre les mains des policiers. La mémoire collective ne retient souvent de cette époque que l'équipe parisienne, connue sous le nom de «gang des Postiches», alors que les Corses ont dérobé autant de fonds sans jamais être démasqués. Seuls quelques flagrants délits écarteront, un temps, certains membres de la Brise.

Pourtant, leurs techniques sont similaires. Un premier groupe pénètre dans la banque. Ses membres sont grimés et affublés de fausses barbes, moustaches et perruques. Ils neutralisent la clientèle et les employés pendant que le second groupe, généralement simplement cagoulé, fracture les coffres à l'aide de masses, burins, tournevis et autres pieds-de-biche. Talkies-walkies et scanners permettent au commando de surveiller les agissements de la police ou de la gendarmerie. De la fin 1981 à la fin 1984, 62 banques sont ainsi attaquées par les Corses, à part égale entre Paris et la province, ce qui représente 3470 coffres dévalisés[1].

Parmi les revers de la Brise de mer, il y a ce 22 juin 1984, place de l'île de Beauté, à Nice, à la sortie d'une succursale de la Société générale. Les policiers prennent Philippe Tortosa et Philippe Pasqualini en flagrant délit. Ils arrêtent en douceur, le 2 octobre, à son domicile bastiais, un troisième complice du braquage, Toussaint Casanova. Les enquêteurs assurent que ces hommes sont en relation constante avec des membres de la Brise de mer, dont Francis Santucci et Francis Mariani. Évadé de la maison d'arrêt de Bastia le 22 janvier 1984, ce dernier est un ami intime de Tortosa, chez qui il trouve refuge pendant sa cavale.

Tout ce petit monde se réunit, par ailleurs, au bar-hôtel Mono, avenue Thiers, à Nice. Propriété d'André Guérini, d'origine bastiaise, c'est l'un des points de chute de plusieurs membres de la Brise de mer de passage dans la région. Pour le seul premier semestre de 1984, l'Office central pour la répression du banditisme laisse entendre qu'il est possible d'imputer au groupe Mariani-Tortosa au moins quatre autres vols à main armée : la Barclays Bank à Cagnes-sur-Mer, la Sudaméris de Cannes, le Crédit Lyonnais, rue Auber, à Nice, et enfin le Crédit agricole de Toulon. Au cours de ce dernier braquage, les membres du commando ont abandonné précipitamment leur matériel après avoir intercepté des messages radio de la police signalant son arrivée imminente sur les lieux. Les témoins de la scène reconnaissent un autre proche de Francis Mariani, Pierre Federicci, exploitant du bar Chez Nous, à Nice, où se retrouvent aussi certains membres de la Brise de mer lors de leurs séjours dans les environs.

---

1. Rapport du 17 octobre 1984 de l'Office central pour la répression du banditisme (OCRB), adressé au directeur central de la police judiciaire, sur «des malfaiteurs corses, auteurs de vols à main armée avec effraction de coffres bancaires sur l'ensemble du territoire».

Le casse raté de Neuilly-sur-Seine

Il est 2 heures du matin, ce 9 septembre 1984, lorsqu'une patrouille de la police de Neuilly-sur-Seine, dans la proche banlieue de Paris, repère deux hommes au comportement suspect portant des sacs apparemment lourds. Elle passe son chemin. Quelques minutes plus tard, elle les aperçoit de nouveau, mais sans les sacs. Les clés trouvées sur l'un d'eux permettent d'ouvrir un fourgon Toyota, volé et maquillé, garé à proximité. Quelques heures après, une autre patrouille interpelle deux individus au même endroit. L'un d'eux n'est autre que Francis Santucci. Aucune infraction marquante n'est retenue contre ces quatre hommes, mais les policiers sont persuadés qu'ils s'apprêtaient à commettre un casse non loin de là.

Le 3 octobre suivant, l'alarme du détecteur sismique du Crédit commercial de France, rue Deloison, toujours à Neuilly-sur-Seine, sonne une première fois au commissariat central. Ce n'est pas rare, ces systèmes sont sensibles, mais il faut tout de même vérifier. Une patrouille se rend sur les lieux et ne remarque rien d'anormal. L'alarme ne s'éteignant pas, la patrouille effectue un deuxième passage, sans rien noter. Ce n'est que lors de la troisième vérification que le policier chargé d'aller y voir de plus près tombe nez à nez avec une équipe de malfaiteurs qui le prend en otage pour couvrir sa retraite, tout en tirant en direction des forces de l'ordre.

Un membre du commando est grièvement blessé par balle et deux autres sont arrêtés, dont Paul Guazelli, ralenti dans sa course par un sac rempli de lingots d'or dont il n'a, semble-t-il, pas voulu se défaire. Les autres parviennent à s'échapper. Lors de la course-poursuite, les policiers interpellent un suspect au beau milieu du bois de Boulogne. Il s'en sort en laissant croire qu'il recherche la compagnie des prostitués travestis peuplant le quartier chaque nuit.

Cette opération avortée a pourtant été conduite conformément aux règles de la Brise. Selon le parquet de Nanterre, le coup aurait été apporté par un autre suspect, Daniel Vittini, membre du premier cercle de la bande, dont les contacts avec le numéro deux de la banque, un aristocrate, sont mis en évidence dans l'enquête. Ce comte connaissait toutes les mesures de sécurité, à l'exception de l'alarme du détecteur sismique, connue du seul directeur. L'équipe n'était composée que de membres de la Brise ou de proches dont la loyauté ne pouvait être mise en doute. Parmi eux, on relève même la présence d'un ancien agent des services secrets, surnommé « le Gorille », reconverti dans le droit commun grâce à ses qualités de perceur de coffres.

Les indices laissés par la Brise à l'occasion de ce casse raté fournissent aux policiers un certain nombre d'éléments qui leur permettent de remonter sur d'autres braquages, réussis, ceux-là : celui des 15 et 16 novembre 1983 contre la Caisse d'épargne d'Amboise (Indre-et-Loire) ; celui du 3 décembre 1983 au préjudice de la Caisse d'épargne de Laval (Mayenne) ; et enfin celui du 1er décembre 1982 contre le Crédit agricole de Châteauneuf-sur-Loire (Loiret). À eux seuls, ces trois hold-up ont permis à leurs auteurs de dérober 11,4 millions de francs.

La tentative d'attaque à main armée de la banque Leumi, à Marseille, le 13 septembre 1987, met cette fois-ci en évidence les liens entre la Brise et des voyous marseillais. Six hommes, soupçonnés d'avoir participé à l'opération avortée, sont interpellés. Le parquet de Marseille requiert contre eux des inculpations d'association de malfaiteurs, séquestration de personnes et tentative de vols aggravés, avec mise sous mandat de dépôt. Il affirme ainsi avoir démoli la base logistique d'un groupe criminel. La bande était en fait suivie depuis plusieurs semaines par les policiers. Lors de leur arrestation, les personnes appréhendées sont en possession de quinze pistolets de gros calibre, de gilets pare-balles, d'un matériel permettant l'écoute des fréquences radio de la police et de cagoules. Les investigations révèlent aussi les relations existant entre ce groupe et deux truands corses inculpés et mis sous les verrous à Nîmes quelques jours plus tôt, Georges Seatelli, trente-sept ans, appartenant au noyau dur de la Brise, et Jean Donsimoni, demeurant à Marseille. L'incarcération du premier va d'ailleurs marquer le début de sa marginalisation relative au sein de son groupe.

Entre 1984 et 1988, les services de police imputent à la Brise de mer 35 attaques de banques ou de transports de fonds. Les enquêteurs soulignent, dans leurs comptes rendus, la présence de certains de ses membres ou affiliés sur la Côte d'Azur (Toulon, Nice, Saint-Laurent-du-Var), dans le Sud-Ouest (Toulouse), en Auvergne (Clermont-Ferrand), enfin dans les Pyrénées (Pau) et dans l'Est (Colmar).

Une stature et des affaires

Cette équipe démontre également son talent en Corse. Au cours des mois de septembre et d'octobre 1988, la gendarmerie reçoit la visite de plusieurs convoyeurs de fonds. Inquiets, ils signalent qu'ils sont suivis par des véhicules suspects lors de leurs trajets privés. Les gendarmes leur recommandent la plus grande vigilance et ajoutent que s'ils parviennent à glaner quelques détails, numéros de plaques d'immatriculation ou autres, cela pourra servir.

Le 4 novembre 1988, de retour d'une collecte de fonds en Balagne, un fourgon blindé de la société Sesco est attaqué près de la commune de Pietralba, en Haute-Corse, par un commando de cinq hommes armés de lance-roquettes et de fusils-mitrailleurs. Aucun coup de feu n'est tiré. Plus de 1,5 million de francs est dérobé. La reconstitution des faits conduit les enquêteurs à douter de la véracité des témoignages. Le fourgon paraît avoir été déplacé et le braquage n'a pas pu se dérouler au lieu indiqué.

Les trois convoyeurs ne résistent pas longtemps aux interrogatoires. Ils confessent, dans un premier temps, qu'il s'agit d'un simulacre d'agression, et livrent les noms des commanditaires et auteurs de l'opération : les frères Guy et Gilbert Voillemier, Christian Léoni, Joël Pattacchini et deux poids lourds de la Brise, Francis Santucci et Francis Guazelli. Ils précisent qu'ils ont prévenu les gendarmes des filatures dont ils étaient l'objet dans le cadre d'un plan pré-établi. Six mois plus tard, ils se rétractent. Le 1er juillet 1997, seul Guy Voillemier et un complice sont condamnés à trois ans de prison ferme. Les convoyeurs écopent de deux ans pour complicité.

Les succès de la Brise de mer élargissent de fait ses frontières et lui confèrent une autre stature. De nouveaux rapports de force naissent en Corse comme sur le continent. L'affrontement avec le gang bastiais de Jo Paoli, dont les membres sont devenus des concurrents directs, en est l'une des manifestations. L'essentiel de la bande de Paoli est décimée entre le 9 mars 1985 et le 3 juin 1986. En Haute-Corse, l'afflux d'argent provenant des braquages remodèle le paysage. En Balagne, considérée comme la Riviera corse, les enjeux financiers sont lourds, notamment dans le domaine des discothèques, qui font à cette époque l'objet d'une large redistribution. En 1986, à Calvi, Le Biblos est incendié. À L'Ile-Rousse, Le Challenger est construit sous le regard bienveillant du clan Rutily. Enfin, selon les autorités de l'époque, Le Starlight complète, la carte des établissements de nuit sous contrôle des Bastiais.

Pour avoir troublé ce nouvel ordre, Alain Hoareau, âgé de dix-neuf ans, est abattu le 29 août 1985 devant la porte d'une discothèque. C'est le fils de Gilbert Hoareau, que l'on appelait « l'empereur des nuits marseillaises » lorsque Gaëtan Zampa régnait sur le milieu de la ville phocéenne, et qui a lui-même été assassiné deux ans plus tôt, le 6 novembre 1983, lors des affrontements entre Zampa et Francis Vanverberghe, dit « Francis le Belge ». Un proche de son fils, Jean-Pierre Parenti, dit « Chico », connu des policiers pour appartenir à l'équipe marseillaise de Gilbert Hoareau, est également tué non loin de là, toujours pour des affaires de boîtes de nuit.

Une autre équipe bastiaise, ayant elle aussi fait ses armes en montant un groupe de « Postiches » qui s'est illustré lors du braquage avorté, le 22 mai 1984, de la Caisse d'épargne de Toulouse, pourrait, éventuellement prendre ombrage de l'omniprésence de la Brise. Mais ses membres, à commencer par Antoine Moretti, dit « Petit Antoine », qui se réunissent au café Riche, à Bastia, au fond duquel se trouve un cercle de jeux, optent pour la conciliation en poursuivant leurs propres affaires, notamment dans le football.

De minces délits financiers

Les piliers de la Brise de mer sont passés, en dépit de quelques accrocs, au travers des mailles du filet judiciaire. Ils ont franchi un cap dans leur vie de truands, celui qui les a fait passer du droit commun pur à la criminalité en col blanc. Et ils tirent les leçons des revers qu'ils ont connus au cours des dernières années. La trop grande multiplication des braquages et le recrutement de trop nombreux soldats les ont fragilisés. Ils ne l'oublieront pas.

La fortune sourit soudainement à un grand nombre de membres de la Brise de mer. Hôtellerie, grande distribution, résidences de luxe, bars-restaurants, discothèques... les investissements réalisés, par le biais de prête-noms ou de proches, par les piliers de la bande sont autant de signes tangibles de leur réussite. Pour tenter de juguler cette expansion, la justice lance contre la Brise, au mois d'octobre 1986, une offensive qui est confiée, notamment, au juge d'instruction Michel Huber, à Bastia. Le 17 octobre, une opération est conduite par plusieurs services de police, dont l'OCRB et la Brigade nationale d'enquêtes économiques (BNEE), contre des établissements suspectés d'appartenir à la Brise de mer : les bars situés place Saint-Nicolas, Le Palais des glaces et Le Continental, et les deux discothèques bastiaises L'Apocalypse et Le Saint-Nicolas[1].

Treize personnes sont interpellées. Aucun élément matériel ne permet de les poursuivre pour association de malfaiteurs. En revanche, un cahier recensant la tenue scrupuleuse d'une double comptabilité au sein du bar Le Continental est découvert par les

1. Synthèse du SRPJ d'Ajaccio du 8 décembre 1986 sur « Les opérations menées contre les membres du milieu bastiais appartenant à la mouvance de la Brise de mer ».

enquêteurs. Cet élément et d'autres pièces comptables ouvrent la voie à des procédures financières. Le gérant de fait du Continental, Robert Moracchini, considéré comme l'un des piliers de la Brise, est incarcéré avec ses associés et employés, et inculpé pour abus de biens sociaux. La direction générale des impôts est saisie de soupçons de fraude fiscale.

Dans le cadre de la même commission rogatoire, les enquêteurs interpellent, le 4 décembre 1986, les dirigeants de la SARL Forum, qui exploite la discothèque Le Challenger à L'Ile-Rousse[1]. Les policiers espèrent en fait atteindre Dominique Rutily, un autre membre du noyau dur de la Brise, dont le frère Alexandre, secrétaire de la mairie de Calenzana, gère Forum. Les investigations permettent de soupçonner ce dernier d'avoir « blanchi », en espèces, au moins 650 000 francs sous couvert de fausses factures, avec la complicité de l'entrepreneur qui a construit la discothèque. Le dirigeant de la société chargée de réaliser les travaux d'électricité est suspecté, pour sa part, d'avoir commis des abus de biens sociaux pour un montant estimé à 1,4 million de francs. Tous les trois sont écroués.

Les autorités sont satisfaites, pour une fois, d'avoir fait travailler ensemble différents services de l'État. Elles se félicitent d'avoir montré à la population, sensible aux symboles, que l'impunité dont paraissaient bénéficier des truands notoires n'était pas sans limite. Cependant, les résultats réels sont au-dessous des espoirs initiaux. Robert Moracchini est condamné à quelques mois de prison pour avoir utilisé les fonds de la société qui gère son bar-tabac, Le Continental, à d'autres fins que celles fixées dans sa raison sociale. Gilbert Voillemier, gérant de la discothèque L'Apocalypse, autre quartier général historique de la Brise de mer, est poursuivi pour infraction à la législation sur les sociétés commerciales. Enfin, des condamnations plus lourdes toucheront Alexandre Rutily, mais sans atteindre la cible véritable, son frère, Dominique Rutily.

Des investissements diversifiés

Cette offensive judiciaire aux allures de « coup d'épée dans l'eau » aura un seul effet majeur : rendre la Brise de mer plus discrète lors de ses investissements. Elle prendra désormais soin de placer son argent dans des secteurs moins visibles que les boîtes de nuit. Selon

1. Rapport remis, le 22 décembre 1986, par le SRPJ d'Ajaccio dans le cadre de la commission rogatoire du juge d'instruction Michel Huber délivrée le 10 octobre 1986.

la justice locale, près de 30 millions de francs sont investis, à partir de 1986, dans le tissu économique local sous couvert d'une centaine d'acquisitions. Celles-ci seront souvent réalisées par le biais de prête-noms, d'anciens serveurs de bar, des joueurs de football reconvertis dans la restauration, les épouses d'hommes de confiance au casier judiciaire vierge. Il ne s'agit là que de « blanchiment de proximité, le gros de leurs investissements s'effectue à l'extérieur de l'île[1] », tient à préciser un policier, en poste en Haute-Corse, chroniqueur des activités de la Brise.

On trouve de tout dans le portefeuille de la Brise et de ses affidés. Les sommes à blanchir sont importantes et font peser sur la société corse un poids qui modifie, peu à peu, son équilibre. Présente dans toute la Haute-Corse, en Balagne, à Corte, sur la plaine orientale jusqu'à Porto-Vecchio, l'influence de la Brise ne cesse de croître.

Dès qu'une opportunité se présente, liquidation judiciaire ou ouverture d'un commerce, ses membres « rendent visite » au repreneur et lui imposent leur intermédiaire, qui se voit confier des responsabilités au sein de l'affaire. Le repreneur, qui connaît au moins succinctement le parcours judiciaire de ses interlocuteurs, sinon une partie des méfaits et assassinats dont ils sont les auteurs présumés, accepte la loi de la Brise, qui contrôle ainsi le marché et s'efforce de brider toute concurrence. En effet, lorsqu'un commerce apporte un sang un peu neuf, la Brise propose rapidement au responsable une « association » ou une « participation » aux bénéfices générés par la nouvelle activité afin d'éviter une compétition préjudiciable à ses intérêts déjà en place. Ce racket n'implique pas nécessairement une entrée au capital. Il peut se faire, plus discrètement, en convenant que le propriétaire de l'établissement choisira pour fournisseurs, et au prix fort, des commerces ou des sociétés de distribution sous l'influence de la Brise de mer.

La prise de contrôle économique peut recouvrir des formes variées. Les voyous, comme les nationalistes, ont ainsi recours aux attentats pour mettre leurs victimes « à l'amende ». Ils profitent, pour ce faire, d'une grande confusion. Car l'usage des explosifs est très répandu dans l'île. Au-delà des actes terroristes classiques supposés soutenir une revendication politique, une large majorité des attentats sont des initiatives personnelles, ce que l'opinion publique continentale a souvent du mal à comprendre. La justice privée, en Corse, est encore davantage respectée que celle rendue par l'institution judiciaire au nom de la collectivité.

1. Propos recueillis par l'un des auteurs en août 2003.

Pragmatiques, les caïds bastiais n'hésitent pas à utiliser ce type de solution pour mettre la main sur des intérêts qu'ils convoitent. En 1986, les autorités judiciaires et policières, qui semblent décidées à attaquer la Brise sur le terrain financier, recensent les rachats douteux de commerces. Fin 1992, une synthèse sous forme de « note blanche » (sans en-tête), réalisée par le SRPJ d'Ajaccio sur les activités de la Brise, rappelle l'un de ces cas de vente suspecte en évoquant le sort d'un commerce situé à Algajola, près de L'Ile-Rousse, en Balagne. « Le magasin fut vendu à la suite d'un attentat pour une somme modique et est devenu la SARL Corsica, gérée par un membre influent de la Brise de mer, Benoît Grisoni[1]. » L'explosion qui a touché l'établissement était suffisamment forte pour que l'on puisse considérer cet acte comme un attentat, mais pas assez pour détruire entièrement l'outil de travail.

Benoît Grisoni n'est pas inquiété dans cette affaire. Il est présenté par les enquêteurs comme proche de l'un des piliers de la Brise, Richard Casanova. Par ailleurs, la justice le connaît pour des faits de détention d'armes et d'association de malfaiteurs. Son nom est cité dans l'affaire du vol à main armée commis, le 1er décembre 1982, contre l'agence du Crédit agricole de Châteauneuf-sur-Loire (Loiret). Selon les résultats de l'enquête, il aurait volé la moto Honda utilisée lors de la fuite du commando.

Un vol spectaculaire en plein ciel

L'argent qu'ils possèdent, la crainte qu'ils inspirent, leur niveau d'organisation sophistiqué, une solidarité sans faille, sans doute liée au phénomène de l'insularité, et bien peu d'ennuis judiciaires vont permettre aux membres de la Brise de mer de pérenniser un système qui commence à relever davantage de la criminalité organisée que de la simple bande de voyous. Cette dimension leur donne accès à des « affaires » qui vont non seulement défrayer la chronique par leur caractère spectaculaire, mais aussi démontrer qu'ils rayonnent dans le monde entier et qu'ils peuvent s'investir dans tous les domaines de la criminalité en respectant une seule règle, la leur.

La première victime de la Brise, en France, n'est autre que la Banque de France. Le 17 juillet 1991, à Orly, les policiers sont perplexes : comment les 5,741 millions de francs convoyés par avion de Bastia à Paris ont-ils pu être remplacés par de vieux cartons

1. Note de six pages évoquant les principales étapes de l'ascension de la Brise de mer.

malgré une surveillance de tous les instants ? Ils excluent la possibilité que les billets de banque n'aient pas été embarqués, tant leur circuit avait été contrôlé à chaque étape. Ils écartent aussi l'éventualité d'un vol après l'atterrissage, car le sac a passé la nuit dans un coffre de la Brink's. Et ils rejettent l'hypothèse d'un vol en soute, puisqu'on ne peut pas y accéder depuis la cabine des passagers. Un examen plus attentif du sac révèle toutefois que, si les scellés sont intacts, le plomb, lui, a sauté. Simple accident de manipulation, a-t-on cru dans un premier temps.

Après une vérification minutieuse de la liste des bagages chargés dans l'avion à Bastia, il apparaît qu'une malle d'environ 70 kilos figurait, ce jour-là, dans la soute. Cette découverte achève de dissiper les doutes des enquêteurs. Selon eux, le voleur – ou pourquoi pas la voleuse – s'est caché dans la malle, enregistrée en bagage avec un supplément payé en espèces. Il disposait ensuite d'une heure de vol pour transférer l'argent de la Banque de France, destiné au pilon, dans d'autres bagages avant de le remplacer par de vieux cartons. L'opération terminée, il pouvait regagner la malle, récupérée à Paris, ainsi que les bagages contenant le pactole, par des complices[1].

Le gros coup de l'UBS à Genève

La deuxième grande cible de la Brise de mer est étrangère. Il s'agit de l'austère et richissime Union de banques suisses (UBS), installée à Genève. Cette affaire incarne sans doute plus que d'autres la manière dont la Brise parvient à tenir à distance la justice grâce à une organisation minutieuse. C'est l'histoire du « casse du siècle » réussi, malgré de sérieux contretemps, grâce au respect de règles intangibles.

Le dimanche 25 mars 1990, cinq individus armés pénètrent, par l'entrée de service, dans l'agence de l'UBS située passage des Lions, à Genève. Les alarmes sont neutralisées. Le commando semble bien informé. Trois gardiens sont tenus en respect par deux de ses membres, tandis que les trois autres contraignent le dernier agent de sécurité à les conduire vers le service des monnaies étrangères. De retour en Corse, l'un des assaillants racontera ainsi la scène à des proches : « On n'arrêtait pas d'ouvrir les coffres, il y avait des murs entiers de box. Cela faisait des tonnes de sacs. On était crevés à la fin[2]. » Tous les coffres et armoires blindés sont ouverts sans effrac-

1. *Le Monde*, 26 juillet 1991.
2. Propos recueillis par l'un des auteurs en août 2003.

tion et l'emploi de gants permet de ne laisser aucune empreinte. Les truands possèdent non seulement des informations sur le système d'alarme, mais aussi les codes des armoires fortes. Plus de 220 kilos de billets sont ainsi dérobés, en monnaie étrangère et suisse, pour un total de 31 millions de francs suisses, soit 125 millions de francs français, un record.

Fin 1990, les policiers suisses trouvent la faille. Michel Ferrari, l'époux de la secrétaire personnelle du chef du service des monnaies étrangères à l'UBS, fâché de ne pas avoir reçu sa part du butin, accepte de coopérer avec la justice. Il raconte son aventure, à l'instar de deux autres complices suisses, un caissier et l'un des agents de sécurité présents le jour du «casse». Selon Michel Ferrari, tout débute vers l'automne 1989 lorsqu'il est approché sous un prétexte fallacieux. Les frères Pattacchini et André Benedetti, tous trois fichés au grand banditisme et membres de l'entourage de la Brise de mer, disent vouloir effectuer un transfert de fonds de 5 millions de francs, en lires italiennes, à l'UBS. Puis, rapidement, explique-t-il, ils dévoilent la vraie nature de leur démarche : le braquage de l'agence dans laquelle travaille sa femme.

Grâce à ces confidences, mais aussi à l'aide des photos prises par l'un des amis de Ferrari lors d'une rencontre avec les Corses à la gare d'Annecy, les enquêteurs mettent en évidence l'identité de ceux qu'ils pensent être les principaux protagonistes de l'opération. Ils reconstituent la chronologie des faits et des rendez-vous qui se sont succédé à Annecy et à Genève. Ils découvrent que d'autres figures se joignent à l'équipe initiale, dont Alexandre Chevrière, marseillais, compagnon de longue date de la Brise de mer, ou encore Richard Casanova, pilier du mouvement. Les investigations lui confèrent un rôle central, même s'il semble intervenir tardivement. C'est lui qui réceptionne, des mains de Michel Ferrari, «les schémas manuscrits du plan de l'entrée, de la loge des gardes et les combinaisons des coffres [1]». C'est lui encore qui détient, seul, les clés de l'appartement loué à proximité de l'agence de l'UBS dans lequel le butin doit être entreposé.

L'instruction, qui est poursuivie en France, établit par ailleurs que 1 million de francs, provenant vraisemblablement de l'UBS, a été investi dans la société Geka à Tours. Son gérant, qui bénéficiera d'un non-lieu, indique à la justice que Paul Innocenzi, un prête-nom proche de Jacques Pattacchini, lui a prêté cette somme pour l'aider à monter

1. Arrêt de renvoi, du 26 janvier 1999, rendu par la deuxième section de la chambre d'accusation de la cour d'appel de Paris dans l'affaire dite «L'UBS à l'encontre de Jacques et Joël Pattacchini, André Benedetti, Alexandre Chevrière et Richard Casanova».

son entreprise. Les fonds lui ont été remis en billets de 500 francs. À la suite de ce prêt, l'investisseur détenait 2550 parts et le patron de Geka ne possédait qu'une action. Par ailleurs, lors de leur arrestation, deux des frères Pattacchini sont trouvés en possession de 36500 francs, qui sont saisis. Peu de temps après le « casse », ces mêmes frères ont acheté une Mercedes pour 200000 francs, en espèces. Si l'on agrège à ces sommes le montant total des cautions payées pour retrouver la liberté après leur arrestation, seuls 2,2 millions de francs ont été récupérés. Sur un butin de 125 millions, la pêche est maigre.

De plus, la justice ignore une partie du scénario. Les magistrats chargés du dossier sont confrontés à des pressions et ne peuvent compter sur l'aide des témoins suisses, qui se rétractent ou refusent de venir devant la cour d'assises. La justice doit aussi composer avec des voyous corses informés du détail de l'enquête en cours. Résultat : début 2004, soit quatorze ans après les faits, cette affaire, dans laquelle l'ensemble des accusés démentent les faits qui leur sont reprochés, n'était toujours pas jugée.

Pourtant, quelques bribes de secret sur ce « coup du siècle » figurent dans le dossier judiciaire. Ainsi, lors d'une rencontre organisée, en 1990, entre Michel Ferrari et ses interlocuteurs corses, qu'il croit capables d'intervenir pour lui permettre de récupérer sa part du magot, l'un des intervenants lâche une phrase clé qui ne sera jamais exploitée : « Il y avait deux équipes au sein des Corses, l'une commanditant le vol, l'autre l'exécutant[1]. » Ces propos seront ensuite niés par son auteur malgré l'existence d'un enregistrement sonore. Ils ne sont pourtant pas anodins lorsqu'on connaît certaines règles internes de la Brise de mer, telles que la maîtrise opérationnelle ou le cloisonnement des actions entreprises. Ces principes semblent avoir prévalu, y compris à l'égard des frères Pattacchini ou d'André Benedetti, pourtant considérés comme des proches de la Brise.

Le milieu corse ne dit pas autre chose quand on évoque ce « coup » avec l'un de ses membres. « Les noms de ceux qui ont fait l'affaire ne sont jamais apparus parce que ceux qui amènent le coup ne sont même pas dans la banque pour prendre les billets[2]. » Le lien entre ces deux groupes semble être Richard Casanova, seul membre identifié du commando en fuite quatorze ans après le « casse ». Son rôle est à peine éclairci par l'instruction judiciaire. Pourtant, il apparaît comme le contact entre les personnes qui fournissent les « tuyaux » et celles qui réalisent le coup. Fort de cette position, il

1. *Ibid.*
2. Propos recueillis par l'un des auteurs en juillet 2003.

connaît probablement l'identité de celui qui a compliqué la tâche des braqueurs en ne donnant pas sa part à Michel Ferrari, l'indicateur devenu balance. En tout cas, grâce à cette opération, Richard Casanova dispose largement de quoi financer sa longue fuite, régulièrement ponctuée par des annonces indiquant sa présence en Corse, à Paris ou à Marseille.

L'affaire de l'UBS constitue pour lui un tournant. En cavale, il est contraint de prendre une autre ampleur, de quitter ses habits de jeune loup habile, comme on le voyait jusqu'alors au sein de la Brise de mer. Dix ans plus tard, au début des années 2000, grâce à une vraie capacité d'adaptation aux milieux qui l'entourent, notamment politiques et affairistes, il est devenu l'une des principales figures de cette équipe bastiaise. Mais nous n'en sommes pas encore là.

Hold-up en hélicoptère

L'année 1992 est marquée par un dernier événement spectaculaire derrière lequel il paraît difficile de ne pas voir l'empreinte de la Brise de mer. Le 11 août, à 13 heures, les passagers du vol Air Inter reliant Bastia à Marseille prennent place dans l'appareil. Au même instant, à vingt kilomètres de là, plus au sud, entre les communes de Folelli et de Moriani, quatre hommes cagoulés s'engouffrent dans un hélicoptère de location stationné devant les locaux de la Caisse nationale de retraite ouvrière. Ils prennent le pilote en otage et le forcent à décoller en direction de l'aéroport de Bastia Poretta, qu'ils atteignent au moment même où le Mercure d'Air Inter s'avance sur la piste centrale.

Depuis le cockpit, le commandant et son équipage voient l'hélicoptère les dépasser de si près sur la droite qu'ils pensent qu'il va heurter l'aile de l'avion. Mais le pilote de l'Alouette 2 maîtrise son engin et le fait pivoter face au Mercure avant de le poser à une quinzaine de mètres devant l'avion, l'obligeant à stopper. Trois hommes en descendent. Les deux premiers pointent leur arme vers le cockpit et le troisième se glisse sous l'avion vers la trappe de la soute à bagages. Il déverrouille la porte et s'empare d'un sac de 22 kilos contenant près de 7 millions de francs, déposé là quelques minutes plus tôt par des convoyeurs de fonds de Securipost[1].

Le forfait accompli, les malfaiteurs repartent en hélicoptère et se posent à l'endroit même où ils l'ont détourné, avant de s'enfuir en

1. *Le Monde*, 13 août 1992.

voiture. Le pilote pris en otage s'en retourne vers l'aéroport, où il est interrogé par les policiers sur les conditions de cette attaque éclair. Il ne sera pas inquiété mais, de nouveau, les questions sont plus nombreuses que les réponses. Comment peut-on mener à bien le détournement « surprise » d'un hélicoptère tout en prévoyant, à la minute près, l'interception d'un avion engagé sur le tarmac ? L'opération requiert une telle précision qu'elle ne peut rien devoir au hasard. Cependant, le convoyage de ce type de fonds fait l'objet du plus grand secret. Les policiers de l'aéroport ne sont prévenus de l'arrivée du fourgon qu'une heure avant. Les membres du commando ont donc bénéficié d'informations extrêmement détaillées, de nombreuses complicités, et leur organisation est sans faille. Désemparés, les enquêteurs seront tentés, un temps, d'interroger un grand éventail de témoins, dont le maire de Pietralba, Jean Casta, figure politique de l'île et surtout ancien cadre de la compagnie aérienne UTA. Mais, faute de moyens, cette vaste campagne d'auditions sera abandonnée.

Le goût de la précision et du contrôle des opérations conduit parfois les membres de la Brise de mer à refuser des affaires dont l'issue paraît pourtant prometteuse. En cette fin d'année 1992, voilà trois ans que l'agence de Toulon de la Banque de France est en travaux. Son directeur est parfois négligent. Les portes des salles fortes sont souvent débloquées. Un contexte favorable pour monter un hold-up, surtout si, par amour pour un nouveau compagnon aux mauvaises fréquentations, une secrétaire comptable livre des informations de première qualité sur les systèmes de sécurité, la circulation des fonds et la disposition des locaux.

Ce que l'on sait moins, c'est que la Brise de mer est l'une des premières équipes à être informées de cette affaire. Elle teste, à sa manière, la faisabilité du projet. La scène se déroule dans une chambre de l'hôtel Sofitel, à Marseille, éclairée par le seul écran de télévision. Le compagnon de la secrétaire de la Banque de France et l'un de ses amis, petit truand toulonnais, sont sommés de fournir, dans le détail, les éléments en leur possession par un membre de la Brise, cagoulé pour l'occasion. Au fond de la pièce, derrière un paravent, plusieurs personnes écoutent la discussion et échangent leurs points de vue, à voix basse. L'entretien terminé, l'encagoulé dit à ses visiteurs qu'il leur donnera sa réponse dans les quinze jours. Elle sera négative, car le coup est jugé peu réalisable.

La Brise fait la grimace quand, le 13 décembre 1992, la réussite du hold-up est annoncée dans les médias. La grimace devient encore plus mauvaise quand la Banque de France annonce le montant faramineux du pactole dérobé ce jour-là : 146 millions de francs. Seule consolation : six membres du commando sont arrêtés et jugés le 14 octobre 1996 devant la cour d'assises du Var. La police ne récupère que 10 millions de francs sur le butin total.

Les cercles de la Brise

Au fil des années 90, la Brise de mer a construit une toile composite faite de cercles et de strates où se croisent toutes sortes de personnages. Le gros des bataillons du premier cercle est formé de « soldats », d'hommes de main ou de prête-noms. Les poids lourds de l'équipe les actionnent au gré des besoins, les faisant vivre d'expédients. Certains s'attachent même, en permanence, la compagnie d'hommes à tout faire qui, tout en continuant l'exercice de leur profession, s'occupent de leur mentor. Ils se lèvent à 5 heures du matin pour vérifier qu'il n'y a pas de descente de police en préparation, ils louent les maisons qui serviront de planques, ils veillent sur les enfants, sur les maîtresses, sur les voitures, ils ouvrent la route à bord d'une moto ou d'un véhicule afin de prévenir d'éventuels barrages si leur chef est en fuite ou ne tient pas à faire de mauvaises rencontres. Ils lui sont dévoués comme des serviteurs à leur maître.

La seconde strate comprend des associés, souvent des fidèles de la première heure dont le parcours est devenu indissociable d'un ou de plusieurs membres du noyau dur de la Brise et qui mènent leurs propres affaires, parfois loin de la Corse, sans pour autant quitter le giron de la maison mère.

Ces cercles agissent comme autant de cloisons protectrices pour le noyau dur. Les piliers de la Brise vont rarement au contact direct des étrangers. Leurs intermédiaires, ou ambassadeurs, leur proposent, éventuellement, des affaires, comme c'était le cas pour l'UBS, en 1990, ou pour le « casse » du CCF de Neuilly-sur-Seine, en 1984. La longévité de la Brise de mer est telle que son image est devenue une arme en soi. Des personnes extérieures à cette mouvance revendiquent parfois indûment une filiation avec la Brise pour laisser croire qu'elle assure leur protection.

Les piliers de l'organisation sont enfin entourés d'alliés, restaurateurs, hôteliers, garagistes, policiers ou élus politiques prêts à rendre service aux quatre coins du monde. Certains de ces soutiens n'ont jamais eu de souci avec la justice et sont honorablement connus. La relation est fondée sur des notions d'amitié et de solidarité indéfectible, « à la corse ».

Les tableaux de Marmottan

Le 27 octobre 1985, vers 10 heures, à Paris, cinq hommes armés aux visages grimés font irruption dans le musée Marmottan qui vient juste d'ouvrir. Trois d'entre eux pointent des armes de gros calibre sur les gardiens et le public, paralysés. Les deux autres se rendent, sans attendre, vers les tableaux convoités. Ils en prennent neuf : cinq Monet (dont le très célèbre *Impression, soleil levant* qui a donné son nom au mouvement impressionniste), trois Renoir et un Berthe Morisot. « Pierrot » Flori ne compte pas parmi les braqueurs présents ce matin-là. Néanmoins, il va jouer un rôle clé et éclairant dans cette histoire où se mêlent police parallèle, réseau politique et monde des voyous. Considéré, dans certaines notes de police, comme « l'un des maîtres à penser du milieu corse devant faire l'objet de surveillances partout où il se trouve[1] », Jean-Charles Flori, dit « Pierrot », est typique des personnages du premier cercle de la Brise.

Des photos polaroïd des œuvres surgissent, quelque temps après, au Japon mais l'enquête traîne en longueur. Les éventuels acheteurs se sont ravisés après le bruit suscité par l'attaque à main armée. De plus, ces tableaux comptent parmi les plus connus de la période impressionniste, ce qui rend leur revente périlleuse. Ancien patron de l'OCRB et membre, un temps, de la cellule antiterroriste élyséenne dont on connaîtra plus tard les dérives, le commissaire Charles Pellegrini connaît bien Pierrot Flori et ses accointances avec les triades japonaises. Il tente en vain de récupérer les peintures, en proposant à ce dernier 1 million de francs en échange.

Parallèlement, les policiers interceptent une lettre écrite en japonais, postée à Tokyo et adressée à un berger corse qui la remet, de fait, à Pierrot Flori. Ce dernier sollicite, pour la traduire, l'aide d'un proche de nationalité japonaise, marié à une Corse. Conseiller technique de l'équipe nippone de judo, cet homme lui sert d'intermédiaire dans ses nombreuses affaires avec le Japon. Malgré ces éléments, les enquêteurs, qui craignent que les tableaux ne soient détruits, ne tentent rien.

Faute de pouvoir vendre leur butin, les auteurs du vol essayent, en 1988, de le troquer contre la remise en liberté de quatre membres de la Brise de mer incarcérés à la prison des Baumettes, à Marseille, et le versement du million de francs que Charles Pellegrini leur avait proposé quelque temps plus tôt. Les négociations vont très loin, au

1. Fiche OCRB rédigée en 1991.

point que Pierrot Flori s'entretient de cette affaire, par téléphone, avec Mireille Ballestrazi, la patronne du service de lutte contre le vol des œuvres d'art. Mais ces transactions échouent. Deux ans plus tard, les policiers retrouvent les neuf tableaux dans un appartement de Porto-Vecchio.

Né en 1949, de taille moyenne, le teint mat, Pierrot Flori n'est pas qu'un factotum. C'est un homme avisé et réfléchi. Son nom figure dans l'épisode du laboratoire de Phoenix, l'une des plus grosses affaires de trafic de stupéfiants des années 80, impliquant l'essentiel des ténors du grand banditisme français de l'époque en liaison avec la mafia italo-américaine, autour du parrain marseillais Paul Mondoloni[1]. Dans le rôle du chef opérationnel apparaît François Girard, dit « Francis le Blond », trafiquant notoire de stupéfiants, dont la présence est signalée aussi bien en Sicile qu'au Liban. Il sera condamné, en 1988, comme co-commanditaire de l'assassinat, le 21 octobre 1981, du juge d'instruction marseillais Pierre Michel.

Girard est également un ami proche de Pierrot Flori, lequel ne jouera qu'un rôle secondaire dans l'affaire du laboratoire de Phoenix. Ce qui n'empêchera pas l'un des repentis du dossier, Roger Chiotti, interrogé dans sa prison à Rome par le juge d'instruction français Michel Debacq, de décrire non seulement l'ensemble de l'organisation du réseau, mais aussi le rôle joué, selon lui, par Flori. « Le blanchiment des dollars gagnés dans cette affaire, révèle-t-il, a été suivi par le directeur de la Banque centrale d'Espagne, notamment par l'achat de devises japonaises. D'autres investissements ont été réalisés par François Scapula, François Girard et Pierrot Flori. » « Je vous ai parlé d'un certain Flori, précisera encore Chiotti un peu plus tard. C'est un ami de Francis Girard, dit "le Blond". C'est une personne très introduite au Japon, aussi bien dans le monde bancaire que dans le milieu criminel des sociétés secrètes japonaises. C'est lui qui s'est occupé des affaires d'Alain Delon au Japon. Je sais, par Scapula, qu'il s'est également occupé des intérêts de Girard au Japon[2]. »

Si la justice n'inquiètera pas Flori pour ces activités, la police judiciaire, elle, le considère comme lié au « trafic de stupéfiants »[3]. Elle rappelle par ailleurs qu'il a été incarcéré en 1986 et 1987 pour

1. Voir plus haut le chapitre intitulé « La fin d'une génération ».

2. Déclarations consignées sur procès-verbal au cours de sept auditions effectuées, entre le 10 novembre et le 11 décembre 1987, à la maison d'arrêt de Rome, par le juge d'instruction marseillais Michel Debacq, en présence de son homologue italien Francesco Missile et du policier Alain Mombel, du SRPJ de Marseille.

3. Note de la direction centrale de la police judiciaire, du 3 septembre 1998, sur « Les principaux malfaiteurs de la mouvance dite de la Brise de mer ».

menaces sous condition lors d'une opération d'extorsion de fonds, et coups et blessures volontaires sur un citoyen chargé d'un ministère public, un huissier. En dépit de cette dimension internationale, Pierrot Flori conserve de solides attaches en Corse, et notamment en Balagne, où il semble former à cette époque une équipe soudée avec Richard Casanova et Benoît Grisoni. Plus tard, il prendra ses distances avec Casanova.

À l'image de Pierrot Flori, les piliers de la Brise de mer sont très peu cités dans des procédures ouvertes pour trafic de drogue. Leurs noms apparaissent rarement, même si les policiers s'interrogent régulièrement sur le rôle qu'ils peuvent éventuellement jouer, en amont, dans ces filières, en tant qu'apporteurs de fonds. Tout juste peut-on relever la présence fugitive de Francis Santucci, figure dominante de la Brise, dans l'affaire du réseau William Perrin, du nom d'un Français originaire du Havre. Ce groupe, essentiellement composé de Corses natifs de Bastia et de Calenzana, a expédié d'importantes quantités d'héroïne de la Thaïlande vers l'île franco-néerlandaise de Saint-Martin entre 1984 et 1988.

Au cours de l'enquête, le juge d'instruction reçoit, le 2 mars 1990, des informations indiquant que les deux véritables têtes du réseau sont « Jo Poli et Francis Santucci ». Toujours selon ces renseignements, qui sont évoqués dans les attendus du jugement du 19 juin 1992, ces deux hommes auraient ordonné l'exécution de Jean Martini, l'un des organisateurs du trafic, de peur qu'il ne se confie à la justice. Pour autant, la justice ne retient aucune charge contre eux dans cette affaire. Jo Poli, déjà connu des services de police à travers les histoires de la French Connection aux côtés de Jean-Jé Colonna, est tué, le 17 janvier 1991, à Saint-Florent, en Haute-Corse, devant le café d'un autre protagoniste de l'affaire. L'un de ses proches, Xavier Gambini, est abattu le 4 janvier 1992.

Des relais à Paris

La Brise de mer s'applique à conserver la maîtrise de son destin. Mais cela ne l'empêche pas de s'appuyer sur des équipes ou des personnes de confiance, notamment lorsqu'elle s'éloigne de ses terres. À Paris, pendant plus de dix ans, de la fin des années 70 au début des années 90, le groupe peut compter sur des fidèles. Il a le soutien, en particulier, de gens comme Jean Ribot, dont le patronyme n'indique pas qu'il est né, en 1944, à Santa Reparata di Moriani, dans la plaine orientale. Résidant souvent à Ajaccio lors de ses passages en Corse, il demeure, pendant ses fréquents séjours dans la capitale, au 4 boulevard Denain, dans le Xe arrondissement. L'appartement, loué au nom de sa concubine, est la propriété de la Banque de France, qui aurait dû le récupérer depuis longtemps puisque l'occupante légale s'est suicidée à Ajaccio.

Deux autres individus disposent des clés de l'appartement : Jean-Philippe Ottmann et Claude Watripon. Ce dernier, aperçu un jour par des policiers de l'OCRB, à l'aéroport d'Orly, en train de réceptionner certains membres de la Brise, est alors considéré comme l'un des relais des Corses en région parisienne. Autour de lui gravite un groupe d'une trentaine de personnes, hommes et femmes, recensés en 1986 par l'OCRB comme formant l'essentiel des troupes de la Brise dans la capitale au cours des années 80[1]. L'OCRB mélange, dans ses listes, des piliers de la Brise de mer qui transitent parfois par Paris – Antoine Castelli, Maurice Costa ou les frères Chiappalone – avec d'autres personnages résidant en permanence dans la capitale.

Watripon, par exemple, né en 1950, semble davantage rendre des services que posséder une réelle envergure de caïd. Proche de Ribot, il le retrouve à Ajaccio, où il a acheté un studio à bon prix. Il le croise aussi au cercle Bonne Nouvelle. Connaissant Richard Casanova, futur poids lourd de la Brise, il est également vu au café Empire, dans le XVIIIe arrondissement, à La Musardière, dans le XVIIe, ou au Winston Churchill, dans le XVIe. Au cours de toutes ces années, son chemin ne rencontre cependant guère celui de la justice, et il s'orientera plus tard vers l'achat et la revente de voitures, se faisant, aux yeux des policiers, une vie tranquille. Quant à Jean-Philippe Ottmann, à l'époque il circule à moto, ce qui le rend, selon les policiers de l'OCRB, infilochable. Réputé proche du «Belge», Francis Vanverberghe, il se fait ensuite plutôt discret sur la scène du banditisme.

Ribot partage sa vie parisienne avec une prostituée, Toussainte Casasoprana, qui règle généralement le loyer du pied-à-terre des hommes de la Brise, boulevard Denain. Réputé pour son tempérament entier, Ribot s'est fait connaître, en Corse, lors d'une affaire de vol de pièces d'or récupérées sur une épave. À Paris, à en croire l'OCRB, il investit une partie des capitaux occultes de la Brise dans des cercles de jeux parisiens, dont le cercle Bonne Nouvelle, rue de la

1. Fiche de dix pages, à en-tête OCRB, portant sur l'examen de l'environnement de «Simon Campana et Claude Watripon et autres». Au chapitre intitulé «Observations», le – ou les – auteur(s) de cette note indique(nt): «Tous ces individus font partie de l'équipe de la Brise de mer et ont participé directement ou indirectement à des vols à main armée avec ouvertures de coffres. Ils vivent également de proxénétisme, trafics divers, dont de stupéfiants.»

Bienfaisance, dans le VIIIe arrondissement. L'établissement ayant fermé ses portes le 7 janvier 1990, Ribot aurait transféré les fonds vers les cercles Wagram, dans le XVIIe arrondissement, et Eldo, rue Saint-Martin, dans le IIIe. À ses côtés, on note la présence régulière de Francis Santucci, qui s'est imposé comme l'une des principales figures de la Brise de mer. Santucci est membre du cercle Bonne Nouvelle, jusqu'à sa fermeture, de l'Opéra Club et du Concorde. Ribot est aussi inscrit parmi les fidèles du Billard Palace Club, boulevard des Capucines, dans le Ier arrondissement. Le 3 octobre 1991, il est abattu à Paris avec Toussainte Casasoprana. Aujourd'hui encore, des doutes subsistent sur les véritables causes de sa mort. Les policiers établiront que trois jeunes hommes, de taille moyenne, sont entrés dans l'appartement des victimes. Le dossier sera clos sans qu'aucune piste ait abouti. Seul un renseignement, véhiculé, comme souvent, par le milieu et des policiers bien informés, laissera entendre qu'il s'agissait d'un règlement de comptes dont l'explication trouvait son origine quinze ans auparavant. «Ribot aurait été impliqué, à Nice, dans les années 70, avec deux autres Corses, Silvagnoli et Cortopassi[1], dans un assassinat de trop. Une erreur d'appréciation sur le profil de la personne et surtout son entourage, qui a été capable d'attendre pour venger sa mort[2]», commente un policier insulaire.

Parmi les autres relais de la Brise, on trouve notamment Michel Katzkel, dit «le Parisien», qui occupe une place particulière dans le système. Fiché au grand banditisme, il fait surtout le lien, au nom du groupe des Bastiais, avec l'autre gang des Postiches, celui de Belleville, qui sévit en France au cours de la même période, entre 1981 et 1986. Car, contrairement à ce qu'on a longtemps pensé, les deux mouvements ne s'ignoraient pas l'un l'autre. Katzkel fréquente ainsi Jean-Pierre Lepape, braqueur aux faux airs d'Alain Delon qui fera, un temps, le «Postiche» avec ses amis Robert Marguery et Bruno Berliner. Lepape échappera à la justice, mais pas aux balles d'associés qu'il aurait irrités dans le cadre d'un trafic de stupéfiants. Des coups de feu le touchent mortellement le 1er juillet 1998[3]. Katzkel aura, quant à lui, un parcours moins agité. À peine cité dans une procédure judiciaire ouverte sur un trafic de 60 kilos de haschich à Bastia, il ne sera pas poursuivi et pourra, au cours des années 90,

1. Joseph Silvagnoli et Dominique Cortopassi ont été tués, le 22 juillet 1982, dans leur voiture. Considérés comme des hommes de l'ancien parrain Louis Memmi, ils sont tombés dans le cadre de la prise de pouvoir de la Brise de mer que leur ancien complice Jean Ribot, lui, paraissait avoir choisi de suivre.

2. Entretien avec l'un des auteurs en décembre 2003.

3. Voir *Libération*, 1er septembre 1998.

descendre vers la Côte d'Azur et prendre la gestion d'un karting à La Ciotat tout en continuant d'entretenir les meilleures relations avec certains membres de la Brise de mer.

Un proche de Michel Katzkel, Bernard Dupas, joue également les intermédiaires entre les Corses et le gang des Postiches de Belleville, et plus généralement la mouvance du banditisme en banlieue sud de Paris[1]. Patron de l'établissement Le Sabot de Bernard, situé derrière l'ancien drugstore de Saint-Germain-des-Prés, dans le VIe arrondissement de Paris, on le surnomme « le Chauve ». Un temps classé dans la sphère de Gaëtan Zampa, il paraît avoir ensuite opté pour un milieu plus bigarré où se mêlent le monde politique et le monde associatif.

Des appuis solides sur la Côte d'Azur

Règle de proximité oblige, les liens entre la Corse et la Côte d'Azur sont étroits. La Brise n'échappe pas à cette tradition. Son maillage est ancien et voilà plus de vingt ans qu'elle cultive ses appuis à Marseille, Toulon, Cannes, Nice ou Monaco. Dans la cité phocéenne, un personnage, Alexandre Chevrière, incarne ces relations. Né en 1952, il est de la même génération que les piliers de la Brise de mer. C'est un « beau voyou ». Il a été condamné, le 26 octobre 1976, à huit ans de réclusion criminelle par la cour d'assises du Rhône pour vol qualifié. Le 6 novembre 1995, il est de nouveau condamné à six ans de prison pour un braquage raté.

Ses liens avec la Brise de mer apparaîtront tardivement au grand jour, lorsqu'il se fera arrêter, en juin 2000, à Sartène, en compagnie de plusieurs membres du noyau dur de l'équipe – Maurice Costa, Pierre-Marie Santucci et Francis Mariani – dans une affaire présentée par la justice comme un dossier d'extorsion de fonds, mais qui cache probablement un important règlement de comptes. Au cours de l'enquête, les policiers relèvent nombre d'éléments attestant la solidité des relations qui l'unissent aux Bastiais. Lors de la perquisition menée dans sa confortable maison entourée de hauts murs et de caméras, à Mimet (Bouches-du-Rhône), on découvre notamment une voiture de marque Polo vendue par Pierre-Marie Santucci à son fils. Enfin, il sera de nouveau interpellé quelque temps plus tard en compagnie d'une jeune tête brûlée évoluant dans le giron de Francis Mariani, Joseph

1. Fiche sur l'examen de l'environnement de « Simon Campana et Claude Watripon et autres », *op. cit.*

Menconi, dit « José », alors en cavale pour la deuxième fois. Chevrière veille aux intérêts de la Brise. C'est un fidèle parmi les fidèles.

Sur Toulon, la Brise semble s'être acclimatée sans mal, au gré des prises de pouvoir successives des équipes de voyous locaux. Depuis le début des années 80, elle paraît avoir noué des pactes de non-agression avec les différents caïds de la ville, quitte même à bénéficier, dans certains cas, d'un soutien logistique, voire à échanger des services contre des assassinats, par exemple, afin de brouiller les pistes. Du temps de Jean-Louis Fargette, parrain du milieu toulonnais qui se fera tuer, en 1993, en Italie, les liens semblent avoir été beaucoup plus distants avec la Brise qu'ils ne le seront à l'ère du clan Perletto, poursuivi pour des affaires de braquages et de trafic de stupéfiants et que l'on considère comme son successeur dans la région.

Les Perletto seront ainsi aperçus à plusieurs reprises, au milieu des années 90, notamment en 1996, au Challenger, discothèque de L'Ile-Rousse liée aux intérêts de la Brise de mer. L'affrontement, sur lequel nous reviendrons, qui opposera le milieu et des chefs nationalistes en rupture de ban, Jean-Michel Rossi et François Santoni, permettra également de distinguer plus précisément la nature des contacts entre les voyous toulonnais et la Brise de mer : convergence d'intérêts, échanges de bons procédés et d'informations, associations ponctuelles. Les gendarmes, témoins privilégiés des allées et venues de tous ces individus sur le territoire corse, ne manquent pas de consigner leurs dates et lieux de rencontre. Un de leurs comptes rendus fait ainsi état de la visite de celui que la presse a surnommé « le Seigneur des Sablettes », Loulou Regnier, poids lourd, avec Fargette, du milieu toulonnais, à Moltifao (Haute-Corse), fief de la famille Costa, dont l'un des fils, Maurice, est une figure de la Brise.

Sur Nice, Francis Santucci, le parrain de l'organisation, s'appuie sur ses relations cordiales avec un petit parrain local, Marcel Diavoloni, dit « le Bègue » à cause d'une diction traînante. Les deux hommes n'ont pas la même carrure. Le premier est un truand endurci, le second incarne davantage l'homme de réseau auquel son entregent permet de jouer un rôle central dans le milieu niçois. Néanmoins, il sert pour monter des affaires, pour solliciter des autorisations auprès des autorités locales et pour fournir une assistance technique aux équipes de la Brise. Diavoloni, très lié à Jean Ribot, sera abattu de trois balles dans la tête en décembre 1998 dans le parking situé au sous-sol de sa résidence, à Nice.

Dans la région niçoise et cannoise, la Brise paraît disposer d'attaches plus solides. Gérard Agostini a longtemps reçu une bonne partie de la communauté corse dans son bar Le Gambetta, situé sur la place du même nom, à Nice. Mais il ne fait pas que dans la restauration. En 1988, il tombe pour escroquerie en bande organisée lorsque la justice parvient à démonter l'affaire de « baronnage » qu'a imaginée une équipe de Corses, secondée par quelques experts, au préjudice du casino Le Palm Beach de Cannes. Le tout grâce à une technique mise au point par un Anglais, finalement arrêté en Allemagne, et des complicités internes – le chef de partie, Simon Orsini, principal rouage du système, joue l'intermédiaire entre le milieu corse et le personnel du casino.

Sur ce « coup », Gérard Agostini apparaît aux côtés de Camille Palavicini, qui sera également poursuivi dans le dossier. Les deux hommes sont associés dans la gestion d'établissements à Saint-Laurent-du-Var. Ils sont suspectés d'assurer une partie de la logistique de la Brise sur la région, notamment lorsque ses membres sont en cavale. Début 1991, Francis Santucci, alors recherché par la police, a le choix, selon les enquêteurs, entre deux points de chute, mis à sa disposition par Gérard Agostini : une villa à Golfe-Juan et un appartement à Nice[1]. Gérard Agostini mène par ailleurs ses propres activités, dont certaines le conduisent en Italie, où il noue, en compagnie de son fils René, de précieux contacts pour monter une affaire qui fera parler d'elle de Naples à Bastia en passant par Cannes et Nice : celle du café Kimbo – nous l'évoquerons plus tard, lorsqu'elle aura pris toute son ampleur.

Dans une vaste affaire de blanchiment, conduite par la Sûreté publique monégasque, les policiers relèveront « la trace de Gérard Agostini, dont le nom est, par ailleurs, cité dans des affaires de tricherie en principauté[2] ». Il est en effet apparu à côté de celui de Frédéric Broggi, dit « le Professeur », véritable bête noire de la justice monégasque et considéré comme proche du milieu bastiais. Ancien croupier, professionnel des casinos, il a fait ses classes à Las Vegas avant de revenir en Europe, où il a mis à profit ses connaissances pour enseigner à des croupiers complices comment soustraire des fonds importants aux établissements qui les emploient, en lui en reversant une partie.

La force de la Brise réside dans la diversité de ses soutiens et leur loyauté. À Nice, elle s'appuie également, à l'occasion, sur d'autres relais et amis. Comme on l'a vu dans le cadre des enquêtes ouvertes sur certaines attaques à main armée, notamment celles qui ont

1. Note du SRPJ d'Ajaccio datée du 3 avril 1991.

2. Extrait du procès-verbal de synthèse et de transmission, 6 mars 2001, rédigé par la direction de la sûreté publique de la principauté de Monaco.

avorté, à la fin des années 80, on s'est aperçu que les membres des commandos armés se réunissaient souvent au bar-hôtel Mono, propriété d'André Guérini, ou au bar Chez Nous, exploité par Pierre Federicci. Ces deux tenanciers sont considérés comme des proches de Francis Mariani, pilier de la Brise. À Cannes, les policiers aiment traîner auprès d'un autre établissement, La Chunga, exploité par Noël Giudicelli, que l'on voit souvent sur la Croisette avec un autre ami de la Brise, Pierre-Antoine Navarro. Avec Le Gambetta de Nice, ce bar est un carrefour de la communauté corse de passage dans la région.

Une équipe indemne et impitoyable

En ce début des années 90, la Brise semble installée pour longtemps. Riche, passée sans encombre du braquage au blanchiment, n'ayant subi aucune perte dans ses rangs, du moins dans ceux du noyau dur, elle a traversé dix ans d'histoire du banditisme français. Quelques années de prison pour certains n'ont en rien affecté le fonctionnement de la structure, devenue un véritable système. On la soupçonne souvent d'être elle-même à l'origine de la disparition de quelques-uns de ses propres soldats qui se seraient pourtant fait couper en morceaux pour elle. Mais la disgrâce peut coûter cher. Le rejet n'explique pas tout, comme le confie un voyou corse qui se dit « rangé des voitures » sur son île, ne demandant pas nécessairement qu'on le croie sur parole. « Dès qu'une équipe montre qu'elle peut se passer des types les plus capables du coin, elle se met en danger, surtout si elle fait des affaires et en tire un paquet d'argent »[1].

Il faut sans doute chercher dans ce décryptage des mœurs du milieu un début d'explication aux morts qui vont s'accumuler, entre début 1990 et fin 1991, de nouveau en Balagne. Parmi les victimes figurent pourtant des personnes que l'on pensait protégées par leur appartenance aux rangs de la Brise. Ainsi José Gualtiéri, dont le nom est apparu dans l'affaire du vol des tableaux du musée Marmottan, à Paris. Inquiet de voir tomber un à un ses amis, dont André Mancini, José Gualtiéri approche Richard Casanova et sollicite auprès de lui un dîner pour apaiser la situation. Pensant avoir contribué, le 1er septembre 1991, à calmer les esprits – aussi bien à propos d'une sombre affaire semblant mêler la revente de bons du Trésor, à Nice,

1. Propos recueillis par l'un des auteurs en 2003.

et des mauvaises manières apparemment faites à la Brise qu'au sujet de ses relations avec une riche femme mariée suisse qui mettrait en péril les règles de base de la Brise –, il rentre chez lui rassuré. Lorsqu'il atteint son domicile, à Belgodère, il est tué par ses anciens amis.

La série de règlements de comptes prend fin lors d'un face-à-face entre Dominique Rutily, membre du noyau dur de la Brise, et Georges Mancini, dit « Nanni », frère d'André, déjà assassiné. Deux thèses s'affrontent. Selon les policiers, qui tarderont à reconstituer le fil des événements, Rutily aurait demandé à son interlocuteur de se faire discret – en d'autres termes, de partir loin de cette Balagne agitée. Le milieu corse parle, quant à lui, d'une cagoule que l'on enlève et d'une arme qui s'enraye, laissant la vie sauve à Nanni, apprécié dans la région. Quoi qu'il en soit, le résultat est le même, Nanni quitte la Corse pour l'Amérique du Sud.

Le calme revenu, les affaires de la Brise peuvent reprendre leur cours. De plus, une génération spontanée de jeunes prosélytes zélés aspire à imiter les anciens. Leur école de pensée se limite souvent aux soirées passées dans les discothèques du milieu bastiais. Ces adolescents, souvent issus de familles honorables, enfants de notables, veulent emprunter la voie de leurs maîtres.

Dans le même temps, les piliers de la Brise, qui vieillissent, voient leurs propres enfants reprendre le flambeau. En cette année charnière de 1992, ils commencent à faire parler d'eux. Les frères Rogliano, neveux germains des frères Mattéi, Lionel Rossi, neveu des frères Francis et Pierre-Marie Santucci, et Jacques Mariani, fils de Francis du même nom, ont déjà inscrit leurs noms sur les tablettes de la justice et connaissent l'atmosphère des gardes à vue dans les locaux de police.

Jugés incapables de mettre hors d'état de nuire cette équipe de voyous, qui ne cesse de parfaire son mythe, les services de police et de la justice sont décrédibilisés aux yeux de la population, qui n'a d'autre choix que de subir. C'est dans ce contexte que Francis Santucci, devenu la référence de la Brise de mer, affronte, pour sa part, son ultime épreuve. Atteint du cancer, il s'éteint, à son domicile le 12 juillet 1992. Juste avant de mourir, alors qu'il est encore à l'hôpital, il réunit dans sa chambre son entourage le plus proche et donne des ordres sur la façon dont il entend répartir ses biens. Malgré les engagements des personnes présentes, ce jour-là, dans la chambre de Francis Santucci, l'intégralité d'une forte somme d'argent sera conservée par un seul membre de sa famille. Depuis, à Casatorra, chaque année, pour célébrer sa mémoire, ses proches organisent un concours de boules dont les récompenses atteignent des sommes astronomiques. La rumeur locale laisse entendre que la Brise de mer n'est pas totalement étrangère à cet événement rituel. Ses membres prennent manifestement un grand plaisir à aller jusqu'à offrir comme premier prix une voiture Peugeot ou un bien de même valeur.

Chapitre 14

Crime organisé

La disparition de Francis Santucci, considéré comme un parrain à l'ancienne, soignant les apparences, affichant un profil modeste, semble ouvrir une nouvelle ère pour les membres de la Brise de mer. L'organisation n'en mène pas moins une vie tranquille, à l'abri sur son île transformée en sanctuaire. Personne n'aurait l'idée de venir en Corse pour s'attaquer à elle. C'est sans doute avec cette conviction que se retrouve une partie de son état-major le 4 mars 1993, sous les yeux des policiers locaux, à la terrasse du café Le Palais des glaces, place Saint-Nicolas, à Bastia.

Selon l'antenne bastiaise du SPRJ d'Ajaccio, Paul Guazelli organise ce jour-là, entre 13 heures 30 et 13 heures 45, une petite réunion dont ils ne parviennent pas à connaître l'objet[1]. Autour des tables figurent des membres du noyau dur et leur entourage proche. Ainsi reconnaît-on Francis Mariani et Francis Guazelli, dont le statut de piliers de la Brise n'est plus à démontrer. À leurs côtés apparaissent aussi Christian Léoni, un fidèle de Francis Mariani, qui regarde son Audi Quatro garée face au bar, et Daniel Vittini, qui commente à haute voix les performances de sa Porsche Carrera, laquelle n'est pourtant pas immatriculée à son nom[2]. Enfin, trois autres lieutenants de la Brise partagent la conversation : Michel Chiappalone, gérant du Palais des glaces, Guy Voillemier et Jacques Castellani. Dans leur

---

1. Note de renseignement, du 6 avril 1993, de l'antenne de police judiciaire de Bastia à l'attention de sa hiérarchie et des services chargés de lutter contre le banditisme.

2. Selon les chiffres fournis par la préfecture de la région Corse, en 2000 on recensait sur l'île 74 cartes grises délivrées pour des Ferrari et plus de 700 pour des Porsche. Parmi les propriétaires de ces bolides, on note une forte proportion de personnes âgées, souvent des femmes, ainsi qu'une vingtaine d'individus fichés, par ailleurs, au grand banditisme.

compte rendu, les policiers ne spécifient pas le rôle ni l'importance de chacun. La hiérarchie interne est un secret bien gardé.

Le caractère débonnaire de ces retrouvailles, dont l'intérêt stratégique est sans doute mineur, a le mérite d'illustrer la sérénité dans laquelle vivent les membres de la Brise. Leur présence, leurs activités et leur impunité paraissent immuables. Voilà dix ans qu'ils occupent le terrain insulaire. Personne ne s'avise de leur contester le pouvoir occulte qu'ils ont acquis sur toute la société corse, les nationalistes et les clans traditionnels. Les services de l'État ont démontré leur impuissance face aux agissements de cette équipe, dont le champ d'action s'étend, au-delà de la Corse, au continent et à l'étranger. L'équipe de braqueurs est devenue un véritable groupe organisé respecté sur la scène internationale. « La mort de Francis Santucci, en 1992, a changé la donne, commente un policier corse. On va passer à un stade à l'américaine, basé sur le seul fric et les seules affaires. Ici, en Corse, c'est moins apprécié, mais ça n'est pas moins efficace [1]. »

Les barons laissent volontiers leurs lieutenants agir sur le devant de la scène. Christian Léoni illustre ce nouveau mode de fonctionnement. Souvent présenté comme un factotum de Francis Mariani, il est ainsi suspecté d'avoir joué un rôle dans une affaire de machines à sous en Haute-Corse, notamment sur la plaine orientale [2]. Instruite par le juge d'instruction bastiais Gérard Égron-Reverseau, l'enquête démontera, en 1998, un réseau opérant dans 63 bars. Le système repose simplement sur un « placier », chargé d'installer les machines dans les bars et de récupérer la recette, et un « chimiste », assurant l'entretien des machines à sous. Tous deux sont également employés par la société Delta Café, qui distribue le café dans les établissements de la région. « Le placier n'avait qu'à venir livrer le café et il repartait avec deux enveloppes. La deuxième était le produit de la machine à sous. Au final, on n'avait qu'à suivre le sigle Delta Café accroché à l'extérieur des établissements pour savoir qu'il y avait une machine [3] », se souvient, amusé, l'un des enquêteurs.

L'homme chargé de démarcher les cafetiers pour installer des machines à sous a commis l'erreur d'affirmer qu'il se rendait dans certains établissements non approvisionnés par Delta Café pour y réparer la machine à glace. Or, après vérification, on a constaté que ces lieux ne disposaient pas de telles machines. Léoni, présenté dans

1. Propos recueillis par l'un des auteurs en septembre 2003.
2. Voir plus loin, p. 525 *sq*.
3. Propos recueillis par l'un des auteurs en septembre 2003.

le dossier comme le commanditaire, tombe en fait pour n'avoir pas résisté à la tentation d'installer une machine à sous dans son propre bar, Le Corsica, à Moriani, à une heure de route au sud de Bastia. Il sera condamné à deux ans de prison. En revanche, Francis Mariani ne sera pas inquiété, ni même interrogé. Pourtant, un policier condamné dans cette affaire pour avoir transmis à Léoni des éléments de l'enquête a signalé sa présence lors de plusieurs rencontres préalables. Les suites des investigations permettent de découvrir que les machines à sous sont stockées dans le sous-sol et le garage d'immeubles confortables, le Titien et le Véronèse, qui abritent également des joueurs de l'équipe de football professionnelle, le Sporting-Club de Bastia. La justice ne poussera pas son enquête vers les sociétés civiles immobilières, propriétaires de ces biens[1].

Des caïds réunis pour une vieille vengeance

Les activités de la Brise sont, par définition, peu visibles. Toutefois, en y regardant de près, elle apparaît incidemment, dès 1993, dans ce que les annales judiciaires considèrent comme un banal règlement de comptes, mais qui est pourtant un tournant dans l'histoire du banditisme français. La Brise marque là son empreinte sur le milieu français. L'épisode démontre, de plus, la complexité des liens qui unissent le milieu de Corse-du-Sud et les Bastiais.

Le 10 juin 1993, attablé, comme chaque jour, à la terrasse du Charles X, dans le XVe arrondissement de la capitale, Jean-Toussaint Giacomoni, dit «Nœnœil», ne voit pas s'approcher cinq hommes déguisés en infirmiers. Ses agresseurs ne se contentent pas de le tuer, ils veulent, aussi, adresser un message. Les médecins relèveront sur le corps onze impacts mortels produits par cinq armes différentes. Selon l'enquête, deux proches de la victime ont riposté et réussi à toucher au poignet l'un des tueurs.

---

1. Le parquet de Bastia a cependant ouvert, le 14 avril 2000, une enquête sur le financement d'un autre ensemble immobilier, le Cézanne, à Bastia, qui n'a pas abouti, les montages juridico-financiers n'offrant, une fois de plus, aucune prise à la justice. Son promoteur a connu, depuis 1990, un succès financier fulgurant. Le dernier étage de ce bâtiment héberge, selon les éléments recueillis dans l'enquête préliminaire, un vaste appartement qui disposerait d'une piscine couverte et d'un ascenseur privatif. Francis Guazelli en aurait l'usage. Mais le financement du projet, dans lequel apparaît la famille Voillemier, s'avère conforme aux règles de l'art.

Giacomoni est connu pour exploiter des machines à sous à Marseille et à Paris. Ce que les policiers parisiens savent moins, c'est qu'il est aussi l'ancien garde du corps de Paul Mondoloni, parrain marseillais qui a exercé, au début des années 80, une influence sur l'ensemble du milieu français. Tué le 29 juillet 1985, sa mort avait donné lieu à Sartène, sa ville natale, haut lieu de l'histoire du banditisme, à des obsèques dignes d'un grand personnage de la société insulaire[1]. Dans la foule qui s'y pressait figurait Jean-Toussaint Giacomoni, qui racontait à qui voulait l'entendre, avec force gestes, qu'il avait échappé aux agresseurs de son patron grâce à son gilet pare-balles. Mais il semble que les proches de Paul Mondoloni n'aient pas pris pour argent comptant le récit de celui qui était censé le protéger.

Les policiers chargés, en 1993, d'enquêter sur l'assassinat de Giacomoni reçoivent une information qualifiée de très bonne qualité. Cinq hommes auraient fait le coup : Théophile Skillas, Roland Cassone, Pierre Giovanni, Dominique Rutily et Richard Casanova. La source ajoute que Skillas a été blessé au poignet[2]. L'ADN prélevé sur les traces de sang retrouvées dans la voiture des agresseurs correspond à celui de Théophile Skillas, dont le poignet a effectivement été opéré. Il est interpellé en 2000 et incarcéré, puis remis en liberté grâce à la production par ses avocats d'une expertise médicale qui indique que les blessures ne peuvent avoir été causées par une arme à feu, mais qu'elles résultent bien de la chute d'une échelle, comme il l'affirme. La brigade criminelle n'entendra pas Dominique Rutily : il a été tué, en 1996. Richard Casanova, quant à lui, est en fuite depuis 1990.

Les enquêteurs peuvent tout de même interroger Roland Cassone, considéré par les policiers marseillais comme le successeur présumé de Paul Mondoloni sur Marseille. Cassone dément et assure qu'il était sur une île grecque au moment des faits. Les gendarmes de la section de recherche de Marseille estiment pour leur part, sur la base de surveillances effectuées depuis 1985, qu'il entretient des contacts étroits avec des figures du grand banditisme de Corse-du-Sud, en particulier avec des membres du clan de Jean-Jérôme Colonna. Sa présence, en tant que successeur et vengeur de la mort de Paul Mondoloni, parmi les tueurs de l'ancien garde du corps de ce dernier n'a pas été démontrée.

---

1. Voir plus haut le chapitre intitulé « La fin d'une génération ».
2. Extrait de la synthèse de la brigade criminelle remise en 2000 au juge d'instruction parisien Roger Le Loire, chargé de l'affaire Giacomoni.

L'association supposée de Cassone avec deux figures du noyau dur de la Brise de mer, Richard Casanova et Dominique Rutily, illustre par ailleurs la porosité qui existerait entre deux sphères du grand banditisme français souvent présentées comme antagonistes, celle de Corse-du-Sud et celle de Haute-Corse. L'affaire Giacomoni attesterait la thèse de liens fréquents. Lors de la vendetta menée par Jean-Baptiste Colonna après la mort de son père, certains des tueurs n'étaient-ils pas des jeunes de la future Brise de mer, alors âgés d'à peine vingt ans ? Début 2004, l'enquête sur l'homicide de Jean-Toussaint Giacomoni n'était toujours pas close et d'autres pistes évoquées au cours de l'instruction, tel un règlement de comptes sur fond de trafic de stupéfiants, avaient été abandonnées faute d'éléments.

L'étoile montante : Richard Casanova

Apparu dans cette affaire, Richard Casanova semble doué d'une indéniable capacité à se fondre dans des univers distincts. N'a-t-il pas tenté de se faire une place dans les rangs du mouvement nationaliste, auquel il appartenait à la fin des années 70 avant d'opter pour le pur droit commun ? Pendant vingt ans, cette expérience a fait de lui l'un des interlocuteurs privilégiés des groupes nationalistes. Parmi d'autres chefs indépendantistes de l'île, François Santoni et Jean-Michel Rossi croisaient régulièrement sa route dans leurs régions respectives, l'extrême Sud et la Balagne.

Le noyau dur de la Brise de mer, avec ses huit ou neuf membres, à en croire les rares sources qui acceptent de dévoiler les secrets du groupe, est un coffre-fort mieux protégé que ceux des banques qu'il a dévalisées. Depuis la mort de Francis Santucci, d'autres personnalités se sont affirmées au sein de la bande. Francis Guazelli est souvent cité pour exercer une certaine influence sur ses amis. Mais la personnalité la plus flamboyante paraît être Richard Casanova, notamment depuis qu'il a quitté le giron de Pierrot Flori, qui semblait tempérer ses ardeurs.

En cavale depuis le casse de l'UBS, à Genève, le 25 mars 1990, il semble mener une existence fort éloignée de celle d'un reclus accablé par son statut de fuyard. Le don d'ubiquité devient même sa marque de fabrique, au point de faire de lui « le fantôme le plus visible du banditisme français[1] », comme l'exprime un magistrat corse. Le SRPJ d'Ajaccio, au mois d'avril 1991, signale ainsi que « le

1. Propos recueilli par l'un des auteurs en novembre 2003.

nommé Richard Casanova, né le 3 juillet 1959, à Bastia, aurait été présenté comme le directeur du restaurant Le Fouquet's à Paris[1] ». Il est également aperçu, au début des années 90, en compagnie de Pierrot Flori, à Paris. Pour faciliter ses déplacements, Richard Casanova circule, dès 1991, sous une autre identité, celle d'Éric Rossi, grâce à laquelle il voyage en France et à l'étranger.

Au début des années 90, au cours d'une enquête sur une attaque à main armée, les policiers apprennent, grâce aux écoutes téléphoniques pratiquées sur les lignes d'un poids lourd du milieu corse, que Richard Casanova se trouve dans un cercle de jeu parisien en compagnie d'un haut responsable de la police judiciaire. Mais les déclarations effectuées au téléphone par les voyous sont souvent sujettes à caution. En effet, soucieux de brouiller les pistes dans le cas où ils seraient effectivement surveillés, ils ont tendance à modifier les noms ou à user de codes préétablis. À cette date, Richard Casanova fait déjà l'objet d'un mandat de recherche dans le dossier de l'UBS.

De même, entre 1993 et 1995 selon un membre de la section opérationnelle des Renseignements généraux spécialisée dans la lutte antiterroriste, un « tuyau » indique que Richard Casanova doit se rendre prochainement dans un bar de la région du Fiumorbo. Le dispositif d'interpellation ne servira à rien. L'intéressé a été prévenu par une indiscrétion qui semble émaner, à la grande fureur des policiers chargés de le trouver, de la Division nationale antiterroriste (DNAT). Le SRPJ d'Ajaccio et les Renseignements généraux feront état de ce doute à leur hiérarchie, mais aucune enquête interne ne sera diligentée sur la fuite.

En 1994, une source signale aux Renseignements généraux que le même Casanova doit occuper pendant trois jours, en galante compagnie, une villa de Sagone, entre Cargèse et Ajaccio, au sud-ouest de l'île. L'information remonte jusqu'au cabinet du ministre de l'Intérieur, Charles Pasqua, duquel on sollicite le feu vert pour la mise en place d'un dispositif d'interception du suspect. L'un des conseillers de Pasqua bloque alors l'opération, arguant qu'« il s'agit d'un ami[2] ». L'affaire en restera là.

Si Casanova semble avoir officiellement disparu de la circulation, plusieurs services de police, qui ne sont pas saisis de sa fuite, croisent

1. Note du SRPJ d'Ajaccio du 3 avril 1991 intitulée « Renseignements concernant l'équipe dite de la Brise de mer ».

2. Interrogé, un directeur des Renseignements généraux a confirmé à l'un des auteurs l'intervention de ce membre du cabinet de Charles Pasqua, de 1993 à 1995. En revanche, ledit conseiller du ministre, contacté par l'un des auteurs début janvier 2004, a démenti avoir reçu une quelconque information au sujet de cette possible arrestation.

régulièrement son chemin. Les notes de renseignement transmises à la PJ évoquent en effet, notamment depuis 1998, l'existence à l'île Maurice d'intérêts lui appartenant. D'autres services signalent sa présence, à partir de 1998, sur le continent africain. Même la Direction de la surveillance du territoire (DST) aura connaissance d'une chasse organisée dans le Loiret, au cours de laquelle Casanova retrouve des personnes appartenant à des univers très éclectiques. L'envergure et l'arrogance de Richard Casanova ne sont pas sans provoquer des agacements, y compris dans son propre camp.

La mort de Rutily

L'acolyte de Casanova au sein de la Brise, Dominique Rutily, suscite lui aussi de sombres rancœurs. Le soir du 30 mars 1996, il fait presque doux sous les palmiers d'Hyères, dans le Var. Deux hommes quittent le stade Pianet d'un pas tranquille pour rejoindre leurs véhicules. Ils doivent se rendre, pour affaires, à Monaco. Ils envisagent de reprendre ensemble l'OGC Nice, le club de football de la ville. Soudain, quatre silhouettes surgissent de l'ombre et ouvrent le feu, à distance, avec des armes automatiques. Lorsque les agresseurs, visiblement nerveux et manquant de sang-froid, prennent la fuite à bord d'une voiture volée, un homme gît à terre, blessé. C'est Roland Courbis, figure du football français, qui entraînera notamment au cours de sa carrière l'Olympique de Marseille ou encore les Girondins de Bordeaux. À ses côtés, son ami et associé Dominique Rutily ne bouge plus. Atteint de plusieurs balles de gros calibre en pleine tête, il est mort sur le coup.

Rutily était le président du Football-Club de Calvi, battu, quelques instants plus tôt, par l'équipe d'Hyères. Certains joueurs se souviennent encore des distributions, dont il était coutumier, de gros billets dans les vestiaires[1]. Il possédait aussi des parts dans des restaurants et des discothèques de la principale ville de Balagne, sur la côte ouest. Il avait enfin été condamné, en 1990, à quatre ans de prison pour avoir participé à une attaque à main armée, le 27 mars 1987, contre une agence du Crédit agricole.

L'étude balistique reliera ce meurtre à celui de Jacky Champourlier, ancien lieutenant du parrain du Var Jean-Louis Fargette. Le corps calciné de Champourlier est en effet retrouvé, un mois plus

1. Témoignage recueilli par l'un des auteurs auprès d'un ancien responsable de l'équipe en août 2003.

tard, une balle de 9 mm logée en pleine tête et les mains liées dans le dos, dans le coffre de sa voiture, à Toulon, sur le plateau de Signes.

Pour l'administration française, Dominique Rutily était un paisible éleveur de bovins. La mairie de Calenzana, village natal des Guérini, avait consigné dans ses registres, le 25 janvier 1993, qu'il possédait à ce jour quelque vingt têtes de bétail. À ce titre, il avait droit aux primes européennes. Celles-ci ne lui permettaient pas, officiellement, de rouler sur l'or, mais elles lui assuraient tout de même une rente mensuelle de 4000 francs nets d'impôts et de charges, grâce à laquelle il pouvait bénéficier des prestations de la Mutualité sociale agricole.

Dominique Rutily était l'équivalent d'un frère jumeau pour Richard Casanova. Tous deux avaient gravi ensemble les échelons de la hiérarchie informelle de la Brise de mer. D'abord têtes brûlées en mal de reconnaissance, ils étaient devenus des notables de la voyoucratie. Violents, appréciés pour le sérieux avec lequel ils préparaient les coups, ils faisaient régner sur leur territoire, la Balagne, un climat de peur. L'assassinat de Rutily, le premier d'un membre du noyau dur en seize années d'essor continu, a constitué la première alerte qu'ait reçue la Brise pour sa sécurité. Les mœurs du milieu étant régies par la stratégie de la dissuasion, il était urgent pour l'organisation de connaître les auteurs et les motifs de cet acte. De la nature de sa riposte dépendaient le respect et la puissance qu'elle voulait inspirer. Si elle laissait l'assassinat impuni, les truands ne seraient pas longs à en déduire que la place était à prendre.

Selon un proche de la Brise, cette dernière a mis peu de temps à obtenir des renseignements. Mais ce qu'elle a appris lui a, semble-t-il, compliqué la tâche. Car le meurtre de Rutily aurait été ordonné par la veuve d'un homme qu'il avait éliminé. Elle aurait payé les tueurs pour venger son époux, dans la plus pure tradition de la vendetta corse. Cette thèse n'a, cependant, jamais été étayée par les services de police chargés de l'enquête.

Les mystères du café Kimbo

En Corse comme ailleurs, les activités de la Brise et de ses proches échappent le plus souvent à la justice. Fin 1998, les magistrats ont pourtant cru trouver la faille en enquêtant sur l'approvisionnement de l'île en café par la Société européenne de distribution de café. Plus connue sous son enseigne à la marque Kimbo, cette société s'est assuré la quasi-exclusivité de la fourniture des cafés et restaurants de l'île. Créée le 5 février 1998, elle a repris l'activité de Delta Café, dont certains dirigeants avaient été arrêtés dans une affaire de machines à sous. Pascal Santini a décidé de céder Delta Café à René Agostini, fils de Gérard Agostini, fidèle de longue date de la Brise implanté dans la région niçoise.

Le parquet de Bastia, suspectant des proches de la Brise de mer d'être intervenus dans la reprise de Delta Café, sinon par la force, du moins par la menace, ordonne le 7 septembre 1998 une enquête préliminaire. Une information judiciaire est ouverte le 21 avril 2000 pour abus de biens sociaux, banqueroute et recel. Les investigations conduisent les enquêteurs sur les traces des Agostini, père et fils. La justice dispose déjà d'une documentation étoffée à leur sujet : fourniture de soutien logistique à la Brise de mer dans les Alpes-Maritimes, escroquerie dans les casinos, possession d'établissements à Nice et à Juan-les-Pins ou attaques à main armée. Le juge d'instruction Charles Duchaîne, qui a déjà fait la preuve de son obstination à Monaco, mène les recherches.

Les douanes, rarement sollicitées dans ce genre d'affaires, participent aux premières investigations. À la faveur du passage à l'euro, les Agostini ont investi dans les diamants. Soupçonnés de vouloir changer de fortes disponibilités en espèces, et désireux de ne pas attirer l'attention, ils ont opté pour ces valeurs sûres, qu'ils auraient tôt fait de revendre dès que la monnaie unique serait devenue la norme. Pour ce faire, ils ont beaucoup voyagé, des Pays-Bas à l'Afrique australe, au point de se faire remarquer par les douanes, intriguées par cette passion subite pour les pierres précieuses. Elles les intercepteront d'ailleurs lors d'un passage dans un aéroport. Mais à part quelques taxes non déclarées, elles n'ont rien de précis à reprocher à ces apprentis diamantaires.

Cette fois-ci, le café semble relever d'une affaire plus sérieuse. Les conclusions de l'enquête préliminaire évoquent un système d'intimidation généralisé qui oblige les cafetiers et restaurateurs à s'approvisionner exclusivement auprès de Kimbo, ce qui assure à cette société un chiffre d'affaires garanti, voire gonflé par des prix prohibitifs. De plus, les mécanismes de gestion du café sont connus pour offrir, en théorie, une certaine latitude permettant éventuellement de jouer sur les stocks afin de blanchir des fonds suspects ou de sortir des espèces. Enfin, les enquêteurs sont intrigués par les conditions dans lesquelles le patron de Delta Café a vendu son activité. Encore faut-il prouver que la transaction a donné lieu à de réelles infractions.

Ce n'est pas tout. Les magistrats corses ne le savent pas, mais un de leurs collègues du tribunal de Grasse instruit une affaire dans laquelle apparaît également la distribution du café Kimbo. Le juge Jean-Pierre Murciano est en effet saisi, depuis le mois de juin 1996, du suicide suspect, dans le sous-sol de sa société Sterling Services, à Cannes, de Peter Morrish, homme d'affaires sulfureux d'origine britannique. En vingt ans, les bureaux de Sterling Services sont devenus le carrefour de milliers de montages financiers et de gestions de patrimoine de sociétés off-shore liées à l'immobilier et à la navigation de plaisance. Son commerce a prospéré, notamment grâce à Gérard Rodriguez, un ancien marin devenu le patron d'une grande partie des activités portuaires de la Côte d'Azur.

Peter Morrish offrait également ses services à d'autres clients sans lien avec la plaisance de luxe ou l'immobilier[1]. On relève ainsi dans les listings de Sterling Services le nom de la société Koema. Montée le 24 juillet 1995, elle se consacre à « l'achat et [à] la vente de produits alimentaires, import et export, distribution de produits de grande consommation, acquisition et cession de tous biens immobiliers[2] ». Un an plus tard, un nouveau gérant, Miglio Vicenzo, de nationalité italienne, apparaît dans les statuts. Il est lui-même remplacé, le 22 août 1996, par Marcello Bonura, originaire de Rome.

Koema importe, notamment, le café Kimbo dans les Alpes-Maritimes. Plusieurs personnalités sont intervenues pour soutenir cette société, à l'instar de l'élu municipal de Nice, Gilbert Stellardo, présent dans le football local et à l'Opéra, également cité, à Monaco et à Paris, dans les affaires du duo Feliciaggi-Tomi[3]. La procédure judiciaire mentionne son nom dans les documents retrouvés lors des perquisitions effectuées dans les locaux de la société de Peter Morrish, Sterling Services. L'ami napolitain de Peter Morrish, Ugo Brunini, serait également mentionné dans les dossiers Koema-Kimbo.

Le juge, seulement saisi du suicide de Peter Morrish, n'est pas habilité à enquêter sur les pratiques éventuellement délictueuses de la

1. Au sein de la liste des quelque 2200 sociétés créées par Peter Morrish, les policiers ont noté la présence de l'ancien dictateur du Panama, le général Noriega, de Jean Francisci, frère de Marcel Francisci, assassiné dans un parking à Paris en 1982, et d'Ugo Brunini, Napolitain présenté, dans une note des Renseignements généraux datée du 5 décembre 1996, comme étant connu « pour son implication dans le milieu des jeux et pour ses réalisations immobilières suspectes sur le littoral des Alpes-Maritimes et du Var ». Brunini a été poursuivi en 1975 pour l'enlèvement du patron de Phonogram. La plupart de ces sociétés ont été créées pour dissimuler l'identité du propriétaire et ainsi échapper, grâce à une domiciliation lointaine, aux taxes et aux impôts.

2. Extrait du registre du commerce ; gérant : Patrick Innocentini ; administratrice : Monique Schleifer.

3. Contacté par l'un des auteurs au mois de mars 2004, Gilbert Stellardo a indiqué que son fils avait participé au lancement de la société Kimbo avant de s'en éloigner.

société qui gère la distribution du café Kimbo. Néanmoins, la procédure de redressement judiciaire, engagée en 1997 sous l'impulsion de créanciers impayés, va faire naître des soupçons d'approvisionnement forcé. Koema est radié, le 12 avril 2002, du registre du commerce. Par ailleurs, les policiers ont le temps de mettre en évidence des liens de proximité et d'affaires entre certains de ses responsables et la société chargée, depuis début 1998, de distribuer le café Kimbo en Corse.

Paradoxe ou impéritie de la machine judiciaire, le tribunal de Grasse, où instruit le juge Murciano, ne sait pas non plus que Bastia enquête sur des faits qui pourraient intéresser ses propres recherches. Dans les deux cas, faute de preuves ou faute d'avoir pu coordonner leurs efforts, les juges Duchaîne et Murciano vont conclure à l'absence d'éléments constitutifs d'infractions. En Corse, le SRPJ d'Ajaccio, saisi des investigations, ne retient lui non plus aucune infraction contre Francis Mariani, dont l'ombre planait derrière cette enquête. Les policiers blanchissent également René Agostini, gérant de la société qui distribue le café Kimbo. À Grasse, le parquet n'ouvre pas d'enquête spécifique sur la société Koema et la distribution du café Kimbo dans la région.

L'Amnésia

L'ombre de la Brise ne cesse, en tout cas, de s'étendre. Le 15 avril 2000, vers 21 heures 20, dans l'extrême sud de l'île, sur la voie principale qui relie Bonifacio à Porto-Vecchio, les automobilistes croient que le ciel est en train de leur tomber sur la tête. À quelques dizaines de mètres à peine, cinq charges de nitrate fuel de 100 kilos chacune viennent de détruire d'un seul coup la discothèque L'Amnésia. Les cratères découverts par les gendarmes expliquent aisément pourquoi l'édifice tout entier a été rasé.

Les enquêteurs ne trouveront aucune revendication, si ce n'est un panneau, à l'entrée du site, portant l'inscription : « Danger. Mine. Ne pas entrer ». Personne n'a été blessé. À l'heure de l'explosion, le gardien attendait, à l'aéroport de Figari, l'arrivée de Paul Lantieri, le « directeur artistique » de la discothèque. Les premières constatations de routine ne donnent rien. Aucun témoin, pas d'empreinte. Tout juste une arme à feu, un pistolet Smith & Wesson, saisi dans la loge du gardien. La perquisition permet également de mettre la main sur de nombreuses cartouches, de la poudre noire et du matériel servant à fabriquer des munitions. Il ne reste plus qu'à tenter de comprendre pourquoi l'une des plus grandes discothèques construites sur le territoire français a ainsi été réduite en tas de ruines.

L'Amnésia était conçue comme une vaste piste de danse à ciel ouvert, sur plusieurs niveaux, entourée d'un bâtiment circulaire de deux étages comprenant de nombreuses alvéoles, petits cénacles privés où pouvaient se reposer les danseurs et se retrouver les personnalités. L'immeuble était la propriété de la SCI Poggio d'Olmo, créée le 15 février 1995 par Paul Lantieri, le gérant, son frère Jean-Baptiste et Jean-François Panzani. Dès le 23 octobre 1995, Paul et Jean-Baptiste avaient disparu des statuts légaux au profit de Véronique Thiébaud, la compagne de Paul. La discothèque elle-même était exploitée par la SARL Quid Novi, apparue le 7 juin 1995, dont le capital de 100000 francs avait été avancé par Paul Léonardi, gérant, et Henri Mas.

L'enquête, confiée au juge d'instruction d'Ajaccio Patrice Cambérou, qui a connu, l'année précédente, son heure de gloire lors de l'affaire des paillotes, révèle que Poggio d'Olmo a obtenu de la banque BNP-Paribas un prêt de 1,5 million de francs destiné à financer les travaux de construction de L'Amnésia, alors qu'ils sont déjà réalisés. En contrepartie, l'établissement bancaire a donné l'immeuble en location à la SARL Quid Novi pour un loyer annuel de 300000 francs qui, lui, n'a jamais été versé. Enfin, la société Soboco, gérée par Jean-Baptiste Lantieri, également maire de Bonifacio, aurait fourni à L'Amnésia pour près de 900000 francs de boissons, qui n'auraient jamais été payés ni réclamés, par « solidarité familiale »[1].

Cette situation financière précaire, malgré la forte affluence de l'été – près de 3000 personnes chaque soir –, conduit le tribunal de commerce d'Ajaccio, le 17 mai 1999, à placer la SARL Quid Novi en redressement judiciaire sur assignation de l'Urssaf. Le 31 janvier 2000, la liquidation judiciaire est prononcée. Le passif est évalué à 11765714 francs pour un actif de 8894100 francs. Quatre mois plus tard, le bâtiment est à terre.

Saisis des investigations, les gendarmes ne cachent pas au magistrat qu'ils suspectent une escroquerie aux assurances, sans pour autant être en mesure de le démontrer. Ils ne sont pas les seuls à suivre attentivement cette affaire. Les responsables nationalistes de la région, François Santoni, Olivier Sauli et Baptiste Canonici, semblent également désireux de connaître les dessous de l'attentat et recueillent des éléments conduisant à une autre piste : celle de la concurrence. Selon eux, deux activistes, dont l'un est connu dans les

---

1. Éléments d'enquête extraits de l'information judiciaire ouverte le 15 mai 2000 par le procureur de la République d'Ajaccio, Jacques Dallest, et confiée au juge d'instruction Patrice Cambérou.

rangs indépendantistes sous le sobriquet de «roi du nitrate fuel», auraient fait le coup contre l'obtention, notamment, de fiches de paie falsifiées donnant droit aux Assedic pour un montant mensuel de 20000 à 25000 francs.

Cette thèse symbolise la porosité qui existe, dans certains cas, entre la mouvance indépendantiste, le milieu et la police. L'un des deux suspects, lesquels ne seront jamais interrogés par les enquêteurs, est arrêté, plus tard, dans un pays scandinave pour une affaire de braquage. Il sera également, avec son complice, renvoyé devant le tribunal dans un dossier de racket impliquant un important groupe nationaliste de l'île. Quelques semaines avant le procès, Richard Casanova, pourtant en cavale dans l'affaire de l'UBS, prend attache avec l'un de ses contacts au sein de la hiérarchie policière parisienne pour qu'il trouve aux deux activistes un avocat n'œuvrant pas pour la mouvance nationaliste. Le haut fonctionnaire du ministère de l'Intérieur s'acquitte de sa tâche sous le regard intéressé de François Santoni, qui ne se privera pas de rapporter les noms des protagonistes de cette démarche inédite.

La destruction de L'Amnésia pose enfin la question de l'équilibre des forces dans les sphères d'influence qui dominent le monde corse de la nuit. Les autorités, même si les services d'enquête privilégient la piste d'une escroquerie financière, ne manquent pas de voir aussi dans l'explosion la marque des hommes forts de l'île. Traditionnellement, la justice et la police locales expliquent que la Brise de mer règne sur la Haute-Corse tandis que le Sud est contrôlé par Jean-Jé Colonna. En fait, les frontières sont plus floues qu'il n'y paraît, et les relations beaucoup moins conflictuelles qu'on ne le dit. Dans cette affaire se profile également l'ombre de Jean-Jé.

Accueilli, à sa sortie de prison, dans le premier cercle de la famille Lantieri, omniprésente dans la région de Bonifacio, Vincent Colonna d'Istria appartient à l'histoire de la French-Corsican Connection. Ami proche de Jean-Jé Colonna, il a, un temps, repris un bar appartenant aux Lantieri. Puis il s'est associé à Antoine Lantieri, frère du maire de Bonifacio, tous deux supervisant quelques affaires sur l'île de Cavallo par le biais de leurs fils respectifs. La conjointe de Vincent Colonna d'Istria détient, à Marseille, aux côtés de Paul Lantieri, le directeur artistique de L'Amnésia, 33 % des parts de la grande brasserie Le Métal Café, ouverte en 1993.

Selon les témoignages de certains associés des sociétés Poggio d'Olmo et Quid Novi, qui géraient L'Amnésia, Vincent Colonna d'Istria a suivi de près les affaires de la discothèque. En 1999, pourtant, il aurait brutalement pris ses distances. Moins d'un an après, l'édifice était détruit. Pourquoi a-t-il quitté le navire ? Avait-il reçu des informations lui laissant entendre que L'Amnésia faisait de l'ombre à des personnes suffisamment puissantes pour qu'il n'ose s'opposer à elles ? La question des enquêteurs restera sans réponse. Comme souvent en Corse, il est peu aisé de faire la lumière sur la réalité des forces de chacun. Quoi qu'il en soit, les gendarmes de Porto-Vecchio ont signalé, entre 1997 et 2001, plusieurs passages de Jean-Jé dans la région et établi qu'il conservait des relations amicales avec certains hommes forts du secteur des discothèques et de l'hôtellerie de luxe, chez qui les piliers de la Brise aiment se détendre, voire passer les fêtes.

La réunion de Sartène

Il est un principe avec lequel la Brise ne transige guère, c'est l'indéfectible solidarité que se garantissent entre eux les membres du noyau dur. Le mercredi 5 juillet 2000, l'état-major de cette bande se retrouve sur la place principale de Sartène, en Corse-du-Sud. De là, on domine la vallée, au fond de laquelle on devine sans peine la mer et la ville de Propriano. Une dizaine d'hommes discutent en petits groupes. Soudain, l'un d'entre eux, d'un regard, signale l'arrivée dans leur direction de plusieurs gendarmes, qui s'approchent à vive allure. Francis Mariani, Pierre-Marie Santucci et Maurice Costa, tout comme les deux Marseillais Alexandre Chevrière et Éric Marant, fichés au grand banditisme, n'ont pas le temps de s'échapper. Trois ou quatre hommes, dont un autre pilier historique de la Brise, Richard Casanova, parviennent à s'enfuir. Dans la confusion, un gendarme voit l'un d'entre eux se débarrasser d'un sac qui tombe en contrebas du parapet sur lequel il était assis.

La brigade de gendarmerie de Sartène sait-elle qu'elle procède aux vérifications d'identité du gratin du banditisme insulaire et français ? Rien n'est moins sûr. Officiellement, elle intervient sur une tentative de racket après avoir été alertée par un restaurateur de la ville ayant aperçu les deux Marseillais auteurs des menaces dont il aurait été la victime. Dans le sac jeté à terre, les gendarmes trouvent un pistolet automatique, une cagoule, un couteau et des talkies-walkies. Ils mentionnent également la découverte de clés de voiture et de près de 60000 francs en espèces. Plus tard, deux véhicules volés, dotés de fausses immatriculations, sont retrouvés non loin de l'endroit de l'arrestation. Une vitre de l'un d'eux a été brisée et tout semble indiquer que ce qui se trouvait à l'intérieur a été emporté. Les cinq personnes arrêtées sont placées en garde à vue mais le propriétaire du sac n'est pas identifié. Le 6 juillet, le juge d'instruction Patrice Cambérou les met en examen pour tentative d'extorsion de fonds en bande organisée, association de malfaiteurs et infraction à la législation sur les armes.

Le lendemain, le restaurateur, Jean-Pierre Muriani, revient sur ses déclarations. Il fait paraître dans la presse locale un communiqué indiquant qu'il « apporte un démenti formel aux rumeurs qui tendent à le présenter comme une victime d'une extorsion de fonds[1] ». La justice explique, en aparté, que ce revirement brutal est le fruit de la terreur qui pèse sur l'île à la seule évocation de la Brise de mer. Les policiers, saisis des faits après les gendarmes, semblent, eux, croire à une heureuse coïncidence.

Après l'altercation avec Jean-Pierre Muriani, Alexandre Chevrière et Éric Marant auraient rejoint leurs acolytes dans le but de préparer une action d'une tout autre envergure. Certains éléments orienteraient les recherches vers une affaire d'homicide. La réaction inopinée du restaurateur aurait stoppé l'opération. L'avocat de Santucci, Costa et Mariani, Me Jean-Louis Seatelli, indique que ses clients ne connaissent pas les deux Marseillais et ne sont en rien concernés par cette accusation de racket. Selon lui, le sac découvert par les gendarmes ne leur appartiendrait pas. « Je suis serein sur la suite des événements, dit-il. Mes clients ont accepté les prélèvements ADN destinés à être comparés à ceux prélevés sur les verres utilisés par les racketteurs[2]. »

Le noyau dur de la Brise de mer tombe donc pour une très ordinaire affaire de racket. L'histoire est trop simple et personne n'y croit vraiment, même si, officiellement, procédure judiciaire oblige, on fait mine de la défendre. Derrière les apparences, les magistrats, les policiers, l'opinion publique corse et même les journalistes tentent de résoudre l'énigme la plus intéressante du moment sur la scène du banditisme insulaire : que sont-ils venus faire à Sartène ?

Une expédition vengeresse

Les deux thèses le plus fréquemment avancées pour expliquer cette présence évoquent des cibles très différentes mais fort connues. Certains pensent que la Brise s'apprêtait à tuer Jean-Baptiste Colonna, qui réside non loin et dont Sartène est l'un des fiefs. D'autres optent pour l'hypothèse d'une tentative d'assassinat de

1. Communiqué paru dans *Corse Matin*, 7 juillet 2000.
2. *Le Monde*, 11 juillet 2000.

l'ancien leader nationaliste François Santoni, dont c'est aussi le secteur attitré.

Dans le même temps, les langues se délient au sujet du restaurateur à l'origine de toute cette affaire. Les policiers s'interrogent même sur la réalité des menaces dénoncées initialement, malgré le verre apporté en guise de preuve, sur lequel figurent les traces de doigts des présumés racketteurs. De plus, des informations signalent la présence à Sartène des hommes de la Brise dès le mardi 4 juillet, la veille des faits. Jean-Pierre Muriani les aurait vus ce jour-là sans savoir de qui il s'agissait. Inquiet de constater qu'ils étaient toujours sur place le lendemain, il aurait alors monté le scénario du racket pour protéger son fils d'éventuelles représailles liées à de vieilles affaires. Après l'incarcération des cinq suspects, le père et le fils Muriani ont d'ailleurs quitté la Corse pour le Maroc, d'où ils ne sont rentrés que plusieurs mois plus tard. Le restaurateur est aujourd'hui gérant d'un hôtel construit grâce aux fonds d'un financier suisse.

L'«énigme de Sartène», comme l'appellent certains, n'est pas pour autant résolue. François Santoni, encore en vie à cette époque, a démenti avoir été la cible de la Brise, même si un mois plus tard, le 7 août 2000, Jean-Michel Rossi et son garde du corps sont tombés sous les balles d'un commando corso-toulonais et qu'une vive tension régnait entre l'ancien chef nationaliste et le milieu. Jean-Jé s'est-il senti, pour sa part, menacé sur ses terres? Cette hypothèse est encore moins étayée que la précédente. Plusieurs voitures occupées par des fidèles sont, pourtant, montées vers Sartène dès que la nouvelle de la présence de la Brise est parvenue aux oreilles du clan Jean-Jé. Selon les nationalistes de cette région, l'affaire aura même fait un «dégât collatéral», comme l'a formulé l'un d'entre eux. Un homme soupçonné d'avoir renseigné, à Sartène, la Brise de mer a été tué quelque mois après l'incident.

Une dernière piste, la moins explorée sans doute, emporte cependant les suffrages du milieu local. L'état-major de la Brise de mer aurait effectué le déplacement à Sartène pour venger la mémoire d'un mort : Dominique Rutily, tué en 1996.

Son objectif était apparemment d'intercepter l'un des tueurs présumés, dont les services de police connaissent d'ailleurs le nom. Ce dernier se trouvait effectivement à Sartène du 15 juin au 3 juillet, avant de rejoindre le continent, en l'occurrence Nice. Selon les policiers chargés d'analyser les appels téléphoniques effectués depuis son portable, il se serait réjoui, quelques jours après l'arrestation des membres de la Brise, d'être passé entre les mailles. Mais, les propos étant trop allusifs, la justice n'a pas pu retenir cet élément. L'intéressé a tout de même été interrogé par les enquêteurs. Au cours de son audition, il a nié avoir le moindre lien avec les affaires de voyous de Haute-Corse.

Quel qu'ait pu être le motif de leur présence à Sartène, la justice n'est pas mécontente de profiter de l'occasion pour mettre à l'ombre trois piliers de la Brise de mer et deux Marseillais qui n'ont rien de supplétifs (Alexandre Chevrière, par exemple, proche de Richard Casanova et des Santucci, est à cette époque mis en examen dans l'affaire de l'UBS de Genève). Si personne ne croit trop à la thèse du racket, elle a le mérite de pouvoir être soutenue devant un tribunal. Et, avec un peu de chance, ne cachent pas les magistrats, la qualification d'association de malfaiteurs sera retenue au procès. Sans quoi les seuls chefs de port d'armes en réunion et recel de vol de véhicules risquent d'être un peu légers pour mettre hors d'état de nuire les barons de la Brise.

L'affaire met également en lumière des éléments anecdotiques qui en disent néanmoins long sur les moyens dont dispose ce groupe. Ainsi, l'examen des clés découvertes sur les personnes interpellées a permis d'entreprendre un vaste travail de recherche sur l'origine des véhicules trouvés à proximité du lieu de l'arrestation. Celles saisies sur Pierre-Marie Santucci ont conduit les policiers vers un lot de sept voitures dérobées au dépôt Hertz, près de l'aéroport d'Ajaccio. Parmi les autres véhicules figuraient également deux Peugeot 106, dont l'une a servi, à la même époque, lors d'une expédition ayant visé à éliminer un jeune homme près de Porto-Pollo, sur les terres de Jean-Jé. Les tueurs appartenaient, visiblement, à une équipe de voyous de Corse-du-Sud.

Les enquêteurs ont aussi mis la main, grâce aux clés que détenait Francis Mariani, sur une Mégane Scénic grise dont l'histoire éclaire d'un jour nouveau les techniques utilisées par la Brise pour s'emparer de voitures sans violence. Dotée d'une fausse immatriculation, la voiture provient du stock de la société de location Europcar de Lucciana, en Haute-Corse. Il apparaît, après expertise, que les clés ont été « réencodées » grâce à l'usage d'une mallette « MXR » couverte par le secret industriel et à laquelle seuls les équipementiers automobiles ont accès. Son coût prohibitif, plus de 500 000 francs, est censé, par ailleurs, limiter son acquisition frauduleuse. Le groupe est donc en mesure de dérober à sa guise n'importe quel véhicule et de reproduire à l'infini des clés d'ouverture avec du matériel réservé aux sociétés spécialisées. Interrogés, certains responsables d'entreprises automobiles ont refusé de livrer, sur procès-verbal, les détails de fabrication de ces mallettes et les secrets de leur utilisation, évoquant un « risque industriel » dont le préjudice se chiffrerait en millions de francs. Dans le cadre des investigations, les policiers ont également rendu visite, à son domicile, à un autre membre de la Brise de mer, Angelo Guazelli, histoire de voir s'ils pouvaient trouver des éléments en lien avec la mallette miracle. Ils ont découvert les attestations d'assurance de quatre voitures de sport d'origine japonaise, des Subaru, ainsi qu'un 4 x 4 dont le propriétaire officiel n'était autre qu'un homme décédé depuis quatre ans.

Des piliers de la Brise dans une drôle de prison

Dans l'affaire de Sartène, Pierre-Marie Santucci, Francis Mariani et Maurice Costa sont incarcérés à la maison d'arrêt de Borgo, située dans la périphérie de Bastia[1]. Au mois de février 2000, pour cent vingt prisonniers, dont deux femmes et un mineur, l'établissement compte cent vingt et un gardiens, auxquels s'ajoutent quatorze intervenants chargés des tâches d'insertion. Du jamais vu. Le régime appliqué relève du système dérogatoire, et le climat qui y règne fait dire aux gardiens: « Ici ce sont les prisonniers qui gardent les matons[2]. »

Les détenus peuvent circuler à loisir dans leur unité, les cellules restent ouvertes – une tolérance que le Code de procédure pénale réserve théoriquement aux établissements conçus pour les longues peines. Or Borgo n'accueille que des personnes en détention provisoire ou en attente de transfert pour des centres de détention ou des maisons centrales. Réservé aux hommes, ce privilège représente « un acquis dont la remise en cause serait considérée comme une provocation par les détenus[3] », témoigne un jeune surveillant.

La construction, en 1993, de l'édifice qui se voulait moderne a accru l'isolement des gardiens. Les détenus sont logés dans une dizaine d'unités totalement autonomes, chacune comptant vingt cellules, dotées de toilettes fermées. Elles sont réparties sur deux étages reliés par un escalier central. Entre les niveaux, faisant face aux deux rangées de cellules, se trouve le bureau de l'unique surveillant présent dans l'unité, sans protection ni séparation.

Dans un tel univers, les gardiens affirment perdre leurs repères et se sentent en position d'infériorité. « Installés à notre bureau, raconte l'un d'eux, nous sommes mêlés à la vie des prisonniers. Pendant les heures où ils vaquent librement dans l'unité, ils peuvent nous côtoyer

---

1. Alexandre Chevrière et Éric Marant sont, dans un premier temps, incarcérés, puis remis en liberté sous contrôle judiciaire sur décision du juge.

2. Témoignage recueilli par l'un des auteurs dans le cadre d'un reportage au sein de la maison d'arrêt de Borgo, paru dans *Le Monde*, 31 mars 2000.

3. *Ibid.*

sans qu'aucun espace sécurisé nous soit réservé. Il n'y a plus de différences entre eux et nous, et gare à celui qui voudrait changer cette situation[1]. » Une vulnérabilité d'autant plus forte que le personnel de Borgo, destination peu prisée dans le monde pénitentiaire, est composé, pour l'essentiel, de recrues tout juste sorties de l'école.

Ce manque d'expérience se trouve aggravé par l'absence de prise en charge des surveillants à l'extérieur de la prison. Jeunes, peu argentés, ils constituent des proies faciles pour l'entourage des personnes incarcérées. Les menaces et les pressions sont fréquentes. Une quinzaine d'attentats ont visé, ces dernières années, les véhicules ou les appartements des gardiens. La corruption ou les pièges amoureux ont souvent été utilisés afin de faire passer, grâce à l'entremise de certains surveillants, des objets interdits tels que des téléphones portables.

Un responsable de la prison de Borgo illustre d'une manière inédite la crainte suscitée par le milieu, qui règne en maître dans ces lieux. L'examen par la police des empreintes laissées sur une lettre anonyme adressée à la prison pour dénoncer la complicité d'un détenu nommément cité dans l'évasion, le 28 novembre 1998, de deux prisonniers considérés comme dangereux, dont l'un est Joseph Menconi, permet de découvrir que la lettre a été rédigée par ce responsable de la maison d'arrêt lui-même.

L'évasion par fax, un pied de nez à la justice

À 17 heures 04, le jeudi 31 mai 2001, le greffe de la prison de Borgo reçoit une télécopie émanant du cabinet du juge Patrice Cambérou, qui instruit notamment l'affaire du racket présumé de Sartène. Il s'agit d'un ordre de libération signé par l'un des vice-présidents du tribunal d'Ajaccio, Dominique Buonaguidi, également juge de la détention et des libertés, concernant les trois détenus de la Brise : Pierre-Marie Santucci, Francis Mariani et Maurice Costa. L'acte respecte toutes les formes habituelles. La direction de la prison de Borgo ne prend pas la peine de vérifier par téléphone la teneur de la télécopie, et procède, dans les deux heures qui suivent, à la levée d'écrou des trois prisonniers. Ceux-ci, conformément à l'usage, reçoivent quelques centaines de francs, de quoi prendre les transports en commun. D'un pas tranquille, en sandales, les trois hommes quittent la maison d'arrêt et se dirigent vers la station-service voisine pour téléphoner à leurs proches.

1. *Ibid.*

C'est une première dans l'histoire de l'évasion : une « belle » sans violence, grâce à un faux document judiciaire. Le juge d'instruction Cambérou ne se rend compte de leur disparition que le mardi 5 juin 2001, en fin de matinée, à la suite d'une conversation téléphonique avec l'un de leurs avocats qui s'enquiert du sort de ses clients. Immédiatement, le ministère de la Justice ordonne une enquête interne. Elle met en évidence dans la télécopie plusieurs erreurs qui auraient dû alerter la direction de la prison de Borgo : le nom du juge de la détention est mal orthographié, sa qualité est erronée et le tampon figurant sur le document est un mélange visible entre le sien et celui du juge d'instruction. Par ailleurs, la signature de Dominique Buonaguidi, chargé du suivi de ce dossier et qui avait refusé, jusqu'à ce jour, toutes les demandes de remise en liberté, a été contrefaite. En outre, contrairement à l'usage en vigueur, l'ordre de libération n'est pas annexé à l'ordonnance du juge motivant la décision. Enfin, ce genre d'acte vise normalement un seul détenu à la fois.

Les enquêteurs sont perplexes, à la fois face aux erreurs qui pourraient avoir été volontairement introduites pour dissimuler l'intervention d'un homme de loi, et face au laxisme du personnel pénitentiaire de Borgo. Seul élément rassurant aux yeux de l'autorité judiciaire, l'origine de la télécopie a été masquée. Il ne s'agirait pas du cabinet du juge Cambérou, mais d'un hôtel anonyme de Salon-de-Provence appartenant à une chaîne. Mais c'est une maigre consolation.

La Brise n'avait nul besoin d'un tel coup d'éclat pour parfaire sa réputation. Voilà des années que le groupe défie l'État avec succès et exploite ses failles. Ce nouvel épisode tourne en ridicule l'administration pénitentiaire et la justice en général. Mais l'anecdote fait à peine sourire. Elle marque la défaite symbolique du plan d'action contre le banditisme ébauché au printemps 2000 par le cabinet de la ministre de la Justice Élisabeth Guigou, un plan qui tombe en désuétude après l'arrivée, en octobre 2000 du nouveau garde des Sceaux, Marylise Lebranchu. L'évasion en douceur de Santucci, Mariani et Costa est à ce point réussie qu'ils ne sont même pas considérés juridiquement comme des fugitifs. Ils n'ont fait usage d'aucune violence ni contrainte. Ils sont dehors à la faveur d'un dysfonctionnement de l'État, qu'ils paraissent dominer plus que jamais.

La traque de Mariani

Après le temps des lamentations vient celui de la traque. Elle est surtout focalisée sur Francis Mariani, dont l'entourage doit servir, espèrent les policiers, de fil conducteur. Ils retrouvent sa trace à la fin de l'été. La chasse notamment est menée grâce à des filatures, peu aisées dans cet environnement rural à faible densité de population. Restent les téléphones portables. Par chance, la zone de Saint-André di Cottone, où Francis Mariani est supposé se déplacer, est couverte par le seul réseau Orange. Cela facilite la localisation du fuyard, malgré l'usage intensif de Mobicartes interchangeables et de nombreux téléphones.

Une amie proche de Francis Mariani et le frère de celle-ci vont permettre de resserrer les mailles du filet. Les précautions multiples et les changements incessants de véhicule de la première convainquent les policiers qu'elle tente de dissimuler quelque chose. Elle troque ainsi régulièrement une Safrane bleue contre une Clio, utilise une dizaine de téléphones portables et autant de puces électroniques différentes. Les filatures conduisent les enquêteurs vers une maison située au pied d'une petite colline, au bout d'un chemin de terre, à l'entrée de Trinité de Porto-Vecchio. Les premières vérifications indiquent qu'elle a été louée par un fidèle de Francis Mariani, officiellement patron d'un bateau de promenade en mer à Porto-Vecchio. Ses propriétaires sont des commerçants à la retraite qui passent une partie de l'année au Venezuela et l'autre en Corse.

Un dispositif de surveillance est mis en place. Les policiers, installés dans le maquis voisin, observent les mouvements à l'intérieur de la maison et branchent les téléphones. Toujours aucun signe de Francis Mariani. De temps en temps, un break Audi 4 SI apparaît. Il appartient à un concessionnaire de Porto-Vecchio. Tous les matins, vers 5 heures, l'homme à tout faire de Francis Mariani, comme le surnomment les policiers, sort et scrute les environs. La nervosité ambiante et la difficulté, pour les enquêteurs, à trouver un abri sûr les conduisent à lever le dispositif de peur de perdre le fil.

Les investigations s'organisent autour des interminables conversations téléphoniques de l'amie du fugitif. Sont également suivies les allées et venues de son frère, actionnaire d'une société de nettoyage dont Francis Mariani serait proche. Cet homme occupe aussi ses journées à acheter et revendre des Ferrari. Les enquêteurs le considèrent comme le maillon faible. Ils surveillent en outre trois maisons dont ils pensent qu'il est le propriétaire, sur la commune de Morasaglia, en Haute-Corse.

Fin 2001, une agitation inhabituelle laisse croire que ce petit monde s'apprête à recevoir un visiteur particulier. La police judiciaire décide d'agir au petit matin, un lundi. Après avoir passé la nuit sur la base militaire voisine de Solenzara, les policiers de la brigade d'intervention préparent leur descente, prévue à 6 heures. Mais les trois ou quatre voitures de la PJ n'iront pas bien loin. La maison s'est vidée dans la nuit. Les écoutes téléphoniques fournissent l'explication. L'homme à tout faire de Francis Mariani lâche : « Heureusement, j'ai fait réveiller l'autre plus tôt[1]. »

La chance sourit de nouveau aux policiers quelques jours plus tard lorsque Francis Mariani commet l'erreur d'utiliser son téléphone portable en ne changeant que la puce, et non le boîtier, ce qui permet de le localiser. La traque reprend alors. L'amie de Mariani, toujours accompagnée de son frère, quitte Bastia pour le continent sur les lignes aériennes régulières. Arrivés à Nice, tous deux se rendent dans un restaurant McDonald's où ils réussissent à casser le dispositif de filatures monté par la police. Une erreur du frère dans la manipulation de son téléphone relance la chasse. Ils sont ensuite repérés dans la station de sports d'hiver de L'Alpe-d'Huez, en Isère, où ils restent quinze jours.

Les policiers ont encore un temps de retard. Ils ne peuvent que reconstituer le parcours de Mariani. Celui-ci transite par Juan-les-Pins, puis rejoint Cannes, où il prend un avion de tourisme. Le plan de vol annonce un atterrissage à Calvi. En réalité, l'appareil poursuit sa route jusqu'à Ghisonnacia, où son amie et un autre homme de confiance, chargé, lui, de veiller sur son argent, attendent Mariani. L'avion privé est piloté par Alain Anziani, qui sera interpellé plusieurs mois plus tard sur le même aérodrome dans le cadre d'une affaire de trafic de stupéfiants. Les policiers découvriront à cette occasion 30 kilos de cannabis dans son appareil.

« La Brise de mer, c'est un mythe »

Le samedi 26 janvier 2002, les enquêteurs parviennent enfin à localiser la Volkswagen Passat verte de Francis Mariani. Le lendemain, à l'heure du déjeuner, ils le suivent pendant plus d'une heure sur les routes sinueuses de l'île en direction de la Haute-Corse. Ils savent qu'une voiture ou une moto dite « ouvreuse », conduite par un complice, roule quelques kilomètres devant lui. La prudence est requise, car l'homme est armé et considéré comme dangereux. L'interpellation a lieu, sans accrochage, à 14 heures, à la sortie du village de Vivario. Dans la voiture, on retrouve une dizaine de téléphones, un pistolet Berreta, un permis de conduire au nom d'Anziani et une liasse de billets.

---

1. Récit recueilli en septembre 2003 auprès d'un policier ayant participé à l'opération.

Le service chargé de procéder à l'arrestation ne sait pas (dernier élément est une pièce importante. Il s'agit en effet de 79 billets de 200 francs marqués provenant du braquage d'un fourgon aux Milles, dans le Var. Sans doute pris dans le feu de l'action, les policiers ne procèdent à leur enregistrement dans la procédure que le lendemain, oubliant les règles élémentaires de perquisition qui imposent, a minima, la présence du propriétaire du véhicule et le constat sur les lieux de la découverte. La justice met quand même, sans trop d'illusions, Francis Mariani en examen pour le recel du produit du vol.

Le procès de l'affaire de Sartène peut enfin avoir lieu. Francis Mariani est condamné, le 2 mai, à quatre ans de prison et 4500 euros d'amende. À la barre, il se défend d'appartenir à la Brise de mer. «La Brise de mer, c'est de la pipette, un mythe! Elle n'existe pas, explique-t-il. Tout le monde, dans cette île, est soi-disant membre de la Brise de mer, mais les enquêteurs ont tout contrôlé, tout vérifié, sans rien trouver.» Et encore : «Je n'ai absolument rien fait à Sartène. J'étais de passage, avec une femme», assure Francis Mariani qui, «par galanterie», refusera toujours de la nommer. Puis : «On veut me faire passer pour quelqu'un que je ne suis pas!» Il affirme enfin que, depuis sa libération en 1991 après une condamnation pour vol aggravé et une première évasion en 1984, il est «resté tranquille, sans même une contravention [1]». Francis Mariani comparaît seul dans le box.

Ses trois coaccusés, en fuite, sont jugés par défaut [2]. Alexandre Chevrière est condamné à quatre ans de prison et 4500 euros d'amende [3]. Il sera interpellé, le 31 mars 2003, avec un autre fugitif très médiatique, Joseph Menconi. Pierre-Marie Santucci et Maurice Costa, toujours en cavale, écopent, quant à eux, de trois ans de prison et de 3000 euros d'amende. Selon un policier local quelque peu désabusé, le premier logerait auprès de sa belle-famille. Le second a été vu par les gendarmes au-dessus de Belgodère, dans une auberge appartenant à son cousin, et sur un scooter de mer à Calvi. Il est arrêté le 24 juin 2002 par le SRPJ de Marseille, vers midi alors qu'il sort du Novotel de Vitrolles. Santucci se constituera prisonnier le 15 novembre 2002.

Sur le fond, le coup porté à la Brise n'est pas à la hauteur des attentes. Le tribunal en est resté au recel de vol de véhicules et port d'armes en réunion, sans retenir l'association de malfaiteurs.

---

1. *Le Monde*, 4 mai 2002.
2. Éric Marant a bénéficié d'un non-lieu au terme de l'instruction.
3. Il a ensuite été relaxé par la cour d'appel.

Omniprésents sur l'île, la Brise et ses affidés ne sont pas, on l'a vu, absents du continent, notamment de la Côte d'Azur. Leur souci constant de discrétion les rend invisibles, mais, dans de rares cas, leurs activités prennent une ampleur qui trouble l'ordre public.

Daniel Vittini, régulièrement présenté comme l'un des alliés de la Brise sur la région de Corte, est devenu en 1998 une attraction du casino d'Aix-en-Provence. La direction de l'établissement s'amuse de la relation exclusive qu'il entretient avec la machine « Poker Wild », la seule à accepter, d'un coup, vingt jetons de 50 francs. Les petites mains qui peuplent les casinos tout au long de l'année ont pris l'habitude d'assister à ses longs face-à-face avec la machine. Très assidu, il les a habituées à sa présence de septembre 1997 à novembre 1998.

Sur cette seule période, ses gains s'élèvent à 3,8 millions de francs. Ce montant, et surtout les mouvements générés par cette manne sur ses comptes bancaires, finissent tout de même par intriguer Tracfin, la cellule antiblanchiment du ministère des Finances. Elle transmet ses informations au parquet de Bastia qui ouvre, le 17 mars 2000, une information judiciaire. L'enquête, confiée aux gendarmes, révèle que l'essentiel des fonds suspects provient de gains réalisés au casino d'Aix-en-Provence. De plus, il apparaît que Daniel Vittini a dépensé 6,4 millions de francs sur la seule machine Poker Wild en l'espace d'un an, dont 4 millions sont d'origine douteuse.

Selon la synthèse remise au magistrat par les enquêteurs, « la machine Poker Wild était manifestement choisie en raison du volume monétaire accepté et non par la présence d'un joker multipliant les chances de petits lots (paires et brelans). Il [Vittini] engrangeait au crédit les lots cumulés et en raison de l'importance des mises, il se faisait régler ce cumul à la caisse, la machine ne pouvant restituer les gains supérieurs à 10 000 francs ».

De plus, ce client hors norme a bénéficié de toutes les attentions de la direction du casino, qui appartient au groupe Partouche. « Daniel Vittini était autorisé, expliquent les gendarmes, à se faire remettre des espèces par la caisse contre des chèques de caution pour un plafond de 200 000 francs. » Sur un total de 3,25 millions de francs de chèques remis au casino, seul 1,09 million a été encaissé, « alors que 2,16 millions de francs de chèques, relèvent les enquêteurs, ont été conservés par le casino et restitués ultérieurement à Vittini contre des espèces le plus souvent d'origine injustifiée et sans relation avec ses gains éventuels ».

Pour démontrer que Vittini n'a effectivement jamais touché l'argent incriminé, encore faut-il avoir accès à la mémoire informatique des deux machines qu'il a utilisées, comme l'ordonne habituellement la justice dans ce genre d'affaires. Malheureusement, un attentat commis le 27 avril 2000 contre le casino d'Aix-en-Provence détruit totalement les éventuelles preuves. De plus, des éléments transmis par la justice monégasque n'apportent guère d'éclairage. En effet, Daniel Vittini a été interpellé et interdit de séjour dans la principauté pour avoir, entre 1991 et mi-1996, réalisé des gains très importants en recourant à un procédé proche de celui qu'il utiliserait au casino d'Aix-en-Provence, vers lequel il s'est visiblement replié.

Pour ne rien arranger, un autre casino Partouche, à Juan-les-Pins, ainsi qu'un troisième, à Carry-le-Rouet, propriété du groupe Accor, sont la cible d'attentats au mois de mai 2000. Les policiers constatent que les explosifs, de type brisant, sont de même origine dans les trois cas. Les motifs restent vagues. La direction du groupe Partouche s'inquiète tout de même lorsqu'elle reçoit une demande de rançon contre l'arrêt de ces actions. « Quand les flics nous enlèvent les baraques dans les bars avec la collaboration de votre famille, vous n'acceptez pas de nous laisser manger. Notre perte s'élève à plus de 5 millions de francs. Vous n'êtes pas sans ignorer qu'en plus des machines perdues nous indemnisons tous les patrons de bars frappés de fermeture administrative [...] Si vous avez le malheur de communiquer cette lettre à la police, il n'est pas impossible que nous frappions la famille Partouche dans toute la France[1]. »

Désormais inquiets, les Partouche s'entourent de gardes du corps mais ne parviennent pas à identifier la source de ces menaces. Les Renseignements généraux leur apporteront la solution. Ils semblent même, selon un proche de la famille du casinotier, avoir joué un rôle d'intermédiaire avec les auteurs supposés des attentats. Dans plusieurs notes blanches (sans en-tête) transmises au ministère de l'Intérieur, on apprend ainsi que « Daniel Vittini aurait fait détruire les deux seules machines à sous qu'il utilisait au casino d'Aix-en-Provence pour faire disparaître les preuves [les mémoires informatiques] de son implication. [...] Rapidement il réalisait qu'en agissant ainsi, il se désignait comme auteur. C'est pourquoi, un mois après, il faisait faire une opération similaire dans deux autres casinos avec des dégâts plus importants afin de noyer le poisson[2] ».

1. Lettre annexée au dossier de l'enquête.
2. Note, du 17 décembre 2001, des Renseignements généraux sur « Les attentats contre les casinos Partouche dans le sud de la France ».

Le conflit prend fin à la faveur de la remise en liberté de Daniel Vittini : arrêté le 12 décembre 2000 pour blanchiment aggravé de fonds provenant des jeux clandestins, il bénéficie d'un incident de procédure. Vittini a par ailleurs été mis en cause, en 1999, par la brigade de recherche de Calvi, comme « l'organisateur d'un réseau de machines à sous illégales implantées dans le centre Corse et en Balagne[1] ». Une vaste opération contre les bars appartenant à ce système a permis de saisir un grand nombre de spécimens.

Dans ces deux procédures, Daniel Vittini s'est refusé à toute déclaration et a nié les faits qui lui étaient reprochés. Pour tenter de contourner ses dénégations, les gendarmes ont placé sous surveillance certaines des sociétés commerciales qu'il a développées ou achetées. C'est le cas d'Alte Cime, qui gère un snack-glacier à Corte, ou encore de la SARL Restonica, qui coiffe à la fois un bar à Nice et l'activité de grossiste en boissons. Enfin, la gendarmerie a signalé à la justice le rôle central joué par Daniel Vittini dans la SARL Corte Distribution, créée grâce au rachat des établissements Tomasi et détentrice « depuis 1998 du monopole de l'approvisionnement en spiritueux des débits de boissons de la région du cortenais jusqu'à la plaine orientale[2] ». Mais ces vérifications restent sans lendemain.

À qui profite la mort du « Belge » ?

La longévité de la Brise, sa puissance de feu, le sanctuaire inviolable qu'est pour elle la Corse, l'incapacité de la justice à l'affaiblir lui ont permis de rester sur le devant de la scène criminelle et d'y croiser ses principaux acteurs, à Paris comme sur le littoral méditerranéen. Si en Corse il est possible d'approcher la réalité de son emprise sur la société insulaire, il est plus complexe de saisir son influence sur le milieu français dans son ensemble, comme en témoigne la difficulté à déterminer son rôle dans la mort du parrain français le plus emblématique de ces trente dernières années : Francis Vanverberghe, dit « le Belge ».

Le 27 septembre 2000, rue d'Artois, près des Champs-Élysées, dans le VIIIe arrondissement de Paris, un homme casqué descend d'une moto conduite par un complice. Il entre dans un bar-PMU et fouille la salle du regard. « Le Belge », attablé là, l'aperçoit et baisse

1. Extrait du procès-verbal de synthèse rédigé par la brigade de recherche de la gendarmerie de Calvi (Haute-Corse).

2. *Ibid.*

la tête pour dissimuler son visage. Voilà qui paraît au contraire attirer l'attention du motard. Il s'approche, ouvre le feu sur l'ex-roi de Marseille, lequel ne peut se défendre.

La disparition du «Belge» donne lieu à de multiples conjectures. Une éventuelle responsabilité des Corses, de la Brise de mer en particulier, est évoquée dans un premier temps, avant d'être écartée. Officiellement, l'enquête de la brigade criminelle s'oriente vers une autre piste, celle d'une rivalité entre Vanverberghe et de jeunes concurrents pour le contrôle de bars à hôtesses et de machines à sous dans le prestigieux quartier des Champs-Élysées. Le jour même de l'assassinat, les policiers ont reçu un renseignement indiquant que Djilali Zitouni serait le possible commanditaire du meurtre, et Boualem Talata son auteur.

Djilali Zitouni, âgé de quarante-cinq ans, est un flambeur. Il est à la tête d'un réseau de machines à sous illégales géré par le biais de la société Bernard Électronique. Le bar qu'il possède rue Cavé lui sert de quartier général. Son frère, serveur dans l'établissement, est chargé de récupérer chaque semaine la recette des machines collectée par deux hommes travaillant pour lui, soit une somme comprise «entre 40000 et 70000 francs[1]». Joueur de cartes invétéré, Djilali Zitouni aurait aussi, d'après sa compagne, «investi 1,4 million de francs dans un bar, Le Beyrouth, rue de la Boétie», à deux pas des Champs-Élysées. Un «différend» l'aurait opposé au gérant de cet établissement et, selon ce que sa concubine a expliqué aux policiers, il aurait rencontré «le Belge», trois jours avant sa mort, à ce sujet[2].

Placé en garde à vue le 21 juin 2001, Zitouni nie toute implication dans la mort de l'ancien parrain. Il avouera plus tard à des proches avoir été plutôt flatté qu'on ait considéré cette éventualité. Il ressort libre des locaux de la criminelle après avoir simplement admis qu'il a «rencontré "le Belge" dans des cercles de jeu et [qu'il connaît] sa réputation de gros voyou»[3]. Quant au tueur présumé, Boualem Talata, originaire de Dreux (Eure-et-Loir), ami et garde du corps occasionnel du comique Jamel Debbouze, il ne sera jamais entendu : il est assassiné le 19 novembre 2000. Selon l'enquête, il s'agit d'un règlement de comptes local[4]. Six mois plus tard, le 25 juillet 2001,

1. Audition du frère de Djilali Zitouni, 26 juillet 2001.
2. Audition de la concubine de Djilali Zitouni, 30 juillet 2001.
3. Audition de Djilali Zitouni, 21 juin 2001.
4. Pourtant, signe troublant, en 2003 les policiers chargés des recherches ont appris incidemment que la cavale des auteurs du meurtre a été financée par des Corses, sans plus de précisions.

vers 2 heures du matin, à Gennevilliers, dans les Hauts-de-Seine, Djilali Zitouni est à son tour mortellement atteint par plusieurs balles au volant de sa Mercedes.

L'énigme de la mort du «Belge» reste donc entière. Aucun élément n'est venu corroborer la thèse de l'implication de Zitouni et Talata. Et les événements qui suivent n'éclairent pas davantage la situation. Dans la soirée du 8 octobre 2001, l'ancien locataire d'un box situé dans un parking à Puteaux (Hauts-de-Seine), et disposant encore des clés, y découvre un arsenal : pistolets-mitrailleurs, armes automatiques, gilets pare-balles, ainsi qu'une fourgonnette de surveillance aménagée et une moto volées. Prévenus, les policiers mettent en place un dispositif de surveillance qui leur permet d'intercepter deux neveux du «Belge», William Chineau et Jean-Louis Marocchino.

L'ombre de Vanverberghe plane sur cette cache d'armes. Mais ce n'est que le 10 avril 2003 que le rapport d'expertise livre ses conclusions : «Les marquages relevés sur les étuis découverts sur les lieux de l'assassinat de Djilali Zitouni se retrouvent sur des cartouches saisies dans le cadre de l'affaire Chineau [1].» Les balles qui ont touché Zitouni au cerveau, dans le dos et dans l'épaule proviennent de l'un des pistolets-mitrailleurs découverts dans le box.

A-t-on trouvé pour autant les vrais coupables ? Ne s'agit-il pas d'un paravent destiné à détourner l'attention des véritables commanditaires et auteurs de l'assassinat du «Belge» ? Sur l'instant, les policiers, comme les truands, ne peuvent prendre la mesure exacte de l'affaire. Est-ce bien la seule rivalité pour le contrôle de quelques bars du quartier des Champs-Élysées qui est en jeu ? Ou n'est-ce pas, plus largement, l'annonce d'une recomposition du tableau du grand banditisme français, dont les principaux acteurs resteraient à l'abri de peur que les turbulences inhérentes à ce genre de périodes mouvementées ne les emportent aussi ?

Dans l'univers de la pègre, le temps est un précieux allié pour former son opinion. De même, la vieille maxime policière «À qui profite le crime» n'est pas dénuée de sens pour affiner son jugement. Or, en la matière, les mois qui suivent l'assassinat du «Belge» et de ses supposés agresseurs sont instructifs. La plupart des proches de Vanverberghe sont assassinés à leur tour. Pour commencer, l'un d'eux, Jean-Claude Zamudio, présenté dans le milieu comme son possible successeur, est tué le 1er décembre 2000 devant la disco-

1. Extrait du rapport d'expertise Schlinger, déposé le 10 avril 2003 et versé au dossier judiciaire.

thèque Le Mas, qu'il contrôle en sous-main à Aix-les-Mille. Il montait quasiment chaque semaine à Paris pour remettre au « Belge » une mallette contenant plusieurs centaines de milliers de francs, le produit du parc de machines à sous contrôlé par son clan dans le Sud[1]. Trois jours avant l'assassinat de Vanverberghe, Zamudio déjeunait dans la capitale avec lui et Jean-Marc Verdu, un autre de ses lieutenants dans la région d'Aix-en-Provence.

Jean-Claude Zamudio, connu pour des affaires de braquage et de machines à sous, aurait par ailleurs été chargé de venger « le Belge ». Il est établi qu'il est monté à Paris pour interroger les représentants du milieu gitan, considérés comme les parrains de la banlieue parisienne, qui l'auraient dirigé vers Djilali Zitouni et Boualem Talata. Selon des voyous corses, Zamudio, lors des repérages, se serait déguisé en Père Noël pour pouvoir déambuler tranquillement devant le restaurant fréquenté par les supposés responsables de la mort du caïd marseillais[2].

Au mois d'août 2001, l'une des fines gâchettes de Vanverberghe, Jean-Jacques Maillet, dit « le Blond », est éliminé à Hyères. Le 15 octobre 2001, deux neveux du « Belge », Jean-Louis Marocchino et François Vanverberghe, sont pris en chasse par une voiture alors qu'ils roulent à moto à Cabriès, au nord de Marseille. Ils sont percutés et achevés sur place. Le 25 juin 2002, Gilbert Mesguish, figure du grand banditisme, est abattu au volant de sa voiture dans le Var. Issu du milieu lyonnais, proche du « Belge » du temps de sa splendeur, il appartenait depuis à l'entourage de la famille Perletto, hégémonique sur Toulon et sa région, affiliée au clan du parrain marseillais. Enfin, les lourdes condamnations qui touchent, en 2003, les Perletto et l'ancien beau-frère de Vanverberghe, Antoine Cossu, dans l'affaire Topaze, un réseau de trafic de cocaïne, affaiblissent encore davantage la sphère d'influence du « Belge ».

L'hécatombe dépasse largement le simple règlement de comptes parisien. Les fidèles les plus dangereux du « Belge », même si la cause de leur assassinat peut, à l'occasion, être distincte des affaires de ce dernier, sont tous tués. Certains font acte de soumission, d'autres disparaissent de la circulation, à l'instar de plusieurs de ses lieutenants sur Paris. Signe des nouveaux rapports de force, les activités de Vanverberghe sont l'objet de convoitises. Et il paraît difficile de ne pas faire de lien entre ceux qui s'en emparent et ceux qui se sont appliqués à l'éliminer. « Il y aurait, indique une synthèse policière,

1. Source policière.
2. Témoignage recueilli par l'un des auteurs en septembre 2003.

une entente entre une partie des Bastiais de la Brise de mer, les Corses de Marseille et un Italo-Marseillais pour prendre le contrôle des affaires du "Belge". » Le ou les auteurs ajoute(nt) qu'un personnage de second plan, Joseph Menconi, dit « José », illustre cette nouvelle donne. Menconi, proche de l'un des piliers de la Brise de mer, Francis Mariani, et de son fils, Jacques, est « apparu dans le paysage criminel local [...] dans le Var et [à] Saint-Tropez notamment ». Des surveillances policières permettent ainsi de surprendre certaines personnes de son entourage démarcher des discothèques ou des bars, à Aix-en-Provence et dans la région, qui étaient sous la coupe du « Belge » ou de ses affidés. « Dans ce contexte, poursuit la note, nombre d'établissements de nuit seraient toujours sollicités pour payer leur contribution forcée mais leurs percepteurs rencontreraient de sérieuses difficultés. Ainsi, l'un de leurs missi dominici, Gilbert Mesguish, aurait été tué [...] en guise de message[1]. »

Saisis de ces faits et de l'émergence de nouvelles équipes, les policiers de l'Office central pour la répression du banditisme (OCRB) mènent plusieurs opérations afin de vérifier la réalité des bouleversements évoqués. Un dispositif est mis en place, au cours de l'été et de l'automne 2003, près de la plage Ocoa, à Saint-Tropez. Les policiers ont en effet appris que, en 2000, Jean-Claude Zamudio et Jean-Jacques Maillet, alors encore en vie, accompagnés de trois voyous de Haute-Corse, dont deux intimes de la Brise de mer, ont convoqué sur cette plage les responsables de plusieurs discothèques de la ville pour les informer qu'ils devaient désormais leur verser une partie de la recette. Ils leur ont précisé, par la même occasion, les risques encourus s'ils ne se pliaient pas à cette exigence. La surveillance de l'OCRB sera levée quelques semaines plus tard, sans qu'on ait obtenu de résultat probant. Les arrestations intervenues entre 2001 et 2003 dans les rangs des clans qui s'affrontent sur la dépouille du « Belge » ont en effet perturbé l'organisation du racket : « Les patrons des discothèques ne savent plus à qui payer et craignent des actions de représailles[2]. »

Néanmoins, une nouvelle thèse sur la mort du « Belge » commence à voir le jour. Le milieu devient plus disert au fil des mois. Les policiers chargés de suivre les affaires de voyous à Marseille entendent le même refrain que leurs collègues de Toulon, de Cannes ou de Nice. « "Le Belge" s'est isolé à Paris et il ne contrôlait plus grand-

1. Note remise à la direction centrale des Renseignements généraux, datée du 3 juin 2003, portant sur « La recomposition du grand banditisme dans le sud-est de la France après l'assassinat de Francis le Belge ».

2. *Ibid.*

chose. Il mettait en danger ses alliés en laissant progresser des équipes sur Tarascon ou Carpentras. Il fallait reprendre les choses en main. Et qui mieux que les Bastiais associés aux Marseillais pouvait le faire[1] ? »

Cela ne signifie pas pour autant que la Brise – ou les Bastiais, selon la terminologie des services de police – était en guerre avec Vanverberghe. Au contraire, des contacts réguliers semblent avoir existé entre eux. Ainsi, « le Belge » s'est à plusieurs reprises, quelques mois avant son assassinat, appuyé sur le réseau de Richard Casanova, à Paris, pour régler certains différends. On ne sait pas si ce dernier était son interlocuteur attitré au sein du gang bastiais mais, selon plusieurs voyous, les deux hommes savaient se rendre service et faire passer des messages aussi bien dans les milieux policiers que dans la pègre française.

Néanmoins, la disparition du « Belge » ne peut qu'arranger les affaires du crime organisé corse. Les poids lourds de la Brise, du même âge que Vanverberghe, ou ceux encore plus âgés du banditisme de Corse-du-Sud sont toujours en place. Épargnés par la justice et par les règlements de comptes, ils voient mourir ou incarcérer pour de longues années l'essentiel de leurs concurrents : Gaëtan Zampa s'est pendu dans sa cellule, Jean-Louis Fargette, comme « le Belge », a été abattu par des tueurs casqués, certains piliers du clan Perletto sont sous la menace de plusieurs dizaines d'années de prison pour des affaires de trafic de stupéfiants.

La voie est désormais libre. Il faut juste composer avec les Marseillais. « Dans ce magma en ébullition, commentent les Renseignements généraux, nul doute que les règlements de comptes sont programmés, et ce, malgré l'arbitrage de celui que l'on nomme le « capo di capi », « Loule », Sauveur Pironti, un Marseillais ancien de la French Connection[2]. » Mais peut-être, murmure-t-on à l'évêché, le commissariat central de Marseille, cette entente est-elle antérieure à la mort du « Belge ». Et l'on pourra toujours se demander ce que Francis Vanverberghe était venu faire en Corse, en 2000, lors de sept déplacements comptabilisés par la PJ phocéenne. Les policiers

1. Analyse recueillie par l'un des auteurs en juillet 2003 auprès d'un membre de la police judiciaire à Marseille et d'un policier des Renseignements généraux spécialiste des affaires de banditisme sur la Côte d'Azur.

2. Note sur « La recomposition du grand banditisme dans le sud-est de la France après l'assassinat de Francis le Belge », *op. cit.* Sauveur Pironti, âgé de soixante et un ans, naguère membre des réseaux latino-américains de la French-Corsican Connection, a été interpellé le 7 juin 2003 dans le cadre d'une affaire de machines à sous dans la région d'Aix-en-Provence, Aubagne et Marseille. Les policiers le décrivent comme l'un des deux cerveaux de ce réseau, qui comptait sur la complicité d'une quarantaine de bars.

marseillais qui l'ont suivi n'ont pu relever que ses destinations : Ajaccio, Propriano et Bonifacio.

Des intérêts jusqu'en Sibérie

Dominante au sein de la pègre française, la Brise a étendu les frontières de son empire vers de lointaines contrées, jusqu'aux terres inhospitalières de la Sibérie, suivant ainsi l'exemple des anciens parrains corses qui, par le passé, officiaient dans les colonies et sur d'autres continents. Tous les policiers le savent, en Corse, l'hiver, il est difficile de passer inaperçu. Cela vaut aussi pour les voyous. Lorsque, le 15 janvier 1997, vers 18 heures, Angelo Guazelli et deux autres proches de la Brise de mer, Dominique Chiappalone et Jean-Jacques Voillemier, entrent dans le hall de l'aéroport de Bastia Poretta, l'attention des agents de la police de l'air et des frontières est aiguisée[1]. Les trois hommes ne sont pas seuls : Patrick Voillemier, frère de Jean-Jacques, et Pierre-Marie Santucci, autre membre du noyau dur de la Brise, les accompagnent. Cette association laisse songeurs les policiers, qui signalent la présence des cinq hommes à leurs collègues du continent.

Seuls les trois premiers enregistrent leurs lourdes valises pour le vol de 18 heures 40 à destination de Nice. À leur arrivée, à 19 heures 25, nul doute qu'ils repèrent les paires d'yeux qui les observent. Un policier chargé de surveiller leurs faits et gestes jure même avoir vu un sourire sur le visage de l'un d'entre eux quand le taxi Peugeot dans lequel ils ont pris place a quitté l'aéroport. Ils se rendent au Park Hôtel, 6 avenue de Suède[2], où deux chambres ont été réservées par Gérard Agostini, un proche de la Brise sur la région niçoise. Au cours de la soirée, ils préparent la suite de leur voyage en contactant, notamment, Louis Casanova, qui réside à Nice. Ils conviennent par téléphone de se retrouver le lendemain, à 6 heures 30, à l'aéroport.

Leur destination finale n'est connue qu'à l'embarquement : Moscou, puis Kemerovo, en Sibérie, via Genève. Les billets d'Angelo Guazelli, de Dominique Chiappalone et de Jean-Jacques Voillemier

1. La police de l'air et des frontières (PAF) a depuis été intégrée à la Direction centrale du contrôle de l'immigration et de la lutte contre l'emploi des clandestins (DICCILEC).

2. Note d'information, du 22 janvier 1997, de la DICCILEC intitulée « Déplacement en Russie de membres de la bande dite de la Brise de mer », pour la direction centrale de la police nationale.

mentionnent un retour prévu pour le 23 janvier. Ceux de Louis Casanova et de Jan Meganck (résidant à Monaco), qui se joint au voyage, précisent qu'ils rentreront le 25. Cette fois-ci, la direction centrale de la police judiciaire, à Paris, est alertée et la cellule de renseignement et d'analyse de la criminalité organisée (CRACO) sollicite l'aide d'Interpol et des services russes[1]. Lors du passage du groupe à la frontière franco-suisse, une heure plus tard, les policiers procèdent à un contrôle approfondi des identités[2]. Pour justifier ces petits tracas, ils arguent du fait qu'Angelo Guazelli et Dominique Chiappalone font l'objet de fiches de recherche de la police judiciaire. Étrangement, Jean-Jacques Voillemier est inscrit dans le fichier central du terrorisme depuis son interpellation, le 21 juillet 1983, dans une affaire d'explosifs[3]. Mais les intéressés ne manifestent aucune impatience. Leur avion pour Moscou ne doit décoller qu'à 22 heures 55.

Les autorités russes profitent d'une anomalie détectée sur le visa de séjour de Jan Meganck pour procéder, à leur tour, à une fouille minutieuse des bagages. Elles constatent que les voyageurs ont été invités par Guennadie Bakalov, président de la Banque du transport du Kouzbass (BTK), dont le siège se trouve à Kemerovo. Elles notent également que deux autres Corses, Francis Mariani et Michel Chiappalone, qui avaient déposé des demandes de visa pour Kemerovo, sont absents. Après avoir sacrifié aux formalités d'usage, nos hommes sont accueillis par David Meganck, fils de Jan, âgé de vingt-trois ans, qui a effectué le déplacement depuis Nice. Il est sur place depuis le 11 janvier et paraît jouer un rôle d'intermédiaire avec les interlocuteurs russes. Les policiers moscovites indiquent au contre-espionnage français, qui s'intéresse aux faits et gestes du petit groupe, que les Corses se sont entourés de gardes du corps pour leur périple russe.

Leur conduite est irréprochable. Aucune arme, aucun objet ni produit interdit n'ont été découverts sur eux et ils satisfont à toutes les démarches réglementaires, notamment aux obligations d'enregistrement les plus pointilleuses, avant de se rendre en Sibérie. Ils mentionnent ainsi au service des passeports et des visas qu'ils sont « venus mener des négociations avec des entrepreneurs locaux afin d'organiser des affaires liées aux jeux et au tourisme dans la région

---

1. Note, du 23 mai 1997, de la CRACO sur le « Déplacement en Russie d'individus appartenant au crime organisé ».
2. Note d'information, du 17 janvier 1997, de la DICCILEC de Genève-Cointrin.
3. *Ibid.*

du Kouzbass». Les Russes assurent aux policiers français que «le comportement de ces étrangers [n'a] révélé aucun aspect suspect et qu'il n'a pas été observé d'intention terroriste dans leurs actions et dans leurs propos».

Il n'est pas difficile de comprendre pourquoi. La DST affirme en effet qu'«ils sont restés la plupart du temps dans leur hôtel situé en périphérie de Kemerovo et sont parfois sortis de la ville pour des rendez-vous d'affaires». Les services russes précisent qu'au cours de l'une de ces rencontres, au casino Sprout – ce qui signifie «pieuvre» ou «poulpe» –, les Corses ont proposé au propriétaire de l'établissement de «lui apporter une aide financière en échange d'un partage des bénéfices tirés de son affaire de jeux». Mais ils ne seraient pas parvenus à s'entendre sur les termes d'un accord. En guise de conclusion, les autorités russes notent que «les étrangers ont décidé d'étudier la question de l'ouverture d'un casino avec la Banque du transport du Kouzbass». La société Gona Ltd devrait porter le projet.

Au cours de son séjour en Sibérie, le petit groupe s'est aussi rendu dans la ville de Tomsk, dans le but affiché de «visiter les curiosités de la ville», comme ils l'avaient indiqué dans leurs déclarations initiales. En fait, les policiers locaux ont pu établir que les Corses, entourés de leurs gardes du corps, d'un interprète et du représentant de l'Union russe des industriels, Guennadie Méline, ont tenté de rencontrer les dirigeants de la Compagnie des pétroles d'Orient (VNK). Mais le président de cette dernière a fait savoir que, faute d'être parvenu à «une entente préalable sur les pourparlers qui auraient pu se tenir avec ces étrangers», il a refusé tout contact avec eux[1]. Les 23 et 25 janvier, tout ce petit monde, comme prévu, rentre en France, à l'exception du jeune David Meganck, chargé de veiller sur les intérêts, encore flous, de la Brise de mer dans cette région.

Un second déplacement est effectué, le 29 avril 1997, à destination de Novossibirsk. Cette fois-ci, Angelo Guazelli n'est pas du voyage. En revanche, trois nouvelles têtes apparaissent : Olivier Cecini, Réginald Léger et Jacques Nahmany, tous originaires des Alpes-Maritimes. Ils reviennent le 12 mai. Côté russe, les enquêteurs constatent que ce sont les mêmes personnages qui ont joué les agents d'accueil pour les visiteurs lors des deux voyages.

La DST, elle, a notamment fixé son attention sur le rôle central de Stanislas Kostine, demeurant à Moscou et à Kemerovo, et dont le

1. Note, du 8 avril 1998, adressée par le chargé de liaison DCPJ-DST au sous-directeur chargé des affaires criminelles sur les éléments transmis «par les services russes relatifs au déplacement du groupe Brise de mer sur le territoire russe en janvier 1997».

nom apparaît, en Russie, dans des affaires liées à la prostitution. Au mois de septembre 1996, il a par ailleurs tenté, à plusieurs reprises, de corrompre un membre du consulat de France à Moscou afin d'obtenir des visas long séjour pour lui-même et deux de ses proches, Vladimir Slabkin, originaire de Kemerovo, et Alexandre Tikhonov, directeur de la Banque de transport de cette ville[1]. Slabkin, Tikhonov et leurs épouses ont transmis un dossier fort épais pour justifier leur demande de visa. Ils ont affirmé vouloir créer, à Sophia-Antipolis, un laboratoire de recherche pour des sociétés sibériennes, et établir un jumelage entre l'université de Nice et la cité des sciences de Sibérie. Vladimir Slabkin, qui déclare représenter une banque russe en Grèce, détient un passeport grec, mentionnant toutefois une date de naissance différente de celle qui figure sur son passeport russe. Enfin, les demandes de visa de Kostine, Slabkin et Tikhonov sont assorties d'invitations tout à fait officielles émanant, en décembre 1995, de la société Selencora, domiciliée à Saint-Cloud, dans les Hauts-de-Seine, et, en avril 1996, du conseil général de Nice représenté par l'un de ses membres, Jean-Claude Pastorelli. En 1996 et 1997, les Russes effectueront plusieurs déplacements dans la région niçoise.

Le 5 novembre 1997, Vladimir Slabkin se rend ainsi à Nice, où il possède un appartement sur la promenade des Anglais. Selon la police judiciaire locale, sa venue concerne l'éventuelle ouverture d'un casino à Kemerovo[2]. Les discussions semblent se prolonger depuis un an. Les écoutes téléphoniques révèlent que Slabkin doit rencontrer, le 24 novembre, Francis Mariani, l'un des barons de la Brise, qui a prévu de lui présenter Gérard Agostini et Camille Palavicini, de vieux compagnons de route des Bastiais. Agostini a longtemps reçu une bonne partie de la communauté corse dans son bar Le Gambetta, à Nice. En 1988, il est tombé, avec Palavicini, pour escroquerie au préjudice du casino Le Palm Beach de Cannes. Tous deux sont associés dans des établissements de Saint-Laurent-du-Var, L'Annexe et Le Bounty. Ils ont sollicité des autorisations administratives pour y installer des machines à sous et des tables de jeu. Ils sont par ailleurs régulièrement suspectés d'assurer une partie de la logistique de la Brise de mer sur la région. Gérard Agostini, enfin, mène ses propres activités, dont certaines le conduisent en Italie où il noue, en compagnie de son fils René, des contacts pour monter une affaire

---

1. Les détails sur cette affaire figurent dans la note de la CRACO sur le « Déplacement en Russie d'individus appartenant au crime organisé », *op. cit.*

2. Note, du 15 janvier 1998, adressée à la DCPJ par la CRACO, intitulée « Point sur le groupe mafieux de Kemerovo proche de l'équipe de la Brise de mer ».

de distribution de café en gros. Son nom est aussi associé à celui de Frédéric Broggi, dit «le Professeur», proche du milieu bastiais. Professionnel des casinos, il aurait supervisé certains aspects du dossier Kemerovo pour le compte de la Brise.

Mais le rendez-vous avec Slabkin n'aura pas lieu. Pour une raison inconnue, celui-ci quitte précipitamment la France, le 26 novembre 1997, pour Moscou. À l'aéroport de Marseille, où il s'apprête à embarquer, les policiers signalent qu'il porte un étui vide d'arme à feu[1]. Le 2 décembre 1997, à Anvers, la police belge contrôle une voiture qui se dirige vers l'Allemagne. À son bord se trouvent Alexandre Tikhonov et le jeune David Meganck, que la Brise avait laissé à Kemerovo pour poursuivre les contacts avec la Banque de transport de la région. Ce même mois, Olivier Cecini, qui faisait partie du voyage du 29 avril 1997 à Novossibirsk, est appréhendé, à son retour de Moscou, par les policiers français; il est en possession d'une somme de 48 000 francs, qu'il déclare avoir gagnée aux jeux.

Le 13 juillet 1999, enfin, les autorités russes transmettent à la direction centrale de la police judiciaire française des informations sur l'évolution des activités des Corses à Kemerovo. Visiblement, les contacts ont prospéré puisque plusieurs sociétés, dont celle coiffant le casino Las Vegas, semblent fonctionner avec le soutien financier de la Banque de transport du Kouzbass et grâce au personnel fourni par les Bastiais. Olivier Cecini possède le titre de directeur de l'établissement. Jacques Nahmany est chargé de superviser la maintenance des jeux, et un troisième Français assure les fonctions de caissier.

La part d'ombre du mythe

Cette chronique des faits et gestes de la Brise de mer pourrait laisser croire que sa réalité correspond au mythe qu'elle inspire. Pourtant, la mouvance comporte également une part d'ombre qui accroît la crainte qu'elle suscite tout en engendrant des haines qui, un jour, pourraient lui être préjudiciables. Ainsi, la Brise n'hésite pas à se débarrasser de personnes qui l'ont servie fidèlement jusqu'à le payer en années de prison. À en croire la section de recherche de la gendarmerie de Corse, René Celi, un proche de Francis Guazelli, incarne ce type de personnage. Classé fin 1998 par la police judiciaire parmi les malfaiteurs en activité, il figure depuis de nombreuses années dans l'entourage proche du noyau dur de la

1. *Ibid.*

Brise de mer[1]. Son parcours judiciaire est éloquent. Il compte huit condamnations de 1978 à 1991 – six en correctionnelle pour des vols, des recels et des violences volontaires, une pour évasion, et une peine de quinze ans de réclusion criminelle pour attaque à main armée. De sorte qu'il est resté en prison du 25 février 1987 au 11 octobre 1997.

À sa sortie, René Celi a renoué avec ses anciens amis. Mais ses dix années d'absence ont laissé des traces. Il ne fait pas bon, dans l'univers de la Brise, rester trop longtemps en détention. De retour en Corse, il commence par rendre des services, jouant parfois les gros bras. La gendarmerie le suspecte ainsi d'avoir, début 1998, fait pression sur des patrons de bar de Haute-Corse pour qu'ils s'approvisionnent auprès de la société distribuant le café Kimbo. Elle affirme qu'il aurait même commis un acte plus grave, débarrassant un des barons de la Brise d'un importun qui aurait séduit sa concubine. Par erreur, c'est le cousin de la personne visée qui aurait été victime des mesures de rétorsion.

Au fil des mois, Celi semble déplorer de plus en plus le manque de reconnaissance de ses amis. Ses conditions de vie se dégradent. Il vit avec son frère dans un modeste appartement. Psychologiquement atteint par cette situation, il semblerait qu'il ait alors tenté de faire pression sur ses relations de la Brise dans le but d'améliorer son sort. Mal lui en a pris. Le 20 septembre 1998, il est tué ainsi que son frère. Selon le milieu local, sa mort aurait un lien avec ses prétentions insistantes. L'ombre de la Brise plane sur ce double assassinat.

Le 6 avril 2001 marque le début d'un autre épisode témoignant de l'ingratitude de la toute-puissante Brise. Ce jour-là, trois ou quatre jeunes débouchent en voiture sur la route principale reliant Corte à Bastia. Ils n'aperçoivent pas l'homme d'un âge respectable qui les observe. Intrigué par leur hâte, celui-ci a eu le temps de reconnaître l'un des occupants, originaire de son village, Corscia, en Haute-Corse. Mais ce n'est que le soir qu'il fait le lien entre cette brève rencontre et l'assassinat du jeune Joseph-André Tomasini sur le parking d'un hypermarché de Borgo, à l'entrée de Bastia. Le nom de Tomasini ne lui est pas inconnu. C'est le fils d'un cousin des Mattéi, famille dominante du village de Corscia, dont l'ombre plane sur cette région du Niolo.

Les frères Mattéi jouissent d'une certaine notoriété depuis la fin des années 70, époque où ils sont apparus dans des affaires de braquage et de machines à sous, avant de se reconvertir dans la

---

1. Note DCPJ du 3 septembre 1998 intitulée « Le point sur les principaux malfaiteurs de la mouvance dite de la Brise de mer ».

gestion de logements et dans le BTP sur Corte. Fin 1981, leurs noms ont été cités dans plusieurs rapports de police autour de l'émergence de la Brise sur la Haute-Corse, mais ils n'ont jamais été poursuivis par la justice. Fin 1992, les policiers bastiais ont de nouveau évoqué leur présence lorsqu'ils ont tenté de cerner les contours de la Brise. Pour eux, ce groupe est alors constitué de quatre familles : « [La Brise] est composée en majeure partie de malfaiteurs bastiais ayant pour habitude de se retrouver dans le débit de boissons géré par Antoine Castelli et les animateurs, ses neveux Francis Santucci et Pierre-Marie Santucci ainsi que leurs cousins, les frères Mattéi[1]. » Enfin, la maison de famille de Pierrot Flori, autre figure de la Brise, se trouve également dans le village de Corscia.

La mort de Tomasini constitue une véritable agression pour les Mattéi. Fidèles de la première heure de la Brise, ils ne recevront guère de soutien de sa part. Dans cette affaire, elle semble même se satisfaire de l'hécatombe. Dans un premier temps, l'un des complices de l'assassinat est identifié et interrogé par les proches de Tomasini. Son témoignage et sa parenté avec les Mattéi lui permettent de garder la vie sauve, mais il doit s'exiler, un temps, sur l'île de la Madalena, qui appartient à la Sardaigne. Il lâche le nom de celui qui aurait tiré, Vincent Duriani, âgé de vingt-quatre ans. Le 1er juin 2001, Duriani est abattu par balle dans sa voiture.

Les policiers, qui enquêtent par ailleurs sur une affaire d'association de malfaiteurs, surprennent, grâce aux écoutes téléphoniques, les conversations du complice réfugié sur l'île sarde. Ils comprennent que quelque chose se prépare, sans parvenir à connaître les détails. Le 9 août, Jean Mattéi, âgé de quarante-huit ans, est tué devant sa maison à Corscia. Les enquêteurs apprennent que l'un des tueurs serait originaire du même village que lui. Une dizaine de personnes vont tomber dans cette affaire, dont un neveu de Jean Mattéi. Dans leur rapport, les policiers signalent que les relations entre la Brise et les Mattéi s'étaient dégradées depuis quelque temps et que la Brise avait été informée des projets d'assassinat. Elle aurait laissé faire malgré le passé commun et les services rendus. Une fois de plus, on voit que les dissensions ou les prises de distance par rapport au clan des Bastiais se payent à coups de pistolet automatique.

---

1. Extrait d'une note de l'antenne bastiaise du SRPJ d'Ajaccio, datée du 9 décembre 1992, sur « La Brise de mer ».

Les enfants de la Brise

La disparition de certains de ses fidèles n'affaiblit pas pour autant la Brise de mer, car elle sait renouveler ses troupes. Le fils de Francis Mariani, Jacques, qui échappe de justesse, au printemps 2001, à une tentative d'assassinat, n'incarne-t-il pas cette jeune garde qui devient, paradoxalement, une menace pour la tranquille organisation de la Brise ? Les anciens veillent sur lui. L'évasion du père, le 31 mai 2001, de la prison de Borgo paraît avoir un lien direct avec les menaces qui pèsent sur le fils. De plus, après avoir échappé à ses agresseurs, Jacques Mariani est récupéré par Francis Guazelli, une autre figure dominante de la Brise. Visiblement dépitée, la direction de la police judiciaire constate dès le mois d'avril 1998 que les membres de la Brise « jouent un rôle de conseillers techniques auprès des plus jeunes ». « Ils perpétuent, estime-t-elle, une tradition de banditisme qui règne essentiellement dans le nord de l'île, à Bastia, Calvi, L'Ile-Rousse, mais aussi à Porto-Vecchio[1]. »

Parmi ces jeunes pousses encore vertes, que la Brise laisse grandir dans son ombre, figure également Joseph Menconi. Né en 1965, il a accédé à une certaine notoriété grâce à ses évasions. Il s'échappe une première fois de la prison de Borgo, près de Bastia, le 28 novembre 1998, avec un co-détenu. Il n'est repris que le 3 janvier 2003, dans un appartement de Rocquencourt (Yvelines). Les policiers découvrent que le titulaire du bail de location est un footballeur professionnel de l'OGC Nice. Le 7 mars, deux mois après son arrestation, Menconi quitte de nouveau la maison d'arrêt de Borgo à l'aide d'un pistolet factice et grâce au soutien de complices armés d'un faux lance-roquettes.

Cette récidive constitue un affront pour les autorités, qui font de sa capture une priorité, au même titre que celle d'Antonio Ferrara – lequel s'est évadé cinq jours plus tard du centre pénitentiaire de Fresnes (Val-de-Marne) grâce à un commando lourdement armé composé, en partie, de Corses. La première cavale de Menconi a duré quatre ans. Cette fois-ci, il ne passera que trois semaines à l'air libre. Son numéro de téléphone portable est « balancé » aux policiers de la BRI de Marseille par d'autres voyous. Était-il trop voyant, dangereux, ou bien l'objet d'un troc inavouable ? On ne le saura pas. Mais

1. Extrait d'une synthèse de la direction centrale de la police judiciaire, remise au cabinet du ministre de l'Intérieur, le 8 avril 1998, sur « L'évolution du banditisme en région Corse de 1988 à 1997 ».

le résultat est probant. Il a suffi aux policiers d'écouter une conversation au cours de laquelle il donnait rendez-vous pour le cueillir en douceur. L'arrestation a lieu à la terrasse du bar-tabac Le Chalet des pommiers, à Aubagne. L'affront est lavé. Puisque les policiers ont un coup d'avance, ils en profitent. Une trentaine de membres de l'OCRB et du SRPJ de Marseille sont mobilisés. Les deux personnes qui se trouvent en compagnie du fugitif sont arrêtées par la même occasion. Il s'agit d'Alexandre Chevrière et d'Éric Marant, tous deux en fuite dans l'histoire de Sartène. Chevrière rencontrait Menconi pour une affaire de créance non réglée.

Si elle tient à garder ses distances avec Joseph Menconi et le considère comme un homme isolé et ingérable, la Brise de mer apparaît cependant à ses côtés depuis un certain nombre d'années[1]. Né à Porto-Vecchio, Menconi se présente lui-même comme l'un des rares amis de Jacques Mariani, le fils de Francis, pour qui il a travaillé indirectement dans la concession Audi à Porto-Vecchio. « Menconi est peut-être un solitaire mais il est perçu comme loyal. Et cela signifie beaucoup pour la Brise[2] », estime un policier corse originaire de Bastia. Dans l'enquête ouverte autour des attentats du FLNC contre les locaux d'Air France à Nice, Menconi est aperçu lors de surveillances policières dans un appartement où on arrêtera plus tard une équipe de braqueurs comprenant notamment René Agostini, le fils de Gérard Agostini, l'un des proches de Francis Mariani.

Après sa première évasion, fin 1998, Menconi s'était réfugié vers Aix-en-Provence, où il s'était lié avec Jean-Claude Zamudio, lieutenant du « Belge ». Les policiers le soupçonnent d'avoir commis avec lui quelques méfaits[3]. « José », comme l'appellent ses proches, aurait alors fonctionné comme un relais pour la Brise, tout en menant ses propres affaires. Il a en effet des contacts avec des voyous parisiens chevronnés, comme Antonio Ferrara. L'existence de liens entre le banditisme corse et celui de la capitale trouvera une autre confirmation, le 23 décembre 2003, lors de l'arrestation à Boulogne-Billancourt de Dominique Battini, figure du milieu et artificier présumé de la spectaculaire évasion d'Antonio Ferrara[4]. Soupçonné d'avoir

---

1. Joseph Menconi a été condamné le 17 décembre 2003 à cinq ans d'emprisonnement par la cour d'assises de Haute-Corse pour avoir, en 1997, tué par balles un légionnaire et blessé un gendarme au cours d'une rixe à Calvi.

2. Propos recueilli par l'un des auteurs en septembre 2003.

3. Menconi a été condamné le 24 octobre 2003 à douze ans de réclusion pour avoir participé, en 1997, à l'attaque au lance-roquettes d'un fourgon de transport de fonds à Saint-Laurent-du-Var.

4. Voir *L'Express*, 26 janvier 2004.

participé à des braquages de fourgons blindés, il avait déjà été arrêté au début des années 90 avec des proches de la Brise.

Entre ces milieux interchangeables et mouvants, la Brise de mer joue un rôle central, celui de pôle de fixation autour duquel gravitent, sur tout le territoire, bien loin du sanctuaire insulaire, des équipes autonomes, loyales, mais devant rendre des comptes. En contrepartie, les Bastiais peuvent donner des coups de main à des jeunes aux dents longues. L'un des piliers de la Brise a ainsi offert une affaire à un gros braqueur français d'origine italienne, lui fournissant tous les éléments nécessaires pour dévaliser le centre de tri d'une société de transport de fonds. En contrepartie, celui-ci devait monter son équipe et reverser un pourcentage de la somme dérobée au fils du caïd corse pour qu'il puisse s'acheter un bar-tabac à Saint-Laurent-du-Var – ce qui fut fait.

Les Corses de la deuxième génération, les «enfants de la Brise» comme les appellent les policiers, se sont implantés en partie sur la région niçoise, où ils semblent avoir progressivement repris en sous-main, sous le regard intéressé de leurs aînés, des bars, des discothèques, et avoir acquis le monopole des parties de cartes clandestines. La Brise garde le contact avec son environnement, notamment grâce à ces jeunes qui montent. Dans le milieu plus qu'ailleurs, la nature a horreur du vide. Telle semble être la chronique de l'expansion continue de la Brise. Faite de défis gagnés contre la justice, d'une chance insolente, d'une solide organisation, de pressions permanentes sur le corps social qui l'entoure, elle permet de saisir comment le noyau dur de ce groupe criminel, dont les membres étaient déjà cinquantenaires à la fin des années 90, est parvenu à instaurer sa loi.

Chapitre 15

La pression mafieuse

La Corse a toujours su regarder la tragédie en face. La mort, dans cette société méditerranéenne, est partie intégrante de la vie. Celle du préfet Claude Érignac comme les autres. Au cours des jours qui suivent le 6 février 1998, date de l'assassinat du plus haut représentant de l'État sur l'île, les Corses sont nombreux à défiler, en silence, devant la préfecture. Les mots et les fleurs laissés sur les grilles du palais Lantivy, cours Napoléon, à Ajaccio, résidence du préfet de région, parlent de la terre corse, de ses habitants et de leur attachement sincère à cette République mal aimée.

Près de 40000 personnes manifestent, le 11 février 1998, dans les rues des principales villes de Corse, dont Bastia, Ajaccio et Porto-Vecchio, pour exprimer leur émotion. Des marches sans slogans ni banderoles. Une réaction qui vient du cœur. Le sens de cette démonstration de masse, au regard de la population totale de l'île qui n'excède pas 260000 habitants, est pourtant double. Dans beaucoup d'esprits, il s'agit de témoigner d'un désir profond de paix. Mais les visages graves qui s'affichent alors dans les cortèges cachent également une volonté, tout aussi profondément ancrée dans les cœurs, de dénoncer l'impuissance collective de la société corse face à ses propres dérives.

Dans la foule, des femmes, des hommes, des jeunes, des moins jeunes. Ils n'en peuvent plus de cette violence qui imprègne leur île et de son corollaire, la peur. Combien d'assassinats depuis le début des années 80 ? Trop. Des voyous, des nationalistes, des élus forment le gros d'une liste inutile, celle de décès rarement expliqués et dont les auteurs ne sont souvent pas sanctionnés par les tribunaux. Comment en est-on arrivé là ? Et surtout, comment la communauté insulaire s'est-elle ainsi laissé déborder par de telles mœurs alors que l'île, jusqu'à la fin des années 70, semblait vivre dans un univers relativement protégé ?

L'irruption de l'argent, qui devait pourtant, en théorie, favoriser l'émancipation de l'île, a fait naître de nouveaux appétits et de nouvelles puissances locales. Les dérives affairistes et criminogènes de la mouvance nationaliste apparaissent à la fin des années 80. Mais la Brise de mer, en Haute-Corse, a imposé sa présence et sa terreur dès le début de la décennie. Lorsque ces deux nouveaux acteurs de la société corse ont recours aux mêmes expédients, racket ou assassinats, ils sont assimilés à des frères jumeaux par une opinion qui, sans oser le dire, leur reproche d'avoir fait de l'intimidation et du rapport de force les principaux éléments de régulation de la vie sociale.

L'examen de conscience collectif imposé par la mort brutale du préfet Érignac conduit, en 1998, l'immense majorité des habitants de l'île à quitter un instant les rivages du scepticisme, voire du cynisme, fruits d'une histoire faite de drames et de promesses non tenues. La restauration de l'État de droit promise à grands cris par le chef de l'État et le gouvernement de Lionel Jospin aura-t-elle enfin une chance de succès ? L'espoir est sincère. Ce ne sont pas simplement la mémoire du préfet Érignac ou l'autorité de l'État qui sont en jeu, c'est aussi l'avenir de l'île.

Une chance historique gâchée

Lorsque le nouveau préfet de région, Bernard Bonnet, prend ses fonctions, beaucoup voient une occasion unique de changement. Forts d'une légitimité née du sang de l'un de leurs représentants, les pouvoirs publics affirment vouloir engager des réformes de fond au sein de la société corse, en matière de gestion des fonds publics comme dans le domaine de la lutte contre les dérives criminelles. Le préfet Bonnet évoque la création d'un « processus irréversible » permettant à la Corse de sortir d'une démocratie archaïque encore fondée sur un système purement clientéliste. Il mentionne aussi l'idée d'une « marche forcée » destinée à tirer un trait sur les vingt-cinq ans d'inconstance d'un État négligent qui a laissé prévaloir les passe-droits sur l'équité. En défilant dans les rues, la population a indiqué qu'elle soutenait cette démarche dès lors qu'elle ne tendait pas à stigmatiser inutilement la Corse. Au niveau national, les médias, la haute fonction publique, les parlementaires de tous bords, les fonctionnaires, magistrats et policiers en première ligne, partagent l'espoir de voir s'ouvrir une nouvelle ère. Le gouvernement et son représentant bénéficient là d'une chance historique.

Cette mobilisation n'est guère du goût des voyous qui préfèrent, de loin, la discrétion pour mener leurs affaires. Le retour de l'« État de droit » ne peut que les inquiéter. C'est d'ailleurs à la suite de la création des commissions d'enquête parlementaires sur la sécurité en Corse que le procureur général de Bastia se voit confier, en 2000, par son ministère la tâche de rédiger un rapport sur la criminalité organisée sur l'île. Parmi les chantiers qui doivent être ouverts figure la lutte contre l'emprise du milieu sur l'économie locale et contre les pressions qui s'exercent sur la démocratie insulaire.

La chute du préfet Bonnet dans l'affaire des « paillotes » va pourtant ruiner cet espoir. Le successeur de Claude Érignac, celui-là même qui devait porter la nouvelle parole de la puissance publique en Corse, va contribuer, à sa manière, à écarter le danger que pouvait constituer la restauration de l'État de droit pour le grand banditisme insulaire. De victime, l'État est devenu agresseur. Des gendarmes, des membres de l'administration préfectorale ont mis le feu à une paillote de plage sur ordre, disent-ils, du préfet Bernard Bonnet parce que son propriétaire représentait un symbole trop évident de contestation.

Cet épisode n'est pas une affaire de Pieds Nickelés. Il ne peut guère, contrairement à ce que certains, sur le continent, ont affirmé, être assimilé à la réaction d'un préfet Don Quichotte confronté à une situation inique. Par cet acte hors la loi, le préfet et ses gendarmes ont sapé les fondements mêmes de l'État, confortant l'idée que la Corse est une terre de non-droit et que ses habitants ne sont pas soumis aux mêmes règles que les autres citoyens français. Un État qui enfreint les règles qu'il entend imposer peut-il espérer, en retour, bénéficier d'une réelle confiance ? Au mois de juin 1999, l'image de la puissance publique est brouillée. En l'espace de quinze mois, un préfet a été assassiné et son successeur incarcéré. Le sentiment de gâchis, immense, fait reculer encore davantage l'espoir de voir disparaître la pression, sourde et omniprésente, du banditisme sur le tissu économique et la démocratie locale. La population insulaire ne peut que donner raison au fatalisme ancestral : l'île ressemble, plus que jamais, à un fossile indifférent aux influences extérieures.

La « dérive mafieuse »

Cet échec a pu laisser croire à la population corse que plus aucun obstacle ne pouvait désormais s'opposer à la « dérive mafieuse » constatée par les parlementaires, fin 1999, dans leurs rapports sur la sécurité en Corse. Cette île, qui a résisté pendant des siècles aux volontés assimilatrices de pays voisins, paraît désarmée, gangrenée de l'intérieur, ouverte aux appétits des puissances locales, des nationalistes dévoyés et du milieu, qui n'ont cessé d'avancer leurs pions sur l'échiquier politique et économique. L'appréciation des députés et des sénateurs a fait l'objet de débats et de controverses. La référence à l'emprise mafieuse n'est pas anodine. La mafia est, en effet, originellement une forme propre à l'Italie du Sud, qu'il n'est pas évident de rapporter sans précaution à la société française.

Ainsi, déjà en 1993, lors de l'enquête parlementaire sur la pénétration de la mafia en France, ses auteurs affirmaient: «Il n'y a pas de mafia française, mais il existe des situations mafieuses.» Parmi ces dernières, les membres de la commission d'enquête citaient notamment la Corse, où, disaient-ils, il est devenu courant de parler de «dérive mafieuse», depuis 1991, pour qualifier l'évolution de la criminalité et l'incapacité de l'appareil répressif à maîtriser la situation.

> La commission a enregistré plusieurs témoignages qui évoquent irrésistiblement les descriptions de la Sicile ou de la Sardaigne: impunité des auteurs de violences pourtant parfaitement identifiés, faiblesse des autorités administratives ou judiciaires, d'abord soucieuses d'éviter à leur carrière tout remous, lors de leur séjour dans l'île, fiabilité réduite de certains éléments d'une police trop «corsifiée» qu'illustre le fait qu'une écoute téléphonique est, dès qu'elle est ordonnée, aussitôt connue des intéressés, liens entre terrorisme politique et grand banditisme[1].

Pendant longtemps, les caractéristiques propres de la mafia sicilienne ont empêché toute identification avec les groupes criminels en Corse. Son implantation dans la société italienne, son fonctionnement interne et sa place dans le concert du crime international en faisaient un phénomène unique. L'une des différences résidait notamment dans l'absence, en Sicile, d'un contre-pouvoir armé tel que pouvait l'incarner la mouvance nationaliste corse. De même, dans le sud de l'Italie, les familles, au sens premier du terme, constituent la structure autour de laquelle s'ordonne l'activité de la mafia. En Corse, la famille n'est pas nécessairement la cellule de base de la délinquance : un foyer corse peut compter un ou plusieurs voyous sans que le reste de ses membres soient mêlés à leurs agissements.

Autre différence : l'emprise de la mafia sicilienne sur son environnement est telle qu'elle semble, à certains égards, en mesure de maintenir

1. Extrait du rapport de l'enquête parlementaire sur la pénétration de la mafia en France, rendu public le 3 février 1993. La commission était présidée par François d'Aubert, député UDF de la Mayenne.

sous contrôle la petite délinquance. L'organisation est peu encline à accepter qu'une insécurité quotidienne conduise la police à intervenir sur son territoire. Pour renforcer sa mainmise, elle assure, contre le paiement du *pizzo*, la protection des entreprises, magasins, notables, médecins ou avocats qui souscrivent à son racket. En revanche, en Corse, les chiffres de la petite délinquance n'ont jamais cessé de croître[1]. Dans l'île française, tout s'emmêle : la violence politique et celle de droit commun, les règlements de comptes politiques et les attentats «privés», expression locale des conflits de voisinage ou commerciaux. Et cette caractéristique limite d'autant l'emprise d'un seul groupe.

Cependant, des traits communs peuvent être relevés entre ces deux îles de la Méditerranée. La spécificité insulaire, la violence, la loi du silence, le racket, les assassinats impunis ou le détournement d'argent public appartiennent à une forme d'héritage tiré d'une histoire souvent assez proche, puisque la mafia et le crime organisé corse ont prospéré dans des régions rurales et enclavées qui se sentaient délaissées ou méprisées par le pouvoir central.

Un sanctuaire et une minicoupole

En outre, la mafia sicilienne et le crime organisé corse bénéficient tous deux d'une certaine communion, en termes de valeurs, avec la société qui les entoure. La culture populaire accorde en effet, dans ces deux îles, une importance tout aussi grande à l'honneur, au courage, au silence, à la virilité et à la mentalité diffuse du chacun-pour-soi dans un monde où règne la loi du plus fort.

L'organisation interne de la mafia, sous l'autorité d'une coupole, apparaît traditionnellement comme l'une des caractéristiques majeures qui la distinguent du crime organisé en Corse. Pourtant, à son échelle, la Brise de mer présente des particularités de fonctionnement qui peuvent être assimilées à des mœurs mafieuses. Ce gang, qui prospère depuis près de trente ans sans être inquiété, doit en grande partie sa réussite à la solidarité d'une dizaine de membres respectant la règle mafieuse par excellence : les affaires des individus doivent s'effacer devant l'intérêt du groupe. Cela signifie que les voyous sont liés les uns aux autres par des relations fondées, dans certains cas, sur des critères familiaux, mais surtout sur la compétence.

---

1. Selon le rapport remis, début 1997, par le service central d'étude de la délinquance du ministère de l'Intérieur sur «La criminalité et la délinquance constatées en Corse, de 1987 à 1996, par les services de police et de gendarmerie».

L'expression « minicoupole » peut apparaître excessive, mais elle correspond pourtant à l'organisation de la Brise, qui exerce par ailleurs un contrôle strict sur son territoire. Elle se doit de connaître l'essentiel des agissements criminels – assassinats, braquages, racket – qui s'y déroulent. Le noyau dur de la Brise de mer, comme les tenants du grand banditisme dans le sud de l'île, est informé, voire consulté par ceux qui envisagent de commettre un forfait dans son fief. Tout comme dans un système mafieux, il n'est pas de danger plus grand que de laisser des inconnus agir et circuler à leur guise. On peut même dire, dans le cas de la Brise, que son problème principal « est de rester au contact des jeunes qui montent et du monde qui les entoure[1] », confie un membre du milieu insulaire retiré des affaires et qui fait fructifier ses biens dans l'élevage.

Comme la mafia en Sicile, le milieu corse s'est constitué un sanctuaire au sein duquel ses membres parviennent à contenir les attaques de la justice et de la police, tout en repoussant, au fil des ans, les frontières de son territoire. La faible densité de population et un maillage social extrêmement fin permettent à la Brise ainsi qu'au banditisme du sud de l'île, grâce à des réseaux fidèles et à des complices placés au sein des administrations, de contrôler leurs zones d'influence tout aussi efficacement que les troupes hiérarchisées de la mafia italienne. Ce mode de fonctionnement autorise à considérer la Brise de mer comme une vraie mafia ayant conquis la maîtrise sur l'exercice de la violence physique à l'intérieur de ses frontières, ce qui est pourtant une prérogative essentielle de l'État[2].

Ce parallèle n'exclut pas les spécificités. Au XIVe siècle, la Corse connut un événement qui marqua profondément les mentalités. Dans le nord de l'île, une révolution de notables, soutenus par la République génoise voisine, renversa le pouvoir des seigneurs qui régnaient alors. La société fut structurée selon le modèle des paroisses, les pièves. Et ces communautés donnèrent pour nom à cette région de Haute-Corse « la Terre des communes ». En revanche, dans le sud de l'île, les seigneurs et l'Église réussirent à faire pièce à la révolte et à conserver un système féodal, de sorte que cette partie de l'île fut qualifiée de « Terre des seigneurs »[3]. Ainsi retrouve-t-on, au sein du milieu, cette distinction historique. Jean-Jérôme Colonna, personnage incontour-

1. Propos recueillis par l'un des auteurs en septembre 2003.

2. Selon Max Weber, dans *Économie et Société*, paru en 1961, « l'État est cette communauté humaine qui, à l'intérieur d'un territoire donné – et le territoire est un élément caractéristique – prétend pour elle-même et avec succès au monopole de l'utilisation légitime de la force physique ».

3. Voir Gabriel-Xavier Culioli, *La Terre des seigneurs, op. cit.*, p. 58-59.

nable du sud de la Corse, entre Ajaccio et Sartène, incarne à sa manière les seigneurs qui, autrefois, dominaient seuls la région. La Brise de mer illustre quant à elle le partage du pouvoir entre plusieurs familles puissantes, typique des notables de Haute-Corse.

Face à ce phénomène, les pouvoirs publics se sont trouvés bien en peine de faire acte d'autorité et de mettre fin à des habitudes de laxisme si profondément ancrées. Or, quand n'existent plus ni pouvoirs ni contre-pouvoirs solides, un vide s'installe qui profite, avant tout, à la criminalité organisée, dont les fonds peuvent gangrener l'économie de l'île.

Une emprise économique

Début 2004, Solange Roussel, présidente du tribunal de Bastia depuis trois ans, quitte la Corse. Son constat est amer. « Aujourd'hui, en Haute-Corse comme en Corse-du-Sud, toute une partie de l'économie est aux mains du banditisme qui en vingt ans s'est diversifié : les braquages, tout d'abord, puis la prise de contrôle des secteurs de la drogue, des machines à sous et du racket, et enfin l'investissement dans des secteurs économiques traditionnels, handicapés par l'étroitesse du marché local[1]. »

L'auteur du plus récent travail d'analyse sur le crime organisé en Corse, le procureur général de Bastia Bernard Legras, décrivait en 2000 certains des mécanismes utilisés par les voyous pour noyauter le tissu économique. « La Brise de mer soutient les entreprises locales qui ont quelques difficultés à obtenir des prêts auprès des banquiers. Elle vient en haut de bilan et y reste parfois, en mettant en place des hommes de paille. Elle sert aussi de relais pour attendre des subventions européennes dont l'octroi est toujours long. Bref, elle s'implante dans l'économie locale en l'acquérant[2]. »

La Corse s'est longtemps crue à l'abri des phénomènes observés en Italie, où les flux d'argent public liés aux actions de désenclavement et de développement du Mezzogiorno ont souvent été captés par la mafia via les entreprises qu'elle possède, notamment dans les secteurs des travaux publics et de l'agriculture. En Corse, l'idée qu'une organisation criminelle puisse contrôler des secteurs entiers de l'économie est restée considérée comme une vue de l'esprit. De même, alors qu'en Italie il est communément admis que le mafieux agit par l'intermé-

1. *Le Figaro*, 8 janvier 2004.
2. Rapport de Bernard Legras sur « La criminalité organisée en Corse », *op. cit.*

diaire de relais politiques ou d'hommes de paille pour faire construire un édifice public par des entreprises contrôlées par son organisation, en Corse l'opinion publique française a tendance à attribuer ce type de pressions au seul mouvement nationaliste.

La mise en cause judiciaire, fin 2003, du leader nationaliste de Haute-Corse, Charles Pieri, et de ses proches dans l'enquête sur des soupçons de racket et de chantage à l'attentat contre des villages-vacances appartenant au Club Méditerranée et à Nouvelles Frontières a de nouveau laissé croire que ces pratiques ne concernaient que la mouvance indépendantiste. D'autant que, chose rare, des témoins ont affirmé que Pieri et ses complices étaient à la tête d'un système criminel et affairiste, ce que l'intéressé a démenti[1].

Un vaste portefeuille d'activités

Pourtant, la richesse de la Corse est loin de ne faire l'objet que des convoitises des indépendantistes et de leurs méthodes expéditives. Après dix-huit mois d'enquête, en 1997 et 1998, des enquêteurs de la Brigade nationale d'enquêtes économiques et des membres de la police judiciaire bastiaise aidés des services fiscaux ont établi une liste non exhaustive des actifs attribués à la Brise de mer pour la Haute-Corse : « 400 comptes bancaires, 124 acquisitions immobilières, dont 78 depuis 1990, une dizaine de prête-noms dont les parcours individuels, le nombre de leurs comptes bancaires et leur lien de subordination avec des membres de la Brise de mer justifient des interrogations, 60 sociétés, dont une dizaine de sociétés civiles immobilières tenues par des proches de personnages liés au banditisme[2]. »

Les auteurs de ce rapport ont tenté de recenser les biens acquis grâce à l'argent du crime sur le territoire contrôlé par la Brise. Ils relèvent la présence de ses intérêts dans des secteurs très variés : des restaurants, des bars, des discothèques à Bastia et à Porto-Vecchio, mais aussi des supérettes, des grandes surfaces de distribution alimentaire, d'ameublement, de bricolage, la location de bateaux, d'hélicoptères, des concessions automobiles, des sociétés de casse automobile, des entreprises de bâtiment et de travaux publics, des magasins de prêt-à-porter, des associations sportives, des centres de remise en forme, le commerce

1. *Le Monde*, 30 janvier 2004.

2. Note DCPJ du 16 septembre 1998, rédigée par la Brigade nationale d'enquêtes économiques (BNEE), sur « L'implantation de la Brise de mer dans le tissu économique local et international ».

en gros de café et l'approvisionnement exclusif auprès des bars et restaurants de l'île tout entière, enfin des investissements immobiliers à Bastia, en Balagne, à Bonifacio et à Porto-Vecchio.

La population locale paraît, selon les enquêteurs, imprégnée de l'idée d'une inexorable avancée du crime organisé de Haute-Corse sur l'ensemble de l'île. Des affaires qui auraient défrayé la chronique revêtent désormais à ses yeux une dimension presque banale. En 1995, trois semi-remorques de la Seita, fabricant de cigarettes, sont détournés dans ses dépôts de Haute-Corse. Un buraliste fournit, un temps, aux enquêteurs l'espoir de remonter la piste des auteurs du casse. Mais il se rétracte après avoir été menacé et laisse la justice bien en peine d'apporter une quelconque preuve de l'implication de la Brise de mer. La découverte des cartouches de cigarettes détournées dans un bar-tabac contrôlé par la Brise, dans le centre-ville de Bastia, n'y changera rien.

Lors de la vente d'un hôtel à Calvi, le vendeur et l'acheteur sont obligés d'accepter la présence de l'un des piliers de la Brise de mer, qui leur impose le versement d'un million de francs contre la tranquillité assurée. La loi et la force sont du côté de la Brise, qui affiche même, à l'instar de la mafia sicilienne, son intention d'investir le champ de l'aménagement urbain. La vieille ville de Bastia, dans la citadelle qui mérite bien son nom, est en effet l'objet de plans de rénovation qui pourraient tout à fait s'intégrer dans ses visions expansionnistes.

Courant septembre 1998, la Brigade nationale d'enquêtes économiques est chargée d'étudier les conditions financières de la reprise de la Société insulaire automobile, concession Peugeot, installée à Bastia. Le procureur de la ville ouvre, le 2 mai 2000, une enquête préliminaire à des fins de vérification de l'origine des fonds investis. Sans le nommer, le parquet vise en fait l'époux de la gérante de la société, Aimé Guérini, membre historique du noyau dur de la Brise de mer, bien qu'il ne figure pas parmi les figures dominantes.

Les investigations s'orientent rapidement vers des infractions purement financières. Les policiers découvrent ainsi des abus de biens sociaux : des entités dépendant de la société mère s'accordent des prêts les unes aux autres. Les intéressés ne contestent d'ailleurs pas les faits, mais ils rétorquent qu'ils ont agi dans une logique de groupe et qu'à ce titre l'intérêt global de la société est respecté. Cette pratique ne serait donc pas contraire à son objet social. Trois personnes, dont la conjointe d'Aimé Guérini, sont renvoyées devant le tribunal correctionnel. Elles sont condamnées en première instance. Le jugement, très argumenté, explique que la logique de groupe ne s'applique pas en l'état et que les abus de biens sociaux sont établis. La cour d'appel, en revanche, prononce la relaxe, estimant que l'argument de la défense est tout à fait recevable, sans plus de commentaires.

Une proie idéale pour une mafia

Pour autant, les soupçons visant la Brise de mer ne suffisent pas, à eux seuls, à invoquer l'existence d'une organisation à la sicilienne. Le phénomène mafieux tire également son originalité du contrôle qu'il exerce sur l'alliance du pouvoir politique et économique. En Sicile, l'omniprésence du secteur tertiaire permet à la mafia d'avoir une emprise sur son environnement car l'activité de l'île est largement dépendante de la commande publique. La forte concentration du processus de décision et l'impact financier induit par les fonds publics injectés en Sicile autorisent la mafia, par le contrôle des acteurs politiques, à jouer un rôle majeur : elle s'assure un droit de regard absolu sur la dévolution des marchés publics grâce à la complicité des élus corrompus ou menacés[1].

La Corse présente, depuis longtemps, les symptômes de la cible idéale pour un groupe criminel à forte connotation mafieuse. L'hypertrophie de son secteur public entraîne une sur-représentation du politique facilitant son éventuel contrôle par un groupe violent et structuré. En Corse, un actif sur trois est fonctionnaire ou assimilé. À la fin des années 90, 41 % de l'emploi salarié était dans le secteur public, contre 25 % dans les services marchands, 15 % dans le commerce, 9 % dans le bâtiment, 7 % dans l'industrie et 3 % dans l'agriculture[2]. La faiblesse du tissu économique de l'île ne lui permet guère de résister aux attaques criminelles dans la mesure où les entreprises y sont très petites (de 0 à 10 employés), souvent fragiles et disposant de peu de moyens de financement – c'est le cas de 96 % des 20000 établissements insulaires recensés. La part des entreprises de plus de 50 salariés est presque deux fois inférieure à la moyenne nationale. Aucun établissement industriel n'emploie plus de 500 personnes. Enfin, le niveau de formation, qui accuse, lui aussi, un fort retard, facilite les assauts de groupes organisés disposant d'importants moyens. Dans l'ensemble de la population, la proportion de personnes ayant un diplôme est d'environ 15 points inférieure à la moyenne nationale. Seuls les départements d'outre-mer sont plus mal lotis[3].

---

1. Marcelle Padovani, *Les Dernières Années de la mafia*, Gallimard, 1987.
2. Selon l'INSEE, fin 1997.
3. *Ibid.*

Climat de népotisme et de clientélisme

En 2000, le procureur général de Bastia, Bernard Legras, stigmatisait d'ailleurs « les dérives qui accompagnent la passation des marchés publics et [...] les conséquences qu'elles peuvent avoir en ce qu'elles participent activement au climat de népotisme et de clientélisme que beaucoup dénoncent à juste titre[1] ». La chambre régionale des comptes (CRC) de Corse tient la chronique des dérives dans le domaine de la captation illicite de la manne publique. Lors de l'audience solennelle de rentrée, en 2000, son président, André Valat, dressait un tableau édifiant : « Des projets mal définis, une insuffisante évaluation des coûts, des appels d'offres géographiquement très restreints et souvent infructueux, des choix sur les entreprises posant question, le bouleversement des cahiers des charges une fois le projet attribué conduisent, le plus souvent, à des réalisations de projets dans des mauvaises conditions. La traduction de ces approximations est généralement une dérive des coûts finaux et parfois même l'inachèvement des travaux[2]. »

Selon lui, la plupart des projets étant « techniquement et financièrement mal ficelés », la comparaison des candidatures est, de fait, rendue impossible. L'offre est donc déclarée infructueuse et ouvre automatiquement un marché négocié de gré à gré favorisant le non-respect des règles. La CRC souligne également « la pratique à outrance des avenants » qui ouvre la voie à toutes les décisions discrétionnaires. Au terme de ces procédures tronquées, affirme-t-elle, « le recours à la concurrence a du mal à se développer dans une région où le tissu des entreprises est relativement étroit, où la taille des projets ne les rend pas souvent susceptibles d'être soumis à un appel d'offres européen ou national, voire corse [...] et où des habitudes microlocales donnent donc la préférence aux entreprises microlocales quelles que soient leurs compétences ».

À elle seule, la construction du stade de Furiani, où joue le Sporting-Club de Bastia (SCB), équipe de première division, illustre la nature des dérives observées par la chambre régionale des comptes. Lors des plans initiaux annoncés par les architectes, en 1994, le stade devait coûter 2900 francs la place pour un volume de 15000 sièges, dont 5300 couverts. Au regard du drame qui s'était produit le 5 mai

1. Rapport de Bernard Legras sur « La criminalité organisée en Corse », *op. cit.*
2. Cité *ibid.*

1992 dans cette enceinte sportive – l'effondrement d'une tribune lors de la demi-finale de la Coupe de France de football, faisant 15 morts et plus de 2000 blessés –, les responsables des travaux auraient dû être incités à un respect scrupuleux des règles. Au final, les nombreuses irrégularités qui ont ponctué l'édification de cet ouvrage, pourtant inachevé, ont généré un surcoût de 196 %.

Dérives sur les marchés publics

Aux yeux de la chambre régionale des comptes, les collectivités locales semblent en grande partie responsables de ces dysfonctionnements. En 2000, elle relevait ainsi : « En matière d'administration générale des collectivités, nous sommes frappés par l'absence de réactivité de certaines directions locales face aux problèmes qui se posent à elles. Cette absence de réactivité semble provenir, en fait, de l'insuffisante maîtrise des projets publics, que ce soit en amont, dans leur définition, ou en aval, dans leur exécution. En confondant trop souvent délégation et blanc-seing, les collectivités se privent du moyen de s'assurer du respect des termes du contrat et les délégataires agissent dès lors dans un cadre peu contraignant, sans que l'on puisse être assuré que les intérêts de la collectivité soient suffisamment pris en compte. »

La loi Sapin, qui a organisé en 1993 l'obligation de mise en concurrence, a peu limité ces pratiques. Les élus en charge de diriger ces collectivités sont « les spectateurs de leur propre gestion », assurait le président de la CRC, qui précisait : « Les coûts des services publics augmentent dans des proportions insupportables pour l'usager mais aussi pour le contribuable, qui vient toujours, en définitive, à son secours. »

Ces récriminations touchent aussi bien les départements que les communes. L'examen des lettres d'observations définitives rédigées par la CRC, entre 1995 et 1997, sur la gestion des communes de Corse donne une idée des différentes dérives survenues[1]. Les infractions au Code des marchés publics apparaissent de manière répétée. On note ainsi un recours quasi systématique aux marchés négociés, qui permet à la municipalité de retenir l'entreprise de son choix. Les arguments visant à protéger le tissu économique local prévalent à chaque fois sur l'équilibre des finances municipales. Les magistrats de la CRC ont, par ailleurs constaté que, pour éviter une augmenta-

1. Les citations qui suivent sont extraites de ces lettres d'observations.

tion des impôts locaux, les maires ont souvent tendance à surévaluer les recettes fixées dans le budget primitif de la commune. De la sorte, les déséquilibres se reportent et s'accumulent d'année en année sur les comptes communaux.

Enfin, à force de vérifications, il est apparu que les règles d'administration fixées par le Code des communes et celui des collectivités locales étaient régulièrement contournées. Certaines lettres d'observations font état d'un « pouvoir personnel » du maire. Pour leur défense, les élus visés par ces contrôles avancent, dans certains cas, des explications d'ordre privé. Une certaine idée de la solidarité est parfois défendue. « Il ne faut en aucun cas stigmatiser les collectivités corses. La responsabilité de l'État, qui a laissé perdurer des pratiques qui sont devenues des habitudes, n'est pas, non plus, sans reproche », précise la chambre régionale des comptes de Corse.

Adressée le 26 août 1997 à François Mosconi, maire (divers droite) de Conca, à l'époque conseiller territorial et président de la commission des finances à l'Assemblée de Corse, la lettre d'observations sur la gestion de sa commune de 1989 à 1996 fait état d'une situation financière dégradée à cause d'un sous-financement chronique des investissements et d'acquisitions jugées « onéreuses ». La municipalité a ainsi estimé, dans ses budgets, qu'elle aurait dû percevoir 1,5 million de francs des concessions dans le cimetière. En réalité, aucune perception n'a été effectuée sur ce poste. De même, au titre de la taxe de séjour, les recettes auraient dû, à en croire le budget, atteindre 1,97 million de francs entre 1989 et 1995. Mais la commune n'a encaissé que 72 937 francs pour cette période.

De plus, « le désordre des comptes est tel que la commune a emprunté 4,895 millions de francs et n'a inscrit que 2,595 millions de francs pour l'ensemble des programmes dans le compte administratif 1989, laissant supposer qu'une partie des réalisations n'avait aucun financement », explique la chambre régionale. Le maire se voit aussi reprocher l'achat, en 1988, par sa commune d'un terrain de camping à près de 2 millions de francs, alors que le prix de mise en vente, dans le cadre d'une procédure judiciaire, était deux fois inférieur. Ayant obligé la commune à s'endetter pour régler cet achat, le maire justifia sa démarche en expliquant que l'ancien propriétaire, âgé d'une soixantaine d'années, se retrouvait seul avec un enfant après le décès de sa femme, beaucoup plus jeune que lui.

Entre 1989 et 1990, trois délibérations émises par la commune de Linguizetta font état de la vente d'un terrain communal de 2 000 m² à un administré pour qu'il y construise sa maison. Le bénéficiaire a payé 1 franc le mètre carré, soit « un prix inférieur à celui d'un terrain agricole d'une surface équivalente». Les travaux de rénovation de l'église, engagés en 1989 et 1990 – «réfection de corniches» et «réalisation de fresques» –, ont été attribués à deux entreprises. La chambre régionale des comptes note que les mêmes prestations ont été payées deux fois. Le coût est passé de 260000 à 1 million de francs.

Enfin, l'examen de la gestion, entre 1989 et 1995, de la commune de Coti-Chiavari, dont le maire, Henri Antona (RPR), a longtemps dirigé une entreprise importante dans les Hauts-de-Seine, a permis de découvrir l'un des taux d'endettement les plus importants de Corse-du-Sud – 32000 francs par habitant. La chambre régionale des comptes a révélé par ailleurs un investissement de 1,5 million de francs réalisé pour construire, en bord de mer, un club-house et des courts de tennis pour le seul bénéfice d'un gérant, également adjoint au maire. En faisant régler les travaux par la mairie et en ne versant pas le loyer fixé par la convention qui le liait à la commune, le gérant a économisé 658085 francs entre 1987 et 1994.

Soupçons de favoritisme à Propriano

L'enquête ouverte par le procureur d'Ajaccio, Jacques Dallest, le 26 mars 1998 sur des soupçons de «favoritisme, escroquerie, complicité, faux et usage et recel» dans l'extension du port de plaisance de la commune de Propriano, en Corse-du-Sud, concentre à elle seule l'essentiel des motifs d'inquiétude de la chambre régionale des comptes. Cette affaire débute en 1990, lorsque le maire de Propriano, Émile Mocchi (RPR), signe un premier contrat avec une entreprise locale pour la construction d'une route desservant le site du futur nouveau port de plaisance. Trois ans plus tard, Bouygues Offshore, filiale du numéro un mondial du BTP, remporte le marché de l'agrandissement du port. Le projet est estimé à 46,5 millions de francs. Les documents officiels signalent qu'une partie du financement sera assurée grâce à la manne européenne.

D'origine italienne, Émile Mocchi est maire de Propriano depuis plus de vingt ans[1]. Sa famille s'est installée en Corse après la Libération et aurait bâti sa réussite à partir d'un important stock de matériel laissé par l'armée italienne en déroute. Depuis, présents tant dans le monde politique que dans le monde économique, via des entreprises de bâtiment et de travaux publics, les Mocchi ont étendu leur sphère d'influence sur toute la Corse-du-Sud. Considérant Charles Pasqua

1. Candidat à un sixième mandat municipal en 2001, il ne fut pas réélu.

comme un ami cher, Émile Mocchi figure également parmi les fidèles de Jean-Jé Colonna. Propriano est au cœur de son fief. C'est dans cette ville de 3600 habitants que se trouve l'hôtel Miramar, l'un des quartiers généraux de Jean-Jé. Éclectique, Mocchi aime réunir des personnes appartenant à des horizons divers. On croise ainsi chez lui des policiers de haut rang, tel que Roger Marion, des conseillers de Charles Pasqua, comme Daniel Léandri, mais aussi l'ancien leader nationaliste François Santoni, et même Maurice Ullrich, fidèle de Jacques Chirac à la mairie de Paris comme à l'Élysée et fait citoyen d'honneur de la commune par Émile Mocchi.

En 1995, alors que les habitants de Propriano peuvent admirer le chantier du nouveau bassin du port de plaisance en voie d'achèvement, la chambre régionale des comptes de Corse reçoit de Bouygues Offshore un courrier pour le moins surprenant. La société se plaint de ce que ses factures n'ont pas été honorées par la mairie et demande que 17,2 millions de francs soient inscrits d'office à la colonne « dépenses » du budget municipal. Cette démarche inhabituelle va en fait soulever des interrogations sur les conditions d'attribution du marché et sur le rôle joué par la mairie, la Direction départementale de l'équipement (DDE) et l'entreprise de BTP.

Les résultats de l'enquête menée par la DDCCRF (Direction départementale de la consommation, de la concurrence et de la répression des fraudes) sont transmis au parquet, qui diligente en 1995 des investigations préliminaires. Les premières constatations font état d'éléments troublants. L'enquête d'utilité publique sur la construction du port avait conclu à « l'absence totale de justification économique ». Plusieurs cas de nullité sont également apparus au cours de l'appel d'offres. La DDCCRF était absente de la commission d'ouverture des plis et le montant final du marché – 46,5 millions de francs – était égal à deux fois l'estimation de la DDE. Ces deux éléments auraient pu permettre de déclarer le marché infructueux.

Le SRPJ d'Ajaccio, chargé des investigations préliminaires, remet son rapport au procureur début février 1996. Il est parvenu à des conclusions identiques à celles de la DDCCRF : le bureau d'études BCEOM et la DDE, censés apporter leur expertise technique, ont, semble-t-il, modifié leurs recommandations afin de favoriser l'entreprise Bouygues Offshore. De plus, après avoir remporté le marché du port de plaisance, Bouygues Offshore a sous-traité une partie des travaux à des entreprises locales dans des conditions jugées suspectes. La société GTM Mocchi, en particulier, dirigée par le neveu du maire, s'est vu attribuer un marché de plus de 10 millions de francs. Enfin, les enquêteurs ont constaté que la filiale du groupe

Bouygues avait récupéré, sans appel d'offres, le marché de la route conduisant au port, initialement confié à une entreprise locale.

Les critiques formulées par la DDCCRF et le SRPJ d'Ajaccio n'épargnent pas les services de l'État et visent le rôle de Galloni d'Istria, chargé, à la DDE, d'assister le maire de Propriano. En ce qui concerne la construction de la route de desserte du port, il serait responsable d'un «habillage qui a permis d'attribuer à l'entreprise Bouygues Offshore des travaux dont elle n'aurait jamais dû bénéficier pour des raisons réglementaires». Des questions se posent également sur le doublement du prix du marché fixé par le bureau d'études BCEOM. «Le rapport d'analyse de M. Galloni d'Istria, poursuit le rapport du SRPJ, n'en est pas un puisqu'il se contente de recommander les conclusions de BCEOM sans les discuter et sans jamais justifier l'abandon de la solution de base ni même évoquer le devis de son administration et les différences importantes de coût[1].»

«Une partie du financement [de l'extension du port et des travaux d'aménagement], indique enfin le rapport d'enquête préliminaire, assurée par des subventions européennes destinées aux ports de pêche, a été débloquée au moyen de justificatifs qui ne concernaient pas directement cette opération.» Émile Mocchi est mis en examen le 23 juin 1998 pour favoritisme et prise illégale d'intérêts. Il conteste les accusations portées contre lui, indiquant avoir agi avec l'aval de la DDE et de la préfecture. Le fonctionnaire de la DDE est poursuivi, le lendemain, pour les mêmes motifs. Début 2004, la procédure était toujours en cours[2].

Irrégularités au Crédit agricole

L'histoire récente a démontré que les injections massives de fonds en Corse font régulièrement l'objet d'une répartition inéquitable, obéissant davantage à des critères de proximité qu'à des considérations purement techniques. Le dossier du Crédit agricole est, à ce titre, exemplaire des dérives insulaires. Cette banque, premier établissement financier de l'île, est omniprésente dans le crédit à

1. Rapport du SRPJ d'Ajaccio remis au procureur début 1996.

2. Dans sa lettre d'observations du 18 septembre 2003, consacrée à la question de Propriano, la chambre régionale de Corse souligne que les finances de la commune sont fortement handicapées par l'affaire du port de plaisance. Elle rappelle «les graves irrégularités commises à l'époque des faits». Elle précise également: «Au mois de juillet 2002, le reliquat des dettes à l'égard de la Bouygues Offshore s'élevait à 673794 euros [...] Les intérêts moratoires réactualisés s'élevaient à 1161661 euros.»

l'habitat, auprès des entreprises, des agriculteurs et des particuliers. Elle est aussi conduite, lorsque l'État le lui demande, à gérer la distribution des aides publiques allouées aux agriculteurs en difficulté, relayant alors les pouvoirs publics en la matière.

L'enquête menée en 1998 par l'Inspection générale des finances (IGF), dans le cadre de la campagne visant à restaurer l'« État de droit » en Corse après l'assassinat du préfet Érignac, a mis en évidence trois niveaux d'irrégularités : les bénéficiaires de prêts, qui n'auraient pas dû accéder à cette manne ; la caisse régionale du Crédit agricole de Corse, sans qui ces bénéficiaires n'auraient jamais pu obtenir les fonds indus ; la caisse nationale de la banque, suspectée d'avoir couvert son établissement régional. Enfin, selon l'IGF, ces dérives n'auraient pu perdurer sans l'impéritie de la puissance publique, qui a multiplié les moratoires sur la dette agricole, laissant croire que l'État finirait toujours par la payer. Entre 1975 et 1998, pas moins de douze plans de rééchelonnement ont été mis en œuvre. À elles seules, les mesures Nallet (1989-1996) ont donné lieu, selon l'IGF, à un surcoût de 265 millions de francs.

Le non-respect des règles en matière de distribution de la manne publique a longtemps profité aux chefs de clan, qui pouvaient ainsi faire « vivre » leur clientèle en fournissant emplois et marchés aux petites entreprises locales. Mais l'évolution majeure de ces dernières années réside dans la ponction de ces fonds publics par d'autres groupes d'influence, via des sociétés parasites, sous couvert de sous-traitance ou d'assistance aux entreprises continentales, seules capables d'assumer techniquement les ouvrages commandés par les collectivités. C'est à ce niveau que la sphère nationaliste et les représentants du crime organisé ont peu à peu infiltré le système pour s'approprier une partie de la richesse publique.

« Le contrôle de la manne financière qui parvient sur l'île doit être décrypté à l'aune des rapports de force qui prévalent entre les différents pouvoirs qui tiennent la Corse. Les clans et les nationalistes sont sur le reculoir face au milieu. La prégnance du grand banditisme sur l'économie n'en sera que plus importante[1] », analyse l'un des principaux élus de l'île. À ce titre, le principal volet de la loi de Lionel Jospin sur la Corse, à savoir le plan exceptionnel d'investissements (PEI), d'un montant de 2 milliards d'euros sur quinze ans, voté le 22 janvier 2002 par l'Assemblée nationale et validé par le gouvernement de Jean-Pierre Raffarin, constitue sans doute un enjeu

1. Propos recueillis par l'un des auteurs en juillet 2003.

majeur pour l'avenir de l'île, en termes d'aménagement mais aussi en termes de possibles détournements. Il attise déjà les convoitises.

En Sicile, l'histoire des liens entre la mafia et l'État est jalonnée de détournements majeurs de la manne publique. Il suffit de rappeler comment, entre 1980 et 1986, la quasi-totalité des fonds publics – 1 000 milliards de lires – destinés aux entreprises agricoles siciliennes a été monopolisée par les groupes mafieux. « Et lorsque ces aides sont, par hasard, parvenues à stimuler le développement, c'est en mettant en branle un processus parasitaire qui n'assurait nullement l'élargissement de la base productive de l'île, mais seulement l'enflure de son secteur des services. Car le tertiaire reste le royaume de l'Organisation[1]. »

Des élus politiques approchés

Face à cette évolution, les autorités judiciaires en Corse ne sont pas restées totalement muettes. Elles ont souligné, épisodiquement, le poids croissant du milieu organisé sur la vie publique de l'île. Selon les policiers chargés, à Bastia, de suivre l'essor de la Brise de mer, ce groupe aurait fait son entrée en politique en 1986, lorsque certains de ses membres ont assuré le service d'ordre d'une assemblée générale de la Société mutualiste corse à Furiani. Selon le SRPJ d'Ajaccio, la demande aurait émané du responsable syndical Force ouvrière de l'époque. En avril 1993, le procureur général de Bastia, Christian Raysséguier, signale à la chancellerie l'existence « très préoccupante » des liens qui unissent le banditisme insulaire et certains élus, qui « seraient susceptibles de générer un processus mafieux irréversible au sein même des assemblées territoriales »[2]. Il s'efforce ensuite de décrire la nature de cette emprise sur la démocratie locale : « Profitant d'un climat de crainte et de peur généré par près de vingt ans de violence politique, on les retrouve [les bandits] comme agents électoraux collectant les votes par procuration ou participant aux campagnes d'affichage. Souvent choisis par des hommes politiques connus comme gardes du corps ou membres de services d'ordre, ces hommes se sont tissé un réseau non négligeable qui n'hésite pas à se mobiliser au moindre appel et à crier à la machination, voire au complot[3]. »

1. Marcelle Padovani, *Les Dernières Années de la mafia*, *op. cit.*, p. 14-15.
2. Rapport remis, le 21 avril 1993, au ministère de la Justice, par le procureur général de Bastia, Christian Raysséguier, sur « Le milieu organisé en Corse ».
3. *Ibid.*

Puis la Brise se fait remarquer à l'occasion de plusieurs campagnes électorales. En 1995, notamment, l'antenne bastiaise du SRPJ d'Ajaccio évoque, dans des notes de renseignement, « la présence de toute l'équipe des frères Chiappalone faisant du porte-à-porte avec l'entourage du candidat RPR Jean-Louis Albertini et rendant visite aux commerçants dans le cadre de la campagne électorale ».

La justice pénale surprend parfois des échanges entre des membres supposés de la Brise de mer et des élus locaux. Sans être répréhensibles, ces relations illustrent un certain climat local. Dans le cadre d'une enquête ouverte sur des faits d'association de malfaiteurs, les policiers s'attaquent, le 4 décembre 1986, à la société Forum, qui exploite la discothèque Le Challenger, à L'Ile-Rousse[1]. Ils placent sur écoute son gérant, Alexandre Rutily, frère d'un pilier de la Brise. Les relevés d'enregistrement du 15 janvier 1987, qui sont versés au dossier judiciaire, révèlent ainsi une discussion entre ce dernier et Pierre Pasquini, alors maire (RPR) de L'Ile-Rousse et avocat au barreau de Nice[2] (il sera également député de Haute-Corse et ministre des Anciens Combattants au sein du gouvernement d'Alain Juppé de 1995 à 1997). Pierre Pasquini est consulté en tant que maire, et non en tant qu'avocat. Son interlocuteur lui expose sa démarche : « Je vous appelle pour vous expliquer que je m'occupe de cette société depuis quelque temps, alors j'ai mis de l'ordre, tout va bien, on a des bilans qui tiennent la route. » Il ajoute qu'il était le matin même au tribunal de commerce, et détaille le rôle d'un greffier de ce tribunal :

> Il tire un peu les guides de tout ça ; il me dit qu'il n'y a pas de problème sur le plan du tribunal, [...] qu'on aura donc l'autorisation de poursuivre l'exploitation, mais par contre, qu'on risque d'être bloqués par le procureur ; il me dit : Voyez vos avocats parce que le procureur lui aussi veut la fermeture de la boîte [...] Moi, si je peux au point de vue du tribunal de commerce, je ne peux rien au point de vue du procureur.

Pierre Pasquini répond très prudemment : « Je ne connais pas les interférences fiscales et commerciales de la société, par contre, j'ai connu de la situation pénale »[3]. Lors d'échanges ultérieurs, Pierre

1. Voir le rapport remis, le 22 décembre 1986, par le SRPJ d'Ajaccio dans le cadre de la commission rogatoire du juge d'instruction Michel Huber, délivrée le 10 octobre 1986.

2. *Le Monde*, 5 mars 1987.

3. Lors d'un entretien, le 25 mars 2004, avec l'un des auteurs, Pierre Pasquini a précisé qu'il ne considérait pas l'appel d'Alexandre Rutily comme une demande de conseil mais plutôt comme « une forme de pression sur [sa] personne ».

Pasquini évoque avec son interlocuteur le blocage que constitue le « premier substitut du parquet de Bastia » pour que la discothèque puisse rester ouverte[1].

Dans une conversation précédente, enregistrée le 14 janvier 1987, le gérant de la discothèque avait abordé le même sujet avec l'un de ses avocats parisiens. Au centre de leurs propos : la menace de fermeture du Challenger que font peser les deux procédures judiciaires engagées contre la société. « Maître, comment peut-on faire pour se prémunir contre l'intervention du procureur ? » L'avocat répond en annonçant qu'une enquête concernant le tribunal de Bastia va être déclenchée, mais que tous les obstacles ne sont pas pour autant levés. « Malheureusement, dit-il, quelles que soient les possibilités que j'aie à la chancellerie, ça ne redescendra pas en cascade dans un cas comme ça [...] Il va y avoir une enquête sur la manière dont la justice est rendue autour de ces affaires. Mais ces enquêtes, ça se met en place lentement, d'autant plus qu'il faut remplacer l'enquêteur, qui est un ancien socialiste d'extrême gauche[2]. » Une inspection judiciaire sera effectivement conduite au sein du tribunal de Bastia. Elle constatera qu'il y règne un climat de guerre civile entre magistrats et que de telles interventions ne facilitent guère l'exercice du métier de juge en Corse.

Les tentatives de déstabilisation n'empêcheront nullement le parquet de Bastia, début 1987, d'ouvrir une procédure pour qualification illicite d'un débit de boissons visant indirectement la municipalité de L'Ile-Rousse. Le gérant de la SARL Forum, après avoir été relaxé en juin 1986, en appel, dans un premier dossier, est en effet poursuivi pour défaut de déclaration préalable à la mairie. Il a bien produit in extremis un récépissé de déclaration préalable, mais la déclaration elle-même est restée jusqu'alors introuvable. La justice soupçonne la municipalité, sans pouvoir le prouver, de lui avoir sauvé la mise en fabriquant un faux document[3].

Les policiers de Haute-Corse auront enfin l'occasion de découvrir un dernier lien entre Pierre Pasquini et des personnes suspectées d'appartenir au banditisme local. Lors d'une tentative ratée de vol à

1. Extrait des relevés d'écoutes téléphoniques effectuées le 15 janvier 1987 dans le cadre de la commission rogatoire délivrée, le 10 octobre 1986, par le juge d'instruction de Bastia, Michel Huber, sur des faits d'association de malfaiteurs.

2. Extrait des relevés d'écoutes téléphoniques effectuées le 14 janvier 1987.

3. Au cours de l'entretien accordé le 25 mars 2004 à l'un des auteurs, l'ancien maire de L'Ile-Rousse, Pierre Pasquini, a assuré que « le faux document administratif en question avait été confectionné grâce au tampon conservé par un conseiller municipal de l'équipe qui [l']avait précédé à la mairie ».

main armée sur la commune de Lozzari, la fouille de deux voyous interpellés, présentés comme des membres de la Brise, permet de trouver des carnets électoraux sur lesquels figurent les noms de familles devant faire l'objet de visites à domicile. Il apparaît également que ce travail d'agent électoral est effectué pour le compte de Pierre Pasquini. Le procureur de la République de l'époque à Bastia, estimant que cela ne recouvre aucune infraction pénale, ne peut que constater les faits.

L'ascension de l'entreprenant Natali

En 1986, lors de la préparation des élections à la chambre de commerce et d'industrie, des accusations de fraude sont formulées devant le tribunal administratif à l'encontre du tout nouveau président de la chambre de Haute-Corse, Paul Natali (par ailleurs élu RPR), par ses concurrents déçus. Les pratiques dénoncées consistent en particulier dans le détournement du vote par correspondance avec l'aide de personnes présentées par les autorités préfectorales, consultées à cette occasion, comme proches de la Brise de mer. Mais le tribunal administratif rejette, le 7 février 1986, la requête en annulation et ne relève aucune manœuvre frauduleuse de nature à entacher la régularité du scrutin.

Paul Natali est un autodidacte. Né en 1934, il est embauché très jeune en qualité de conducteur d'engins de chantier dans l'une des plus importantes entreprises de BTP du département. Doté d'un solide caractère, il gravit les échelons de la hiérarchie professionnelle sans appartenir à l'une des grandes familles de la région. Après avoir été admis dans l'encadrement et avoir épousé la fille du PDG, il prend la direction de l'entreprise et en fait l'un des fleurons du BTP insulaire.

Il parachève son ascension en créant un réseau grâce au rachat d'entreprises concurrentes en difficulté. Il maintient les dirigeants en place et s'assure, de facto, des soutiens qui lui permettent d'être élu président de la chambre de commerce et d'industrie de Haute-Corse et de se lancer en politique. Succédant à son beau-père à la mairie de Borgo, l'une des communes les plus influentes de la périphérie de Bastia, Paul Natali conquiert, en 1992, la présidence du conseil général de Haute-Corse en détrônant l'un des principaux chefs de clan du département, le sénateur radical François Giacobbi (MRG), qui occupe ce poste depuis sa création en 1975. Le cumul de mandats le contraint à quitter la direction de son groupe. Il y installe une direction composite où figurent des membres de sa famille et des amis de longue date.

En février 1992, Michel Charasse, alors ministre du Budget, fait le déplacement à Bastia pour consulter, en compagnie de Jean-Louis Nadal, procureur général près la cour d'appel de Bastia, l'épais dossier des services fiscaux sur Natali. L'affaire sera finalement dépaysée à Paris et jugée le 4 décembre 1996. Paul Natali devra s'acquitter d'un retard de 8,7 millions de francs d'impôts sur les sociétés et sera condamné à quinze mois d'emprisonnement avec sursis et 150 000 francs d'amende. Mais, au grand dam de ses adversaires, il a préservé l'essentiel pour lui : ses droits civiques.

Paul Natali, devenu depuis sénateur (UMP), incarne à sa manière l'irruption d'une nouvelle classe dirigeante en Corse. Son pouvoir politico-économique lui a conféré un rôle de premier plan. Fort d'une réussite personnelle incontestable et disposant de leviers importants, il aurait pu militer pour une profonde réforme des modes de gestion et de développement de l'île. Mais il s'est conformé aux mœurs en vigueur. Le 3 décembre 2003, il est condamné à deux ans d'inéligibilité et 20 000 euros d'amende par la cour d'appel de Bastia pour prise illégale d'intérêts et usage de faux dans certains marchés publics passés par la chambre de commerce et d'industrie alors qu'il la présidait. La Cour de cassation, espère-t-il, saura lui donner raison et reconnaître l'exemplarité de son parcours.

Un proche de la Brise de mer près de Paul Giacobbi

Longtemps présenté par ses adversaires politiques comme le symbole des compromis douteux pour conserver le pouvoir, Paul Natali dispose selon lui d'une preuve irréfutable pour démontrer le caractère infondé de cette assertion. C'est sa défaite, le 30 mars 1998, lors de l'élection du président du conseil général de Haute-Corse. Alors que la droite et la gauche étaient à égalité, un des membres de son groupe, Serge Grisoni, a décidé de voter blanc, donnant ainsi la victoire à Paul Giacobbi (MRG). Âgé de quarante et un ans, ce dernier, maire de Venaco depuis 1982, est membre de l'Assemblée territoriale depuis 1986. Entré au conseil général en 1997 à la suite du décès de son père, il est conseiller d'Émile Zuccarelli, maire de Bastia et ministre de la Fonction publique au sein du gouvernement Jospin. Paul Giacobbi est issu d'une famille qui a régné politiquement dans le nord de l'île pendant quatre générations.

La préfecture de la région Corse, sollicitée par le ministère de l'Intérieur sur le revirement de dernière minute de Serge Grisoni, a transmis plusieurs notes évoquant de possibles pressions exercées sur Serge Grisoni pour qu'il fasse pencher la balance en faveur du fils Giacobbi. Une synthèse émanant de la police judiciaire bastiaise évoque, en 2001, l'intervention d'un membre du noyau dur de la Brise de mer sur fond de dettes de jeu. Néanmoins, si ces affirmations sont relayées jusqu'à Paris, elles ne seront jamais étayées judiciairement. Dans ce même document, la préfecture ajoute : « La prudence reste de mise, une explication purement politique a été avancée [...] Serge Grisoni n'aurait pas obtenu de Paul Natali les assurances nécessaires quant à son avenir politique. » Il souhaitait, précise-t-elle encore, occuper un poste de responsabilité au sein de la présidence du Parc naturel régional.

Lors de ses recherches, menées en 2000, sur la criminalité organisée en Corse, le procureur général de Bastia Bernard Legras a fait allusion, à mots couverts, à cette affaire en des termes relativement offensifs. Le plus haut responsable judiciaire sur l'île a même livré suffisamment d'éléments pour que les protagonistes soient reconnaissables : « D'après les rumeurs persistantes mais apparemment très informées, les résultats d'élections cantonales récentes en Haute-Corse n'ont pas été totalement étrangers à l'intervention d'émissaires de la Brise de mer. Il est un fait que le président du conseil général de Haute-Corse a désormais parmi ses proches un intermédiaire de la Brise de mer. » Selon Bernard Legras, cette proximité aurait eu des conséquences sur la dévolution des marchés publics par le département : « Cela se retrouve dans l'attribution des marchés et, comme il a été constaté par un investissement réalisé dans un garage tenu par la Brise de mer [concession Peugeot], dans la modification immédiate du parc automobile. »

Rapportant les propos d'un fonctionnaire de police fin connaisseur des réalités locales, Bernard Legras ajoutait :

> Le clanisme tend à contrôler le pouvoir économique, politique et administratif, sans user de la force. Cependant, chacun sait en Corse que les frontières en la matière sont bien floues. Entre clientélisme par séduction et clientélisme par crainte d'ennuis, la cloison est fine, quand on sait que des hommes politiques de haut niveau ont eu, et ont dans leurs mains les meilleurs appuis du banditisme local et les ont parfois défendus ouvertement.

Apparemment convaincu par cette approche, le procureur général assurait, dans son rapport final, qu'il avait recueilli lui-même « les explications de certains de ces hommes politiques de haut niveau, habituellement désignés comme ayant à leurs côtés, près d'eux ou derrière eux, des membres éminents de familles connues pour leur appartenance au banditisme local[1] ».

Lorsque Bernard Legras remet son rapport, le 21 juillet 2000, à la ministre de la Justice, Élisabeth Guigou, il fournit à son directeur de cabinet Christian Vigouroux les noms des deux principales personnalités politiques désignées implicitement par ses propos. Il s'agit de Paul Giacobbi[2], élu miraculeusement, le 30 mars 1998, à la tête du département de Haute-Corse, et d'Émile Zuccarelli, député-maire de Bastia, ancien ministre du gouvernement de Lionel Jospin et leader radical. Le procureur général de Bastia rapporte au cabinet de la ministre les deux événements qui, parmi d'autres, l'ont conduit à solliciter l'avis des intéressés. Paul Giacobbi, explique-t-il, compte parmi ses conseillers Dominique Viola, un ami proche de Georges Seatelli, pilier de la Brise tué en 1998. Viola, considéré dans le milieu comme un juge de paix, fut, un temps, l'objet d'interrogations des services de police, qui lui prêtaient une dimension de premier plan qu'ils ne sont jamais parvenus à démontrer malgré les investigations entreprises, notamment dans la région de Tours[3]. Quant à Émile Zuccarelli, il se serait fait, selon Bernard Legras, accompagner, lors d'une campagne électorale quelque peu mouvementée, d'une figure locale de la Brise de mer[4]. Sa présence avait, semble-t-il, été suffisamment dissuasive pour apaiser les esprits échauffés. Proximité ne signifie en rien compromission, surtout en Corse. Mais, s'interroge

---

1. Rapport de Bernard Legras sur « La criminalité organisée en Corse », *op. cit.*

2. Sollicité par l'un des auteurs en mars 2004 pour s'exprimer sur le thème de cet ouvrage et sur les propos tenus par Bernard Legras dans son rapport et auprès de sa hiérarchie, Paul Giacobbi n'a pas souhaité répondre.

3. Sollicité par l'un des auteurs aux mois de mars et d'avril 2004, Dominique Viola, aujourd'hui chargé de mission auprès du président du conseil général de Haute-Corse, Paul Giacobbi, n'a pas souhaité commenter les faits évoqués dans le présent ouvrage.

4. Contacté par l'un des auteurs en avril 2004, Émile Zuccarelli n'a pas souhaité commenter les faits évoqués par Bernard Legras. Par ailleurs, il a expliqué : « Il me semble essentiel, en Corse comme ailleurs, que les élus ne se compromettent pas avec ceux qui peuvent être suspectés de menées criminelles. Je crois même que dans notre région, parce qu'elle est en permanence sous la lumière des projecteurs, nous avons un devoir d'exemplarité encore plus fort qu'ailleurs. J'essaie, autant que faire se peut, de m'y tenir. Mais je veux bien reconnaître que c'est un exercice difficile à conduire avec toute la rigueur nécessaire. Le faible nombre d'habitants, la proximité villageoise, l'ancienneté des liens qui unissent les familles, voire les liens de famille eux-mêmes, rendent parfois aléatoire une éthique qui est trop souvent perçue, à tort, non comme une saine pratique citoyenne mais comme la mise en œuvre de principes importés du continent et, à ce titre, opposés aux règles de vie soi-disant ancestrales en Corse. »

le procureur général, comment s'assurer que les voyous ne pèsent pas dangereusement sur la vie politique locale ?

> J'ai, bien sûr, poursuit Bernard Legras, obtenu des assurances susceptibles d'apaiser un magistrat, telles que l'attachement à la présomption d'innocence, ou le droit pour chaque individu d'évoluer après des erreurs de jeunesse, mais une argumentation m'a été proposée et est revenue, de manière récurrente, dans les échanges que j'ai pu avoir, celle de l'arbre sain et des branches pourries [...] Les individus qui ont constitué les bandes criminelles dont on parle le plus sont issus de familles honorables. Leurs pères étaient militaires, fonctionnaires et souvent hauts fonctionnaires, magistrats, avocats. Soudain, peut-être parce que la société corse s'est trouvée bloquée, parce que des espaces jusqu'alors disponibles se sont fermés, les fils ou plutôt certains d'entre eux ont choisi une autre manière de s'exprimer, de faire fortune. Les familles ont continué à vivre. Les autres enfants ont évolué normalement, perpétuant la tradition de respectabilité [1].

Les élus entendus par le haut magistrat ont démenti toute collusion avec le grand banditisme local, à commencer par celle qui aurait pu ouvrir la voie de la présidence du conseil général à Paul Giacobbi. Mais la très grande quantité d'entités administratives sur l'île multiplie d'autant les portes d'accès pour le milieu : pour 260000 habitants, la Corse compte 360 communes, 2 conseils généraux comprenant à eux deux 52 conseillers, 2 sénateurs, 4 députés et 51 conseillers territoriaux.

Cadavres exquis

Le personnel politique de l'île n'est évidemment en rien uniforme. Sa richesse et sa diversité, la forte attirance dans ses rangs pour la chose publique assurent à la démocratie locale une vitalité peu commune. De plus, en Corse, le pouvoir politique est une réalité. Certains représentants de la classe politique ont payé de leur vie leur résistance au pervertissement de la démocratie.

L'année 1990 a connu, à cet égard, une véritable série noire. Les meurtres, pour la plupart, n'ont pas été revendiqués. Les enquêteurs en ont situé l'origine dans la sphère qui allie banditisme, affairisme et politique. L'ombre de nationalistes dévoyés plane aussi sur certains

1. Rapport de Bernard Legras sur « La criminalité organisée en Corse », *op. cit.*

de ces assassinats. Jules Gaffory, maraîcher, membre de la chambre régionale d'agriculture et proche du RPR, tombe le 26 mai 1990. Le 7 juin, c'est au tour de Jean-Pierre Maisetti, pépiniériste, sympathisant de la droite locale. Le 26 septembre, Charles-Antoine Grosseti, maire de Grosseto-Prugna, commune de la baie d'Ajaccio, est tué par deux hommes à moto.

Lucien Tirroloni, le président de la chambre régionale d'agriculture, est abattu le 19 décembre 1990. Les policiers n'attendent guère de réponses à l'appel à témoin qu'ils ont lancé. Les tueurs ont utilisé également une moto, une Yamaha noire de grosse cylindrée faussement immatriculée en Haute-Corse, ce qui accrédite aux yeux des enquêteurs l'hypothèse d'un contrat. Tirroloni regimbait à transformer des terrains inconstructibles en surfaces à bâtir. Cet homme, dont le meurtre n'a pas été élucidé à ce jour, est considéré comme le premier des «cadavres exquis», ces personnalités immolées en victimes symboliques de tout le système mafieux. L'affaire a en tout cas levé le tabou de l'assassinat des hommes politiques en fonction sur l'île.

L'attaque contre la mairie de Zonza (Corse-du-Sud), perpétrée le 20 septembre 1992 et qui coûta la vie à un gendarme, rappelle que le métier de maire n'est pas sans risque dès lors que l'on souhaite faire respecter les règles de la collectivité. Cette affaire semble être directement liée à la spéculation immobilière dans une commune de Corse-du-Sud qui, située à l'intérieur des terres, a une vue imprenable sur le littoral. Les mois précédents, Sébastien de Rocca-Serra, maire (UDF) de Zonza, avait été l'objet de plusieurs actes d'intimidation : en mars, un incendie criminel avait touché les locaux municipaux; en juin, la fille de l'élu échappait de peu à un attentat meurtrier à l'explosif. Voulait-on le faire plier, sa réticence à délivrer des permis de construire étant connue ?

L'idée que la Corse vit, en partie, sur un système clientéliste classique est encore vivace. L'élu contrôle des voix, les apporte, au besoin, à l'élu de rang supérieur dans le même «clan». La légitimité du chef émane de sa capacité à redistribuer à sa famille, au sens large du terme, les emplois ou les fonds publics dont il a la charge en tant que patron d'une collectivité ou d'une institution. Le système perdure ainsi tant que l'État alimente les clans. Face à ce pouvoir sont apparus les nationalistes, disposant de leurs propres prébendes économiques et œuvrant, à l'occasion, par la violence et l'intimidation auprès des élus locaux pour obtenir de nouveaux prés carrés. Cet équilibre des forces a longtemps semblé protéger la Corse d'une mainmise criminelle.

Mais ce tableau a évolué. Si les idées nationalistes imprègnent, aujourd'hui, la vie politique corse et si la mouvance indépendantiste, clandestine et publique, pèse toujours sur l'avenir de l'île, le rapport de force avec le milieu a changé. Des tabous sont tombés. Des chefs nationalistes, Jean-Michel Rossi et François Santoni, seront bientôt tués, vraisemblablement par le milieu. Enfin, les dérives criminogènes et affairistes du mouvement indépendantiste ont démobilisé les militants.

En 2000, le parquet général de Bastia a mené une consultation auprès des acteurs de la société corse sur la place du crime organisé dans l'île. Les réunions ne furent guère le lieu de confidences. Car la population a intégré la loi du milieu qui impose le silence. Vingt-cinq ans d'impunité ont marqué l'inconscient collectif insulaire. Néanmoins, certains propos généraux recueillis à cette occasion fournissent des indications sur l'état d'esprit qui règne. Dans sa synthèse, le procureur général estime que

> le blocage actuel de la société corse, le clanisme éclaté qui la domine, la culture électorale, l'absence de concurrence en matière de marchés publics, l'imbrication très forte des pouvoirs politiques et économiques locaux, les liens évidents qui existent entre le banditisme local ou international et certains mouvements nationalistes dominants, le poids de ces acteurs qui ont d'autant moins de considération pour la vie qu'ils ont plus de respect pour les morts, constituent objectivement un système original, que je me garderais de baptiser, mais qui mérite qu'on lui accorde une attention toute particulière et que l'on mette en œuvre des moyens efficaces pour le faire reculer et éviter une dérive fatale[1].

---

1. *Ibid.*

Chapitre 16

Les frères ennemis

Le vendredi 17 juin 1983, vers 16 heures, les frères Orsoni, Guy et Alain, piliers du Front de libération nationale de la Corse (FLNC), groupe clandestin du mouvement indépendantiste, se séparent sur le parking du couvent Saint-Damien, à Sartène, en Corse-du-Sud. Guy monte dans la Mercedes bleue de son oncle Roger et s'en va rejoindre un proche à Porto-Vecchio. Alain reprend la route vers Ajaccio. Ils ne se reverront plus. Malgré les recherches menées pendant le week-end, personne ne retrouve la trace de Guy. L'hypothèse d'un coup de tête est écartée, aucune opération clandestine n'a été programmée, aucun rendez-vous galant prévu. Il faut se résoudre à s'adresser au commissariat d'Ajaccio – un comble pour des nationalistes qui veulent chasser l'État français du sol corse. Mais on ne sait jamais, les policiers ont peut-être une idée.

Le patron du SRPJ d'Ajaccio, Ange Mancini, et son ami le commissaire de la République Robert Broussard, nommé en Corse au début de l'année, vont rapidement disposer d'éléments précis, transmis par un homme de l'ombre, membre des Renseignements généraux. Celui-ci sera pendant vingt ans le policier le mieux renseigné sur toutes les affaires nationalistes et de voyous en Corse-du-Sud[1]. L'enquête sur l'affaire Orsoni est mise, de plus, en parallèle avec d'autres faits découverts la semaine précédente. En suivant des voyous de la région du Valinco qu'ils suspectaient d'effectuer des repérages autour de plusieurs banques d'Ajaccio, les policiers ont en

1. Il est devenu par la suite l'un des interlocuteurs attitrés d'un autre nationaliste, François Santoni. Et, mieux, il a joué un rôle central dans l'arrestation d'un nationaliste, Yvan Colonna, mis en cause en 1999 dans l'affaire de l'assassinat du préfet de Corse Claude Érignac.

effet intercepté des conversations laissant penser que les malfaiteurs ne préparaient pas que des braquages. Il était notamment question d'un curieux enlèvement. Mais le dispositif de filature a été levé la veille de la disparition de Guy.

Alain, malgré la réticence de son oncle, accepte de monter une opération de «contre-filoche» avec le service du SRPJ. L'objectif est simple : il s'agit pour lui de jouer le rôle d'appât. Il circule donc, en voiture, dans Ajaccio et ses environs, suivi à distance par plusieurs inspecteurs qui espèrent intercepter la Visa rouge aperçue par les Orsoni quelques jours avant la disparition de Guy[1]. Les enquêteurs agissent dans un contexte sensible. Les relations entre le mouvement nationaliste et les autorités de l'État sont tendues. On a relevé près de 800 attentats et une quarantaine d'assassinats pour la seule année 1982, même si tous ne sont pas imputables à la mouvance indépendantiste. L'annonce de la disparition du militant nationaliste, membre du FLNC mais aussi de sa façade légale, la CCN (Consulte des comités nationalistes), survient dans une atmosphère où se mêlent tension et flottement. Les leaders indépendantistes, Pierre Poggioli et Léo Battesti en tête, n'ont pas encore fixé la conduite à tenir mais ils sentent bien le péril encouru si, d'aventure, cette affaire faisait émerger des délits relevant du seul droit commun. L'image de pureté encore associée, à l'époque, à la lutte indépendantiste pourrait en souffrir. Néanmoins, lorsque Alain Orsoni parcourt les rues d'Ajaccio dans la voiture du chef de la police judiciaire de l'île, personne ne trouve rien à redire.

Le filet se referme sur les kidnappeurs de Guy Orsoni

Les policiers, eux, veulent résoudre au plus vite ce qu'ils considèrent déjà comme une «patate chaude». Le jeudi 23 juin 1983, ils lancent un vaste coup de filet en direction de la bande du Valinco. Son chef est Jean Alfonsi, dit «Jeannot le Long». Parmi ses lieutenants, on trouve Paul Andréani, mais aussi des hommes de main tel que Salvatore Contini, un Sarde recherché en Italie pour une dizaine d'assassinats et servant, à l'occasion, de chauffeur au maire de Propriano. Un autre homme est également visé par ces arrestations: Jean-Marc Leccia, poids lourd du grand banditisme. Parrain de la région de Porto-Vecchio, il doit sa renommée internationale à ses talents de chimiste mis au service des plus grands réseaux de trafic de drogue.

1. Propos recueillis en 1996 et 1998 auprès d'Alain Orsoni par l'un des auteurs.

La pêche est plutôt bonne, même si Leccia réussit à échapper aux policiers. Paul Andréani, sur qui ces derniers retrouvent la montre de Guy Orsoni, se confie :

> Nous avions appris que M. Orsoni était sur une grosse affaire à Porto-Vecchio et qu'il avait envisagé de demander une grosse somme à l'un de nos amis, Jean-Marc Leccia. Notre source d'information [un commerçant de Porto-Vecchio] nous avait précisé que Roger Orsoni avait déclaré que de toute façon, qu'il [Leccia] paie ou qu'il paie pas, nous l'exécuterions [...] Il nous a parlé de ses neveux qui faisaient partie du FLNC[1].

Il ajoute lors d'une autre audition, le vendredi 24 juin 1983 : « C'est le dimanche 19 juin, sur le champ de courses de Propriano, que Salvatore [Contini, le Sarde] m'a parlé de l'enlèvement de Guy Orsoni. Il ne m'a pas précisé s'ils avaient opéré à deux ou trois, il m'a simplement dit que l'affaire s'était faite à Roccapina et que la voiture ainsi que le corps avaient été débarrassés sur Porto-Vecchio même. »

Les principaux responsables nationalistes, sous l'impulsion de Pierre Poggioli, décident d'agir. La réputation du mouvement est en jeu. Le risque est grand de voir cette enquête accréditer l'idée d'une criminalisation d'une frange du FLNC. Il faut anticiper. Mieux, les nationalistes pensent déjà à la figure de martyr que va incarner le militant disparu. Leur position officielle est arrêtée : il s'agit d'un « assassinat politique » perpétré par « une bande de truands au service du colonialisme et de ses services spéciaux »[2]. Dès lors, tout est bon pour étayer cette thèse, que même Alain Orsoni, après avoir coopéré avec la police, reprend à son compte. On affirme ainsi que des procès-verbaux auraient été détruits pour dissimuler la vérité.

Le samedi 25 juin 1983, près de 2000 personnes défilent dans la principale rue d'Ajaccio, le cours Napoléon, qui longe la préfecture de région. Des fenêtres du palais Lantivy, qui héberge les services du préfet et les bureaux de Robert Broussard, on prend la mesure du cortège. Le slogan « Broussard assassin », repris par la foule, traverse sans peine les murs épais de l'édifice. Des photos de Guy Orsoni et des affiches à la gloire du « martyr du peuple national » sont brandies. Elles couvriront bientôt les bords de toutes les routes de la Corse.

---

1. Robert Broussard, *Mémoires,* vol. 2, Plon, 1998.
2. Propos extraits des tracts qui ont alors été distribués sur toute la Corse par le mouvement nationaliste.

La disparition de Guy Orsoni va marquer durablement la mémoire collective insulaire. Un mythe fondateur de l'histoire du nationalisme corse est en train de se construire. Le 13 juillet 1983, les dirigeants de la CCN, dont Léo Battesti et Pierre Poggioli, qui tirent à boulets rouges sur l'État et ses représentants sur l'île, les accusant d'avoir assassiné leur militant, sont arrêtés par la police mais relâchés sur décision judiciaire. La discorde qui règne au sein du gouvernement sur la conduite à tenir accentue encore davantage l'impact des arguments nationalistes.

Après le temps des slogans vient celui des armes. Le 22 juillet 1983, le commerçant de Porto-Vecchio qui a rapporté à Jean-Marc Leccia les propos menaçants tenus par Roger Orsoni est blessé par des militants clandestins près de son établissement. Le 10 septembre, Félix Rosso, connu pour avoir été impliqué dans des trafics de stupéfiants et présenté comme un fidèle de Jean-Marc Leccia, est tué par un commando du FLNC qui lui tire dans le dos. On le soupçonnait d'avoir, à peine sorti de prison, fait le lien entre Charles Pellegrini, son beau-frère, ancien patron de l'OCRB et membre à cette époque de la cellule antiterroriste de l'Élysée, et Leccia. Pellegrini sera également menacé de mort, mais il aura la vie sauve grâce à l'intervention auprès des nationalistes de son ami Pierrot Flori, un proche de la Brise de mer.

Le 13 septembre 1983, le secrétaire général du département de Haute-Corse, Pierre-Jean Massimi, est abattu dans sa voiture d'une balle de 38 spécial. C'est la première fois qu'un haut fonctionnaire est visé en Corse. Une semaine plus tard, le FLNC revendique cet acte dans un communiqué. Mais la déclaration laisse les enquêteurs dubitatifs. L'antenne de police judiciaire de Bastia affirme ainsi, après deux mois d'enquête : « Bien que revendiqué par le FLNC, cet assassinat, dont les mobiles ne peuvent être formellement déterminés, ne semble pas, à première vue, pouvoir être attribué au banditisme local et il se pourrait que le FLNC ne fasse que revendiquer une action qui n'est pas de son fait mais qui peut servir sa politique[1]. » Les Renseignements généraux, et notamment Bernard Squarcini, le numéro deux régional, abondent dans ce sens, laissant entendre que la victime aurait été tuée pour une affaire de droit commun sans que l'on connaisse le mobile exact. La revendication des nationalistes aurait pour seul objectif d'égarer les services de police et de servir la cause du mouvement, alors en guerre contre l'« État colonial ».

1. « Synthèse des différents assassinats qui ont ensanglanté la Haute-Corse depuis septembre 1981 », op. cit.

En décembre 1983, Jean Alfonsi, le chef de la bande du Valinco, meurt d'un cancer généralisé. L'un de ses fils est attaqué avec son cousin, à coups de chevrotine, par des tueurs près de l'aéroport d'Ajaccio. Seul le premier s'en sort. Enfin, après une course-poursuite entre la France et les États-Unis, la traque de Jean-Marc Leccia, déclarée «prioritaire» par le gouvernement, prend fin le 21 décembre 1983 devant une cabine téléphonique à Miami, en Floride. Leccia est convoyé par avion militaire jusqu'en Corse et est placé en détention à la prison d'Ajaccio, où il rejoint le Sarde Salvatore Contini, Paul Andréani, l'auteur des aveux, et le fils de «Jeannot le Long».

Expédition punitive dans la prison d'Ajaccio

Le 6 juin 1984, à 6 heures 10, trois nationalistes pénètrent de force, les armes à la main, dans la prison d'Ajaccio. Il s'agit de Pantaléon Alessandri, membre fondateur du FLNC, de Noël Pantalacci[1], licencié en histoire, et de Pierre Albertini, ancien parachutiste, figure montante du mouvement. L'alerte est donnée. Les gardiens et la police bloquent les sorties. À l'intérieur, au premier étage, les intrus tuent dans leur sommeil Jean-Marc Leccia et Salvatore Contini. Le fils de «Jeannot le Long» et Paul Andréani s'en sortent après avoir été, visiblement, menacés et interrogés. Le commando nationaliste est arrêté à sa sortie. En quelques heures, à travers cet acte perçu comme héroïque par une partie de la population, car conforme à une certaine idée méditerranéenne de l'honneur et de la vendetta, il a posé la dernière pierre à l'édification du mythe de martyr désormais accolé à la personne de Guy Orsoni.

Telle est en tout cas la version officielle de cet épisode, qui monopolise l'actualité corse entre 1983 et 1984. Mais, côté cour, aussi bien parmi les nationalistes les mieux informés qu'au sein des services de police chargés de l'enquête ou que chez les voyous insulaires, le récit diffère quelque peu. Tout d'abord, pour les policiers, les affaires de la famille Orsoni sont loin de se limiter au combat nationaliste. Robert Broussard, qui a dirigé l'antigang, à Paris, avant d'être nommé en Corse, a croisé le chemin de l'oncle, Roger Orsoni, dans certaines de ses enquêtes.

---

1. Il porte le même nom que l'ancien président de la Cadec proche de Robert Feliciaggi, créateur de la Société d'étude et de développement (voir plus haut le chapitre intitulé «Le système Jean-Jé») et aujourd'hui dirigeant du parti bonapartiste à Ajaccio.

D'autre part, les neveux se sont fait remarquer par les services de la préfecture de police de Paris dès la fin des années 70. Des écoutes téléphoniques réalisées par les Renseignements généraux sur les lignes d'un bar du XVe arrondissement de la capitale ont permis d'identifier une partie des relations d'Alain et de Guy Orsoni, souvent présents dans cet établissement. Leurs conversations ont étayé quelques soupçons sur leurs activités clandestines. Depuis 1977, les deux frères sont les piliers du secteur V – comme « Volant » – du FLNC, chargé de mener des opérations armées sur l'île comme sur le continent. En 1980, Alain Orsoni a participé à la fusillade contre l'ambassade d'Iran. Arrêté, il a été amnistié un an plus tard par la gauche (celle-ci a d'abord opté pour la voie douce avec le mouvement nationaliste, avant de changer son fusil d'épaule et d'envoyer, début 1983, Robert Broussard en mission commandée). Au cours de l'enquête, l'examen de son réseau relationnel a mis en lumière des liens avec de purs voyous, notamment ceux appartenant à la Brise de mer.

Une sombre histoire de racket

Du côté des nationalistes et des membres de la voyoucratie corse, les recherches d'informations ont été productives. Car l'affaire Guy Orsoni rappelle d'autres épisodes. Jean-Marc Leccia, on l'a dit, est loin d'être un inconnu. En cette année 1983, il est associé à Paul Mondoloni et à Michel Regnier dans l'affaire dite du laboratoire de Phoenix, où 300 kilos de morphine-base importée de Turquie seront transformés en 148 kilos d'héroïne[1]. Cogérée avec la mafia italo-américaine, cette opération doit générer un bénéfice net de plusieurs dizaines de millions de dollars.

Jean-Marc Leccia s'enrichit grâce à ce type d'affaires. Pourtant, cette place de choix au sein de la pègre ne lui confère pas de protection absolue. Car, dans le milieu, un chimiste n'est pas nécessairement un chef de gang. N'a-t-il pas été mis « à la cave » à Marseille par une équipe de Corses un peu plus tôt ? Après avoir accepté de payer, il pensait sans doute avoir éloigné le danger. La police marseillaise avait eu connaissance par ses indicateurs de la mise à l'amende du chimiste, mais elle n'avait donné aucune suite judiciaire, ni déclenché de mesures de rétorsion contre les racketteurs.

1. Voir plus haut le chapitre intitulé « La fin d'une génération ».

Ce précédent éclaire d'un jour nouveau l'enquête sur la disparition de Guy Orsoni. Le lieutenant de «Jeannot le Long», Paul Andréani, a indiqué aux policiers que Roger Orsoni avait menacé Jean-Marc Leccia de représailles s'il ne payait pas une forte somme d'argent. Les policiers corses savent alors que cette menace a été proférée devant un témoin, un commerçant de Porto-Vecchio. Il s'agit donc de la deuxième tentative de racket à l'encontre de Leccia, après celle réussie à Marseille. Mais, cette fois-ci, Leccia semble avoir refusé de céder aux injonctions de ses agresseurs. Pour se protéger des menaces de Roger Orsoni, qui se targue d'avoir le soutien de ses neveux du FLNC, il sollicite l'équipe de «Jeannot le Long»[1]. Elle-même désireuse de contrer les ardeurs belliqueuses du clan Orsoni, la bande du Valinco accepte sans rechigner, mais contre rémunération, de rendre ce service à Leccia. Plusieurs de ses membres suivent, une première fois, Guy Orsoni, qui parvient à les semer. Puis un autre jour ils l'aperçoivent en compagnie de son frère. Pour leur surveillance, ils utilisent la Visa rouge dont le signalement a été donné aux policiers par Alain Orsoni.

Le vendredi 17 juin, la bande du Valinco passe à l'action. Ses hommes suivent la Mercedes bleue. Ils pensent y trouver Roger Orsoni, mais tombent en fait sur son neveu, Guy. À en croire les informations livrées par Paul Andréani aux policiers, les kidnappeurs optent dans un premier temps pour un interrogatoire serré. Contrairement à ce qu'affirme la direction du mouvement nationaliste, aucun chalumeau ne paraît avoir été employé pour forcer la victime à parler.

Les revendications nationalistes

Il n'est pas question, ici, de céder aux facilités de l'amalgame. Le grand banditisme et le nationalisme corse ne sont pas assimilables l'un à l'autre. Le nationalisme corse, qui naît en 1975 et dont la forme embryonnaire est le régionalisme, revêt une dimension propre, dont la cause se décline sous forme politique, économique et culturelle. Le 22 août 1975, lorsque le commando dirigé par le docteur Edmond Siméoni, chef du principal mouvement autonomiste, l'Action régionaliste corse (ARC), occupe la cave viticole appartenant à Henri Depeille, rapatrié du Maroc, ses membres entendent protester contre l'injustice que représentent à leurs yeux les avantages accordés aux arrivants d'Afrique du Nord. La faillite suspecte de cet important

1. Roger Orsoni n'a jamais fait l'objet de poursuites judiciaires pour cette tentative de racket évoquée, sur procès-verbal, par Paul Andréani.

producteur menace de ruiner près de 400 viticulteurs. Les assaillants souhaitent, par ce coup d'éclat, faire pression sur les autorités et sensibiliser l'opinion. La réponse disproportionnée du ministre de l'Intérieur, Michel Poniatowski, qui ordonne l'assaut de la cave, provoque la mort de deux gendarmes. Un an plus tard, le FLNC est créé par les hommes les plus radicaux du mouvement autonomiste.

La violence politique utilisée par les clandestins a alors pour but de provoquer la réforme de la société corse, dont personne ne doute qu'elle souffre, en premier lieu, d'archaïsmes politiques et économiques bien vivaces. Les élus locaux sont enfermés dans un système clanique. L'île paraît figée et ressemble, à bien des égards, à ce qu'elle était après la guerre.

Les autorités ont toujours entretenu le pouvoir des chefs de clan, appartenant autrefois à l'aristocratie, aujourd'hui au monde politique local. Fonctionnant sur un mode féodal, ces derniers contrôlent les collectivités locales ou les organismes de l'État, et donc la manne publique. Ils n'ont aucun intérêt à bousculer cet équilibre ; à charge pour eux de tenir sous contrôle la société corse où l'État privilégie, depuis des années, une apparence de légalité à une véritable légitimité.

Les gouvernements ferment les yeux sur le non-respect des règles et continuent, au fil des ans, à financer ce système. En contrepartie, ils demandent que la paix civile soit maintenue sur ce bout de terre situé à 170 kilomètres des côtes françaises. La fraude électorale, les détournements de fonds publics, l'absence de développement économique et la sclérose de la représentation politique sont donc le prix à payer pour que la question corse ne vienne pas s'ajouter aux soucis des cercles du pouvoir parisien. Et quand les dérives sont trop flagrantes, les autorités détournent pudiquement les yeux.

Une cohabitation forcée avec le banditisme

Si l'on reconnaît au mouvement indépendantiste une spécificité, tenter d'évoquer l'histoire du grand banditisme corse sans aborder la question de ses relations avec le nationalisme fait, néanmoins, courir le risque d'occulter une partie du phénomène. Les acteurs du grand banditisme insulaire ont en effet été conduits à composer avec les autonomistes, tout aussi capables qu'eux de menacer et de tuer. Les pactes de non-agression ont souvent tenu lieu d'accords. Mais l'extrême finesse du maillage social en Corse rend ardue toute distinction manichéenne entre proximité et complicité.

Ces deux mondes se connaissent bien. Issus, dans bien des cas, des mêmes villages, des mêmes écoles, leurs membres se croisent, se fréquentent, voire chassent ensemble. Les nationalistes ont aussi souvent rencontré des membres du milieu en prison. Par la suite, des allées et venues ont pu, parfois, s'instaurer entre leurs rangs et ceux du banditisme. Enfin, les recherches de financement ont conduit les mouvements clandestins à recourir à des moyens identiques à ceux des voyous – racket, hold-up… Sans compter que de nombreux liens de parenté unissent des membres de la voyoucratie locale à des militants nationalistes. En Haute-Corse, les similitudes apparaissent même dans les slogans respectifs des hommes du FLNC et de ceux de la Brise de mer, issus de la même génération. Les premiers ont coutume d'affirmer qu'ils veulent «vivre et travailler au pays»; les seconds s'amusent à les plagier en déclarant désirer «vivre et braquer au pays».

Des passerelles et des parcours croisés

Pierre Albertini, qui fera parler de lui en 1984 lors de l'affaire de la prison d'Ajaccio, est à peine âgé de vingt ans lorsqu'une vigoureuse altercation l'oppose à un autre joueur lors d'un match de football, le sport roi sur l'île. Déjà militant nationaliste, son passage dans l'armée et son enfance dans une famille d'agriculteurs lui ont forgé un caractère entier, courageux et violent. Son adversaire est un jeune impulsif sans activité politique. De retour dans le vestiaire, l'esprit échauffé, il glisse la main dans son sac en provoquant Albertini du regard afin de lui faire croire qu'il se tient prêt à sortir une arme à feu. Ils en resteront là.

Quelques jours plus tard, dans la principale discothèque de Bastia, L'Apocalypse, l'un des quartiers généraux de la Brise de mer[1], Albertini aperçoit son adversaire. Il entend bien ne pas laisser la provocation sans réponse. Mais avant de commettre l'irréparable, il prévient le maître des lieux, Francis Santucci, qui tente la plupart du temps d'«arranger les affaires». Après avoir écouté l'impétueux nationaliste, Santucci désamorce le conflit, dont l'issue aurait pu figurer, le lendemain, dans la colonne «faits divers» du journal local, «en mettant lui-même une raclée à l'auteur des menaces dans le vestiaire de football[2]». Il en va ainsi en Corse; tout le monde se

1. Selon une synthèse réalisée, le 28 juillet 1998, sur «L'équipe dite de la Brise de mer» par la direction centrale de la police judiciaire pour le cabinet du ministre de l'Intérieur.

2. Propos recueillis par l'un des auteurs en juin 2003 auprès d'un parent d'un protagoniste de l'affaire.

connaît d'une manière ou d'une autre. Francis Santucci trouve des qualités à ce Pierre Albertini, de dix ans son cadet, qu'il a vu grandir. Qu'il soit militant nationaliste et membre du FLNC n'y change rien ; au contraire, cela révèle des valeurs auxquelles les voyous ne sont pas indifférents : le goût des armes et le courage physique[1].

Ce type de contact n'est pas rare dans la sphère nationaliste. Le 25 mars 1983, Charles Pieri, futur secrétaire national de la principale composante indépendantiste, la Cuncolta, est inculpé pour assassinat et tentative dans l'affaire de l'attaque d'un camp de la légion à Sorbo-Occagnano. Perpétrée le 11 février 1982 et revendiquée par le FLNC, elle a fait un mort et un blessé grave. Écroué à la prison Sainte-Claire de Bastia, Charles Pieri retrouve en cellule Francis Mariani, l'un des piliers de la Brise. Ils s'évadent ensemble le 22 janvier 1984. Ce genre de rencontre crée des liens, même si, dans le milieu corse, on minimise la proximité qui a pu naître entre ces deux hommes pratiquement du même âge. « Pieri est parti d'un côté et Mariani de l'autre[2] », affirme-t-on dans l'entourage de la Brise.

Charles Pieri ne manque pas de connaissances dans le milieu. Son ami d'enfance, Paul Grimaldi, est un proche du parrain toulonnais Jean-Louis Fargette, qui sera tué en 1993. Simple factotum, Grimaldi bénéficie tout de même de la confiance de Fargette et d'une certaine considération dans le milieu varois. Les nationalistes de Haute-Corse, qui se réuniront derrière Pieri dans les années 90, auront ainsi par son intermédiaire un lien sûr avec la pègre toulonnaise. Lors de la guerre fratricide qui déchirera les nationalistes entre 1992 et 1996, Paul Grimaldi n'oubliera pas son ami, lui donnant accès à des « planques » du milieu.

Il existe enfin des cas de jeunes Corses hésitant entre le nationalisme et le banditisme. Richard Casanova, par exemple, avant de devenir l'un des membres du noyau dur de la Brise de mer et le personnage principal du braquage de l'UBS de Genève, s'est engagé, dès sa création, dans les rangs du FLNC. Il est ainsi soupçonné d'avoir fait partie du commando de sept hommes à l'origine de l'attentat commis, dans la nuit du 7 septembre 1976, contre le Boeing 707 d'Air France stationné sur la piste de l'aéroport d'Ajaccio[3]. Revendiquée le 8 septembre par le Front de libération nationale de

1. Pierre Albertini, dirigeant du Mouvement pour l'autodétermination (MPA), sera abattu le 30 août 1995 à Bastia par un commando du FLNC-Canal historique lors de la guerre fratricide qui opposera les nationalistes.

2. Propos recueillis par l'un des auteurs en août 2003.

3. Récit rapporté à l'un des auteurs par un membre historique du FLNC et par un ancien commissaire de l'OCRB en septembre 2003 et janvier 2004.

la Corse, créé en mai 1976, l'opération ne fait pas de victimes[1]. L'appareil, en revanche, est gravement endommagé[2]. L'un des camarades de Casanova à l'époque se souvient néanmoins des multiples facettes du personnage, qui semble déjà jouer sur plusieurs tableaux. Il fréquente d'autres membres de la Brise et plusieurs truands à Marseille, tout en participant aux actions du Front. « On se demandait déjà à l'époque pour qui il roulait vraiment et si sa présence parmi nous ne rentrait pas dans le cadre d'une recherche de renseignements sur le fonctionnement et la composition du FLNC[3]. »

Richard Casanova ne s'éternise pas dans le mouvement indépendantiste, qu'il quitte au début des années 80. Il reste néanmoins un point de contact permanent entre le milieu de Haute-Corse et certains leaders nationalistes. Il s'attachera à maintenir un lien avec les principaux responsables, notamment sur des secteurs qu'il fréquente ou qu'il contrôle. Il côtoie ainsi Jean-Michel Rossi, implanté en Balagne, et François Santoni, l'un des hommes forts de Corse-du-Sud[4]. « Nous nous connaissons de longue date, écrira de lui ce dernier, et même si chacun mène sa vie à sa manière, cela n'empêche pas une sympathie réciproque[5]. » On l'aperçoit également en compagnie des figures du nationalisme des régions de Porto-Vecchio et de Figari.

Les nationalistes se souviennent aussi du passage dans leurs rangs de Dominique Viola, officiellement agriculteur, alors proche ami de Georges Seatelli, l'un des fondateurs de la Brise. Interrogés en 2000 sur le parcours et le rôle de cet homme par le procureur général de Bastia qui s'apprêtait à rédiger un rapport sur la criminalité organisée en Corse, les policiers ont décrit ses multiples relations, insistant sur ses liens amicaux avec des magistrats à Paris, notamment au sein du parquet. Ils lui ont en outre prêté un rôle proche de celui de juge de paix, sans omettre sa présence dans l'entourage du président du conseil général de Haute-Corse, Paul Giacobbi.

---

1. *Le Monde,* 9 septembre 1976.

2. Richard Casanova n'a jamais été condamné ni poursuivi pour ces faits.

3. Témoignage livré en 2000 à l'un des auteurs par un responsable du FLNC pour la Haute-Corse.

4. Jean-Michel Rossi, figure importante de la mouvance nationaliste en Balagne, a été tué le 7 août 2000 en compagnie de son garde du corps. François Santoni, futur chef de la Cuncolta nazionalista, vitrine du FLNC-Canal historique, sera assassiné un an plus tard, le 17 août 2001, dans le village de Monacia-d'Aullène (Corse-du-Sud).

5. François Santoni, *Contre-enquête sur trois assassinats : Érignac, Rossi et Fratacci,* Gallimard, 2002, p. 38 et 39.

Activités clandestines et trafic d'armes

Des parcours inverses ont également nourri les relations entre le banditisme et le nationalisme. En Balagne, au milieu des années 80, un militant nationaliste, après une dizaine d'années au sein du Front, opte pour le pur droit commun et devient membre d'une équipe de voyous. Un conflit opposera son groupe à une autre bande dans le cadre de la « guerre des discothèques », à Calvi. Soupçonné d'avoir joué un rôle trouble dans cette affaire, il sera assassiné par un commando du FLNC, soucieux de mettre un terme à l'escalade des affrontements avec les voyous[1]. Une tentative de conciliation aura lieu au domicile de Jean-Michel Rossi, à L'Ile-Rousse, entre des représentants du milieu et du FLNC local. Un nombre de morts également réparti de part et d'autre permettra de « sauver la face », et l'affaire en restera là.

Au fil des années, les activités clandestines du FLNC devenant prédominantes, ses membres sont de plus en plus tentés de vivre de la manne du racket et des machines à sous. La force des armes confère un pouvoir qui échappe à la direction centrale du mouvement. Les passerelles entre nationalisme et banditisme se multiplient et leurs activités se confondent régulièrement. Fin 1983, on peut lire dans un rapport de la police judiciaire bastiaise : « Ce grand banditisme, particulièrement redoutable, a pris son essor depuis peu en Haute-Corse, sensiblement depuis l'apparition des machines à sous, en même temps que la dégradation politique s'accentue. Il s'est souvent superposé au FLNC pour racketter tel ou tel commerçant continental ou s'infiltrer, par menace ou chantage, dans telle ou telle affaire commerciale, notamment des discothèques et autres lieux de plaisir[2]. »

Un pacte de non-agression

Au début des années 80, le FLNC et la Brise conviennent d'un modus operandi qui sera globalement respecté jusqu'à la fin des années 90. Les récits recueillis auprès de chaque camp sur cet épisode diffèrent quelque peu, mais les éléments communs aux

1. Version recueillie en 1999 par l'un des auteurs auprès de Jean-Michel Rossi.
2. Rapport rédigé par le commissaire Dornier, chef de la police judiciaire à Bastia à cette époque.

diverses versions permettent d'imaginer la scène. Deux à trois voyous représentant la Brise, dont Francis Santucci, vêtu d'un simple short et chaussé de claquettes, accompagné d'un braqueur-racketteur de la région de Porto-Vecchio connu pour sa violence, évoquent face à une dizaine de membres du FLNC la délicate question des territoires respectifs. Ceux de la Brise ayant rappelé leur intention de ne faire aucun quartier si les autres voulaient la guerre, au point de parler de recourir à des méthodes siciliennes, une relative paix s'est installée entre les deux pouvoirs.

Un symbole de la solidité de ce pacte de non-agression est l'absence totale d'attaques à main armée commises à l'encontre des fourgons de transport de fonds de la société Bastia Securita. Cette situation est d'ailleurs assumée publiquement par les responsables nationalistes, sûrs de leur fait. « Il n'y a pas de deal mais uniquement des rapports de force, résume Alain Orsoni en 1990. S'ils s'en prennent à la société de convoi de fonds Bastia Securita, ce sera autrement plus important qu'une attaque d'un fourgon de Securipost. Ils savent qu'immédiatement ils auront deux cents hommes sur le dos[1]. » Dans le même temps, les attaques de fourgons se multiplient sur l'île. Entre 1984 et 1988, selon les policiers chargés de lutter contre le banditisme insulaire, 15 attaques peuvent être imputées à la Brise de mer[2]. Les actions ne se limitent pas à Bastia, elles sont aussi menées en Haute-Corse, à Calvi, Belgodère, ou dans le Sud, à Ajaccio.

Rare exception, en 1992, un fourgon n'arborant aucun sigle de la société Bastia Securita est attaqué par un commando d'une dizaine d'hommes lourdement armés. Le conducteur du fourgon parvient à s'échapper. Le FLNC identifie parmi les assaillants, selon François Santoni[3], un certain Dominique Savelli[4]. Condamné à mort par le Front, ce dernier, proche de la Brise de mer, plaide la méprise et s'en sort sans dommage, après l'intercession de poids lourds de la voyoucratie locale auprès de la direction bastiaise du FLNC. On le retrouvera dans un autre épisode sanglant opposant des nationalistes à des membres du milieu.

1. *Le Monde*, 29 novembre 1990.

2. Ces données figurent dans l'annexe III d'une synthèse réalisée en 1989 par le SRPJ d'Ajaccio sur « Les attaques de banques ou transport de fonds imputables à la Brise de mer ».

3. Voir Jean-Michel Rossi et François Santoni, *Pour solde de tout compte*, Denoël, 2000, p. 138.

4. Dominique Savelli, qui n'a jamais été poursuivi judiciairement pour cette tentative d'attaque à main armée, sera assassiné le 21 juillet 1999 par le groupe nationaliste clandestin Armata Corsa, proche de François Santoni et de Jean-Michel Rossi, alors en dissidence.

La force de dissuasion du FLNC n'est pas négligeable. Les troupes nationalistes comptent des intellectuels, des chefs de guerre, mais aussi un certain nombre de «soldats» qui, à la différence des membres du milieu, sont totalement insérés socialement. La vie quotidienne d'un militant du FLNC qui n'est pas recherché par la justice ne diffère en rien de celle d'une personne ordinaire, sans aucun lien avec une organisation clandestine. En ces années 80, la base nationaliste, composée de boulangers, de fonctionnaires, d'enseignants, de pompiers ou d'agriculteurs, constitue un véritable danger pour le grand banditisme. Anonyme, elle est invisible aux yeux du milieu.

Les voyous, en revanche, se connaissent et peuvent prévenir certaines menaces grâce aux renseignements qu'ils détiennent sur les personnes susceptibles de nuire à leurs intérêts ou de mettre en péril leur sécurité. C'est essentiel à leur survie. Ils doivent être en mesure de situer au sein de la galaxie criminelle toute personne gravitant dans le même monde qu'eux. Voilà pourquoi, en Haute-Corse comme en Corse-du-Sud, la plupart des assassinats ou des attaques sont connus, voire validés, avant même d'être perpétrés, par le groupe dominant du territoire sur lequel ils vont avoir lieu.

Les sphères du banditisme et du nationalisme se croisent enfin dans d'étranges zones neutres où leurs intérêts respectifs semblent communs : les fournisseurs d'armes. Le 19 octobre 1981, le dépôt Puissant, situé à Borgo, est l'objet d'un vol d'explosifs. Michel Guillaumin, le receleur, est interpellé le 24 octobre 1983. La justice le poursuit pour trafic d'armes et d'explosifs au profit du FLNC. Les investigations de la police judiciaire révèlent qu'il approvisionne le mouvement indépendantiste en armes individuelles de toutes sortes : pistolets, revolvers, pistolets-mitrailleurs de diverses marques et leurs munitions.

Un complément d'enquête ouvre par ailleurs d'autres perspectives à ce dossier. En effet, il semble que Michel Guillaumin ait vendu à la même époque, 15 000 francs pièce, deux pistolets-mitrailleurs à Francis Santucci, souvent présenté comme le «cerveau» de la Brise. Guillaumin ne fait pas de distinction entre les acheteurs dès lors qu'ils ont de quoi payer. Cette absence de préjugés lui permet parfois d'approvisionner des bandes rivales, ou deux adversaires. Il aurait ainsi, selon les enquêteurs, fourni à Gérard Ziglioli les 30 kilos d'explosif placés en décembre 1982 dans la discothèque L'Apocalypse, l'une des bases de la Brise de mer, à Bastia.

Les sources d'achat sont cependant variées et relèvent souvent davantage d'un calcul d'opportunité que d'une volonté de mettre en place des circuits réguliers et sophistiqués. Jusqu'au milieu des années 90, le mouvement nationaliste profite de liens amicaux ou familiaux pour acquérir des armes qui sont par la suite revendues au sein du mouvement ou à l'extérieur, à des membres du milieu. Début 1993, les policiers italiens et leurs collègues français d'Ajaccio mettent en lumière une filière qu'ils pensent prometteuse mais se révèle de faible envergure. Des armes provenant de Belgique et des explosifs dérobés dans les carrières de granit de Corse-du-Sud sont vendus au FLNC et à des organisations sardes.

En 1994, le père d'une jeune femme autrichienne mariée à un paysagiste de Lucciana, tous deux demeurant à Borgo, accepte de faire l'acquisition, en Autriche, de pistolets Glock très prisés chez les nationalistes et chez les voyous. Profitant de sa qualité de capitaine adjoint de la milice, il fournit ainsi, en l'espace d'une année, 21 armes de poing, essentiellement des Glock, au compagnon de la sœur de son gendre. Ce dernier, employé par la société de convoyage de fonds Bastia Securita contrôlée par les nationalistes, est condamné pour ce trafic après que certaines des armes en question ont été découvertes près de personnes abattues lors du conflit fratricide entre indépendantistes, de 1992 à 1996.

Des guerres intestines dans la mouvance nationaliste

Les nationalistes ont frappé les esprits, en juin 1984, par leur coup de force dans la prison d'Ajaccio. Ce jour-là, le FLNC n'a pas seulement réussi un coup d'éclat ; il a aussi placé sur la défensive les deux autres pouvoirs qui dirigent la Corse : les clans et le milieu. Mais, au milieu des années 90, le temps d'un équilibre de la terreur entre les clandestins cagoulés et les hommes de main des voyous paraît peu à peu s'éloigner. Les nationalistes s'affaiblissent dans des affrontements sanglants tout en ayant l'impression, fausse, d'être craints. Leur hégémonie sur le territoire n'est plus aussi entière. Les groupes clandestins se dispersent et perdent leurs membres les plus solides, ceux capables d'affronter les voyous. Certains meurent dans la guerre entre le FLNC-Canal habituel et le FLNC-Canal historique. D'autres sont incarcérés dans des affaires d'attentats. D'autres encore, pris de dégoût, quittent la mouvance nationaliste.

En cette fin d'année 1995, la Corse vit en effet au rythme des assassinats entre factions nationalistes et au son des salves qui ponctuent les honneurs militaires rendus au pied des cercueils. Lorsque vient l'heure d'enterrer les militants tombés sous les balles d'une cause dévoyée, force est de constater que peu d'entre eux auraient pu connaître l'exact mobile de leur élimination. On est loin de l'idéal qui les avait conduits à sacrifier leur existence. Pour accentuer encore l'amertume des indépendantistes se profile à l'horizon une modification profonde du rapport de force entre les troupes nationalistes et celles du grand banditisme en Corse.

C'est un paradoxe. À mesure que les idées portées par la mouvance indépendantiste – défense de l'environnement et recherche d'un statut spécifique pour la Corse – intègrent le champ politique insulaire, ses dérives criminelles apparaissent au grand jour. Jean-Michel Rossi, homme fort de Balagne, proche de François Santoni, est l'un des premiers à s'exprimer publiquement sur ce sujet. Arrêté en avril 1992 et condamné pour détention d'armes et association de malfaiteurs, il déclare lors de son procès que les militants du FLNC-Canal habituel regroupés derrière Alain Orsoni sont engagés dans une « dérive mafieuse ». Résultat attendu : les intéressés le menacent de mort s'il rentre en Corse – une menace qui sera levée quelque temps plus tard. Ce thème est repris en 1994 après la tentative d'assassinat qui vise Pierre Poggioli, l'un des leaders historiques du mouvement nationaliste, auteur, en 1989, de la première scission qui a créé l'Accolta nazionale corsa (ANC). Trois semaines après avoir échappé à ses agresseurs, il critique à son tour la « dérive mafieuse » de certains chefs nationalistes et leurs accointances avec le grand banditisme local.

Début août 1995, lors d'une conférence de presse, un porte-parole du FLNC-Canal historique lève le voile sur les dessous du nationalisme afin, dit-il, d'éclairer les origines réelles des affrontements meurtriers qui secouent alors cette mouvance. Selon lui, Alain Orsoni tenterait de dissimuler, « derrière un prétendu déchirement du monde nationaliste, la mise en place d'un système mafieux dans Ajaccio et sa région ». Il en veut pour preuve l'assassinat de deux militants du MPA, au début de l'année, dans le cadre de règlements de comptes avec le milieu ajaccien, sur fond de contrôle du marché des machines à sous. Le 16 février 1995, Jean-Pierre Leca, pilier du Canal habituel, est abattu dans son bar, en plein centre d'Ajaccio. Le lendemain, la police saisit plusieurs machines à sous dans son arrière-salle. Elle le soupçonne d'avoir voulu étendre, avec Roger Polverelli, son réseau de machines. Cette volonté d'expansion aurait été interprétée comme une déclaration de guerre par l'équipe de voyous qui tient alors le haut du pavé. Le 23 avril 1995, un autre militant du MPA, Luc Belloni, est pris pour cible par des tueurs devant une boîte de nuit de Porticcio, station touristique située de l'autre côté de la baie d'Ajaccio. Le FLNC-Canal historique affirme que le milieu l'a supprimé car il tentait, pour le compte de son organisation, de « mettre à l'amende » des établissements jusqu'alors sous la coupe du milieu local.

Les détracteurs d'Alain Orsoni révèlent également qu'il a débuté sa carrière, à la fin des années 70, aux côtés de certains membres de la Brise de mer, alors spécialisés dans les braquages commis grâce à des postiches. Ils ajoutent qu'il aurait été impliqué, avec plusieurs personnes de sa famille, dans des affaires liées au trafic de stupéfiants et relient la mort de son frère, Guy Orsoni, à la fréquentation de ces milieux. « Seule l'autorité alors incontestée du leader de l'époque, affirme le représentant du FLNC-Canal historique lors de la conférence de presse d'août 1995, permit de travestir cette disparition en affaire politique. » Enfin, le produit de ces trafics de stupéfiants aurait été blanchi dans le secteur des « commerces de grandes surfaces, de brasseries en région parisienne et en Touraine ». Selon les clandestins du FLNC-Canal historique, qui prêchent aussi pour leur propre camp, « les dérives se sont peu à peu installées dans le mouvement clandestin jusqu'en 1989, date de la reprise en main par la base de la structure politico-militaire ».

Pour leur part, les proches d'Alain Orsoni rétorquent que François Santoni s'est imposé en Corse-du-Sud, à la tête de la Cuncolta, grâce à son alliance avec Jean-Jé Colonna. Les deux hommes, disent-ils, se rendraient des services mutuels pour égarer les services de police. L'un des lieutenants de Santoni serait le cousin d'un homme de confiance de Colonna. Pour se dédouaner des accusations portées contre lui, le MPA organise une conférence de presse au cœur du fief de Jean-Jé, au-dessus de Pila-Canale, pour dénoncer la pression des voyous sur la société corse, sans cacher son désir de déstabiliser la sphère de Colonna.

Le 30 août 1995, Pierre Albertini, membre du commando lancé en 1984 dans la prison d'Ajaccio pour venger la mort de Guy Orsoni, tombe sous les balles de ses anciens camarades. Le FLNC-Canal historique revendique l'assassinat de celui qui était devenu l'un des chefs militaires du MPA, lui imputant la mort, le 27 juillet 1995, de Vincent Dolcerocca, un militant de la Cuncolta. Le mouvement rappelle à cette occasion que « ces événements trouvent leur origine dans un conflit d'intérêts pour la mainmise économique sur la Corse-du-Sud, à travers la présidence de la chambre de commerce d'Ajaccio, qui a dégénéré en affrontement entre bandes mafieuses rivales ».

Cavallo, l'île de tous les contacts

Il n'est pas aisé de faire la part des manipulations et des révélations dans ces accusations réciproques. Mais il paraît néanmoins assuré, grâce au travail judiciaire, que les principaux chefs nationalistes de cette époque sont effectivement entrés en contact avec des groupes criminels, qu'ils soient corses ou italiens. En règle générale, les mafieux de la Péninsule préfèrent investir dans des zones plus tranquilles, à l'abri de la menace de structures clandestines telles que le FLNC. Seule exception à ce principe, leur présence sur l'île de Cavallo, petit bout de terre au sein de la réserve des Lavezzi, un chapelet d'îlots rocheux étiré entre la Corse et la Sardaigne. Cavallo va être le théâtre d'une histoire unique en son genre, qui révèle la nature des contacts qui ont existé entre le FLNC et plusieurs sphères mafieuses.

L'île de Cavallo, la plus grande des Lavezzi, sort de l'anonymat, en 1947, lorsque le marquis Guido Della Rosa, originaire de Parme, se prend de passion pour elle et la fait connaître comme l'un des grands sites de plongée de la région. La vocation des îles Lavezzi change radicalement de nature en 1967. Le «prince des nuits parisiennes», Jean Castel, achète l'ensemble et crée six ans plus tard, avec le groupe Paribas, la Compagnie des îles Lavezzi (Codil). Davantage séduit par les profits financiers qu'il peut tirer d'une exploitation touristique de luxe que par la sauvegarde de ce site au charme sauvage, il obtient de l'État le droit de construire sur Cavallo. En contrepartie, il cède les autres îlots de l'archipel, qui sont réunis dans une réserve naturelle protégée. C'est la naissance du mythe de «l'île aux milliardaires», animée par l'une des principales figures du show-biz français, attirant, sans mal, une population blasée et fortunée, avide de nouveauté, lieu de rencontre du gratin de la «jet-set» européenne et des riches industriels.

Le duo Castel-Paribas se retire en 1980. Les bénéfices ne sont pas au rendez-vous. Il laisse la place à de nouveaux actionnaires italiens. L'époux de la princesse Caroline de Monaco, Stefano Casiraghi, est nommé à la tête du conseil d'administration de la Codil. Il y restera jusqu'à la fin 1987. Moins d'un an plus tard entre en scène un autre personnage, Lillo Lauricella. C'est la figure centrale, celle qui fera le lien entre les nationalistes corses et l'un des principaux chefs de la mafia romaine[1].

Lauricella est né en 1945 à Palerme, en Sicile. Il sort de l'anonymat au début des années 80, lorsque ses activités et ses fréquentations à fortes connotations mafieuses dans le centre du pays sont examinées par la justice italienne. À la même époque, racontera-t-il

1. Qualification retenue dans le cadre d'une enquête ouverte par Pietro Saviotti, substitut du procureur de la République, à Rome, à la Direction des investigations antimafia (DIA) et à la Direction des investigations générales et des opérations spéciales (DIGOS).

plus tard aux policiers français qui l'interrogeront dans sa cellule de la maison d'arrêt de Rome, il se rend régulièrement en Corse-du-Sud, où il se lie avec l'homme d'affaires Jules Filippeddu, qui dirige le restaurant La Caravelle, à Bonifacio. Les relations entre les deux hommes sont telles qu'ils investissent ensemble dans les machines à sous en Amérique du Sud. Lauricella puisera même dans la caisse de la Codil pour aider financièrement l'un des frères Filippeddu, André-Noël, qui sera condamné pour cela.

Lillo Lauricella est un personnage cultivé, élégant et affable, qui sait entretenir d'excellents rapports avec son entourage, notamment avec les personnalités locales. Il sympathise ainsi avec le maire de Bonifacio, Jean-Baptiste Lantieri, et avec son frère Antoine, qui gère dans la même ville l'hôtel Genovese[1]. Lorsque Lauricella apparaît en 1988 au poste de directeur général de la Codil, les autorités disposent d'aussi peu d'informations sur son parcours que sur les dessous de la société. Tout juste savent-elles que, depuis sa création, cette dernière a accumulé des dizaines de millions de francs de pertes.

Les nationalistes rackettent et attaquent

Le FLNC ne s'intéresse à Cavallo qu'à partir de début 1985. Chef militaire du secteur G, comme « Gravone », du nom d'une vallée de Corse-du-Sud, François Santoni participe à une opération de racket visant la Codil. Pour limiter les ardeurs du Front et surtout réduire le montant de la somme exigée, le responsable de la gestion de Cavallo s'appuie sur ses contacts au sein du milieu de Haute-Corse, dont un membre important de la Brise de mer. Ce dernier intercède en ce sens auprès de la direction du FLNC de Haute-Corse, laissant entendre qu'il protège ses propres intérêts dans les entreprises corses travaillant à Cavallo. François Santoni est désavoué et doit rabattre ses intentions, au risque d'être lâché par la direction du mouvement en cas de guerre avec les voyous de la Brise, qui domine déjà la Haute-Corse.

Au faîte de sa puissance, le FLNC décide, le 7 janvier 1990, de s'attaquer aux constructions de l'île, symboles de la spéculation immobilière et de l'argent sale. Cette fois-ci, c'est le groupe d'Alain Orsoni, chef du secteur V, qui se charge de faire sauter une partie de l'hôtel des Pêcheurs et la discothèque-restaurant Le Palma Club, dont

1. Extrait du procès-verbal d'interrogatoire de Lillo Lauricella, daté du 14 avril 1998, mené à la maison d'arrêt de Rome dans le cadre d'une commission rogatoire délivrée par le juge antiterroriste Jean-Louis Bruguière.

le principal associé est Antoine Lantieri, frère du maire de Bonifacio. Lillo Lauricella explique alors à ses partenaires qu'il s'agit d'une fausse alerte, d'un simple gage donné à la base remuante du mouvement nationaliste dont l'intention initiale était, en réalité, de mener une opération de grande envergure à Cavallo. Il est vrai que les dégâts sont mineurs et ne concernent pas des cibles importantes. Lauricella ajoute que son alliance avec Alain Orsoni pour poursuivre le développement de l'île tient toujours. Dans le but de prévenir toute remise en cause de l'accord, il a embauché un nationaliste comme directeur de l'association syndicale des copropriétaires (ASIC). Enfin, pour démontrer ses bonnes relations avec Alain Orsoni, il expliquera plus tard avoir engagé, en 1994, son frère, Stéphane Orsoni, pendant huit mois dans son restaurant La Cigale à Miami, en Floride[1].

Lauricella doit composer avec l'éclatement du mouvement nationaliste, intervenu entre 1989 et 1990. Au mois d'octobre 1989, Pierre Poggioli, leader historique du FLNC, quitte en effet le mouvement pour créer l'ANC. Surnommé « l'Albanais » à cause de son dogmatisme, il dénonce les dérives militaires du Front tout en fondant, lui aussi, son groupe clandestin, Resistenza. Au mois de novembre 1990, le nationalisme corse est amputé d'une autre partie de ses militants, dont beaucoup de cadres. Le Mouvement pour l'autodétermination (MPA) voit le jour sous l'impulsion de son leader Alain Orsoni. Fils d'un sous-officier de la Légion étrangère, celui-ci a fait ses armes au sein du groupe d'extrême droite Occident avant de rejoindre, en 1977, les rangs du FLNC. Le MPA s'adosse également à une structure armée, le FLNC-Canal habituel. Après cette nouvelle scission, le mouvement originel, la Cuncolta nazionalista, conserve les militants les plus légitimistes, ceux qui estiment rester le plus fidèles aux idéaux du nationalisme. Trois leaders vont émerger de cette formation : François Santoni pour la Corse-du-Sud, Charles Pieri pour la Haute-Corse et Jean-Michel Rossi pour la Balagne.

Pour ces trois groupes rivaux, l'île de Cavallo revêt un intérêt majeur. Derrière le discours sur la défense de l'environnement et sur la lutte contre « l'accaparement des terres corses, l'argent des mafieux et la spéculation immobilière », les chefs de chaque formation savent qu'il s'agit, aussi, d'une précieuse manne financière. Les années précédentes, c'est Alain Orsoni qui a géré le contact avec Lillo Lauricella. Passé au MPA, il conserve ses liens avec lui ; la Codil,

1. Déclarations de Lillo Lauricella, le 14 avril 1998, lors de son interrogatoire, à Rome, dans le cadre d'une enquête sur des faits de blanchiment d'argent ouverte par le parquet romain.

pour prix de sa tranquillité, continue à le financer. L'ANC, pour sa part, faute de pouvoir contraindre les promoteurs de Cavallo à lui verser des fonds, organise une opération de grande envergure[1]. Pour la Cuncolta, François Santoni s'entend avec Lauricella sur un montant de 15 millions de francs destiné, en grande partie, à renflouer les caisses vides de sa mouvance. Dans l'univers de la clandestinité, la plus grande opacité règne sur la réelle utilisation de cet argent. Mais, si chaque formation nationaliste clame haut et fort son intention de lutter contre les «intérêts mafieux» désireux de s'investir en Corse, leurs dirigeants n'ignorent rien de l'origine des fonds distribués avec tant de générosité par Lillo Lauricella.

Origine douteuse des fonds

Le paisible homme d'affaires italien, en butte au racket et à la violence nationalistes, est en fait la partie visible d'un système purement mafieux sur lequel les justices française et italienne ont enquêté chacune à sa manière. En Corse, les premiers véritables soupçons apparaissent, en 1990, lors du renflouement spectaculaire des caisses de la Codil. Entre janvier 1988 et le 31 août 1992, le principal notaire de la Codil, Léon-Gilles Padovani, passe pour plus de 200 millions de francs d'actes de vente sur lesquels seuls 56 millions sont versés à sa comptabilité. Au total, fin 1992, la Codil a bénéficié de 490 250 000 francs de financement divers[2]. Le 15 janvier 1994, la justice insulaire ouvre une information judiciaire sur plus de 154 millions de francs d'abus de biens sociaux présumés.

Derrière l'intérêt pour ces manipulations financières se profilent de lourdes interrogations sur l'origine des fonds de la Codil et sur ses dirigeants. Le 22 juillet 1993, Tracfin, la cellule du ministère des Finances chargée de lutter contre le blanchiment, permet au parquet d'Ajaccio de mieux apprécier le profil de Lillo Lauricella. Celui-ci semble avoir servi de prête-nom au mafieux sicilien Joseph Calo, dit «Pipo», considéré par la Direction des investigations antimafia italienne comme «le capo de la famille mafieuse de Porta Nova». Selon la justice italienne, Lauricella n'est qu'un troisième couteau au

1. Le 26 juillet 1992, un commando de l'organisation clandestine de l'ANC, Resistenza, atterrit en hélicoptère sur l'île de Cavallo et y dépose des charges explosives qui détruisent une partie de l'ensemble immobilier du Village des pêcheurs.

2. Extrait du rapport du 25 février 1994 rédigé par le procureur général près la cour d'appel de Bastia, Christian Raysséguier, sur «La coordination contre le crime organisé en Corse», et remis au directeur des affaires criminelles et des grâces, à la chancellerie.

sein de ce groupe, mais son origine palermitaine fait de lui un homme de confiance sur lequel Pipo Calo s'appuie lors d'opérations de blanchiment de l'argent sale de Cosa Nostra dans la région de Rome. Selon Tracfin, on retrouve à ses côtés des spécialistes qui agissent en Europe, aux États-Unis ou dans les Caraïbes. Surgissent, ici ou là, des noms figurant au panthéon de la mafia internationale, parmi lesquels «l'un des chefs de la loge maçonnique P2[1]». Leurs activités n'ont pas de frontières : trafic d'armes, construction de ports et d'un aéroport sur l'île franco-hollandaise de Saint-Martin, dans les Caraïbes, ou trafic de cocaïne[2].

Des mafieux italiens négocient avec le milieu

Lauricella est implanté à Rome. Il a aussi lié son destin à l'un des piliers de la pègre dans la capitale italienne, Fausto Pellegrinetti, dit «Franco». Ce dernier, arrêté en juin 1992 pour trafic de stupéfiants, puis évadé, prend à partir de 1993 la tête d'un réseau de trafic de cocaïne et d'héroïne entre l'Amérique du Sud et l'Italie[3]. Lillo Lauricella aurait également joué le rôle de blanchisseur pour Pellegrinetti. Une partie des fonds est réinvestie en Suisse dans l'achat de biens immobiliers, ou au Luxembourg dans des sociétés financières. Une autre partie est placée dans le développement de l'île de Cavallo, en Corse. La justice italienne assure que Lauricella a injecté 3,5 millions de francs provenant du système Pellegrinetti pour l'achat de terrains via les sociétés civiles immobilières Bijoux, Cannelle et Batna. Pour veiller sur ses intérêts, que les enquêteurs soupçonnent plus importants, Pellegrinetti a mandaté l'un de ses proches, installé à Rome.

Lauricella doit néanmoins prendre du champ après son incarcération, le 12 mars 1995, à Bastia, pour des délits financiers[4]. Il passe les rênes de la Codil à Pier Luigi Vignuzzi. Les temps changent, son étoile

1. Note Tracfin du 22 juillet 1992, remise au procureur d'Ajaccio dans le cadre de l'affaire Lauricella-Cavallo.

2. *Ibid.*

3. Membre important de la bande de la Magliana, à Rome, Fausto Pellegrinetti a gravi une à une depuis 1967, date de sa première condamnation, les marches de la carrière criminelle – vols, escroqueries et agressions. Il a été condamné définitivement, en 1996, à neuf ans de réclusion pour trafic de stupéfiants. Il a par ailleurs été condamné, le 9 mars 2001, pour blanchiment par la justice italienne à quinze ans de prison et 200 millions de lires d'amende. La peine a été réduite à huit ans en appel. Il figurait toujours, début 2004, au fichier des personnes recherchées.

4. Lillo Lauricella a été condamné le 25 avril 2000 à cinq ans de prison ferme par le tribunal correctionnel de Bastia (Haute-Corse) pour des délits financiers, dont «abus de biens sociaux», dans le cadre de la gestion de la Codil.

commence à pâlir. Ses liens avec la Sicile, notamment avec la famille de Nito Santapaola, à Catane, par le biais de Pipo Calo qui a été arrêté, se sont distendus. Il est remis en liberté par la justice française, mais l'étau judiciaire italien se resserre sur lui. Le 28 septembre 1998, Lauricella est incarcéré à la maison d'arrêt de Rome par la justice antimafia. Un an plus tard, c'est un tournant, il accède au programme spécial et au statut juridique de «repenti»[1]. Il livre une partie des clés du système de blanchiment dont Cavallo ne fut que l'un des rouages. Mis en place au Brésil en 1996, ce système a fonctionné, dit-il, jusqu'en 1998, sous la houlette de Fausto Pellegrinetti. «En juillet 1997, après la fête de San Paolo, je suis entré dans le groupe Recreativo Franco SA, tête de pont qui dominait le marché des machines à sous de São Paulo à Bahia [...] Fausto nous disait à tous : j'ai des problèmes avec la justice, si vous maintenez des contacts avec moi, vous allez avoir des problèmes aussi, cela nous a paru clair.» Lauricella détaille les multiples filières de blanchiment : machines à sous, casinos, importation de fruits exotiques d'Amérique centrale vers le marché européen et le Moyen-Orient et exportation des métaux vers l'Amérique latine. «Il y avait aussi, précise le ministère public, de grands projets immobiliers sur l'île de Cavallo, en Corse, dans lesquels Lillo Lauricella a été l'un des principaux architectes»[2].

Trafic de cocaïne

Les déclarations de Lauricella vont soutenir l'accusation du ministère public italien, pour qui ce groupe mafieux «avait pour objectif l'importation d'énormes quantités de cocaïne en Amérique du Sud, le blanchiment et le réinvestissement dans les circuits commerciaux et financiers internationaux des énormes profits du narcotrafic[3]». Le parquet ajoute que le groupe Pellegrinetti a importé, début 1997,

1. Les déclarations de Lillo Lauricella, en 1999, à deux membres de la Direction des investigations antimafia, «Dr Salvi et Dr Vincitelli», ont permis aux policiers de procéder à une soixantaine d'arrestations. Bénéficiant des mesures de protection des repentis, Lauricella s'apprêtait à changer de vie, quitte à s'établir à l'étranger. Pourtant, il a décidé de fausser compagnie à ses gardiens en mars 2000, perdant alors ce statut avantageux. Un mandat d'arrêt a été délivré à son encontre en avril 2000. Il a été condamné au mois de juin 2002, en appel, à trois ans de prison ferme.

2. Extraits des déclarations faites, au cours de l'année 1999, par Lauricella à la Direction des investigations antimafia, en qualité de «repenti», dans le cadre de l'enquête ouverte par le parquet du tribunal de Rome sur des faits de blanchiment issu du trafic de drogue.

3. Extrait de la synthèse des éléments recueillis par le ministère public figurant sur les commissions rogatoires transmises, en 2000, à la justice brésilienne.

900 kilos de cocaïne, et qu'une autre opération, portant sur 5 tonnes de la même marchandise, a avorté. Lauricella affirmera ne pas être impliqué dans le trafic de drogue.

Les investigations ont également mis en lumière les liens financiers existant entre les frères François et Jules Filippeddu, d'une part, et Lauricella, d'autre part, dans le secteur des machines à sous et des vidéo-pokers[1]. Puissante famille de Bonifacio fortement implantée en Corse-du-Sud, les Filippeddu comptent de nombreux frères. André-Noël, cité dans l'un des volets des affaires de la Codil, est aussi apparu dans le dossier OM/VA ouvert après les accusations de corruption portées par un joueur du club de Valenciennes à l'encontre de l'Olympique de Marseille, dirigé à l'époque par Bernard Tapie. Il a enfin été condamné, en 2000, pour avoir participé à l'opération de racket du golf de Spérone en compagnie, notamment, de François Santoni. Jules Filippeddu, habile et grand voyageur, est considéré comme la figure dominante de la famille. Il a connu son heure de gloire, en 1986, dans l'affaire du « vrai-faux passeport » d'Yves Chalier, délivré par le ministère de l'Intérieur, alors aux mains de Charles Pasqua[2].

Des amis dans les machines à sous

Les liens entre Lauricella et des piliers du monde nationaliste ne concernent pas seulement les investissements sur l'île de Cavallo. Lors de ses auditions, en 1999, en tant que repenti, Lauricella a en effet évoqué la cession d'une partie de ses affaires de machines à sous, au Brésil, à deux hommes d'affaires français, Olivier Cauro et Francis Pérez. À leurs côtés, précisait-il, figurait son ami Alain Orsoni, l'ancien leader du MPA, qui n'était pas un simple intermédiaire puisqu'il avait été chargé de développer les activités de la nouvelle société en Amérique centrale. De plus, il connaissait déjà Francis Pérez ; leurs pères étaient amis depuis la guerre d'Algérie.

---

1. Dans l'affaire Pellegrinetti, les frères Filippeddu ont fait l'objet, entre 1997 et 2001, de mandats d'arrêt internationaux délivrés par la justice italienne, avant de voir requérir contre eux des peines de prison ferme. Absents lors de l'audience, ils ont été relaxés par le tribunal au motif que s'« ils ont contribué et favorisé objectivement les opérations de blanchiment », il n'existait pas de certitude sur leur connaissance de l'origine frauduleuse des fonds. Contacté par le biais de son avocat Me Olivier Metzner, Jules Filippeddu n'a pas souhaité répondre aux questions de l'un des auteurs.

2. Témoin clé, en 1986, dans l'enquête sur l'association du Carrefour du développement visant le pouvoir socialiste, Yves Chalier, recherché par la justice, s'était réfugié au Brésil grâce à ce passeport officiel. Chargé par des proches de Charles Pasqua d'accueillir le fugitif au Brésil, Jules Filippeddu avait été expulsé vers la France afin d'être interrogé.

« De fait, déclare Lauricella, quand j'ai vendu les actions à Cauro, à l'été 1998, j'ai vendu 25 % de Bingo Matic [l'une des structures mises en place par le groupe Pellegrinetti pour investir dans les machines à sous][1]. » Le parquet italien et les autorités brésiliennes s'interrogeront, en 2000, sur le duo Cauro-Pérez. Dans l'une des synthèses judiciaires échangées entre l'Italie et le Brésil, on peut ainsi lire : « Nevada [une autre structure du groupe Pellegrinetti destinée à blanchir l'argent de la drogue] a été vendue à l'été 1998 après plusieurs opérations à MM. Cauro et Pérez [...] si l'on en croit la télécopie interceptée le 21 août 1998. » Les autorités italiennes préciseraient plus tard : « Ils sont étrangers aux délits mentionnés. » Les magistrats antimafia demandent néanmoins que les comptes suspects soient bloqués et vérifiés sur la période qui s'étend du 1er janvier 1997 à la cession de Nevada[2].

Créée en 1998 à Barcelone par Olivier Cauro et Francis Pérez, la société Pefaco exploite des machines à sous dans une dizaine de pays, en Amérique centrale et latine ainsi qu'en Afrique. Pour s'implanter dans chaque pays et décrocher les licences d'exploitation, elle emploie des apporteurs d'affaires, comme Alain Orsoni[3].

Le vrai spécialiste des jeux dans le duo, c'est Francis Pérez. Né en 1962 à Oran, en Algérie, il fait, très jeune, ses gammes dans les jeux au Portugal, au milieu des années 80, avant de s'envoler vers la terre promise des machines à sous, le Brésil. La législation de ce pays fait alors miroiter de vraies fortunes. Pérez s'y lie d'amitié avec Jules Filippeddu, auquel il rend service en lui rachetant 150 machines à sous en pleine affaire du « vrai-faux passeport » d'Yves Chalier. Plus tard, il fait également la connaissance de Lillo Lauricella, proche de Jules Filippeddu. Devenu millionnaire au Brésil, Pérez achète plusieurs casinos dans la région Languedoc-Roussillon, dont, en 1988, celui de Palavas-les-Flots, appartenant à Robert Feliciaggi.

---

1. Extrait des déclarations faites en 1999 par Lauricella à la Direction des investigations antimafia en qualité de « repenti ».

2. Contacté par l'un des auteurs le 14 janvier 2004, Francis Pérez a indiqué que les fonds avaient été versés à la justice italienne puisque « les comptes des sociétés de Lillo Lauricella avaient été placés sous séquestre ». De plus, a-t-il ajouté, « nous n'avons acheté que les machines à sous lui appartenant au Brésil ».

3. Au mois de janvier 2004, Pefaco est présente au Nicaragua, au Brésil, au Salvador, à Saint-Domingue, au Togo, au Bénin, au Burundi et en Lituanie. La société a obtenu une licence au Venezuela mais ses dirigeants ont affirmé à l'un des auteurs qu'ils avaient renoncé quinze jours après avoir ouvert leurs installations faute d'avoir obtenu toutes les garanties nécessaires. Enfin, Pefaco a refusé de s'installer au Guatemala, malgré le feu vert qui lui était promis par les autorités locales via Alain Orsoni. Début 2004, néanmoins, la direction de la société indiquait que la situation politique locale ayant évolué, elle envisageait une installation dans ce pays au cours de l'année.

Mais, faute d'obtenir les autorisations nécessaires, Pérez perd pied. La justice le poursuit pour des délits financiers, et ses concurrents, dont le groupe Tranchant, lui rachètent à bas prix ses casinos. Amer, il clôt son séjour en France avec 100 millions de francs de dettes. Il attendra, pour refaire surface, de faire équipe avec Cauro et Orsoni et la reprise, par Pefaco, des machines de Lauricella[1].

Rossi tombe

Les principaux leaders nationalistes corses de cette époque ont, chacun à leur manière, pris leurs distances avec ce qui faisait, pourtant, leur force du temps où le FLNC était uni. Leurs divisions les ont affaiblis, l'argent facile a gangrené les structures clandestines, les troupes se sont marginalisées socialement et les leaders ont repris les attitudes des chefs de clan classiques qu'ils prétendaient pourtant renverser. Résultat, l'équilibre que la mouvance nationaliste était parvenue à créer avec le grand banditisme est sur le point d'être rompu. Deux figures historiques de la mouvance indépendantiste vont le payer de leur vie.

Ce lundi 7 août 2000, vers 8 heures 30, comme presque tous les jours, Jean-Michel Rossi a acheté les journaux et prend place à la terrasse du bar La Piscine, tenu par son ami Jean-Pierre Martelli, à l'Ile-Rousse. La journée est belle, les premiers touristes profitent de la relative fraîcheur du matin. Situé face à la place principale de la ville, le bar est le fief des nationalistes de la région. Jean-Michel Rossi est ici chez lui. C'est là qu'il aime retrouver ses amis ou ses invités. Il parcourt la presse en compagnie d'un fidèle, Jean-Claude Fratacci, qui joue le rôle de garde du corps. Un ancien conseiller municipal discute avec eux, puis les quitte un instant.

Soudain, un commando de plusieurs hommes surgit. Jean-Michel Rossi et Jean-Claude Fratacci ne les ont pas vus venir. Selon les rares témoignages, il s'agit de deux groupes de deux hommes, à peine grimés, qui arrivent à pied et prennent Rossi et Fratacci sous des tirs de feu nourris. Fratacci reçoit vingt-cinq balles. Il n'a pas eu le temps de se servir de son pistolet Beretta. Blessé, Rossi est achevé à bout portant. Les tueurs s'enfuient à bord d'une voiture garée à quelques

1. Le 31 octobre 2002, à Caracas, au Venezuela, Lauricella a été abattu dans un taxi. Il portait de faux papiers au nom d'un entrepreneur italien âgé de cinquante-sept ans, Claudio Liberini, spécialisé dans le commerce des machines à sous. Sa secrétaire, présente dans le taxi lors de l'attaque, a indiqué qu'elle le connaissait sous le nom de Luigi Camino.

mètres de là. Les enquêteurs retrouvent sur place quantité de cartouches, des étuis de balles de 9 mm de pistolets-mitrailleurs de marques Uzi et Scorpio, des 222 Remington provenant d'une carabine automatique, et de la chevrotine.

La nouvelle fait grand bruit. Le « processus Matignon » engagé, fin 1999, par le Premier ministre Lionel Jospin afin d'ouvrir une large concertation avec les élus corses, y compris nationalistes, et de faire reculer la violence est fragilisé par ces assassinats. Les rangs nationalistes sont également déstabilisés. Cet acte intervient deux jours avant les Journées de Corte, grand rassemblement annuel du mouvement nationaliste, qui, à cette époque, soutient le processus Matignon. Le spectre de la guerre fratricide du milieu des années 90 réapparaît. La mort de Jean-Michel Rossi fait en effet resurgir la rivalité qui oppose François Santoni et Charles Pieri, les deux principales figures de la mouvance nationaliste. Désormais privé de son allié et ami, François Santoni contemple ses erreurs de stratégie. En déclarant la guerre au grand banditisme insulaire et en se marginalisant au sein du mouvement nationaliste, il s'est affaibli au point d'entraîner Jean-Michel Rossi dans sa chute.

L'histoire de ces deux militants nationalistes a basculé à l'automne 1998. Encore incarcérés, Santoni et Rossi ont décidé de démissionner de leur mouvement, la Cuncolta, pour, disent-ils, des raisons « stratégiques et tactiques ». François Santoni, secrétaire national du mouvement, estimait avoir été trahi. Pendant qu'il était en prison, Charles Pieri, secrétaire national pour la Haute-Corse, et Marie-Hélène Mattéi, l'une des égéries de l'organisation, qui est également sa compagne, se sont alliés à son insu.

Santoni et Rossi ont parié sur un ralliement massif de militants. Il n'en est rien. À l'exception de quelques proches, ils sont isolés et se retrouvent à l'écart de la démarche de réconciliation engagée entre les divers mouvements nationalistes à partir de décembre 1998. Ils sont également absents des discussions qui conduiront aux négociations officielles entre les élus corses et le gouvernement de Lionel Jospin. Enfin, la rivalité entre Pieri et Santoni ne va cesser d'empirer. Incarcéré le 30 septembre 1998, Charles Pieri conserve, lui, ses fonctions à la tête du mouvement et soutient la ligne officielle de la Cuncolta : union entre nationalistes et discussions avec Matignon.

Sentant le danger que représente son isolement, François Santoni trouve sa place en s'opposant à la stratégie d'union des nationalistes et au processus Matignon, tout en appelant à l'arrêt de la violence. Mais sa voix porte de moins en moins loin. Pour exister, il est obligé de se contredire. C'est ainsi qu'il salue, avec Jean-Michel Rossi, la création en juin 1999 d'un nouveau groupe armé, Armata Corsa. La paternité de cette structure clandestine devient vite un secret de polichinelle. Rossi et Santoni ne peuvent l'assumer, risquant d'être poursuivis, mais en privé et auprès de certains journalistes ils ne cachent pas qu'ils en sont les chefs[1]. Les opérations menées par ce bras armé vont précipiter leur chute.

Le 20 août 1999, Armata Corsa revendique l'assassinat de Dominique Savelli, un commis boucher de vingt-huit ans, connu des services de police pour des affaires de droit commun. Il a été abattu sur son lieu de travail le 21 juillet, dans le village de Belgodère, en Haute-Corse, par le tir croisé de deux individus armés de fusils à pompe Remington et de Winchester de calibre 12 mm. Selon le texte de revendication, Dominique Savelli « s'apprêtait à remplir un contrat en assassinant un nationaliste pour le compte d'un pseudo-responsable[2] ». En guise d'explication, Jean-Michel Rossi assure, en privé, que Dominique Savelli était chargé de l'assassiner pour des motifs politiques, sur ordre de Paul Grimaldi, ami d'enfance de leur rival nationaliste Charles Pieri[3]. Grimaldi est tué, à son tour, le 21 juin 2000. Deux mois plus tard, Jean-Michel Rossi est abattu à L'Ile-Rousse.

Après la mort de son ami, François Santoni ne cessera de vouloir démontrer, sans fournir de preuves, que cet assassinat est le fruit d'une alliance entre Charles Pieri et le milieu toulonnais.

> Il faut savoir qu'en 1995, écrit-il dans l'un de ses ouvrages, au moment de la guerre entre factions nationalistes, certains responsables bastiais avaient proposé de se replier sur Toulon. Selon eux, la préfecture du Var pouvait constituer une base arrière idéale dans laquelle nous trouverions tous les moyens logistiques et financiers pour préparer une contre-offensive sur la Corse. En fait, je me suis vite rendu compte que l'opération concoctée par certains Bastiais et leurs amis du milieu avait surtout pour but d'utiliser les nationalistes de notre frange pour s'emparer des restes de l'empire Fargette, le parrain[4].

François Santoni se pose en dernier rempart face aux avancées supposées mafieuses de son adversaire et demande, en vain, à Jean-

1. Propos recueillis par l'un des auteurs au cours d'entretiens avec Jean-Michel Rossi entre 1999 et début 2000, et avec François Santoni entre 1999 et début 2001.
2. Communiqué de revendication adressé à la rédaction niçoise du quotidien *Corse Matin*.
3. Propos recueillis par l'un des auteurs au cours d'entretiens avec Jean-Michel Rossi entre 1999 et début 2000.
4. François Santoni, *Contre-enquête sur trois assassinats : Érignac, Rossi et Fratacci*, *op. cit.*, p. 62.

Guy Talamoni, porte-parole de la Cuncolta, d'exclure Pieri du mouvement[1]. Il explique enfin que son ami est mort parce qu'il s'est opposé « à l'implantation de plusieurs cabarets et boîtes de nuits entre Calvi et L'Ile-Rousse[2] ».

Un rapport de force favorable au milieu

Telle est la partie visible du parcours de Santoni et Rossi, deux nationalistes en rupture de ban qui tombent face à l'alliance entre des indépendantistes dévoyés et des voyous. Il existe, pourtant, une autre version, qui émerge lorsqu'on confronte les éléments contenus dans plusieurs enquêtes distinctes. L'un des points de départ n'est autre que l'assassinat de Dominique Savelli, l'apprenti boucher de Belgodère.

Dominique Savelli était promis à un bel avenir dans le milieu. Jeune, il pouvait même prétendre, par sa « mentalité » et ses « capacités », mener ses propres affaires. Avant de mourir, il s'était fait connaître de la justice pour le braquage d'un bureau de poste à Ponte-Leccia, en Haute-Corse. L'enquête a établi qu'il semble avoir fait le coup tout seul, même si, au cours des investigations, on a évoqué la présence dans son entourage de Maurice Navarra. Écroué à la prison de Borgo, au sud de Bastia, Savelli rumine sur les conditions de son arrestation. Il confie à ses proches qu'il doute de son ex-acolyte et qu'il compte bien, dès sa sortie, obtenir le fin mot de l'histoire. Peu de temps après la libération de Dominique Savelli, Maurice Navarra est abattu par deux hommes à moto. Les gendarmes, qui ont gardé à l'esprit les déclarations de Savelli, perquisitionnent à son domicile. Ils n'y trouvent aucun élément permettant de l'impliquer dans cet assassinat, mais découvrent la copie de son dossier judiciaire dans laquelle la victime, Navarra, est décrite par les gendarmes chargés de l'enquête comme une relation de Francis Guazelli, pilier de la Brise de mer. Ce dernier, dit-on dans le milieu, n'aurait que très modérément apprécié l'élimination de son protégé.

Sans doute désireux de ne pas envenimer la situation, Savelli s'installe à Belgodère et travaille, officiellement, comme apprenti chez un boucher d'origine parisienne marié à une Corse. Les gendarmes estiment, quant à eux, qu'il s'efforce surtout de placer des machines à sous dans la région, et notamment, en mars 1998, dans deux bars de Belgodère. L'un d'entre eux est d'ailleurs la cible d'un incendie criminel. Après sa sortie de prison, fin 1998, Jean-Michel Rossi,

1. *Ibid.*, p. 32-35.
2. *Ibid.*, p. 63.

proche des gérants du bar incendié, rencontre le commis boucher en pensant qu'il lui sera aisé de le mettre au pas.

En Corse, c'est la loi du plus fort qui règne. Le milieu comme les nationalistes doivent régulièrement faire montre de leur puissance pour imposer le respect de leur territoire, surtout lorsqu'il s'agit de protéger leurs propres affaires de racket. Restauration, hôtellerie, résidences secondaires, distribution d'essence, centres de vacances ou ports de plaisance, la Balagne est une région très touristique propice à tout type de délit. Dans certains cas, des arrangements pacifient les situations. Les gendarmes évoquent, dans un de leurs rapports sur cette série d'assassinats en Balagne, le cas d'un gérant d'un grand magasin d'ameublement, près de Bastia, qui rétrocédait aux nationalistes de la région un pourcentage sur certaines activités illégales menées par des voyous sur le territoire. Il agissait alors en tant qu'intermédiaire pour le compte d'un proche de la Brise de mer. Les passerelles existent. Et ce d'autant plus qu'une partie des soldats du nationalisme corse ont fini par vivre du seul racket, voire, pour certains, du placement de machines à sous. Dans l'extrême Sud, les gendarmes ont ainsi mis au jour trois affaires de machines à sous impliquant des personnes connues pour être des militants nationalistes proches de François Santoni.

Démissionnaires de la Cuncolta et isolés, Jean-Michel Rossi et François Santoni ne peuvent accepter qu'un intrus empiète sur leur territoire. Ne pas réagir signifierait, au regard des règles du milieu, qu'ils sont incapables de se défendre. Jean-Michel Rossi ne traîne pas pour faire part à Dominique Savelli des problèmes que soulevaient ses velléités. Si l'intéressé n'est guère ému par cet avertissement, c'est sans doute, selon les gendarmes, parce qu'il n'agit pas seul. Il place en effet ses machines pour le compte d'un Corse du milieu toulonnais, Paul Grimaldi, récemment revenu sur l'île après avoir appartenu à l'entourage du parrain du Var, Jean-Louis Fargette, assassiné en mars 1993 en Italie. Sa réputation et ses amis lui ont permis de se refaire.

Des liens entre Toulon et Bastia

Des gendarmes de Calvi signalent la présence de Grimaldi au débarquement du bateau qui assure la liaison avec le continent. Quelle n'est pas leur surprise lorsqu'ils identifient la personne qui l'accompagne : Louis Regnier, dit « Loulou », vieille figure du milieu varois dont le nom évoque aussi bien le proxénétisme de grande envergure que le trafic de stupéfiants, en particulier l'affaire du laboratoire de Phoenix en compagnie du chimiste de Porto-Vecchio, Jean-Marc Leccia. Loulou, selon les informations fournies par le milieu, a voulu donner un coup de main à Grimaldi en facilitant son installation sur le territoire de la Brise de mer. Mais certains membres de la Brise connaissent déjà Paul Grimaldi. Il était présent lors des obsèques de l'un des frères Costa de Moltifao, mort dans un accident d'hélicoptère. Par ailleurs, le milieu toulonnais fréquente régulièrement la Balagne. L'un des frères Perletto est ainsi venu à plusieurs reprises au Challenger, une discothèque, régulièrement visée par la justice dans des enquêtes sur des affaires de blanchiment d'argent appartenant à la Brise de mer.

De retour sur son île natale, chez son oncle, Paul Grimaldi n'est pas en terrain inconnu. Ami d'enfance de Charles Pieri et de Dominique Giuntini, le cogérant du bar La Piscine, quartier général de Jean-Michel Rossi à L'Ile-Rousse, il peut compter sur des fidèles dans le mouvement nationaliste. Jean-Michel Rossi et François Santoni évoquent en 1999, à mots à peine couverts, les liens qui unissent Paul Grimaldi et Charles Pieri lorsqu'ils citent «l'achat d'armes de guerre» par le «responsable» du secteur bastiais du Canal historique dans les années 90 (Pieri). «Un ancien lieutenant de Fargette», écrivent-ils alors, aurait servi d'intermédiaire pour «organiser l'acheminement d'un premier lot de tubes lance-roquettes» [1].

Installé en Corse, officiellement pour y implanter des machines à désemboutir les carrosseries dans les casses de voitures, Paul Grimaldi transforme en fait des jeux électroniques en machines à sous avec des systèmes de cartes à puce fabriqués en Auvergne par la société Techtronic. Le réseau comprend également un truand varois qui se charge des livraisons entre le continent et la Corse. Ce complice, qui tient par ailleurs un bar à Toulon, est associé dans l'affaire avec la concubine de l'un des frères Perletto, successeur présumé de Fargette dans la région toulonnaise.

Jean-Michel Rossi et François Santoni avaient-ils les moyens de défendre leurs intérêts face à cette alliance Brise de mer-milieu toulonnais? En tout cas, ils l'ont cru. Le 21 juillet 1999, lorsque la mort de Dominique Savelli est rendue publique, François Santoni lâche à l'un de ses proches : «J'ai mis une gifle à la Brise [de mer].» À partir de ce moment, la tension ne va pas cesser de croître. Les enquêteurs interceptent un appel téléphonique de Dominique Giuntini, le cogérant du bar La Piscine, à Paul Grimaldi, à l'occasion duquel il lui signale l'existence d'un «danger». Un autre jour, il se

1. Jean-Michel Rossi et François Santoni, *Pour solde de tout compte, op. cit.*

déplace à Bastia pour lui préciser la nature des menaces. Giuntini, par amitié, joue un jeu dangereux.

Les gendarmes ont reconstitué le scénario présumé de la mort de Paul Grimaldi. Un premier groupe le prend en filature alors qu'il se rend, le 21 juin 2000, au restaurant à Ponte-Leccia avec sa compagne. Le commando chargé de l'exécuter attend dans une maison à Santa Reparata. Au signal de son retour, il se met en route pour le domicile de Grimaldi, à Olmi-Cappella, et le tue devant chez lui de plusieurs coups de fusil de chasse. Le milieu toulonnais estime que cette mort ne peut rester impunie. Robert Fargette, dit « Bert », frère de l'ancien parrain toulonnais, est informé par Dominique Giuntini des propos tenus par l'équipe de Jean-Michel Rossi, et notamment par Jacques Navarra. Il confiera à l'un de ses contacts parmi les enquêteurs que tous les membres du commando ayant tué Grimaldi et les commanditaires du meurtre seront abattus. La Brise de mer est consultée sur la décision d'éliminer Jean-Michel Rossi, présenté comme le maillon faible du duo qu'il forme avec Santoni. L'opération est menée par un commando composé de Corses et de truands du Var. Les voitures, selon les policiers, ont été volées à Nice puis convoyées sur l'île.

Santoni de plus en plus isolé

Lorsque Rossi est tué, la marge de manœuvre de François Santoni devient plus étroite que jamais. Il vient de perdre le seul allié qui dépendait de lui. Tous deux avaient pourtant été avertis. L'un des piliers de la Brise de mer, Richard Casanova, était venu les voir une dizaine de jours avant le double assassinat de L'Ile-Rousse pour les prévenir d'un danger imminent.

> Juste avant de nous séparer, rapporte Santoni, l'homme fait comme s'il avait oublié de nous dire quelque chose. “Ah ! dites, au fait, Jean-Michel, on entend beaucoup ton nom en ce moment. Fais attention qu'il n'y ait pas quelque chose qui se monte contre toi. Pars quelque temps avec François dans le Sud. Il est beaucoup moins facile à approcher que toi, mets-toi au vert. [...] À notre époque, on te monte dessus facilement, une équipe de jeunes, ils peuvent être quatre, cinq, ils peuvent même être pleins de came”[1].

1. François Santoni, *Contre-enquête sur trois assassinats : Érignac, Rossi et Fratacci*, *op. cit.*, p. 38. Le nom de Richard Casanova, qui n'est pas cité dans cet ouvrage, a été fourni par François Santoni à l'un des auteurs.

Dès lors, François Santoni opte pour la fuite en avant, jouant à outrance la carte du trublion. Dans sa première déclaration publique, il indique : « Mon analyse est très claire : je suis persuadé que si le meurtre de Jean-Michel Rossi et de Jean-Claude Fratacci n'est pas élucidé rapidement et si les nationalistes dans leur ensemble, mais aussi le gouvernement, ne contribuent pas à élucider cette affaire, le processus de Matignon aura vécu[1]. » Dans le même temps, il tente de faire croire qu'il dispose d'une puissance de feu. Armata Corsa place une voiture piégée, le 13 août 2000, devant les locaux de l'Agence de développement économique de la Corse (ADEC), qui est dirigée par Jean-Claude Guazelli, patron financier de l'île au sein de la Collectivité territoriale de Corse (CTC). Il n'échappe à personne qu'il est aussi le frère aîné de Francis et Angelo Guazelli, deux piliers de la Brise de mer. Les attentats se multiplient. Armata Corsa pose aussi des voitures piégées à Marseille et à Paris. Les dispositifs de mise à feu sont hors d'état de fonctionner, mais la stratégie de la tension est néanmoins en route.

Grâce à l'un de ses informateurs au sein de la direction de la police judiciaire, Santoni prend connaissance du degré d'implication de Bert Fargette non seulement avec Grimaldi mais aussi avec les enquêteurs. Le 19 octobre 2000, à La Valette, près de Toulon, deux hommes arrivent à moto devant la terrasse d'un café où Bert Fargette a ses habitudes. Le tireur, casqué et cagoulé, met le pied à terre et fait feu sur lui à dix ou douze reprises. Il reçoit deux balles dans la bouche. Ancien joueur du club de rugby de La Valette, proche de l'actuel sélectionneur de l'équipe de France Bernard Laporte, Bert n'était pas considéré comme un truand par les services de police. Il avait été suspecté de faire office d'homme de paille pour son frère dans le contrôle d'établissements de nuit varois, et les policiers s'étaient demandé si son voilier n'avait pas servi à autre chose qu'au transport de passagers. Le groupe Armata Corsa, dans ses communiqués de revendication, reste très évasif sur sa responsabilité dans les assassinats de Grimaldi et de Fargette.

L'ami d'enfance de Paul Grimaldi et de Charles Pieri, Dominique Giuntini, cogérant du bar La Piscine, est à son tour tué le 7 septembre 2000, vers 22 heures 30, par deux hommes cagoulés. L'autre gérant du bar, Jean-Pierre Martelli, proche quant à lui de Jean-Michel Rossi, est assassiné le 13 décembre 2001, en plein jour, sur le parking de la poste de L'Ile-Rousse. Trois jours plus tôt, Jacques Navarra, un charcutier de trente-sept ans proche d'Armata

1. Entretien accordé par François Santoni au *Figaro Magazine*, 19 août 2000.

Corsa, a été enlevé chez lui par des hommes cagoulés et armés, arrivés dans trois voitures avec gyrophare – sa famille a cru que c'était la police. Il a été retrouvé criblé de balles de 9 mm après avoir été torturé.

La trajectoire de François Santoni s'arrête dans la nuit du 16 au 17 août 2001 à la sortie d'un mariage à Monacia d'Aullene (Corse-du-Sud), non loin de son repaire familial de Gianuccio. Il est à peine plus de 1 heure du matin. François Santoni n'a jamais été aussi seul. Ses plus proches fidèles et gardes du corps ont pris leurs distances. L'un d'entre eux, chez qui il a été hébergé et nourri pendant de nombreux mois, était présent à cette fête mais a quitté les lieux une heure plus tôt, sans se préoccuper de la sécurité de son ancien mentor, dont il a mesuré tardivement l'ampleur de la dérive politique et personnelle. D'humeur plutôt joviale, pourtant, l'ancien chef de la Cuncolta s'est amusé, au cours de la soirée, à prendre des photos des personnes assises à sa table, chose qu'il n'a pas l'habitude de faire.

Lorsqu'il décide de partir, Santoni parcourt les quelques mètres qui séparent les tables du dîner de sa voiture en compagnie du marié. Un peu plus loin se tiennent sa compagne, jeune avocate aux cheveux noirs, un neveu et son père. S'apprêtant à libérer son hôte, il vient d'ouvrir les portes de sa BMW gris métal lorsque les rafales d'une arme automatique, un fusil d'assaut AK47 de type kalachnikov, s'abattent sur lui. Il est atteint de treize balles de calibre 7,62. Deux projectiles l'ont frappé en pleine tête, provoquant des blessures mortelles; les autres se sont logés dans le thorax et le bras droit. Une trentaine d'impacts sont relevés sur le pare-brise et la carrosserie de la BMW, et sur d'autres véhicules en stationnement.

La victime n'a pas eu le temps de dégainer son Beretta 7,65, retrouvé près de la voiture par les enquêteurs. Un médecin présent au mariage en tant qu'invité lui prodigue les premiers soins avant l'arrivée des pompiers, mais il ne pourra être ranimé. Le tireur, sans doute couvert par un ou deux complices, était dissimulé dans les bosquets, derrière un muret. Les assaillants auraient ensuite regagné leur voiture, une Peugeot 205 volée à Porto-Vecchio la veille et retrouvée calcinée quelques heures plus tard près de l'aéroport de Figari. « Du travail de professionnels », diront les policiers chargés des constatations. Les assassins étaient, surtout, parfaitement renseignés. Les enquêteurs tablent sur la présence d'un complice parmi les invités.

L'enquête stagnera jusqu'au début 2002. Le parquet d'Ajaccio est informé à cette époque de la proposition d'un truand de petite envergure : contre un sort judiciaire plus clément, il est prêt à livrer des éléments sur l'organisation matérielle de l'assassinat. On lui a demandé, ainsi qu'à un autre complice, de voler deux voitures pour le compte de personnes chargées d'un gros coup. Finalement, ils n'ont été en mesure de livrer qu'un véhicule. Le deuxième a été emprunté à un proche. Lorsque les enquêteurs le retrouvent carbonisé, ils sont intrigués de trouver le Neiman intact. Cette énigme permet de remonter la piste jusqu'à un ancien nationaliste.

Le parquet d'Ajaccio transmet les informations dont il dispose à la Direction nationale antiterroriste (DNAT), qui en informe le juge d'instruction chargé de l'affaire. Débute alors un long travail d'environnement. Sans doute trop long, car en juillet 2002 le principal suspect, Alain Robin, est absent de son domicile lorsque les policiers viennent le cueillir. Des repérages effectués quelques semaines plus tôt par les gendarmes l'ont sans doute alerté.

Début 2004, les enquêteurs, qui ont retrouvé Robin, semblent privilégier la piste associant d'anciens nationalistes et de purs truands. Mais ils ne peuvent encore s'appuyer que sur une expertise balistique, ordonnée par le tribunal d'Ajaccio après un autre meurtre, celui de Dominique Rochard, tué le 1er juin 2002. Ce dernier tenait un snack-discothèque, Le Sun-Sea, à Aspretto. Les éléments réunis après sa mort laissent croire qu'il aurait été abattu dans le cadre de la lutte pour le contrôle des boîtes de nuit à Ajaccio. Il venait en effet d'acheter des parts dans L'Imprévu, un établissement nocturne de la ville. L'expertise indique que l'une des deux armes utilisées est un fusil d'assaut AK47 (kalachnikov), avec des étuis de même provenance que ceux découverts dans l'affaire Santoni.

Il sera sans doute peu aisé de démontrer judiciairement les conditions précises dans lesquelles François Santoni et Jean-Michel Rossi ont été assassinés, mais il apparaît néanmoins très probable que le grand banditisme a joué un rôle central dans ces deux affaires. Pour s'attaquer à de telles figures du mouvement nationaliste, des blancs-seings ont nécessairement été délivrés par les principaux voyous de Corse-du-Sud et de Haute-Corse. Un tabou est tombé. Après avoir prospéré dans l'ombre de la mouvance indépendantiste depuis la fin des années 70, après avoir su faire le dos rond quand le FLNC, alors uni, était en mesure de s'opposer à lui, après avoir su profiter des scissions et des guerres fratricides du mouvement nationaliste, le milieu a désormais la voie totalement libre. Aucun pouvoir ne peut plus se mettre en travers de sa route. À moins que les autorités de l'État ne saisissent l'exacte mesure de cette menace et décident de s'y attaquer.

Chapitre 17

L'État impuissant

En cette matinée du 28 mai 1985, le centre-ville de Dijon connaît une animation propre aux anciennes cités médiévales. La couleur pâle des vieilles pierres, les armoiries des ducs de Bourgogne qui brillent au soleil sur les toits des grandes demeures, les rues pavées et les murs bombés des maisons à colombages, tout concourt au souvenir d'une grandeur passée. Dijon vit au rythme des eaux du canal de Bourgogne, paisible, ceinte par les vignes et les forêts. Le tribunal de grande instance, hébergé dans le palais ducal, est dominé par une unique tour. L'immense salle des pas perdus au plafond en forme de coque de navire renversée impose un respect silencieux. Elle ouvre sur la principale salle d'audience, dont les murs lambrissés et les plafonds « à la française » accentuent le caractère solennel du cérémonial judiciaire.

Dans un tel décor, la présence, depuis deux semaines, d'une quinzaine de voitures rutilantes, immatriculées en Corse, n'est pas restée longtemps inaperçue. Leurs propriétaires paraissent même prendre quelque plaisir à bousculer la tranquille petite ville de province peu coutumière de ce type de démonstration, comme le conducteur de cette Ferrari jaune, garée en permanence au pied des marches du tribunal, qui de plus semble apprécier les gros cigares. La quiétude du centre-ville n'est pas troublée que par ces bolides.

Des mesures exceptionnelles de sécurité ont été prises autour du procès qui va se dérouler ici, celui de trois piliers de la Brise de mer. L'autorité judiciaire a préféré un jury d'assises sans accointances avec la Corse. Par crainte d'une évasion spectaculaire, les forces de l'ordre sont déployées autour du palais de justice et dans l'enceinte du tribunal. Des tireurs d'élite sont postés sur les toits voisins, des escortes policières surarmées accompagnent les fourgons cellulaires. Dijon découvre, effrayée, ce que seront plus tard les procès terroristes.

Mais cette fois-ci, il s'agit d'une affaire de banditisme corse. Robert Moracchini, Pierre-Marie Santucci et Georges Seatelli sont traduits devant la cour d'assises de Côte-d'Or pour l'assassinat, le 14 septembre 1982, de Daniel Ziglioli.

Ce dernier était le propriétaire-gérant d'une discothèque, Le Castel, située sur la commune de Taglio-Isolaccio, en Haute-Corse. Également connu comme «restaurateur et grossiste en boissons», il avait donné au mois d'août 1981, selon les policiers bastiais, une «correction» à un membre de la Brise de mer, Angelo Guazelli, pour le punir d'être venu le menacer dans son établissement[1]. Cet épisode, présenté comme l'acte de naissance officiel de la Brise de mer, avait déclenché une série de règlements de comptes qui avait fait une vingtaine de morts.

Le 14 septembre 1982, alors qu'il sort de l'entrepôt où il stocke ses boissons, à Prunete, à une heure de route au sud de Bastia, Daniel Ziglioli ne remarque pas la moto qui s'avance vers lui, montée par deux hommes. Le passager lève le bras dans sa direction et l'abat de neuf balles de 11,43 tirées de son P.A. colt 45. L'équipage prend la fuite et rejoint une BMW garée au bord d'un champ, dans laquelle se trouve un complice. La présence de ce véhicule a d'ailleurs intrigué un voisin placé non loin de là[2]. Sous ses yeux, les trois hommes partent en voiture en direction de Bastia. Ils s'arrêteront quelques kilomètres plus loin, sur un pont qui enjambe une grosse rivière, le Golo. L'un des passagers sort de la BMW et jette à l'eau ce qui paraît être un sac. La scène attire l'attention d'un policier de l'air et des frontières, circulant dans l'autre sens. Auparavant en poste dans l'une des brigades anticriminalité de Bastia, Joseph Manfruelli reconnaît les hommes qui se trouvent dans la voiture, notamment Robert Moracchini. Plus loin, à un barrage de gendarmerie où on l'informe de l'homicide commis à Prunete, il signale spontanément ce qu'il a vu quelques minutes plus tôt, identifiant les trois hommes comme étant Robert Moracchini, Pierre-Marie Santucci et Georges Seatelli.

À son tour prévenu, le substitut du procureur de permanence se déplace avec un plongeur sur le lieu où a été jeté l'objet. En fait de sac, il s'agit d'un blouson dans lequel se trouve le P.A. colt 45 qui a

1. «Synthèse des différents assassinats qui ont ensanglanté la Haute-Corse depuis septembre 1981», *op. cit.* Voir aussi plus haut le chapitre intitulé «L'émergence de la Brise de mer».

2. Ce témoignage a été recueilli au cours de l'enquête de flagrance réalisée sous l'autorité du parquet de Bastia. Son contenu a néanmoins été démenti, dans un deuxième temps, par son auteur.

servi à tuer Daniel Ziglioli. À ce stade, les enquêteurs détiennent donc l'arme du crime et un témoin de premier choix. Robert Moracchini, suspecté d'être l'auteur des coups de feu, est interpellé le 15 septembre 1982. Ses deux complices, Georges Seatelli, à qui l'on reproche d'avoir attendu les tueurs dans la voiture, et Pierre-Marie Santucci, présenté comme le pilote de la moto, sont arrêtés, quant à eux, le 2 décembre 1982, soit deux mois et demi seulement après les faits. Les annales judiciaires comptent peu d'affaires criminelles avec des charges aussi fortes à ce stade de l'enquête. Pour augmenter ses chances, le parquet général près la cour d'appel de Bastia, qui veut éviter le spectre d'un jury placé sous pression, dépayse l'audience en Bourgogne, pensant que la justice y sera rendue plus sereinement.

Des témoins se rétractent

Soumise à la cour d'assises de Dijon, cette affaire est pourtant loin d'être aussi évidente que les autorités judiciaires pouvaient le penser dans un premier temps. Depuis la fin 1982, les rares témoins à charge se sont rétractés. Celui qui avait affirmé aux gendarmes avoir vu la voiture dans le champ a corrigé sa première version, ce qui affaiblit l'accusation. Plus grave pour la justice, le policier de la PAF qui avait conduit les gendarmes vers l'arme du crime, mais dont les déclarations n'avaient pas été consignées sur procès-verbal, est revenu sur ses dires. Finalement, il n'est plus si sûr d'avoir reconnu les hommes qui ont fait halte sur le pont. Il faut toute la persuasion du juge d'instruction Frédéric N'Guyen et du patron de la police judiciaire de Haute-Corse, Démétrius Dragacci, pour que les principaux éléments à charge figurent encore dans la procédure après son passage dans le cabinet du magistrat. Mais ses doutes nuancent déjà la version initiale.

Pour ne rien arranger, l'audience débute dans un climat peu cordial. Les Renseignements généraux ont signalé à la préfecture la présence à Dijon d'une vingtaine de personnes circulant à bord de véhicules immatriculés en Corse, dont la fameuse Ferrari jaune qui fait jaser toute la ville. Il règne, selon les observateurs de l'époque, journalistes comme magistrats, une tension palpable faite de regards en coin et d'arrogance sous couvert de propos aimables. Selon le journaliste du *Canard enchaîné*, Louis-Marie Horeau, qui consacre un long article à ce procès, de nombreux témoins de l'accusation sont tombés malades. « Si l'on en croit les certificats médicaux que le président de la cour lit d'une voix morne, une mystérieuse épidémie en a expédié plusieurs à l'hôpital de Bastia. » Pendant les trois jours d'audience, le président de la cour d'assises doit recourir à la force publique pour obliger le policier de la PAF à témoigner. Pressé de questions par la partie civile sur ses nombreux revirements, il fait montre d'un tel mutisme qu'il parvient à mettre en colère le président. N'en pouvant plus, il finit par lâcher : « Je craignais des représailles contre ma famille. » Il ne fournira pas d'explications à cette phrase lourde de sous-entendus. « Je n'ai pas reconnu Moracchini, assure-t-il devant la cour. J'ai bien vu un homme jeter quelque chose à l'eau mais je n'ai reconnu personne »[1].

Par ailleurs, neuf joueurs du Sporting-Club de Bastia ont assuré qu'ils jouaient au football avec les accusés au moment précis où les faits se déroulaient. Leurs versions ont également largement évolué au fil de l'enquête. Dans un premier temps, une partie des déclarations ne collaient pas, à une demi-heure, voire à une heure près, ce qui laissait le temps aux tueurs d'éliminer Ziglioli avant de rejoindre l'entraînement. Après quelques rectifications, leurs dires en sont venus à accréditer la thèse de la défense.

Si le parquet de Bastia n'était pas intervenu vigoureusement en amont de ce procès, le propre greffier du juge d'instruction chargé du dossier au tribunal de Bastia aurait lui-même été mêlé à cette affaire. Joueur de football dans le club où les accusés déclaraient se trouver lors de l'assassinat de la victime, il était supposé, selon l'un des avocats de la défense, apporter sa version à l'enquête et ainsi conforter leur alibi. Cette éventualité avait provoqué un véritable émoi au sein du tribunal, qui n'y voyait rien d'autre qu'une pression directe exercée sur l'appareil judiciaire[2]. Finalement, le greffier ne fut pas cité comme témoin.

Lors de l'audience devant la cour d'assises de Côte-d'Or, il ne reste quasiment plus aucun lien entre les accusés et l'assassinat. Ils n'étaient pas sur les lieux. La voiture utilisée pour récupérer les motards n'était pas celle retrouvée au cours de l'enquête. Lorsque les avocats de la défense s'apprêtent à plaider, ils paraissent, sans le dire, croire en leur chance de convaincre les neuf jurés de l'innocence de leurs clients. Ce qu'ils ne savent sans doute pas, c'est que l'affaire est, probablement, jouée d'avance.

1. *Le Canard enchaîné*, 5 juin 1985.
2. Version livrée en novembre 2003 à l'un des auteurs par un magistrat du parquet de Bastia à l'époque des faits.

Personne ne le dira au cours de l'audience, et encore moins après le verdict d'acquittement prononcé en faveur des trois accusés : la plupart des jurés, l'avocat général et le président de la cour ont été menacés par des inconnus au téléphone. Le parquet général en a été informé[1]. Les propos tenus par ces interlocuteurs anonymes concernaient le sort des trois personnes poursuivies devant la cour. Aucune mesure de sécurité particulière n'a cependant été prise en faveur des jurés et des magistrats visés. Seuls les convois cellulaires font l'objet de protections policières. Quoi qu'il en soit, rien ne permet de dire, même dix-huit ans plus tard, que les trois accusés, leur entourage ou leurs avocats ont eu un lien avec les auteurs des coups de téléphone ayant visé à influencer la justice. De plus, ces menaces ont eu peu d'impact sur les termes du réquisitoire de l'avocat général, qui a marqué à l'époque les observateurs par sa sévérité. Néanmoins, l'arrêt prononcé par la cour d'assises, qui acquitta sans réserve les trois accusés, infligea à la justice un échec spectaculaire.

« L'affaire de Dijon a été vécue comme un gros coup de bambou sur la tête par une grande partie des magistrats du tribunal de grande instance de Bastia[2] », assura l'un d'eux à l'instruction à l'époque des faits. « Alors que leur puissance grandissait sur l'île, alors qu'ils étaient passés au travers des mailles du filet à maintes reprises, on pensait avoir fait tout ce qu'il fallait pour que, cette fois-ci, ils n'échappent pas à la justice, renchérit l'un de ses collègues, alors au parquet du même tribunal. On ne pouvait pas avoir meilleur dossier que celui-là, et voilà que leur influence dépassait les frontières de l'île. C'était dur à encaisser, beaucoup d'entre nous étaient découragés[3]. »

La consternation était tout aussi perceptible dans les rangs des gendarmes et des policiers en poste en Corse. Au contact de ces voyous, témoins de l'emprise croissante qu'ils exerçaient sur la Haute-Corse, frustrés de voir les témoins à charge se dérober, ils ne pouvaient s'empêcher d'analyser cet acquittement comme un sombre présage. Vingt ans plus tard, beaucoup identifient ce procès

---

1. Confidence faite à un journaliste, après le procès, par l'avocat général ayant requis dans cette affaire.
2. Propos recueillis par l'un des auteurs en septembre 2003.
3. Propos recueillis par l'un des auteurs en novembre 2003.

et son issue comme un moment fondateur dans l'histoire de la Brise de mer, symbole de son impunité.

L'action du préfet Broussard

Si le procès de Dijon est un véritable camouflet pour la justice, il n'est cependant pas la première manifestation de l'impuissance de l'État face à la Brise. Voilà déjà plusieurs années que l'essor de ce gang de Haute-Corse est signalé aux autorités. Le 22 octobre 1981, le détachement de Bastia du service régional de police judiciaire d'Ajaccio adresse à sa direction centrale une note dans laquelle il s'inquiète vivement de la recrudescence des braquages, dont il impute une part notable aux membres de cette bande. Marqué du sceau « secret défense », ce document indique notamment que « seule une action concertée entre le SRPJ d'Ajaccio, détachement de police judiciaire de Bastia, ayant mis en œuvre la majeure partie de ses moyens et les différents services concernés, notamment l'Office central pour la répression du banditisme (OCRB), la Brigade de recherche et d'intervention (BRI), le SRPJ de Marseille et son antenne niçoise, pourrait permettre un meilleur résultat, qui amènerait une régression des agressions à main armée en Corse ».

Fin 1983, le patron de la police judiciaire à Bastia, le commissaire Dornier, tente de sensibiliser le ministère de l'Intérieur aux dangers que fait peser ce groupe sur l'ordre public. On lit ainsi dans la synthèse envoyée à Paris :

> Souvent interpellés à la suite d'affaires retentissantes ou d'assassinats ne pouvant découler que de leur fait, objets de perquisitions nombreuses et généralement vaines, toujours remis en liberté faute de preuves ou de témoignages, les membres de cette association se sentent maintenant invulnérables et affichent avec une morgue sans pareille un train de vie et des signes extérieurs de richesse sans cause qui font pâlir de rage la population saine de cette région, en même temps que l'impunité dont ils paraissent bénéficier la terrifie[1].

Le travail de Dornier figurera même dans le dossier judiciaire du procès de Dijon, afin d'éclairer la justice sur le profil des accusés.

---

1. « Synthèse des différents assassinats qui ont ensanglanté la Haute-Corse depuis septembre 1981 », *op. cit.*

Un an plus tard, en 1984, l'équipe de policiers qui entoure le commissaire de la République Robert Broussard, envoyé en Corse par le gouvernement pour répondre à la hausse spectaculaire des attentats et de l'insécurité sur l'île (il sera nommé plus tard préfet de police), s'attaque également au banditisme. Broussard, ancien patron de l'antigang, connaît bien ce monde. Une dizaine de dossiers sont ainsi constitués sur des bars et des discothèques que la police soupçonne d'être contrôlés, en sous-main, par la Brise de mer grâce au blanchiment de fonds volés lors de braquages de banques et de fourgons blindés. De plus, Robert Broussard opte pour un travail collectif associant la police judiciaire et le fisc afin de traquer les suspects sur le terrain financier[1]. Le jour de l'offensive est même arrêté[2]. Pourtant, les policiers, comme les agents des impôts, resteront l'arme au pied.

L'information judiciaire contre X pour association de malfaiteurs qui devait servir de cadre juridique à l'ouverture de ce front anti-Brise va être bloquée, cette fois-ci, à l'échelon politique. Le ministre de la Justice, Robert Badinter, se méfie des « opérations cow-boy » et ne se résout pas à accorder un « blanc-seing » à Robert Broussard et à ses policiers[3]. Le garde des Sceaux ne cache pas sa préférence pour une action douce et sous contrôle. Il demande alors à Laurent Fabius, nouveau Premier ministre, de valider la constitution d'un double front judiciaire et fiscal, ce que l'intéressé refuse[4]. La chancellerie, mesurant mal l'urgence de la tâche à accomplir, ne se résoudra finalement pas à engager les poursuites. Elle manquera, à cette époque, une chance historique de bloquer l'essor de la Brise de mer.

Cette décision est lourde de conséquences. L'année 1984 est une année charnière dans l'histoire de la Brise. Ses membres ont fait place nette et éliminé la concurrence. Ils n'ont pas encore totalement blanchi les fonds qu'ils ont accumulés grâce aux machines à sous et aux braquages en série. De plus, leur mode de fonctionnement reste, à certains égards, relativement primaire. Ils réalisent leurs investissements dans des secteurs classiques du banditisme – les discothèques, les bars, les établissements de jeu. La Brise ne s'est pas encore diversifiée et n'a pas atteint le niveau de sophistication qui lui permettrait de s'abriter derrière une ingénierie de prête-noms et une tuyauterie financière destinée à protéger ses intérêts. Mais elle est sur le point d'y parvenir. Malgré les avertissements et les messages d'alerte

---

1. Récit recueilli auprès de Robert Broussard par l'un des auteurs en 2003.
2. Voir *Le Canard enchaîné*, 29 octobre 1986.
3. Récit recueilli en ocotbre 2003 par l'un des auteurs auprès d'Éric de Montgolfier, procureur de la République à Nice, en poste à la chancellerie à l'époque des faits.
4. *Ibid.*

transmis à Paris, le gouvernement de Laurent Fabius permet à l'organisation de franchir, sans encombre, un cap majeur de sa carrière.

Une offensive décevante en 1986

En 1986, avec deux ans de retard et le fâcheux pressentiment que le moment idéal pour endiguer les avancées de la Brise est passé, les autorités judiciaires se décident enfin à passer à l'attaque. Le procès de Dijon est encore dans les mémoires. Le 10 octobre 1986, l'institution judiciaire ouvre donc la fameuse enquête pour association de malfaiteurs promise deux années auparavant à Robert Broussard. Le 17 octobre, une vaste opération est conduite par plusieurs services de police, dont l'OCRB et la BNEE, à l'encontre d'établissements suspectés d'appartenir à la Brise de mer[1]. La liste reprend largement le travail préparatoire qui avait été fait fin 1984.

Au terme des premières analyses, les craintes émises par les plus pessimistes s'avèrent exactes. Il est déjà presque trop tard. Treize personnes sont interpellées lors de l'opération, mais aucun élément matériel ne permet de les poursuivre pour association de malfaiteurs. Grâce à la découverte de pièces comptables suspectes, la justice réussit à ouvrir des procédures incidentes sur des qualifications purement financières – abus de biens sociaux ou diverses infractions aux lois sur les sociétés. La Direction générale des impôts (DGI) est saisie sur des soupçons de fraude fiscale.

Si les autorités s'estiment satisfaites d'avoir réuni, une fois n'est pas coutume, différents services de l'État, et surtout d'avoir montré à la population corse que la Brise n'était pas impunie, la réalité paraît moins glorieuse. Robert Moracchini, déjà cité lors du procès de Dijon, est condamné à quelques mois de prison pour un simple abus de bien social dans le cadre de la société de gestion de son bar-tabac, Le Continental. La seule brèche ouverte au cours de l'offensive de 1986 concerne le domaine fiscal. Cinq sociétés sont poursuivies par la Direction nationale des vérifications de situation fiscale (DNVSF) sur la base des enquêtes diligentées au mois de février 1987. Parmi elles, on note des structures qui gèrent trois établissements étiquetés « Brise de mer » : L'Apocalypse, considérée comme l'un des quartiers généraux de la bande, Le Palais des glaces, qui trône au beau milieu de la place

1. Synthèse du SRPJ d'Ajaccio du 8 décembre 1986 sur « Les opérations menées contre les membres du milieu bastiais appartenant à la mouvance de la Brise de mer ». Voir aussi plus haut le chapitre intitulé « L'émergence de la Brise de mer ».

Saint-Nicolas, et le Continental de Robert Moracchini. Le montant total des sommes à recouvrer s'élève à 7,5 millions de francs. Onze personnes, dont Robert Moracchini, Francis Santucci et deux frères Voillemier, font également l'objet de poursuites pour avoir dissimulé au fisc plus de 5,5 millions de francs. Un rapide constat effectué par les services fiscaux révèle, à cette époque, le décalage qui existe entre le niveau de vie affiché des membres de la Brise et les revenus officiellement déclarés. La moyenne pondérée des déclarations fiscales du noyau dur de la Brise donne un revenu mensuel individuel équivalant à 4000 francs, chiffre qui, selon la Direction générale des impôts (DGI), ne variera guère au cours des dix années suivantes[1].

Aucun recouvrement fiscal

C'est un coup d'épée dans l'eau. Le mythe d'une Brise intouchable en sort renforcé. La rue bastiaise bruit de commentaires moqueurs sur une justice qui, faute d'avoir pu mettre à l'ombre trois piliers de la Brise lors du procès de Dijon, se venge sur des faits mineurs. L'image de l'institution judiciaire est de nouveau détériorée. Depuis 1980, elle n'a pas su détecter l'émergence de la Brise, qui a pu conquérir, à coups d'homicides, le haut du pavé du milieu en Haute-Corse. Elle n'a pas non plus été en mesure de faire tomber l'organisation lors de ses multiples campagnes de braquages grâce auxquelles elle s'est constitué un matelas financier lui permettant de passer du banditisme classique à la criminalité organisée.

En 1992, une nouvelle synthèse rédigée par l'antenne bastiaise du SRPJ d'Ajaccio sur la place de la Brise de mer en Corse fait le point sur les résultats de l'offensive fiscale engagée six ans plus tôt. « Ces vérifications furent réalisées à l'encontre de sociétés et de personnes physiques. [...] Les condamnations pécuniaires s'élevaient à une somme globale de 13 millions de francs. À ce jour, aucun recouvrement n'a été concrétisé. » Ce commentaire entraîne chez son auteur un constat d'impuissance qui ressemble à s'y méprendre à ceux déjà formulés en 1981, 1983 et 1986. « Souvent soupçonnés, dénoncés anonymement, quelquefois à la suite d'affaires marquantes, interpellés, le plus souvent remis en liberté faute de preuves et de témoignages, ils se sentent invulnérables et font, pour certains, régner la

1. Interrogée par l'un des auteurs en juin 2003 dans le cadre de cette enquête, la DGI a confirmé, à titre confidentiel, ce chiffre extrait d'une synthèse de l'histoire de la Brise de mer rédigée en 2001 par la police judiciaire en Corse.

terreur dans toute la Haute-Corse, où ils volent, pillent, menacent, rackettent, sans jamais qu'une plainte soit déposée. »

Face à une telle inefficacité, qui frise aux yeux de beaucoup l'incurie et l'inconscience, le Premier ministre Pierre Bérégovoy lui-même décide le 19 août 1992, lors d'un comité interministériel sur la Corse, de créer un groupe interservices pour «étudier l'origine des capitaux investis sur l'île». Considérant que seule la coopération de services issus de diverses administrations peut barrer la route à la criminalité organisée, et notamment à la Brise de mer, il confie la conduite de ce groupe au procureur général et au préfet de région. Ses membres, magistrats, préfets, policiers, gendarmes, fonctionnaires des impôts et de l'équipement, promettent de se retrouver tous les trimestres. Les premiers dossiers traités portent notamment sur les soupçons de blanchiment d'argent réalisé sur l'île de Cavallo et sur l'acquisition de l'hôtel quatre étoiles Eden Roc, situé sur la route des Sanguinaires, à Ajaccio.

Une invulnérabilité reconnue officiellement

Mais cette pieuse intention fait long feu. En 1994, le procureur général de Bastia, Christian Raysséguier, constate, découragé, que la réunion du groupe interservices qui devait se tenir, le 2 juillet 1993, pour déterminer une stratégie dans le dossier Eden Roc est reportée «sine die» à la suite du départ du préfet adjoint à la sécurité, Jean Fedini. «Depuis lors, Jean-Pierre Lacave, nouveau préfet adjoint pour la sécurité en Corse, n'a plus réuni les instances prévues par le comité interministériel du 19 août 1992 et ne m'a fait part d'aucune nouvelle initiative dans ce domaine[1].»

Christian Raysséguier s'était fendu, un an plus tôt, d'un premier rapport consacré spécifiquement au milieu organisé en Corse. Selon lui, deux secteurs se distinguaient : «Brise de mer en Haute-Corse et bande du Valinco en Corse-du-Sud. [...] Ces bandes de malfaiteurs, très actives, semblent s'être réparti certaines activités voire même certains secteurs géographiques (cas des frères Mattéi à Corte, des frères Guazelli à Bastia, de Richard Casanova, Pierre Flori et Benoît Grisoni en Balagne, etc.). » Son constat final semblait quelque peu dépité, et reprenait un refrain connu. «Souvent soupçonnés, parfois dénoncés anonymement, parfaitement conseillés par leurs avocats et s'étant

1. Rapport du procureur général près la cour d'appel de Bastia (Haute-Corse), Christian Raysséguier, sur «La coordination contre le crime organisé en Corse», remis le 25 février 1994 au ministre de la Justice.

parfaitement rodés au fil de leurs démêlés avec la police et la justice, sachant que personne ne se hasardera à témoigner contre eux, ils bénéficient d'une quasi-invulnérabilité et sont très conscients de cet état de fait. » Pour souligner son impuissance, il indiquait enfin qu'en dépit d'une sensibilisation forte de son parquet général « d'autres problèmes restent entiers : grave sous-effectif en enquêteurs de la section économique et financière et absence de détachement en son sein d'un inspecteur des impôts, comme je l'avais réclamé à plusieurs reprises »[1].

Des enquêtes fiscales sans résultat probant en 1997

La nomination, quelques jours après l'assassinat, le 6 février 1998, de Claude Érignac, d'un préfet à poigne, Bernard Bonnet, avec pour mission de rétablir l'« État de droit », peut faire croire dans un premier temps que les voyous ont autant de raisons de s'inquiéter que les nationalistes affairistes ou les chefs de clans politiques dévoyés. Car cette fois-ci, pensa-t-on, l'État prend conscience de la gravité de la situation. Lors d'un passage éclair à Ajaccio, le 9 février, entendant symboliser la République blessée, le président Jacques Chirac ne parle-t-il pas de « la folie meurtrière, la politique du pire et la dérive mafieuse qui ont armé le bras de quelques-uns » ?

Le chef de l'État ne précise pas la nature exacte de cette « dérive mafieuse » aux contours imprécis. Quelques semaines plus tard, la puissance publique lance une nouvelle offensive fiscale qui ressemble fort à ce qui avait été entrepris en 1986. Les objectifs sont flous. Les piliers de la Brise de mer et ceux du milieu de Corse-du-Sud, proches de Jean-Jé Colonna, ne sont impliqués dans aucune enquête majeure. Néanmoins, il faut montrer à l'opinion que l'État s'active, quitte à s'appuyer sur des recherches antérieures à la mort de Claude Érignac, notamment celles menées, à l'automne 1997, par Gérard Bougrier, préfet adjoint pour la sécurité en Corse, qui a déjà ciblé quelques dossiers à traiter en priorité dans le domaine du grand banditisme, en particulier sous l'angle fiscal.

Dans sa note du 15 octobre 1997, Gérard Bougrier désigne notamment les frères Voillemier : « Famille connue du grand banditisme faisant l'objet actuellement d'un travail de fond de l'antenne de police judiciaire de Bastia, incluant un volet fiscal. Il est donc impératif que cet objectif ne fasse l'objet d'aucun contrôle fiscal avant l'aboutisse-

1. Rapport remis, le 21 avril 1993, au ministère de la Justice par le procureur général de Bastia, Christian Raysséguier, sur « Le milieu organisé en Corse ».

ment de nos recherches. » Par ailleurs, il énumère les affaires de la famille Lantieri de Bonifacio. Ses activités sont multiples : promenades en mer, centre nautique, contrôle de l'une des principales discothèques de l'extrême Sud, L'Amnésia, mais aussi de plusieurs commerces sur l'île de Cavallo, d'un hôtel à Bonifacio et de la principale société de distribution de produits alimentaires des hôtels et restaurants du sud-est de la Corse. La note de Gérard Bougrier ne fournit aucun élément précis ni réellement accusatoire sur les liens qu'entretient la famille Lantieri avec le milieu, se bornant à indiquer que, « d'une manière générale, les investissements ou les prises de participation de cette famille sont sujets à caution et méritent l'attention »[1].

Par ailleurs, fin 1997, la Direction générale des impôts (DGI) a établi « un plan d'action pour le respect de la loi fiscale en Corse » sous le contrôle conjoint du ministère de l'Économie et des Finances et du ministère de l'Intérieur. Trois groupes sont distingués : les membres du grand banditisme insulaire, les principaux chefs d'entreprise de Corse et des personnalités de l'île propriétaires d'importants patrimoines fonciers, immobiliers et financiers. C'est ce projet qui est étendu au lendemain de l'assassinat du préfet Érignac.

Pour mener cette action, la DGI offre aux brigades locales et régionales du Trésor, qui ne s'occupent que des petites et moyennes entreprises, le soutien actif des trois directions nationales de vérifications fiscales, jusqu'alors quasi absentes de Corse. La Direction nationale des vérifications de situation fiscale (DNVSF) contrôle les revenus les plus importants et ceux des célébrités. La Direction de vérification nationale et internationale (DVNI) contrôle les comptes des principales entreprises corses, notamment dans le domaine des travaux publics et de la grande distribution.

Enfin, la Direction nationale des enquêtes fiscales (DNEF) conduit les perquisitions et les missions de renseignement. Cette fonction prend tout son sens quand il s'agit de traquer les fortunes suspectes des piliers du milieu corse. Selon les chiffres de la DGI, 161 vérifications ont été menées en 1997. Elle promet d'en conduire près de 300 avant la fin 1998. Les agents chargés des visites domiciliaires, permettant de saisir les documents nécessaires aux contrôles fiscaux, sont protégés par des policiers.

Considéré comme le secteur le plus sensible, le contrôle des patrimoines et des revenus des membres de la Brise de mer est couvert

1. Note du 15 octobre 1997 adressée par Gérard Bougrier, préfet adjoint pour la sécurité en Corse, à Mme Catherine Delmas-Comolli, directeur adjoint du cabinet du ministre de l'Intérieur.

par la plus grande confidentialité. Le fisc s'intéresse tout particulièrement à leur train de vie – voitures de sport, avions privés, bateaux et motos puissantes, édification de maisons luxueuses... L'écheveau financier, dont les ramifications s'étendent très souvent à l'étranger, complique la tâche des enquêteurs.

Enfin, cibles classiques mais incontournables, les discothèques font l'objet de plus d'une dizaine de vérifications fiscales en Haute-Corse. La DGI diligente également des contrôles en direction de voyous fichés au grand banditisme résidant à Bonifacio, à Porto-Vecchio et dans la région d'Ajaccio. Elle parvient dans certains cas, grâce aux informations transmises par les services de police, à glaner des éléments inconnus des rapports officiels. On relève par exemple le cas d'un proche de Jean-Jé Colonna que la DGI soupçonne d'être le propriétaire de plusieurs dizaines de chevaux, via des prête-noms. Il serait ainsi devenu un personnage connu dans le milieu des champs de courses, notamment sur les hippodromes secondaires où ses protégés gagnent de temps en temps.

De nouveau, les résultats ne sont pas à la hauteur des espérances affichées par les autorités de l'État. Les vérifications fiscales ne donnent rien de probant. Beaucoup ne cachent pas leur amertume et rappellent que tous ces efforts, bien que nécessaires, arrivent trop tard. Les piliers de la Brise se sont depuis longtemps organisés pour dissimuler et blanchir le fruit de leurs activités par le biais de canaux sophistiqués et bien rodés.

> Nous avons transmis les éléments suspects que nous avons trouvés à la Brigade nationale d'enquêtes économiques [la BNEE dépend de la sous-direction des affaires économiques et financières de la DCPJ], qui travaillait avec l'antenne bastiaise du SRPJ d'Ajaccio, explique la DGI. La Brise de mer possède peu de biens en nom propre. Nous avons souvent été confrontés au même type de surprises. Leurs maisons, leurs voitures ou leurs motos appartiennent officiellement à des prête-noms, voire à des SCI domiciliées à Monaco ou dans d'autres paradis fiscaux[1].

Un procureur dépité en 2000

Le 21 juillet 2000, un autre procureur général près la cour d'appel de Bastia, Bernard Legras, se penche à son tour sur la criminalité

1. Propos recueillis au mois de mai 2003 auprès d'un directeur de la Direction générale des impôts par l'un des auteurs.

organisée en Corse. Il signale que le groupe interservices n'a jamais repris vie depuis juin 1993 sous la forme initialement prévue. En 1997, le procureur de la République d'Ajaccio, Jacques Dallest, a organisé sa propre structure interadministrations. Plus réduite, elle rassemble l'essentiel des acteurs de l'État qui échangent leurs renseignements de manière informelle. Invité, le représentant de la Banque de France a décliné. En Haute-Corse, sur les terres de la Brise de mer, l'impuissance de l'État est criante.

> On peut regretter, écrit Bernard Legras dans son rapport final, ce manque de constance, car il est bien évident que seule la mise en commun par les différents services de l'État de leurs informations et de leurs moyens pourrait permettre d'appréhender efficacement le problème du blanchiment de capitaux en Corse ou plutôt celui de l'investissement, en Corse, de capitaux blanchis.

Après les messages de vigilance adressés par trois commissions d'enquête parlementaires successives, qui ont, entre 1998 et 1999, déjà évoqué « l'émergence d'un système prémafieux en Corse[1] », Bernard Legras sonne lui aussi l'alerte face aux avancées du crime organisé sur l'île. Selon lui, la Brise de mer, qui échappe depuis vingt ans aux sanctions habituelles pour les forfaits dont on l'accuse, disposerait

> d'un patrimoine estimé entre 800 millions et 1 milliard de francs [...] L'erreur a certainement consisté à avoir une approche globalisante et donc à mettre en œuvre des actions inadaptées. Il s'agit en réalité d'une criminalité protéiforme, à l'organisation très complexe, pratiquée par des groupuscules constitués sur une base familiale, qui se sont associés en fonction des circonstances, mais qui ont toujours conservé leur autonomie. Les membres de ces équipes ne se sont pas enfermés dans les secteurs traditionnels du banditisme (vol à main armée, machines à sous, drogue, prostitution), mais ils ont investi leurs butins dans les secteurs de l'économie traditionnelle.

Bernard Legras décrit l'existence, dans le sud de l'île, d'une criminalité construite

> sur une organisation féodale [...] Tous mes interlocuteurs, sans exception, m'ont présenté Jean-Baptiste Colonna, dit Jean-Jé,

1. Extrait du rapport final de la commission d'enquête parlementaire présidée par Jean Glavany, *op. cit.*

comme l'élément majeur, incontournable de la criminalité organisée en Corse-du-Sud. Mais, pour citer le responsable d'un service local, « tout le monde a planché sur lui, le fisc a beaucoup travaillé, en vain ». Vérification faite, aucune procédure n'est actuellement diligentée à l'encontre de M. Colonna, aucune condamnation ne figure à son casier judiciaire[1].

La mobilisation tourne court en 2000

En septembre et en octobre 2000, la ministre de la Justice Élisabeth Guigou, et Daniel Vaillant, ministre de l'Intérieur, se rencontrent afin de répondre à cette menace. Leurs directeurs de cabinet, Christian Vigouroux et Bernard Boucault, mobilisent les services compétents. Les magistrats des sections financières de Marseille et de Bastia sont conviés à des réunions de travail au ministère avec leurs homologues des juridictions de la Côte d'Azur spécialisés dans les questions de banditisme. Une partie des profits issus du grand banditisme insulaire semble, en effet, être investie dans des projets immobiliers et des établissements de nuit dans le Var et les Bouches-du-Rhône – ainsi qu'à Paris et à l'étranger. Enfin, des « hommes de paille » porteraient les intérêts financiers du grand banditisme corse lors de prises de participation dans des entreprises d'apparence légale. Les autorités entendent attaquer de front l'origine des fonds – vols à main armée, machines à sous, trafics d'armes ou de drogue –, leurs propriétaires et le lieu de leur blanchiment se trouvant en Corse.

Les premières mesures prennent la Brise pour cible. Le parquet de Bastia a ouvert, le 21 avril 2000, une information judiciaire sur des faits d'abus de biens sociaux, de banqueroute et de recel visant l'exploitation d'une société qui distribue le café Kimbo sur l'île. Des soupçons de blanchiment existent en effet depuis que des investigations conduites sur l'exploitation illégale de machines à sous dans la plaine orientale ont montré que des recettes des jeux clandestins pouvaient être investies dans la distribution du café. Les policiers y auraient décelé la présence de la Brise de mer. Des témoignages évoquent des pressions exercées sur les cafetiers de Haute-Corse pour qu'ils s'approvisionnent auprès de la société Kimbo. Depuis la fin mai 2000, le procureur de Bastia s'intéresse aussi au rachat de la Société insulaire automobile, concession Peugeot, située en Haute-

1. Rapport de Bernard Legras sur « La criminalité organisée en Corse », *op. cit.*

Corse. Les enquêteurs tentent de faire la lumière sur les conditions de la reprise de cette société, derrière laquelle se profilerait l'ombre d'un membre de la Brise de mer. Les doutes portent en outre sur la nature des fonds qui y ont été injectés. La justice se penche enfin sur les intérêts de Jean-Jé Colonna. Les policiers s'interrogent, cette fois-ci, sur le retrait suspect, en argent liquide, de plusieurs millions de francs extraits de la trésorerie du casino d'Ajaccio, et tentent d'étayer les soupçons de « blanchiment » avancés au cours de l'enquête préliminaire.

Mais, une fois de plus, la puissance publique se distingue par son inconstance. L'amorce d'offensive tourne court. Au printemps 2001, elle ne résiste pas à la nomination de la nouvelle ministre de la Justice, Marylise Lebranchu, qui opte pour des priorités différentes. Or, face au grand banditisme corse plus que dans d'autres domaines, l'action publique doit être poursuivie sur le long terme si l'on veut obtenir de réels succès. Après s'être montrée volontariste, l'action judiciaire retrouve, d'un coup, un rythme peu conforme à l'urgence de la situation. Les magistrats que le ministère a fait venir en Corse, entre 1999 et 2000, à grands coups d'effets d'annonce pour lutter contre les dérives insulaires, comme ceux en poste depuis plusieurs années, savent bien que ce nouveau revirement n'est pas sans conséquences. Sur l'île, la lutte de l'État contre le banditisme est un signe fort. Car l'enjeu, aux yeux de la population locale, n'est pas simplement de mettre à l'ombre une équipe de braqueurs ; il s'agit surtout de reconnaître l'ampleur de l'emprise qu'a la Brise de mer ou ses homologues en Corse-du-Sud sur la société insulaire.

Certains magistrats attirés par le discours offensif de l'équipe Guigou repartent ainsi vers d'autres cieux moins de deux ans après leur arrivée. Le premier bilan du pôle financier, installé en grande pompe au mois de septembre 1999, laisse dubitatif. Le 30 mars 2000, le procureur général, Bernard Legras, et le premier président de la cour d'appel, Michel Jeannoutot, indiquent que cette structure ne peut accéder

> qu'à la partie émergée de l'iceberg [...]. Dans la société corse, relativement confinée, l'activité du pôle révèle le nombre restreint d'intervenants économiques et les relations avec l'économie occulte d'origine criminelle. Une approche méthodique, ciblée avec d'autres administrations, permettrait de mener parallèlement l'examen de fond de dossiers lourds et importants et de déceler des infractions plus simples, voire formelles, qui pourraient être poursuivies sans retard. Cette méthode de travail permettrait de lutter efficacement

contre le sentiment d'impunité dont certains se targuent et qui est mal ressenti par l'immense majorité de la population[1].

Enfin, les enquêtes ouvertes sur des soupçons de blanchiment d'argent sale de la part de membres de la Brise de mer connaissent des fortunes qui ne sont pas à la hauteur des espoirs de la justice. L'enquête préliminaire sur le café Kimbo ne donne lieu à aucune information judiciaire, et l'affaire de la concession Peugeot aboutit à des relaxes en appel.

Où est l'argent blanchi?

La question du blanchiment de l'argent sale est souvent éludée lorsqu'on aborde le sujet en Corse. «Où sont les débouchés de l'argent sale, des hôtels, des boîtes de nuit, des immeubles? Vous voyez bien que le problème de la Corse réside dans son sous-développement économique et touristique et non l'inverse»: voilà les propos dilatoires que l'on entend souvent. De prime abord, il paraît exact que les grands investissements liés à une injection massive de fonds d'origine douteuse sont loin d'être la norme sur l'île. En revanche, les services d'enquête locaux parlent traditionnellement d'un «blanchiment de proximité» offrant à ses auteurs le moyen de contrôler, en douceur, l'activité économique de la Corse. Cette pratique se traduit par des prises de participation masquées dans des secteurs très variés, souvent fort éloignés des secteurs traditionnels du banditisme. Elle se manifeste également par le recours à des prête-noms de pure façade, reliés familialement à l'auteur de l'investissement originel. Au fil des années, la toile de la Brise de mer, faute de concurrence locale sur le terrain du banditisme et faute de coups d'arrêt de la part de l'État, s'est élargie au point de permettre à l'organisation d'exercer un contrôle diffus sur l'île tout entière. Cette présence insidieuse s'est étendue d'autant plus aisément que l'économie locale de l'île connaît une pénurie de capitaux.

Le système bancaire ne surveille guère la nature et l'origine des fonds, en espèces, qui circulent dans ses agences locales. De même, les textes réglementaires en matière de lutte contre le blanchiment ne sont appliqués qu'avec beaucoup de «laxisme»[2]. Lors de plusieurs

1. Extrait du rapport sur «Le fonctionnement du pôle économique et financier de Bastia», transmis le 30 mars 2000 à la chancellerie.

2. Diagnostic formulé par Bernard Legras dans son rapport sur «La criminalité organisée en Corse», *op. cit.*

missions sur l'île, notamment en 1997, l'inspection générale de la BNP a insisté sur le fait que « les risques de blanchiment ne sont pas maîtrisés, la surveillance n'étant exercée que partiellement ». Deux ans plus tard, une mission identique diligentée, cette fois-ci, par l'inspection générale et d'audit de la caisse nationale du Crédit agricole est parvenue aux mêmes conclusions, indiquant que, depuis des années, la caisse régionale de Corse « n'a pas mis en place un environnement suffisant pour se prémunir avec efficacité contre le risque de blanchiment. L'examen de nombreux comptes suspects conduit les auteurs de cette vérification à conclure que le personnel des agences est mal formé, et les modes de fonctionnement internes, notamment dans le cadre des relations avec les clients, sont à ce point déficients que la banque elle-même court un risque pénal si, d'aventure, des poursuites étaient engagées contre elle pour "complicité de blanchiment" ».

Tracfin, le service chargé auprès du ministère des Finances de lutter contre le blanchiment et de collecter les renseignements dans ce domaine auprès du monde financier et des institutions compétentes à l'étranger, ne cache pas à ses interlocuteurs qu'en Corse les établissements bancaires et les notaires, en particulier, sont peu loquaces. Dans les rares cas où la justice se saisit de dossiers de blanchiment sur l'île, elle se heurte rapidement à la particularité de ce délit, qui ne peut être établi pénalement que si l'origine frauduleuse des fonds est démontrée. Pour prouver que l'argent provient d'un trafic illégal, encore faut-il remonter à la source. Or, en matière financière, l'argent et la justice vivent dans des mondes bien distincts. Le premier n'admet aucune frontière et transite d'un pays à l'autre à la vitesse d'un clic de souris. La seconde ne dispose que d'une marge de manœuvre limitée. Le juge n'a autorité que sur le territoire national. Au-delà, il doit composer avec d'autres systèmes judiciaires, d'autres cultures, d'autres contraintes, et le succès d'une demande de coopération varie selon les pays. Comme l'indique le procureur général Bernard Legras, parmi les lacunes du système, « le caractère éminemment aléatoire de la coopération internationale en matière pénale » entrave le travail de la justice. Ainsi, pour la seule enquête ouverte pour blanchiment sur l'île de Cavallo, dans l'extrême sud de la Corse, il indique que « si la justice française avait voulu opérer à armes égales, elle aurait dû effectuer des investigations dans plusieurs pays : Panama, États-Unis, Brésil, Luxembourg, Liechtenstein, Suisse, Italie, Belize, Monaco, Espagne, Angleterre, île de Man, Jersey[1] ».

---

1. *Ibid.*

Le paravent nationaliste

L'impunité de la Brise de mer et d'autres membres du grand banditisme insulaire n'est pas le fruit de la seule impéritie de l'État. Le parcours relativement préservé des voyous corses trouve aussi son explication dans des choix précis du pouvoir politique. Parmi ceux-ci, la « priorité absolue » donnée à la lutte contre le terrorisme et contre les groupes clandestins nationalistes est l'une des « chances » historiques dont le grand banditisme a su habilement profiter pour poursuivre ses activités. L'attention de l'État est, en effet, restée focalisée sur les exactions terroristes, considérées comme beaucoup plus attentatoires à l'ordre public que celles du banditisme. Le procureur général Bernard Legras mesure lui-même les conséquences de cette décision : « Il me paraît difficile de contester une telle orientation. Mais il faut constater que celle-ci a conduit les services à négliger d'autres combats, notamment ceux que l'on aurait dû mener contre le banditisme et certaines dérives financières graves[1]. »

Il n'est pas question de réécrire, ici, l'histoire des relations entre l'État et le mouvement nationaliste depuis le premier coup d'éclat, à Aléria, le 22 août 1975, lorsque l'occupation d'une cave viticole par le chef du principal groupe autonomiste corse, Edmond Siméoni, et quelques militants provoqua une réaction disproportionnée des pouvoirs publics – l'état de siège déclaré par le gouvernement de Jacques Chirac. Mais, depuis cette date, le dossier corse a rarement disparu de la scène politique française. « De 1975 à 1983, c'est clair, on n'a rien fait sur la Brise de mer. Nous avions ordre de ne travailler que sur le FLNC[2] », se souvient un commissaire d'origine corse.

Les gouvernements successifs, de droite comme de gauche, ont tenté de nombreuses versions d'un possible compromis politique. En 1981, Pierre Mauroy charge son ministre de l'Intérieur, Gaston Defferre, secondé par son conseiller aux Affaires corses, Bastien Leccia, de trouver une réponse à cette question corse qui a conduit nombre de nationalistes devant la Cour de sûreté de l'État. Après avoir voté une loi d'amnistie, les députés adoptent, le 21 juillet 1982, la création d'un outil institutionnel spécifique. La décentralisation est effective sur l'île un an plus tôt que sur le continent. L'année

1. *Ibid.*
2. Propos recueillis par l'un des auteurs en novembre 2003.

1982 est pourtant également celle du record des attentats : on en compte près de 800, auxquels il faut ajouter une quarantaine d'assassinats, dont ceux imputables à la Brise de mer. En guise de réponse, on l'a vu, le gouvernement nomme Robert Broussard commissaire de la République en Corse et le charge de remettre un peu d'ordre. Il doit gérer l'affaire de l'enlèvement du nationaliste Guy Orsoni et l'expédition punitive meurtrière dans la prison d'Ajaccio.

Après les scissions intervenues en 1989 et 1991 au sein du mouvement nationaliste, la confusion s'accroît encore. Certains veulent négocier avec les clandestins, d'autres s'y refusent. Mais, au regard du poids pris par les structures armées de la mouvance nationaliste, il paraît difficile de passer outre. Encore faut-il choisir le bon camp : Mouvement pour l'autodétermination (MPA) d'Alain Orsoni, qui abrite le FLNC-Canal habituel, ou Cuncolta nazionalista, vitrine légale du FLNC-Canal historique, de François Santoni et de Charles Pieri ?

Pierre Joxe, ministre (PS) de l'Intérieur en 1984, poursuit le travail de restauration de l'ordre qu'a engagé Gaston Defferre. Puis, de retour aux mêmes fonctions en 1988, il se chargera, cette fois-ci, notamment avec le soutien du MPA, de mettre au point un nouveau statut politique pour l'île qui est voté en 1991. Une amnistie sera de nouveau adoptée dans la foulée, au grand désespoir des policiers. Charles Pasqua, quant à lui, en tant que ministre (RPR) de l'Intérieur entre 1986 et 1988, a opté pour la manière forte : « Nous allons terroriser les terroristes », affirme-t-il lors d'un déplacement en Corse. De retour place Beauvau en 1993, il change, lui aussi, radicalement de stratégie et négocie avec les nationalistes de la Cuncolta nazionalista, clandestins, comme les élus à l'Assemblée territoriale, et travaille sur la possibilité d'offrir à la Corse un statut équivalent à celui des territoires d'outre-mer. Dans le même temps, avec l'aide de magistrats antiterroristes, il organise la remise en liberté expresse des membres d'un commando du FLNC-Canal historique pris en flagrant délit lors d'une opération menée, en 1994, contre le golf de Spérone.

Son successeur Jean-Louis Debré ne fera que suivre ses traces, négociant avec François Santoni, porte-parole de la Cuncolta nazionalista, jusqu'à l'épisode de la conférence de presse clandestine à Tralonca, en Haute-Corse, début 1996. Alors qu'on devait y annoncer un désengagement militaire, le déploiement, cette nuit-là, dans le maquis, sous les caméras de télévision, d'un véritable arsenal aboutit à l'effet inverse : une provocation majeure à l'égard de l'autorité de l'État. Le Premier ministre (RPR) Alain Juppé saisit l'occasion pour imposer à Jean-Louis Debré sa ligne opposée à toute négociation, position d'ailleurs partagée par son successeur à Matignon, Lionel Jospin, et surtout par le ministre de l'Intérieur de ce dernier, Jean-Pierre Chevènement.

L'assassinat du préfet Claude Érignac, le 6 février 1998, place plus que jamais la mouvance nationaliste sur le devant de la scène insulaire. Les interrogations sur le rôle du milieu dans la mort du préfet sont vite dissipées et l'enquête met en évidence, un an et demi plus tard, l'implication d'un groupe nationaliste radical de la région Cargèse-Sagone, à une heure de route d'Ajaccio. L'incarcération de ses membres ne détourne pas l'attention des autorités, toujours focalisée sur le seul monde nationaliste. Car lors des interpellations du commando, le week-end du 22 mai 1999, le chef de la Division nationale antiterroriste (DNAT), Roger Marion, commet un certain nombre d'erreurs d'appréciation qui permettent à Yvan Colonna, le tueur présumé du préfet, de s'enfuir[1]. Le ministère de l'Intérieur doit donc consacrer l'essentiel de ses moyens à la recherche du fugitif, jusqu'à son arrestation le 4 juillet 2003.

De 1998 à fin 2003 – de la mort du préfet Érignac à l'arrestation d'Yvan Colonna –, les gouvernements focalisent leurs efforts sur la dimension politique du problème corse. Fin 1999, celui de Lionel Jospin lance le « processus Matignon » en réaction aux attentats. Le but consiste, une fois de plus, à trouver une réponse institutionnelle aux questions soulevées par la violence politique. La chute spectaculaire de Bernard Bonnet, en juin 1999, dans l'« affaire des paillotes » contribue à éclipser les initiatives prises par l'État pour lutter contre la « dérive mafieuse ».

Confronté au dossier corse, Nicolas Sarkozy, ministre de l'Intérieur à partir de 2002, croit, comme ses prédécesseurs, avoir trouvé la solution en optant pour la voie référendaire. Mais le refus, début juillet 2003, de la population corse de voir évoluer, même de manière douce, le statut de l'île génère un discours plus radical. Sarkozy dénonce ainsi publiquement, à l'automne 2003, « les dérives mafieuses constatées sur l'île ». Il précise qu'il cible notamment, pour sa part, celle incarnée par certains leaders nationalistes, qu'il qualifie même d'« Al Capone ». Quelques semaines plus tard, le responsable indépendantiste Charles Pieri est visé par une information judiciaire confiée au juge d'instruction du pôle financier Philippe Courroye, à Paris. Mais le ministre de l'Intérieur n'évoque pas la menace du grand banditisme insulaire, dont le fonctionnement mafieux paraît pourtant plus prégnant que jamais.

---

1. Voir Jacques Follorou, *L'État bafoué*, Stock, 1999, p. 236-237.

Une enquête enterrée

Les zigzags et l'aveuglement des pouvoirs publics ne sont pas seuls à avoir protégé les figures du crime organisé insulaire. Les failles et les dysfonctionnements de la machine étatique ont aussi été exploités à merveille par ces parrains. Comment distinguer la maladresse d'un policier de sa coupable indulgence, ou de sa complicité active ? Un même événement peut être perçu de ces trois points de vue distincts, lesquels induisent des responsabilités, morale ou pénale, différentes. C'est pourquoi il n'est pas aisé d'avancer une thèse définitive pour expliquer les nombreux exemples de décisions douteuses prises en faveur de la Brise de mer pendant plus de vingt ans. Et ce d'autant moins que la justice ou le ministère de l'Intérieur ne sont quasiment jamais saisis de tels cas. En tout état de cause, le résultat est là : l'impunité.

En 1997, le patron de la police judiciaire en Corse, Démétrius Dragacci, malicieux personnage au visage de pâtre grec, parfois retors et peu amène avec les nationalistes, donne son feu vert à l'antenne de Bastia pour engager des recherches approfondies sur la toile financière de la Brise de mer. L'enquête, menée en dehors de tout cadre judiciaire, relève du travail de renseignement. Conduite en collaboration avec la BNEE basée à Nanterre (Hauts-de-Seine), elle va durer dix-huit mois. Le numéro deux de l'antenne de Bastia, Yann Gréard, doit en faire la synthèse. L'idée est de collecter le maximum d'informations afin de les transmettre, à terme, à la juge d'instruction chargée de l'affaire du casse de l'UBS, la banque genevoise dans laquelle un commando de la Brise de mer s'est emparé, au mois de mars 1990, de 125 millions de francs[1].

La mort du préfet Érignac va une première fois troubler le cours des investigations. Le ministre de l'Intérieur, Jean-Pierre Chevènement, qui exige que l'on vérifie s'il n'existe pas de piste criminelle, interroge Bernard Gravet, alors directeur central de la police judiciaire. C'est à cette occasion que l'information de l'existence du rapport Gréard remonte dans l'appareil policier, sans pour autant qu'un lien puisse être établi entre l'assassinat du préfet et la Brise. Au printemps 1998, la BNEE et l'antenne PJ de Bastia ont réuni des données bancaires et financières. Elles les ont adossées aux milliers d'éléments extraits des registres du commerce et passées au crible des relations familiales et amicales du noyau dur de la Brise et de son entourage proche. Même si

1. Voir plus haut le chapitre intitulé « L'émergence de la Brise de mer ».

les avis sont partagés sur les suites à donner, un premier tableau édifiant de l'étendue du groupe criminel peut être brossé.

Quelques semaines avant de changer d'affectation, en juin 1998, le commissaire Gréard, personnage peu sociable et obstiné, laisse entendre qu'il a les moyens de faire tomber l'ensemble du noyau dur de la Brise de mer. Dans la première synthèse de 300 pages qu'il livre à sa hiérarchie apparaissent les prémices de ce qu'il affirme être l'arme fatale contre l'organisation. Il confie ainsi aux rares personnes à qui il semble faire confiance qu'il a « de quoi faire 1400 pages sur la seule Brise de mer[1] ». Le spectre de cette étude est large : circuit de blanchiment, origine frauduleuse des fonds, mainmise sur l'économie locale, galaxie de prête-noms et corruption politique. L'auteur est également en mesure, si on lui permet d'aller plus loin, d'étayer des soupçons de connivence visant des policiers en contact avec certains membres de la Brise de mer. Voilà, en tout cas, la version de celui qui a réalisé la première synthèse sur la question, et qui s'apprête à rejoindre la police judiciaire de Grenoble.

Les quelque 300 pages de son document remontent à Paris fin 1998. Elles n'atteindront jamais la juge d'instruction qui devait les recevoir. L'ordre d'interception vient d'un membre du cabinet du ministre et de Roger Marion, alors patron de la Division nationale antiterroriste (DNAT). Ce dernier, omniprésent, parvient à convaincre la hiérarchie policière que ce travail « à l'américaine », comme il le qualifie péjorativement, n'est qu'une vaste compilation indigeste et fourre-tout indigne d'un travail d'officier de police judiciaire[2]. La hiérarchie du commissaire Gréard lui fait savoir que son travail n'aura pas de suite.

Si la synthèse Gréard est loin d'être une preuve en soi, elle constitue sans conteste une pièce importante offrant à la justice une photographie inédite de la Brise de mer à la fin des années 90. Aussi paradoxal que cela puisse paraître, un tel effort n'avait jamais été entrepris auparavant, notamment sur le terrain financier. De plus, l'idée non avouée des promoteurs de ce travail, à commencer par Démétrius Dragacci, était de placer sous séquestre une partie des avoirs de la Brise. Il n'en sera rien fait. Le rapport du commissaire Gréard semble enterré.

Pourtant, au mois de mars 2000, le quotidien *Le Monde* consacre une pleine page à ce qu'il qualifie d'« offensive contre la criminalité

1. Propos recueillis par l'un des auteurs fin octobre 2003.
2. Appréciation livrée par Roger Marion lui-même, le 11 avril 2001, au procureur général de Bastia, Bernard Legras, lorsque celui-ci lui demande copie de la synthèse rédigée par l'antenne PJ de Bastia et la BNEE.

organisée en Corse»[1]. L'article signale l'existence d'une base documentaire, constituée entre 1998 et 1999 par la Brigade nationale d'enquêtes économiques et l'antenne bastiaise du SRPJ d'Ajaccio sur le crime organisé en Haute-Corse, visant la Brise de mer. Le journal indique qu'un travail minutieux a été entrepris, en 1997, sur l'enrichissement apparent des principaux membres de la Brise et de leur entourage. Il cite notamment une note policière datée de fin 1998 : «Force est de constater que certaines acquisitions immobilières se situaient dans un temps pouvant correspondre à l'écoulement du butin de l'Union des banques suisses, en 1990, et pourraient être également liées à d'autres événements criminels.»

Le procureur général de Bastia, chargé, à la mi-janvier 2000, de rendre un rapport sur le crime organisé en Corse, découvre grâce à la lecture du *Monde* l'existence de synthèses policières sur son sujet d'étude.

> Très intéressé, raconte-t-il dans son rapport final, j'ai d'abord contacté le directeur du SRPJ d'Ajaccio qui, visiblement gêné, m'a fait savoir qu'il ne pouvait pas me communiquer directement des documents non élaborés par son propre service et que je devais donc me rapprocher de sa hiérarchie parisienne, en l'occurrence Roger Marion, alors directeur central adjoint de la police judiciaire. J'ai donc sollicité M. Marion, le 11 avril 2000, qui m'indiqua que le rapport visé par la fuite n'était en réalité qu'une compilation de comptes sans grand intérêt. Je réitérai ma demande verbale le 10 mai 2000. Le 3 juillet 2000, le directeur central de la police judiciaire [Patrick Riou] me fit savoir qu'il était au regret de m'informer du fait qu'il n'avait pas trouvé trace des deux rapports cités dans l'article du *Monde*. Je dirai, pour rester mesuré, que cette fin de non-recevoir est éminemment désagréable[2].

En réalité, les rapports existent bel et bien. La première synthèse de 300 pages a été remise par le commissaire Gréard à Roger Marion. Patrick Riou, directeur central de la police judiciaire, le supérieur hiérarchique de Marion, s'est lui-même replongé dans le document avant de répondre à Bernard Legras qu'il «n'en avait trouvé aucune trace». Le journaliste du *Monde*, quant à lui, a rédigé

1. «La justice en Corse fait de la criminalité organisée sa cible prioritaire», article signé par l'un des auteurs, *Le Monde*, 31 mars 2000.
2. Rapport de Bernard Legras sur «La criminalité organisée en Corse», *op. cit.*

son article sur la base de la synthèse adressée à la DCPJ par la Brigade nationale d'enquêtes économiques à l'automne 1998[1]. Dans cette note, la BNEE rappelle l'origine de son enquête et la méthode qu'elle y a retenue. « Le travail d'initiative de l'antenne de Bastia du SRPJ d'Ajaccio et de la BNEE a mis en évidence des données très confidentielles, non prouvées juridiquement et donc fragiles. L'intérêt des enquêteurs, alertés par des investissements inexpliqués dans le tissu économique local et des distorsions entre des revenus officiels et le niveau de vie constaté, s'est porté sur plusieurs centaines de comptes bancaires et plus d'une centaine d'acquisitions immobilières [...] Si la tâche paraît considérable, elle n'est pas sans espoir ; les actes de gestion, les apports de fonds, les intermédiaires de circonstance laissent des traces révélatrices. Une telle démarche de fond serait propre à valoriser auprès de l'opinion insulaire l'action de la police nationale et de la gendarmerie[2]. »

Pourquoi ce deuxième refus d'exploiter, ou du moins de diffuser le rapport Gréard-BNEE ? Si le contenu de ce travail qui se veut une simple recherche documentaire est sans importance, pourquoi le cacher dès lors qu'il est sollicité par des personnes habilitées à en prendre connaissance ? Si au contraire il renferme des éléments de première importance, pourquoi consacrer autant d'énergie à en interdire l'accès ? L'argument avancé par le directeur du SRPJ d'Ajaccio, consistant à dire qu'il ne peut communiquer des documents qui n'émanent pas de lui, est spécieux puisque l'antenne de Bastia de la police judiciaire en Corse est le coauteur de ce travail.

Pour rédiger son rapport, Bernard Legras n'a donc pu s'appuyer que sur les notes de synthèse adressées à son parquet général entre le début des années 80 et le 9 décembre 1992, « date de la dernière note de synthèse élaborée par le SRPJ d'Ajaccio ». Visiblement amer, il indique :

> J'ai rencontré, à l'occasion de la rédaction du présent rapport, de très grandes difficultés pour recueillir les informations nécessaires à l'analyse des phénomènes criminels considérés, et donc à la définition d'une politique adaptée. Autant en matière de terrorisme, les notes, les biographies, les synthèses abondent, autant en matière de banditisme et s'agissant des dérives affairistes des groupuscules nationalistes les informations sont éparses. J'ai

1. Note du 16 septembre 1998 sur « L'implantation de la Brise de mer dans le tissu économique local et international ».
2. *Ibid.*

même dû constater que les services locaux et nationaux du ministère de l'Intérieur ne disposaient pas ou disaient ne pas disposer d'éléments de synthèse sur la criminalité organisée en Corse ou sur les manifestations extérieures du banditisme corse[1].

L'affaire des fichiers du grand banditisme

Pour ne rien arranger à ces relations délétères entre la DCPJ et le parquet général de Bastia, le procureur général Bernard Legras, toujours au mois d'avril 2000, sollicite de nouveau le SRPJ d'Ajaccio sur la présence des Corses au sein du fichier « grand banditisme ». Son directeur l'invite, là encore, à se tourner vers Roger Marion, qui s'engage à lui faire parvenir une synthèse de l'Office central pour la répression du banditisme. Il ne la recevra jamais. Ce n'est que le prélude à l'affaire des fichiers, qui met en scène, en premier lieu, Richard Casanova, l'un des poids lourds de la Brise de mer.

Nationaliste à la fin des années 70, Richard Casanova a opté ensuite, on l'a vu, pour le droit commun pur, tout en maintenant des contacts réguliers avec certains leaders de la mouvance nationaliste. Au cours des années 2000 et 2001, il est ainsi vu en compagnie de responsables en rupture de ban, Jean-Michel Rossi et François Santoni, et de ceux du FLNC-Union des combattants, dans la région de Porto-Vecchio, en Corse-du-Sud. Présenté comme le parrain de la Balagne, Richard Casanova étend également son emprise, selon ses relations nationalistes, sur Porto-Vecchio et ses environs. Son ascension vers les sommets de la criminalité date, semble-t-il, du casse de l'Union des banques suisses (UBS), réalisé au mois de mars 1990 à Genève. Considéré par le milieu corse comme le grand ordonnateur de cette affaire, il a par la suite dû entrer en cavale et a, de fait, été contraint de se lancer dans une fuite en avant à la recherche de financements et de protections lui permettant de partager sa vie entre Paris, la Corse et l'étranger.

La justice a délivré à son encontre, le 28 janvier 1991, un mandat d'arrêt dans l'affaire de l'UBS. Renouvelable tous les trois ans par le juge chargé de l'affaire, sa fiche de recherche a été régulièrement remise à jour jusqu'au 12 février 2000. À dater de ce jour, officiellement, il n'était plus nécessaire de poursuivre Richard Casanova puisqu'il avait été interpellé. L'avis de retrait du fichier mentionne

1. Rapport de Bernard Legras sur « La criminalité organisée en Corse », *op. cit.*

brièvement le motif : « découvert »[1]. Seule protestation, mais de taille, formulée par les gendarmes qui s'intéressent à lui : l'intéressé n'a, en fait, jamais été arrêté.

En mai et juin 2000, l'OCRB, qui souhaite également interroger Richard Casanova, prend contact avec le SRPJ d'Ajaccio. La procédure veut normalement qu'aucun malfaiteur ne puisse être rayé de la liste des personnes recherchées ou signalées si le SRPJ de sa région d'origine ne donne pas son accord[2]. Or l'OCRB apprend que le SRPJ n'a pas été consulté sur le retrait intempestif de la fiche de recherche de Casanova. Personne ne parvient à obtenir le fin mot de l'histoire. L'OCRB et le SRPJ d'Ajaccio évoquent par ailleurs les vaines demandes du procureur général de Bastia pour obtenir une synthèse sur les Corses figurant au fichier des personnes recherchées en matière de grand banditisme. À ces deux affaires un point commun : la direction centrale de la police judiciaire, et notamment son numéro deux, Roger Marion, par qui transitent toutes les suppressions de noms[3].

Un an plus tard, le même Roger Marion, personnage nerveux aux fréquents accès de colère, presse les services de police judiciaire de procéder au « nettoyage » du fichier des personnes recherchées. Celui-ci est en effet toujours menacé d'engorgement si les noms s'accumulent sans que l'on sache le degré réel de dangerosité des malfaiteurs ou que l'on prenne en compte les éventuelles modifications de leur statut judiciaire – ils peuvent entre-temps avoir été arrêtés, jugés ou relâchés[4]. La suppression de certains noms participe donc, dans l'esprit de ses promoteurs, d'une bonne administration de l'institution policière. C'est, a priori, dans cette logique que, les 5 et 6 juin 2001, dix-sept malfaiteurs considérés comme des piliers du banditisme corse sont retirés des listes. La décision fait grand bruit. Elle est interprétée, aussi bien au sein de services d'enquête en Corse qu'au sein de l'opinion publique, comme la manifestation flagrante de la fameuse impunité dont les membres du milieu sont crédités depuis vingt ans.

Parmi les bénéficiaires de ce « nettoyage », on compte les trois

---

1. Informations révélées dans « Le nouveau mystère de la Brise de mer », *Le Figaro*, 31 octobre 2001.

2. Cette procédure a été décrite à l'un des auteurs début décembre 2003 par Patrick Riou, directeur central de la police judiciaire à l'époque des faits mentionnés.

3. Sollicité à plusieurs reprises par les auteurs à Marseille, où il occupait les fonctions de préfet délégué à la sécurité, Roger Marion a refusé tout entretien sur ces éléments. Les auteurs avaient pris soin de préciser à son secrétariat la nature des questions qu'ils souhaitaient lui poser.

4. La procédure de nettoyage des fichiers et la répartition des rôles au sein de la DCPJ pour la mettre en œuvre ont été décrites à l'un des auteurs, début décembre 2003, par Patrick Riou, directeur central de la police judiciaire à l'époque des faits mentionnés.

frères Guazelli, Francis, Paul et Angelo, qu'aucune procédure judiciaire ne met en cause à cette date-là (tout juste note-t-on la présence d'Angelo Guazelli dans la procédure ouverte sur les prêts abusifs accordés par le Crédit agricole de Corse, dont son frère aîné, Jean-Claude Guazelli, a été le directeur général jusqu'en 1996). Autre figure radiée : Antoine Castelli, l'ancien patron du bar La Brise de mer, connu pour avoir été en quelque sorte, à la fin des années 70, le chaperon de cette bande en train d'éclore. Retiré dans sa villa-forteresse de la plaine de la Casinca, âgé de soixante-deux ans, il n'est pas non plus mis en cause judiciairement. Selon un membre du milieu insulaire, il aurait «pris du recul».

Les trois frères Pattacchini bénéficient aussi de la mesure. Les leaders nationalistes corses ont conservé d'eux un souvenir particulier, lorsqu'ils animaient les rangs du mouvement anti-indépendantiste Francia, structure proche de la milice gaulliste du SAC, dont les coups d'éclat avaient ajouté au trouble politique qui régnait sur l'île entre 1978 et 1980[1]. Jacques, le cadet, a croisé le chemin de la justice en 1974 pour une affaire d'homicide volontaire, puis, un an plus tard, dans le cadre d'une enquête pour faux et usage de faux. En 1982, il a été soupçonné d'avoir participé au braquage des coffres du Crédit Lyonnais à Bastia, mais il n'a pas été inquiété. Le plus jeune, Joël, a débuté sa carrière criminelle en 1979 par un vol à main armée. En 1988, il a été suspecté d'avoir prêté main-forte à la fausse attaque d'un fourgon blindé à Pietralba, en Haute-Corse. La justice n'a pas retenu sa culpabilité. Jean-Louis, l'aîné, est incarcéré dès 1973, à vingt et un ans, pour faux et usage de faux et infraction à la législation sur les armes, puis pour proxénétisme à la fin des années 70, et pour tentative de vol en 1983. Les trois frères ont aussi été impliqués dans l'affaire du casse de l'UBS. Jean-Louis a été mis hors de cause, le 26 janvier 1999, par la chambre d'accusation de la cour d'appel de Paris. En revanche, Jacques et Joël ont été renvoyés devant la cour d'assises.

Le nettoyage du fichier vise donc une dizaine de personnes régulièrement présentées, depuis vingt ans, comme membres du noyau dur de la Brise de mer ou de son entourage proche. Dans une note transmise, le 3 septembre 1998, au cabinet de Jean-Pierre Chevènement, ministre de l'Intérieur, la direction centrale de la police judiciaire avait présenté ce qu'elle estimait être la liste des «malfaiteurs en activité appartenant à la mouvance de la Brise de mer». Y figuraient encore en première ligne les noms d'Antoine Castelli, des frères Guazelli – Paul, Francis et

1. Souvenir recueilli par l'un des auteurs auprès d'une figure historique du mouvement nationaliste, aujourd'hui maire d'un village.

Angelo –, ainsi que ceux des frères Pattacchini – Jacques, Joël et Jean-Louis. Soit une grande partie des individus qui, moins de trois ans plus tard, verraient l'attention des autorités de l'État à leur égard se relâcher de façon spectaculaire.

Par une décision tout aussi étonnante, le directeur central de la police judiciaire et son adjoint, Roger Marion, valident le retrait du fichier du grand banditisme de Jean-Jé Colonna et de trois de ses proches : les frères Jean-Toussaint et Ange-Marie Michelosi ainsi que leur beau-frère Antoine Bozzi. Cette initiative, assumée par le directeur du SRPJ d'Ajaccio, a de quoi surprendre. Jean-Jé a été, fin 1998 et fin 1999, identifié par les trois commissions d'enquête parlementaires sur la Corse comme « le parrain de la Corse-du-Sud »[1]. De plus, l'attention des policiers a été beaucoup plus soutenue sur les activités de Jean-Jé entre 1998 et 2000 que depuis son retour de cavale en 1985. Le 29 mars 1999, une circulaire a même été émise par le ministère de l'Intérieur à destination de plusieurs services de police pour que ses déplacements soient signalés aux autorités. Enfin, le rapport du procureur général de Bastia, Bernard Legras, reprenait aussi la thèse du rôle central joué par Jean-Jé dans le milieu de Corse-du-Sud[2].

Il faut aussi noter le retrait de la liste, plus discret, de Georges Mancini. Surnommé « Nanni » en Corse, il s'est expatrié, dans un premier temps, en Amérique du Sud après avoir échappé à une tentative d'assassinat. Moins chanceux, son frère, André Mancini, a été abattu le 15 décembre 1990 dans le cadre de règlements de comptes entre voyous en Balagne. Mais Nanni est aussi connu dans le milieu, et de plusieurs avocats, pour avoir été l'auteur d'un coup d'éclat en plein tribunal lors de son procès pour association de malfaiteurs. Alors qu'il se trouvait dans le box des accusés, il aperçut Roger Marion pénétrant dans la salle d'audience, prêt à répondre aux questions du président du tribunal en tant que témoin. Il le prit violemment à partie, l'accusant, devant l'assistance stupéfaite, de collusion avec le milieu du banditisme. Il eut tout juste le temps d'ajouter qu'il avait lui-même remis au policier le prix de cette connivence. Ces affirmations créèrent un incident d'audience, mais elles n'iront pas plus loin au regard du peu de crédit accordé à leur auteur[3].

1. Voir les rapports des deux commissions d'enquête, présidées, celle de septembre 1998 par le député (PS) Jean Glavany, et celle de novembre 1999 par le député (PS) Raymond Forni. Presque concomitamment à ce second rapport, le sénateur Jean-Patrick Courtois, président de la commission d'enquête du Sénat sur la sécurité en Corse, rendait ses conclusions, voisines de celles formulées par Raymond Forni.

2. Rapport de Bernard Legras sur « La criminalité organisée en Corse », *op. cit.*

3. Roger Marion n'a pas souhaité répondre aux questions des auteurs à ce sujet.

Une fixation sur Yvan Colonna

L'indifférence apparente de la DCPJ au rapport Gréard comme à l'affaire des fichiers conduit inéluctablement à s'interroger sur les motivations de ces choix, et sur les priorités réelles du pouvoir. Dans le dossier corse, entre 1998 et 2003, notamment, l'ombre de l'affaire Érignac ne cesse de planer sur les décisions prises par la Direction centrale de la police judiciaire. Le milieu des voyous, en particulier, aurait-il été considéré comme une source possible d'informations utiles, au point que l'on ait cherché à monnayer son aide contre quelque passe-droit ?

> Je ne sais pas, assure l'un des anciens adjoints de Roger Marion à la DNAT, s'il faut nécessairement chercher une manœuvre coupable derrière ces affaires de fichiers ou celle de la note Gréard, mais une chose est sûre : on ne peut analyser correctement la période 1999-2003 qu'à la lumière d'une obsession personnelle. Celle de Roger Marion qui veut, à tout prix, retrouver le tueur présumé du préfet, Yvan Colonna, après l'avoir manqué. Cette fixation va accentuer de façon caricaturale la propension, déjà forte, de l'État à concentrer ses moyens sur les seuls nationalistes. Et ce d'autant plus que Marion est le numéro deux de la police judiciaire en France, dont la marge de manœuvre n'est guère limitée par une hiérarchie timorée[1].

Lors de l'arrestation du commando Érignac en mai 1999, on l'a dit, Roger Marion a été critiqué pour son orgueil et son manque de connaissance du dossier corse. Refusant de collaborer avec d'autres services de police, il n'a pu interpeller l'ensemble des suspects et a dû procéder en deux vagues, contrairement à l'avis de tous les spécialistes qui l'entouraient. De fait, il paraît évident que l'on courait un risque à laisser une partie du commando libre alors que l'autre était placée en garde à vue, surtout dans une microrégion comme celle de Cargèse-Sagone, où tout se sait très vite.

Parmi les premières personnes entendues dans le cadre de cette enquête figurent Didier Maranelli et sa compagne. Cette dernière reconnaît que son conjoint a pu jouer un rôle dans l'assassinat du préfet. Elle cite le nom d'Yvan Colonna, le présentant comme quelqu'un d'important. La logique policière voudrait que Roger

1. Propos recueillis par l'un des auteurs, au mois de novembre 2003, à Paris.

Marion, alors patron de la Division nationale antiterroriste (DNAT), demande que l'on interpelle Yvan Colonna. Mais aucune décision n'est prise. Marion ne réalise pas qu'il est en passe de rater le personnage principal de l'affaire. À 17 heures, le samedi 22 mai, Didier Maranelli reconnaît sa participation à l'assassinat. À ce stade, l'arrestation d'Yvan Colonna est encore possible et serait des plus simples, puisqu'il tient une conférence de presse, le soir même, dans le motel géré par son beau-frère. Les Renseignements généraux en informent la DNAT. Marion et la juge d'instruction Laurence Le Vert, qui s'est installée dans les bureaux de la DNAT pour suivre de près l'avancée de l'enquête, ne réagissent toujours pas. À 2 heures du matin, le dimanche 23 mai, Didier Maranelli affirme qu'Yvan Colonna « était chargé d'abattre le préfet[1] ». Il faut attendre 6 heures du matin pour que le chef de la DNAT donne enfin l'ordre de l'interpeller, mais il est trop tard. L'intéressé s'est enfui deux heures auparavant.

Des conflits au sommet de l'appareil policier

Parce que le tueur présumé a échappé à sa vigilance, le chef de la DNAT, devant les commissions d'enquête parlementaires, ne cesse d'incriminer les autres services. Selon lui, ce sont les Renseignements généraux qui portent la responsabilité de ce « loupé », comme le qualifie Gilbert Thiel, l'un des trois juges d'instruction saisis de l'affaire[2]. Nommé, début octobre 1999, directeur central adjoint de la police judiciaire avec le titre de sous-directeur des affaires criminelles, Roger Marion s'efforce de corriger son erreur et guide, à distance, les recherches du fugitif. À la tête de la DNAT, il fait nommer Jean-Michel Mimran, qu'il pense suffisamment souple pour supporter son omniprésence. Mais ce dernier offre une résistance inattendue.

Pour contourner l'obstacle DNAT, Roger Marion s'efforce de confier la traque d'Yvan Colonna à l'Office central pour la répression du banditisme (OCRB). Une partie croissante des moyens matériels et humains de l'office est concentrée sur cette recherche. Le service central opérationnel chargé des interceptions téléphoniques (SCOAT), qui était auparavant une unité autonome de la DCPJ, est désormais rattaché à l'OCRB. Son patron, Mario Lecorff, peu enclin à

1. Extrait du procès-verbal d'interrogatoire de Didier Maranelli. Maranelli est revenu plus tard, notamment lors de l'audience, sur ses propos, affirmant avoir mis en cause Yvan Colonna sous la pression des policiers de la DNAT.

2. Gilbert Thiel (avec Daniel Carton), *On ne réveille pas un juge qui dort*, Fayard, 2002.

subir les rodomontades intempestives de Roger Marion, quitte la tête du service et s'en va offrir les mêmes prestations à la Direction de la surveillance du territoire (DST), le contre-espionnage français.

Le conflit éclate entre Roger Marion et Jean-Michel Mimran à l'automne 2001. Mis en cause par son supérieur sur une note de renseignement évoquant la préparation de l'assassinat du chef nationaliste François Santoni, Mimran profite de l'occasion pour faire connaître, par un rapport daté du 23 octobre 2001, au juge d'instruction antiterroriste Jean-Louis Bruguière les conditions dans lesquelles la DNAT a été dépossédée de ses prérogatives par l'OCRB, sous l'impulsion de Marion, dans le dossier Colonna. En théorie, la DNAT est le seul service de police judiciaire à être saisi, avec le SRPJ d'Ajaccio, de l'affaire Érignac. Selon Jean-Michel Mimran et son adjoint, Philippe Frizon, le dysfonctionnement est apparu au grand jour le 24 octobre 2000, lorsqu'une note de renseignement en provenance du SRPJ Antilles-Guyane a évoqué des noms de personnes appartenant au milieu corse pouvant jouer un rôle « dans la logistique d'Yvan Colonna ». « En fait, écrit Jean-Michel Mimran au juge Bruguière, très rapidement, la DNAT n'obtenait plus d'éléments sur l'exploitation de cette note, exploitée très confidentiellement par l'OCRB dans le cadre des recherches d'Yvan Colonna[1]. »

Par la suite, l'activité de l'OCRB est à ce point focalisée sur Yvan Colonna que ses membres surveillent les indicateurs de services concurrents, comme ceux de la DNAT. Roger Marion leur demande même de doubler le travail de la DNAT, à l'insu de cette dernière, comme lors d'une conférence de presse donnée, le 13 février 2001, par Me Antoine Sollacaro, avocat d'Yvan Colonna. « Les fonctionnaires de la DNAT, rapporte son chef, ont fait tomber un dispositif de filature de l'OCRB, service présent en Corse en toute discrétion depuis un temps indéterminé et qui surveillait André Bacchiolleli, lequel se rendait aussi à cette conférence de presse[2]. » Le 14 mars 2001, la DNAT s'apprête à placer sur écoute un proche du frère d'Yvan Colonna lorsqu'elle s'aperçoit que l'OCRB le surveille déjà depuis plusieurs semaines, toujours dans le cadre des recherches sur le tueur présumé de Claude Érignac. « Ceci, assure Jean-Michel Mimran, provoqua de vifs reproches contre la DNAT de la part du

1. Extrait d'un courrier daté du 23 octobre 2001 sur les « Circonstances ayant entouré l'évocation par plusieurs médias d'une note du 4 avril 2001, annonçant la préparation de l'assassinat de François Santoni », adressé par le chef de la Division nationale antiterroriste, Jean Michel Mimran, à Jean-Louis Bruguière, premier vice-président chargé de l'instruction au tribunal de grande instance de Paris.

2. *Ibid.*

directeur central adjoint [Roger Marion].» Le 2 avril 2001 au matin, une opération de police est enfin déclenchée aux abords d'une bergerie près de Vico (Corse-du-Sud), dans l'espoir d'y surprendre Colonna. «La DNAT n'était informée de cette intervention qu'en fin de journée par le commissaire principal de l'OCRB»[1].

Le temps consacré par l'OCRB à la traque de Colonna, sur injonction de Roger Marion, l'a non seulement détourné de sa mission naturelle, qui est de lutter contre le grand banditisme, mais en plus sans qu'il ait remporté aucun succès. Roger Marion a en effet été nommé préfet adjoint à la sécurité à Marseille avant qu'Yvan Colonna ne soit retrouvé. Interrogé sur cette perte d'énergie, Marion a préféré éluder la question devant les parlementaires qui s'intéressaient aux ratés de l'affaire Érignac. En revanche, lors de son audition, le 12 juillet 2000, par la commission d'enquête de l'Assemblée nationale sur les forces de sécurité en Corse, il a confié son analyse sur la Brise de mer : «C'est un mythe qui a été créé par les policiers qui ont été incapables de neutraliser les suspects quand ils étaient opérationnels. On veut faire comme les Américains. C'est-à-dire, les avoir au plan financier et fiscal, sachant qu'ils ont réinvesti le produit de leur butin.»

Après le départ de Roger Marion, le ministre de l'Intérieur, Nicolas Sarkozy, a imposé une véritable coordination des services de police compétents en matière de lutte contre le terrorisme. Cette stratégie a permis d'obtenir les résultats que cherchait Roger Marion depuis quatre ans. Le 4 juillet 2003, Yvan Colonna a été interpellé dans sa bergerie grâce à une information confidentielle recueillie par la police. La méthode Marion était inopérante, mais son idée initiale n'était pas erronée. Car le banditisme a bien joué un rôle dans la fin de la cavale d'Yvan Colonna. Transmis par un voyou, trois mois avant l'arrestation du fugitif, à un policier des Renseignements généraux, le «tuyau» indiquait que le fuyard transitait, de temps en temps, par un camping situé près d'Olmeto, en Corse-du-Sud. Il a ensuite été exploité avec succès, dans la plus grande confidentialité, par les seuls policiers du Raid et le patron de la DNAT, Frédéric Veaux.

Des enquêtes sous pression

La relative impunité dont jouit le grand banditisme corse se nourrit de toutes les déficiences de l'État. Elle est aussi le fruit d'un travail de sape. En l'espace de vingt ans, la Brise de mer a trans-

1. *Ibid.*

formé la Corse en un véritable sanctuaire d'où il est devenu peu aisé de la déloger. Ses membres ont su, habilement, tirer profit des réflexes identitaires de l'île pour échapper à la justice. Ils sont également parvenus à faire régner un climat de terreur grâce auquel ils peuvent faire pression sur la population et sur d'éventuels témoins ou jurés pour se prémunir des risques de condamnation. Les difficultés de fonctionnement de la justice criminelle en Corse sont, à ce titre, particulièrement éclairantes et préoccupantes. Le nombre de crimes de sang et de vols avec armes commis en Corse pour mille habitants était, en 1998, près de cinq fois supérieur au nombre national, alors que, parallèlement, le taux d'élucidation de ces mêmes crimes était, sur l'île, inférieur de 20 % aux chiffres enregistrés sur le continent.

L'activité des deux cours d'assises de Corse mérite également examen. En effet, entre 1988 et 1998, 21,63 % des accusés ayant comparu devant ces juridictions ont bénéficié d'un acquittement, contre 4,97 % pour l'ensemble du territoire français. Dans la même période, le pourcentage de non-lieux prononcés par les magistrats instructeurs a été largement supérieur à la moyenne nationale.

> Force est de constater, indiquaient en mai 1999 les services de la chancellerie, que des pressions sont régulièrement exercées sur les jurés d'assises en Corse, en particulier dans le cadre d'affaires du grand banditisme. [...] Les jurés qui ont toujours une grande réticence à révéler ces pressions sont rarement menacés directement mais contactés pour que leur attention soit attirée sur l'importance de la décision qu'ils vont prendre. Ce climat les conduit à tenter d'échapper à leur responsabilité en présentant notamment des certificats médicaux pour n'avoir pas à siéger[1].

La Brise de mer, comme le banditisme de Corse-du-Sud, use de l'intimidation pour tenter d'échapper à la sanction judiciaire. La société de proximité qu'est la Corse offre de plus aux voyous maintes opportunités pour approcher les magistrats et les policiers chargés de les juger ou d'enquêter sur leurs affaires. Le rapport de force est tel, sur l'île, que la crainte n'est pas forcément du côté que l'on croit.

Le fameux procès de Dijon, en juin 1985, a été qualifié de « premier procès de type mafieux parfaitement réussi en France[2] »

---

1. Extrait du rapport transmis, le 11 mai 1999, par les services de la chancellerie au directeur des affaires criminelles et des grâces.
2. *Le Canard enchaîné*, 5 juin 1985.

par des magistrats de l'île. On se souvient du policier Joseph Manfruelli, témoin malgré lui dans cette affaire, qui n'avait cessé par la suite de revoir ses déclarations. L'adjudant en gendarmerie en charge d'une partie de l'enquête et entendu lors de l'audience a expliqué aux jurés l'origine de cette terreur : « Toute sa famille a peur. Lui-même a peur. C'est humain. – Peur de quoi ? a demandé le président de la cour. – Peur d'être tué[1] », a répondu le gendarme.

Dans le cadre d'une affaire de machines à sous, instruite au milieu des années 90, par le juge bastiais Gérard Égron-Reverseau, l'enquête a mis en évidence le parcours très symptomatique d'un policier ayant, semble-t-il, mésestimé les risques de travailler sur l'île. Originaire du Nord, il est nommé en Haute-Corse, à Bastia, mais préfère s'installer avec son épouse à Moriani, à une petite heure de route plus au sud. C'est là, explique-t-il lors de sa mise en examen pour complicité active dans ladite affaire, qu'il se lie avec Christian Léoni, gérant du bar Corsica dans la bourgade. Au fil des mois, la relation semble suffisamment solide entre les deux hommes pour que le policier accepte des fonds en espèces, de la part de Léoni, pour aider sa femme à ouvrir un commerce à Moriani. Il affirme également avoir rencontré Francis Mariani, l'un des barons de la Brise.

À partir de là, il est pris au piège. Arrivé sur l'île en tant que gardien de la paix à la sécurité publique, il s'oriente ensuite, sur les conseils de ses nouveaux amis de la Brise, assure-t-il, vers des services plus opérationnels. C'est ainsi qu'il intègre des équipes chargées, notamment, de traquer les machines à sous illégales dans des bars de la ville. Remarqué pour son zèle, il réalise des prises importantes, telle celle du Rancho, un bar fréquenté par des nationalistes, qu'il a préalablement désigné à ses supérieurs grâce, affirme-t-il, à sa connaissance du quartier. En fait, on découvrira plus tard que ses cibles sont des bars où se trouvent des machines appartenant à des réseaux concurrents de celui de Christian Léoni.

Puis notre homme est affecté au central de la police, à Bastia, où transitent tous les télex et messages internes destinés aux forces de sécurité – police et gendarmerie – sur l'île. Cette place stratégique lui permet de prévenir ses amis de l'imminence d'actions pouvant menacer leurs intérêts, et plus généralement des investigations en cours. Voilà pourquoi, dans l'enquête menée sur le réseau de machines à sous dans lequel Christian Léoni est impliqué, les gendarmes ont été contraints, à deux reprises, de reporter leur

1. *Ibid.*

perquisition : quelques heures avant que l'assaut soit lancé sur les quelque 63 bars visés par l'opération, les machines avaient été retirées des établissements[1].

Les gendarmes sont logés à la même enseigne que leurs collègues policiers et ne sont pas épargnés par ces tentatives d'approche. Ainsi, l'enquêteur des services de gendarmerie chargé d'étudier les conditions dans lesquelles Francis Mariani, pilier de la Brise de mer, finance sa très onéreuse passion pour le rallye automobile est contacté par des inconnus après qu'il a soulevé un certain nombre de questions. Il a notamment découvert que la Subaru WRC, dont la valeur est estimée à 1 million de francs, appartient à une société domiciliée au Liban, et que Mariani s'est associé avec le patron d'un garage du nord de la France. Pour la seule année 1999, Mariani participe à quatre épreuves du championnat de France. On le voit, au volant de sa Subaru, dans les rallyes des Cévennes, du Rouergue, du Mont-Blanc. En 1998, il termine à la 12e place du Tour de Corse. Les revues spécialisées indiquent que « son pilotage est très généreux » et qu'il s'est lancé « sans complexe à l'assaut du championnat ». Le gendarme constate que la Fédération française de rallye, qui organise ces compétitions, a admis, visiblement avec beaucoup d'indulgence, de nombreuses dérogations tout à fait inhabituelles. Ainsi, tous les frais d'engagement et d'inscription de Francis Mariani sont acquittés en espèces. Après avoir reçu des menaces, le gendarme cesse ses recherches. À aucun moment les auteurs de ces intimidations ne seront formellement identifiés.

Un climat pesant au palais

Les juges d'instruction ne sont pas non plus à l'abri des pressions. Leur statut n'est en rien une protection absolue. Lors de l'offensive judiciaire et fiscale lancée, en 1986, contre la Brise de mer, le juge d'instruction Michel Huber, chargé avec son collègue Frédéric N'Guyen de conduire cette enquête, qui vise notamment la discothèque L'Apocalypse et le bar Le Continental, ne sait pas encore qu'il s'agit de sa dernière affaire. Tous deux, en première ligne, incarnent, avec quelques magistrats du parquet, la résistance à l'essor de la Brise. Bastia est une petite ville. Il n'est pas rare que le juge N'Guyen, lorsqu'il s'arrête dans une station-service, soit abordé sur un ton badin

1. Francis Mariani n'a pas été mis en cause dans cette affaire, ni même entendu par les enquêteurs. Christian Léoni a été condamné à deux ans de prison ferme.

par le parent ou l'ami d'une personne impliquée dans l'un de ses dossiers et qui cherche à plaider en sa faveur. Marié à une Corse, Michel Huber, lui, connaît bien l'île. Il sait que des poursuites engagées contre la Brise pour de simples infractions financières portant sur des abus de biens sociaux sont perçues comme une défaite par la population locale. Néanmoins, la découverte d'une double comptabilité dans le bar Le Continental, dont Robert Moracchini, membre notoire de la Brise, est le gérant de fait, permet de dire à l'opinion que les truands de cette organisation ne sont pas intouchables. Le juge Huber interrogera à plusieurs reprises Robert Moracchini.

Malgré l'absence de résultat notable dans ses enquêtes, Michel Huber se souviendra sans doute longtemps d'avoir été sur le devant de la scène. Un faux attentat est, en effet, organisé devant le domicile de son beau-père. Un engin explosif constitué d'une bouteille remplie de poudre a été posé face à la porte de la maison. Mais il n'avait aucune chance d'exploser puisque le dispositif ne comprenait pas de mèche. Les auteurs limitent les risques, tout en démontrant qu'ils peuvent agir où bon leur semble. Le magistrat décide de quitter l'instruction après cette affaire pour rejoindre les services de l'application des peines, où il rencontrera d'autres difficultés : il lui faudra alors gérer l'aménagement des condamnations et son corollaire, le pouvoir sur la liberté d'individus dont les proches n'hésitent pas à solliciter des mesures de clémence.

Dans l'affaire du faux braquage du fourgon blindé de Pietralba, le 4 novembre 1988, les policiers réussissent, dans un premier temps, à confondre les trois convoyeurs de fonds, qui acceptent de livrer les noms des auteurs et commanditaires de l'opération. Parmi eux figurent les frères Guy et Gilbert Voillemier, Christian Léoni, Joël Pattacchini et deux poids lourds de la Brise, Francis Santucci et Francis Guazelli. Finalement, le 1er juillet 1997, au sein de ce groupe de malfaiteurs chevronnés, seul Guy Voillemier et un complice sont condamnés à trois ans de prison ferme. Les convoyeurs, qui se sont rétractés après avoir reçu des menaces, écopent, quant à eux, de deux ans de réclusion.

Au cours de l'enquête, le 16 mai 1989, alors qu'il est déjà inculpé et vient de bénéficier d'une remise en liberté ordonnée par le juge d'instruction Éric Sievers, Guy Voillemier déambule sur les quais du vieux port de Bastia. Il semble attendre quelqu'un. Le regard attiré vers l'entrée du port, il s'avance sur l'un des pontons au moment où un bateau de plaisance s'apprête à s'amarrer. Guy Voillemier se baisse et lance une corde au skipper, qui le remercie tout en semblant quelque peu surpris. Car cette personne n'est autre que le juge Sievers, de retour d'une promenade en mer sur le bateau qu'il a acheté, voilà quelques mois, à Porto-Vecchio. Après un échange courtois, le magistrat fait comprendre à son aimable interlocuteur que la situation contrevient aux règles les plus élémentaires, ce que ce dernier concède avant de s'éloigner[1]. Mais l'objectif est atteint : cette scène, qui se déroule au vu et au su de tous les occupants des terrasses de café, n'échappe pas à certains, qui se font fort de la rapporter, accréditant l'idée d'une connivence entre les deux hommes.

Le juge Sievers, ancien avocat, est dans le même temps confronté à une forte hostilité de la part de sa hiérarchie et de ses collègues, qui lui reprochent ses méthodes de travail trop laxistes. La propre greffière du juge, accompagnée de deux substituts, rend visite au procureur de Bastia, Yves Le Bourdon, pour signaler que Sievers « corrige les déclarations des prévenus afin que leurs propos soient le moins préjudiciables pour eux[2] ». Le magistrat incriminé répond qu'« il y a une tendance à croire que la chaîne accusatoire est la seule détentrice de la vérité », et qu'il refuse d'être « un juge cow-boy »[3]. Interrogé plus tard, il se rappelle : « L'ambiance était tellement exécrable que j'allais, parfois, m'asseoir aux côtés des avocats dans la salle d'audience avec un dossier barré en rouge : Bêtisier du parquet[4]. »

La présidence du tribunal fait traduire Sievers devant le Conseil supérieur de la magistrature (CSM), qui le blanchit des accusations portées contre lui mais lui conseille vivement de quitter la Corse. Le barreau de Bastia, pour sa part, le soutient tout au long de ce conflit et organise même une campagne de signatures en sa faveur. Deux avocats bastiais, Jean-Louis Seatelli, l'un des principaux avocats de la Brise de mer, et Marie-Hélène Mattéi, l'une des avocates du mouvement nationaliste, assurent sa défense devant le CSM aux côtés de Patrick Maisonneuve, un confrère pénaliste parisien, fin connaisseur des dossiers corses.

Trouver la juste mesure entre la fidélité aux règles de son métier et une bonne intégration dans le corps social insulaire : cette équation semble, pour beaucoup, insoluble. À tel point que de nombreux magistrats estiment que l'on ne peut réellement exercer sa fonction, en Corse, que si l'on sait, avant même de s'y rendre, que ce sera pour une période limitée dans le temps. Ceux qui s'y sont installés ou mariés affirment, quant à eux, que leur connaissance du terrain leur

1. Récit recueilli auprès d'Éric Sievers par l'un des auteurs en octobre 2003.
2. Propos rapportés à l'un des auteurs par un témoin de la scène.
3. Propos rapportés par Éric Sievers à l'un des auteurs en octobre 2003.
4. *Ibid.*

permet d'éviter certains pièges, et les dangers de la naïveté ou des admonestations stériles. Ils admettent cependant qu'ils doivent composer avec une réalité locale faite de proximité et d'ambiguïté. L'institution judiciaire doit être, en Corse plus qu'ailleurs, exemplaire. Car la moindre faille est décortiquée et exploitée. Les faiblesses de ses représentants sont autant d'arguments utilisés par le banditisme pour repousser les limites de ses forfaits.

Quelques magistrats soupçonnés

Si l'impunité de la Brise de mer avait reposé sur ce seul type d'intimidation, le gang n'aurait sans doute pas traversé toutes ces années aussi sereinement. Il a dû s'assurer des relais capables de bloquer les procédures menaçantes. « Les années 80 ont été riches en corruption, ce qui a permis d'arranger nombre d'affaires[1] », commente, un peu las, un avocat pénaliste corse. Le degré de crédibilité de telles affirmations reste très aléatoire, quel que soit le sérieux de celui qui les formule. Mais les cas de dossiers judiciaires qui disparaissent ou de procédures annulées pour des vices de forme incongrus sont régulièrement recensés par les observateurs attentifs du milieu. De plus, la justice condamne souvent des policiers corrompus. Toutefois, de tels faits apparaissent plus rarement en Corse que sur la Côte d'Azur. Et il existe peu d'exemples, preuves à l'appui, de corruption active de magistrats, dont le corps est globalement reconnu comme intègre.

L'Inspection générale des services judiciaires a néanmoins reçu, entre 1985 et 2000, plusieurs dénonciations internes visant des magistrats suspectés de servir d'autres intérêts que ceux de la justice. Dans l'affaire de la discothèque Le Challenger, en 1986, les policiers avaient découvert des liens douteux entre le gérant de la boîte de nuit, Alexandre Rutily, et une magistrate alors en poste au tribunal de grande instance de Paris. Des écoutes téléphoniques avaient permis de constater que non seulement cette dernière fournissait à Rutily une véritable assistance juridique, mais qu'elle lui livrait également des informations sur des dossiers en cours à Paris. Elle ne fut jamais entendue dans le cadre de l'enquête. Elle se fera de nouveau remarquer, selon les éléments recueillis par l'Inspection générale des services judiciaires, en affichant publiquement son soutien à des membres de la Brise de mer, assistant, aux côtés de

1. Propos recueilli par l'un des auteurs en septembre 2003.

leurs familles, à leur procès au tribunal de grande instance de Nanterre. Les faits, d'après un membre de l'inspection, n'ont pas été considérés comme suffisamment probants pour donner lieu à une enquête interne ou à des mesures disciplinaires.

Enfin, l'inspection a également été informée du cas d'un autre magistrat du parquet de Paris. Sa proximité avec la Brise de mer a tellement inquiété sa hiérarchie que le procureur de Paris à cette époque, Bruno Cotte, l'a convoqué pour lui rappeler les règles déontologiques auxquelles sont tenus les fonctionnaires de justice. L'intéressé serait intervenu à plusieurs reprises en faveur de ses amis corses proches de la Brise, dans des affaires civiles et pénales. La nature de son assistance n'est pas connue, pas plus que son résultat. Les renseignements parvenus à l'inspection font état de rémunération contre des services rendus. Aucune enquête n'a été ouverte sur ces faits, mais la carrière du magistrat en question n'a connu aucun avancement depuis lors.

Le grand banditisme paraît donc, à bien des égards, mieux outillé que l'État. Les voyous ont tout loisir de tirer parti d'une inconstance collective et de fragilités individuelles. Le procureur général Bernard Legras ne semble pas dire autre chose dans les conclusions de son rapport sur la criminalité organisée en Corse :

> On ne peut plus naviguer à vue face à des individus et à des groupes qui développent une ingénierie criminelle de haut niveau. [...] Si certaines catégories de criminels ou de délinquants peuvent se plaindre des lenteurs de la justice et de la durée des détentions provisoires, les acteurs de la grande criminalité ne peuvent, quant à eux, que se féliciter des dysfonctionnements de notre institution, décidément bien mal armée pour lutter contre eux, même si, in fine, ils pourront chercher à exploiter le caractère déraisonnable des délais séparant leur crime de leur condamnation[1].

1. Rapport de Bernard Legras sur « La criminalité organisée en Corse », *op. cit.*

Conclusion

Un certain M. Sorbier, avocat général en Corse entre 1830 et 1840, dressait, pour sa hiérarchie, son propre constat sur la criminalité sur l'île : « Le banditisme promène le sceptre sanglant de sa souveraineté depuis le cap Corse jusqu'au détroit de Bonifacio. Malgré les mesures rigoureuses dont il est toujours l'objet, nulle puissance n'a pu l'extirper, et il est devenu un pouvoir et presque une institution[1]. » Vieille d'un siècle et demi, cette appréciation ne semble pas si éloignée de celle que l'on a pu découvrir, à propos du même phénomène, dans les rapports officiels rédigés, entre 1980 et 2000, par les successeurs de M. Sorbier, les procureurs généraux ou même certains commissaires de police. Comme en écho à cette époque lointaine considérée comme l'une des plus troubles de l'histoire insulaire, la Corse d'aujourd'hui paraît de nouveau plongée dans la confusion et dans la peur, instaurées en l'espace de vingt-cinq ans par un véritable système mafieux.

Le paradoxe n'est pas mince. À partir de la fin des années 1800, nombre de Corses ont quitté l'île faute de pouvoir y vivre et y travailler. Ils ont constitué le gros des services coloniaux et investi l'administration, souvent pour le plus grand bien de cette dernière, notamment dans les rangs de la police et de l'armée. Au cours de l'entre-deux-guerres, Marseille est devenue la première ville corse au monde, tandis qu'à Paris les nombreux compatriotes insulaires ne manquaient pas de s'épauler. Loin de leur île, les Corses ont longtemps ressemblé à ces exilés des terres pauvres françaises, partis à la recherche de revenus décents.

Mais le rapprochement s'arrête là. Du fait de l'insularité et de son histoire de pays trop souvent conquis, la Corse est restée au bord du chemin de la croissance et d'une juste répartition de la richesse. À la fin des Trente Glorieuses, elle souffrait encore d'une véritable

1. Cité dans *Le Monde*, 3 octobre 1992.

asphyxie économique. Sa structure politique, archaïque à bien des égards, n'avait pas davantage évolué. Les clans détenaient les clés de cet univers clos. Et l'État, trop content d'acheter ainsi, à peu de frais, la paix sociale, s'accommodait fort bien de cet immobilisme.

C'est dans ce contexte que les nationalistes corses sont apparus, à une époque où, d'un bout du monde à l'autre, se propageait la volonté des peuples de disposer d'eux-mêmes. La version corse de ces mouvements d'émancipation collective avait en théorie pour objectif d'obtenir la reconnaissance d'une spécificité géographique, politique, culturelle et linguistique. Dans la pratique, elle visait avant tout à desserrer l'étau clanique de la société insulaire et à promouvoir, dans tous les secteurs, l'identité corse. Par ses revendications et ses aspirations, cette démarche, qui a connu par la suite de graves dérives criminogènes, posait d'ailleurs à tous, bien au-delà de la seule question corse, celle de la définition du lien entre le citoyen et l'État, d'une part, et la démocratie, d'autre part.

La décentralisation, en 1982, fut en quelque sorte une réponse à ces interrogations qui prirent, en Corse, une forme radicale incarnée par le FLNC. Par ces accès de violence, l'île soulevait de manière particulièrement profonde la question de la recherche d'identité et celle du rapport de chaque individu à ses propres racines. Il ne s'agissait plus d'un débat, mais d'une réflexion individuelle et collective sur l'idée de nation, qui n'a, à ce jour, trouvé aucune réponse définitive. Depuis 1975, date à laquelle le problème corse est devenu saillant, elle renvoie la République à ses failles, à sa sclérose et à son incapacité à s'éloigner des rivages d'une tutelle centralisée.

L'afflux de fonds publics, à partir du début des années 80, dans le cadre des programmes de décentralisation aurait pu sonner le réveil tant attendu de l'île. La démocratie locale promettait de se moderniser. L'économie allait enfin, pensait-on, se développer. La Corse, sûre de ses valeurs et de son identité, aurait pu apparaître dans une certaine mesure comme un laboratoire d'expérimentation d'avant-garde. Malheureusement, dans le même temps, les voyous ont peu à peu confisqué cet espoir.

Les parrains corses, qui ont régné, entre 1930 et 1975, sur le continent et dans les colonies, avaient su trouver, au cœur même de l'État, des relais pour se protéger. Lorsque les autorités judiciaires et policières ont commencé à leur porter des coups, ils ont fait le dos rond en attendant des jours meilleurs. Certains ont alors compris que leur île natale, qui n'était hier qu'un refuge et un réservoir d'hommes de main, pouvait devenir la base même de leur système. Sur un terrain connu, face à un État obnubilé par les « dangers » nationalistes, ils ont pu édifier une véritable organisation mafieuse, à l'instar de la mafia italienne en Sicile.

La Brise de mer et ses semblables en Corse-du-Sud ont accompagné, pour mieux les gangrener, l'essor relatif de l'économie de l'île et la dévolution à ses élus d'une certaine autonomie politique par rapport à Paris. Plus la Corse semblait en mesure de se défaire de ses démons, plus elle sentait l'emprise du banditisme peser sur ses épaules. Derrière l'image trompeuse de saisons touristiques réussies ou des polémiques récurrentes liées aux débats institutionnels, cette société insulaire cache une part d'ombre. La Corse d'hier était asphyxiée par la pauvreté. Celle d'aujourd'hui l'est tout autant, mais cette fois-ci elle le doit en grande partie à la pression constante de l'argent et des menaces d'un système mafieux.

La société française tout entière est concernée. L'existence de cette zone de non-droit met en effet profondément en cause les fondements mêmes de l'État et de la démocratie. Laisser prospérer un tel système sur l'île équivaut à abandonner sa population, qui n'a jamais fait mystère de son attachement à la France. La terreur est une composante des mentalités insulaires. Accepter cet état de fait, c'est aussi entériner le renoncement de l'État à ses prérogatives en matière de justice et de monopole de l'exercice de la violence, et donc considérer que la Corse est une terre sans lois.

Les ramifications de l'organisation mafieuse corse s'étendent, on l'a vu, bien au-delà des frontières de l'île. Sur le continent, elles s'infiltrent jusqu'au sein des administrations, de la justice et de la police. Elles peuvent aussi compter sur des relais dans les milieux bancaires et politiques. À Paris ou Marseille, ses membres sont plus discrets mais tout aussi présents. Selon certains courants souverainistes français, la revendication pour la Corse d'un statut politique propre aurait valeur de grave remise en cause de la République. Pourtant, le signe le plus spectaculaire pour faire respecter, en Corse, les principes républicains ne serait-il pas de préserver sa population de cette présence mafieuse ?

Chronologie

Mars 1931 : mort de Siméon Flaissières, maire de Marseille. Georges Ribot lui succède, mais c'est Simon Sabiani, adjoint au maire, qui prend le pouvoir à la mairie, aidé du Corse Paul Carbone et de son associé italien François Spirito. Tous deux deviennent les rois du milieu marseillais.

Février 1934 : affaire Stavisky-Prince. Paul Carbone et François Spirito sont inculpés le 29 mars après la mort du conseiller Prince, qui enquêtait sur le scandale de l'escroc Stavisky. Bénéficiant d'un non-lieu, ils rentrent triomphalement à Marseille le 26 avril.

Mai 1935 : le socialiste Henri Tasso, soutenu par les frères Guérini, devient maire de Marseille. Carbone et Spirito sont toujours les caïds de la ville et trafiquent des armes pour le général Franco, ou de l'opium depuis un laboratoire à Bandol.

Juin 1940 : armistice et mise en place du gouvernement de Vichy, qui incarcère provisoirement les repris de justice. Carbone et Spirito, vite libérés, se mettent au service de la Gestapo, à Marseille et à Paris. Les frères Guérini sont partagés, mais Barthélemy s'engage dans la Résistance.

Janvier 1943 : destruction par les Allemands du vieux quartier de Marseille, considéré comme un quartier « criminel » par Hitler.

Mai 1943 : création du Conseil national de la Résistance, présidé par Jean Moulin. Chef du réseau de renseignement Brutus, Gaston Defferre anime les milices socialistes, qui comprennent des militants et des figures du milieu corse.

16 décembre 1943 : mort de Paul Carbone dans un déraillement de train, près de Chalon-sur-Saône.

Août 1944 : débarquement en Provence et libération de Marseille, dont la délégation municipale est confiée à Gaston Defferre. Les Guérini participent aux combats puis rachètent des cabarets et des établissements sur toute la côte. Les truands collabos, comme François Spirito, Joseph Orsini ou Auguste Ricord, quittent la France. Trafics, marché noir et contrebande de cigarettes se développent rapidement, notamment grâce à Jo Renucci à Tanger et à Lucky Luciano en Sicile.

Novembre-décembre 1947 : après les élections qui portent le gaulliste Michel Carlini à la mairie de Marseille, des manifestations, des grèves et des émeutes embrasent le pays. Les Guérini et le syndicaliste Pierre Ferri-Pisani, appuyés par la CIA et le ministère de l'Intérieur, combattent les communistes dans le port de Marseille.

Juillet 1949 : premier voyage de Meyer Lansky en Europe pour organiser le trafic de drogue avec son associé Lucky Luciano, mais aussi Jo Renucci et les Guérini. Mise en place des premiers laboratoires de la Corsican Connection, chargée de transformer et d'expédier l'héroïne du Moyen-Orient vers les États-Unis.

3 août 1949 : vol des bijoux de la Bégum, dans lequel sont notamment impliqués Paul Leca, Paul Mondoloni et le directeur de la Sûreté nationale. Le procès se tiendra en juillet 1953.

3 décembre 1950 : mort d'Ange Salicetti, initiateur d'une vendetta qui a fait plus de quarante morts dans le milieu corse, notamment à Paris.

Avril 1951 : première saisie de drogue importante à Marseille : 290 kilos d'opium sont trouvés à bord du bateau *Champollion*, venant de Beyrouth. La Corsican Connection est en train de monter en puissance.

Octobre 1952 : fausse attaque du bateau *Combinatie*, chargé de 2700 caisses de cigarettes. Les contrebandiers cachent la cargaison en Corse. Antoine Paolini en détourne une partie. Début d'une vendetta qui fera près de trente morts dans le milieu corse.

1953 : Gaston Defferre est élu maire de Marseille. Il sera réélu à la fin de chacun de ses mandats jusqu'à son décès en 1986. Les Guérini et les Venturi participent à ses campagnes.

Mai 1955 : accords de Genève pour une paix en Indochine. Des truands corses poursuivent le trafic d'opium dans cette région.

18 juillet 1955 : assassinat de Jacques Colonna à Ajaccio. Son fils, Jean-Baptiste, dit « Jean-Jé », venge ce meurtre avant de devenir un pilier de la Corsican Connection, puis un parrain présumé de la Corse.

Octobre 1956 : expulsion de Cuba de Jean-Baptiste Croce et d'Albert Bistoni, puis de Paul Mondoloni.

Mai 1958 : retour du général de Gaulle au pouvoir et création du SAC, ou Service d'action civique, service d'ordre gaulliste dans lequel s'illustrent de nombreux voyous corses.

Avril 1961 : putsch manqué des généraux à Alger, premiers attentats de l'OAS (Organisation armée secrète), arrivée de Roger Frey au ministère de l'Intérieur et organisation de la lutte anti-OAS (Alexandre Sanguinetti et Jean Bozzi), notamment en lien avec le milieu corse.

1962 : première guerre des cercles de jeu à Paris, opposant notamment les clans de Jean-Baptiste Andréani et de Marcel Francisci.

Juillet 1964 : auditions et rapport du Sénat américain dénonçant les réseaux corses de l'héroïne.

8 octobre 1964 : saisie du premier laboratoire d'héroïne de Jo Césari, le principal chimiste de la Corsican Connection.

4 mai 1965 : assassinat de Robert Blémant, ancien policier devenu un allié trop encombrant pour les Guérini.

Mi-1966 : débuts de la branche latino-américaine de la Corsican Connection, pilotée par le Corso-Marseillais Auguste Ricord.

23 juin 1967 : assassinat d'Antoine Guérini à Marseille, puis arrestation (le 4 août) de son frère Barthélemy après le meurtre d'un jeune délinquant suspecté d'avoir volé des bijoux à la famille Guérini. Le clan Guérini est sur le déclin.

16 décembre 1967 : attentat contre la villa de Marcel Francisci. Deuxième guerre des jeux à Paris, entre les clans Andréani et Francisci. Le ministre de l'Intérieur suspend les autorisations d'entrer dans les salles en octobre 1968. L'armistice sera signé courant 1969.

Août 1969 : lettre de Richard Nixon au nouveau président de la République Georges Pompidou lui demandant de démanteler la French Connection, autrement dit les filières corses de l'héroïne.

Changement de politique répressive en matière en lutte contre les réseaux.

Août 1971 : interviews fracassantes de John T. Cusack, patron pour l'Europe du Bureau des narcotiques, et arrivée du commissaire Marcel Morin à Marseille pour traquer les laboratoires clandestins.

Février-mars 1972 : saisie du *Caprice-des-Temps* (29 février, 425 kilos d'héroïne), puis du deuxième laboratoire de Jo Césari (16 mars).

19 janvier 1973 : arrestation de Jean-Baptiste Croce dans le cadre de la plus grosse affaire de la Corsican Connection. Le procès aura lieu en juin-juillet 1974.

30 janvier 1975 : arrestation de Jean-Jé Colonna et de ses complices pour trafic de stupéfiants. Jean-Jé s'évadera le 25 juillet 1975 et son procès se tiendra en janvier 1978.

3 juillet 1981 : fermeture du Cercle Haussmann de Marcel Francisci par le nouveau ministre de l'Intérieur Gaston Defferre.

10 septembre 1981 : Louis Memmi, officiellement restaurateur à Corte, en Haute-Corse, considéré comme le parrain du milieu local, est assassiné par un commando de trois hommes. Les policiers imputent le meurtre au gang de la Brise de mer. Cette action constituerait le début de leur règne sur l'île.

15 janvier 1982 : assassinat de Marcel Francisci à Paris. Inculpation de Jean-Baptiste Andréani dans une affaire de changes.

12 avril 1982 : le casse du Crédit Lyonnais, à Bastia, en plein week-end de Pâques, permet à plusieurs hommes de s'emparer d'une somme importante. L'opération, attribuée à la Brise de mer, est considérée comme un braquage fondateur dans l'histoire criminelle de ce groupe.

7 juillet 1982 : arrestation de Dominique Venturi dans le cadre de l'affaire des fausses factures de la ville de Marseille. Le procès, avec plus de 80 inculpés, aura lieu en janvier 1985.

Juin 1983 : le militant nationaliste corse Guy Orsoni disparaît mystérieusement au cours du week-end du 17. Les tueurs présumés appartiennent au milieu local. Le mouvement nationaliste estime qu'il s'agit d'une opération « barbouzarde » sans en apporter la preuve. Les policiers assurent, pour leur part, que Guy Orsoni est mort dans le cadre d'un règlement de comptes entre voyous sur fond de trafic de stupéfiants.

6 juin 1984 : une expédition punitive est lancée par trois militants nationalistes dans la prison d'Ajaccio, où se trouvent les tueurs présumés de Guy Orsoni. Ils abattent dans leur sommeil Jean-Marc Leccia, trafiquant de drogue, et Salvatore Contini, homme de main du caïd local « Jeannot le Long ».

Juillet 1984 : fabrication d'héroïne dans un laboratoire clandestin installé à Phoenix (Arizona) pour le compte d'une famille mafieuse américaine et de certaines des principales figures du grand banditisme français, réunies sous la houlette de Paul Mondoloni, l'un des derniers parrains corses influents de Marseille. Pour préparer cette affaire, ce dernier aurait eu recours, quelques mois auparavant, aux services de Jean-Marc Leccia.

3 octobre 1984 : braquage spectaculaire avorté au Crédit commercial de France, à Neuilly-sur-Seine, imputé à la Brise de mer.

28 mai 1985 : le procès d'assises de Dijon débute dans une ambiance lourde. Trois piliers de la Brise de mer sont jugés pour l'assassinat d'un proche du parrain Louis Memmi. Ils sont acquittés. De l'avis du personnel judiciaire, cette décision constitue, en Corse, l'acte de naissance de leur impunité.

29 juillet 1985 : assassinat à Marseille de Paul Mondoloni.

3 août 1985 : retour de Jean-Jé Colonna en Corse, après dix ans de cavale. Quatre mois plus tard, son oncle Jean Colonna, dit « Jean-Jean », qu'il considère comme son mentor, décède.

25 mars 1990 : cambriolage de l'Union des banques suisses (UBS), à Genève, par une équipe de la Brise de mer. Les malfaiteurs emportent 125 millions de francs.

12 décembre 1990 : assassinat de Lucien Tirroloni, président de la chambre d'agriculture de Corse-du-Sud. Ce meurtre est considéré comme le premier « cadavre exquis » découvert en Corse.

17 juillet 1991 : vol de la malle de la Banque de France dans la soute d'un avion effectuant la liaison Bastia-Paris. Le butin s'élève à 7,5 millions de francs. La Brise serait le grand ordonnateur de l'opération.

12 juillet 1992 : atteint d'un cancer, Francis Santucci, figure dominante de la Brise de mer, s'éteint.

11 août 1992 : braquage sur la piste d'atterrissage de l'aéroport de Bastia à l'aide d'un hélicoptère. L'avion immobilisé, les braqueurs s'emparent des fonds déposés dans la soute et s'envolent. L'action porte la marque de la Brise de mer.

30 mars 1996 : assassinat de Dominique Rutily, l'un des piliers de la Brise de mer. C'est la première fois qu'un membre du noyau dur est atteint.

15 janvier 1997 : voyage de plusieurs membres de la Brise de mer à Kemerovo, en Sibérie. Contact avec des membres de la mafia russe. Soupçons de relations d'affaires sur fond d'achat de casinos.

6 février 1998 : assassinat du préfet de la région Corse, Claude Érignac, par un commando nationaliste.

Printemps 1998 : la première synthèse sur le réseau financier attribué à la Brise de mer est réalisée par les policiers de l'antenne de police judiciaire à Bastia, en collaboration avec la Brigade nationale d'enquêtes économiques. Ce travail de renseignement n'est pas transmis à la justice sur ordre de la direction de la police judiciaire.

9 septembre 1998 : le rapport d'enquête parlementaire remis par le député socialiste Jean Glavany au Premier ministre Lionel Jospin qualifie Jean-Jé Colonna de « seul parrain en Corse ».

15 avril 2000 : attentat contre L'Amnésia, près de Bonifacio, l'une des plus grandes discothèques jamais construites en France. L'ombre de la Brise plane derrière cet acte.

5 juillet 2000 : arrestation, à Sartène, dans le sud de la Corse, de plusieurs fondateurs de la Brise de mer, officiellement dans le cadre d'une affaire d'extorsion de fonds. Ils auraient en fait été interpellés par hasard alors qu'ils s'apprêtaient à venger la mort de Dominique Rutily.

7 août 2000 : le chef historique des nationalistes en Balagne, Jean-Michel Rossi, est abattu par un commando composé de voyous toulonnais et corses.

17 septembre 2000 : assassinat, à Paris, de Francis Vanverberghe, dit « Francis le Belge », parrain marseillais. La pègre est soupçonnée d'avoir joué un rôle dans ce meurtre.

5 et 6 juin 2001 : dix-sept poids lourds de la pègre corse sont retirés par la direction de la police judiciaire du fichier du grand banditisme. Parmi eux figurent des truands de la Brise de mer et du milieu de Corse-du-Sud.

16 août 2001 : l'ancien leader nationaliste François Santoni est tué à la sortie d'un mariage, non loin de son domicile. Sa mort serait liée aux règlements de comptes au cours desquels son ami Jean-Michel Rossi a également été abattu.

18 avril 2002 : Jean-Jé Colonna, convoqué dans le cadre de l'enquête ouverte sur la gestion de la supérette de sa femme, refuse de répondre à la justice. Il est, à cette date, considéré comme fugitif.

31 octobre 2002 : présenté comme l'un des blanchisseurs d'argent sale du mafieux italien Fausto Pellegrinetti, Lillo Lauricella, en relation avec les nationalistes corses, est tué dans un taxi au Venezuela.

14 décembre 2003 : interpellation du chef nationaliste Charles Pieri dans une affaire d'extorsion de fonds et d'association de malfaiteurs en relation avec une entreprise terroriste. La justice lui reproche d'avoir fait main basse sur certains hôtels et centres de vacances, ce qu'il dément.

Bibliographie

Agulhon Maurice et Barrat Fernand, *CRS à Marseille, 1944-1947*, Armand Colin, 1971.

Anslinger Harry J. et Oursler Will, *Les Trafiquants de drogue*, Fayard, 1963.

Attard-Maraninchi Marie-Françoise, *Le Panier, village corse à Marseille*, Autrement, 1997.

Attia Nicole, *Jo Attia mon père*, Gallimard, 1974.

Auda Grégory, *Les Belles Années du milieu, 1940-1944*, Michalon, 2002.

Audigier François, *Histoire du SAC*, Stock, 2003.

« Les barbouzes », *Le Petit Canard de poche*, juin 1966.

Batigne Jacques, *Un juge passe aux aveux*, Robert Laffont, 1971.

Baudoin Madeleine, *Histoire des Groupes Francs (MUR) des Bouches-du-Rhône, de septembre 1943 à la Libération*, PUF, 1962.

Bazal Jean, *Avec les derniers bandits corses*, Guy Authier, 1973.

—, *Le Clan des Marseillais*, Éditions Jean-Michel Garçon, 1989.

Berdin Richard, *Nom de code : Richard*, Gallimard, 1975.

Bernert Philippe, *Roger Wybot et la bataille pour la DST*, Presses de la Cité, 1975.

Bernert Philippe, *SDECE, Service 7*, Presses de la Cité, 1980.

Bianchini Roger-Louis, *Agnès Le Roux*, Presses de la Cité, 1983.

—, *Mafia, argent et politique*, Seuil, 1995.

Bitterlin Lucien, *Histoire des barbouzes*, Éditions du Palais-Royal, 1972.

Broussard Robert, *Mémoires*, vol. 2, Plon, 1998.

Calvi Fabrizio, *OSS, la guerre secrète en France*, Hachette Littératures, 1990.

Chairoff Patrice, *B... comme Barbouzes*, Éditions Alain Moreau, 1975.

Charbonneau Jean-Pierre, *La Filière canadienne*, Trait d'union (Montréal), 2003.
Choury Maurice, *Tous bandits d'honneur !*, Éditions sociales, 1958.
Contrucci Jean, *Ça s'est passé à Marseille*, vol. 1, Éditions Autres Temps, 1992.
Cristofol Jacqueline, *Batailles pour Marseille*, Flammarion, 1997.
Culioli Gabriel-Xavier, *La Terre des seigneurs*, DCL, 1999.
— et Culioli Vannina (éd.), *La Corse et ses bandits, anthologie*, 2 tomes : *Le XIXe siècle* et *Le XXe siècle*, DCL, 2000.
Delarue Jacques, *Trafics et crimes sous l'Occupation*, Fayard, 1968.
Derogy Jacques et Ploquin Frédéric, *Ils ont tué Ben Barka*, Fayard, 1999.
Derogy Jacques et Pontaut Jean-Marie, *Enquête sur les mystères de Marseille*, Robert Laffont, 1984.
—, *Enquête sur les ripoux de la côte*, Fayard, 1997.
Desjardins Thierry, *Pasqua, portrait étonnant d'un ministre surprenant*, Éditions n° 1, 1994.
Despuech Jacques, *Le Trafic de piastres*, Éditions des Deux-Rives, 1953.
Dominique A.L., *Entre le Gorille et les Corses*, Gallimard, 1956.
Duchêne Roger et Contrucci Jean, *Marseille*, Fayard, 1999.
Faligot Roger et Kauffer Rémi, *Les Résistants*, Fayard, 1989.
—, *Les Éminences grises*, Fayard, 1992.
Faligot Roger et Krop Pascal, *La Piscine*, Seuil, 1985.
Finidori Charles, *Corsica Marittima*, publié à compte d'auteur, 1987.
Fleury, Georges, *Histoire secrète de l'OAS*, Grasset, 2002.
Frattini Éric, *Cosa Nostra : un siècle d'histoire*, Flammarion, 2003.
Gévaudan Honoré, *La Bataille de la French Connection*, J.-C. Lattès, 1985.
Giustiniani Josua, *Le Racket politique*, Albin Michel, 1990.
Griffi Toussaint et Preziosi Laurent, *Première mission en Corse occupée*, L'Harmattan, 1988.
Guelfi André, *L'Original*, Robert Laffont, 1999.
Guérin Alain, *Chronique de la Résistance*, Omnibus, 2000.
Guérini Marie-Christine, *La Saga Guérini*, Flammarion, 2003.
Guiral Pierre, *Libération de Marseille*, Hachette Littératures, 1974.
Hervy Elsa, « Les guerres du milieu dans le midi de la France, 1993 à 2000 », mémoire de recherche à l'Institut de criminologie, université Paris II-Panthéon Assas, 2002.
Jankovski Paul, *Communism and Collaboration : Simon Sabiani & Politics in Marseille, 1919-1941*, Yale University Press, 1989.
Jaubert Alain, *D... comme Drogue*, Éditions Alain Moreau, 1976.

Kauffer Rémi, *OAS, histoire d'une guerre franco-française*, Seuil, 2002.
Krüger Henrik, *The Great Heroin Group*, South End Press, 1980.
Lacey Robert, *Little Man : Meyer Lansky and the Gangster Life*, Little, Brown, 1991.
Lamarque Philippe, *Le Débarquement en Provence*, Le Cherche-Midi Éditeur, 2003.
Laville Alain, *Le Juge Michel*, Presses de la Cité, 1982.
Lemasson Éric, *Marchiani, l'agent politique*, Seuil, 2000.
Lepotier, commandant, *Cap sur la Corse*, France-Empire, 1950.
Le Roux Renée, *Une femme face à la mafia*, Albin Michel, 1990.
Marcantoni François, *Un homme d'honneur*, Balland, 2001.
Marcellin Raymond, *L'Importune Vérité*, Plon, 1978.
Marenches Alexandre de et Ockrent Christine, *Dans le secret des princes*, Stock, 1986.
Marion Georges, *Gaston Defferre*, Albin Michel, 1988.
Matard-Bonucci Marie-Anne, *Histoire de la mafia*, Complexe, 1999.
McCoy Alfred, *La Politique de l'héroïne en Asie du Sud-Est*, Flammarion, 1980.
Méléro Antoine, *La Main rouge, l'armée secrète de la République*, Éditions du Rocher, 1997.
Melnik Constantin, *Un espion dans le siècle*, Plon, 1994.
Mencherini Robert, *Guerre froide, grèves rouges*, Syllepse, 1998.
Messick Hans, *Lansky*, G.P. Putnam's Sons, 1971.
Montaldo Jean, *S... comme Sanguinetti*, Éditions Alain Moreau, 1973.
—, *Mitterrand et les 40 voleurs...*, Albin Michel, 1994.
—, *Rendez l'argent !*, Albin Michel, 1995.
Moore Robin, *French Connection*, Hodder & Stroughton, 1969.
Morgan Ted, *A Covert Life : Jay Lovestone, Communist, Anticommunist and Spymaster*, Random House, 1999.
Morin Marcel et Missen François, *La Planète blanche*, Tsuru Éditions, 1990.
—, *American Connection*, Ramsay, 1992.
Nicolaï Jean-Baptiste, *Simon Sabiani, un chef à Marseille : 1919-1944*, Olivier Orban, 1991.
Noguères Henri, *Histoire de la Résistance en France, novembre 1942-septembre 1943*, tome 3, Robert Laffont, 1969.
Ory Pascal, *Les Collaborateurs, 1940-1945*, Seuil, 1980.
Padovani Marcelle, *Les Dernières Années de la mafia*, Gallimard, 1987.
Paillole Paul, *Services spéciaux, 1935-1945*, Robert Laffont, 1975.
Paoleschi Marie, *Le Milieu et moi* (récit recueilli par Jean Bazal), Fanval, 1987.
Peyrefitte Roger, *Manouche*, Flammarion, 1972.

Pierrat Jérôme, *Une histoire du Milieu*, Denoël, 2003.
Pisani Sallie, *CIA and the Marshall Plan*, University Press of Kansas, 1991.
Prados John, *President's Secret Wars*, Ivan R. Dee, 1996.
Rapport de la commission d'enquête sur les activités du Service d'action civique (SAC), tome 1, Éditions Alain Moreau, 1982.
Rathbun Ben, *The Point Man : Irving Brown and the Deadly Post-1945 Struggle for Europe and Africa*, Minerva Press, 1996.
Renaud Franck, *Le Nouveau Milieu : parrains et grand banditisme en France*, Fayard, 1992.
Reymond William, *Mafia S.A.*, Flammarion, 2001.
Rimbaud Édouard, *Doudou : mémoires d'un repenti*, Gallimard, 2000.
Rochu Gilbert, *Marseille, les années Defferre*, Éditions Alain Moreau, 1983.
Rossi Jean-Michel et Santoni François, *Pour solde de tout compte*, Denoël, 2000.
Saccomano Eugène, *Bandits à Marseille*, Julliard, 1968.
Santoni François, *Contre-enquête sur trois assassinats : Érignac, Rossi et Fratacci*, Gallimard, 2002.
Sapin Louis et Galante Pierre, *La Grande Filière*, Robert Laffont, 1979.
Sarazin James, *M... comme Milieu*, Éditions Alain Moreau, 1977.
Silvani Paul, *Bandits corses de légende*, Albiana, 1999.
Smith Stephen, *Oufkir, un destin marocain*, Calmann-Lévy, 1999.
— et Glaser Antoine, *Ces messieurs Afrique*, vol. 2, Calmann-Lévy, 1997.
The Heroin Trail, Signet, 1974.
Thiel Gilbert (avec Daniel Carton), *On ne réveille pas un juge qui dort*, Fayard, 2002.
Trento Joseph, *The Secret Story of the CIA*, Forum, 2001.
Trinquier, colonel, *Les Maquis d'Indochine*, Albatros, 1976.
Weber Max, *Économie et Société* (1961).
Wolton Thierry, *Les Écuries de la V*[e], Grasset, 1989.
Zampa Mathieu, *Tchao parrain*, Olivier Orban, 1986.

Index

D

H

N

O

P

U

V

Table des matières